예비부모교육 3판

정옥분 · 정순화 공저

Education for Prospective Parents

학지사

3판 머리말

최근 빈번하게 발생하고 있는 아동학대는 부모교육의 필요성을 더욱더 부각시키고 있다. 그리고 이를 부모역할에 대한 인식과 지식, 기술 등의 부족으로 인한 부모의 낮은 역량과 결부시켜 설명하고 부모의 역량 강화를 위한 부모교육의 필요성을 강조하고 있다. 이에 따라 정부차원에서도 '아동학대 예방 및 가족관계 증진'을 위해 '부모교육 활성화 방안'을 수립하고, 예비부모인 대학생을 대상으로 '예비부모교육' 활성화를 위한 표준강의안을 제시하였다.

예비부모교육을 가장 널리 시행할 수 있는 방법은 중 · 고등학교 교과과정의 일부로서 부모교육 관련내용을 다루는 것이다. 그러나 현행 입시위주의 교육환경에서 입시과목으로 채택되지 않는 교과를 효율적으로 운영하기에는 한계가 있다. 그러므로 현 시점에서는 대학의 교양과목을 중심으로 예비부모교육을 실시하는 방법이 가장 효율적인 것으로 기대되며, 이를 위한 교재 개발의 필요성도 제기된다.

저자들은 대학에서 부모교육 교재로 사용하기 위해 2000년도에 처음으로『부모교육: 부모역할의 이해』를 출간하였다. 그러나 아동의 발달단계에 대한 지식이 거의 없는 교양과목 수강생들에게는 발달단계별 특성과 이에 따른 부모역할을 중심으로 한 교육이 필요하고, 전공과목 수강생들에게는 보다 심화된 내용이 필요하다고 생각하여 2007년에 교양과목 수강생들을 위한 『예비부모교육』을 출간하였다. 그리고 2016년에는 최신 자료를 보완할 필요성을 느껴 통계자료나 연구내용을 부분적으로 보완하여 2판을 출간하였다. 그러나 최근 아동학대문제로 인해 예비부모교육의 중요성이 부각되고 이에 따라 부모교육 활성화 방안이 제시되면서 부모교육의 과제와 활성화 방안 부분의 내용에 보완이 필요하여 개정 3판을 준비하게 되었다. 따라서 3판은 주로 '제10장 예비부모교육의 활성화 방안'을 중심으로 개정작업이 이루어졌고, 다른 부분은 최근 자료를 보완하는 형식으로 이루어졌다.

앞으로도 이 책이 대학의 교양과목 부모교육 교재나 예비부부를 대상으로 부모교육을 실시하는 기관의 교재로 널리 활용되기를 기대한다. 그리고 이 책이 나오기까지 많은 도움을 아끼지 않으신 학지사 김진환 사장님과 편집부 백소현 차장님의 노고에 깊은 감사의 마음을 전한다.

2019년 8월

정옥분 · 정순화

2판 머리말

최근 빈번하게 발생하고 있는 아동학대문제는 많은 사람들에게 충격을 안겨 주었다. 그리고 부모역할에 대한 인식 부족, 지식 부족, 기술 부족 등 준비 부족이 그 근본적인 이유라는 사실에 많은 사람들이 공감하면서 부모교육의 필요성과 중요성에 대한 인식이 고조되고 있다.

전통적인 확대가족과는 달리 핵가족에서 성장한 부모들은 생활 속에서 자연스럽게 부모역할을 익힐 기회도 없을 뿐 아니라, 부모역할보다 개인의 성취가 더 우위를 차지하는 사회문화적 배경에서 성장해 왔다. 자녀양육에 대한 지식을 배울 수 있는 기회도 없었을 뿐 아니라 자녀양육에 대한 책임을 중요한 역할로 인식하지도 않는다. 이러한 준비부족은 자신감의 부족으로 이어지고, 부모역할에 대한 만족도를 저하시키는 요인으로 작용한다. 이혼율이 증가하면서 더불어 증가하고 있는 새부모가족에서 이러한 문제는 더욱더 심각하여 부부갈등을 심화시키거나 나아가 자녀의 부적응행동을 유발하거나 학대를 부추기는 요인으로 작용하고 있다.

이에 따라 많은 사람들이 부모교육의 필요성을 절감하고 있으며, 특히 예방적 차원에서 결혼전 예비부모들을 대상으로 한 부모교육의 필요성에 공감하고 있다. 예비부모교육을 가장 보편적으로 널리 시행할 수 있는 방법은 중 · 고등학교에서 교과과정의 일부로서 부모교육 관련내용을 다루는 것이다. 그러나 현행 입시위주의 교육환경에서 입시과목으로 채택되지 않는 과목을 효과적으로 운영하기에는 한계가 있다. 따라서 현 시점에서는 대학생을 대상으로 한 교양과목이나 예비부부를 대상으로 기관에서 이루어지고 있는 예비부모교육이 주를 이루고 있다.

대학 교양과목의 경우 전공분야가 다양한 대학생들은 아동발달에 대한 지식이 거의 없는 경우가 많다. 따라서『예비부모교육』의 내용은 특정한 부모교육이론에 초점을 맞추기보다 자녀의 발달단계별 특성과 이에 따른 부모역할을 중심으로 구성하는 것이 효과적일 수 있다. 이러한 관점에서 우리는 2007년도에 대학생 대상의 교양과목 부모교육 교재로 사용하기 위해『예비부모교육』을 출간하게 되었고,『예비부모교육』이 출간된 지도 9년의 세월이 흘렀다. 그간 부모교육이나 부모역할에 대한 내용이 근본적으로 변화한 것은 없으나 최신의 자료를 보완할 필요성을 느껴 최근의 통계자료나 연구내용을 중심으로 부분적으로 보완하여 2판을 준비하게 되었다.

앞으로도 이 책이 대학 교양과목의 부모교육 교재로 널리 활용되기를 기대한다. 그리고 예비부부를 대상으로 예비부모교육을 실시하는 기관의 교재로도 널리 활용되기를 바란다.

2016년 7월

정옥분 · 정순화

1판 머리말

동서고금을 막론하고 부모역할은 인간의 성장과정에서 지대한 영향을 미치는 것으로 인식되어 왔다. 이와 동시에 부모역할은 만족감을 주기도 하지만 성인이 수행하는 수많은 역할 가운데 가장 어려운 역할이 부모역할이라는 사실에도 많은 사람들이 공감하고 있다. 특히, 핵가족화로 인해 성장과정을 통해 자연스럽게 부모역할을 습득할 기회가 부족하고 여성취업률의 증가로 인해 양육자 부재현상이 심각한 현대사회에서 부모가 된다는 것은 만족감을 주기도 하지만 스트레스와 좌절감을 주는 일이기도 하다.

많은 학자들이 부모역할을 용이하게 수행하기 위한 방법 가운데 하나는 부모기를 위한 준비를 하는 것이라는 사실에 의견의 일치를 보이고 있다. 준비된 부모는 부모로서의 역할을 보다 만족스럽게 수행하며 부모-자녀 간의 문제에 보다 쉽게 적응해 나갈 수 있을 뿐만 아니라 자녀의 발달에 최적의 환경을 제공해 줄 수 있다. 이 책은 바로 예비부모를 대상으로 이러한 부모기에 대한 준비를 돕기 위한 목적에서 집필되었다.

부모기를 준비하기 위한 교육은 여러 가지 관점에서 이루어질 수 있다. 부모교육은 정보제공이나 가치관의 확립, 기술습득, 문제해결능력의 향상과 같은 다양한 목표를 중심으로 이루어지고 있으며, 이러한 다양한 목표 가운데 어디에 초점을 맞출 것인가는 부모교육 대상자의 특성에 따라 달라질 수밖에 없다. 일반적으로 대학의 교양과목이나 예비부모를 위한 부모교육은 그 대상 집단의 학문적 배경이 상이할 뿐만 아니라 아동의 발달단계별 특성에 대한 지식이 거의 없는 경우가 많다. 또한 이들은 자녀양육 경험이 없으므로, 이들을 대상으로 해서는 각 단계별 발달특성과 이에 따른 부모역할을 중심으로 부모로서의 준비를 갖추도록 하는 것이 보다 효과적이라고 생각한다. 이 책은 이러한 관점에서 부모로서의 가치관 확립과 아울러 자녀의 발달과정에 대한 전반적인 지식을 습득케 하고 부모역할에 대한 이해의 폭을 넓히는 데 중점을 두고 집필하였다.

이 책은 모두 10장으로 구성되어 있다. 제1장과 제2장은 사회변화에 따른 부모역할과 부모교육의 본질에 대해 살펴보았다. 제3장에서 제7장까지는 자녀의 발달단계별로 태내기에서부터 영아기, 유아기, 아동기, 청년기까지의 발달특성과 부모역할에 초점을 맞추었다. 그리고 제8장에서 제10장까지는 부모교육이론과 프로그램 및 실제 운영방법에 대해 간략하게 정리해보았다. 그중에서도 이 책은 앞서 언급한 바와 같이 대학의 교양과목이나 예비부모교육의 교재에 보다 초점을 맞추어 제3장에서 제7장까지의 발달단계별 특성과 부모역할을 특히 강조하였다.

우리는『예비부모교육』이 대학의 교양과목의 부모교육 교재로 널리 활용되기를 기대한다. 그리고 나아가 예비부모를 대상으로 결혼준비교육을 시키는 사회단체나 교육기관의 부모교육 기본교재로 널리 활용되기를 기대해본다.

끝으로 이 책이 나오기까지 많은 도움을 주신 학지사 김진환 사장님과 편집부 여러분들의 노고에 감사드린다. 그리고 귀중한 사진자료를 수집하고 정리하는 데 많은 도움을 준 고려대학교 박사과정 장수연 조교에게도 감사의 마음을 전하고 싶다.

2007년 8월

정옥분 · 정순화

차례

제1장 사회변화와 부모역할

부모역할은 인간이라는 종의 생존과 발달에 필수적인 부분이다. 특히 다른 동물과는 달리 의존기간이 상당히 긴 인간의 성장과정에서 부모는 가장 중요한 환경요인으로 지목되고 있다. 그러나 사회변화에 따라 이러한 부모역할에 대한 인식은 점차 변화하고 있다.

전통사회에서는 부모역할이 필수적인 것으로 인식되었다. 그러나 최근 우리 사회는 급격하게 변화하고 있으며, 이러한 사회변화는 부모역할에도 많은 영향을 미치고 있다. 여성취업률이나 이혼율의 증가와 같은 사회변화의 영향으로 현대사회에서 많은 사람들이 부모역할에 대해 높은 가치를 부여하지 않고 있다. 이로 인해 부모역할은 필수적이라기보다는 선택적이라는 인식이 팽배해 있고, 이러한 인식을 단적으로 보여주는 것이 우리나라의 저출산율이다. 그러나 아직도 대다수의 사람들은 부모가 되기를 희망하고 있으며 부모역할을 통해 만족감을 얻고 있는 것도 사실이다.

이 장에서는 부모가 되고자 하는 동기와 부모역할의 목표, 특성 및 이에 영향을 미치는 요인들을 살펴보고, 마지막으로 현대사회에서 부모역할의 변화양상에 대해 살펴보고자 한다.

1. 부모됨의 동기

전통사회와는 달리 현대사회에서는 부모됨이 선택이라는 인식에도 불구하고 결혼한 대부분의 사람들은 자녀를 갖기를 희망한다. 그러나 자녀를 갖기를 원하는 동기는 예전과 차이가 있다. 전통사회에서 부모가 되는 주된 이유는 자녀 출산을 통해 가계를 계승할 뿐만 아니라 다남(多男)은 부의 상징으로 받아들여졌다. 그러나 현대사회에서 자녀의 존재는 경제적으로 부담을 주는 존재이며, 현재 우리나라의 저출산율도 바로 경제적인 부담이 주된 요인으로 지적되고 있다. 그럼에도 불구하고 아직도 많은 사람들이 자녀를 출산하고 있으며, 부모가 되고자 하는 동기는 다음과 같이 설명할 수 있다.

1) 진화론적 관점

많은 사람들은 결혼을 하면 자녀를 출산하고 양육하는 것이 지극히 자연스러운 행동이며 숙명론적인 것으로 받아들인다. 진화생물학적 관점에서 본다면 인간이 결혼을 하여 가족을 형성하고 자녀를 출산하는 것은 자기 유전자를 보존하기 위한 가장 효율적인 방법이라고 본다. 진화생물학자들은 인간이 자신의 유전자를 다음 세대에 전달하기 위해서는 결혼을 해서 자녀를 출산하고 양육하는 투자를 담당해야 한다고 주장하였다. 진화론적 관점의 핵심은 자연선택(natural selection)의 개념이다. 이는 환경에 잘 적응한 개체는 그렇지 못한 개체보다 자기 유전자를 남기는 확률이 더욱 높다는 것이다. 진화론적 관점에서는 이처럼 자기 유전자를 후대에 남기는 확률을 증대시키기 위하여 의존적인 아동기를 확장하고자 하는 욕구가 존재한다고 하는데, 의존기간을 늘림으로써 한 개인으로 하여금 복잡한 인간공동체에 대한 적응을 보다 용이하게 해준다는 것이다. 즉, 의존적인 시기를 확장함으로써 얻게 되는 이익이 이에 대한 비용보다 더 크다는 것이다.

많은 부모들이 보이는 강한 도구적인 동기는 바로 이러한 맥락에서 설명할 수 있을 것이다. 부모는 자신이 성취하지 못한 것을 자녀를 통해 성취하기를 기대하며, 이를 통해 대리만족을 얻고자 한다. 이러한 만족은 키우는 과정에서 경험하는 만족감이라고 볼 수도 있지만 궁극적으로는 자녀가 이 사회에 잘 적응할 수 있다는 확신을 의미하는 것이기도 하다.

그러므로 진화론적 관점에서 본다면 부모의 역할은 이처럼 긴 의존기를 통해 자녀가 사회에 잘 적응할 수 있도록 도와주는 것이며, 이를 통해 부모는 자신의 유전자를 후대에 전달할 수 있는 가능성이 높아진다고 볼 수 있다.

2) 발달론적 관점

많은 사람들은 성인이 되면 자녀를 출산하여 이들에게 사랑을 베풀고 싶은 욕구를 지니게 되며, 이러한 발달적 욕구를 발전시켜 나가는 것이 부모가 되는 중요한 동기라고 볼 수 있다. Erikson(1950, 1968)은 사람들은 성인기에 이르러 다음 세대를 양육하고 이들을 양육함으로써 이타심이나 책임감, 민감성과 같은 특성을 발전시켜 나간다고 하였으며, 이를 생산성(generativity)의 개념으로 설명하였다. Erikson은 심리사회적 발달의 관점에서 한 개인의 발달단계를 8단계로 구분하였다. Erikson의 이론에 비추어 보면 5단계에서 자아정체감을 통해 자신을 사랑할 수 있는 기틀을 형성한 한 개인이 6단계에서 친밀감을 통해 자기 이외의 한 이성을 사랑하게 되어 가족을 형성하고, 이후 7단계에서는 자녀출산을 통해 생산성이라는 과업을 발전시켜 나간다는 것이다. 생산성의 개념을 발달시켜 나가는 것은 성인기의 중요한 발달과업이며, 이를 발달시켜 나가지 못하면 침체성(stagnation)에 빠지게 된다고 하였다. 이러한 생산성의 개념을 발전시켜 나가는 것은 사회봉사활동과 같은 여러 다양한 활동을 통해서도 이루어질 수 있으

Erik Erikson

나 부모가 되는 것은 이를 발달시키기 위한 가장 보편적인 방법이며, 자녀출산이 불가능한 경우 입양을 하는 것도 이러한 발달과업을 수행하기 위한 한 가지 방법이 될 수 있다.

3) 사회문화적 관점

전통적으로 대부분의 사회는 성인이 되어 자녀를 출산한 사람에게 특정한 지위를 부여하는 반면, 그렇지 못한 사람에게는 불이익을 주는 문화적 관행을 가지고 있다. 우리나라의 경우 칠거지악(七去之惡)이 그 대표적인 예라고 볼 수 있다. 결혼을 한 여성이 자녀를 출산하지 못하는 것은 일곱 가지 죄악의 하나로 간주하여 축출의 사유로 인정하였던 것이다. 특히 전통사회에서는 남성의 지위가 타고난 지위(ascribed status)라면 여성의 지위는 획득된 지위(achieved status)의 특성이 강하였다. 결혼 당시 낮은 지위를 점하고 있는 여성이 지위를 성취할 수 있는 대표적인 방법은 자녀, 특히 남아의 출산을 통해서였다. 전통사회에서는 자녀를 출산하여 가문의 대를 이어나가는 것이 당연한 도리로 받아들여졌으므로, 이러한 사회적 압력이 부모됨의 중요한 동기였다고 볼 수 있다. 현대사회에서도 종교적인 측면에서 생명의 창조는 신의 영역이며 이를 인간이 간섭하는 것은 죄악이라고 생각하고 피임을 반대하는 것도 이와 유사한 맥락으로 이해할 수 있다.

2. 부모역할의 목표

인간은 출생 이후 상당히 오랜 기간 동안 의존상태에서 생활하게 되며, 이러한 상태에서 부모는 여러 가지 방식으로 많은 영향을 미치게 된다. 부모의 역할은 문화적인 차이나 시대적인 배경에 따라 상이하지만 보편적으로 추구하는 공통적인 목표가 있다.

역할은 특정한 지위를 점한 사람에게 주어지는 권리와 의무의 총체라고 정의할 수 있다. 따라서 부모역할이란 부모라는 지위를 점한 개인에게 주어지는 권리와 의무의 총체라고 볼 수 있다. 부모에게 주어지는 권리나 의무는 문화에 따라 상이할 수밖에 없으나 대부분의 문화에서 부모들이 지향하는 공통적인 목표는 유사하다. 다양한 문화권에서 자녀양육의 관행을 연구한 LeVine(1988)은 범문화적으로 중요하게 간주되는 부모역할의 세 가지 기본적인 목표를 다음과 같이 설명하였다. 첫째는 생존의 목표로서, 자녀가 성장하여 성인이 될 때까지 자녀의 신체적 생존과 건강을 유지할 수 있도록 해주는 것이 부모역할의 일차적인 목표이다. 둘째는 경제적 목표로서, 자녀가 성인이 되어 경제적으로 독립하고 부양자로서의 능력을 갖는 데 필요한 기술과 행동을 가르치는 것이다. 셋째는 자아실현의 목표로서, 자아실현을 위한 가치를 추구하도록 가르치는 것이다. 이러한 양육목표는 순서가 있는데, 신체적 생존과 건강, 안전이 우선적인 목표이고, 다음으로 경제적 자급자족과 관련된 목표이며, 마지막으로 지위나 명성, 자아실현의 추구와 관련된 목표이다.

이러한 LeVine의 관점은 Maslow(1943)의 욕구위계이론과 유사한 맥락에서 이해할 수 있다. Maslow는 인간에게는 생리적 욕구, 안전에 대한 욕구, 애정과 소속의 욕구, 자아존중감의 욕구, 자아실현의 욕구 등 다섯 가지 욕구가 있다고 한다. 이러한 욕구들은 그 중요성에 따라 위계적 단계로 배열되어 있는데, 일단 하위욕구가 충족되어야만 상위의 욕구를 추구하게 된다는 것이다(〈그림 1-1〉 참조). 예를 들면, 배고픔과 같은 생리적인 욕구를 가지고 있는 사람은 일단 이러한 욕구가 충족되지 않는 한 다른 어떤 욕구도 추구하지 않는다고 한다. 많은 학자들은 가장 상위단계인 자아실현의 욕구에 큰 관심을 보였다. 자아실현을 이룬 사람들은 다른 사람들에 비해 그들이 속한 사회적 환경에 구애받지 않고 자율성을 갖는다고 하였다. 대부분의 사람들이 안전이나 소속감의 욕구와 같은 하위의 욕구들에 강하게 동기화된 나머지 타인으로부터 인정받지 못하는 것에 대해 두려움을 가지고 있다. 반

Abraham Maslow

〈그림 1-1〉 Maslow의 인간욕구 위계

면, 자아실현을 성취한 사람들은 사회에 무조건적으로 동조하지 않고, 사회적 환경의 영향을 덜 받으며, 보다 자발적이고, 자신의 내적 성장이나 삶에서의 개인적 사명에 의해 동기화된다고 하였다. 이들은 자신의 능력을 최대한으로 활용하는 성숙하고 건강한 사람들이라고 볼 수 있다. Maslow는 인간은 기본적으로 성장과 자아실현을 위한 기본적인 욕구를 가지고 있으며, 이를 실현하는 과정에서 여러 환경요인의 영향을 받는다고 하였다. 그리고 그러한 환경요인 가운데 가장 큰 영향을 미치는 요인은 부모라고 볼 수 있다.

그러므로 LeVine(1988)은 부모역할의 궁극적인 목표는 자녀의 자아실현의 욕구를 충족시켜주는 것이라고 하였다. 개인의 신체적인 안전과 관련된 기본적인 욕구에서 출발하여 정신적으로 독립적이고 자유의지를 가진 한 개인으로 성장시켜 나가는 것이 바로 부모역할의 궁극적인 목표라고 볼 수 있다.

3. 부모역할의 특성

Talcott Parsons

Robert Freed Bales

Parsons와 Bales(1955)는 전통적인 부모의 역할을 도구적 역할(instrumental role)과 표현적 역할(expressive role)로 구분하였다. 이러한 역할구분은 아버지가 가정의 대표자나 생계유지자로서 도구적인 역할을 수행하고 어머니가 가족원들의 정서적인 욕구를 충족시켜 주는 표현적인 역할을 수행할 때 가족은 가장 기능적이라는 것이다. 이후 Winch(1971)는 자녀양육의 역할 가운데 아버지의 역할을 통제적 역할로, 그리고 어머니의 역할은 애정적 역할로 구분하였는데, 이러한 구분은 아버지와 어머니의 역할을 뚜렷하게 차별화된 것으로 설명하고 있는 것이다. 그러나 뚜렷하게 구분되었던 부모역할은 사회변화에 따라 점차 그 구분이 모호해지는 경향을 보이고 있다.

1) 어머니의 역할

부모역할에 대한 많은 연구들은 아동 발달에서 어머니 역할의 절대성을 주장하였다. Freud(1933)는 출생 직후 구강적 욕구를 충족시켜 주는 사람이 어머니이기 때문에 어머니는 아버지보다 자녀의 성장에 더 많은 영향을 미치는 인물이라고 하였다. Bowlby(1969)도 애착 연구를 통해 주양육자로서의 어머니 역할을 강조하였다. 특히 신체발달이나 정서발달, 사회성발달에서 어머니는 자녀의 발달에 지대한 영향을 미친다(사진 참조).

✎사진 설명
어머니와의 상호작용은 신체발달,
사회정서발달에 지대한 영향을 미친다.

(1) 신체발달

어머니 역할의 중요한 측면 가운데 하나는 자녀의 생존이나 신체발달과 관련된 것이다. 다른 동물에 비해 인간의 아기는 작고 미숙한 뇌를 가지고 태어나며 오랜 기간 동안 의존을 필요로 한다. 어머니는 수유를 통해 아기에게 영양분을 공급해주는 모유 수유의 주체라는 점에서 생존의 욕구를 충족시켜 주는 보다 직접적인 인물이라고 볼 수 있다.

어머니는 모유 수유를 통해 단순히 영양공급뿐만 아니라 신체접촉을 통한 촉각적인 만족을 제공해준다. 어머니와의 신체접촉이 결여된 영아는 비록 충분한 영양공급이 이루어진다 하더라도 여러 가지 신체발달상의 문제를 보인다는 점에서 신체접촉은 영아에게는 생존의 욕구와 직결된 것으로 볼 수 있다. 또한 모성결핍의 영향을 조사한 Bowlby(1969)의 연구결과도 어머니 역할의 중요성을 지지해주고 있다. Bowlby의 연구에 의하면 장기간 어머니와 격리되어 있거나 시설에서 양육된 아동은 신체발달에서 지체현상을 보인다고 하였다.

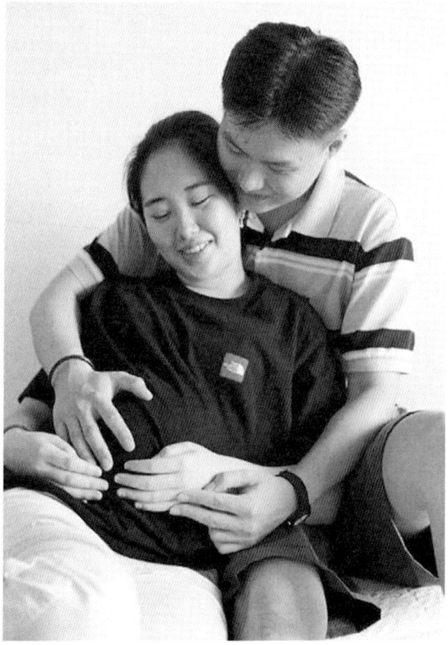

사진 설명
태교를 하고 있는 부부의 모습.

(2) 사회정서발달

정서발달에 대한 어머니의 영향은 태내에서부터 시작된다. 임신의 주체로서 어머니의 정서상태는 태아의 정서적 안정과 직결되어 있다. 임신기간 중 어머니의 정서상태의 중요성을 우리나라 전통육아에서는 태교라는 용어로 강조하였다(사진 참조). 임신기간 중 어머니의 스트레스 수준이 높을수록 태아의 움직임이 증가하고 심장박동률의 변화가 크게 나타나는데, 이는 출생 이후 영아의 행동특성을 예측하는 것으로 나타났다.

어머니는 태내에서부터 여러 가지 경로를 통해 태아와 정서적 애착관계를 형성할 뿐만 아니라 출생 이후에도 강한 정서적 유대감을 형성하게 된다. 특히 초기에 형성되는 애착관계는 이후의 부모-자녀관계나 자녀의 정서 발달에 장기적인 영향을 미치게 된다.

John Bowlby

아동이 출생 직후 어머니와 형성하는 애착은 이후의 사회성 발달에 큰 영향을 미친다. 초기의 애착이 전 생애에 걸쳐 지속적으로 영향을 미친다는 관점은 Bowlby(1969)의 내적 작동모델(internal working model)에 그 근거를 두고 있다. 내적 작동모델은 영아가 양육자에 대한 반응성과 접근가능성을 바탕으로 자신과 타인에 대해 형성한 정신적 표상을 의미한다. 자신에 대한 표상은 자신이 가치 있고 사랑받을 만한 존재인가에 대한 것이며, 타인에 대한 표상은 도움이 필요한 상황에서 자기가 애착을 형성한 대상이 의지하고 믿을 만한 사람인가에 대한 표상이다. Bowlby는 어린 시절 부모와 어떠한 관계를 형성하였는가에 따라 상이한 내적 표상이 형성될 것이고, 이는 이후의 관계형성에 기초가 된다고 하였다. 유사한 맥락에서 Erikson(1950)은 어머니와 기본적 신뢰감을 형성한 아동은 이후의 인간관계에서 신뢰감을 갖게 되며, 그렇지 못한 경우에는 타인에 대한 불신감으로 인해 원만한 대인관계를 형성하는 것이 어렵다고 하였다.

2) 아버지의 역할

Magaret Mead

역사적으로 자녀양육의 역할은 어머니의 역할로 인식되어 왔다. 즉, 어머니가 양육자로서의 역할을 수행하는 데 보다 적합하며 아버지는 부적합한 것으로 인식되어 왔다. 이러한 이유로 인해 전통적으로 아버지의 역할은 어머니의 역할과 대비시켜 이차적 역할(secondary role)이라고 하였다. 그리고 이러한 아버지 역할의 특성을 Magaret Mead(1968)는 "아버지는 생물학적으로는 필연적이지만 사회학적으로는 우발적인 인물"이라고 묘사하였다. '어미 잃은 날이 아비 정 떼는 날'이라는 우리나라의 속담도 바로 이러한 아버지 역할의 특성을 반영해주고 있는 것이다(정순화, 김시혜, 1996).

그러나 Lamb(1975)이 아버지를 '아동발달의 숨은 공로자'로 지칭한 이후 많은 변화가 나타났다. 최근에는 아버지는 자녀양육의 중심인물이며 더 이상 사회화 과정에서 부차적인 인물로 간주되지 않는다. 아버지도 성역할과 사회성발달 등에서 어머니 못지않은 영향을 미친다.

(1) 성역할발달

자녀의 성역할발달에서 아버지는 어머니보다 더 큰 영향을 미친다. 특히 여아보다 남아의 발달에 큰 영향을 미치며, 시기별로는 동일시가 강하게 이루어지는 남근기(phallic stage)에 가장 큰 영향을 미치게 된다. 5세 이전에 아버지의 결손을 경험한 남아는 의존적인 성향을 보이며, 축구나 권투와 같은 거친 활동보다는 독서나 그림 그리기, 퍼즐 등과 같은 비신체적이며 비경쟁적인 놀이를 선호하는 것으로 나타났다. 그러나 6세 이후에 아버지의 결손을 경험한 남아는 이러한 특성을 보이지 않았는데, 이는 연령이 증가함에 따라 아버지를 대신할 다른 남성 모델을 접하게 되기 때문이다(Parke, 1996).

전통적인 남성성이나 여성성이 최상의 성역할 모델이라고 볼 수는 없다. 그러나 적절한 성역할 기능의 학습은 아동발달에 필수적이다. 자신의 성에 필요한 기본적인 능력을 학습한 아동은 전통적인 성역할 개념에 얽매이지 않고, 보다 융통성 있는 성역할 기능을 발달시킬 수 있다.

(2) 사회성발달

아버지도 어머니 못지않게 아동의 사회성발달에 큰 영향을 미친다(이경희, 1993; 최경순, 1992). 어머니와 마찬가지로 아버지와의 관계형성에서도 출생 직후가 결정적인 시기이지만 상호작용의 형태에서는 다소 차이를 보이고 있다.

어머니는 자녀와의 상호작용에서 수유를 하고 시중을 드는 데 대부분의 시간을 보냄으로써 타인에 대한 신뢰감을 형성하는 데 보다 큰 영향을 미치는 반면, 아버지는 놀이를 통해 자녀에게 타인과 적절하게 상호작용하는 방법을 습득케

한다(Hamner & Turner, 2001). 전형적으로 영아와 아버지의 관계는 애착욕구보다는 사교적인 욕구와 관련이 있으며, 사회화의 대상이나 놀이친구로서 아버지는 자녀에게 가족 이외의 사람과 어떻게 잘 지낼 것인가를 가르쳐 준다. 그 결과 아버지를 좋아하고 아버지와의 접촉이 많은 아동은 낯선 사람과의 관계가 우호적이고 활발하며, 이는 특히 남아의 경우 두드러지게 나타난다(Parke, 1996).

3) 부모역할의 비교

이상과 같은 차별화된 부모역할에 대해 혹자는 그러한 차이를 인정하고 있는 반면, 혹자는 현대사회의 구조상 아버지 역할과 어머니 역할의 차이를 구분하기보다는 양성적인 접근이 보다 바람직한 것으로 주장하고 있다.

(1) 부모역할의 차이

부모역할의 차이를 인정하는 학자들은 아버지와 어머니는 상이한 경로를 통해 아동의 발달에 영향을 미치며, 가장 뚜렷한 차이는 놀이와 양육에 대한 참여정도나 형태에서 나타난다고 하였다. 아버지는 어머니에 비해 자녀양육에는 덜 참여하지만 놀이 활동에는 더 많은 시간을 보내며, 놀이는 영아와 함께 하는 아버지의 가장 일상적인 활동 가운데 하나이다. Lamb(1977)의 연구에서도 아버지는 단순히 놀아주기 위해서 아이를 안아주지만 어머니는 양육적인 목적으로 안아주는 경우가 많은 것으로 나타났다. 어머니와 아버지의 차이는 단순히 놀이시간의 양뿐만 아니라 질에서도 차이를 보인다(Power & Parke, 1982). 아버지는 어머니보다 밀거나 들어 올리는 놀이를 많이 하며, 특히 남아와는 더욱 그러한 경향을 보이는 것으로 나타났다(사진 참조). 반면 어머니는 장난감 등을 보여주고 이를 옮기거나 흔드는 것을 보여주는 놀이를 더 많이 하는 것으로 나타났다. 이러한 차이는 영아기뿐만 아니라 유아기에서도 뚜렷하게 나타나는 것으로 관찰되었다(MacDonald & Parke,

Michael Lamb

✐사진 설명
어머니는 양육적인 목적으로 안아주는 경우가 많은 반면 아버지는 놀이목적으로 안아주는 경우가 많다.

1984). 그러나 아버지의 신체적 놀이는 2세경에 최고조에 달하며, 10세경까지 점차 감소하는 것으로 나타났다(MacDonald & Parke, 1986).

아버지와 어머니의 이러한 차이는 여러 문화권에서 보편적으로 나타나는 것으로 보고되고 있으나(Russell & Russell, 1987; Smith & Daglish, 1977), 스웨덴이나 이스라엘의 키부츠 가족에서는 뚜렷한 차이를 보이지 않는 것으로 나타났다(Lamb et al., 1982; Sagi et al., 1982). 특히, 독립성과 개별성을 지향하는 서구 산업사회의 아버지들에게서는 신체적 상호작용이 덜 빈번하게 이루어지는 것으로 나타났다(Paquette, 2004). 그러므로 이러한 차이가 문화적 요인에 의한 차이인지 생물학적 요인에 의한 차이인지에 대해서는 더 많은 연구가 필요하다. 생물학적 요인을 주장하는 학자들은 원숭이 등을 대상으로 한 동물연구에서도 이러한 놀이에서의 차이가 나타난다는 사실에 근거하여 생물학적 요인의 영향을 강조하였다(Lovejoy & Wallen, 1988).

아버지와 어머니는 이러한 놀이의 형태뿐만 아니라 상호작용이나 접근가능성, 책임감의 세 가지 개입의 형태에서도 뚜렷한 차이를 보인다(Lamb, 1987; Lamb, Pleck, Charnov, & Levine, 1985). 여기서 상호작용은 양육이나 공유하는 활동을 통해 자녀와 직접적으로 접촉하는 것이라면, 접근가능성은 직접적 상호작용이 일어나는 것과는 무관하게 자녀에게 도움이 필요한 상황이 생기면 즉각적으로 도움을 줄 수 있는 가능성을 의미하며, 책임감은 환경을 정리정돈해주고 행동에 한계를 설정해주거나 자녀에게 유용한 자원을 제공해주는 것을 의미한다. 선행연구들은 대부분이 면대면 상호작용에 초점을 맞추고 있고, 접근가능성이나 책임감은 간과하고 있으며, 이에 영향을 미치는 요인이나 결과에 대해서는 알려진 바가 거의 없다. 특히 책임감은 더욱더 간과되어 왔다(Parke & O'Neil, 2000). 역할분담에서의 평등성에 대한 최근의 경향으로 인해 아버지 참여의 범위는 느린 속도이지만 점차 증가하고 있으며, 개입하는 영역도 놀이 이외의 여러 영역으로 확장되고 있다. Pleck(1997)은 아버지 참여비율이 어머니의 43.5%까지, 접근가능성은 65% 수준까지 증가하였다고 보고하였다. 그러나 책임감의 영역에서는 뚜렷한 변화가 나타나지 않았는데, 아버지가 1차적 양육자로서 기능하는 경우는 23%에 불과한 것으로 나타났다(Pleck & Masciadrelli, 2004).

(2) 부모역할에 대한 새로운 관점

Diane Ruble

어머니의 역할과 마찬가지로 아버지 역할의 중요성이 강조되면서 이에 대한 연구의 필요성이 증대되었다. 많은 연구들은 부모역할에서 어머니 역할의 우월성을 강조하였다. 연구결과 여성은 임신과 출산기간을 통해 다양한 호르몬의 변화를 경험하며 이러한 변화는 모성행동을 촉진시키는 것으로 나타났다(Fleming, Ruble, Krieger, & Wong, 1997). 이와는 달리 부성행동에는 호르몬의 영향이 그다지 중요하지 않은 것으로 오랜 기간 동안 인식되어 왔다. 그러나 아버지도 임신과 출산 기간을 통해 이러한 호르몬의 변화를 경험하며(Storey, Walsh, Quinton, & Wynne-Edwards, 2000), 부성행동이 시작되고 영아와 접촉을 하게 되면 여성과 마찬가지로 프로락틴은 증가하고 테스토스테론은 감소하며, 특히 프로락틴 수준은 임신 전반부보다 후반부에 증가하고, 코르티솔 수준은 출산 직전에 증가하며 출생 후에는 감소하는 것으로 나타났다. 출산 직후 영아와의 상호작용이 발생하면 테스토스테론 수준은 낮아지는 것으로 나타났으며, 테스토스테론 수준이 낮은 남성은 울음과 같은 영아의 신호에 반응적이며, 갑작스럽게 그 수준이 감소하는 남성들에게서 의만증후군(擬娩症候群, couvade syndrome)[1)]이 빈번하게 보고되었다. 그러므로 낮은 테스토스테론 수준은 아버지의 반응성을 증가시키는 것으로 볼 수 있다는 것이다(Storey et al., 2000). 반면, 프로락틴 수준이 높은 남성은 영아의 울음에 보다 반응적이고 민감하며 임신기간 중 빈번하게 의만증후군을 경험하는 것으로 나타났다(Fleming et al., 1997). 또한 아버지의 옥시토신 수준도 촉각적 자극 등과 같은 아기와의 상호작용에 영향을 미치는 것으로 나타났다(Feldman, Gordon, Schneiderman, Weisman, & Zagoory-Sharon, 2010; Gordon, Zagoory-Sharon, Leckman, & Feldman, 2010).

Joseph H. Pleck

최근까지도 아동의 성장에 미치는 아버지의 영향은 무시되어 왔으나 근래에 와서는 양육자로서의 아버지의 역할이 갖는 중요성이 밝혀지고 있어 주목을 받고 있다. Pleck(1987)은 20세기 아버지의 역할을 경제적 부양자로서의 아버지(1940년대 이전), 성역할 모델로서의 아버지(1940년대 중반~1970년대 중반), 양육자로서의 아버지(1970년대 중반 이후)의 세 가지 형태로 개념화하였다. 사회변화로 인해 아버지는 더 이상 가정에 물질적 도움을 주는 부양자로서의 존재가 아니며, 어머니 못지않게 자녀의 발달에 중요한 역할을 담당하는 것으로 인식되고 있다(사진 참조).

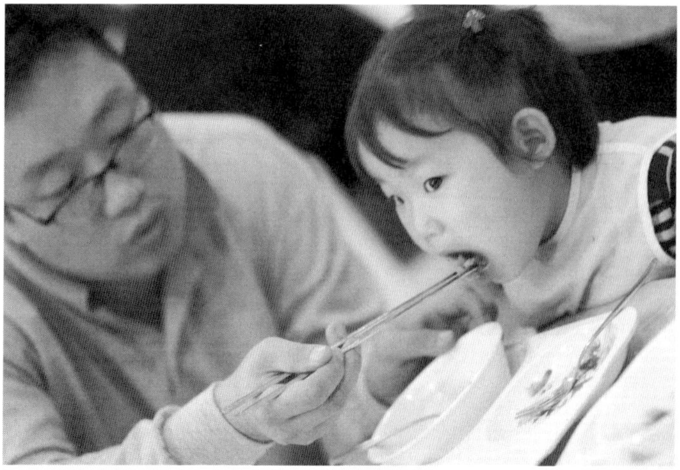
✎사진 설명
현대사회에서는 양육자로서의 아버지 역할이 중요시된다.

따라서 현대사회에서는 아버지는 거칠고 어머니는 부드러우며, 아버지는 엄격하

1) 임신한 아내가 임신기간 동안 경험하는 입덧이나 식욕상실 등으로 인한 신체적 고통과 분만 시 진통 등의 고통을 남편이 경험하는 증후군을 말한다.

고 어머니는 양육적이라는 전통적 역할구분이 변화하고 있다. 전통적인 역할구분과는 달리 가정에서 자녀양육자 역할을 수행하는 아버지(stay-at-home father: SAHF)의 비율이 점차 증가하고 있다(Shaver, 2007; U. S. Census Bureau, 2009). 다시 말해서, 생물학적 아버지로서의 역할비중은 점차 감소하고, 사회학적 아버지로서의 역할비중은 점차 증가하는 추세이다. 연구결과에서도 아버지가 한계를 설정함과 동시에 온정성과 양육성을 보일 때 아동의 창의성, 독립성, 관대함, 민감성의 발달은 촉진된다고 한다(Mussen, Conger, Kagan, & Huston, 1995).

4. 부모역할의 영향 요인

Urie Bronfenbrenner

Bronfenbrenner(1979, 2000)는 생태학적 관점에서 인간의 발달은 가까운 근접환경에서부터 자신이 살고 있는 문화적 환경까지를 모두 포함하는 미시체계, 중간체계, 외체계, 거시체계 그리고 시간체계의 다섯 가지 체계의 영향을 받는다고 하였다(〈그림 1-2〉 참조). 그리고 아동이 성장함에 따라 부모와 자녀 간에 이루어지는 상호작용은 보다 넓은 체계의 영향으로 점차 그 복잡성이 증가하게 된다고 하였다.

Jay Belsky

이러한 여러 환경 요인 가운데 아동의 성장과정에서 무엇보다도 필요한 것은 부모-자녀 간의 강한 정서적 유대감이다. 대부분의 부모들은 자녀와 강한 정서적 유대감을 형성하고 있지만 그 정도에서는 차이를 보이며 이러한 차이를 결정하는 주요 요인으로 Belsky(1984)는 부모의 성격이나 개인적 자원, 자녀의 특성 그리고 사회적 환경의 세 가지 요인을 들었다.

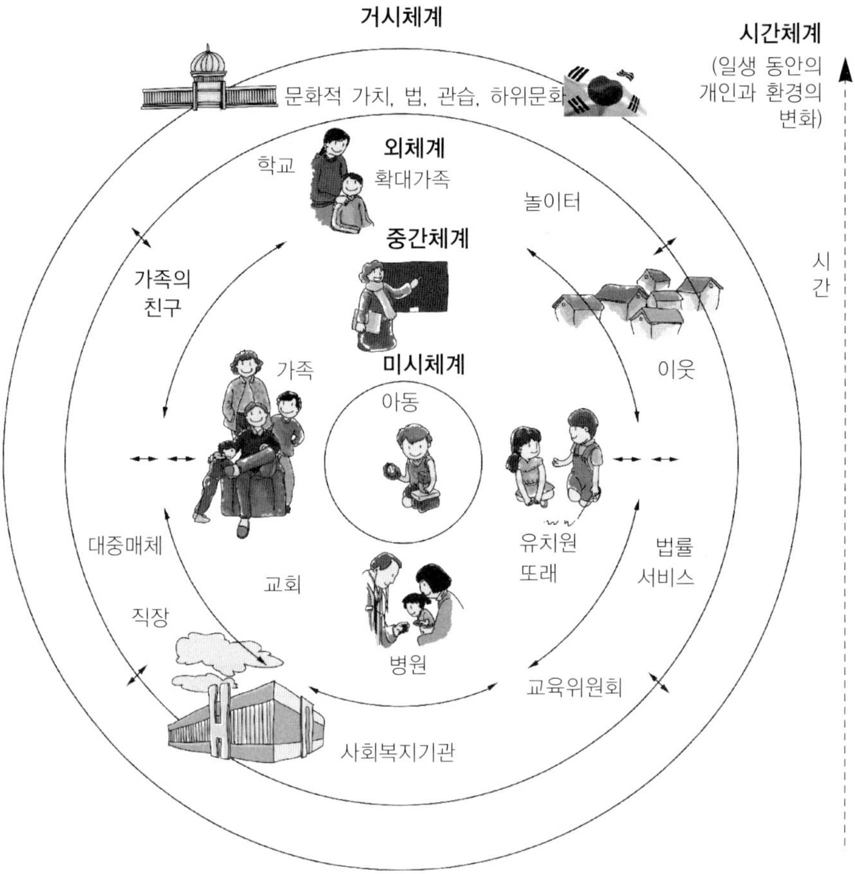

〈그림 1-2〉 Bronfenbrenner의 생태학적 체계 모델

출처: Shaffer, D. R. (1999). *Developmental psychology: Childhood and adolescence* (5th ed.). Pacific Grove, CA: Brooks/Cole.

1) 부모의 특성

부모의 성격특성이나 자녀양육에 대한 신념과 태도, 출생가족에서의 경험과 같은 부모요인들은 부모역할에 많은 영향을 미치게 된다.

여러 학자들은 부모역할에서 개인의 성격이 결정적인 역할을 한다고 하였다. 부모의 성격요인과 양육행동 간의 관계가 중요한 연구영역으로 대두된 것은 5요인 성격이론을 수용하면서부터이다. 성격의 5요인 가운데 신경증 점수가 낮고 외향성이나 순응성, 경험에 대한 개방성, 성실성 점수가 높은 부모들이 자녀에 대해 보다 지지적이고 민감하고, 반응적이며, 지적인 자극을 많이 제공하는 것으로 나타났다(Vondra, Sysko, & Belsky, 2005).

특히, 부모의 민감성 수준은 여러 연구들에서 부모역할에 지대한 영향을 미치는 요인으로 밝혀지고 있다. 출생 초기 어머니의 민감성은 모-자녀간 애착형성에 영향을 미치며(Bernier, Matte-Gagné, Bélanger, & Whipple, 2014), 출생 이후 첫 3년간의 어머니의 민감성은 사회적 · 학업적 유능성에 장기적인 영향을 미치는 것으로 보인다(Raby, Roisman, Fraley, & Simpson, 2015). 민감한 부모역할은 아동의 자기조절능력을 향상시키고 나아가 외현화문제를 감소시키는 것으로 나타났다(Sulik, Blair, Mills-Koonce, Berry, Greenberg, & The Family Life Project Investigators, 2015). 아동기 부모의 민감성은 자녀의 사회적 유능성을 높여주며, 이후 성인기의 건강에도 보호요인으로 작용하는 것으로 보인다(Boyer & Nelson, 2015). 나아가 민감한 부모역할은 부모간 폭력이 자녀의 심리적 적응에 미치는 영향에 완충역할을 함으로써 폭력가정에서 성장하는 취약성을 약화시켜주는 보호요인으로 작용하는 것으로 나타났다(Manning, Davies, & Cicchetti, 2014).

부모의 신념이나 태도와 같은 사회인지적 요인도 부모의 행동에 많은 영향을 미치게 된다. 부모의 신념은 부모가 진실이라고 믿는 생각이나 지식으로서, 자녀양육방법, 아동발달, 부모-자녀관계나 형제자매관계 등의 다양한 측면에 대한 부모의 생각을 포함하는 것이다. 부모의 신념은 사회계층에 따라 차이를 보이는데, 교육수준이나 소득수준이 낮은 부모들은 부모역할에서 보다 전통적인 신념을 가지는 것으로 나타났다(Shek, To, & Dou, 2019). 또한 문화적으로도 차이를 보이는데, 중국계 미국인은 유럽계 미국인에 비해 보육시설보다 부모나 가족원에 의한 자녀양육이나 훈육을 선호하며, 학업에서의 성공을 도와줌으로써 자녀에 대한 애정을 표현해야 한다는 신념을 가지고 있었다(Chao, 1994). 중국 부모들은 미국 부모들에 비해 자녀에 대해 높은 통제성향을 보이는데, 그 이유

가운데 하나는 중국 부모들이 미국 부모들보다 자녀의 학업성취에 보다 큰 가치를 두기 때문이다. 자녀의 학업성취를 강조하는 부모일수록 심리적 통제를 더 많이 하는 것으로 나타났다(Ng, Pomerantz, & Deng, 2014). 또한 도덕적으로 위배되는 자녀의 행동에 대한 부모의 훈육방식에 관한 판단에서도 중국인과 캐나다인은 차이를 보였는데, 캐나다인보다 중국인은 수치심과 애정철회의 방식을 더 많이 사용하는 것으로 나타났다(Helwig, To, Wang, Liu, & Yang, 2014).

부모의 태도는 신념에 근거한 것으로, 자녀를 칭찬하거나 체벌을 사용하는 것과 같이 대상에 대한 긍정적·부정적 평가 차원이 첨가된 것이다. 사회적 환경의 영향을 많이 받는다는 신념을 가지고 있는 어머니는 그렇지 않은 어머니보다 부모-자녀 간의 상호작용에서 어머니가 사용하는 언어의 양이나 종류가 많고 다양한 것으로 나타났다(Donahue, Pearl, & Herzog, 1997). 또한 부모의 태도에서 권위 있는(authoritative) 양육태도를 가진 어머니는 권위주의적(authoritarian) 양육태도를 가진 어머니보다 모-자녀 간 상호작용이 많은 것으로 나타났으며, 이러한 양육태도의 차이는 사회경제적 지위와 밀접한 관련이 있다(Benasich & Brooks-Gunn, 1996).

Mavis L. Donahue

Jeane Brooks-Gunn

부모역할은 자신이 출생한 출생가족에서의 경험과도 관련이 있다. 그들 자신의 부모와 안정된 관계를 형성하였던 성인들은 그들의 자녀와도 안정된 애착을 형성하고 양육하는 경향이 있다. 이처럼 부모역할은 자신의 부모에 대한 동일시를 통해 한 세대에서 다음 세대로 전해지게 된다(van IJzendoorn, 1992).

Marinus H. van IJzendoorn

출생가족에서의 경험과 성인기의 부모-자녀관계와의 관련성은 아동학대에서 보다 분명하게 드러난다(Muller, Hunter, & Stollak, 1995). 부모와의 관계에서 문제가 있었던 사람들은 성인기에 자녀를 학대하는 비율이 높다는 것이다. 이러한 관련성을 단정하는 데에는 방법론적 한계가 있으며, 부모의 양육태도가 과거의 영향을 받는 것으로만 생각할 수는 없다. 오히려 자신의 경험을 극복하고자 하는 욕구가 강하여 보다 효율적으로 부모역할을 수행할 수도 있다. 그러나 초기의 관계가 이후 학대의 중요한 원인이 될 수 있다는 사실에 많은 학자들이 의견의 일치를 보이고 있다.

2) 자녀의 특성

부모역할은 부모가 가지고 있는 특성의 영향을 받을 뿐만 아니라 자녀의 특성도 부모의 행동에 영향을 미친다. 자녀의 성별이나 출생순위, 기질 등은 부모역할에 영향을 미치는 중요한 요인이다. 또한 특별한 욕구를 충족시켜야 하는 발달상의 문제를 가지고 있는 아동의 경우 부모역할은 상당히 많은 영향을 받게 된다. 최근에는 자녀의 성별에 무관하게 동일한 기준으로 양육하려는 경향을 보이고 있으나 여전히 자녀의 성별은 부모역할에 많은 영향을 미치는 요인이다. 또한 출생순위별로도 부모의 양육행동에는 큰 차이가 있으며, 이로 인해 출생순위에 따라 성격에서 차이를 보이게 된다.

부모의 성격이 자녀에게 미치는 영향에 비해 자녀의 성격이 부모역할에 미치는 영향에 대해서는 상당히 오랫동안 간과되어 왔다. 자녀가 부모에게 미치는 영향에 대한 연구는 Thomas와 그 동료들(Thomas, Chess, Birch, Hertzig, & Korn, 1963)에 의해 이루어진 뉴욕종단연구(New York Longitudinal Study: NYLS)를 시발점으로 하는 기질연구로 소급해 올라간다. 그리고 또 다른 연구는 자녀와 양육자가 상호 간에 서로의 행동을 재조정하고 자극하는 사회화의 재개념화(reconceptualization of socialization)에 대한 Bell의 연구(1968, 1979)인데, 이를 통해 Bell은 부모가 자녀에게 영향을 미치는 일방적 접근방법의 한계를 지적하였으며, 이후부터 기질연구는 많은 관심을 받게 되었다. Sameroff와 Chandler(1975)도 유기체와 환경요인 간의 상호작용에 대해 규명하였는데, 이들은 수줍음과 같은 기질특성을 사용하여 수줍음이 부모로부터 특정한 인식이나 감정을 유도해낸다는 간략한 형태의 상호작용 모델을

Arnold J. Sameroff

제시하였다.

초기의 기질연구는 부모역할과 밀접한 관련을 가지고 이루어졌는데, 이러한 기질연구를 통해 이들은 자녀의 문제행동에 대해 부모가 전적으로 책임이 있다는 사실에 반대의견을 제시하였다. Chess와 Thomas(1989)는 건강하게 부모역할을 수행하는 가정에서도 자녀에게서 정신병리현상이 나타나기도 하며, 이와는 달리 부모역할에 문제가 있거나 가족의 와해나 심한 스트레스 상황에 있는 가족에서도 자녀가 건강하게 성장하는 경우도 있다는 것이다. 이러한 연구결과를 통해 이들은 자녀의 특성과 환경적 요구 간의 조화의 적합성(goodness-of-fit)을 강조하게 되었다.

3) 사회적 환경

부모 자신이나 자녀가 가지고 있는 고유한 특성 외에도 부모-자녀 간의 상호작용이 이루어지는 사회적 맥락도 부모역할에 영향을 미치는 요인이다. 부모역할은 부부관계나 자녀양육을 위한 지원망 등의 영향을 받으며, 나아가 사회경제적 지위나 종교, 문화적 요인의 영향을 받기도 한다.

배우자의 지지나 사회적 지원망의 범위가 넓은 어머니들은 자녀에게 보다 지지적인 양육태도를 보이는 것으로 나타났다. 이러한 관련성은 자신의 친구나 배우자와 좋은 관계를 유지할 줄 아는 사람들은 그들 자녀와의 관계에서도 존중을 표하고 반응하며 인내심을 보인다고 볼 수 있으며, 동시에 정서적인 요구상황에 보다 효율적으로 대처하는 것으로 보인다(Vondra et al., 2005). 이와는 달리 만성적인 스트레스에 노출되는 것은 부모역할을 수행하는 것을 어렵게 하는 대표적인 요인이다(Cardemil, Reivich, & Seligman, 2002; Muñoz et al., 1995).

사회계층도 부모역할에 영향을 미치는 요인이다. 사회계층에 따라 부모역할에 대한 신념이나 목표, 양육태도, 언어적 상호작용이나 통제방식 등에서 큰 차이가 나타난다. 높은 사회경제적 지위를 가진 부모들은 자녀양육에 대한 지식을 더 많이 가지고 있고, 스트레스에 완충작용을 할 수 있는 자원을 더 많이 가지고 있으므로 자녀에게 인내심을 가지고 반응하는 경향을 보인다(Nelson, Kushlev, & Lyubomirsky, 2014). 또한, 사회경제적 지위가 높은 어머니들은 자녀와 언어적 상호작용도 보다 많이 하는 것으로 나타났다(Hoff-Ginsberg, 1992). 반면, 사회경제적 수준이 낮은 부모들은 스트레스를 주는 부정적인 양육행동을 보이며, 이러한 양육행동은 자녀의 두려움이나 경계심 수준을 높이는 것으로 나타났다(Huizink, 2012).

그 외에도 부모역할은 자녀를 어떻게 양육해야 하는지에 대한 문화적 기준의 영향을 받게 된다. 부모역할의 문화적인 영향에 대한 대표적인 연구자는 Ruth Benedict와 Magaret Mead이다. 어떻게 문화가 개인의 성격에 영향을 미치는 가에 대해 Benedict는 어린 시절 사회화 과정을 통해 문화적 동화(cultural assimilation)가 일어나며, 이로 인해 문화와 성격은 분리할 수 없는 통합적인 것으로 형성된다고 하였다. 대부분의 문화권에서 유아들은 타인의 행동을 광범위하게 흉내 내는 과잉모방행동을 보이는데, 이러한 과잉모방행동은 문화적 지식을 효율적으로 획득하고 이용할 수 있는 강력한 수단이 된다(Nielsen, Mushin, Tomaselli, & Whiten, 2014).

Ruth Benedict

5. 현대사회의 부모역할

사회가 변화하면서 부모역할에서도 많은 변화가 나타났다. 사회변화의 여러 측면 가운데 여성취업률의 증가와 핵가족화 · 소가족화, 이혼율의 증가와 같은 요인들은 부모역할에 큰 변화를 초래한 대표적인 요인으로 볼 수 있다.

1) 여성취업률 증가와 부모역할

전통사회에서 아버지와 어머니는 그 역할이 엄격하게 구분되어 있었으며, 이는 자녀양육에서도 예외는 아니었다. 아버지가 가족을 부양하기 위한 도구적인 역할을 수행하였다면, 어머니는 자녀양육을 담당하는 표현적인 역할을 수행하였다.

그러나 최근 여성들이 자녀양육보다는 직업적 성취에 더 많은 비중을 두게 되면서 자녀양육은 부모의 직업적 성취에 종속되는 경향을 보이고 있다. 결혼 이후에도 자신의 직업적 성취를 고려하여 자녀출산을 연기하거나 아예 출산을 하지 않음으로 인해 나타나는 저출산율의 문제는 심각한 수준이다. 2020년 통계청에서 발표한 우리나라의 '2019년 출생통계'에 따르면 2019년 총 출생아 수는 30만 3천 명으로 나타났으며, 여성 1명이 가임기간(15~49세) 동안 출산하는 출생아 수(합계출산율)도 0.92명으로 낮아졌다(〈그림 1-3〉 참조). 현재의 인구를 유지하는 데 필요한 최소한의 합계출산율이 2.1명이라는 사실에 비추어 볼 때에 현재의 출산율이 그대로 유지될 경우 2050년경에는 우리나라 인구가 4천만 명 이하로 감소할 수 있으며, 이는 생산성이나 노인부양에서 심각한 문제를 초래할 수 있다.

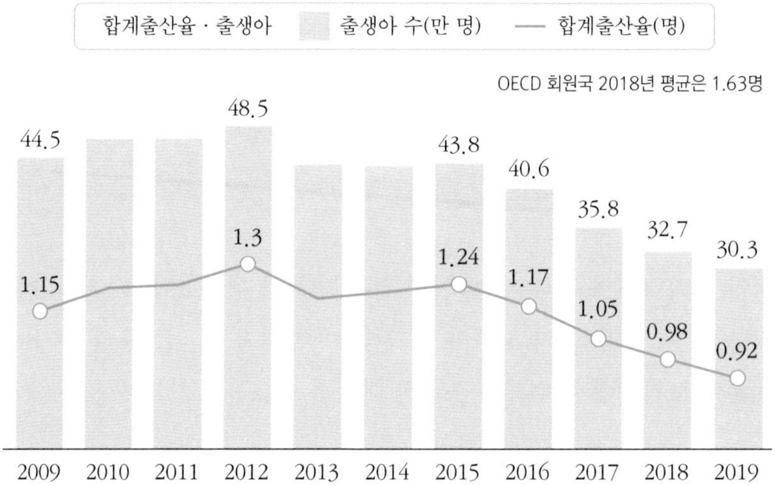

*합계출산율: 여성 1명이 평생 낳을 것으로 예상되는 평균 출생아 수.

〈그림 1-3〉 우리나라의 출산율 추이

출처: 통계청(2020). 2019년 출생통계.

또한 자녀를 한 명만 둔 맞벌이 부부들(double-income one-kid families: DIOKs)은 자녀에 대한 양육에서 지나치게 익애적이거나 허용적인 태도를 보여 한국판 '소황제 증후군'도 문제시되고 있다. 이들은 자녀를 위한 투자를 아끼지 않을 뿐만 아니라 이러한 투자가 자녀의 인지발달에 치중해 있기 때문에 자녀가 부모의 기대수준에 미치지 못하는 경우에 나타나는 갈등도 심각한 문제로 대두되고 있다.

2) 핵가족화 · 소가족화와 부모역할

산업화와 도시화로 인해 가족은 형태상으로 점차 핵가족화 · 소가족화되고 있다. 서울시에서 발표한 '통계로 본 서울 가족구조 및 부양변화'를 보면, 서울의 1인 가구는 2000년 16.3%에서 2015년에는 27%를 차지하는 것으로 나타났으며, 2030년에는 30.1%를 차지할 것으로 예상된다. 반면 2000년 전체 가구의 절반(49.8%) 정도였던 부부와 미혼 자녀로 구성된 가구 비율은 2015년 33.6%로 감소하였으며, 2030년에는 25.4%까지 감소하여 '가장 보편적 가구형태'라는 타이틀을 1인 가구에 넘겨주게 될 전망이다(조선일보, 2015년 4월 27일자). 더구나 3세대 가족은 이제 전체 가족의 10%에도 채 미치지 못하고 있다(〈그림 1-4〉 참조). 이러한 가족형태의 변화로 인해 현대의 부모들은 과거 대가족 내에서처럼 성장과정을 통해 자연스럽게 자녀양육에 대해 배울 수 있는 기회를 갖지 못하게 되며, 결과적으로 자녀양육에 대한 지식이 부족할 수밖에 없다. 이러한 지식의 부족은 자신감의 부족으로 이어지고 다시 부모역할에 대한 만족도를 저하시키는 요인으로 작용한다.

또한 여성취업률의 증가와 더불어 이러한 소가족화 · 핵가족화는 자녀양육자 부재현상을 촉진시키는 요인이 되고 있다. 보육시설이 충분하게 구비되지 않은 상황에서 전통적으로 자녀양육을 담당하던 여성들은 자녀양육의 책임을 전적으로 담당하기 어려워졌으며, 남성이 그러한 역할을 보완하고 있지 않은 실정이기 때문에 궁극적으로 저출산의 문제를 유발하고 있다.

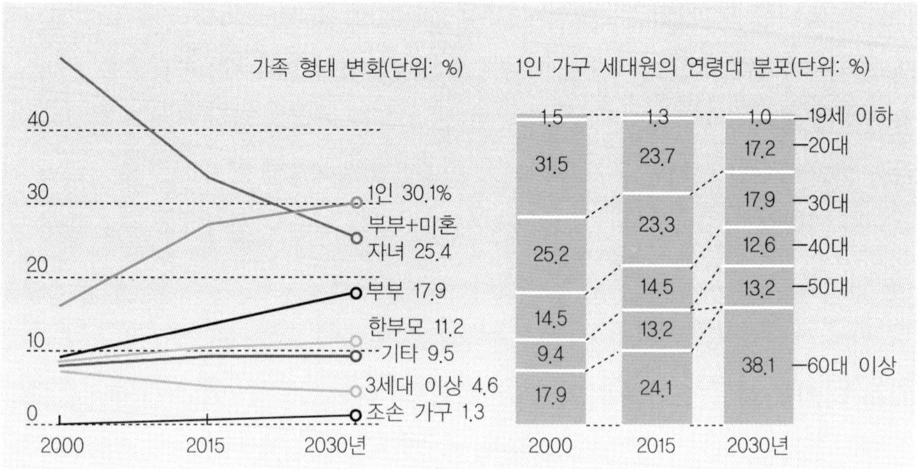

〈그림 1-4〉 우리나라의 가족형태

출처: 조선일보(2015). 통계로 본 서울 가족구조. 15년 뒤 서울, 3가구 중 1가구 '나홀로族'. Retrieved from http://news.chosun.com/site/data/html_dir/2015/04/27/2015042700121.html.

3) 이혼율 증가와 부모역할

가족의 가치보다 개인적인 성취에 더 많은 가치를 두게 되면서 현대사회에서는 결혼을 통해 형성된 가족이 더 이상 안정적인 단위가 아니다. 이혼율은 급속도로 증가하고 있으며, 이에 따른 한부모가족이나 새부모가족의 비율도 점차 증가하고 있다. 2020년 통계청에서 발표한 2019년 우리나라의 이혼건수는 110,800건으로 나타났으며, 인구 천 명당 이혼율을 나타내는 조이혼율은 2.2건에 달하는 것으로 나타났다. 이는 이혼율이 정점에 달한 2003년의 3.5건에 비해서는 다소 감소한 수치이지만 여전히 높은 수치라고 볼 수 있다.

높은 이혼율로 인해 상당수의 아동이 한부모가족이나 새부모가족에서 성장하게 될 것이며, 이는 아동의 성장과 발달뿐만 아니라 부모역할에도 영향을 미치게 된다. 지금까지 양부모가족에서 한부모가족, 새부모가족으로의 변화가 자녀에게 미치는 영향은 주로 인지적, 행동적 문제에 초점을 맞추어 연구해 왔다.

그리고 그 영향은 발생시기별로는 생후 5년간의 어린 시절에 변화를 경험한 경우 발달상의 문제가 더욱 증가하는 것으로 나타났다(Ryan & Claessens, 2013). 소득수준별로는 고소득층보다 저소득층의 자녀에게서 특히 행동문제가 심각한 것으로 나타났으며(Cooper, Osborne, Beck, & McLanahan, 2011; Waldfogel, Craigie, & Brooks-Gunn, 2010), 이에 따라 저소득층 자녀의 적응을 돕기 위한 정책을 중심으로 시행되어 왔다. 한편, 저소득층보다 고소득층의 자녀에게서 발달상의 문제가 더욱 심각한 것으로 나타난 연구결과도 있는데(Dunifon & Kowaleski-Jones, 2002; Fomby & Cherlin, 2007; Ryan, Claessens, & Markowitz, 2015), 이는 이혼 전후의 경제적 상황이나 부모-자녀 간의 상호작용의 차이를 보다 크게 경험하기 때문이다. 그러므로 이혼으로 인해 가족구조의 변화를 경험하는 모든 계층을 대상으로 한 부모교육이 필요하다.

이처럼 사회변화에 따라 부모역할에도 많은 변화가 나타났으며, 이러한 변화에 순조롭게 적응해나가기 위해서는 부모교육의 필요성을 절감하게 된다.

제2장 부모교육의 본질

맞벌이가족의 증가나 핵가족화와 같은 현대사회의 여러 가지 특성에 비추어 볼 때, 부모교육의 필요성이 절실하게 요구되는 실정이다. 그럼에도 불구하고 부모교육에 대한 사회적인 인식이 부족할 뿐 아니라 개인적으로도 부모역할을 수행하기 위해서 준비가 필요하다고 생각하는 사람은 거의 없다. 이로 인해 대부분의 부모들은 체계적인 부모교육을 받은 경험이 없으며, 이처럼 부모가 되기 위한 준비나 교육의 부족은 부모역할을 불만족스럽게 만드는 중요한 요인이 되고 있다.

자녀의 성장에 필요한 최적의 환경을 조성해주고 보다 적응력 있게 키워 나가는 데에는 체계적인 교육이 필요하다. 그리고 이러한 교육은 부모가 되기 이전의 예비부모를 대상으로 할 때 보다 큰 효과를 기대할 수 있다. 자녀의 성장과정을 보다 잘 이해함으로써 부모는 자녀의 욕구를 보다 효율적으로 충족시켜 줄 수 있으며, 부모-자녀관계에서 보다 만족스러운 상호작용을 경험하게 된다. 만약 그렇지 못한 경우에는 부적절한 부모역할이 이루어지게 되며, 이는 아동의 성장이나 부모-자녀관계에 심각한 문제를 초래하게 된다.

이 장에서는 예비부모교육의 개념정의와 그 필요성, 목표 그리고 역사적 관점을 정리해보고, 이를 토대로 부모교육의 본질에 대한 이해를 돕고자 한다.

1. 예비부모교육의 개념

부모교육은 체계적인 프로그램을 통해 부모에게 지식과 정보 그리고 기술을 알려주기 위해 의도적으로 계획된 활동이라고 볼 수 있다(Fine, 1980). 그러므로 예비부모교육은 부모가 되기 이전의 신혼부부와 대학생, 청소년들을 대상으로 하여 부모역할을 수행하는 데 필요한 지식이나 기술, 태도를 가르침으로써 올바른 가치관을 함양하고, 부모역할에 대한 효율적인 준비를 시키는 것을 목표로 하는 활동이라고 볼 수 있다.

부모교육에 대한 초기의 인식은 전문가들이 부모를 가르치고 부모는 배운다는 교사와 학습자로서 상하관계의 특성이 강조되었다. 그러나 1960년대 이후 부모교육에 대한 인식은 전문가가 가르치고 부모가 배우는 일방적인 관점이 아니라 동등한 입장에서 교육활동에 참여함으로써 보다 효율적인 교육이 가능하다는 쌍방적인 관점으로 변화하였다.

부모교육(parent education)과 유사한 의미로 사용되어 온 부모훈련(parent training), 부모참여(parent participation), 부모역할하기(parenting), 부모개입(parent involvement) 등과 같은 용어들도 바로 이러한 관점의 변화를 반영해준다고 볼 수 있다. 이들 용어 가운데 부모훈련은 부모에게 효율적으로 부모역할을 수행할 수 있도록 교육을 시키는 과정으로, 부모는 가르침을 받는 입장이라면 교육기관은 가르치는 입장이 된다. 그러므로 부모훈련이라는 용어는 초기의 부모교육에 대한 인식을 반영해주는 용어라고 볼 수 있다. 반면, 부모참여는 부모가 직접 교육 프로그램을 계획하고 실시하는 데 참여하고 함께하는 것을 의미한다. 이는 부모와 교육기관이 동등한 입장에서 자녀의 교육을 위해 노력하는 쌍방적인 과정을 의미하는 것으로, 부모개입과 유사한 용어라고 볼 수 있다. 이와는 달리 부모역할하기는 부모와 전문가와의 관계가 아니라 자녀의 발달단계에 적절한 환경을 조성하고 효율적인 부모-자녀 간의 상호작용 과정에 보다 초점을 둔 용어라고 볼 수 있다. 이러한 여러 용어들 간의 관계를 정리해보면, 부모교육이라는 용어는 초기에는 부모훈련이라는 일방적인 의미가 강조되었으나 현재에는 부모참여와 개입이라는 쌍방적인 의미를 포함하는 보다 포괄적인 의미를 가진 용어로 사용되고 있다고 볼 수 있다. 따라서 예비부모교육은 그 대상이 자녀를 출산하기 이전의 사람들이기 때문에 부모참여나 부모개입의 개념보다는 부모훈련의 개념이 보다 강조되는 활동이라고 볼 수 있다.

2. 예비부모교육의 필요성

자녀양육에 대한 부모역할의 중요성이나 부모를 위한 교육의 필요성은 지속적으로 강조되어 왔다. 특히 최근에는 핵가족화, 소가족화 경향으로 인해 성장과정을 통해 자연스럽게 부모역할을 학습할 수 있는 기회가 부족할 뿐만 아니라 검증되지 않은 자녀양육과 관련된 지식의 폭발적인 증가로 인해 부모역할을 수행하기 위한 체계적인 교육의 필요성에 대해 많은 사람들이 공감하고 있다. 예비부모교육의 필요성은 예비부모의 관점, 자녀의 관점, 사회적인 관점 등 여러 가지 관점에서 논의될 수 있다.

1) 예비부모의 관점

예비부모교육을 통해 부모기(parenthood)에 대한 그릇된 인식을 바로잡고 자녀양육에 대한 지식을 습득함으로써 부모역할을 준비하는 데 도움을 받을 수 있다. 또한 부모교육을 통해 부모는 자신에 대한 성찰과 아울러 보다 성숙한 한 인간으로 성장해 나가는 데 도움을 받을 수 있다.

Mulvaney(1995)는 부모들은 부모역할에 대해 잘못된 믿음을 가지고 있는데, 이를 수정하는 데에도 부모교육이 필요하다고 하였다. 부모들이 가지고 있는 잘못된 믿음 가운데 하나는 부모는 자녀의 모든 행동에 개입하고 이에 대해 책임을 져야 한다는 생각이다. 이러한 생각을 가지고 있는 부모는 자녀의 숙제나 친구관계 등은 물론이고 자녀가 혼자 힘으로 할 수 있는 일까지 모두 부모가 관여해야 한다고 생각한다. 이러한 부모의 행동은 자녀를 숨막히게 하고 이로 인해 자녀는 위축되거나 혹은 반항을 하게 된다. 또한 나아가 자녀의 자립심까지 저해하는 결과를 초래하게 된다. 부모들이 가지고 있는 또 다른 잘못된 믿음은 부모역할은 즐거운 것이며 항상 이를 즐겁게 생각해야 한다는 믿음이다. 그러나 부모역할은 많은 시간과 에너지를 요구하는 역할이며, 다른 역할과 마찬가지로 항상 즐거울 수만은 없는 역할이다. 그럼에도 불구하고 많은 부모들은 이러한 문제로 고통을 받고 있으며, 전통적으로 자녀양육의 역할을 수행해 온 여성의 경우는 더욱 그러하다. 최근 취업여성의 비율이 급격하게 증가하면서 많은 여성들은 직업과 자녀양육이라는 이중 역할 문제에 직면하게 되며, 동시에 자신이 자녀양육에 소홀하고 자녀양육을 즐겁게만 받아들이지 못하는 문제로 인해 상당히 많은 죄책감을 가지고 있다. 또 다른 잘못된 믿음은 자녀의 성공이나 실패가 자신의 책임이라는 생각이다. 부모의 양육태도는 자녀의 행동에 큰 영향을 미치는 변인임은 주지의 사실이다. 그러나 부모의 양육태도 이외에도 자녀의 행동에 영향을 미치는 많은 변인들이 존재한다. “말을 물가로 끌고 갈 수는 있어도 물을 먹일 수는 없다”는 옛 속담과 같이 부모가 자녀의 인생행로를 설계해준다 하더라도 자녀가 반드시 그 길로 가는 것만은 아니므로 잘못된 믿음에 대한 수정이 필요하다.

최근 젊은 세대에서 결혼을 하지 않고 독신을 선택하는 비중이 점차 증가하고 있으며, 결혼은 하되 자녀는 두지 않겠다는 무자녀 가족을 선택하는 비율도 점차 증가하고 있다. 이러한 경우 어린 시절 부모와의 상호작용이나 부모의 결혼생활에 많은 영향을 받은 것이 원인이 될 수 있다. 그러므로 예비부모교육을 통해 자신의 성장과정을 살펴보고 이를 근거로 자신에 대한 생각이나 부모와의 상호작용에 대한 인식을 변화시킴으로써 부모기에 대한 인식을 변화시킬 수 있으며, 보다 준비된 부모역할을 수행하는 데 도움을 받을 수 있다.

부모역할은 자녀가 태어나면서부터 시작되는 것이 아니라 자녀가 태어나기 이전에 부모 자신의 경험과도 관련이 있으며, 이에 영향을 받는다. 그러므로 부모역할은 실제로 자녀가 출생하는 시점부터가 아니라 그 이전부터 시작한다고 볼 수 있다. 애착의 세대 간 전이와 같은 현상을 통해 증명되듯이 부모 자신이 과거 자신의 부모와의 관계에서 어떠한 경험을 하였는가에 따라 달라지게 된다. 그러므로 예비부모교육을 통해 부모역할을 수행하기 이전에 자신의 출생가족 부모와의 상호작용방식을 정리해보고 보다 성숙한 인간으로 성장해 나가는 데 도움을 받을 수 있다.

2) 자녀의 관점

가족의 중요한 기능 가운데 하나가 자녀사회화의 기능이며, 부모는 누구보다도 자녀의 신체, 인지, 사회정서발달에 큰 영향을 미치게 된다. 현대 사회에서 자녀양육의 상당 부분이 사회로 이전되고 있으나 아직까지 부모는 자녀의 발달에 가장 큰 영향을 미치는 중요한 인물이다. 특히 초기발달에서 부모의 영향을 고려한다면 부모교육은 자녀의 성장발달에 긍정적인 영향을 미칠 수 있는 가장 효율적인 방법이라고 볼 수 있다.

산업화와 도시화로 인해 나타난 핵가족화, 소가족화로 인해 젊은 세대는 자녀양육의 경험을 접할 기회가 절대적으로 부족하며, 따라서 자녀양육에 대한 자신감도 없으며 부모역할에 대한 만족도도 낮게 나타난다. 또한 여성취업률의 증가는 전통적으로 양육자의 역할을 수행하던 여성을 사회적인 역할로 끌어들였으며, 결과적으로 자녀양육자 부재현상을 초래하게 되었다. 이러한 상황에서 아버지의 양육역할 참여가 불가피함에도 불구하고 아직까지 이에 대한 인식은 미흡한 실정이다. 그러므로 결혼 전이나 출산 전에 예비부모교육을 받음으로써 자녀의 발달에 필요한 지식과 부모역할을 수행하는 데 필요한 준비를 하는 것은 자녀의 발달에 긍정적인 영향을 미치게 될 것이다.

3) 사회의 관점

부모역할에 대한 인식의 부족은 심각한 사회문제를 양산하는 악순환을 초래하게 된다. 최근 사회적인 문제로 대두되고 있는 저출산율 문제는 부모역할에 대한 우리 사회의 인식부족이나 부모역할에 대한 준비부족과도 관련이 있다. 또한 사회문제의 예방차원에서도 예비부모교육이 효과적이다. 특히 장애아 출산의 경우, 사전에 이를 예방할 수 있는 예비부모교육의 필요성을 더욱 절감하게 된다. 최근 증가하고 있는 아동학대문제나 반응성 애착장애와 같은 행동장애는 출생 초기의 부모와의 상호작용 문제에서 비롯된다고 볼 수 있다. 그러므로 자녀가 출생하기 이전에 이루어지는 예비부모교육이 보다 효율적인 것으로 볼 수 있다.

현재 이루어지고 있는 부모를 대상으로 한 교육은 주로 유치원이나 초등학교에 다니는 자녀를 둔 부모를 대상으로 이루어지고 있으며 이러한 경우 이미 자녀와의 관계형성에서 문제가 생긴 이후에 이루어지는 경우가 많기 때문에 예방적인 측면에서 예비부모교육의 필요성이 강조되고 있다.

3. 부모교육의 목표

부모교육의 궁극적인 목표는 부모로 하여금 자녀의 발달특성을 이해하고 자녀를 양육하는 데 필요한 지식이나 기술, 태도 등을 습득하도록 도와주는 것이다. 예비부모교육의 목표도 이에서 크게 벗어나지 않는다. 이러한 목표를 위해 보다 세부적인 하위목표들이 설정되며, 어떤 하위 목표에 중점을 둘 것인지는 집단의 구성이나 가치관 등과 같은 여러 하위요인들에 의해 결정된다.

여러 학자들이 다양한 부모교육의 목표를 제시하고 있으며, 이를 종합해보면 전반적으로 부모교육의 목표는 다음과 같은 네 가지 하위목표로 구분할 수 있다(〈그림 2-1〉 참조).

과 정	내 용	과 정
A. 정보 제공 • 강연 • 집단토의 • 관련서적 읽기 • 부모집단모임	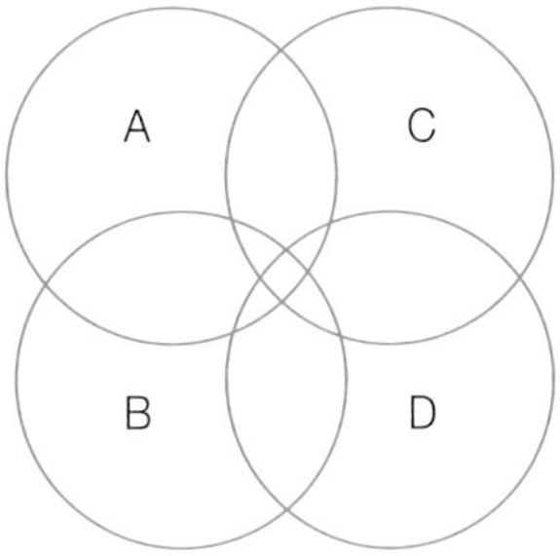	C. 기술 습득 • 시범 · 연습 · 피드백 • 관련서적 읽기 • 토의
B. 신념 변화 • 집단토의 • 개별 · 집단활동 • 자기분석 연습 • 일기쓰기와 기록		D. 문제해결 • 과제에 대한 피드백 • 관찰에 대한 피드백 • 토의 • 추후검토

〈그림 2-1〉 부모교육의 목표

출처: Fine, M. J., & Henry, S. A. (1989). Professional issues in parent education. In M. J. Fine (Ed.), *Handbook on parent education* (pp. 3-20). San Diego, CA: Academic Press.

1) 정보 제공

부모교육의 일차적인 목표는 자녀의 성장과정이나 양육방법과 관련된 폭넓고 전문적인 지식이나 정보를 제공해주고, 이를 상호 간에 교환할 수 있도록 도와주는 것이다. 부모들은 강연회나 토론회, 독서모임 등을 통해서 부모교육 전문가로부터 자녀양육과 관련된 정보를 획득하거나 이러한 정보를 부모 상호 간에 교환할 수 있다(사진 참조). 이러한 정보제공이라는 목표는 빈곤가정에 대한 보상교육을 통해 부모역할 수행능력을 향상시키고자 했던 초기의 부모교육의 중요한 목표였으며, 지금까지도 부모교육의 중요한 목표로 인식되고 있다.

✍사진 설명
소규모 집단으로 부모교육을 받고 있는 모습.

✍사진 설명
강연회를 통해 부모교육이 이루어지고 있는 모습.

2) 신념 변화

부모교육의 목표는 부모가 자신의 신념을 명료하게 인식하게 하고, 문제가 있을 경우에는 이를 변화시키도록 도와주는 것이다. 부모역할을 수행하는 데 있어 일차적인 과제는 부모 자신이 어떤 사람인지에 대한 명확한 인식이다. 자신이 어떤 유형의 부모이며, 이러한 자신의 신념이나 가치관이 자녀의 성장에 어떠한 영향을 미치는가에 대한 인식이 선행됨으로써 진정한 의미에서 부모의 태도변화도 가능하다. 즉, 자신이 권위주의적인 양육태도를 가지고 있다면 이를 명확하게 인식함으로써 이러한 태도가 자녀의 성장에 어떤 영향을 미치는가에 대해 인식하고 이러한 태도를 변화시켜 나가는 것이 가능하다.

3) 기술 습득

부모교육의 또 다른 목표는 부모로 하여금 효율적인 부모역할을 수행할 수 있게 특정한 기술을 습득하도록 도와주는 것이다. 자녀양육과 관련된 기술습득이라는 목표를 달성하기 위하여 부모교육 프로그램에서 가장 보편적으로 다루고 있는 내용은 부모-자녀 간의 의사소통과 관련된 것이다. 많은 부모교육이론들은 부모-자녀 간에 원만한 상호작용이 이루어지기 위해서는 의사소통 방법이 가장 중요하다는 것을 전제로 하고 있으며, 따라서 이들 이론을 근거로 하여 만들어진 부모교육 프로그램들은 부모자녀 간의 대화기법에 대한 내용을 중점적으로 다루고 있다. '나-전달법(I-Message)' '반영적 경청' 등과 같은 의사소통 방식은 PET, STEP, AP 등과 같은 부모교육 프로그램에서 널리 사용되는 방법이다.

4) 문제 해결

부모교육은 일상생활에서 자녀와의 상호작용 과정에서 직면하게 되는 여러 가지 문제들에 대한 해결능력을 증진시키는 것이다. 자녀의 잘못된 행동습관을 고쳐주고 이를 바람직한 행동으로 수정해 나가고자 하는 것은 모든 부모의 공통된 관심사이다. 특히 행동수정이론은 아동의 문제행동을 잘못된 학습의 결과로 간주하며 이를 수정할 수 있는 여러 가지 행동수정 기법을 제시해주고 있다. 아동의 발달과정에서 발생하는 여러 문제점들을 해결하는 능력을 향상시키기 위해 전문가들은 특정 상황에서 부모-자녀 간의 상호작용을 관찰하고 이에 대한 피드백이나 행동지침을 제시해주기도 한다.

4. 부모교육의 역사

인류역사의 시작과 더불어 자녀양육에서 부모의 역할이 중요하다는 사실에 대해서는 많은 사람들이 공감해 왔다. 처음부터 체계화된 부모교육 지침이나 이론을 근거로 하여 '부모교육(parent education)'이 이루어진 것은 아니지만 '어떻게 부모역할을 수행해야 하는가(parenting)'에 대한 지침은 존재해 왔었다. 특히 우리나라의 태교문화는 임신 이전부터 부모가 지녀야 할 몸가짐을 강조하였다는 점에서 예비부모교육의 특성이 강조되었던 것으로 볼 수 있다.

자녀를 양육하는 데 있어서 부모의 역할이 어떤 것이어야 하는가에 대해서는 사회문화적 배경이나 시대에 따라, 또 학자에 따라 상이한 관점을 제시하였다. 엄격하고 규칙적인 것이 바람직한 부모역할이라고 생각했던 시대가 있었는가 하면, 모성성을 강조하는 시대도 있었다. 보다 적극적인 부모역할을 강조하는 학자가 있는가 하면, 최소한의 부모역할이 오히려 바람직하다고 생각하는 학자도 있었다. 또한 아동의 성장에 집단양육이 바람직하다고 주장하는 학자가 있는가 하면, 아동의 개인차를 고려하여 각 가정에서 부모가 양육하는 것이 바람직하다고 주장하는 학자도 있었다. 이들 가운데 어떤 관점을 가장 적절한 것으로 받아들일 것인지의 문제는 궁극적으로 선택의 문제로 남게 된다.

1) 서구의 부모교육

부모역할에 대한 서구의 관점은 시대별로 다음과 같이 구분하여 살펴볼 수 있다.

(1) 고대사회의 부모교육

부모역할에 대한 관심은 고대 그리스 시대로 거슬러 올라간다. 고대사회의 부모역할에 대한 생각은 오늘날과 같이 발달이론에 근거한 체계적인 것은 아니지만 부모역할의 중요성에 대해 많은 시사점을 제공해주고 있다. 이 시기에 부모역할에 대한 관점에 영향을 미친 대표적인 학자로는 플라톤과 아리스토텔레스를 들 수 있다. 이어 로마시대에도 어머니의 무릎에서 이루어지는 가정교육이 자녀의 올바른 성품의 형성과 생활태도를 확립하는 데에 큰 영향을 미친다고 생각하였다.

Platon

① 플라톤

플라톤은 『국가론(The Republic)』과 『법률(Laws)』에서 아동과 청년에 대한 묘사와 아울러 그들의 행동을 어떻게 지도할 것인가에 대해 언급하였다. 플라톤의 견해는 오늘날의 정교한 발달이론이나 부모교육 지침과는 거리가 있지만 부모역할과 관련된 기본적인 틀을 제공해주고 있다는 점에서 시사하는 바가 크다.

플라톤은『국가론』에서 인간의 발달에는 욕망, 정신 그리고 신성이라는 세 가지 수준이 존재한다고 하였다. 그 가운데 욕망(desire)은 주로 신체적인 욕구만족과 관련이 있으며, 다음 수준인 정신(spirit)은 용기, 확신, 절제, 인내와 관련이 있으며, 가장 높은 수준인 신성(divine)은 진정한 의미의 정신으로서 이성으로 표현된다. 플라톤은 발달이란 인간이 성장함에 따라 낮은 수준에서 높은 수준으로 이행하는 과정이라고 보았으며, 각각의 발달단계에 적절한 교육이 가장 바람직한 것이라고 하였다. 이러한 관점에서 플라톤은 3세까지의 유아에게 공포나 고통, 슬픔의 감정을 경험하게 하는 것은 바람직하지 않다고 하였는데, 이러한 플라톤의 견해는 오늘날 많은 심리학자들에 의해 지지되고 있다. 또한 이성이 발달되지 않는 아동기까지는 주로 음악이나 스포츠 등에 중점을 두고 또래집단과 어울리게 함으로써 사회성발달이 이루어지도록 해야 한다고 주장하였다. 그리고 최고의 수준인 이성이 나타나는 청년기에는 비판적 사고가 가능하기 때문에 교육과정을 수학이나 과학으로 대체하는 것이 바람직하다고 하였다.

또한 플라톤은 국민 모두가 정치에 참여해야 한다는 민주주의적 이상보다 이성을 가진 소수의 수호자 계급에 의한 통치가 바람직한 것으로 주장하였다. 이러한 이유로 그는 수호자 계급을 어떻게 양성할 것인가에 관심을 가졌으며, 이들을 양성하고 이상사회를 건설하기 위해 교육은 필수조건이라고 생각하였다. 소크라테스와 마찬가지로 플라톤은 수호자 계급은 집단에서 제공하는 음식을 먹고 집단 합숙소에 기거해야 한다는 생각을 가지고 있었다. 플라톤은 한 걸음 더 나아가 수호자 집단의 소유욕이나 이기심, 시기심을 완전히 배격하기 위해서는 아동은 태어나는 순간부터 국가가 지정한 보모가 운영하는 공동탁아소에서 양육되고 공동으로 소유되어야 하며, 사유재산의 소유도 금지되어야 한다고 주장하였다(Barrow, 1976).

Aristoteles

② 아리스토텔레스

아리스토텔레스도 플라톤과 마찬가지로 세 가지 수준의 정신세계가 존재한다는 사실에는 동의하였다. 그 가운데 가장 낮은 수준은 영양공급과 생식기능으로 식물과 매우 비슷한 수준으로 보았으며, 그 다음 수준은 감각과 지각의 수준으로 이는 동물에게서도 발견되는 것으로 보았다. 인간과 동물을 구분 짓는 가장 높은 수준은 이성적 사고이며, 이성적 사고를 할 수 있는 능력을 발달시키는 것이 인간발달의 궁극적인 목표라고 보았다(Muuss, 1996). 또한 그는 인간의 발달을 3단계로 나누어 생후 첫 7년간을 유년기, 7세 이후 사춘기까지를 소년기, 사춘기 이후 21세까지를 청년기로 구분하였다. 그리고 유년기까지의 유아와 동물은 모두 쾌락을 추구한다는 점에서 유사하며 비슷한 발달단계를 거친다고 보았다. 그러나 그들 간의 차이점은 아동은 동물보다 높은 수준의 발달로 이어지는 잠재력을 가지고 있다는 점이다. 그러므로 부모의 역할은 이러한 잠재력을 최대한으로 발휘할 수 있는 환경을 조성해주는 것이라고 생각하였다.

아리스토텔레스도 플라톤과 마찬가지로 교육이 이상사회를 건설하기 위한 필수조건이라고 생각하였다. 그러나 플라톤과는 달리 아동은 가족에 의해 양육되어야 하며, 아동마다 개인차가 있으므로 각 아동에게 적절한 양육방식을 사용하는 것이 개인의 잠재력을 최대한으로 발휘할 수 있는 방법이라고 생각하였다.

그리스 시대 이후 로마시대에도 어머니의 무릎에서 이루어지는 가정교육이 자녀의 성격형성에 가장 큰 영향을 미치므로 자녀양육에서 부모의 역할을 강조하였다.

(2) 중세사회의 부모교육

중세시대에는 종교적인 가치가 사고의 중심을 차지한 시기로서, 인간의 행동이나 부모교육에 대한 논의는 성서가 그 바탕이 되었다. 인간은 사악한 존재로 태어나므로 부모는 바람직하지 않은 행동을 말소할 책임이 있으며, 악한 본성을 가지고 있는 아동을 자제력 있고 신앙심 깊은 성인으로 성장하게끔 고된 훈련이나 엄격한 훈련을 시키는 것이 부모의 역할이라고 생각하였다.

중세에는 인간은 창조의 산물이라는 신학적 견해로 인해 전성설(前成說)적인 사고가 지배적이었다(Ausubel, 1958). 전성설은 인간이 남성의 정자나 여성의 난자 안에 이미 완전한 형상을 갖추고 있다는 것으로, 이러한 관점에서 보면 성인과 아동의 차이는 단순히 양적인 차이에 불과하다는 것이다(〈그림 2-2〉 참조).

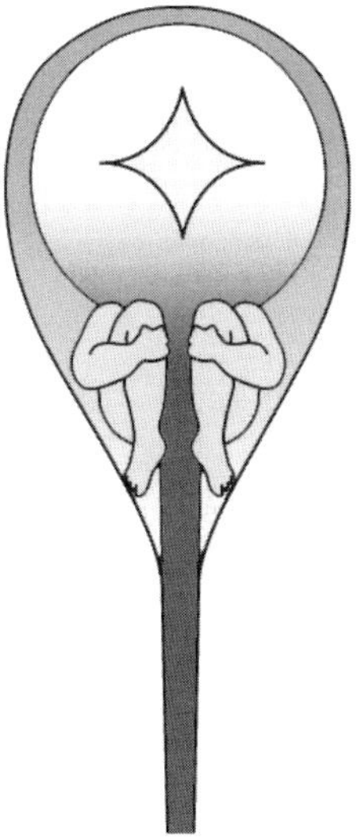

〈그림 2-2〉 정자 속의 축소인간

(3) 근대사회의 부모교육

근대사회에 들어와서는 종래의 전성설(preformationism)에서 탈피하여 아동기가 인생의 독립된 시기로서 그 중요성이 인식되기 시작하였다. Comenius와 Locke, Rousseau, Pestalozzi, Fröbel의 사상은 이에 많은 영향을 미쳤다.

① Comenius

17세기에 들어와서 Comenius는 자신의 저서 『대교수학(Didactica Magna)』(1632) 27장에서 출생부터 24세까지의 교육을 4단계로 구분하였다. 그 가운데 6세까지의 출생 초기의 교육은 어머니의 무릎에서 이루어져야 한다고 주장하였다. 또한 1633년 12장으로 구성된 어머니들을 위한 양육지침서 『유아학교(Schola Infancy)』에서 그는 어머니의 무릎이 최초이자 가장 중요한 학교임을 강조하였다. Comenius는 아동의 능력과 개성을 중시하였으며, 감각교육과 자연의 섭리에 따른 Comenius의 아동중심 교육사상은 이후 Rousseau와 Pestalozzi 그리고 Fröbel의 사상에 많은 영향을 주었다.

Johann Amos Comenius

② Locke

John Locke

Locke는 인간은 악하지도 선하지도 않은 '백지상태(tabula rasa)'로 태어난다고 주장하였다. 백지상태의 개념은 인간은 모두 평등하게 태어나므로 모든 인간은 동등한 권리와 기회를 누려야 한다는 것으로, 이러한 Locke의 주장은 사회개혁에 많은 영향을 주었다. 또한 Locke의 백지상태의 개념은 인간은 모두 동등하게 태어남을 가정하고 있기 때문에 개인차는 바로 학습과 경험의 차이에 기인한다고 간주하였다. 어떤 사람이 다른 사람보다 더 우월하다면 이는 유리한 환경에 기인하는 것이며, 이후의 학습이론이나 행동주의이론은 바로 이러한 Locke의 경험주의적 관점에 근거한 것으로 볼 수 있다. 이처럼 경험에 따라 개인차가 나타나는 것으로 가정하기 때문에 Locke는 부모의 역할은 아동의 성장에 적절한 환경을 조성해주는 것이라고 하였다.

또한 Locke는 이전의 전성설에서 탈피하여 아동이 성인의 축소판이 아니라 질적으로 성인과 다른 존재로 보았기 때문에 각 발달단계별로 이에 적절한 부모역할이 이루어져야 한다고 하였다.

③ Rousseau

Rousseau도 Locke와 마찬가지로 아동이 성인의 축소판이라는 중세의 시각으로부터 벗어나야 한다는 사실에는 동의하였다. 그러나 Locke와는 달리 Rousseau는 인간은 백지상태로 태어나는 것이 아니라 그들 특유의 사고방식이나 감정을 가지고 태어나며, 성장하면서 자기 스스로가 많은 것을 배울 수 있다는 신념을 가지고 있었다.

Jean-Jacques Rousseau

Rousseau는 아동 스스로 성장을 주도하는 힘을 가지고 있다는 아동중심 철학을 가지고 있었기 때문에 진정한 교육은 사회의 구속에서 벗어나 자유롭게 성장할 수 있을 때에 가능하며, 인간의 본성을 선한 것으로 보았기 때문에 자연이 이끄는 대로 따르면 바르고 건강한 발달이 이루어진다고 생각하였다. 이러한 자신의 신념을 Rousseau는 『에밀(Emile)』(1762)의 첫머리에서 "신이 인간을 창조할 때 모든 것은 선하지만 인간의 손으로 넘어가면 모든 것이 타락한다"라고 서술하고 있다. 그러므로 부모의 역할은 아동의 연령이나 능력에 적절한 과제를 제시해주되, 개인차를 고려하여 하고자하는 동기가 자연스럽게 펼쳐질 수 있도록 지나친 간섭은 자제하는 것이 바람직하다고 하였다.

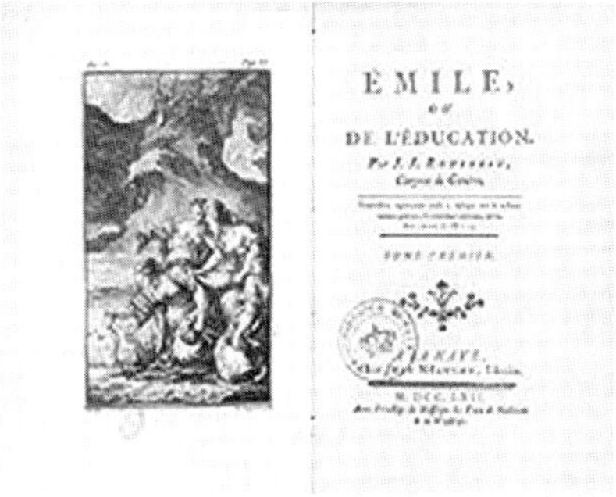

사진 설명
루소의 『에밀』

④ Pestalozzi

Rousseau의 영향을 받은 Pestalozzi는 『게르트루드는 자녀를 어떻게 가르쳤는가(Wie Gertrude ihre kinder lehrt)』(1801)라는 아동지침서를 통해 부모는 자녀에게 잠재해 있는 여러 가지 능력이 조화를 이루어 발전할 수 있도록 도와주어야 한다고 하였다. 즉, 지적 능력을 상징하는 머리(head), 정서나 도덕성을 상징하는 심장(heart), 기술이나 예술적 능력을 상징하는 손(hand)이라는 3H가 조화롭게 발달하는 것을 가장 바람직한 것으로 보았다. 또한 자녀에게 있어 최초의 교사는 어머니이며, 모성애야말로 아동발달의 원동력이 된다고 하였다. 조화로운 발달은 교리나 문답과 같은 이성적인 과정을 통해서가 아니라 어머니와 자녀의 오랜 시간에 걸친 감각적 상호작용을 통해 이루어지며, 교육은 아동이 성장하여 가정을 벗어나기 이전에 이루어져야 한다고 하였다.

Johann Heinrich Pestalozzi

⑤ Fröbel

Pestalozzi의 제자인 Fröbel은 만물은 신의 본성에 따라 존재한다고 보았다. 그러므로 교육은 인간 내부에 존재하고 있는 신성을 개발해주는 것이며, 그 개발방법으로 유희와 같은 표현활동을 중시하였다. 그는 어머니가 자녀에게 들려줄 수 있는 노래와 게임,

Friedrich Fröbel

이야기를 담은 『어머니와 아기의 노래(Mutter und Kose Lieder)』(1843)에서 부모들이 가정에서 가르쳐야 할 내용에 대해 언급하고 있으며, 이를 가르치는 방법으로 율동이나 노래를 병행하면 더욱 효과적이라고 하였다.

이러한 목적을 달성하기 위해 Fröbel이 고안한 교육 자료는 6종의 은물(恩物)[1)]과 11종의 작업, 노래와 게임, 자연연구의 네 가지로 구분되어 있다. 이를 통해 Fröbel은 우리는 진정으로 어린 아이들과 함께 살아야 한다고 주장하였다. 이러한 그의 생각은 현재의 유아중심적 교육, 상호작용에 근거한 교육, 부모-자녀 간의 수평적 관계의 중요성에 대한 인식을 고취시키는 데에 큰 영향을 미쳤다.

Comenius로부터 Rousseau를 거쳐 Pestalozzi와 Fröbel로 계승되는 사상은 이후의 부모교육에 큰 영향을 미쳤다. 이들의 영향으로 부모-자녀관계는 부모의 권위나 체벌에 의존하는 방법에서 점차 아동의 자율성을 존중하는 방향으로 변화하였다.

(4) 20세기의 부모교육

20세기에 들어와서는 인간의 발달을 보다 과학적인 관점에서 설명하고자 하는 시도가 이루어졌으며, 인간발달에서 영아기, 유아기, 아동기에 대해 많은 학자들이 관심을 갖게 되었다. 정신분석이론이나 학습이론, 인지발달이론 등 다양한 관점에서 연구들이 이루어졌으며, 이러한 이론적 관점을 부모역할과 접목시키고자하는 움직임이 시작되었다.

John Watson

① 20세기 전반

20세기 초반에는 행동주의의 영향으로 보상과 벌의 방법을 사용하여 자녀를 양육해야 한다는 생각이 지배적이었다. 그러므로 부모역할은 다소 엄격하고 규칙적이고 계획적인 것이 이상적이라

1) 은물이란 신으로부터의 선물이라는 의미이며, 유아의 지적 발달을 촉진시키기 위해 Fröbel이 제작한 것이다.

고 생각하였다. 행동주의의 대표적 인물인 Watson은 Locke의 백지상태의 개념에 근거하여, 아동이 지적 · 정서적으로 건강하게 자랄 수 있도록 하기 위해서는 부모의 역할이 중요함을 강조하였다. 아래의 글에서 잘 표현되고 있는 이러한 Watson의 생각은 당시의 자녀양육에 큰 영향을 미쳤다.

> 나에게 12명의 건강하고 잘생긴 아기를 주시오. 그리고 그들을 잘 키울 수 있는 특별히 준비된 환경만 마련해준다면, 나는 그들 중 어느 한 아이를 무작위로 골라 훈련시켜서 내가 원하는 어떠한 전문가로도 길러낼 수 있음을 보증하겠습니다. 그의 재능이나 기호, 성향, 능력, 직업, 조상의 종족과 상관없이 의사나 법률가, 예술가나 판매지배인으로 만들 수 있습니다. 예, 그래요. 심지어 거지나 도둑으로도 만들 수 있습니다(Watson, 1924, p. 104).

행동주의의 영향으로 이 시기에는 부모역할에서 엄격성이 강조된 시기이다. 수유시간이나 양, 자녀양육과 관련된 모든 측면에서 규칙성이 강조되었다. 아동의 행동에 비추어 시간을 판단할 수 있을 정도로 규칙적이고 엄격한 양육을 하는 것이 바람직한 부모역할로 간주되었다. 즉, 엄격하고 절제된 환경이 아동의 성장에 바람직한 영향을 미치는 것으로 인식되었다.

② 20세기 중반

20세기 중반에는 자녀양육에서 모성성을 강조하였던 시기라고 볼 수 있다. 정신분석이론의 영향으로 학자들은 다소는 느긋하게, 아동의 욕구를 지나치게 억압하지 않고 양육하는 것이 바람직한 것으로 권고하였다. 아동의 내적 충동을 적절하게 발산하게 하고, 이들의 행동에 대해 관대하고 이해심 있는 태도를 갖는 것이 바람직하다고 하였다.

Gesell(1946)은 건강한 백인 중 · 상류층 아동에 대한 관찰결과를 중심으로 아동발달지수를 제시하였는데, 그는 이러한 연구를 통해 건강한 발달의 틀은 아동 내부에서 비롯되며, 부모가 아동을 이해하고 기다려주기만 하면 성장은 자연스럽게 이루어진다고 하였다. Spitz(1945)도 물리적인 여건만 잘 구비된 환경에서

Benjamin Spock

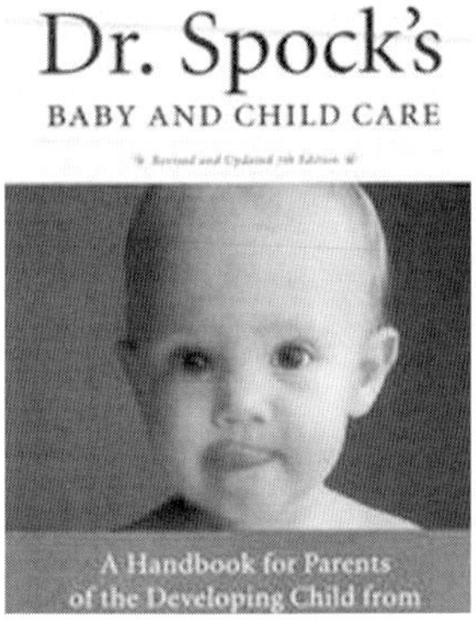

✐사진 설명
Spock 박사의 『육아전서』

자란 아동보다 물리적인 여건이 다소 열악하더라도 어머니의 손에서 자란 아동이 훨씬 순조롭게 성장한다고 하였다. Spock의 『육아전서(The common sense book of baby and child care)』(1946)도 수유나 이유, 수면, 배변훈련 등에 대해 당시의 부모들에게 중요한 지침서 역할을 하였다. 이들의 영향으로 이 시기의 어머니들은 규칙적이고 절제된 양육보다는 자녀가 배고파하면 먹이고, 대소변 훈련도 지나치게 일찍부터 엄격하게 시작하기보다는 신체적으로 근육의 조절능력이 생겼을 때에 부드러운 태도로 시키기 시작하였다. 발달을 주도하는 힘이 아동에게 있으므로 부모의 역할은 이러한 능력이 극대화될 수 있도록 온정적인 태도로 양육하는 것이 바람직하다고 하였다.

③ 20세기 후반

1960년대 이후에는 이전의 자녀양육과는 또 다른 새로운 관점으로 전환이 이루어졌다. 이러한 전환이 이루어지게 된 데에는 몇 가지 이유가 있다. 먼저, 지나치게 허용적이고 관대한 태도는 참을성이 없는 아이를 만들게 되므로 아동의 욕구나 충동에 대해 적절한 한계를 설정하는 것이 필요하다는 것이다. 또한 발달을 주도하는 힘이 아동에게 있다는 종전의 주장은 자녀양육에서 부모의 역할을 지나치게 과소평가하고 있다는 점이다. 환경은 아동의 성장발달을 촉진시켜주기도 하지만 방해할 수도 있으며, 만약 특정 시기에 환경요인으로 인해 방해를 받게 된다면 발달상의 지체가 나타날 수 있다는 것이다.

Piaget(1952)의 인지발달이론은 당시의 부모들에게 많은 영향을 미쳤다. Piaget는 아동은 주변 환경과의 상호작용을 통해 이 세계와 사물에 대한 틀을 구성해 나간다고 하였다. 그러므로 부모는 자녀가 경험을 통해 자신의 세계를 확장시켜 나갈 수 있도록 다양한 경험의 기회를 제공해주어야 한다고 하였다. 또한 1957년 구소련에서 미국에 앞서 우주선 Sputnik을 발사하자(사진 참조) 미국사회에서는 기존의 가정교육이나 학교교육, 정부의 역할에 대해 의문을 제기하게 되었다. 그 결과 교육에 대한 관점에서 일대 혁신이 이루어지게 되었으며, 특히 조기교육이나 부모의 적극적인 참여의 필요성이 강조되었다. 이에 따라 1965년 헤드스타트 프로그램을 위시하여 취학전 어린이를 대상으로 각종 프로그램이 개발되어 시행되기 시작하였다. 헤드스타트 프로그램이 학령전 유아의 학교 준비도를 향상시킨다는 사실은 널리 알려져 있는 사실이다. 그러나 최근의 연구결과에서는 그 장기적인 효과에 있어서 긍정적인 영향을 미치는 경우가 있는가하면 거의 영향을 미치지 않는 경우에 이르기까지 차이가 있는 것으로 보고되고 있다(Cooper & Lanza, 2014). 이러한 차이에도 불구하고 부모에게 발달관련 정보를 제공해주는 부모교육을 실시한 집단에서는 인지적, 사회정서적 기술에서 보다 장기적인 효과를 보이는 것으로 나타났다(Bierman, Welsh, Heinrichs, Nix, & Mathis, 2015). 따라서 아동의 발달을 촉진시키는 데 있어서 부모의 적극적인 역할을 강조하기 시작하였으며, 이와 동시에 특정한 관점에서 부모역할을 제시하기보다는 여러 가지 부모교육 프로그램을 통해 다양한 선택의 기회를 제공해주는 것이 필요하다고 생각하였다.

사진 설명
우주선 Sputnik의 발사 장면.

1970년대에 이르러서는 생태학적 관점이 대두됨으로써 아동발달에서 부모와 아동 간의 상호작용뿐만 아니라 주변 환경요인이 아동의 성장에 지대한 영향을 미치는 요인이라는 생각을 가지게 되었다. Bronfenbrenner(1979)는 생태학적 관점에서 교육이 효과적으로 이루어지기 위해서는 개인과 가족을 둘러싼 환경과의 관계에 역점을 두어야 한다고 강조하였다.

2) 우리나라의 부모교육

우리나라는 전통사회에서부터 자녀양육에서 부모의 역할을 중시하였으며,

부모를 위한 여러 가지 지침서가 전해지고 있다. 이들 가운데 상당수는 조선시대의 문헌이며, 이들 문헌에서는 어린아이를 가르치는 일은 가능한 한 빨리, 일상생활을 통해 가까운 관계에서 시작하는 것이 효과적이라고 생각하였기 때문에 가정교육을 중시하였고, 부모의 자녀교육에 대한 책임을 강조하였다. 『규중요람(閨中要覽)』에서는 "아들을 가르치지 않으면 우리 집을 망치고 딸을 가르치지 않으면 남의 집을 망친다. 그러므로 가르치지 않는 것은 부모의 죄이다"(김종권, 1993, p. 237)라고 하여 자녀교육에서 부모의 책임을 강조하였다. 1960년대에 이르러서는 서구의 부모교육이론이나 프로그램이 보급되기 시작하였고, 1990년대 이후에는 우리나라의 문화적 특성을 고려한 다양한 부모교육 프로그램들이 다수 개발되었다.

(1) 전통사회의 부모교육

전통사회의 부모교육 지침서에 나타난 부모를 위한 교육지침은 다음과 같은 특징을 가지고 있다.

① 아동존중

외형적으로 우리 문화는 장유유서(長幼有序)라 하여 성인과 아동의 관계가 상하관계로 인식되고 있으나 실제로는 아동존중사상이 강조되었던 문화라고 볼 수 있다. 이러한 아동존중사상은 우리나라의 태교나 태몽문화에서 뚜렷하게 나타난다. 태교문화는 태중에서부터의 교육을 강조하고 있는데, 이는 태중에서부터 잉태된 아이를 하나의 생명체로서 소중하게 생각하였음을 반영해주는 것이다. 이러한 아동존중사상은 태중 나이를 인정해주는 우리나라의 나이계산법으로도 뒷받침이 되고 있다.

우리나라는 자녀가 출생하기 이전부터 부모교육을 강조하였는데, 이는 태교나 태몽을 통해 잘 나타난다. 이처럼 태교의 중요성을 강조하였기 때문에 여성교육을 위한 대부분의 서적에는 태교에 대한 내용이 수록되어 있으며, 그 대표적인 것으로는 고려시대 정몽주의 어머니 이씨의 『태중훈문(胎中訓文)』과 조선

✎사진 설명
『계녀서』는 조선조 중기의 학자이며 정치가인 우암 송시열 선생(1607~1689)이 권씨가문에 출가하는 딸을 훈계하기 위하여 지은 책이다.

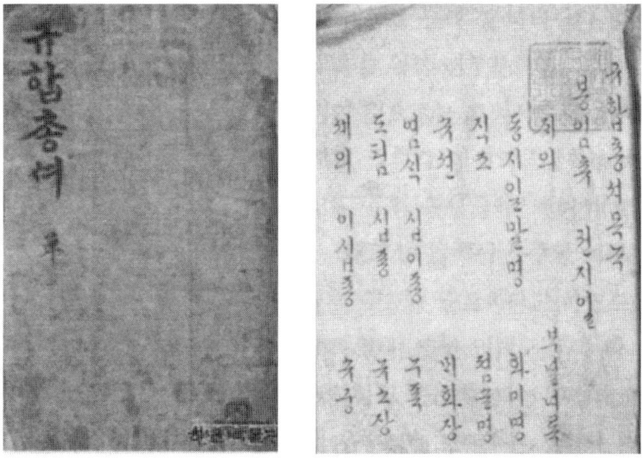

✎사진 설명
빙허각 이씨의 『규합총서』 표지와 목록.

시대 빙허각 이씨의 『규합총서(閨閤叢書)』, 사주당 이씨의 『태교신기(胎敎新記)』, 우암 송시열의 『계녀서(戒女書)』, 율곡 이이의 『규범(閨範)』 등이 있다.

『태교신기』에서 사주당 이씨는 모친의 태중교육 10개월이 스승에게 10년 배우는 것보다 중요하다고 하였으며, 인간의 기질과 성품이 태중에서 형성됨을 강조하였다. 태교신기에서 말하는 태교의 원리는 기질이 부모로부터 만들어짐을 전제로 한다. 기질이 부모로부터 만들어진다 함은 기질의 형성에서 유전뿐 아니라 환경요인을 강조하는 것이다. 환경요인 가운데 태내환경, 특히 임부의 정서상태가 미치는 영향을 강조하였을 뿐 아니라 잉태 시 부친의 청결한 마음가짐이 모친의 임신 10개월 못지않게 중요하다고 하여 잉태 이전의 환경, 부성태교의 중요성을 강조하였다. 또한 태교의 방법은 신체가 마음에 상응하여 움직임을 전제로 하였다. 따라서 공경하는 마음을 갖는 것, 행동을 삼가는 것을 통해 바른 마음을 갖는 존심(存心)과 정심(正心)은 태교의 핵심적인 방법이며, 가족원은 임부가 이러한 마음을 가질 수 있도록 동참을 통한 정서적 지지를 강조하였다(정순화, 2014). 이러한 태교의 원리는 우리나라 태교문화의 우수성을 보여주는 것이다. 태중에서의 10개월을 생명으로 인정하고 존중하였기 때문에 태교나 태몽문화가 발달하였고, 이러한 관행은 현대과학의 관점에서 볼 때에도 매우 사려깊은 것으로 볼 수 있다. 모체의 정서적 측면을 중시했던 것은 출생 이후 자녀의 기본적 신뢰감이나 정서적 안정감의 형성에 크게 기여하였을 것으로 볼 수 있다.

또한 우리 조상들은 잉태 시에 본인이나 가까운 주변 인물들이 꾸는 태몽을 통해 태어날 자녀에 대해 높은 기대와 바람을 지니고, 태어난 자녀에게 때때로 그것을 들려주어 큰 인물이 되라는 성취동기를 북돋워 주었다. 이러한 일종의 자성예언(self-fulfilling prophecy)은 개인의 성장발달에 긍정적인 영향을 주었을 것으로 생각된다(정옥분 외, 1997). 태교나 태몽문화는 바로 자녀를 잉태하는 순간부터 하나의 생명체로서 존중하였던 우리의 자녀양육문화를 반영해주는 것이다.

② 발달단계별 교육

우리 전통사회에서는 아동의 발달단계에 적절한 교육방법을 취하였다. 전통사회에서는 태어나서 3세까지를 유유아기(乳幼兒期)라고 하였으며, 이 시기의 아이를 젖아기라고 하여 무조건적이고 절대적인 보호의 대상으로 간주하였다. 밥을 먹고 말을 할 수 있는 시기가 되기까지의 젖아기는 약하고, 어리고, 깨이지 않은 존재로 보았기 때문에 가능한 한 욕구를 들어주고 기본생활습관이나 생활규범을 가르치는 것은 말을 알아들을 때에 시작하였다. 무조건적인 보호의 대상이었던 어린아이가 3세가 되면 '세 살 버릇 여든까지 간다'는 옛 속담에 따라 기본적인 훈육이 이루어졌다. 그러나 3세부터 7세까지의 유아기(幼兒期)에는 본격적으로 훈육이 이루어졌다기보다는 생활상의 예의나 습관훈련과 같은 기초적인 것에 한정되었다.

그러나 이러한 관대한 양육태도도 자녀가 아동기에 접어들면 엄한 형태로 변화하였다. 아동기는 대략 8세에서 시작하여 관례를 올리기 전인 14세까지를 말하며, 이 시기의 아동을 아직 깨이지 못한 어리고 미숙한 존재라 하여 동몽(童蒙)이라고 하였다(류점숙, 1995). 유아기에서 아동기로 넘어가는 과도기를 '미운 일곱 살'이라고 한 것도 성인들의 양육방식이 갑자기 엄하게 변하는 데 따른 아동의 저항을 반영하는 것으로 볼 수 있다.

③ 개인차의 교육

교육방법에서 연령에 따른 차이를 고려했을 뿐만 아니라 개인의 성품과 자질을 헤아려 항상 정신과 역량에 여유를 가질 수 있도록 배려해야 할 것을 강조하였다. 조선 후기의 실학자인 이덕무가 지은 『사소절』의 사전편에는 "총명하고 민첩한 아이에게 조금 읽혀 잘 외우게 하는 것도 좋은 것이 아니지만, 둔한 아이에게 많이 읽히면 이는 약한 말에게 무거운 짐을 실은 것과 같으니, 어찌 멀리 갈 이치가 있겠는가?"(김종권, 1993, p. 108)라고 하였다. 즉, 독서교육에 있어서 아동의 역량을 무시한 채 독서의 양을 지나치게 부과하지 않고 아동의 역량에 맞게 할 것을 권장하였다. 또한 자녀를 훈계하는 데 있어서도 자녀의 기질 및 성품을 고려하여 방법을 달리하도록 한 사실은 개인차에 대한 이해와 통찰력이 뛰어났음을 보여주는 것이다.

④ 지행합일(知行合一)의 교육방법

지행합일의 원리 또한 우리나라 전통가정교육의 대표적인 교육방법이라고 볼 수 있다. 배움은 곧 실천으로 이어질 때 진정한 가치가 있다는 지행합일의 원리를 강조하였기 때문에 전통교육에서는 부모가 자녀에게 어떠한 규범을 말로만 가르치고 지시하기보다는 먼저 부모 자신이 자녀의 본보기가 되고자 노력하였다. 부모 자신이 인격을 수양하고 절제하는 생활태도를 직접 보여줌으로써 바람직한 모델을 제시해주는 것이 우리나라 전통교육의 출발점이었다고 볼 수 있다. 이러한 모델제시의 원리는 현대의 교수방법으로 평가해볼 때에도 상당히 효율적인 방법이라고 볼 수 있다.

⑤ 효(孝)의 생활화

효의 생활화는 자녀에 대한 부모역할보다는 오히려 부모에 대한 자녀의 역할을 강조하는 것으로 볼 수 있다. 아버지의 눈을 뜨게 하기 위해 공양미 삼백 석

사진 설명
아버지의 눈을 뜨게 하기 위해 공양미 삼백석에 팔려간 효녀 '심청'의 이야기.

에 몸을 팔았던 '심청'의 이야기나 아버지의 병을 고치기 위하여 자식을 희생물로 바쳤던 '하늘도 감동시킨 효자'의 이야기는 분명 자식에 대한 어버이의 역할보다는 어버이에 대한 자식의 도리를 강조하고 있다. 나아가 눈먼 어미 쥐를 위험을 무릅쓰고 봉양하는 '새끼 쥐의 효도'에서는 동물도 어버이에 대한 효도를 다하건만, 하물며 인간이 이를 외면하는 것은 인간의 도리가 아님을 강조하고 있다(정순화, 김시혜, 1996).

이처럼 부모-자녀관계에서 특히 효를 강조한 것은 자연의 법칙에 근거한 것이다. 즉, 중력이 작용하는 자연계에는 자연 낙하하는 것이 절대적인 법칙인 것과 같이 인간의 정(情)도 아래로 향하는 자정(慈情)은 자연적으로 생기지만, 위로 향하는 효성(孝誠)은 노력하지 않으면 생기지 않는다고 보았다. 또한 종족보존의 본능에 의해 자정(慈情)이 없는 사람은 거의 없지만 효성은 도덕의 원칙에 근거한 것이므로 장려하지 않으면 없어지기 때문에 보다 효를 강조하였다. 즉, 자정은 아래로 흐르는 물과 같고 효도는 상승하는 불과 같아서, 물은 자연히 높은 곳에서 낮은 곳으로 흐르기 마련이지만 불은 인간이 살려야만 존재하고 계속해서 보살피지 않으면 꺼져버리므로, 불에 해당하는 효성을 강조하는 의미에서 자식이 노친을 봉대하고 있는 모양으로 '효(孝)'자를 만들어 생활화하였던 것이다(유정기, 1975).

⑥ 엄부자모

전통사회에서는 이상적인 부모역할로 엄부자모(嚴父慈母)의 모델을 제시하였다. 아버지의 엄한 가르침과 어머니의 자애로운 보살핌이 조화를 이루는 것이 자녀를 양육하는 데 있어서 이상적인 모델이라고 생각하였다. 부성의 두려움과 모성의 사랑이 함께 어우러져 인격의 기본틀을 형성하는 데 결정적인 역할을 한다고 하였다(이계학, 1991). 여사서의 내훈에는 "실로 고지식하게 자애한다는 것을 일삼거나 자애에 빠지는 것을 덕으로 삼는다면 이는 스스로 그 아랫사람을 잘못되게 만드는 것이다"(백혜리, 1999, p. 79)라고 하여 자녀를 양육함에 있어서 엄격한 가르침이 없는 사랑을 경계하였다.

또한 아버지를 엄친(嚴親), 어머니를 자당(慈堂)이라고 하여 바람직한 아버지의 엄한 역할만을 강조한 것이 아니라, 엄(嚴)함과 친(親)함이 공존하는 것이 자녀를 양육하는 올바른 태도로 간주하였다. 즉, 엄하면서 동시에 온정적인 아버지여야 함을 강조하고 있는 것이다.

(2) 20세기의 부모교육

1900년대 초 우리나라에 외국문물이 유입되면서 서구의 부모-자녀관계에 대한 이론들이 유입되기 시작하였으나 이러한 영향은 극히 제한적인 것이었으며, 1960년대 이후 본격적으로 이에 관한 이론이나 저서가 소개되기 시작하였다.

1969년에 Spock 박사의 『육아전서』가, 1972년에는 Ginott의 『부모와 자녀사이』 등의 아동양육지침서가 번역되어 출간되었다. 1970년대에는 행동과학연구소를 중심으로 행동수정이론에 대한 연구가 활발하게 이루어지고 널리 보급되었다. 1980년대에는 여러 다양한 부모교육 프로그램들이 소개되기 시작하였다. 1985년에는 Dinkmayer와 McKay의 '체계적 부모효율성훈련' 프로그램이, 1989년에는 Gordon의 '부모효율성훈련' 프로그램이 국내에 소개되었으며, 1995년에는 '적극적 부모훈련' 프로그램이 국내에 소개되었다. 이들 프로그램들은 연구소나 지역사회의 기관, 여성단체나 대중매체를 통해 많은 부모들에게 널리 보급되었다.

한편으로 1900년대에 들어와서는 외국 프로그램의 무분별한 수용에 대한 비판적인 시각이 대두되었고, 국내에서 개발된 프로그램이 하나 둘씩 선보이기 시작하였다(김향은, 정옥분, 1999). 특히 문화관광부 산하의 한국청소년상담원에서 개발한 '자녀의 힘을 북돋우는 부모훈련' 프로그램은 국내에서 개발된 대표적인 것으로, 1993년 총론이 개발된 이래, '자녀의 힘을 북돋우는 대화(1994)' '바른 행동의 길다지기(1994)' '생활의 기틀 세우기(1995)' '어울려 사는 지혜 기르기(1995)'

등 1997년까지 구체적인 지도방법을 다룬 각론 프로그램 4종이 개발되고 개정되었다. 이는 전통적인 자녀양육방식 가운데에는 지나친 남녀차별이나 수직적인 가족 내 인간관계 등과 같이 개선되어야 할 요소도 있지만, 우리의 전통적인 양육방식이 서구의 어떤 이론이나 프로그램보다도 구체적이고 우리 고유의 자녀양육지침으로 삼을 수 있는 내용이 많다는 것을 참고로 하여 전통적인 자녀양육방식 가운데 현대사회에 적용될 수 있는 내용을 중심으로 하여 개발되었다.

가족구조나 형태, 가치관의 변화와 같은 여러 사회변화의 양상들은 예비부모교육에 대한 관심을 증대시켰으며 부모교육의 대상은 확대되기 시작하였다. 1990년대에 접어들어 예비부모교육에 대한 관심이 크게 고조되었으며, 이와 관련된 연구들이 다수 이루어지기 시작하였고, 중고등학교 학생들을 대상으로 가정교과를 중심으로 아동발달과 가족관계에 대한 기본적인 지식을 가르치기 시작하였다. 그리고 대학을 중심으로 교양과목으로 예비부모교육이 실시되기 시작하였다.

'결혼과 가족'과 같은 유사과목과 차별화하여 대학의 교양과목으로 예비부모교육이 처음으로 개설된 것은 1997년 고려대학교의 '부모되기교육'과 중앙대학교의 '부모교육'이다. 이들 대학에서 개설된 예비부모교육에 대한 학생들의 높은 호응도는 부모교육에 대한 필요성을 반영하는 것으로 볼 수 있으며, 대학생 집단을 대상으로 한 예비부모교육이 효율적이라는 인식하에 이후 여러 대학에서 다양한 과목명으로 예비부모교육을 위한 강좌가 개설되어 왔다. 또한 2016년부터는 '아동학대 예방 및 가족관계 증진'을 위해 정부합동으로 '부모교육 활성화 방안'을 수립하여 대학생을 위한 예비부모교육 표준강의안을 제시하고 예비부모교육의 활성화를 위한 노력을 기울이고 있다.

3) 우리나라와 서구의 부모교육의 비교

우리나라와 서구의 부모교육의 중심내용은 가족형태나 문화적인 차이에 따라 강조하는 측면이나 방식에서 다소 차이를 보이지만 본질적으로는 거의 유사한 것으로 볼 수 있다.

Winch(1971)는 아버지의 역할을 통제적 역할로, 어머니의 역할을 양육적 역할로 대비시켜 표현하였는데, 이는 우리의 엄부자모 모델과도 일맥상통하는 것이다. 즉, 아버지의 엄하고 통제적인 역할과 어머니의 온정적인 역할의 조화가 자녀의 인격을 결정하는 틀로서 중요한 요소임을 말해주는 것이다. 동서양을 막론하고 자녀에게 올바른 인격의 틀을 형성시켜 주기 위해서는 자녀에게 사랑의 정감과 동시에 두려움의 정감을 발달시켜 주어야 한다는 엄친자모의 원리는 문화적인 차이라기보다는 부성과 모성의 자연성에 근거한 것이라고 볼 수 있다(김재은, 김광웅, 이계학, 유가효, 최경순, 1997).

Alice Miller

또한 우리 전통가족에서는 가정교육의 방법적 원리로 수신, 모범, 책임, 정성, 희생, 인내, 엄친, 존중, 관심, 가르침, 관대, 믿음의 12가지 덕목을 중시하였는데(정옥분 외, 1997), 이와 유사한 원리는 서구의 부모역할 지침에서도 찾아볼 수 있다. Miller(1983)는 자녀의 발달을 저해하는 독성교육(poisonous pedagogy)의 항목을 구체적으로 제시함으로써 역설적으로 자녀의 성장발달에 도움이 되는 부모의 역할을 제시하였다. 독성교육의 항목에는 다음과 같은 항목들이 포함되어 있다. 부모의 감정을 억제하면 자녀가 미워지므로 부모의 감정표현은 죄가 아니며, 부모의 감정이 자녀의 감정보다 우선시되어야 하며, 자녀의 감정을 고려하는 것은 위험한 일이다. 부모는 자녀의 주인이며, 부모는 모든 면에서 자녀의 옳고 그름을 판단하고 부모라는 이유만으로 존경받아야 하며, 자녀의 의지는 무시되어야 한다. 순종을 통해 자녀는 강해지며, 자녀의 높은 자긍심은 해로운 것이고 오히려 낮은 자긍심이 더불어 사는 데에 필요한 요소이며, 부모의 관대함은 자녀에게 해로운 것이고, 자녀의 욕구에 반응하는 것은 잘못된 것이다. 또한 자녀는 부모에게 반항해서는 안 되며, 부모는 언제나 옳다는 것이다. 그리고 이러한 항목들은 자녀에게 어린 시절부터 주입하여 자연스럽게 받아들이도록 해야 한다는 것이다.

이러한 항목이 아동의 성장발달에 해가 되는 독성교육이라면, 자녀에게 유익

한 교육이란 부모의 감정표현을 조절하고, 자녀의 감정을 수용하며, 자녀 스스로 옳고 그름을 판단하게 하고, 자녀의 자긍심에 상처를 입히지 말아야한다는 것이다. 또한 부모는 자녀에게 관대해야 하고, 자녀의 욕구를 존중해야 하며, 자녀가 지적하는 부모의 잘못도 기꺼이 수용해야 함을 의미하는 것이다. 이러한 교육의 지침은 바로 우리나라 가정교육 12덕목의 맥락에서 크게 벗어나지 않는 것으로 볼 수 있다(김시혜, 정순화, 1998).

4) 21세기의 부모교육

Alvin Toffler

앞서 살펴본 바와 같이 부모역할은 사회변화의 영향을 상당히 많이 받는다. 앞으로의 사회에서 어떠한 변화가 일어날 것인지에 대해 Alvin Toffler(1980)는『제3의 물결(The Third Wave)』에서 제3의 물결시대인 21세기는 정보화 산업이 급속도로 발전하면서 전자생활 공동체의 형성, 재택근무의 활성화, 맞벌이가족의 보편화와 아울러 다양한 가족이 보편화될 것이라고 하였다. 또한 2006년 출간된『부의 미래(Revolutionary Wealth)』에서 앞으로의 세계는 생산자(producer)와 소비자(consumer)의 경계가 무너지고 양자가 통합된 프로슈머(prosumer)가 지배할 것이라고 하였다. 소비자이면서 동시에 생산에 자신의 아이디어를 반영하는 프로슈머들은 이미 우리 사회에 뿌리를 내리고 있으며, 이들에게 있어 창의적인 능력은 중요한 자원이 되고 있다.

그리고 2019년 말 처음으로 세계에 그 존재를 드러낸 코로나19 바이러스는 무서운 확산 속도로 퍼져 우리의 일상생활을 바꾸어 놓았으며, 우리의 삶에도 커다란 변화를 초래하였다. 여러 학자들은 현재의 코로나19 상황이 당분간 종결되기 어려울 뿐 아니라 지속적으로 반복될 것이며, 사태가 종결된다고 할지라도 이전 상태로의 복귀는 어려울 것으로 예측하고 있다. 그러므로 21세기에 요구되는 부모교육은 기존의 부모교육의 내용을 바탕으로 부모와 그들의 자녀들이 변화하는 상황에 잘 적응할 수 있도록 다음과 같은 점에 특히 역점을 두어야 할 것이다.

첫째, 이미 우리는 세계화 시대, 지구촌 시대에 살고 있다. 코로나 사태의 여파로 비록 한시적으로는 물리적 이동이 제한되어 있으나 인터넷의 발달로 예전보다 다양성이 공존하고 많은 영역의 경계가 무너지는 보다 개방적인 사회를 경험하게 될 것이다. 이처럼 개방적인 사회에 적응해 나가는 데 있어 가장 중요한 능력은 새로운 아이디어를 창출해내는 창의적 능력이다. 방대한 지식을 주입식으로 습득하고 이를 통해 평가를 받는 기존 교육모델에서 나아가 앞으로는 창의적인 사고를 길러주는 것이 보다 강조되어야 하며, 부모교육도 이러한 측면에 역점을 두어야 할 것이다.

둘째, 물질문명의 발달은 인간소외 현상을 가속화시키고 있으며 이로 인해 불안, 우울 등의 정신질환 비율은 점차 증가하고 있다. 특히 코로나 사태의 여파로 '코로나 블루'라는 신종 우울증이 생겨날 정도로 정신건강은 위협을 받고 있다. 이처럼 부모가 경험하는 높은 수준의 스트레스와 불안은 자녀에게 신체적, 정서적, 성적 학대를 경험할 가능성을 높일 수 있고(The Global Partnership to End Violence Against Children, 2020), 자녀에게 그대로 전이될 가능성 또한 높일 수 있다. 그러므로 부모를 지지해주고, 부모의 정서적인 능력을 함양시켜나가며, 이를 통해 자녀의 정서적 안정감을 도모하는 데 역점을 둔 부모교육이 무엇보다 필요하다.

셋째, 맞벌이가족과 한자녀가족의 증가, 인터넷을 매개로 한 혼자놀이의 비중이 증가하면서 최근 아동의 사회성발달은 더욱더 문제시되고 있다. 이는 최근 빈번하게 보도되고 있는 집단따돌림으로 인한 사회문제와도 결부되어 있다. 특히 코로나19로 인해 학교교육의 상당 부분이 온라인 교육으로 전환됨에 따라 아동이 사회성을 형성할 수 있는 기회는 더욱더 부족하게 되었다. 그러므로 사회적 능력을 향상시키고 공동체 의식을 함양하는 데 역점을 둔 부모교육이 필요하다.

넷째, 빈곤가정의 부모를 대상으로 한 부모교육은 일종의 보호요인으로서 그 효과를 크게 기대할 수 있다. 특히 코로나19 이후 아동의 일상 변화와 균열은 더 심각해졌고 가정의 사회경제적 수준에 따른 일상 격차가 코로나 이전보다 더 증가한 것으로 나타났다(정익중, 이수진, 강희주, 2020). 또한 취약 특성(기초생활수급/차상위, 한부모, 조손, 장애, 다문화)을 가진 가정의 경우, 그렇지 않은 가정에 비해 부모-자녀 관계와 부부 관계가 코로나 사태 이전보다 나빠졌다는 부정적 응답이 상대적으로 많았다(최윤경, 2020). 따라서 교육형태에서도 모니터링이나 방문 서비스 등 취약계층의 돌봄 격차를 완화시키기 위한 방식에 역점을 둔 부모교육이 강화될 필요가 있다.

제3장 태내기의 발달과 부모역할

인간의 생명은 정자와 난자의 결합으로 시작된다. 태내에서의 40주 동안 정자와 난자가 결합한 하나의 세포는 빠른 속도로 하나의 생명체로 성장하게 된다. 그러므로 태내기는 짧은 기간이지만 인간발달의 초석이 되는 중요한 시점이다. 서양에서는 아기가 태어나 첫돌이 되어야 한 살이 되지만, 우리나라에서는 태어나자마자 한 살을 먹게 된다. 이는 수태되는 순간부터 하나의 완전한 생명체로 인정하는 것으로, 인간생명의 존중사상과 더불어 오늘날 발달된 태아과학의 관점에서 볼 때도 매우 과학적인 사고였음을 알 수 있다.

이 시기에 이미 상당 부분의 두뇌발달이 이루어지며, 염색체상의 기형이 형성되기도 한다. 특히 2주 이후 8주까지의 시기는 신체의 기본 조직이 분화되는 중요한 시기이며, 비유전적인 기형이 발생할 확률이 높다. 그러므로 예비부모들은 임신기간 중의 건강이 이후의 건강과 직결된다는 사실에 대해 인식해야 한다. 또한 임신이나 출산이 자신의 생활에 가져오는 변화에 적응하는 것이 필요하다. 특히 어머니의 생활방식이 극적으로 변화하게 되므로 이에 대한 적응이 필요하다. 임신기간의 마지막 삼분기 동안은 출산을 위한 준비를 하게 되며, 첫아이인 경우 침구나 의복, 소품들을 준비하면서 새로운 둥지를 만들어 내는 상당히 즐거운 시간을 갖게 되기도 한다.

이 장에서는 태내발달에서의 유전과 환경, 생명의 시작, 태내기의 발달단계, 태내환경과 영향요인, 태내결함 및 임신 중의 이상, 출산, 태내기의 부모역할 등에 관해 살펴보고자 한다.

1. 태내발달에서의 유전과 환경

인간발달이 유전에 의한 것인가, 아니면 환경에 의한 것인가에 관한 논쟁만큼 널리 알려진 논쟁은 없다. 이 두 요인을 서로 독립적인 것으로 인식하는 학자들에 의해 열띤 토론과 방대한 연구가 진행되어 왔지만, 유감스럽게도 그러한 논쟁은 문제를 분명하게 하기보다는 오히려 혼란을 초래하였다.

전성설(前成說)을 주장한 학자들은 인간이 남성의 정자나 여성의 난자 안에 이미 완전한 형상을 갖추고 있다고 믿었다. 따라서 수태 시 오로지 제한된 양적 변화만이 일어나며, 환경은 발달의 결과에 거의 영향을 미치지 않는 것으로 믿었다. 반면에 John Locke는 아동을 '백지상태(tabula rasa)'에 비유함으로써 생물학적 기초가 아닌 환경적 영향력만이 모든 발달적 변화를 설명할 수 있다고 가정하는 극단적인 환경론을 주장하였다.

그러나 지난 반세기 동안에 유전과 환경을 둘러싼 격렬한 논쟁 끝에 심리학자들은 "환경적 요인과 유전적 요인 중 어느 것이 더 중요한가"라는 것보다 "양자가 어떻게 상호작용하는가" 하는 것이 더 중요하다는 것을 깨닫게 되었다.

Neil Salkind

일반적으로 인간발달은 유전과 환경의 상호작용의 결과라고 볼 수 있다. 개인의 인자형(因子型)은 표현형(表現型)을 절대적으로 제한한다. 예를 들어, 우리가 아무리 많이 먹는다고 하더라도 3m 이상 자랄 수 없는 것처럼 유전적 요인은 좀처럼 능가할 수 없는 성장의 한계를 설정한다. 반면, 환경적 요인은 유전적 잠재력이 실현될 수 있는 정도와 범위를 절대적으로 제한한다. 예컨대, 지능의 성장과 발달은 유전에 의해 그 대략적인 한계가 결정되지만, 환경에 의해 달라질 수 있는 여지도 많아서 보통 IQ점수도 15점 정도의 범위 내에서 변화가 가능한 것으로 보인다(임승권, 1994). 즉, 선천적 특성들이 잠재적 변화의 한계를 규정하지만, 이러한 한계는 적절한 환경이 뒷받침된 상태라야만 충분히 실현될 수 있다. 따라서 사회는 개인의 유전적 잠재력이 최대한으로 발휘될 수 있는 최적의 환경적 조건과 상황을 조성하도록 노력해야 한다(Salkind, 1985).

1) 유전과 환경의 연구방법

유전과 환경이 인간발달에 미치는 영향을 연구하기 위해서 행동유전학자들은 혈족 연구(kinship studies), 쌍생아 연구(twin studies), 입양아 연구(adoption studies) 등을 실시한다(Wahlsten, 2000).

(1) 혈족 연구

혈족 연구에서는 가까운 혈족끼리 어떤 특성을 얼마나 공유하는가를 연구한다. 어떤 특성에서 혈족 간의 상관이 높으면 유전적 영향이 크다고 볼 수 있다. 혈족 연구의 유명한 예는 Galton의 인종개량에 관한 연구와 Goddard의 Kallikak 가계에 관한 연구이다.

Francis Galton

Charles Darwin과 사촌 간인 Francis Galton은 19세기 말에 여러 분야에서 뛰어난 사람들의 가계를 조사한 결과 많은 경우 그들의 친척들도 우수한 사람들이었음을 발견하였다. 따라서 인간의 지능은 전적으로 유전되는 것으로 보고 영국정부로 하여금 인종개량 프로그램을 실시할 것을 촉구하였다. 다시 말해서 머리가 좋은 사람들이 자녀를 많이 낳음으로써 영국종족이 점점 우수해질 것이라고 Galton은 주장하였다.

Henry Herbert Goddard

거의 같은 시기에 Goddard(1912)는 Kallikak[1]의 가계를 조사하

1) good-bad라는 그리스어 어원을 가진 가명임.

였다(사진 참조). 남북전쟁 참전용사였던 Kallikak은 평판이 좋지 않은 술집여자와의 사이에서 자녀를 낳아 후에 480명의 후손을 두었는데, 그들 대부분이 알코올 중독자나 창녀, 정신박약아, 심지어는 범죄자가 되었다. 나중에 그는 사회적으로 저명한 훌륭한 여성과 재혼을 했는데 그 후손들은 사회지도자들이 되었다. Goddard의 연구는 유전에 대한 신념에 커다란 공헌을 하였다.

(2) 쌍생아 연구

쌍생아 연구에서는 일란성 쌍생아와 이란성 쌍생아를 대상으로 어떤 특성의 유사성이 어느 정도로 상관이 있는가를 비교하게 된다. 일란성 쌍생아는 한 개의 수정란에서 둘로 나누어졌기 때문에 유전인자가 동일하다. 그러나 이란성 쌍생아는 수일 내에 두 개의 난자가 배출되어 서로 다른 정자와 수정된 것이기 때문에 다른 형제자매와 같다고 볼 수 있다. 따라서 일란성 쌍생아가 이란성 쌍생아에 비해 보다 유사한 발달특성을 보인다면 이는 유전적 영향이 큰 것으로 해석할 수 있다(Bell & Saffery, 2012; Carlson, Mendle, & Harden, 2014; Wichers et al., 2013).

(3) 입양아 연구

입양아 연구에서는 입양아와 양부모, 입양아와 친부모 간의 유사성을 비교한다. 입양아와 자신의 친부모 및 친형제자매 간에 어떤 특성이 비슷하다면, 이것은 유전의 영향인 것으로 볼 수 있다. 그러나 입양아와 양부모 간에 어떤 특성이 비슷하다면 이것은 환경의 영향인 것으로 볼 수 있다(Kendler et al., 2012).

혈족 연구, 쌍생아 연구, 입양아 연구에서 하나의 가정이 전제되어야 하는데 그것은 비교되는 사람들의 환경이 비슷해야 한다는 것이다. 개인의 발달은 유전적 요인과 환경적 요인의 상호작용에 의해 이루어지므로, 유전적 요인의 영향을 측정한다는 것이 환경적 요인의 영향을 측정하는 것이 될 수도 있기 때문이다. 이러한 문제를 해결하기 위해서 쌍생아 연구와 입양아 연구를 결합시키는 연구가 가능하다. 즉, 같은 집에서 함께 성장한 일란성 쌍생아와 부모의 이혼이나 사망으로 인해 출생 직후 각기 다른 집에서 성장한 일란성 쌍생아를 비교하는 것이다.

2) 유전과 환경의 영향을 받는 특성

유전이 얼굴모양, 머리카락의 색깔, 체형 등 신체적 특성에 미치는 영향은 명백하다. 일란성 쌍생아가 각기 다른 환경에서 성장한다 하더라도 그들의 신체적 특성은 별로 차이가 나지 않는다. 한편, 유전이 심리적 특성에 미치는 영향은 신체적 특성만큼 분명하지 않다. 지적 능력, 예술적 재능, 성격적 특성 등이 유전의 영향을 받지만 환경의 영향도 무시 못할 수준이다.

(1) 신체적 특징

우리가 일란성 쌍생아를 구별하지 못하는 이유는 그들의 신체적 외모가 똑같기 때문이다(사진 참조). 일란성 쌍생아는 신체적 · 생리적 특성이 같기 때문에 이러한 특성들은 유전의 영향을 많이 받는 것으로 보인다.

사진 설명
2세된 이 일란성 쌍생아들은 신체적 외모가 너무 똑같기 때문에 얼핏 보면 한 아이가 거울 앞에 앉아 있는 것으로 보인다.

머리카락의 색깔, 눈동자의 색깔, 얼굴의 생김새, 피부색, 골격구조 등은 거의 전적으로 유전에 의해 결정된다. 신장과 체중 또한 유전의 영향을 많이 받는 것으로 보인다. 부모가 키가 크면 자녀도 키가 큰 경향이 있고, 부모가 비만이면 자녀도 비만일 가능성이 크다. 그 외 초경연령과 수명도 유전의 영향을 받는다. 왜냐하면 초경, 노화나 죽음도 일란성 쌍생아가 이란성 쌍생아보다 좀더 비슷한 나이에 발생하기 때문이다. 그러나 환경의 영향도 무시할 수 없다. 신장을 예로 들어보자. 한 개인의 신장의 최대치는 유전적으로 결정되지만, 적절한 영양과 건강이 뒷받침되어야만 유전적 잠재력이 최대한으로 실현될 수 있다. 영양실조, 만성 질환, 스트레스로 인해 유전적 잠재력에 비해 훨씬 키가 작을 수 있다.

(2) 지적 능력

유전과 환경의 영향과 관련하여 지적 능력만큼 많이 연구된 주제도 없다. 그 이유는 일반적으로 지능검사에 의해 측정되는 지능은 인간의 핵심적 특성이며, 학업성취와 매우 높은 연관이 있기 때문이다. 많은 연구결과, 유전이 지능에 매우 중요한 역할을 하는 것으로 나타났다(Cardon & Fulker, 1993; McGue, Bouchard, Iacono, & Lykken, 1993; Rowe, 1999). 〈표 3-1〉은 가족 간의 지능 상관계수를 보여주고 있다. 〈표 3-1〉에서 보듯이 혈연관계가 가까우면 가까울수록 지능의 상관관계는 높아진다.

유전이 지능에 중요한 역할을 하는 것은 분명하지만 그 영향력에 대해서는 의견이 일치하지 않는다. Jensen(1969, 2003)은 지능의 80%가 유전에 의해 결정된다고 주장한다. 반면, 다른 많은 학자들은 유전의 영향력을 50% 정도로 본다

〈표 3-1〉 가족 간의 지능 상관계수

	함께 자란 경우	떨어져 자란 경우
일란성 쌍생아	.86	.72
이란성 쌍생아	.60	.52
형제자매	.47	.24
친부모와 자녀	.42	.22
이복형제	.31	
입양부모와 입양아	.19	

출처: Sigelman, C. K., & Shaffer, D. R. (1995). *Life-span human development* (2nd ed.). Pacific Grove, CA: Brooks/Cole.

(Devlin, Daniels, & Roeder, 1997; Herrnstein & Murray, 1994; Plomin, DeFries, & McClearn, 1990; Weinberg, 1989).

한 가지 명심해야 할 사실은 유전이 지능에 중요한 역할을 하는 것은 사실이지만 환경의 영향도 무시할 수 없다는 점이다. 따라서 보다 중요한 것은 지능에 영향을 미치는 요인이 유전이냐 환경이냐를 따지는 것보다 아동의 지적 발달을 최대화하기 위해서 우리가 무엇을 할 수 있느냐 하는 것이다(Anderson, 2007; Bouchard, 1997; Storfer, 1990).

Arthur Jensen

(3) 기질과 성격특성

신체적 특성이나 지능보다는 영향을 덜 받지만 성격적 특성 또한 유전의 영향을 받는 것으로 보인다. 유아의 성격적 특성은 흔히 기질(temperament)이라는 용어로 표현한다. 가장 많이 연구되는 유아의 기질 측면은 쉽게 마음이 산란해지고 스트레스를 잘 받는 정서성(emotionality), 생기와 활기가 넘치는 활동성(activity), 사회적 상호작용을 추구하고 타인에 대해 높은 반응을 보이는 사회성(sociability) 등이다. Buss와 Plomin(1984)의 쌍생아 연구에서 보면 일란성 쌍생아 간에는 정서성, 활동성, 사회성의 상관계수가 모두 .50 이상이었지만, 이란성 쌍생아 간에는 거의 상관이 없는 것으로 나타나 기질도 유전의 영향을 많이 받는 것으로 보인다.

Robert Plomin

아동과 성인을 대상으로 하여 성격특성에서 유전과 환경의 영향을 알아본 연구에서도 비슷한 결과가 나타났다. 주로 많이 연구되는 성격 측면은 내향성-외향성(introversion-extraversion)과 신경증(neuroticism)이다. 내향성-외향성은 수줍음, 암띤 성격, 사교성, 대인관계의 원만성 정도를 가리키는 것으로, 유아기의 사회성 기질과 관련이 있다. 신경증은 성격이 안정되지 못하고, 불안해하고, 쉽게 짜증을 내고, 신경질을 내는 것으로 유아기의 정서성 기질과

Richard J. Rose

관련이 있다. 연구결과, 일란성 쌍생아 간에는 내향성-외향성 및 신경증의 상관계수가 .50 정도였지만, 이란성 쌍생아 간에는 상관계수가 .20 정도로 나타나 유아기의 기질과 마찬가지로 아동기와 성인기의 성격 특성도 유전의 영향을 많이 받는 것으로 보인다(Rose, Koskenvuo, Kaprio, Sarna, & Langinvainio, 1988).

(4) 정신장애

Terrie E. Moffitt

유전의 영향을 가장 많이 받는 정신장애 중 하나가 조현병(정신분열증)이다. 조현병의 증상은 사고가 논리적이지 못하고, 환각이나 환청 등 지각과정의 이상, 적대적이고 충동적인 행동, 현실을 왜곡하는 망상, 변덕스러운 기분, 인간관계의 단절 등이다. 부모가 조현병이면 자녀도 조현병일 확률이 높으며, 이란성 쌍생아(17%)보다 일란성 쌍생아(50%)에게서 발병률이 훨씬 높은 것으로 보아 유전적인 요인이 크게 작용하는 것으로 보인다.

그 외 우울증, 알코올 중독, 유아기 자폐증 등도 유전의 영향을 많이 받는 정신장애이다. 이러한 정신장애는 연령이 증가함에 따라 환경보다 유전의 영향을 더 많이 받는 것으로 보인다(Caspi & Moffitt, 1993; Loehlin, 1992).

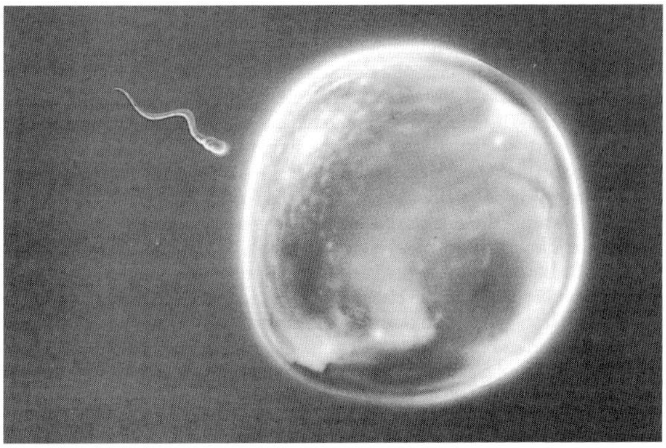

사진 설명
수정의 순간, 한 개의 정자가 난자의 세포막을 뚫고 들어가는 모습.

2. 생명의 시작

인간의 생명은 남성의 정자와 여성의 난자의 결합으로 시작된다(사진 참조). 이 과정을 수정 또는 임신이라고 한다. 태내에서의 40주 동안 정자와 난자가 결합한 하나의 세포는 빠른 속도로 하나의 생명체로 성장하게 된다.

1) 수정

성숙한 여성의 경우, 월경주기(보통 28일)의 중간쯤에 양쪽 난소에서 한 달에 한 번씩 번갈아 난자를 배출하는데 이것을 배란(ovulation)이라고 한다. 배란기를 전후해서 질 속에 사정된 정액 속의 정자가 긴 꼬리로 헤엄쳐서 나팔관까지 올라가면 난소에서 내려오고 있던 난자와 만나게 된다. 난자는 혼자 힘으로는 움직이지 못하고 융모의 수축운동에 의해 자궁까지 도달할 수 있다. 배출된 난자의 생존기간은 약 24시간이며 정자의 생존기간은 약 72시간이다. 이 기간 내에 수정이 이루어지지 않으면 정자와 난자는 수정능력을 잃게 된다.

일단 한 개의 정자가 난자의 세포막을 뚫고 들어가게 되면 정자의 끝부분에 달린 꼬리는 잘리고, 정자의 핵과 난자의 핵이 결합하여 하나의 새로운 세포체를 형성하게 된다. 이러한 과정을 수정(fertilization)이라 하고, 새로 생긴 단일세포를 수정란(fertilized ovum)이라 한다. 이 수정란은 접합체라고 불리는데 이것이 곧 새로운 생명의 시작이다.

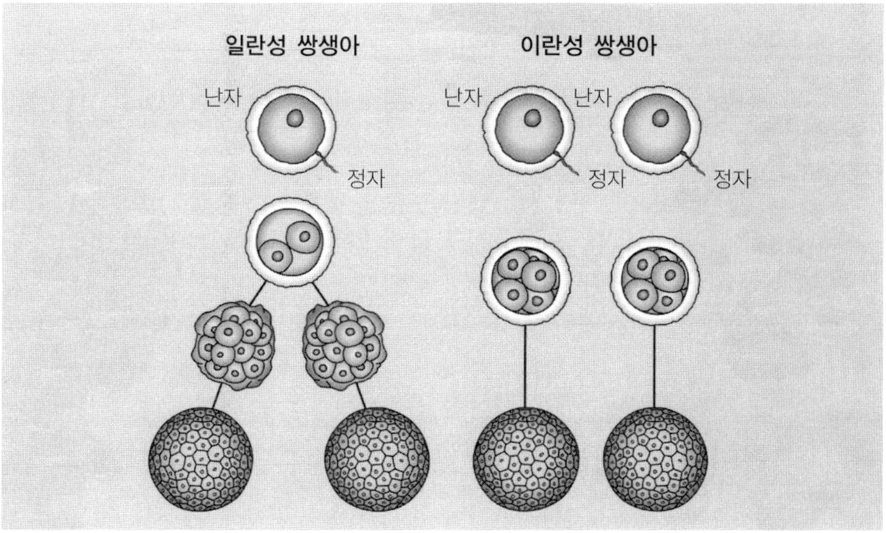

〈그림 3-1〉 일란성 쌍생아와 이란성 쌍생아의 수정과정

일반적으로 수정은 한 개의 정자와 한 개의 난자의 결합으로 이루어진다. 그러나 한 개의 난자가 이분되어 일란성 쌍생아로 성장하거나, 매우 짧은 기간에 두 개의 난자가 방출되어 두 개의 정자와 만나 이란성 쌍생아가 되기도 한다(〈그림 3-1〉 참조).

놀랍게도 새로운 생명체의 절반 정도만이 살아남아 출생에 이르게 된다. 그 중 1/4은 유전자의 결함으로 수정 후 2~3일 내에 소실되고, 나머지 1/4은 임신 기간중에 자연유산하게 된다(Wilcox et al., 1988).

2) 성의 결정

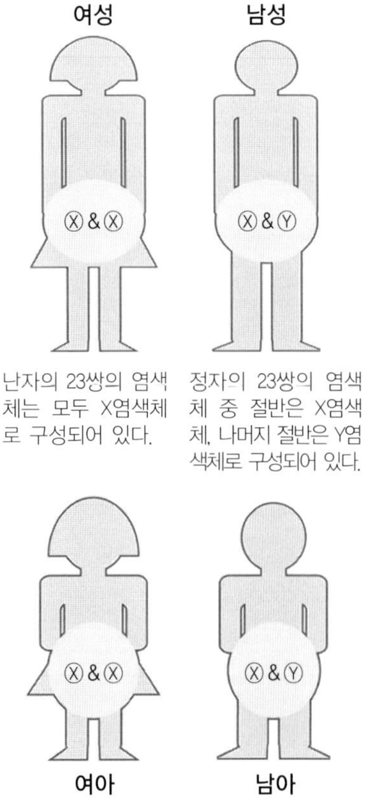

〈그림 3-2〉 성의 결정

23쌍의 염색체 중 마지막 1쌍은 성염색체인데, 이 성염색체에 의해 태아의 성이 결정된다. 여성의 난자는 X 염색체만 가지고 있으나 남성의 정자는 약 반수가 X 염색체, 나머지 약 반수는 Y 염색체를 가지고 있다. 따라서 난자와 만나는 정자의 종류에 따라 태아의 성이 결정된다. 즉, 정자와 난자가 결합할 때 X 염색체를 가진 정자가 난자와 만나면 여자아이가 태어나고, Y 염색체를 가진 정자가 난자와 짝지어지면 남자아이가 태어난다(〈그림 3-2〉 참조).

정자의 절반은 X 염색체를 가지고 있고, 나머지 절반은 Y 염색체를 가지고 있으므로 이론적으로는 남아 또는 여아로 성이 결정될 확률은 50 : 50이다. 그런데 Y 염색체를 가진 정자가 X 염색체를 가진 정자보다 쉽게 난자와 결합하므로, 수정 시에는 남녀의 비율이 130 : 100 정도이다. 그러나 유전자의 결함이나 자연유산의 위험이 남아의 경우가 더 높기 때문에 출생 시 남녀의 비율은 106 : 100 정도가 된다.

유전학상으로 보면 남성이 여성보다 약한 성이라 할 수 있다. 수정된 순간부터 여아는 남아보다 더 많이 살아남고, 신체적 결함이나 정신적 결함도 남아보다 적다. 남성의 취약성은 어쩌면 남성의 Y 염색체에 기인하는 것인지 모른다. Y 염색체는 X 염색체보다 길이가 훨씬 짧기 때문에, 유전인자가 위치할 자리가 X 염색체보다 적다. 따라서 남성의 경우, X 염색체의 유전적 이상은 모두 표현형으로 나타나게 된다. 대부분의 경우, 이러한 유전적 이상은 태아에게 치명적인 것이 된다. 한편, 여성의 경우 어떤 질병의 원인이 되는 유전인자가 있다 하더라도 다른 하나의 X 염색체에 자리해 있는 건강한 유전인자에 의해 수정·보완될 가능성이 있다.

3. 태내기의 발달단계

태내기라 함은 난자와 정자가 만나 수정된 순간부터 출산에 이르기까지 약 38주의 기간을 말한다. 인간의 발달은 수정이 되는 순간부터 이루어진다. 수정에서 분만에 이르기까지 태내기의 발달은 배종기(胚腫期), 배아기(胚兒期), 태아기(胎兒期)의 3단계로 나누어 진행된다.

1) 배종기

정자와 난자가 결합한 수정란이 자궁벽에 착상하는 2주까지의 기간을 배종기(germinal period)라고 한다(〈그림 3-3〉 참조). 이 시기는 인간의 생애에서 사망률이 가장 높은 시기이지만, 신체는 이에 대해 전혀 자각을 하지 못한다.

정자와 난자의 결합으로 이루어진 수정란은 급속하게 세포분열을 하게 되는데, 2일 후에는 4개의 세포로, 3일 후에는 32개의 세포로 그리고 수정 후 일주일이 지나면 약 100~150개의 세포로 분열한다.

수정란은 세포분열을 하는 동안 난관 내부의 섬모운동과 난관의 수축작용으

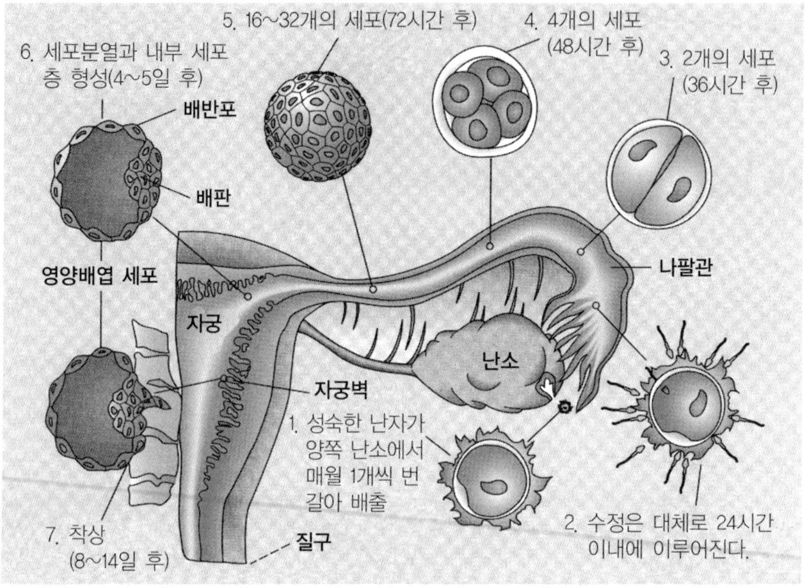

〈그림 3-3〉 배종기

출처: Shaffer, D. R. (1999). *Developmental psychology: Childhood and adolescence* (5th ed.). Pacific Grove, CA: Brooks/Cole.

로 3~4일 후에 자궁에 이르게 된다. 자궁에 도달할 때쯤에 수정란의 크기는 머리핀의 머리크기만 하며, 작은 공 모양의 배반포(blastocyst : 胚盤胞)로 변해 1~2일 동안 자궁 속을 자유롭게 떠다닌다. 배반포는 외세포 덩어리 및 내세포 덩어리와 그 속에 채워진 액체로 구성되어 있다. 영양배엽(trophoblast)으로 불리는 외세포 덩어리는 자궁벽에 정착하여 태아를 보호하고 태아에게 영양분을 공급하는 조직으로 발달한다. 〈그림 3-4〉에서 보듯이 세포극(embryonic pole)으로 집결되는 내세포 덩어리는 이후에 자궁 내에 완전히 착상하게 되면 배아(embryo)로 성장하게 된다. 착상이 완전히 이루어지는 데는 약 일주일이 걸리는데, 착상과 동시에 배종기는 끝나고 배아기가 시작된다. 그러나 임신의 약 58%가 착상에 실패한다. 또 경우에 따라서는 수정란이 자궁에 착상하지 못하고 난관, 난소, 자궁경부, 자궁각에 착상하게 된다. 이것을 자궁 외 임신이라고 한다. 자궁 외 임신은 오래 지속될 수가 없기 때문에, 태아는 난관 등에서 충분히 발육

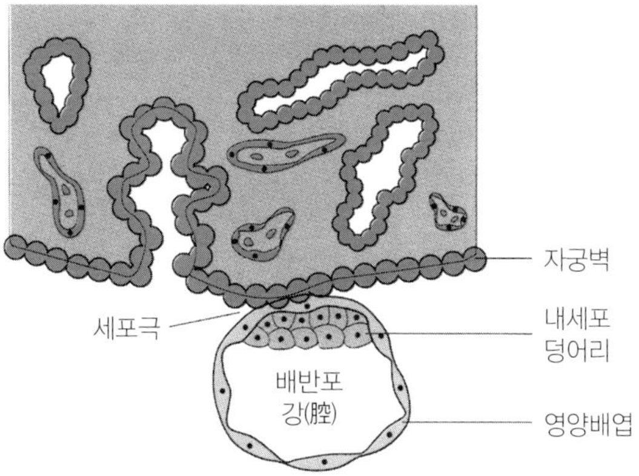

〈그림 3-4〉 수정란이 자궁벽에 착상하는 초기 단계

하지 못하고 유산되거나 난관파열을 일으키기도 한다. 때로는 복강 내 과다출혈로 인해 임부가 사망하기도 한다.

2) 배아기

수정란이 자궁벽에 착상한 후부터 8주까지를 배아기(embryonic period)라고 한다. 배아기가 되면 자유롭게 떠다니던 수정란이 자궁벽에 착상하여 어머니와 의존적인 관계를 형성하게 되며, 이때부터 발달은 매우 빠른 속도로 이루어진다.

내세포 덩어리는 외배엽, 중배엽, 내배엽의 세 개의 분리된 층으로 분화하기 시작한다. 외배엽은 피부의 표피, 손톱, 발톱, 머리카락, 신경계, 감각기관으로 발달하고, 중배엽은 피부의 진피, 근육, 골격, 순환계, 배설기관으로 발달하며, 내배엽은 소화기관, 간, 췌장, 침샘, 호흡기 계통으로 발달하게 된다.

4주경에는 심장이 뛰기 시작하며, 뇌와 신경조직이 분화되고, 입이나 소화기관, 간 등이 형성되기 시작한다. 8주경에는 얼굴에서 입, 눈, 귀가 뚜렷하게 분화되며, 팔, 다리, 손발이 형성된다. 이때 성기가 형성되기 시작하고 근육이나 연골조직이 발달한다. 내부기관에서도 장, 간, 폐, 신장, 췌장이 뚜렷하게 형성되고 그 기능이 시작된다. 또한 신경조직이 급속히 발달한다. 이 무렵이면 인간

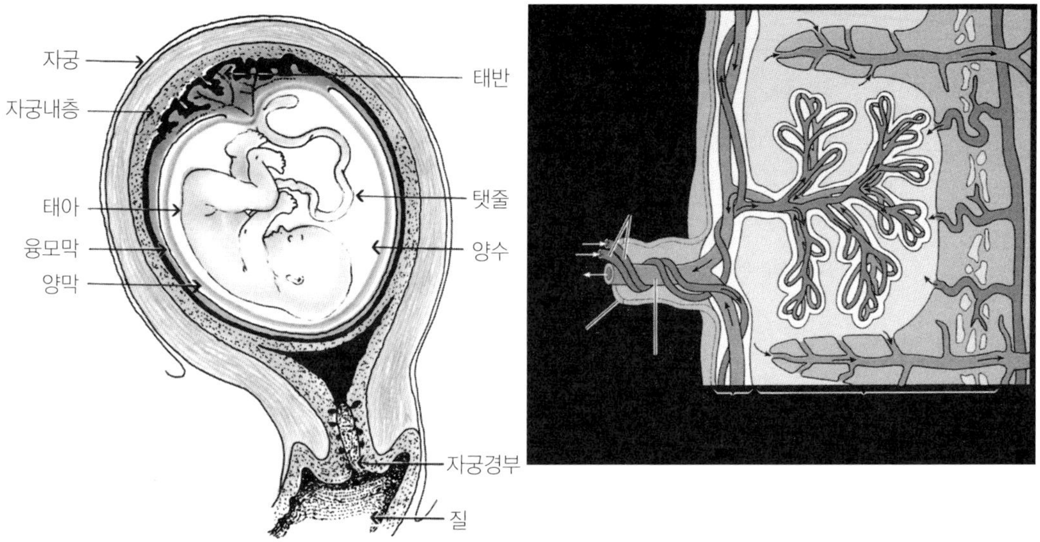

〈그림 3-5〉 태반과 탯줄

이 갖추어야 할 신체기관과 기본 조직은 모두 갖추게 된다.

내세포 덩어리가 분화하는 동안 외세포 덩어리는 융모막과 양막이라는 두 개의 막을 형성하게 되는데, 자궁벽에서 형성된 막과 함께 태아를 감싸게 된다. 양막 속은 양수로 가득차게 되며, 양수는 외부의 충격으로부터 태아를 보호하고, 적절한 온도를 유지해주는 기능을 한다. 이와 동시에 탯줄이 발달하여 태아를 자궁벽의 태반과 연결시켜 준다(〈그림 3-5〉 참조). 탯줄은 태아의 생명줄이다. 어머니와 태아의 혈류는 모두 태반에 닿아 있으나, 이들은 섬세한 반투명의 막으로 분리되어 있다. 이를 통해 어머니 혈액 속의 영양분이 태반을 통해 태아에게 전달되고, 태아로부터 만들어진 배설물도 태반을 통해 어머니에게로 와서 배출된다. 뿐만 아니라 태아에게 나쁜 영향을 줄 수 있는 약물(담배와 알코올을 포함한), 백신, 병균(디프테리아, 장티푸스, 풍진 등) 등도 태반을 통해 태아에게 전달되기도 한다(Huston et al., 2013; Iqbal et al., 2012; Woolett, 2011).

이처럼 배아기는 신체의 주요 기관이 형성되고 빠른 속도로 세포분열이 이루어지는 시기이므로 태내환경에 대해 각별한 주의가 필요하다. 이 시기에 발달을 저해하는 사건이 발생하면, 영구적인 손상을 입게 된다.

배아기는 또한 여성의 신체가 태아의 존재에 대해 적응하는 시기이다. 호르몬 수준에서 변화를 보이며 가슴이 커지게 된다. 두통, 구토, 특정한 음식을 찾거나 피하는 등의 입덧을 하거나 피로감을 보이며 감정적으로 예민해진다.

3) 태아기

8주 이후 출생까지의 시기를 태아기(fetal period)라고 한다. 이 시기는 새로운 기관의 형성보다는 성장이 가속화되는 시기이다. 전 단계에서 기본적으로 형성된 여러 신체조직이 급격히 발달하고 기능하기 시작한다. 지금까지의 태아는 양수에 떠 있는 비교적 수동적인 존재였으나, 태아기에 이르러서는 촉각적 자극에 대해 반응을 하며, 운동기능이 점차 분화되고 복잡해진다. 또한 태아는 신생아와 유사한 수면과 각성의 사이클을 가지게 되며, 소음을 들을 수 있고, 큰 소리나 음악은 태아의 움직임을 촉발시킨다.

12주경에는 인간의 형체를 닮기 시작하고, 팔과 다리의 움직임이 나타나며, 태아의 성별을 확실하게 구분할 수 있다. 16주경에는 어머니가 태동을 느낄 수 있으며, 이를 통해 태아가 성장하고 있다는 사실에 주목하게 되고 애착을 형성하기 시작한다. 어머니는 태어날 아기에 대해 상상을 하고, 건강을 걱정하며, 누구를 닮았을 것인가에 대해 궁금해하기도 한다. 어머니가 태아에게 초점을 맞추고 관심을 가질수록 외부 세계의 일상적인 사건으로부터 자신의 관심을 축소시키고, 태아를 돌보는 데에 더 많은 에너지를 쏟게 된다.

20주에는 태아의 움직임이 활발하게 나타나며, 태내에서의 많은 활동들은 출생 이후에 사용될 반사능력의 기초가 된다. 태반은 이 시기에 안정되므로 그 이전에는 유산의 위험이 크다. 태반의 크기는 임신 말경 직경이 15~20cm, 무게는 500g 정도이며, 탯줄은 약 50cm 정도이다. 태반의 한쪽은 어머니의 자궁과 연결되어 있으며, 다른 한쪽은 태아와 탯줄로 연결되어 있다. 이를 통해 태아는 모체로부터 산소와 영양분을 공급받고, 몸속에 생긴 탄산가스와 노폐물을 배출

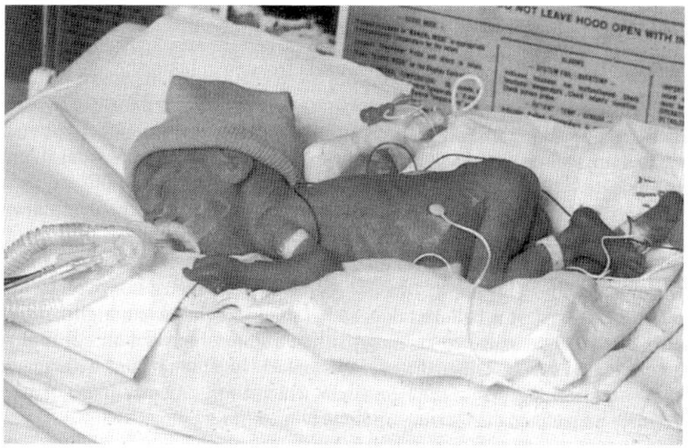

✐사진 설명
조산아 보육기(incubator) 속의 미숙아

한다. 또한 어머니로부터 면역성을 얻어 출생 후 질병에 대한 면역성도 지니게 된다.

28주경이면 태아는 미숙아로 태어난다 하더라도 조산아 보육기(사진 참조)에서 양육이 가능할 정도로 충분히 성장하게 된다. 일반적으로 체중이 1.5kg 정도이면 생존이 가능하고, 2.3kg 이상이면 인큐베이터에서 양육하지 않아도 된다. 마지막 3개월 동안에 태아의 체중은 급격하게 증가하는데, 이는 지방층의 발달에 기인한다. 그 결과 태아는 점차 자궁 내에서 더 많은 자리를 차지하게 되며, 움직임을 위한 공간이 줄어들게 된다. 36주경에는 대부분의 태아는 머리가 아래로 간 위치로 정착하게 된다. 이러한 형태는 자궁 내에서 보다 많은 공간을 확보하게 해줄 뿐만 아니라 출산을 용이하게 해준다.

4. 태내환경과 영향요인

태내환경은 외부로부터의 자극이 어느 정도 차단되는 비교적 안전한 곳이라고 볼 수 있다. 그러나 태내환경이 적절하지 못한 경우 그 영향은 태아에게 치명적인 것이다. 태아에게 바람직한 태내환경을 제공해주기 위해 금지되는 것과 허용되는 것에 대한 기준은 시대별로 변하고 있으나, 그 중요성에 대한 인식에는 변함이 없다.

1) 영양

"작게 나아서 크게 키우라"는 말처럼 종전에는 임신 중의 섭생은 가능한 한 소량의 음식물을 섭취하는 것이 바람직한 것으로 인식되었다. 그러나 현재는 임신기간 중의 충분한 영양섭취가 태아의 발달뿐만 아니라 어머니의 건강에도 필수적이라고 믿고 있다(Lowdermilk, Cashion, & Perry, 2014). 특히 임신 중기부터는 태아가 모체의 철분을 흡수해 자신의 혈액을 만들기 시작하므로 철분을 충분히 공급하는 것이 좋다. 철분은 혈액 속의 적혈구를 만드는 데 없어서는 안 될 중요한 영양소이다. 철분이 부족하면 빈혈을 일으키고, 임신중독증의 원인이 되기도 한다.

Alison Clarke-Stewart

임신기간 중 어머니의 영양결핍과 태아의 발달 간의 관련성을 입증하는 사실 가운데 하나는 20세기 초반 스위스에서 크레틴병(cretinism)으로 출생한 아이들의 사례이다. 이곳은 지역의 특성상 요오드가 부족하였으므로, 결과적으로 이를 섭취하지 못한 임부의 아기에게서 갑상선 기능장애가 나타났다. 이들은 지적 능력의 결함, 청각결함, 발육지체 등과 같은 증상을 보였으며, 이 지역 주민을 대상으로 옥소를 첨가한 식이요법을 실시한 결과, 크레틴병은 다음 세대에서는 나타나지 않았다(Clarke-Stewart, Friedman, & Koch, 1985).

일반적으로 임부의 하루 섭취량은 평상시에 비하여 15～30%(300～500Cal) 정도 증가시키는 것이 바람직하다. 특히 칼슘과 단백질, 철분, 비타민은 임부의 건강뿐 아니라 태아의 성장, 발육에 필수적이므로 충분히 섭취해야 한다. 태내에서의 영양공급이 충분하지 못한 경우 사산, 유산, 조산아나 미숙아가 태어날 확률이 증가하며, 출산 시 아동의 체중은 이후의 지능이나 성취도와도 관련이 있는 것으로 나타났다(Newman & Buka, 1993). 그 외에도 출생 후 감기, 기관지염, 폐렴 등의 호흡기 질환에 감염될 확률이 높다(Berk, 1996). 또한 태내기는 뇌세포가 급격하게 증가하는 시기이며, 다른 신체 부위와는 달리 뇌는 태내에서 급격한 발달이 이루어지므로 충분한 영양공급이 필수적이다. 그렇지 못한 경우 중추신경계의 결함을 초래하여 이후의 지적 발달에 영향을 미치게 된다(Morgane et al., 1993). 영양공급이 충분히 이루어지지 못할 경우, 태아는 성장에 필수적인 성분을 어머니로부터 빼앗아 가므로 어머니의 건강도 나빠지게 된다.

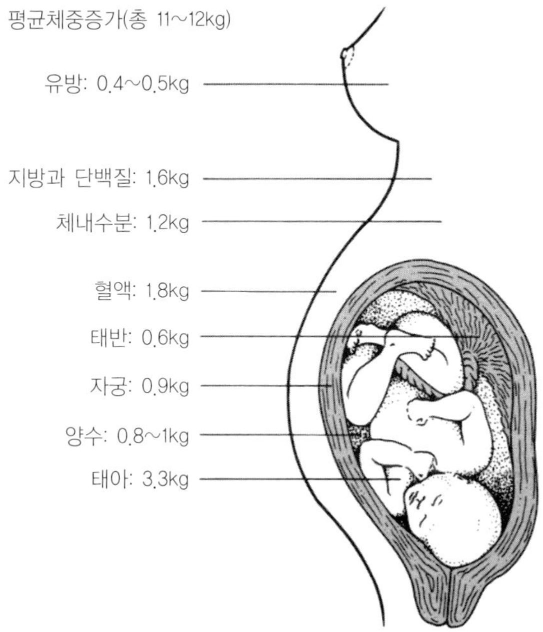

〈그림 3-6〉 임신 중의 체중증가

출처: Clarke-Stewart, A., Friedman, S., & Koch, J. (1985). *Child development*. New York: John Wiley & Sons.

개인에 따라 차이가 있지만 임신 말기에 임부의 체중은 11~12kg 정도 증가하며, 저체중 여성의 경우에는 더 증가해도 무방하다(〈그림 3-6〉 참조). 어머니의 체중 증가와 태아의 출산 시 체중과는 정적인 상관이 있으며, 10kg 이하의 체중 증가는 음식물 섭취량뿐만 아니라 임신 전 체중과 신장, 태아의 크기 등 여러 요인의 영향을 받는다. 일반적으로 십대 임신, 노산, 교육수준이 낮은 경우 다소 적게 증가하는 경향을 보이며, 사회계층이 낮은 여성의 영양결핍은 다른 여러 가지 문제를 동시에 수반하므로 문제가 더욱 심각하다(Clarke-Stewart et al., 1985).

2) 약물복용

오랫동안 어머니에게 안전한 약물은 태아에게도 안전한 것으로 생각되어 왔다. 그러나 어머니에게 안전한 약물도 태반을 통해 태아에게 전달되는 경우 치명적인 영향을 미칠 수 있으며, 특히 임신 초기에는 더욱 심각하다. 약물복용은 흡연이나 음주 등과 복합적으로 이루어지며, 태아에게 인지, 운동, 언어, 사회성, 정서발달의 여러 영역에 걸쳐 심각한 결함을 초래한다.

해표상기형(海豹狀畸形: phocomelia)[2]은 약물복용으로 인해 발생하는 가장 대표적인 결함의 예이다. 이는 임신 초기에 신경안정제인 탈리도마이드(thalidomide)를 복용했을 경우에 나타나며(Martinez-Frias, 2012), 주로 구개파열,

2) 손과 발은 있으나 팔과 다리가 없는 기형.

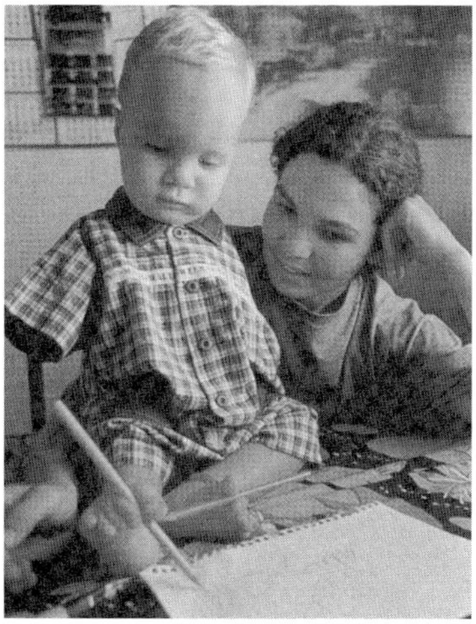

작은 귀, 골반탈구, 소화기, 심장, 비뇨기의 기형과 같은 신체적 결함이나, 손가락이나 발가락이 붙어 있는 사지결함을 초래한다. 가장 눈에 띄는 결함은 팔, 다리가 없거나 손과 발이 몸통에 붙어 있는 점이다(사진 참조).

임신 사실을 모르고 피임약을 복용한 경우뿐만 아니라 피임약의 복용을 중단한 지 6개월 이내에 유산된 태아에 대한 조사결과, 복용하지 않은 집단에 비해 태아가 염색체 이상을 보이는 비율이 높은 것으로 나타났다. 경구용 피임약 이외에 질좌약도 정자를 죽임으로써 임신이 이루어지지 않게 만들어진 것이므로, 이러한 형태의 피임약을 계속 사용할 경우, 출산결함이나 유산의 비율이 증가한다. 그 외에도 항생제는 청각결함을, 아스피린은 혈관장애를 일으킬 수 있다(Clarke-Stewart et al., 1985).

헤로인 등과 같은 습관성 약물은 청각결함, 심장이나 관절의 결함, 구개파열, 사지기형이나 행동장애를 유발하는 것으로 나타났다. 코카인을 사용했을 경우, 성장지체나 사산, 출산과정에서의 문제(태반 조기박리 등), 뇌손상, 생식기의 이상, 갑상선 이상, 뇌출혈, 급성 심장발작을 유발하는 확률이 증가하고, 환경자극에 대해 적극적인 반응을 보이지 않으며, 그 효과는 지속적인 것으로 나타났다(Berk, 1996; Richardson, Goldschmidt, Leech, & Willford, 2011). 카페인이 태아에게 미치는 영향에 대해서도 어머니가 임신기간 중에 커피를 습관적으로 마신 경우 저체중아 출산율이 증가했다는 연구결과가 있는가 하면, 카페인의 해로운 영향이 유의하게 나타나지 않았다는 상반된 연구결과도 제시되고 있다. 이러한 차이는 이들이 마신 차와 커피의 양이나 함유된 카페인의 양에 따라 다르게 나타난다고 볼 수 있으며, 안전을 위해서는 가급적 자제하는 것이 바람직하다(Dworetzky, 1990; Jahanfar & Sharifah, 2013; Morgan, Koren, & Bozzo, 2013).

이상의 연구결과에 비추어 볼 때, 아직까지 그 영향이 규명되지 않은 의약품의 경우에도 반드시 안전하다고는 볼 수 없으므로, 임신 중에는 가능한 한 약물 복용을 자제하는 것이 바람직하다.

3) 질병

모체의 질병도 태내결함을 유발하는 중요한 원인으로 작용한다(Brunell, 2014). 그 가운데 풍진은 태내결함을 유발하는 대표적인 질병이다(Rasmussen, 2012). 특히 임신 3개월 이전에 모체가 풍진에 감염된 경우, 시각장애나 청각장애 및 정신지체 등을 유발하는 확률이 높다.

임부가 매독이나 임질 등의 성병에 감염된 경우에도 태아에게 심각한 영향을 미치게 된다. 감염된 태아의 30%는 출산 이전에 사망하며, 그렇지 않은 경우에도 기형아 출산이나 시각장애를 초래하기도 한다. 이러한 증상은 출산 시에는 나타나지 않고, 이후에 나타나기도 한다(Qin et al., 2014). 매독이나 임질과 같은 치명적인 요인이 아니라도 성기 부위의 감염도 태아에게 영향을 미치는 것으로 나타났다. 성기 부분에 헤르페스(herpes) 바이러스를 가진 여성의 경우, 태아가 산도를 통해 출산하는 과정이나 태반을 통해 감염될 가능성이 있으며, 심한 경우 사망을 초래할 수도 있다. 이에 대한 치료제는 아직 개발되지 않은 상태이며, 출산과정에서 이에 감염되는 것을 피하기 위해 제왕절개수술을 한다(Berk, 1996; Nigro et al., 2011).

사진 설명
AIDS에 걸린 모자(母子).

후천성 면역결핍증(AIDS)의 원인이 되는 인체 면역결핍 바이러스(Human Immunodeficiency Virus: HIV)도 태아에게 감염되는 비율이 점차 증가하고 있다. 이는 감염된 어머니로부터 태반이나 출산과정에서의 접촉을 통해 태아에게 감염된다. 감염된 태아는 비정상적으로 작은 두개골과 얼굴 기형을 보이게 되며, 이러한 결함은 임신 초기에 감염되었을 경우에 더욱 심하게 나타난다(사진 참조). 에이즈는 성인의 경우 5년 정도의 잠복기를 가지므로, 이들 여성 가운데 상당수는 태아가 출생 후 에이즈로 진단을 받기 전까지는 자신이 보균자인 줄도 모르지만,

감염된 태아는 대부분 1년 이내에 증세를 보인다.

그 외에도 B형 간염, 심장질환이나 당뇨병도 태아에게 영향을 미친다. 어머니가 당뇨병이 있는 경우, 일반적으로 자궁 내 환경은 혈당이 높고, 이에 따라 인슐린 분비 수준이 높기 때문에 출생 후 신생아의 신체는 재적응을 해야 하는 문제를 갖는다. 이들은 자극에 대해 덜 민감한 반응을 보이며, 사람의 얼굴을 주시하는 데 어려움이 있었고, 운동능력도 지체된 것으로 나타났다. 이러한 결함의 정도는 어머니의 당뇨병의 정도와도 관련이 있다(Desai, Beall, & Ross, 2013; Eriksson, 2009).

4) 연령 및 출산 횟수

일반적으로 여성은 13세경에 생리를 시작하여 폐경이 되는 50세 전후까지 출산능력이 있는데, 태아나 어머니에게 특별한 문제를 일으키지 않는 최적의 연령은 23~28세까지라고 한다. 임산부의 연령이 35세를 넘을 경우 의학적으로 이를 노산이라고 한다. 최근에는 대부분의 여성들이 첫 아이를 갖는 시기가 점점 늦어지고 있는 추세에 있다. 노산인 경우 자연유산, 임신중독증, 난산, 미숙아 출산이나 다운 증후군(Down Syndrome)의 비율이 급격히 증가한다(Ghosh et al., 2010). 다운 증후군의 원인 가운데 하나는 여성호르몬인 에스트로겐의 수준과 관련이 있다. 에스트로겐 수준은 20~35세 사이에 절정을 이루며, 호르몬 분비의 부족은 21번째 염색체의 이상을 초래하는 결과를 낳게 된다. 따라서 노산뿐만 아니라 임산부의 연령이 20세 이하인 경우에도 자궁의 미성숙이나 호르몬 분비로 인해 조산아나 다운 증후군의 아이를 출산할 가능성이 높다(Malizia, Hacker, & Penzias, 2009).

어머니의 임신 횟수도 태아의 발달에 영향을 미친다. 어머니의 연령변인을 고려하지 않는다면, 태내환경은 첫 아이보다 이후에 출생하는 아이에게 보다 유리하다. 첫 임신에서는 자궁과 태반 간의 순환이 늦게 이루어지므로, 둘째부터는 첫 아이보다 신체가 큰 경향이 있고, 출생결함이나 기형이 나타나는 비율 또한 낮은 경향이 있다. 그러나 출산간격이 너무 짧거나 출산 횟수가 많아질수록 이러한 이점(利點)은 상쇄된다.

5) 음주

알코올은 빠른 속도로 태반에 침투하여 장시간 영향을 미치게 된다(Brocardo, Gil-Mohapel, & Christie, 2011; Frost, Gist, & Adriano, 2011). 태아의 알코올 분해능력은 성인의 절반 수준에 머무르기 때문에, 태아는 알코올에 상당히 민감하게 반응하며, 소량의 알코올조차도 비정상적인 발달을 야기할 수 있다. 그러므로 임부에게 안전한 알코올 소비 수준을 제시하는 것은 불가능하며, 임신기간 중에는 전적으로 알코올 섭취를 제한하는 것이 바람직하다.

알코올 중독 현상을 보이는 임부의 태아는 태아 알코올 증후군(Fetal Alcohol Syndrome)을 보이게 된다(Arnold et al., 2013). 정신지체나 주의집중력의 결핍, 과잉행동은 이들 아동의 특징이며, 동시에 이들은 출생 전후의 성장지체, 비정상적인 두개골 모양, 눈이나 심장, 사지, 관절의 결함을 갖고 태어나기도 한다. 이러한 위험은 알코올 섭취량이 많을수록 증가하며, 정신지체 아동 가운데 상당수는 태아 알코올 증후군의 희생양인 것이다(Steinhausen, Willms, & Spohr, 1993). 4세경의 아동을 대상으로 한 연구에서 임신기간 중에 알코올을 섭취한 어머니의 아이는 그렇지 않은 어머니의 아이들에 비하여 지능지수가 낮은 비율이 3배 정도 높게 나타났다(Grant et al., 2013; Harper et al., 2014; Streissguth, Barr, Sampson, Darby, & Martin, 1989). 그러므로 음주는 정신지체를 야기시키는 예방 가능한 요인 가운데 대표적인 요인으로 볼 수 있다.

6) 흡연

흡연은 저체중아 출산에 영향을 미치는 가장 대표적인 요인이다(사진 참조). 또한 흡연은 뇌결함, 작은 두개골, 구개파열이나 조산아가 태어날 확률이나 질병에 걸릴 확률을 증가시킨다(Brown & Graves, 2013; Burstyn et al., 2012). 흡연을 한 어머니의 태아는 일반적으로 체중이 150~320g 정도 감소하며, 흡연 여성은 비흡연 여성에 비해 저체중아 출산율이 2배 정도 높게 나타난다. 만일 임신기간 중 여성이 흡연을 피할 수 있다면 20%의 저체중아 출산은 피할 수 있다고 한다(Chomitz, Cheung, & Lieberman, 1999).

흡연이 어떻게 태아로부터 산소를 박탈해 가는가를 입증하기 위해 임부가 담배를 피우는 동안 그들의 혈액을 2.5분 간격으로 채취하였다. 그 결과 흡연은 혈압과 맥박, 혈중 일산화탄소 헤모글로빈(carboxyhemoglobin)의 양을 급격히 증가시킨 것으로 나타났다. 혈액 속의 일산화탄소 헤모글로빈은 태아에게 산소 결핍을 초래한다. 또한 담배를 피우기 시작한 2.5분 이후부터 부신호르몬의 수준이 급격히 상승하여 자궁과 태반 간의 혈관을 좁게 만들며, 결과적으로 태아에게 산소와 영양공급이 원활하게 이루어지지 못하게 된다(Clarke-Stewart et al., 1985).

직접적인 흡연뿐만 아니라 간접 흡연도 태아의 발달에 영향을 미치며, 흡연을 하는 어머니의 심리상태도 태아에게 영향을 미치는 한 가지 요인으로 지적될 수 있다. 외부로부터 받는 스트레스나 어머니의 불안한 상태가 어머니로 하여금 담배를 피우게 하고, 흡연의 악영향에 기여하게 된다. 어머니가 음주나 흡연을 할 경우, 태아가 지체를 보일 확률은 2배 정도 높아지며, 두 가지를 모두 할 경우 4배로 증가한다(Dworetzky, 1990). 최근 한 연구(Hollams et al., 2014)에서 임신기간 중 어머니의 흡연은 아동과 청소년기의 천식과도 관계가 깊은 것으로 나타났다.

7) 정서상태

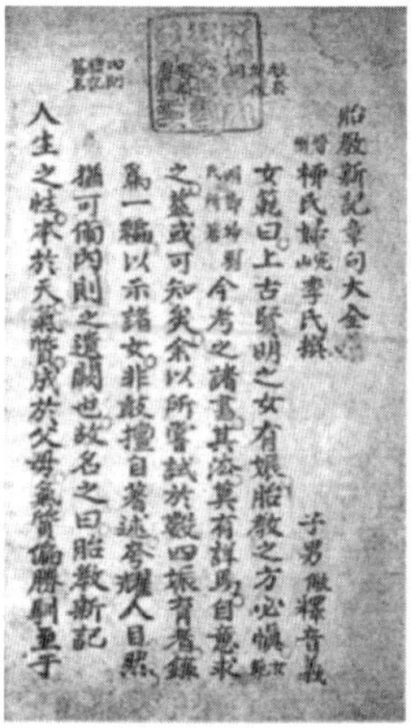

✐사진 설명
사주당 이씨의 『태교신기』

사주당 이씨는 『태교신기(胎敎新記)』에서 모친의 태중교육 10개월이 출생 후 스승에게 10년을 배우는 것보다 더 중요하다고 하였다. 이는 인간의 기질과 성품이 태중에서의 교육에 의해 형성됨을 강조하고 있는 것이다(이원호, 1986). 임신 중 모체의 정서상태의 중요성을 우리나라 전통육아에서는 태교라는 용어로 강조하고 있으며, 이러한 태교의 중요성은 현대사회에서도 과학적으로 입증되고 있다.

분노, 공포, 불안과 같은 어머니의 정서적 스트레스는 자율신경계에 영향을 미쳐 부신 호르몬의 분비를 촉진시키게 되며, 이는 태반을 통해 태아에게 영향을 미치게 된다(Breedlove & Fryzelka, 2011; Schuurmans & Kurrasch, 2013). 스트레스에 반응하기 위해 분비되는 호르몬은 혈관을 수축시키고, 혈액의 흐름을 어머니의 자궁으로부터 다른 신체기관으로 전환시키게 되며, 이로 인한 태반 내 혈액량의 감소는 태아에게 산소나 영양공급의 부족을 초래할 수 있다. 그 결과 어머니의 스트레스 수준이 높을수록 태아의 심장박동률의 변화가 심한 것으로 보인다.

태내기에 어머니의 정서적 혼란이 수주 동안 계속된 경우, 태아의 움직임은 임신기간 내내 높게 나타났으며, 출생 후에도 영향을 미치는 것으로 나타났다. 정서적으로 안정되지 못한 어머니에게서 태어난 영아는 과잉행동을 보이고, 성급한 성격적 특성을 지니며, 소화기 장애를 보이는 것으로 나타났다(Howerton & Bale, 2012; Omer & Everly, 1988). 이러한 신생아의 행동특성은 스트레스를 받고 있는 어머니로 하여금 자녀양육을 더욱 어렵게 하는 요인으로 작용하여 이후의 부모-자녀관계에도 부정적인 영향을 미치게 된다. 또한 어머니의 불안은 신진대사율을 증가시켜 저체중을 유도하거나, 불안을 극복하기 위해 이들 호르몬의 분비를 촉진시킴으로써 조산을 유발시키는 요인이 되기도 한다(Azar, 1999).

어머니의 정서상태가 태아에게 미치는 영향은 스트레스의 정도나 어머니의 체질, 태아의 유전형질이나 스트레스를 받은 시기에 따라 상이하지만, 스트레스는 흡연이나 음주, 영양결핍을 초래한다는 점에서 더욱더 문제시된다. 그러므로 임부는 편안하고 안정적인 정서상태를 갖도록 노력해야 하며, 다른 가족원들도 이를 위해 협조하는 태도가 필요하다.

임신 및 출산 풍습에 관한 비교문화연구(민하영, 유안진, 2003)에서 태교는 한국, 홍콩, 미국 문화 간뿐만 아니라 각 문화 내 세대 간에도 유의한 차이가 있는 것으로 나타났다. 한국은 홍콩이나 미국에 비해 상당히 높은 수준의 태교를 실천하고 있는데, 이러한 경향은 어머니 세대뿐만 아니라 할머니 세대 모두에서 동일하게 나타났다. 한편, 세 문화 모두 할머니 세대에 비해 어머니 세대의 태교 실천 수준이 높은 것은 태아학의 발달로 최근 태교의 중요성이 강조되고 있기 때문인 것으로 보인다. 그러나 한국의 할머니 세대의 태교 실천 수준이 홍콩이나 미국 어머니 세대의 태교 실천수준보다 높다는 사실은 태아학이 대중적으로 받아들여지기 전부터 한국에서 태교를 중요하게 간주했음을 시사하는 것이다.

8) 기타 요인

히로시마와 나가사키의 원폭피해에서 밝혀졌듯이 방사능은 유전인자의 변화를 초래하는 원인이 된다. 방사능의 영향은 방사능의 양이나 태아의 상태 및 노출 시기에 따라 상이하나, 신체 기형이나 정신지체를 유발하는 요인이 된다(사진 참조). 미세먼지와 황사 등의 대기오염 또한 태아에게 치명적인 영향을 미치는데, 조산이나 미숙아의 출생, 선천성 기형의 원인이 될 수 있다(Kumar et al., 2015; van den Hooven et al., 2012).

사진 설명
우크라이나의 체르노빌 핵폭발 사고로 인한 방사능 오염 지역에서 태어난 이 소년은 한쪽 팔이 없다.

아버지의 혈액형이 Rh^{+}이고 어머니가 Rh^{-}인 경우, Rh^{+}가 우성이므로 태아는 Rh^{+}인자를 갖게 되며, 이는 어머니의 혈액과 일치하지 않으므로 문제가 생기게 된다(Li, Jiang, Yuan, & Ye, 2010). 태아가 Rh^{+} 혈액형이고 모체가 Rh^{-} 혈액형인 경우, 일반적으로 첫 번째 임신에서는 문제를 보이지 않는다. 그러나 두 번째 임신에서는 어머니의 혈액 속에 항체가 형성되어 사산이나 유산을 하거나 정신박약아가 태어난다. 최근에는 Rh 백신주사가 개발되어 항체형성을 예방할 수 있다(Flegal, 2007).

임신기간 중의 성생활은 반드시 금해야 하는 것은 아니다. 그러나 초기에는 수정란이 자궁벽에 완전히 착상하지 못한 상태이므로 유산의 우려가 있으며, 말기에는 조산의 우려가 있다.

Sally Wendkos Olds

뜨거운 목욕이나 온천은 몸의 혈액순환을 촉진시키고 피로를 풀어주지만, 지나치게 뜨거운 물은 임신한 여성의 자궁 주변 온도를 상승시켜 태아의 중추신경계의 이상을 초래할 수 있다. 39°C 이상의 욕조에 10~15분 이상 앉아 있는 것은 태아에게 손상을 초래할 수 있다(Papalia & Olds, 1995).

과도하지 않은 적절한 운동은 태아에게 영향을 미치지 않으며, 오히려 어머니의 자긍심을 높여 주고, 태아의 체중을 증가시키며, 긴장감이나 임신으로 인한 불편함을 감소시킬 뿐만 아니라 출산과정을 용이하게 해주는 역할을 한다.

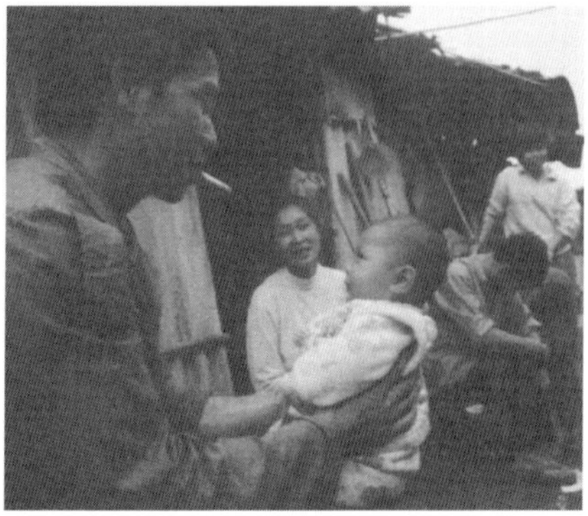

9) 태내환경과 아버지의 영향

지금까지의 태내환경에 대한 관심은 여성의 음주, 흡연, 스트레스 등과 관련된 요인들에 초점이 맞춰져 왔다. 그러나 최근에 와서 남성도 태내환경에 많은 영향을 미칠 수 있다는 것이 밝혀졌다(Pedersen et al., 2014). 아버지의 음주, 흡연(사진 참조), 화학약품에 대한 노출이나 연령변인에 따라 출생결함이 증가하는 양상을 보이고 있다(Sadler, 2015; Soubry et al., 2014).

남성의 흡연은 여성에게 간접적으로 영향을 미치게 되며, 흡연 남성의 정자는 비흡연 남성의 정자에 비해 기형이 더 많이 나타난다. 또한 남성의 흡연은 방출되는 정자의 수를 감소시켜 생산능력을 떨어뜨리는 대표적인 요인이 된다. 하루에 반 갑 이상의 흡연을 하는 남성은 비흡연 남성보다 정자가 20% 정도 감소하며, 태아의 체중도 120g 정도 감소하는 것으로 나타났다. 또한 흡연 남성의 자녀는 비흡연 남성의 자녀에 비해 뇌수종, 안면마비 등의 결함이 생길 확률이 배로 증가하며, 뇌암, 임파종, 백혈병에 걸릴 확률이 20% 증가한 것으로 나타났다. 그러나 이것이 출생 직후의 간접 흡연의 영향인지에 대해서는 논란의 여지가 있다(Cordier, 2008; Milne et al., 2012).

Anne Merewood

수정 전 남성의 음주습관도 영향을 미친다. 심한 음주는 남성 호르몬인 테스토스테론의 수준을 낮추며, 결과적으로 불임과 관련이 있다. 또한 하루 2잔 이상의 포도주나 2병 이상의 맥주를 마신 경우 태아의 체중이 평균치에 비해 85g 정도 적게 나타났다. 마리화나나 코카인 같은 약물의 복용도 불임이나 태아의 건강상 문제를 초래한다(Merewood, 1998).

✐사진 설명
Brooks의 저서 『부모되기 과정』

아버지가 특정한 화학약품에 노출된 직업을 가진 경우, 사산, 조산, 저체중아를 출산하는 비율이 높은 것으로 나타났다. 연구결과, 임신 수개월 이내에 안전하지 못한 환경에서 일할 경우 태아에게 해로운 영향을 미치는 것으로 나타났다. 이러한 사실은 어머니뿐만 아니라 아버지에게도 안전한 작업환경이 제공되어야 함을 의미한다. 물론 이러한 위험은 작업장의 오염수준이 피부자극이나 갑상선의 문제, 호흡문제를 야기시킬 만큼 충분히 높은 경우에 나타난다

(Brooks, 1991).

아버지의 연령도 태아의 건강과 관련된 중요한 변수이다. 아버지의 연령이 20세 이하이거나 55세 이상인 경우 다운 증후군의 위험은 급격하게 증가한다. 20세에서 52세까지의 건강한 남성에 대한 연구결과, 연령이 증가할수록 염색체의 결함이 빈번하게 나타나며, 20~34세까지는 2~3%만이 유전적인 결함을 갖는 데 반해, 35~44세에서는 7%, 45세 이상에서는 14%의 결함을 보이는 것으로 나타났다(Kong et al., 2012; Merewood, 1998).

자폐증을 일으키는 유전자의 돌연변이 또한 아버지로부터 물려받은 유전자에서 발생하는 경우가 더 많다는 연구결과가 나왔다. 또 아버지의 연령이 많을수록 자녀의 자폐증 발병위험도 커지는 것으로 나타났다. 즉, 35세 이상 남성의 경우 자폐증을 일으키는 돌연변이를 유발할 수 있는 정자를 생산할 위험이 높은 것으로 드러났다(조선일보, 2012년 4월 6일자).

여성은 출생 시부터 난자를 가지고 태어나지만 남성은 매일 수백만 개의 정자를 만들어 낸다. 한 번 만들어진 정자는 80일 정도 체내에 머물게 되며, 이 기간 동안 유해물질에 노출되면 손상을 입게 된다. 건강한 아기를 출산하는 것은 전적으로 여성만의 책임이 아니다. 남성도 동시에 책임이 있다. 앞에서 열거한 위험요인들로부터 안전하기 위해서는 남성도 흡연이나 음주, 약물복용을 중단한 지 일정 기간이 지나서 아기를 갖는 것이 바람직하다고 볼 수 있다.

5. 태내결함 및 임신 중의 이상

이상과 같은 요인들이 태아에게 미치는 영향에 있어서는 개인차가 크게 나타난다. 어떤 태아는 위험요인에 장기간 노출되어도 아무런 결함을 보이지 않는 반면, 어떤 태아는 일시적으로 노출되어도 심각한 결함을 보이는 경우도 있다. 이러한 차이는 여러 가지 요인의 영향을 받으며, 특히 노출되는 시기와 많은 관련이 있다.

임신기간 중에는 여러 가지 이상이 생길 수 있으므로 정기적인 검진이 필요하다. 태내환경 요인의 문제로 인한 결함 가운데 현재로서는 비정상적인 정자를 미리 판별할 수 있는 방법은 없다. 그러나 초음파검사(ultrasound), 양수검사(amniocentesis), 융모검사(chorionic villus sampling: CVS), 혈액검사(alpha fetoprotein: AFP), 태아 MRI(magnetic resonance imaging) 등을 통해 태아의 유전적 결함을 미리 알아볼 수 있다.

가장 보편적으로 사용되는 초음파검사는 임산부의 복부에 초음파를 통하게 함으로써 자궁 내부의 사진을 찍는 것이다. 초음파는 신체기관에 따라 흡수나 반향의 정도가 다르기 때문에 이를 통해 태아에 관한 많은 자료를 제공받게 된다. 쌍생아 출산의 가능성, 탯줄이나 태반의 위치, 출산을 어렵게 하는 자궁 내 이상이나 태아의 사망 여부를 알 수 있다. 초음파검사는 많은 부모들로 하여금 자신의 아기를 처음 '만나는' 기쁨을 안겨준다. 일반적으로 초음파검사는 안전한 것으로 생각되지만, 너무 자주 검사를 받게 되면 태아의 성장에 부정적인 영향을 미칠 수 있다(Chitty et al., 2013; Cignini et al., 2010; Newnham, Evans, Michael, Stanley, & Landau, 1993).

양수검사는 태아를 보호하는 양막의 아랫부분을 바늘로 주사하여 소량의 양수를 채취하는 방법이다(〈그림 3-7〉 참조). 초음파검사가 태아의 영상을 보여

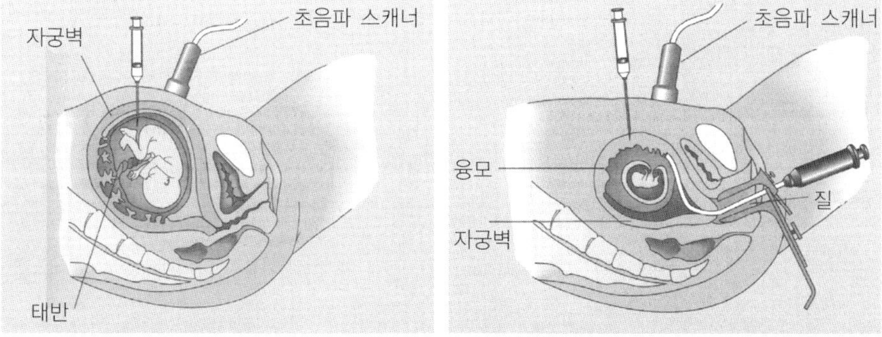

양수채취법　　　　융모채취법

〈그림 3-7〉 양수채취법과 융모채취법

준다면, 양수는 태아의 세포를 포함하고 있으므로 이들 세포에 대한 염색체 분석결과 다운 증후군이나 성염색체 이상, 대사장애와 같은 많은 유전적 결함을 판별해 낼 수 있다(Athanasiadis et al., 2011; Menon et al., 2014; Nagel et al., 2007; Whittle & Connor, 1995). 이는 최소한 14~16주 이전에는 사용할 수 없다.

양수검사만큼 민감하지는 못하지만 임신 9~10주경에 양수검사의 대안으로 실시하는 융모채취법(〈그림 3-7〉 참조)을 통해서도 유전적 결함에 대한 정보를 제공받을 수 있다(Bauland et al., 2012; Gimovsky, Khodak-Gelman, & Larsen, 2014).

혈액검사는 임신 14~20주 사이에 여성의 혈액이 알파 태아단백(alpha fetoprotein: AFP)이라 불리는 물질을 얼마나 많이 포함하고 있는가를 검사하는 것이다. 과도하게 높은 AFP 수치는 이분척추나 무뇌증과 같은 뇌와 척추의 구조적 결함을 말해준다.

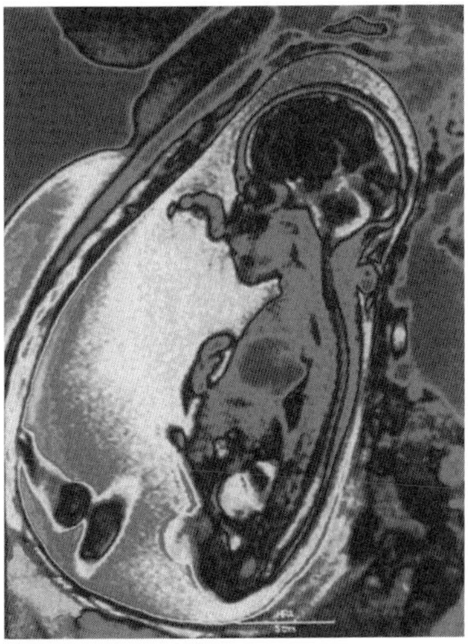

사진 설명
태아 MRI

태아의 신체기관과 구조의 영상을 생성하여 기형여부를 진단하기 위해 태아 MRI가 사용된다(Daltro et al., 2010; Duczkowska et al., 2011). 현재 태내진단검사로 초음파검사가 가장 많이 사용되고 있지만 태아 MRI는 초음파검사보다 더 정밀한 영상을 제공해 준다. 태반의 이상이나 태아의 중추신경계, 소화기관, 생식기(또는 비뇨기계통) 등의 이상은 태아 MRI가 초음파검사보다 더 잘 감지할 수 있다(Baysinger, 2010; Panigraphy, Borzaga, & Blumi, 2010; Sethi et al., 2013; Sørensen et al., 2013; Weston, 2010).

태내의 유전적 결함이나 임신기간 중에 생길 수 있는 이상 가운데 대표적인 것을 살펴보면 다음과 같다.

1) 다운 증후군

다운 증후군은 태내에서의 염색체 이상에 기인한 가장 흔한 염색체 결함으로 어머니의 연령이 증가함에 따라 급격하게 증가한다(〈표 3-2〉 참조).

〈표 3-2〉 어머니의 연령에 따른 다운 증후군의 빈도

어머니의 연령	다운 증후군의 발생 빈도	다운 증후군의 자녀를 출산한 경험이 있는 경우
~29세	1/1000	1/100
30~34세	1/700	1/100
35~39세	1/220	1/100
40~44세	1/65	1/25
45~49세	1/25	1/15

출처: Shafer, H. H., & Kuller, J. A. (1996). Increased maternal age and prior anenploid conception. In J. A. Kuller, N. C. Cheschier, & R. C. Cefalo (Eds.), *Prenatal diagnosis and reproductive genetics*. St. Louis: Mosby.

상염색체(autosomes)는 성염색체를 제외한 22쌍의 염색체를 지칭한다. 상염색체의 결함에서 오는 대표적인 장애가 다운 증후군(Down Syndrome)이다. 다운 증후군은 대부분의 경우, 23쌍의 염색체 중 21번째에 쌍이 아니라 세 개의 염색체가 나타나는 삼체형(trisomy)이다(Lewanda et al., 2016). 그러나 드물게는 21번과 22번 염색체 간의 전위로 인해 발생하는 전위형(translocation)도 있다.

다운 증후군은 신체적 장애와 지적 장애를 동반한다. 신체적 장애로는 뒷머리가 납작하고, 목이 짧으며, 작은 머리, 쭉 찢어진 눈, 납작한 코, 삐죽 나온 혀, 짧고 통통한 사지 등이 그 특징이다(Peters & Petrill, 2011). 다운 증후군의 아동은 평균 지능지수가 50 정도로 심한 정신지체 현상을 보인다. 지적 장애가 있음에도 불구하고 다운 증후군의 아동은 속도가 느리기는 해도 정상아동과 비슷한 발달양상을 보인다. 특히 성격이 밝고 사람을 좋아하기 때문에 사교성이 좋다(사진 참조). 백혈병이나 알츠하이머병에 걸릴 확률이 높은데, 흥미롭게도 21번 염색체는 알츠하이머병과 관련이 있는 것으로 밝혀졌다.

다운 증후군은 산모의 연령과 관련이 있다(Adorno et al., 2013; Davis, 2008;

Glasson et al., 2016; Sherman et al., 2007). 즉, 다운 증후군의 발생률은 어머니의 연령이 증가함에 따라 급격하게 증가한다(〈표 3-2〉 참조). 그리고 다운 증후군의 자녀를 출산한 경험이 있는 경우는 발생률이 더욱 증가한다.

2) 페닐케토뉴리아

페닐케토뉴리아(phenylketonuria: PKU)는 페닐알라닌이라는 일종의 단백질을 분해하는 데 필요한 효소의 부족 때문에 생기는 질환이다. 이것이 분해되지 않아 독성이 신경조직에 축적되어 결과적으로 정신지체를 유발시키는 요인으로 작용하게 된다(Diamond, Prevor, Callender, & Druin, 1997; Mange & Mange, 1990). 이는 출생 초기에 소변검사를 통해 판별이 가능하며, 페닐알라닌의 섭취를 제한하는 식이요법을 함으로써 극복하는 것이 가능하다(Giovannini, Verduci, Salvatici, Paci, & Riva, 2012; Rohde et al., 2014).

3) 성염색체 결함

일반적으로 정상적인 성염색체는 XX나 XY의 형태를 갖게 되지만, 클라인펠터 증후군(XXY), 초웅 증후군(XYY), 초자 증후군(XXX), 터너 증후군(XO)과 같은 이상이 나타나기도 한다.

클라인펠터(Klinefelter) 증후군은 적어도 두 개의 X염색체와 한 개의 Y염색체를 가지고 있으며, 표현형은 남성이다. 이는 1/500~1/1,000의 확률로 남아에게서 나타나며, 남성의 성선 기능을 저하시키는 가장 흔한 원인 가운데 하나이다. 이 증후군은 성적 특성의 발달이 불완전하고, 언어능력에 문제가 있으며, 비정상적으로 크고, 여성과 같은 체지방의 분포형태를 보인다(Bancroft, Axworthy, & Ratcliff, 1982; Hong et al., 2014; Ross et al., 2012). 초웅 증후군은 1,000명당 1명꼴로 남아에게서 나타나며, 평균치 이상으로 여드름이 많이 나거나 키가 크다. 초자 증후군은 1,000명당 1명꼴로 여아에게서 나타나며, 다소 언어능력의 지체를 보이고 키가 큰 것을 제외하고는 별다른 차이를 보이지 않는다. 터너(Turner) 증후군은 1/2,500~1/8,000의 확률로 여아에게서 나타나며, 이 증후군의 여아는 22쌍의 염색체와 하나의 X염색체를 합친 45개의 염색체만을 가지고 있다. 터너 증후군은 난소가 기능을 제대로 하지 못해 여성 호르몬이 부족하고 여성 호르몬의 부족으로 사춘기가 되어도 2차 성징이 나타나지 않으며 생식능력이 없다. 언어지능은 정상이지만 공간지각 능력은 평균 이하인 경우가 많다. 당뇨병, 연소자형 관절염, 작은 키(단신)가 보편적인 특성이다(Kaur & Phadke, 2012). 갑상선 질환, 결핵성 피부염, 류머티스성 관절염, 골다공증의 발병률이 높다.

4) 임신 중의 이상

이상과 같은 태내결함 이외에도 임신기간 중에는 입덧, 자궁 외 임신, 임신중독증, 전치태반, 조기파수, 유산 등과 같은 여러 가지 이상이 나타날 수 있다.

입덧은 그 원인이 명확하게 알려져 있지 않으나 태반에서 나오는 물질에 대한 일종의 거부반응으로 설명할 수 있다. 20명 중 1명이 심한 입덧으로 고생하며, 이는 1~2주에서 8주까지 가장 심하다. 입덧을 줄이기 위해서는 가능한 한 정신적 안정을 취하고 조금씩 자주 먹는 것이 바람직하다. 최근의 연구결과는 임신초기의 입덧은 태아가 잘 자라고 있다는 증거이며, 입덧을 한 여성은 유산이나 저체중아, 미숙아 출산이 더 적었다고 보고하고 있다(김철중, 2000).

난자와 정자의 결합체는 자궁 내에 착상하는 것이 원칙이다. 그러나 자궁 외 임신은 수정란이 자궁 내에 착상하지 못하고 난관, 난소, 자궁경부, 자궁각 등에 자리잡게 되어 출혈을 일으키고, 심한 복통과 함께 결국에는 유산하게 된다.

임신중독증의 정확한 원인은 알려져 있지 않으나, 8개월 이후 몸이 붓고 소변에 단백질이 검출되며 고혈압 증상을 수반한다. 어머니가 심한 임신중독증을 경험하면 태아는 조산아로 태어나거나 난산 또는 사산될 확률이 높다.

전치태반은 태반이 태아보다 자궁구 가까이 발육하여 자궁구를 막고 있는 것으로, 이러한 경우에는 정상분만이 불가능하여 제왕절개 분만을 해야 한다.

양수는 분만 시 자궁의 수축이 일어나면서 터지게 되어 산도를 통해 태아가 출생하는 것을 도와주는 역할을 한다. 출산이 진행되기 이전에 양막이 터져 양수가 일찍 나오는 것을 조기파수라고 하며, 이러한 경우 태아는 감염이나 질식사의 우려가 있으므로 제왕절개 분만을 해야 한다.

태아가 생존 능력이 있기 전인 임신 20주 이전 또는 500g 이하의 태아 사망 시 임신이 종결되는 것을 유산이라고 한다. 전체 임신의 20~30% 정도를 차지하며, 남아가 여아에 비해 많은 비율을 차지한다. 수정 당시 남아 대 여아의 비율은 130 : 100 정도이지만 출생 시의 성비는 106 : 100으로 조정되는데, 이는 남아의 높은 태내 사망률에 기인한 것이다. 유산의 70~80%가 2~3개월경에 일어나며 복통과 하혈을 동반한다. 유산의 30% 정도는 염색체상의 결함에서 비롯되며, 정자와 난자의 이상, 수정란의 착상문제, 자궁이나 태반의 미발육 등이 원인이 되기도 하지만 심한 육체노동이나 과로가 원인이 될 수도 있다. 그러므로 임신 중에는 무거운 물건을 들거나 심한 운동이나 노동을 하지 않는 것이 바람직하다.

6. 출산

태아가 골반으로 내려와 아랫배가 불러지면 분만일이 임박했다는 징후로 볼 수 있다. 또한 분만이 멀지 않았다는 징후로 가벼운 진통과 요통을 느낄 수도 있다. 이러한 증상이 나타나고 일주일 정도가 지나면 이슬이라는 혈액이 섞인 출혈을 하며 분만이 시작된다.

분만예정일은 마지막 생리일을 기준으로 월(月)에는 9개월을 더하거나 3개월을 빼고, 일(日)에는 7일을 더하여 계산한다. 이는 수정이 이루어진 날로부터 266일, 마지막 생리일로부터 280일이 되는 시점이다. 그러나 분만예정일은 태아의 크기, 자궁의 크기, 호르몬 수준, 외부의 생리적 · 심리적 영향에 따라 상이하다. 분만예정일에 분만하는 경우는 거의 드물고 예정일을 중심으로 전후 2주간은 정상적인 범주에 속한다고 볼 수 있다.

1) 분만의 단계

정상분만의 과정은 다음과 같이 세 단계로 구분할 수 있다(〈그림 3-8〉 참조).

제1단계: 개구기

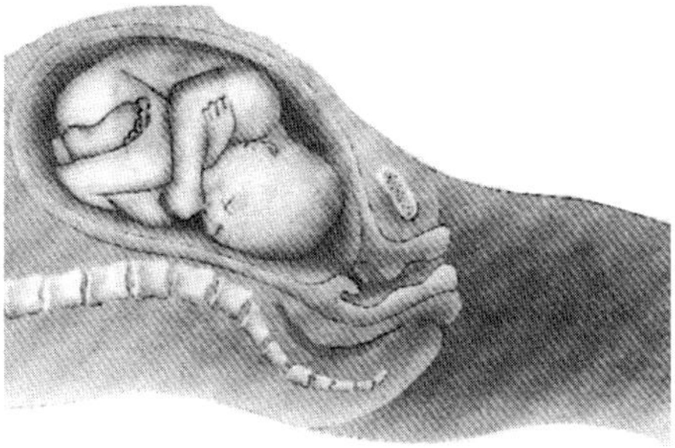

(a) 자궁경부가 넓어진다.

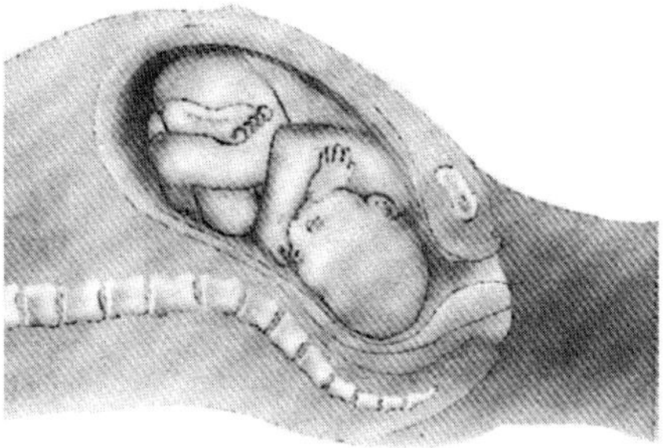

(b) 자궁경부가 팽창한다.

제2단계: 출산기

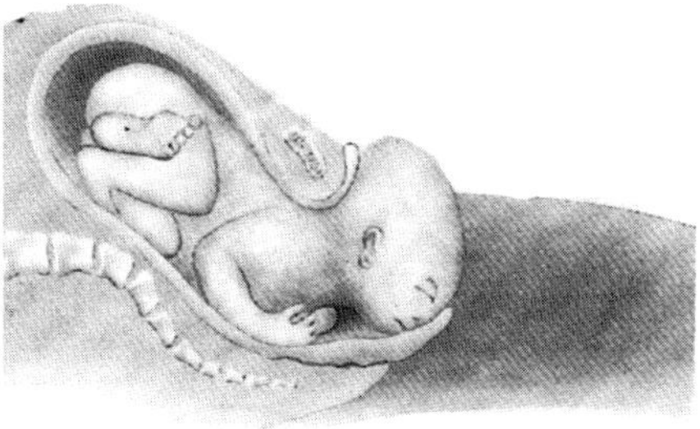

(c) 태아의 머리가 자궁구를 열게 한다.

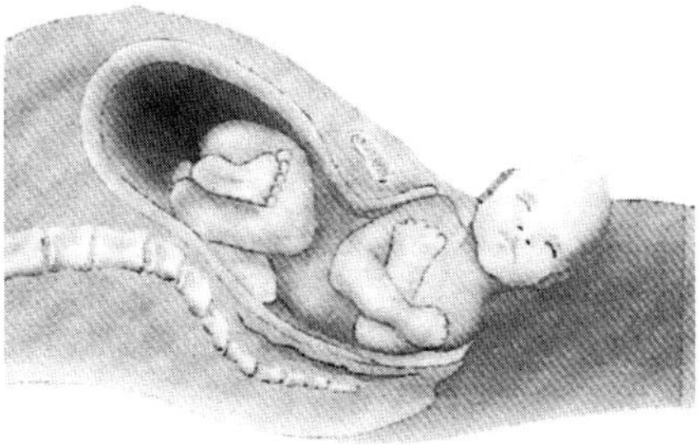

(d) 태아가 산도를 통해 밖으로 나온다.

제3단계: 후산기

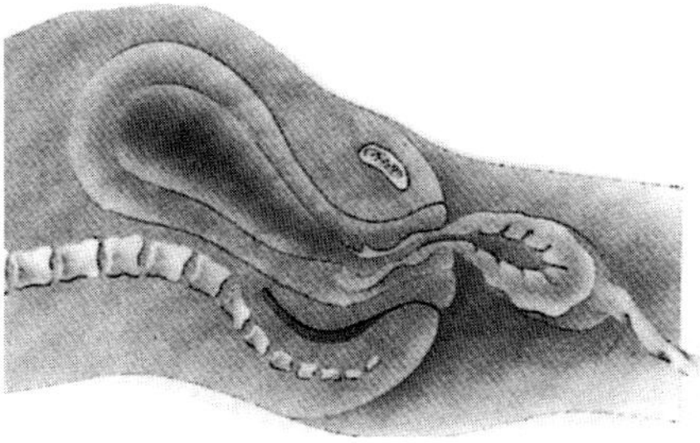

(e) 태반이 배출된다.

〈그림 3-8〉 출산의 과정

(1) 제1기(개구기)

진통이 시작되어 자궁경부가 태아의 머리가 통과할 수 있는 정도(10~12cm)까지 열리는 기간이다. 소요되는 시간은 초산부의 경우 12시간 정도이며 경산부의 경우에는 그 절반인 6시간 정도가 소요된다. 진통은 자궁이 수축되면서 나타나는 것으로 밤에 시작되는 경우가 많다. 처음에는 15~20분 간격으로 25~30초 동안 경미한 진통이 시작되다가 점차 2~5분 간격으로 강하게 나타난다.

(2) 제2기(출산기)

자궁구가 열려 태아가 산도를 통해 출산되는 시기이다. 자궁이 열리면서 양막이 터져 양수가 나오게 되는데, 이것을 파수라고 한다. 시간상으로는 30분 정도에 불과하지만 이 기간 동안 태아가 오랫동안 산도에 머물면 질식사의 우려가 있으므로 모체의 적극적인 참여가 필요하다. 분만과정에서 태아는 태반으로부터 산소공급을 일시적으로 받지 못하므로 분만기간이 너무 길어지면 산소가 부족하여 뇌손상을 입을 수도 있다.

산도를 통해 나오는 동안 태아는 극도의 압력과 산소부족을 경험하게 되며, 이 시기 동안 부신호르몬의 분비량은 일생 중 최고가 된다. 아드레날린(adrenaline)은 태아의 폐를 열어 주고, 기관지를 건조시키며, 지금까지의 액체 상태에서 공기로 호흡하는 것을 도와주며, 노르-아드레날린(nor-adrenaine)은 심장박동을 느리게 함으로써 태아로 하여금 산소결핍으로부터 견디는 것을 도와준다. 이러한 이유 때문에 정상분만이 아닌 제왕절개 수술을 통해 출산하는 태아는 산도를 통과하지 않으므로 이들 호르몬의 분비가 왕성하지 못하며, 종종 호흡문제를 경험하게 되기도 한다.

(3) 제3기(후산기)

태아가 출산된 이후 자궁이 수축되면서 태반이 자궁벽에서 떨어져 나와 양막과 함께 배출되는 시기를 말한다. 소요시간은 5~15분 정도이다.

이러한 과정을 통해 분만은 종료된다. 그러나 이후에도 자궁이 예전의 크기로 되돌아가기 위해 수축하면서 다소의 진통을 경험하게 된다. 이를 훗배앓이라고 하며 약 6주 정도가 소요된다. 이 기간 중에는 방광염이나 신우염 등의 감염의 우려가 있으므로 성생활은 가급적 자제하는 것이 바람직하다.

2) 대안 분만법

대부분의 사회에서는 분만을 신속하게 끝내고 출산과정에서 경험하는 모체의 고통을 경감시키기 위해서 여러 가지 기술들을 개발, 시도하고 있다. 분만 시의 자궁 수축에 따른 공포와 고통을 감소시키기 위해 라마즈(Lamaze) 분만법 등도 널리 행해지고 있으며, 마취제를 사용하여 무통분만을 하거나 분만시간을 단축시키기 위해 촉진제를 사용하기도 한다. 그러나 마취제를 사용할 경우, 이는 태반을 통해 태아에게 영향을 미쳐 이후의 인지발달이나 운동능력에 문제를 야기시킬 수도 있다.

지금까지 출산과정에서 경험하는 산모의 고통에 대한 관심과는 달리 태아의 고통에 대해서는 거의 관심을 보이지 않았다. 출산과정은 개인의 인생에서 스트레스를 가장 많이 받는 사건 가운데 하나이다. 태반으로부터 산소를 공급받다가 폐로 숨을 쉬어야 하며, 액체 상태에 있다가 공기 중으로 나오는 극적인 변화를 경험하게 된다. 자궁 내의 따뜻한 온도에서 분만실의 찬 온도를 접하게 되며, 어둠 속에 있다가 강한 빛을 쬐게 된다. 이러한 출산 시의 고통을 Freud는 일종의 외상(birth trauma)이라고 했다.

Frederick Leboyer

Leboyer(1975)도 『폭력 없는 탄생』이라는 저서를 통해, 산모의 고통뿐만 아니라 산도를 통해 모체 밖으로 나오는 태아의 고통에 대해서도 관심을 가져야 한다고 주장하고 있다. 산부인과 의사로서 9천 명에 달하는 신생아를 받는 동안 공포와 겁에 질려 울부짖는 아이들의 모습을 통해 그는 출생 초기 신생아의 적응문제에 관심을 가져야 함을 강조하였다. 그는 아기는 어둡고 따뜻한 방에서

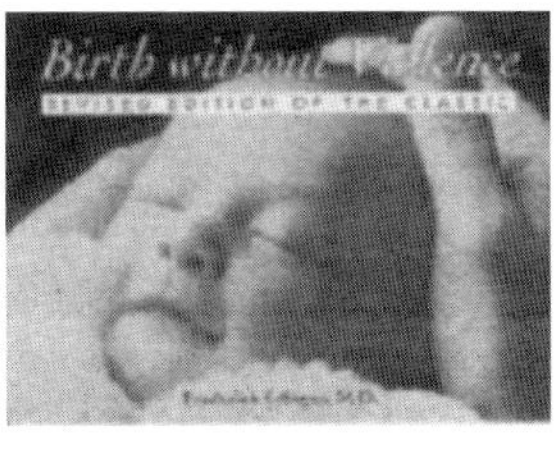

사진 설명
Leboyer의 저서 『폭력 없는 탄생』

조용하고 친절하게 받아야 하며, 즉시 탯줄을 자르지 말고 아기를 어머니의 배 위에 5~6분 정도 두었다가 탯줄의 박동이 그친 뒤에 자름으로써 새로운 세계에 적응할 때까지 두 사람 몫의 호흡을 하도록 해야 한다고 주장하였다.

이 세상에 태어나는 아기에게는 허파에 들어가는 첫 공기의 뜨거운 감각보다 더 놀라운 공포도 없을 것입니다. 속까지 타 들어가는 느낌에 전신이 전율합니다. 몸서리칩니다. 항의합니다. 어떻게 해서든지 이 적을 물리치려고 전력을 다합니다. 이것이 바로 아기의 첫 울음소리입니다(Leboyer, 1975).

3) 출산 시의 문제점

출산은 대부분의 경우 별 문제없이 정상적으로 진행되지만, 때로는 난산이나 조산과 같은 이상분만의 문제가 발생하기도 한다.

(1) 난산

난산이란 태아가 산도를 통과하는 과정에서 구조적 또는 기능적 이상이 생겨 분만이 순조롭게 진행되지 않는 경우를 말한다. 반면, 자연분만으로 아기를 낳고 특별히 산모나 아기에게 이상증세가 없으면 순산이라고 한다. 산모와 태아에게 이상이 있는 경우 난산을 하게 된다. 산모에게 문제가 있는 경우로는 산도나 골반이 너무 협소한 경우, 산도의 기형, 자궁기능부전이나 자발적인 복근수축의 문제, 만출력(태아를 밀어내는 힘) 이상 등이다. 태아에게 이상이 있는 경우는 태아의 위치이상(예를 들면, 둔위전진)이나, 발육이상으로 기형이 된 경우로서 이때는 난산을 하게 된다. 그 외에도 전치태반, 태반조기박리, 조기파수 등도 난산의 원인이 된다.

(2) 조산

38주 이전에 출생하거나 체중이 2.3kg 이하인 경우를 조산이라고 한다. 조산은 경제적으로 빈곤한 계층에서 많이 나타나며, 영양결핍이나 흡연, 음주, 약물복용을 했을 경우 그 비율이 증가한다. 특히 28주 이전에 태어나거나 체중이 1.5kg 이하인 경우에는 생존에 어려움이 있다.

조산의 주된 원인은 가난으로 인한 산모의 영양부족이다. 따라서 경제적으로 부유한 계층보다 가난한 계층의 조산율이 높다. 그 외 산모의 생식기관 미숙(예를 들면, 십대 임신), 쌍생아 임신, 임신기간 중의 흡연, 음주, 약물복용 등도 조산의 가능성을 증가시킨다(Cooperstock, Bakewell, Herman, & Schramm, 1998; DuPlessis, Bell, & Richards, 1997; Goldenberg & Culhane, 2007; Paneth, 1995; Radetsky, 1994).

조산아의 가장 큰 문제는 호흡장애 증후군(respiratory distress syndrome)과 뇌출혈(brain hemorrhage)이다(Travis, 1993). 호흡장애 증후군은 신체에서 폐를 보호해 주는 물질을 생성하지 못한 결과 호흡이 불규칙하거나 호흡이 정지되는 현상을 말한다. 이와 같은 문제를 해결하기 위해 미숙아는 조산아 보육기(incubator)에 넣어진다. 보육기에서는 온도와 산소량이 조절된다. 산소농도가 너무 높으면 눈의 망막이 손상을 입어 시각장애가 올 수도 있다. 조산아는 출생 후 곧바로 보육기에 넣어지므로, 초기 모자격리가 아기와 어머니와의 애착관계 형성에 손상을 줄 수 있다. 이와 같은 손상을 줄이기 위해 캥거루 케어(Kangaroo Care) 전략을 이용할 수 있다. 캥거루 케어란 어미 캥거루가 새끼 캥거루를 육아낭(pouch)에 넣어 키우는 것처럼 어머니가 맨 가슴에 기저귀만 채운 미숙아를 똑바로 세워 품어 안는 것을 말한다(사진 참조). 어머니와 미숙아가 하루에 2~3시간씩 밀접한 신체접촉(캥거루 케어)을 함으로써 애착관계 형성에 도움이 될 뿐만 아니라 미숙아의 심장박동과 체온을 유지시키고 호흡장애를 완화시켜준다(Ahmed et al., 2011; Begum et al., 2008; Ludington-Hoe et al., 2006; Nyqvist

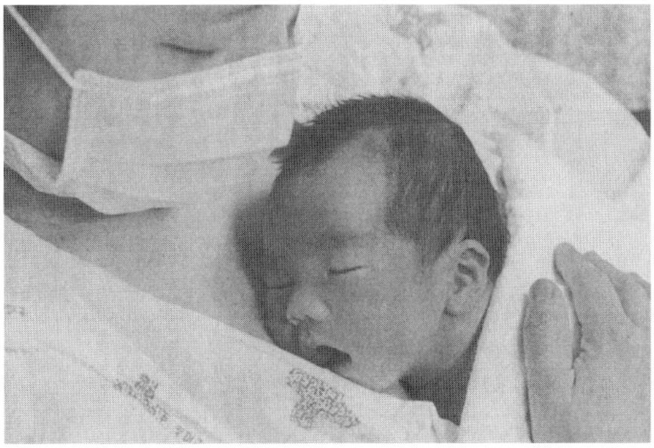

et al., 2010). 이 외에도 청각(부모의 목소리), 후각(부모의 체취), 촉각(부모와의 신체접촉), 시각(똑바로 세워 안은 위치) 등의 감각작용에도 자극을 준다.

한편, 조산아 보육기가 보편화되지 않은 저개발국가에서는 어머니 또는 아버지가 캥거루 케어를 함으로써 부모의 신체가 인간 보육기(human incubator) 역할을 하게 된다. 이처럼 캥거루 케어는 조산아 보육기의 보조역할로 이용될 수 있다.

연구결과 캥거루 케어를 경험한 미숙아는 그렇지 않은 미숙아에 비해 지능발달, 운동발달 점수가 높으며, 체중이 더 많이 증가한 것으로 나타났다(Charpak, Ruiz-Paláez, & Figueroa, 2005; Gathwala, Singh, & Balhara, 2008; Tessier et al., 2003). 이와 같은 캥거루 케어의 이점 때문에 신생아가 미숙아인 경우 80% 이상의 부모들이 캥거루 케어를 하고 있는 것으로 보인다(Field et al., 2006).

7. 태내기의 부모역할

태내기는 인간의 발달에서 초석이 되는 중요한 시점이다. 비록 짧은 기간이지만 태내의 발달은 이후의 성장과 직결되므로 태내환경에 대한 배려가 필요하다. 동시에 임신은 여성의 신체와 생활에 많은 변화를 초래하므로 이에 대한 적응도 필요하다.

1) 임신에 대한 긍정적인 태도

태내기에 이루어져야 할 일차적인 과업은 임신 자체를 긍정적인 것으로 받아들이는 일이다. 많은 임산부들은 산전 · 산후를 전후하여 우울증을 경험하게 된다. 모든 사람들이 우울증을 경험하는 것은 아니며, 이와는 반대로 행복감에 빠져 있거나 행복감과 우울증이 교차하는 경우도 있다. 일반적으로 임신기간 중의 우울증은 가볍게 지나가게 되지만, 임신에 대한 부정적인 태도는 이를 부채

질하는 요인으로 작용하기도 한다. 특히 계획되거나 원하는 임신이 아닌 경우에는 더욱 심각하게 나타나며, 이후의 아동학대의 원인이 되기도 한다.

임신 중 우울증은 초기에는 증가하나 중기에는 다소 감소하며 말기에 다시 증가하는 것이 보편적인 형태이다. 이는 임신기간 중의 신체적인 변화와 직결된다. 임신 초기는 심리적으로나 육체적으로 힘든 시기이다. 입덧으로 인한 메스꺼움, 두통, 피로감이 우울증을 증가시킨다. 임신 중기에는 괴로운 징후가 많이 사라진다. 중기에 접어들어 태반이 안정되고 태동이 나타남에 따라 태아의 존재를 실감하게 되며, 그 결과 우울증은 다소 감소하게 된다. 말기에는 체중증가나 거동의 불편함, 피곤, 불면증 등으로 인하여 우울증이 다소 증가하게 된다. 동시에 출산이 임박해 옴에 따라 기쁨, 기대, 난산이나 진통에 대한 걱정, 우울, 출생할 아이의 존재로 인한 흥분과 초조함 등의 감정이 교차하게 된다. 임신의 마지막 삼분기에 접어들면 여성은 지금까지는 아기의 건강이 관심사였지만, 이제 분만과정에서의 자신의 건강이나 안전, 출산 후의 역할의 어려움에 대해서도 걱정을 하게 된다. 이 시기에 출산과 관련된 악몽을 많이 꾸는 것은 그들이 가진 불안의 표시이기도 하다.

우울증이나 초조함은 태어나는 아기에게는 물론 출산과정에서의 고통을 경감시키는 데에도 도움이 되지 않으므로 가급적 임신 자체를 긍정적으로 받아들이고 명랑한 기분을 유지하도록 노력하는 것이 필요하다. 우울증을 극복하기 위해서는 임산부 자신의 적극적인 노력이 선행되어야 하며, 동시에 가족원으로부터의 정서적 위안도 필요하다. 친지나 친구들과 경험을 교환하는 것도 바람직한 방법이다.

2) 태내환경에 대한 배려

어린이헌장에는 어린이는 건강하게 태어나고 자랄 권리가 있다고 명시되어 있다. 건강한 출산의 권리는 마땅히 보장되어야 하며, 이를 뺏을 권리가 부모에게 있는 것은 아니다. 태내환경은 출생 이후의 환경보다도 태아에게 절대적인 영향을 미친다는 점에서 중요한 의미를 지니고 있다. 임신 초기에 산모는 정기적인 검진을 받는 것이 바람직하며, 특히 나이 어린 산모나 노산인 경우에는 꼭 필요하다.

임신기간 동안 어머니는 자신의 건강과 자녀를 위한 최적의 태내환경을 만들어 주기 위해 충분한 영양섭취와 아울러 흡연이나 음주, 약물복용 등을 자제해야 한다. 동시에 질병에 감염되지 않도록 충분한 휴식과 적절한 운동이 필요하며 마음을 편안하게 갖도록 한다. 규칙적이고 지속적인 운동은 임신에 지장을 초래하지 않으며 출산을 위해 몸을 부드럽게 해준다.

임신한 여성이 계속적으로 일을 하는 것은 어머니의 건강상태나 일의 종류에 따라 다르다. 그러나 심장질환, 빈혈, 고혈압, 당뇨, 천식 등의 질환을 가지고 있거나 계속적으로 미성숙한 아기를 출산하거나 유산을 하는 경우에는 일을 중단하는 것이 좋다. 또한 방사능물질이나 마취제에 노출되는 직업, 수의과 병원, 애완동물 가게, 간병인, AIDS 감염의 위험이 있는 직업, 유기용매와 같은 위험물질을 다루는 직업은 피하는 것이 바람직하다(Brooks, 1991).

3) 아버지의 적극적 참여

임신기간 중 대부분의 남편들은 정서적 위안을 필요로 하는 아내에 대해 적극적인 반응을 보이며, 사소한 문제에서 아내의 의견에 순응하는 타협적인 태도를 갖게 된다. 이러한 남편의 정서적 지지는 아내로 하여금 용이하게 임신과정에 순응해 나가고 임신을 즐겁게 받아들이게 한다. 또한 남편이 아내의 임신 사실을 기뻐하면 할수록 아내도 만족해한다(사진 참조).

임신한 여성뿐만 아니라 남편도 어려움을 경험한다. 부인의 임신은 남편으로 하여금 성적 긴장과 더불어 부모-자녀 간에 갈등을 생기게 하며,

이러한 갈등은 많은 남성으로 하여금 임신한 여성을 선망하고 이들과 유사한 증후를 경험하는 의만증후군(couvade syndrome)이라는 정서적 반응을 보이게 한다. 의만증후군으로 고통받는 예비 아버지들은 그들의 아내가 임신과 분만기간 동안 경험하는 식욕상실이나 구토 등으로 인해 아픈 것과 같은 신체적 고통을 경험한다. 이는 불어의 'couver'에서 유래한 것으로, 문화인류학자인 Taylor 경이 아기가 태어날 때 아버지가 침대에 가서 그 자신이 출산의 고통을 경험하는 것처럼 행동하는 의식을 의만(擬娩, couvade)이라는 이름을 붙인 것에서 유래한다(Clarke-Stewart et al., 1985).

전통사회에서의 의만(擬娩)의 풍습은 남편이 자리에 누워 진통의 고통을 흉내냄으로써 아내와 고통을 분담하고, 동시에 고통의 악령을 자신에게 유인하여 아내의 안전한 분만을 기원하는 제도였다. 이와 유사한 맥락에서 현대사회에서도 라마즈 분만법 등을 통해 남편의 적극적인 참여를 유도하고 산모의 고통을 덜어주고자 하는 시도가 이루어지고 있다. 오늘날의 예비 아버지는 예전과 같이 이러한 의만 의식을 답습하는 것은 아니지만 라마즈 분만법과 같이 아내의 출산과정에 동참함으로써 임신과 출산의 과정에 보다 쉽게 적응해 나갈 수 있다. 남편은 아내가 견디어내는 것을 돕도록 같이 호흡하고, 아내의 등을 마사지해주고, 아내가 혼자서 고통을 당하는 것이 아니며, 수축이 곧 멈출 것이라는 사실을 계속해서 상기시켜 주게 된다. 이처럼 남편이 적극적으로 참여하여 산모의 주의를 다른 활동으로 전환시키게 되면, 산모는 안정감을 느끼고 고통에 덜 민감하게 되어, 고통을 경감시키기 위한 의료보조기구를 사용하는 빈도가 급격하게 줄어든 것으로 나타났다(Schickedanz et al., 1998).

뿐만 아니라 아버지가 자녀출산에 대해 준비하고 분만과정에 참여하는 것은 아버지 자신에게도 중요한 변화를 초래하며 이후의 부모-자녀관계에도 큰 영향을 미친다. 아버지가 분만과정에 직접 참여했거나 어머니가 병원에 있는 동안 영아와 충분한 접촉을 시도한 아버지는 이후의 자녀양육에도 적극적으로 참여하며 자녀와 많은 접촉을 시도하는 것으로 나타났다. 분만과정에 대한 참여 외에도 출산 2~3개월 전부터 아버지들은 부업을 통해 재정적 준비를 하거나,

Ross Parke

독서를 통해 자녀양육에 대한 지식을 습득하려는 노력을 하고 있는 것으로 나타났으며, 이러한 노력도 적응을 용이하게 해주는 요인으로 작용한다(Parke, 1996).

가사노동이나 가정 내 역할분담도 필요하다. 임신한 아기의 손위 형제가 있는 경우, 손위 형제의 존재나 막중한 가사노동은 임신한 어머니에게는 짜증의 대상이 되기도 한다. 신체적 · 심리적 변화로 인해 임신한 어머니는 임신 전에 비해 손위 형제와 지내는 시간이 감소하고 우호적인 관계를 갖지 못하며, 손위 형제의 행동을 더욱더 제한하고 벌을 주는 강압적인 태도를 취하게 된다. 이러한 어머니의 반응은 손위 형제로 하여금 동생에게 반감을 갖게 하는 요인이 되며, 관심을 끌기 위해 퇴행행동을 하게 되는 요인으로 작용하기도 한다. 그러므로 아버지의 참여는 어머니의 육체적 · 정신적 부담을 덜어줄 뿐만 아니라 손위 형제의 적응에도 큰 도움이 된다.

4) 출산 준비

출산예정일이 다가오면 출산에 대한 정신적인 준비나 아기에게 필요한 물품을 미리 준비해야 한다. 분만이 반드시 예정일에 이루어지는 것은 아니므로 임신 말기에는 미리 출산에 대한 준비를 하고 있어야 한다.

일반적으로 대부분의 임산부는 병원에서 출산을 하게 된다. 출산할 병원이나 출산 후 휴식할 장소를 미리 정해두고, 임신 말기에는 정기적으로 검진을 받도록 하며, 진통이 시작된 뒤 2~3시간이 경과하면 병원으로 가는 것이 바람직하다. 분만과정에서 대부분의 임산부는 특별한 도움을 필요로 하지 않으나, 10~15%는 특별한 도움이 필요하므로 가정에서 출산할 경우에도 가까운 곳의 병원의 위치를 확인해두는 것이 필요하다.

아기에게 필요한 용품은 미리 준비해두어야 한다. 아기를 위한 준비물로는 아기 의류(속옷: 3~5벌, 겉옷: 3~5벌, 기저귀: 30~40장, 포대기, 턱받이, 거즈 손수건

〈그림 3-9〉 출산준비물

등), 아기 목욕용품(목욕통, 목욕 타월, 비누, 아기분, 베이비오일 등), 아기 침구류(요, 이불, 베개 등), 조유기구(우유병, 젖꼭지, 우유병 소독용품 등) 등이 있다(〈그림 3-9〉 참조).

제4장 영아기의 발달과 부모역할

출생 후 24개월까지를 영아기라고 하며, 그중에서도 출생 후 첫 1개월을 신생아기라고 한다. 이 기간 동안 무력한 존재인 영아는 하나의 독립된 개체로서 성장할 준비를 하게 되며, 특히 신생아기는 비록 짧은 기간이지만 태내환경과는 상이한 새로운 환경에 적응해야 한다는 점에서 중요한 의미를 갖는다.

영아기는 인간발달의 여러 영역에서 급속한 성장이 이루어지는 시기이다. 뛰어다닐 수 있을 만큼 빠른 속도로 신체발달이 이루어지고, 다른 사람과 의사소통이 가능할 만큼 언어능력도 발달한다. 이후의 사회성발달을 위해 부모와 애착을 형성하는 것이 필요하며, 인지발달을 촉진시키기 위해 여러 감각 기관들의 자극이 필요한 시기이다. 이와 동시에 어머니와 분리된 하나의 개체임을 깨닫고, 자신의 개인적 능력을 과시하고자 끊임없이 노력하는 시기이다.

또한 부부간의 관계도 변화하여 어머니가 영아와 더 밀접한 관계를 유지하면서 아버지는 소외된 느낌을 받을 수도 있으며, 이는 아버지와 자녀 간의 관계에 좋지 않은 영향을 미칠 수도 있다.

이 장에서는 영아기의 신체발달, 뇌와 신경계의 발달, 운동기능의 발달, 감각과 지각의 발달, 인지발달, 기억발달, 언어발달, 사회정서발달, 영아기의 부모역할에 관해 살펴보기로 한다.

1. 신체발달

영아기의 신체적 성장은 놀랄 만큼 빠른 속도로 이루어진다. 아기를 신생아기때 한 번 보고 나서 몇 개월 후에 다시 보게 된다면, 이 아기가 과연 그때 그 아기가 맞는지 의아할 정도로 아기가 달라져 있는 것을 발견하게 된다. 출생 후 몇 개월간은 매일 30g씩 체중이 늘고 매월 2~3cm씩 키가 큰다. 신장과 체중의 눈부신 성장 외에도 골격과 근육, 중추신경계 등의 신체내부의 발달도 급속도로 이루어진다.

1) 신체적 특징

갓 태어난 아기의 모습은 많은 사람들이 생각하는 뽀얗고 포동포동한 '예쁜 아가'의 모습과는 거리가 먼 것이다. 신생아의 피부는 쭈글쭈글하고, 붉은 색을 띠며, 끈적끈적한 태지(胎脂)로 덮여 있다(사진 참조). 눈꺼풀은 퉁퉁 부어 있고, 몸전체는 솜털로 덮여 있는데 몇 주가 지나면 점차 없어진다. 생후 3~4일경에 나타나는 신생아 황달도 일주일이 지나면 사라지게 된다.

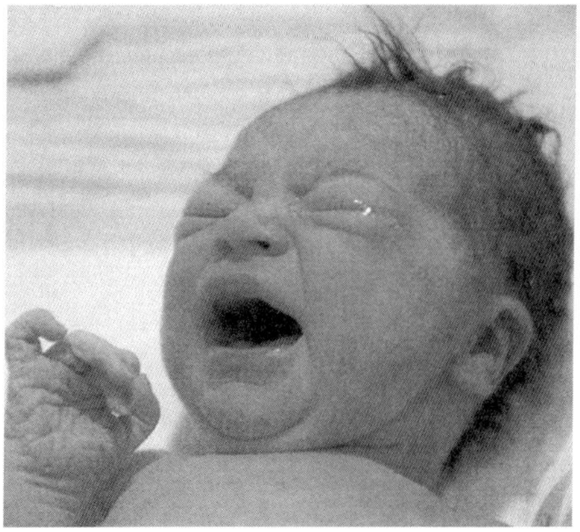

사진 설명
신생아의 모습.

생후 첫 1년간의 특징은 빠른 신체적 성장이라 할 수 있다. 건강한 영아의 경우 신장은 1년 동안 1.5배, 체중은 3배 정도 증가한다. 두 돌 무렵이 되면 신장은 성인 키의 절반 가량이 되고 체중은 출생 시 체중의 4배가 된다.

생후 6개월까지는 신장과 체중이 사회계층과 무관하게 모두 동일한 비율로 성장하지만, 6개월 이후부터는 하류계층에 비해 중산층의 아동이 영양이나 건강에 대한 높은 관심으로 인해 더욱 빨리 성장한다.

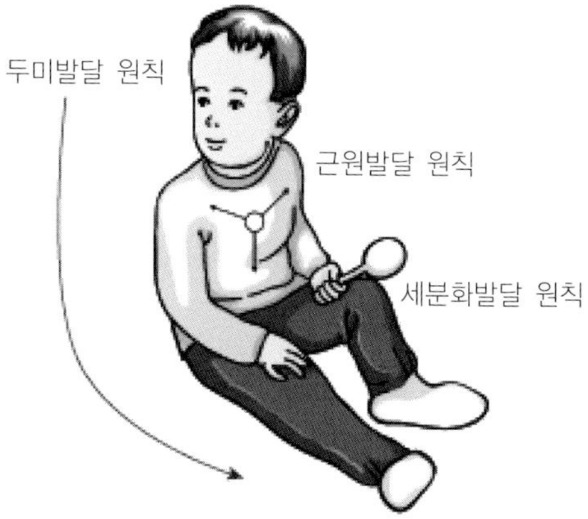

신생아의 신장은 출생 시 남아가 평균 50.8cm, 여아가 평균 50.1cm이다. 첫돌이 되면 신장이 76~78cm로 출생 시의 1.5배가 되며, 두 돌 무렵에는 88cm정도로 성인 키의 절반 가량이 된다. 성장이 두미(頭尾) 방향(사진 참조)으로 진행되기 때문에 출생 시 몸의 중앙점은 배꼽보다 2cm 가량 위쪽에 있으나 2세가 되면 배꼽보다 약간 아래쪽에 있게 된다.

신생아의 체중은 출생 시 남아가 평균 3.4kg, 여아가 평균 3.3kg이다. 그러나 2.6~4.1kg 정도이면 정상 범주에 속하며, 첫 아이는 다음에 출생하는 아이보다 체중이 가벼운 경우가 많다. 출생 후 3~4일간은 약 5% 정도의 초기 체중감소가 있으며, 심한 경우에는 10% 정도까지 감소한다. 그러나 5일 이후부터는 점차 증가하여 2주경에는 출생 시의 체중을 회복한다. 첫돌 무렵에는 출생 시 체중의 약 3배인 10kg, 두 돌이 되면 12kg 정도로 급성장을 보인다.

2) 생리적 기능

출생 시부터 신생아는 호흡, 맥박, 체온조절이나 수면과 같은 기본적인 생리적 기능이 잘 발달되어 있다.

(1) 호흡, 맥박, 체온

신생아의 맥박은 1분에 120~160회 정도로 빠르고 불규칙하다. 호흡은 공기를 접하자마자 나타나는 반사적인 것으로 1분당 35~45회 정도이며 불규칙적인 복식호흡을 한다. 신생아의 체온은 성인보다 다소 높은 37~37.5℃이다. 땀샘이 잘 발달되지 않아 체온조절 능력이 성인보다 미흡하여 외계 온도의 영향을 많이 받는다. 지방층은 태내기의 마지막 2개월에 발달하기 때문에, 조산아는 체온조절 능력이 다소 부족하므로 몸을 따뜻하게 유지해주는 것이 필요하다.

(2) 수면

신생아의 수면시간은 하루에 18시간 정도를 차지하며, 24개월경에는 12시간 정도로 감소한다. 수면은 눈동자가 움직이느냐 움직이지 않느냐에 따라 REM(rapid eye movement)수면과 비REM(non-REM) 수면으로 구분할 수 있다. REM 수면은 빠른 눈동자의 움직임과 동시에 몸을 움직이며, 빠르고 불규칙한 호흡과 맥박이 나타난다. 소리를 내거나 꿈을 꾸는 것은 REM 수면에서 빈번하게 일어난다. 비REM 수면은 조용하고 깊은 잠으로 호흡이나 맥박이 규칙적이며 몸의 움직임도 줄어든다. 영아의 수면은 50%가 REM 상태이지만 차츰 감소하며 성인이 되면 20% 정도로 감소한다. 이러한 수면 형태의 변화는 출생 초기의 뇌의 미성숙과 이후의 빠른 성장으로 인해 나타나는 현상으로 설명할 수 있다.

(3) 수유

모유는 산모가 특별한 질병을 앓고 있거나 모유를 먹이기 힘든 상황을 제외하고는 가장 바람직한 신생아의 음식이다. 따라서 산모는 다음과 같은 모유의 장점을 인식하고, 불가피한 경우가 아니면 될 수 있는 대로 모유 수유를 하는 것이 바람직하다(Eiger, 1992; Newman, 1995; Slusser & Powers, 1997).

첫째, 모유는 인공유에 비해 영양학적으로 우수하여 영아 초기에는 이것만으로도 충분한 영양이 된다. 둘째, 모유는 장내에서 비타민이나 영양소를 흡수하는 데 효과적인 장내 세균군을 만들어 내므로 소화흡수가 쉽다. 셋째, 모유는 구토, 설사, 변비, 알레르기 같은 수유장애가 적다. 넷째, 모유는 신선하고 경제적이며, 수유하기도 편리하고 항상 일정한 온도를 유지하고 있다. 다섯째, 모유는 항체나 면역체를 다량으로 함유하고 있으므로, 아기에게 질병에 대한 저항력을 길러 준다.

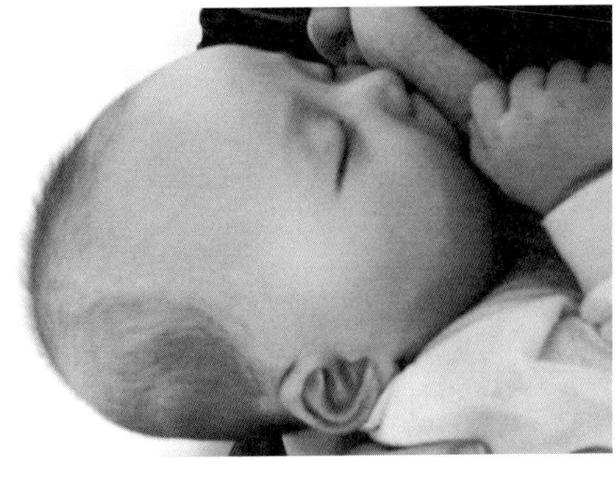

✐사진 설명
모유 수유를 하고 있는 모습.

출산 후 1~2일 사이에 젖이 나오기 시작하

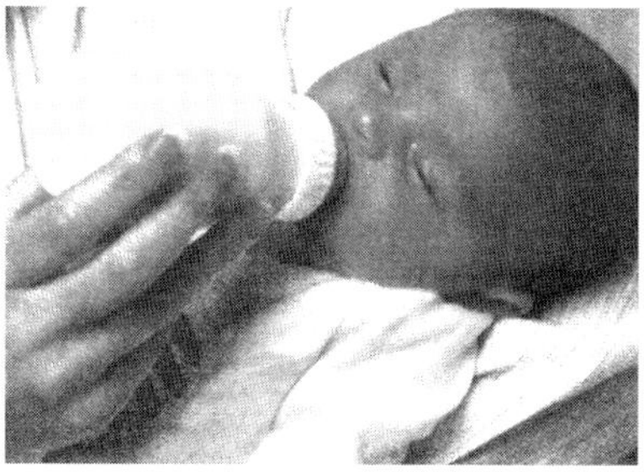

✐사진 설명
인공유(우유)를 먹고 있는 신생아.

는데, 이를 초유라고 한다. 초유는 영양이 풍부할 뿐만 아니라 질병에 대한 면역체를 다량 함유하고 있으므로 가급적 먹이는 것이 좋다. 이들 항체나 면역체는 세균이 신체조직을 통과하는 것을 방해하며, 소장의 빈 공간에 세균들을 묶어 둠으로써 세균이 소화기관이나 다른 신체기관으로 이동하는 것을 차단한다. 뿐만 아니라 세균이 소화기관 내에 살지 못하도록 무기질이나 비타민의 공급을 차단하며, 어떤 면역세포들은 세균을 직접 잡아먹는 식균작용을 하기도 한다. 또한 영아의 면역능력을 증가시키는 화학물질을 생성하기도 한다.

이처럼 모유는 다양한 방식으로 신생아가 질병에 감염되는 것을 막아 준다. 출생 직후 수개월간 면역체가 제 기능을 발휘할 수 없는 시기에 특히 중요한 역할을 한다. 실제로 아동의 면역능력은 5세까지는 제 기능을 발휘하지 못한다.

그러나 무엇보다도 모유 수유의 장점은 이를 통해 밀접한 피부접촉을 함으로써 아기에게 안정감을 줄 수 있다는 점이다. 수유를 하는 동안 어머니의 심장 고동소리나 어머니와의 피부접촉을 통해 아기는 심리적으로 안정감을 느낄 수 있다.

우리나라에서 전국 수준의 모유 수유율은 3년마다 이루어지는 전국출산력 및 가족보건복지 실태조사에서 조사되어 왔다. 모유 수유율은 2000년에 가장 낮은 수준이었다가 2009년까지 지속적으로 증가하였으나, 2012년에는 2009년에 비하여 감소하고 혼합 수유가 증가하고 있는 양상을 보인다. 2012년 조사결과, 생후 1주와 2주 이내 모유 수유율은 생후 3주 이내 모유 수유율보다 크게 낮았다. 2009년에 비하여 혼합 수유 도입이 빨라지면서 완전 모유 수유율이 감소된 것으로 보인다.

이상의 연구결과에 의하면 최근 모유권장운동(사진 참조)에도 불구하고 우리나라 모유 수유율은 여전히 낮은 것으로 나타났다. 모유 수유를 증가시키기 위해서 임산

부를 대상으로 모유의 장점, 유방관리 및 수유방법에 대한 산전교육이 필요한 것으로 보이며, 직장 내 모유 수유실 설치와 모유 수유 지원시책의 추진 등 모유 수유 지지 환경이 조성되어야 할 것으로 보인다.

생후 5~6개월이 되면 모유만으로는 아기의 발달에 충분한 영양을 공급해줄 수 없으므로 젖 이외의 음식을 제공해주는 것이 필요하다. 젖을 떼고 젖 이외의 반고형 음식을 먹이는 것을 이유라 한다. 이유를 시도하는 시기는 아기의 발육이나 건강상태 등을 고려해야 하며, 강제로 젖을 떼거나 조급하게 서둘러서는 안 된다. 아기가 질병에 걸려 있거나 식욕이 없는 여름철에는 시작하지 않는 것이 좋다. 이유식은 젖을 먹은 후보다는 젖을 먹기 전에 먼저 주도록 하며, 이유식의 양은 점차 늘려가고 젖은 줄여 나가도록 한다. 이때 주의해야 할 점은 영아의 소화기관에 부담을 주는 이유식을 피하고, 영양소가 골고루 함유되어 영양실조가 되지 않도록 해야 한다는 것이다.

3) 배설과 배변훈련

검고 끈적끈적한 신생아의 태변은 3~4일이 지나면 누런 색의 보통 변으로 변한다. 대변과 소변을 통제할 수 있는 근육과 신경의 미성숙으로 인해 생후 6~7개월 이전에는 직장이나 방광이 꽉 차면 반사적으로 대소변을 배설하게 된다.

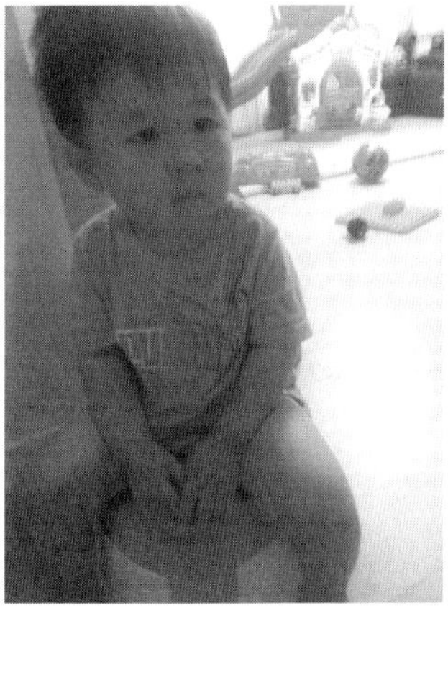

6~7개월이 지나 대소변을 통제하는 근육이나 신경이 발달하더라도 뇌에서 이를 통제할 수 있는 것은 아니다. 대변은 약 13~15개월경이면 가리게 되고, 소변은 20개월 정도가 되어야 가릴 수 있다. 대소변 가리기는 영아의 건강상태나 정서상태에 따라 차이가 나기 때문에 무리하게 강요하는 것은 좋지 않다. 아기가 혼자 일어서고, 앉고, 걸을 수 있을 때가 배변훈련(사진 참조)을 하기에 적절한 시기이다. 말을 알아듣고 모방을 좋아하며 배설활동에 흥미를 느낄 때가 효과적이다. 얼굴표정이나 행동을 세심하게 관찰하여, 대소변이 마려운 시점에 아기가 좋아

하는 변기에 앉혀주는 것이 효과적이다. 잘한 경우에 칭찬을 해주는 것은 바람직하나, 실수를 했을 때 벌을 주는 것은 부작용을 유발할 수 있다. 특히 규칙적으로 대변을 보지 않거나 밤에만 대변을 보는 경우에는 일찍 배변훈련을 하는 것이 불가능하며, 2~3세경이 되어 말귀를 알아들을 수 있을 때까지 기다리는 것이 효과적이다.

4) 반사운동

반사(reflex)는 우리 눈에 이물질이 들어가면 눈을 깜박거리는 것과 같이 외부의 자극에 대한 무의식적이고도 자동적인 반응을 말한다. 신생아는 외부의 자극에 대해 여러 가지 반사행동을 보이는데, 반사행동에는 생존반사와 원시반사의 두 종류가 있다. 생존반사(survival reflexes)는 신생아의 생존에 필요한 것으로 호흡 반사(breathing reflex), 눈깜박거리기 반사(eye-blink reflex), 빨기 반사(sucking reflex), 삼키기 반사(swallowing reflex), 근원 반사(rooting reflex) 등이 있다. 생존반사는 유해한 자극에 대해 보호기능을 할 뿐만 아니라 유아의 기본 욕구를 충족시키는 기능도 한다(Bowlby, 1988).

원시반사(primitive reflexes)는 신생아의 생존과는 관계가 없는 반사로 인류의 진화과정의 흔적으로 보인다. 모로 반사(Moro reflex), 바빈스키 반사(Babinski reflex), 수영 반사(swimming reflex), 파악 반사(grasping reflex), 걸음마 반사(stepping reflex) 등이 원시반사의 예이다(Thelen, 1984). 원시반사는 대부분 수개월 이내에 사라지는데, 이는 대뇌피질이 발달함에 따라 신생아의 반사운동이 점차적으로 의식적이고 자발적인 행동으로 대체되기 때문이다. 원시반사가 기능적인 가치는 별로 없다 하더라도 발달상태를 평가하는 데에는 매우 유용하다. 만약 이러한 반사행동이 출생 시 나타나지 않거나 수개월이 지나도 사라지지 않으면 신경계통에 어떤 문제가 없는지를 살펴보아야 한다. 신생아가 보이는 대표적인 반사는 〈그림 4-1〉과 같다.

Esther Thelen

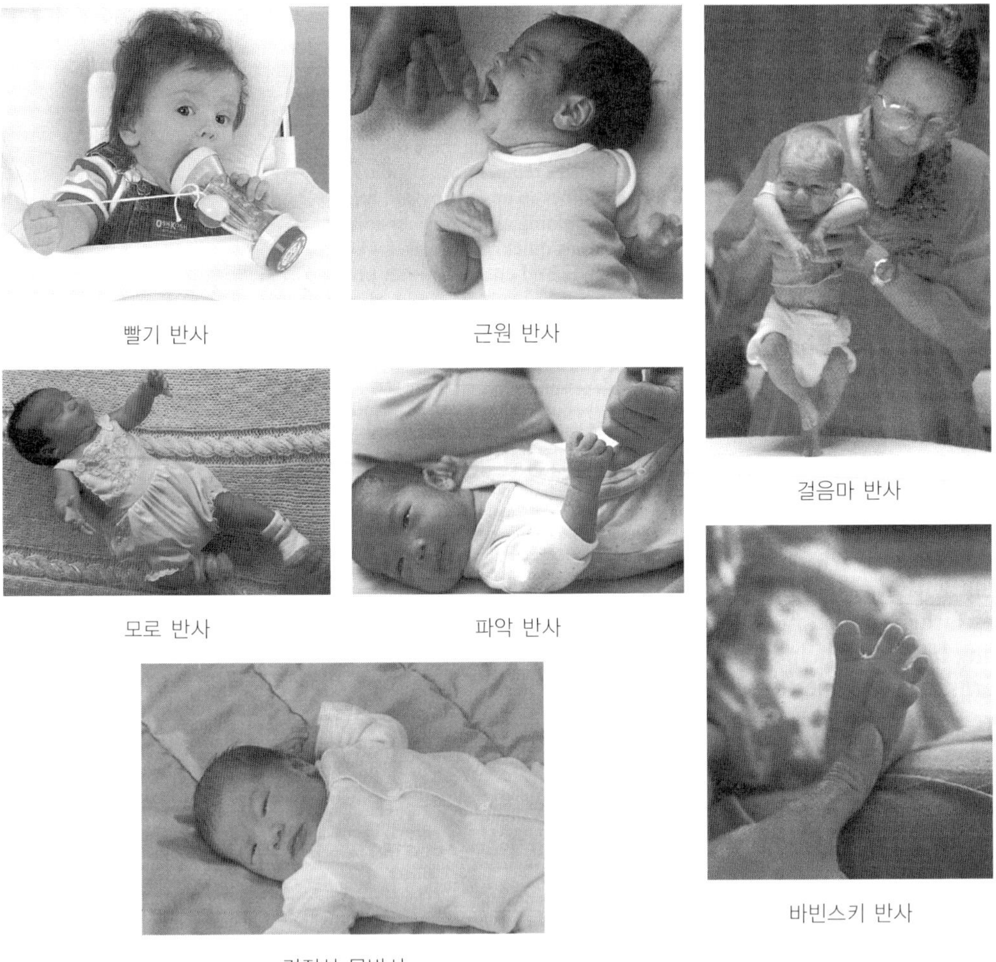

빨기 반사 근원 반사 걸음마 반사

모로 반사 파악 반사

경직성 목반사 바빈스키 반사

〈그림 4-1〉 생존반사와 원시반사의 예

5) 건강상태와 행동평가

신생아의 초기 운동능력이나 건강상태를 평가하기 위해서 Apgar 검사가 사용된다(Miyakoshi et al., 2013). Virginia Apgar(1953) 박사가 개발한 Apgar 검사는 신생아의 건강상태를 평가하기 위해 사용되는 가장 대표적인 의학적 검사이다(사진 참조). Apgar 검사는 비전문가도 평가할 수 있을 정도로 간단하다.

Apgar 검사는 출생 1분 후 그리고 다시 5분 후에 두 번에 걸쳐 실시된다. Apgar 검사로 아기의 상태를 자세하게 알 수는 없지만, 어떤 아기가 즉각적인 조치가 필요한 상태에 있는지는 알 수 있다.

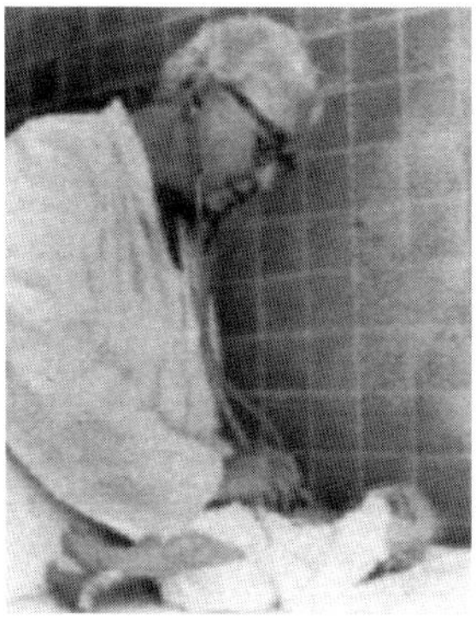

Virginia Apgar

Apgar 검사는 맥박, 호흡, 근육상태, 반사능력, 피부색 등의 다섯 가지 영역에서 각 영역별로 2점씩 총 10점 만점으로 평가된다. Apgar 점수가 7점 이상이면 건강상태가 양호한 것인데, 대부분의 신생아들은 7점 이상을 받게 된다. Apgar 점수가 4점 이하이면 위험한 상태로 즉각적인 조치를 취해야 한다. 영아돌연사 증후군으로 사망하는 영아는 Apgar 점수가 낮은 경향이 있다(Francis, Self, & Horowitz, 1987).

우리나라 신생아 13,320명을 대상으로 Apgar 검사를 실시한 결과, 대부분의 신생아들(97.7%)이 7점 이상을 받아 건강상태가 양호한 것으로 나타났다(정진옥, 1992). 좀더 구체적으로 살펴보면, 32주 이내 출산한 조산아 중에서 체중이 2.5kg 이하인 미숙아의 경우 Apgar 점수가 현저히 낮았으며, 여아보다는 남아가 평균적으로 점수가 낮은 것으로 나타났다. Apgar 점수가 낮을수록 질식으로 인한 사망률이 높았다.

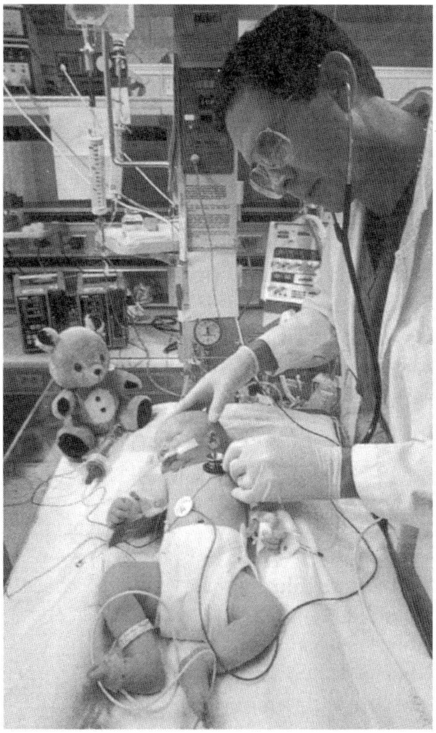

사진 설명
출생 후 곧바로 Apgar 검사를 받고 있는 신생아.

낮은 Apgar 점수는 이미 태중(胎中)에서 발생한 문제(예를 들면, 산모의 우울증, 불안, 음주, 흡연 등)가 원인일 수도 있으나, 출산과정에서 야기되는 문제(예를 들면, 일시적인 산소결핍증 또는 약물 등)에 기인하기도 한다. 수초 동안의 산소결핍은 별로 문제가 되지 않지만, 수분간 계속되는 산소결핍증은 뇌세포를 소멸시킴으로써 뇌손상을 초래하고, 혈압을 증가시킴으로써 뇌출혈을 야기시킨다(Bornstein &

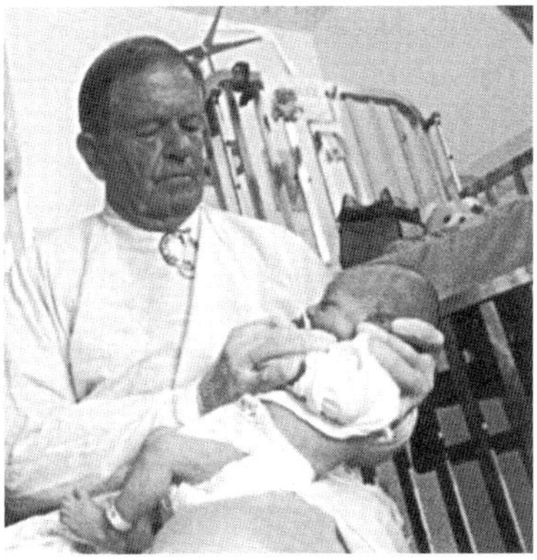

사진 설명
Terry Brazelton이 신생아와 함께

Lamb, 1992).

Apgar 검사가 출생 직후에 신생아의 위험상태를 알아보는 검사인 반면, Terry Brazelton(1973) 박사가 개발한 Brazelton 신생아 행동평가 척도는 신생아가 주위 환경에 어떻게 반응하는가를 알아보는 행동검사이다. 이 검사는 출생 후 1주일경에 실시하는데, 소요시간은 30분 정도 걸린다.

신생아 행동평가 척도의 목적은 신생아 행동의 개인차를 설명하기 위한 임상적 도구로 고안된 것이다. 또한 미숙아와 고위험군의 영아를 연구하는 데 사용되었으며, 임신 중 모체의 알코올, 담배, 마리화나, 코카인 등의 사용이 신생아의 행동에 미치는 영향을 연구하기 위해 사용되었다(Coles, Smith, & Falek, 1987; Costa & Figueiredo, 2011; Morrow et al., 2001). 뿐만 아니라 임신 중 모체의 정서상태, 임신 중 도파민 수준, 부모자녀 간의 애착관계를 연구하기 위해서도 이 척도가 사용되었다(Field et al., 2001).

이 척도는 신생아의 주의집중력, 활동수준, 근육상태, 스트레스에 대한 생리적 반응, 사람 얼굴과 목소리에 대한 사회적 반응 등을 평가한다. 자극에 얼마나 빨리 반응하는가를 평가할 뿐만 아니라 얼마나 빨리 다시 평온한 상태로 돌아가는가도 평가한다.

이 척도의 한 예로 아기가 깨어 있는 상태에서 아기 머리 위에서 종을 크게 울린다. 아기는 종소리를 듣고서 깜짝 놀라는 반응을 한다. 다시 종을 울리면 저번만큼 놀라지 않는다. 왜냐하면 아기는 종소리에 습관화(habituation)[1]되었기 때문이다. 아기가 더 이상 종소리에 아무 반응을 보이지 않을 때까지 종을 몇 번 울렸는가로 점수를 계산한다. 종을 여러 번 울릴수록 점수가 낮다. 여기서 낮은 점수는 정보처리와 학습에 문제가 있다는 것을 의미한다.

1) 어떤 자극이 여러 번 반복하여 일어날 때, 이 자극에 대해서 반응하는 강도가 감소하는 것을 말한다.

2. 뇌와 신경계의 발달

뇌의 발달은 영아기에 급속도로 이루어진다. 두미발달의 원칙에 의해 출생 시에 머리와 뇌의 크기는 신체의 다른 어떤 부위보다도 성인의 크기에 가깝다. 출생 시 뇌의 무게는 평균 300~400g으로 성인 뇌무게의 1/4이고, 출생 후 6개월경에는 1/2이 된다. 두 돌 무렵에는 성인 뇌무게의 3/4에 이르고, 5세경에는 90%에 달한다. 따라서 영아기를 뇌의 성장급등기(brain growth spurt)라고 부른다. 머리둘레가 가끔 뇌성장의 대략적인 지표로 사용된다. 출생 시 머리둘레는 평균 34cm이고, 첫돌 무렵에는 46cm 그리고 성인의 머리둘레는 평균 55cm이다.

1) 뇌의 구조와 기능

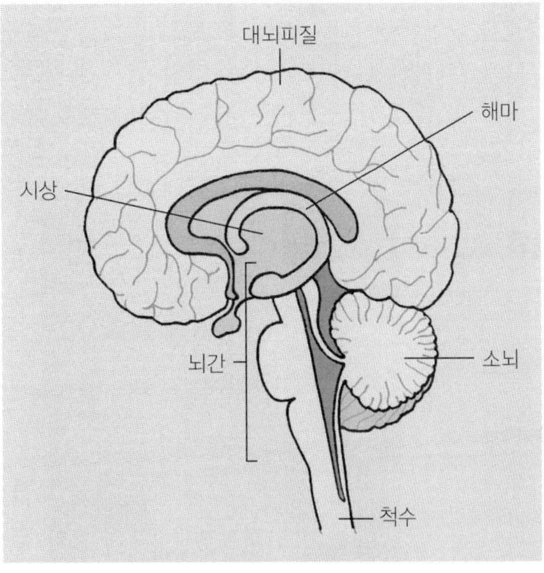

〈그림 4-2〉 뇌의 구조

영아기에 뇌크기의 놀라운 성장은 뇌의 구조적 · 기능적 발달과 관련이 있다. 뇌의 각 부위(〈그림 4-2〉 참조)는 발달하는 시기가 각기 다르다. 반사운동과 신체기능을 통제하는 뇌간(brainstem)은 출생 시 이미 완전한 기능을 한다. 뇌간의 가장 기본적인 기능은 호흡, 심혈관 활동, 수면, 의식에 관계되는 것이다. 뇌의 또 다른 부위는 출생 시에도 기능을 하지만, 출생 후 계속해서 발달하고 재편성된다. 감각정보가 대뇌피질(cerebral cortex)에 전달되도록 하는 시상(thalamus), 운동기능과 자세조정을 관장하는 소뇌(cerebellum), 기억을 관장하는 해마(hippocampus) 등이 여기에 속한다. 시상은 감각정보를 연결하는 정거장과 같으며, 통증의 지각에도 중요한 역할을 한다. 사고나 추론 같은 복잡한 인지능력을 관장하는 대뇌피질은 출생 시에 발달이 가장 덜 된 부위이다.

Mark H. Johnson

Peter R. Huttenlocher

출생 후 대뇌피질은 다음과 같이 발달을 계속한다(Johnson, 1998). 첫째, 뉴런의 크기가 증가하고 구조가 점점 복잡해진다. 둘째, 신경섬유 주위에 미엘린이라 불리는 지방물질이 형성된다. 셋째, 뉴런 간의 시냅스[2)]의 수가 증가한다. 이것은 각기 다른 시기에 각기 다른 대뇌피질의 부위에서 일어난다. 시각과 청각의 영역에서는 시냅스의 증가가 출생 후 3~4개월에 절정을 이루고, 고등 인지기능을 담당하는 영역은 영아기 후반부에 절정을 이룬다. 필요 이상의 시냅스가 형성되면 과잉 시냅스는 제거된다(Huttenlocher, 1994). 넷째, 대뇌피질과 뇌의 다른 영역—특히 시상, 소뇌, 해마—간의 연결이 증가한다. 다섯째, 대뇌피질의 여러 영역이 점점 세분화된 기능을 맡게 된다.

영아기 뇌의 발달은 전적으로 생물학적 프로그램에 따른 것이 아니고 환경의 영향에도 민감하게 작용한다. 예를 들면, 영아기 동안의 심한 영양실조는 뉴런의 수, 크기, 구조, 수초화의 속도, 시냅스의 형성에 영향을 미치고, 심각한 뇌손상을 초래한다(Morgan & Gibson, 1991). 뇌의 구조는 또한 환경으로부터 받는 자극의 양과 종류에 의해서도 영향을 받는다(Huttenlocher, 1994; Nelson, Zeanah, & Fox, 2007; Reeb, Fox, Nelson, & Zeanah, 2008). 예를 들면, 영아의 감각경험은 뉴런의 크기와 연결구조에 영향을 미친다. 결과적으로 지적 자극과 사회적 자극이 풍부한 환경에서 성장한 영아와 이들 자극이 결핍된 환경에서 성장한 영아를 비교해보면 뇌의 구조와 무게에서 큰 차이를 보인다(Gottlieb, 1991; Kolb, 1995). 불행히도 영양실조 아동이 환경적 자극도 덜 받는 경우가 많다(Frank & Zeisel, 1988).

2) 신경세포의 자극전달부.

2) 신경계의 발달

신경계는 신경원(neuron)과 신경교(glia)라는 두 종류의 기본 세포로 구성되어 있다.[3] 신경교(神經膠) 세포는 신경원(神經元) 세포에 영양을 공급하고, 신경계를 결합시키는 접착제 역할을 한다. 신경원 세포, 즉 뉴런은 뇌의 한 부분에서 다른 부분으로, 또는 신체의 한 부분에서 다른 부분으로 정보를 받아들이고 전달하는 역할을 한다.

뉴런은 세포체(cell body), 수지상돌기(dendrites), 축색돌기(axon) 그리고 말초신경섬유(terminal fibers)로 구성되어 있다(〈그림 4-3〉 참조). 나뭇가지 모양의 수지상돌기는 신경전류[4]를 받아들이는 역할을 한다. 세포체에 연결되어 있

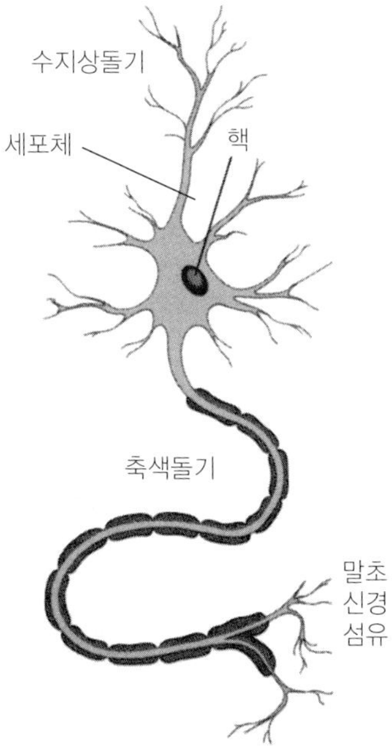

〈그림 4-3〉 뉴런의 구조

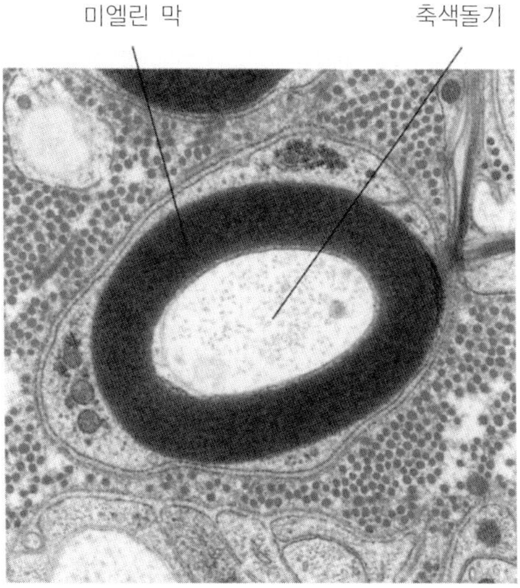

사진 설명
수초화된 신경섬유(검은색의 미엘린 막이 흰색의 축색돌기를 둘러싸고 있다.)

3) 신경원 세포와 신경교 세포를 구분하지 않고 흔히 뉴런을 신경세포라고 부른다.

4) 신경섬유를 따라 전도되는 화학적 · 전기적 변화.

는 관모양의 축색돌기[5]는 세포체로부터 다른 세포로 정보를 전달하는데, 그 길이가 1m나 되며 전선의 절연재처럼 미엘린(myelin)[6]이라 불리는 지방성 물질이 그 둘레에 막을 형성한다(사진 참조). 미엘린은 뉴런을 보호할 뿐만 아니라 신경전류의 전달속도를 증가시킨다(Blakemore & Mills, 2014; Buttermore, Thaxton, & Bhat, 2013). 미엘린은 뇌의 발달에 있어서 매우 중요한 역할을 한다. 미엘린이 파손될 경우 축색돌기는 절연재가 벗겨진 전선과 같아서 신경전류가 흐르지 못하고 주위로 새어나가 버리며, 다발성 경화증(multiple selerosis)[7] 같은 장애가 발생하기도 한다. 축색돌기 끝 부분에 위치해 있는 말초신경섬유는 정보를 전달하는 역할을 한다. 두 개의 뉴런이 연결되는 지점, 즉 뉴런의 말초신경섬유와 또 다른 뉴런의 수지상돌기가 연결되는 부분을 시냅스(synapse)라고 부른다. 대부분의 시냅스는 출생 후에 형성되며 그 수는 대단히 많다.

영아는 성인보다 더 많은 수의 뉴런과 시냅스를 갖고 있다. 그 이유는 다른 뉴런과 성공적으로 연결되는 뉴런은 그렇지 못한 뉴런을 밀쳐내기 때문이다. 그렇게 해서 뉴런의 약 절반 가량이 소멸된다(Janowsky & Finlay, 1986). 이때 살아남은 뉴런은 수백 개의 시냅스를 형성하는데, 이 과정에서도 역시 뉴런이 적절한 자극을 받지 못하면 소멸된다(Huttenlocher, 1994). 이 과정은 농부가 크고 좋은 과일을 얻기 위해 불필요한 가지를 잘라내는 '가지치기' 작업에 비유할 수 있다. 즉, 불필요한 뉴런이 제거됨으로써 신경계의 효율성이 증대된다. 성장의 그 밖의 측면과는 달리 신경계의 발달은 불필요한 세포의 소멸을 통해 효율적으로 진행된다(Black & Greenough, 1986; Kolb, 1995; Money & Stanwood, 2013).

흥미롭게도 인간이 평생 갖게 될 1,000~2,000억 개의 뉴런은 뇌의 성장급등기가 시작되기 전인 임신 6개월경에 이미 다 형성된다(Kolb & Fantie, 1989; Rakic, 1991). 뉴런이 출생 후 더 생성되지 않는다고 한다면 뇌의 급속한 성장은 무엇에 의해 이루어지는가? 첫째, 글리아(신경교)라고 불리는 두 번째 신경세포

5) 신경초 속을 지나는 신경섬유.

6) 수초(髓鞘)를 조직하는 지방성의 물질.

7) 만성 중추신경계 질환: 주요 증세로는 시력장애, 지각장애, 운동마비, 언어장애 등이 있다.

의 발달에 의해 이루어진 것이다. 글리아는 뉴런의 수보다 훨씬 많으며 일생을 통해 계속 형성된다(Tanner, 1990). 둘째, 글리아의 가장 중요한 기능은 수초화(myelination)인데, 수초화는 미엘린이라 불리는 지방성 물질이 축색돌기 둘레에 막을 형성하는 현상을 말한다. 수초화 또한 뇌의 빠른 성장에 영향을 미친다. 수초화는 영아기 동안 급속도로 진행되지만, 뇌의 어떤 부분에서는 수초화가 청년기나 성인기까지 완성되지 않는 경우도 있다(Fischer & Rose, 1995; Galvan & Tottenham, 2016; Giedd, 2012). 예를 들면, 한 주제에 장시간 정신을 집중하는 능력을 관장하는 뇌부분인 망상체(reticular formation)나 전두피질(frontal cortex)은 사춘기에도 수초화가 완전히 이루어지지 않는다(Blakemore & Mills, 2014; Casey, 2015; Tanner, 1990). 이것이 청년이나 성인에 비해 유아나 아동의 주의집중 시간이 짧은 이유이다. 셋째, 뉴런과 뉴런을 연결해주는 시냅스의 형성이 뇌의 성장급등기 동안 급속하게 이루어지기 때문이다(Janowsky & Finlay, 1986). 〈그림 4-4〉에서 보듯이 영아기에는 신경망이 점점 복잡해진다.

Barbara L. Finlay

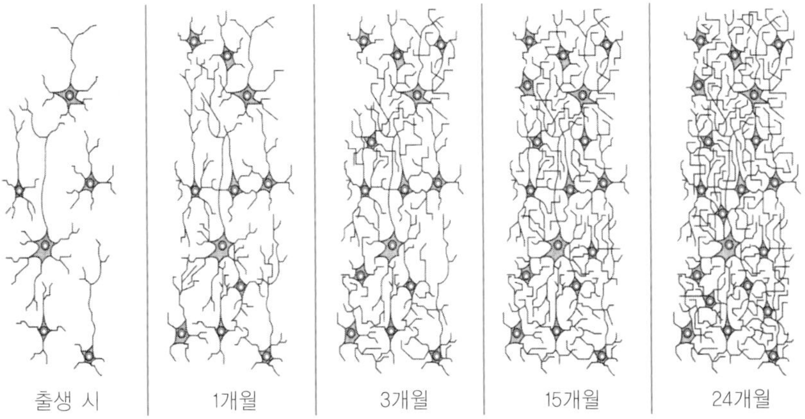

〈그림 4-4〉 뉴런은 영아기에 점점 복잡하게 연결된다

출처: Feldman, R. S. (2001). *Child development* (2nd ed.). Upper Saddle River, NJ: Prentice-Hall.

3. 운동기능의 발달

"우리 아기가 이제 막 기기 시작했어요." "우리 아기가 이제 혼자 앉을 수 있어요." "우리 아기가 드디어 걷기 시작했어요." 부모들은 이렇게 자랑스럽게 말한다. 이상과 같은 새로운 운동기능의 발달은 영아기의 신체발달에서 매우 극적이고 눈에 띄는 현저한 변화이다.

운동기능은 편의상 특정 운동에 사용되는 근육의 크기(대근육 또는 소근육)와 신체 부위에 따라 대근육 운동과 소근육 운동으로 나누어진다. 대근육 운동은 기기, 서기, 뜀뛰기, 걷기, 한 발로 서 있기와 같이 팔, 다리, 몸통과 같은 대근육을 사용하는 운동을 말한다. 소근육 운동은 손을 뻗쳐 물건 잡기, 손가락으로 물건 집기, 끼적거리기와 같이 몸의 소근육을 사용하는 운동을 말한다. 운동기능의 발달 역시 두미발달의 원칙과 근원발달의 원칙을 따른다.

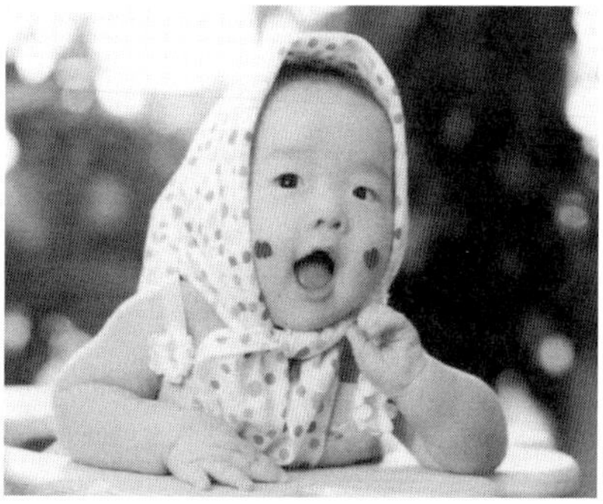

사진 설명
2개월경에는 가슴을 들 수 있다.

1) 대근육 운동

영아기의 가장 주목할 만한 대근육 운동기능은 고개도 못 가눌 정도로 전적으로 의존적이던 인물에서 뒤집기, 기기, 서기, 걷기, 달리기 등을 할 수 있는 기동성 있는 인물로 영아를 바꿔놓는 것이다. 출생 시 신생아는 고개도 못 가누지만 생후 1개월이면 엎드린 자세에서 고개를 들 수 있다. 2개월경에는 가슴을 들 수 있으며(사진 참조), 3~4개월경에는 뒤집기를 할 수 있다(사진 참조). 7개월경에는 혼자 앉을 수 있고(사진 참조), 12~14개월경에는 혼자 설 수 있다. 12개월경에는 붙잡고 걸을 수 있으며, 15개월경에는 혼자 걸을 수 있다. 18개월경에는 계단을 오를 수 있고(사진 참조), 자전거 타기를 할 수 있

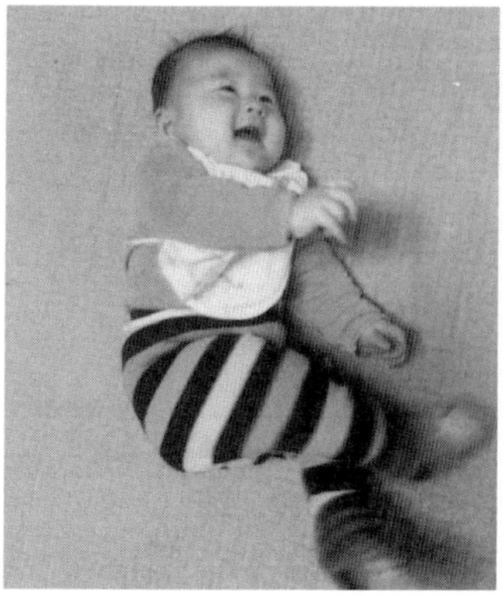

사진 설명
3~4개월경에는 뒤집기를 할 수 있다.

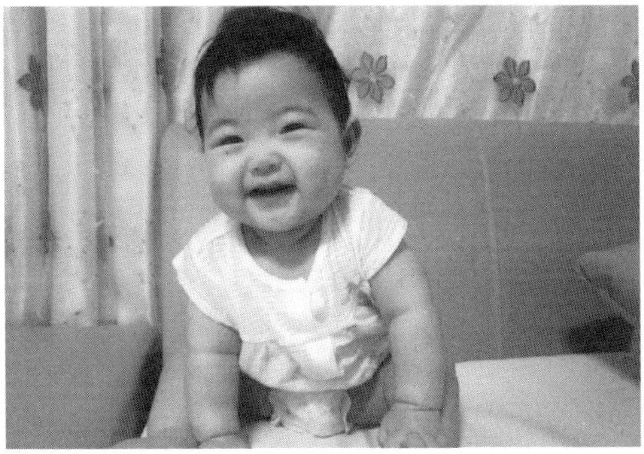

✐사진 설명
7개월경에는 혼자 앉을 수 있다.

다. 18~24개월경에는 달리기, 뒤로 걷기, 공차기, 공 던지기, 뛰뛰기 등을 할 수 있다.

✐사진 설명
18개월경에는 계단을 오를 수 있다.

2) 소근육 운동

소근육 운동기능은 근원발달의 원칙에 의해 팔과 손 그리고 손가락의 순으로 발달한다. 출생 시의 신생아에게는 잡기반사 능력이 있지만, 그것을 통제하는 능력은 없다. 마찬가지로 신생아도 매달려 있는 물체를 보면서 손과 발을 움직여 보지만 그 물체를 잡지는 못한다. 6개월이 되어야 매달려 있는 물체를 팔을 뻗어 잡을 수 있다(Bower, 1979). 8~9개월경에는 자기 앞으로 던져준 물체를 잡으려고 해보지만 놓치고, 첫돌이 지나서야 제대로 잡을 수 있다(von Hofsten, 1983). 실이나 동전 같은 작은 물체를 집기 위해 처음에 영아는 손 전체, 특히 손바닥을 사용한다. 그러다가 10개월이 지나면서 엄지와 집게 손가락을 사용해서 작은 물체를 집을 수 있게 된다. 이 무렵에 영아는 잔디밭에 기어다니는 벌레나 양탄자의 보푸라기 같이 눈에 보이는 작은 물체는 무엇이든지 집어 올리면서 즐거워한다.

운동기능의 발달은 대부분의 영아에서 그 순서가 비슷하지만, 발달의 시기에는 상당한 개인차가 있다. 〈그림 4-5〉는 운동기능의 발달시기와 순서이다.

〈그림 4-5〉 운동기능의 발달시기와 순서

출처: Muzi, M. J. (2000). *Child development*. Upper Saddle River, NJ: Prentice-Hall.

4. 감각과 지각의 발달

주위 환경으로부터 오는 여러 가지 자극을 감각기관을 통해 받아들이는 것을 감각이라고 한다면, 지각은 이러한 감각에 의미를 부여하는 과정이라고 볼 수 있다. 즉, 감각이 자극에 대한 감각기관의 반응이라면, 지각은 그 자극에 대한 해석이다. 예를 들어, 어떤 소리가 났을 때 소리를 듣게 되는 것은 감각과정이고, 그 소리가 사람의 말소리인지 음악소리인지를 알게 되는 것은 지각과정이다.

1) 시각

인간은 환경을 탐색하는 데 다른 어떤 감각기관보다 시각에 더 의존한다. 즉, 감각정보의 80%가 시각을 통해서 들어온다. 그럼에도 불구하고 시각은 영아의 감각능력 중 가장 늦게 발달한다. 출생 시 시각조절에 필요한 뇌회로가 충분히 발달해 있지 않아 신생아의 시력은 매우 약한 편이다. 출생 후 몇 개월 동안 심한 근시 현상을 보이지만, 첫돌 무렵에는 시력이 1.0에 가까워져서 정상 시력을 갖게 된다(Aslin & Lathrop, 2008; Banks & Salapatek, 1983; Cavallini et al., 2002; Corrow et al., 2012; Dobson & Teller, 1978). 〈그림 4-6〉은 생후 1, 2, 3개월된 영

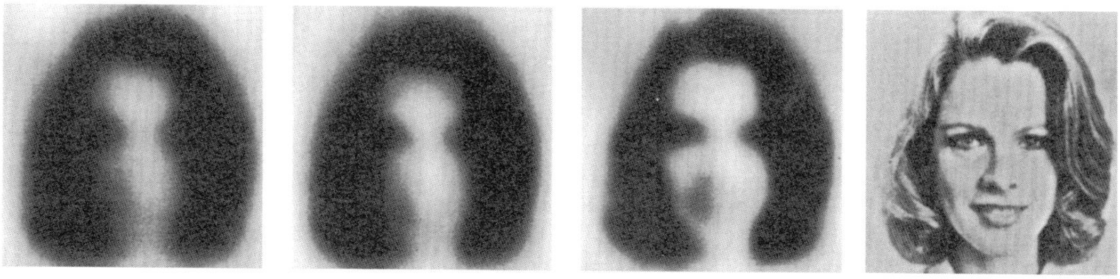

1개월 영아 2개월 영아 3개월 영아 성 인

처음에는 심한 근시현상을 보이지만 급속도로 시력이 좋아진다.

〈그림 4-6〉 영아의 시력

출처 : Goldstein, E. B. (1984). *Sensation and perception* (2nd ed.). Belmont, CA: Wadsworth.

Eleanor Gibson

아와 성인이 1m 정도 떨어진 거리에서 본 사람의 얼굴 모습이다.

영아가 몸을 움직일 수 있게 되면 그만큼 위험에 처할 가능성도 커진다. 그중에서도 특히 높은 데서 아래로 떨어지는 위험이 가장 크다. 생후 6개월경에 발달하는 것으로 보이는 깊이지각은 영아가 가구에 부딪치거나 침대나 계단에서 굴러떨어지는 것을 막는 데 도움이 된다. 만약 영아가 깊이를 지각할 수 없다면 그들의 생존은 크게 위협을 받을 것이다.

Gibson과 Walk(1960)가 고안한 시각벼랑(visual cliff) 실험에서 6개월 된 영아는 깊이지각을 할 수 있는 것으로 나타났다. 〈그림 4-7〉에서 보듯이 얕은 쪽은 유리 바로 아래 테이블보를 깔고 깊은 쪽은 바닥에 테이블보를 깔아 놓음으로써 시각적으로 깊게 보이게 만들었다. 그러나 얕은 쪽이든 깊은 쪽이든 두꺼운 유리를 올려놓았기 때문에 영아가 안전하게 기어갈 수 있게 되어 있다. 영아를 얕은 쪽에 놓고, 어머니는 건너편 깊은 쪽에 서서 엄마에게 오라고 영아를 손짓해 부른다. 그러나 영아는 유리가 깔려 있는 것을 만져보고도

〈그림 4-7〉 시각벼랑 실험

두려워하면서 건너가려 하지 않았다. 즉, 얕은 쪽으로 되돌아가거나 깊은 쪽과 얕은 쪽의 경계선에서 울기만 하였다.

Joseph J. Campos

Campos와 그의 동료들(1970)은 생후 2개월된 영아를 대상으로 시각벼랑 실험을 하였다. 이들은 아직 기지 못하기 때문에 심장 박동수로 깊이지각을 할 수 있는지 없는지를 알아보았다. 연구결과, 얕은 쪽에서는 영아들의 심장 박동수에 변화가 없었지만, 깊은 쪽에서는 심장 박동수가 감소하였다. 우리가 두려움을 느낄 때에는 일반적으로 심장 박동수가 빨라진다. 그런데 시각벼랑 실험에서 영아들의 심장 박동수가 감소한 것은 그들이 깊은 쪽과 얕은 쪽의 차이를 감지했지만, 깊이지각을 한 것이 아니고 뭔가 흥미로운 것을 발견했다는 의미로 해석할 수 있다.

깊이지각은 영아가 길 수 있게 되어 가끔 넘어지거나 떨어져 본 경험이 있는 경우에 획득되는 것으로 보인다. Campos와 동료들(1992)의 또 다른 연구에서 같은 또래라도 길 수 있는 영아가 그렇지 못한 영아보다 시각벼랑 실험에서 더 많이 두려워하는 것으로 나타났다.

2) 청각

Helen Keller

우리 주위의 환경으로부터 상당수의 정보가 소리를 통해서만 들어오기 때문에 청각은 매우 중요한 감각이다. 전화벨 소리, 등 뒤에서 달려오는 차소리, 라디오에서 들려오는 음악소리, 인간의 말소리, 이 모든 것들은 청각을 통해서 우리가 느낄 수 있는 것들이다. 헬렌 켈러에 의하면 듣지 못하는 것이 보지 못하는 것보다 훨씬 더 불편하다고 하는데, 왜냐하면 시각장애인은 사물로부터 고립되지만 청각장애인은 사람으로부터 고립되기 때문이다(Goldstein, 1999). 듣는 것과 보는 것은 둘 다 모두 인간의 의사소통에 있어서 매우 중요하다. 그러나 소리는 본질적으로 움직임과 관련이 있으므로 특별한 역할을 한다. 모든 소리는 움직임에서 비롯된다. 소리를 탐지하는 능력은 출생 전부터 어느 정도 가능하다. 출생 후에는 인간의 음성이 영아의 감정을 움직이고 언어와 관련된 정보를 전달하기 시작한다.

소리가 나는 근원을 찾으려는 반응처럼 영아의 듣는 능력은 보는 능력과 동시에 발달하며, 양자를 협응시키려는 반응을 보인다. 또한 듣는 능력에 문제가 있으면 이는 이후의 언어발달에도 영향을 미치게 된다.

빨기반응 측정법에 의하면 영아는 낯선 여자의 목소리보다 어머니 목소리를 들었을 때 그리고 외국어보다는 모국어를 듣고서 젖꼭지를 더 많이 빠는 것으로 나타났다(DeCasper & Fifer, 1980; Kisilevsky et al., 2009; Mehler et al., 1988; Spence & DeCasper, 1987). 이러한 연구결과는 태내에서의 청각적 경험이 출생 후 영아의 듣기 선호에 영향을 준다는 것으로 매우 흥미로운 결과이다.

3) 후각

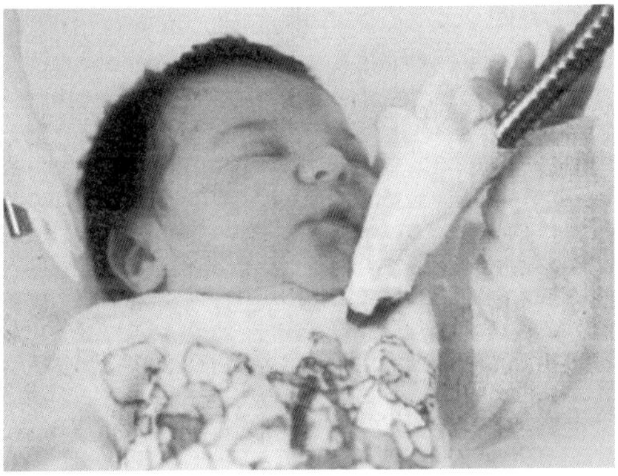

사진 설명
생후 1주일 된 신생아가 어머니 젖냄새에 반응을 보이고 있다.

영아는 여러 가지 다양한 냄새를 식별할 수 있다(Doty & Shah, 2008). 여러 가지 냄새를 묻힌 면봉을 영아의 코에 갖다대고서 영아의 얼굴표정과 신체의 움직임으로 영아의 반응을 알아본 연구(Crook, 1987; Pomares, Schirrer, & Abadie, 2002; Steiner, 1979)에서, 바나나냄새나 딸기냄새에는 기분좋은 표정을 짓고, 생선냄새는 약간 싫어하며, 썩은 달걀냄새에는 고개를 돌리거나 얼굴을 찡그리는 반응을 보였다.

더욱 놀라운 사실은 모유 수유를 하는 영아가 어머니가 가까이 왔다는 것을 엄마의 젖냄새를 통해서 안다는 것이다(MacFarlane, 1977). 심지어 신생아의 경우도 모유를 먹는 경우 엄마 젖냄새를 알아차리는 것으로 보인다. 한 연구(MacFarlane, 1975)에서 생후 6일된 신생아에게 엄마 젖냄새를 묻힌 수건과 한 번도 사용하지 않은 깨끗한 수건을 양쪽에서 제시했더니 신생아는 엄마 젖냄새가 나는 쪽으로 고개를 돌렸다(사진 참조).

4) 미각

신생아도 단맛, 신맛, 쓴맛, 짠맛을 구별하고(Mennella & Bobowski, 2015; Rosenstein & Oster, 1988), 2~3개월경에는 특정한 맛에 대한 기호가 생길 정도로 발달되어, 특정한 맛에 대한 거부현상도 보인다. 4개월이 되면 신생아기 때에는 싫어하던 짠맛을 좋아하기 시작하는데(Doty & Shah, 2008; Harris, Thomas, & Booth, 1990), 이것은 아마도 이유식(고형음식)에 대한 준비를 하는 것인지도 모른다(Beauchamp, Cowart, Mennella, & Marsh, 1994).

사진 설명
첫돌상 앞에 앉은 아기

영아기 말이 되면 미각은 매우 예민하게 된다. 소아과 의사들은 영아에게 다양한 음식을 제공할 것을 추천하는데, 이것은 영양적인 측면에서뿐만 아니라 영아기에 음식에 대한 선호가 급격히 발달하기 때문이다. 따라서 영아기 이후에는 새로운 음식을 잘 먹으려 하지 않는다(Berger, 1991).

우리 전통사회에서는 이유식을 시작하게 되면 순차적으로 아기에게 다양한 맛을 보여주었고 첫돌에는 떡과 과일의 맛을 보여줌으로써 영아의 미각의 발달을 도와주었다(사진 참조).

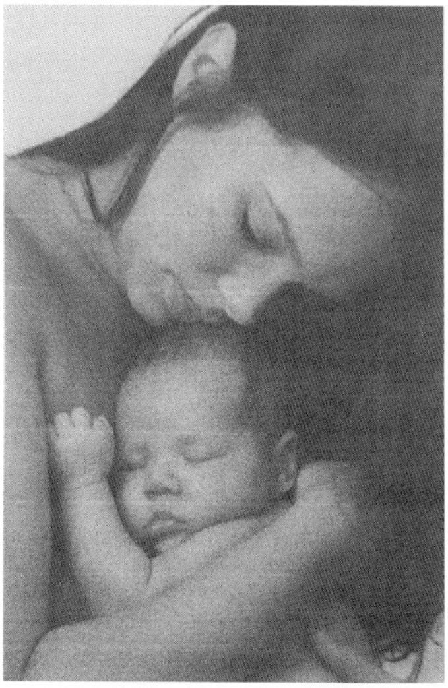

5) 촉각

촉각은 영아가 성인과 갖는 관계에서 매우 중요한 역할을 한다. 아기를 쓰다듬어 주거나 아기의 가슴에 가만히 손을 올려 놓으면 우는 아기를 달랠 수 있고, 등을 토닥토닥 두드려주면 아기를 재울 수 있다(사진 참조).

영아는 온도변화에 대해서도 민감한 반응을 보이는데, 체온보다 높은 온도보다는 낮은 온도에 더 민감하다. 방안 온도가 갑자기 떨어지거나 영아의 옷을 갈아입히기 위해 옷을 다 벗겨 놓으면 울면서 불편함을 호소하거나 체온을 유지하기 위해 몸을 활발하게 움직인다(Humphrey, 1978).

출생 시에 통각도 이미 발달되어 있다(Ganzewinkel et al., 2014; Rodkey & Pillai Riddell, 2013). 신생아기나 영아기에 남자아이의 포경수술을 할 경우 진통제가 초래할 위험 때문에 또는 신생아는 통증을 느끼지 못한다는 생각으로 마취제를 사용하지 않고 수술을 하는데, 이때 영아의 심장박동수와 혈압이 증가하고, 영아는 통증 때문에 높은 소리로 운다(Gunnar, Malone, & Fisch, 1987; Taddio, 2008; Williamson, 1997).

6) 통합 감각

우리가 눈을 가리고 어떤 물체를 만져만 보고서 그 물체의 이름을 알아맞히는 게임을 한다고 가정해 보자. 내 손에 작고 동그란 물체가 놓인다. 이 물체는 직경이 3.2cm 정도 되고, 무게는 50g 정도 되며, 단단하고, 보조개처럼 작은 홈이 여러 개 파져 있다. 이 물체는 과연 무엇일까? 대부분의 사람들은, 심지어 골프공을 한 번도 만져본 적이 없는 사람들도, 이 물체가 골프공이라는 것을 알아맞힌다. 이런 것이 통합 감각 또는 감각 간 지각(intermodal perception)의 한 가지 예이다. 통합 감각은 어떤 감각(시각)을 통해 익힌 물체를 다른 감각(촉각)에 의해 알아보는 능력을 일컫는 말이다.

Piaget(1954, 1960)의 통합이론(enrichment theory)에 의하면 여러 가지 감각은 출생 시 분리되어 있기 때문에, 감각기관이 독립적으로 성숙해야만 여러 감각기관으로부터 정보를 비교해서 통합할 수 있다고 한다. 따라서 어떤 물체가 어떤 모습으로 보이고, 어떤 소리가 나며, 만졌을 때 느낌이 어떠한지에 대한 경험이 쌓인 후에라야 감각 간의 지각이 가능하다는 것이다. 그 전에는 영아가 손으로

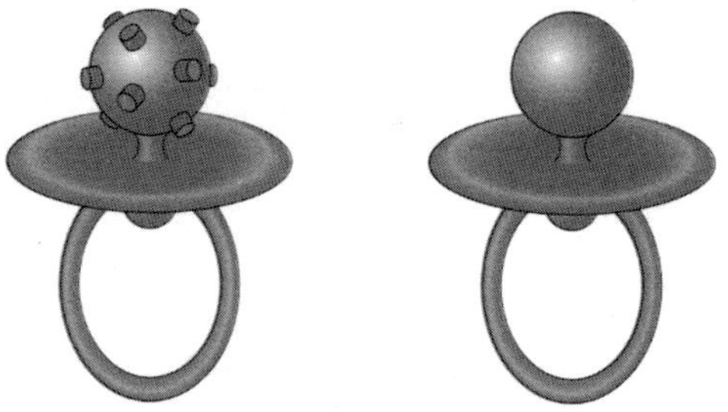

〈그림 4-8〉 감각 간 지각능력을 측정하기 위한 젖꼭지 모형

출처: Meltzoff, A. N., & Borton, R. W. (1979). Intermodal matching by human neonates. *Nature*, *282*, 403-404.

만져보지 않고 단지 눈으로만 보았던 물체를 어두운 곳에서는 감촉에 의해 그 물체를 인식할 수 없다는 것이다.

한편, Gibson(1969, 1992)의 분화이론(differentiation theory)에 의하면 감각은 출생 시 통합되어 있기 때문에 감각 간 지각이 출생 시부터 가능하다고 한다. 따라서 영아들은 어떤 자극이 제시되었을 때 모든 감각기관을 사용하여 그 자극을 탐색한다는 것이다.

서로 상반되는 두 이론 중 어느 입장이 더 옳은 것인가? 여러 연구에 의하면 분화이론이 더 설득력이 있는 것으로 보인다. 6개월 된 영아를 대상으로 한 Meltzoff와 Borton(1979)의 실험에서는 〈그림 4-8〉에서 보듯이, 매끄러운 젖꼭지 또는 울퉁불퉁한 젖꼭지를 보여주지는 않은 채 그중 하나만을 빨게 한 후, 두 개의 젖꼭지를 함께 보여주었더니 영아는 자신이 빨았던 젖꼭지를 더 오래 바라본다는 사실을 발견하였다. 이러한 사실은 영아에게 시각과 촉각이라는 감각 간 지각능력이 있다는 것을 말해 주는 것이다.

5. 인지발달

영아기의 인지발달을 설명하기 위해 제시되는 한 가지 접근법은 Piaget의 인

Jean Piaget(1896~1980)

지발달이론이다. Piaget에 의하면 영아기의 인지발달은 주변 환경에 대한 이해에서 출발하는데, 인지발달을 위해서는 주어진 자극에 대해 주의를 집중하고, 이를 수용하는 것이 선행되어야 한다고 한다. 즉, 주변 환경에 대한 정보를 얻기 위해서는 감각운동을 통한 지각경험이 바탕이 되어야 한다고 한다.

1) 감각운동기의 사고

Piaget(1960)는 인지발달 단계에서 영아기를 감각운동기라고 명명하였다. 감각운동기에 영아의 세상에 대한 인식은 감각기관과 운동기능을 통해 이해하는 것에 국한된다. 영아기의 사고는 언어나 추상적 개념을 내포하지 않는다. 영아가 이해하고, 기억하는 것은 자신이 직접 보고, 듣고, 느끼고, 행동하는 것에 의존한다. 즉, 감각기관을 통해 받아들인 정보가 인지발달의 중요한 내용이 된다는 것이다. Piaget는 감각운동기를 6개의 하위단계로 나누었는데 그 단계들은 다음과 같다.

(1) 반사운동기(Reflex Activity: 출생~1개월)

영아는 세상에 대한 지식을 습득하는 일차적 자원으로서 빨기, 잡기, 큰 소리에 반응하기와 같은 반사적 행동에 의존한다. 영아는 다양한 반사능력을 가지고 이 세상에 태어나며, 이를 통해 외부 세계를 이해하게 된다. 이들 중 가장 우세한 반사는 빨기 반사인데, 영아는 입에 닿는 것은 무엇이든지 빨려고 한다(사진 참조). 빨기 반사, 잡기 반사 등은 외부 세계에 적응해 나가는 과정을 통해 계속적으로 발달하며, 이후의 인지발달을 위한 초석이 된다.

(2) 일차 순환반응기(Primary Circular Reactions: 1~4개월)

영아의 관심은 외부의 대상보다는 자신의 신체에 있기 때문에 '일차' 순환반응이라 불린다. '순환반응'이라는 용어는 빨기, 잡기와 같은 감각운동의 반복을 의미한다. 즉, 유아가 우연한 행동을 통해 재미있는 결과를 초래하게 되면 계속해서 그 행동을 반복하게 되는 것을 말한다. 예를 들어, 영아가 손가락을 빠는 것이 아주 재미있는 일이라고 생각하게 되면, 손가락을 자꾸만 입 속에 넣으려고 한다(사진 참조). 순환반응의 목적은 기존 도식에 대한 수정이며, 이 도식의 수정은 지적 발달에 대한 입증이다.

(3) 이차 순환반응기(Secondary Circular Reactions: 4~8개월)

이 하위단계의 주요 특징은 영아가 자신의 외부에 있는 사건과 대상에 열중한다는 점이다. 그래서 '이차' 순환반응이라 불린다. 일차 순환반응과 이차 순환반응 간의 주된 차이점은 행동의 초점에 있다. 일차 순환반응기 동안 영아는 자신의 신체에 관심을 갖는다. 그러나 이차 순환반응기에는 영아의 관심이 자신의 신체 외부에 있는 대상과 사건에 있다. 즉, 일차 순환반응은 영아의 여러 신체부분들이 서로 협응하는 것을 말하고, 이차 순환반응은 영아가 그 자신이 아닌 외부에서 흥미로운 사건들을 발견하고, 이를 다시 반복하려고 할 때 일어난다(사진 참조).

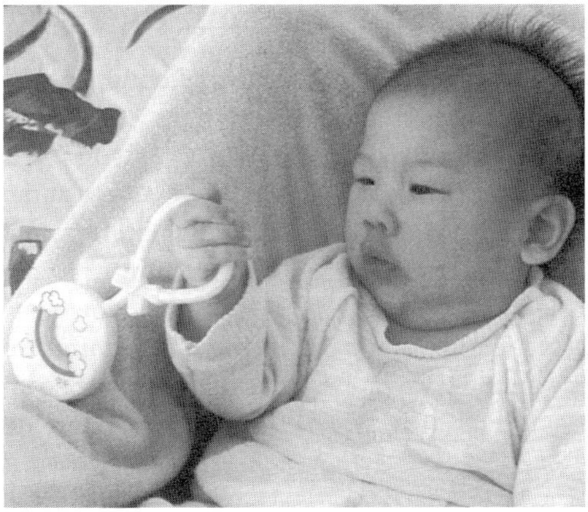

사진 설명
우연히 딸랑이를 흔들어 소리가 났을 경우, 영아는 잠시 멈추었다가 다시 한 번 그 소리를 듣기 위해 딸랑이를 흔드는 행위를 되풀이하게 된다

(4) 이차 순환반응의 협응기(Coordination of Secondary Circular Reactions: 8~12개월)

이 하위단계에서 영아의 관심은 자신의 신체가 아니라 주위 환경에 있으며, 자신의 목표를 달성하기 위해 두 가지 행동을 협응하게 하기 때문에 이 단계를 이차 순환반응의 협응기라고 일컫는다. 이 시기의 영아는 목표가 되는 하나의 도식에 도달하기 위해 수단이 되는 다른 도식을 이용하는 능력을 갖게 된다.

사진 설명
새로운 결과를 얻기 위해 영아는 여러 가지 새로운 방법을 시도해본다.

(5) 삼차 순환반응기(Tertiary Circular Reactions: 12~18개월)

삼차 순환반응은 선행되는 두 순환반응과 구분하기 위해서 '삼차'라고 부른다. 일차 순환반응기 동안 영아는 자신의 신체에 관심을 가지며, 이차 순화반응기에는 외부 세계에 있는 대상에 관심을 갖는다. 이제 삼차 순환반응기가 되면 영아는 실험적 사고에 열중한다(사진 참조). 즉, 영아는 새로운 원인과 결과 간의 관계에 대해서 이를 가설화한다. 예를 들어, 영아는 처음에 장난감 북을 북채로 쳐보지만 다음에는 어떤 소리가 나는가 보려고 연필로, 블록으로 그리고 망치로 두들겨 본다.

(6) 정신적 표상(Mental Representation: 18~24개월)

이 하위단계는 영아의 지적 능력이 놀랄 정도로 크게 성장하는 시기이다. 영아는 이제 눈앞에 없는 사물이나 사건들을 정신적으로 그려내기 시작하고, 행동을 하기 전에 머릿속에서 먼저 생각을 한 후에 행동한다. 전 단계에서처럼 시행착오 과정을 통해서 문제를 해결하는 것이 아니라, 행동을 하기 전에 상황에 관한 사고를 하기 때문에 문제를 더 빨리 해결할 수 있다.

2) 대상영속성 개념의 발달

감각운동기에 획득하게 되는 중요한 능력 중의 하나는 대상영속성(object permanence)의 개념이다. 대상영속성은 물체가 눈에 보이지 않거나 소리가 들리지 않더라도 그 물체가 계속 존재한다는 것을 아는 것이다. 대상영속성의 개념은 인지발달 단계와 병행하여 발달하는데, 이 개념을 획득하기 위해서는 자신이 주변 세계와 분리된 독립된 존재라는 사고를 할 수 있어야 한다.

우리나라의 영아를 대상으로 한 연구(박경자, 1981)에 따르면, 대상영속성 개념은 연령에 따라 일정한 단계를 거쳐 발달한다는 Piaget의 단계이론이 타당한 것으로 입증되었다. 즉, 대상영속성 개념발달을 측정해본 결과 영아들은 연령이 증가할수록 더 높은 점수를 얻었고, 6, 9, 12, 18개월은 서로 다른 발달단계를 보이는 것으로 나타났다. 대상영속성 개념발달에 있어서 영아는 Piaget가 제시한 발달순서와 대체로 일치했는데, 부분적으로 감추어진 물체찾기가 가장 먼저 이루어졌고, 그 후에 완전히 감추어진 물체찾기로 발달하였다. 또한 성현란과 배기조(2004)의 연구에서도, 영아의 월령이 증가할수록 대상영속성의 개념이 더욱 발달하는 것으로 보인다. 즉, 9개월이 되면 부분적으로 숨긴 대상물에 대해 그리고 10개월이 되면 완전히 숨긴 대상물에 대해 대상영속성의 개념이 발달하는 것으로 나타났다.

6. 기억발달

외부에서 들어온 정보를 우리 기억 속에 저장했다가 나중에 필요할 때 회상하는 과정은 크게 세 가지 과정을 거치는데 부호화(encoding), 저장(storage), 인출(retrieval)이 그것이다.

부호화, 저장, 인출의 세 과정을 냉장고에 음식을 저장하는 과정에 비유해 보자. 부호화는 냉장고에 음식을 넣을 때 우리가 하는 일과 같다. 즉, 야채는 야채

칸에 넣고, 육류는 육류 칸에 넣으며 음료수는 음료수대로 따로 넣는다. 저장은 우리가 오랫동안 그 음식을 먹지 않을 때 어떤 일이 일어나는가 하는 것이다. 그 중 어떤 음식(예를 들면, 마요네즈)은 원상태 그대로 보존될 것이고, 어떤 음식은 곰팡이나 설태가 끼고 썩을 것이다. 인출은 우리가 필요할 때 원하는 음식을 냉장고로부터 꺼내는 과정에 해당한다.

1) 기억의 세 과정

기억에는 부호화(encoding), 저장(storage), 인출(retrieval)이라는 세 가지 과정이 있다. 〈그림 4-9〉는 부호화, 저장, 인출의 세 과정이 컴퓨터 부품의 기능과 얼마나 유사한지를 보여주고 있다. 즉, 우리가 정보를 입력하는 부호화 과정은 컴퓨터의 자판이 하는 기능에 해당하고, 저장 과정은 정보가 저장되는 하드 드라이브의 기능에 해당하며, 인출 과정은 정보가 나타나는 모니터 화면의 기능에 해당한다.

〈그림 4-9〉 정보가 처리되는 부호화, 저장, 인출의 세 과정

(1) 부호화

부호화는 정보를 나중에 필요할 때에 잘 기억해 낼 수 있는 형태로 기록하는 과정이다. 우리는 일상생활에서 “정보의 바다”라는 말이 있을 정도로 수없이 많은 정보에 노출되기 때문에 그 모든 정보를 다 받아들일 수는 없다. 결과적으로, 선택적인 부호화를 하게 된다. 즉, 필요한 정보에 주의를 기울이고, 이를 선택적

으로 부호화할 필요가 있다.

부호화 과정에서는 여러 가지 자극을 우리가 기억할 수 있도록 시각, 청각, 촉각 등의 방법으로 부호화하게 된다. 우리가 기억재료를 기억하는 이유가 나중에 필요할 때 효과적으로 인출하는 것이라면, 우선 그 정보를 체계적으로 부호화하여 저장할 필요가 있다. 부호화 과정은 서류정리를 할 때 분류체계를 사용하는 것과 비슷하다. 우리가 서류를 정리할 때 체계적으로 분류해두면 나중에 필요할 때 아주 찾기 쉽다. 만일 여러 가지 서류와 자료를 들어오는 대로 아무런 체계 없이 저장해 두면 나중에 필요할 때 찾아내기가 어렵다.

(2) 저장

저장은 정보를 기억 속에 쌓아두는 과정이다. 저장 과정은 다시 감각기억(sensory memory), 단기기억(short-term memory), 장기기억(long-term memory)의 세 과정으로 나뉜다. 우리가 어떤 전화번호를 기억하려고 하는 경우를 예로 들어보자. 처음 전화번호를 잠깐 쳐다본다면 그것은 감각기억이다. 만약 여기서 더 이상 아무것도 하지 않으면 수 초 후에는 그 번호를 기억하지 못할 것이다. 그러나 그 번호를 입속으로 한 번 외우면 그 번호를 다시 보지 않고도 다이얼을 돌릴 수 있게 되는데 이것이 단기기억이다. 그러나 단기기억도 얼마 가지 않아 소멸된다. 즉, 몇 분 후에는 그것을 기억하지 못하게 된다. 장기기억으로 저장하기 위해서는 그 전화번호를 여러 번 써보거나 자기가 알고 있는 다른 번호와 연관 지어 외우거나 하는 연습을 해야 한다. 여기서 감각기억, 단기기억, 장기기억을 좀더 구체적으로 살펴보자.

① 감각기억

뇌는 우리가 보고, 듣고, 냄새 맡고, 맛보고, 만지는 것 등 감각을 통해 들어오는 모든 것을 기록하여, 감각기억이라고 불리는 일시적인 기억 저장소에 정보를 담아두는데, 그곳에서 정보는 매우 짧은 시간 동안만(1초 이내) 머물게 된다. 감각기억은 환경으로부터 얻어진 정보가 잠깐 머무는 정거장으로 개념화할 수 있

다(Hoyer & Plude, 1980). 감각기억에 담겨진 심상(心象)은 단기기억으로 바뀌지 않으면 곧 사라지고 만다.

감각기억은 다시 시각(iconic)기억과 청각(echoic)기억으로 나뉜다. 시각기억의 예는 우리가 보는 단어나 문자, 우리가 접촉한 사람들의 얼굴, 우리 눈에 보이는 경치 등이다(사진 참조). 물론 단어는 다른 사람이 특정 단어를 말하는 것을 듣거나 우리가 스스로 어떤 단어를 큰 소리로 반복할 때와 같이 청각기억을 통해서도 받아들이게 된다. 바다와 같은 경치 또한 파도가 철썩이는 소리를 들음으로써 우리 귀를 통해 감각기억으로 들어오기도 한다.

② 단기기억

"선생님, 시험 빨리 볼 수 없을까요? 저의 단기기억이 장기기억보다 조금 낫거든요!"

단기기억은 정보를 조직하는 일시적 단계로서 이때의 정보가 반드시 뇌의 저장영역에 전달되는 것은 아니다. 일시적 저장임에도 불구하고 단기기억은 우리가 새로운 정보를 처리하는 데 있어 매우 중요한 것이다. 우리는 전화번호나 어떤 사람의 이름을 듣고 바로 그 이름이나 전화번호를 사용하고는 곧 잊어버린다. 이 정보를 장기기억 속으로 넘기려면 이 정보를 외우는 노력이 필요하다. 우리가 어떤 정보를 단기기억이 기억할 수 있는 60초 동안만이라도 보유하려고 애쓸지라도 주의가 산만해지면 곧 바로 잊어버리게 된다.

단기기억은 다시 일차기억(primary memory)과 작동기억(working memory)으로 나뉜다. 일차기억은 적은 양의 정보(예를 들면, 전화번호)를 잠깐 동안 기억하는 것을 말한다. 전화 안내원으로부터 우리가 필요로 하는 전화번호를 듣게 될 경우, 안내원의 목소리가 처음에 감각기억으로 부호화된다. 그다음 그 전화번

Alan D. Baddeley

호는 우리가 다이얼을 돌리거나 번호를 받아 적을 때까지 일차기억 속에 저장된다. 일차기억은 매우 적은 용량을 가지고 매우 짧은 시간 동안에만 저장된다. 만약 우리가 그 번호를 나중에 다시 사용하기 위해 기억해야 할 필요가 있다면, 그 번호는 작동기억 속에 부호화되어야 한다. 작동기억 내의 정보는 기억(회상)하기 쉬운 개념의 형태로 처리된다.

Baddeley(1986, 1994, 2010, 2012)가 처음으로 만들어 사용한 작동기억의 개념은 다음과 같은 것으로 이해할 수 있다. 근무시간에 수많은 새로운 정보(메모, 보고서, 작업요구서)가 계속해서 책상 위에 쌓인다. 이때 우리는 어떤 정보가 가장 중요한 정보이며, 어떤 정보가 신속한 처리를 요하는 것인지, 처리과정에서 어떤 책략을 사용해야 하는지, 어떤 정보가 불필요한 것으로 책상을 어지럽히기만 하는 것인지, 그래서 어떤 정보는 버리고, 어떤 정보는 보관해야 할지 등을 결정해야 한다. 마찬가지로 작동기억은 어떤 정보는 외워야 하고, 어떤 정보는 무시할 것인지, 어떤 정보가 가장 중요한 것인지, 또 어떻게 하는 것이 정보를 가장 잘 처리하는 것인지 등을 결정해야 한다.

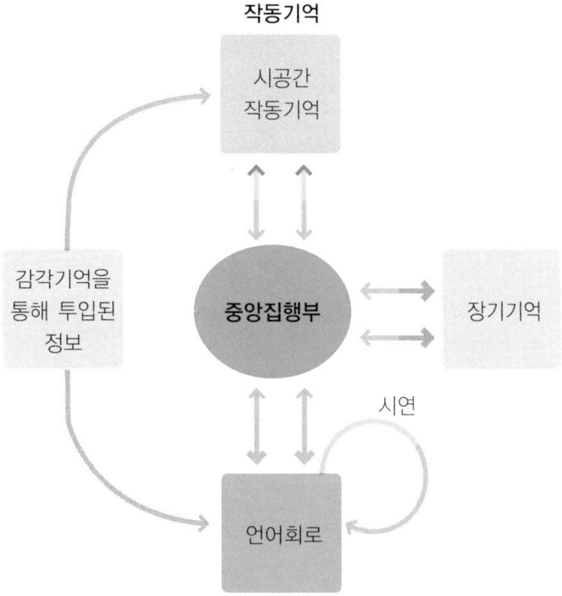

〈그림 4-10〉 작동기억

〈그림 4-10〉은 작동기억이 어떻게 작동하는가를 보여주고 있다. Baddeley의 작동기억모델에서 작동기억은 엄청난 양의 정보처리가 이루어지는 정신적 작업대(mental workbench)와 같다. 작동기억에는 세 가지 구성요소가 있는데 언어회로(phonological loop), 시공간 작동기억(visuospatial working memory), 중앙집행부(central executive)가 그것이다. 여기서 언어회로와 시공간 작동기억은 중앙

집행부가 제 역할을 하도록 보조역할을 해 준다. 감각기억을 통해 투입된 정보는 언어정보가 저장되고 시연(rehearsal)이 이루어지는 언어회로와 시각적·공간적 정보가 저장되는 시공간적 작동기억으로 이동한다. 그리고 중앙집행부가 하는 역할은 어떤 정보를 저장해야 할 것인지를 결정해서 그 정보를 장기기억 속에 저장하는 것이다.

③ 장기기억

우리가 일반적으로 기억이라 할 때 그것은 장기기억을 의미한다. 장기기억은 정보를 저장하는 큰 용량을 가진 것으로 보이며 오랜 시간 동안 정보를 보유할 수 있다. 장기기억은 서술기억(declarative memory)과 절차기억(procedural memory)으로 구분된다(〈그림 4-11〉 참조). 서술기억은 언어적으로 의사소통이 가능한 특정 사실이나 사건과 같은 정보를 의식적으로 회상하는 것을 말한다. 예를 들어, 아동이 목격한 어떤 사건을 차례차례 얘기하거나 수학공식을 설명하는 것이다. 서술기억은 다시 일화적(episodic) 기억과 의미론적(semantic) 기억으로 나뉜다. 일화적 기억은 특정 시간이나 장소와 연관이 있는 것을 기억하는 것과 관련이 있다. 어떤 특정한 날 무슨 일을 했는가를 기억하거나 약을 언제 복용해야 되는지를 기억하는 것 등이 그 예가 된다. 의미론적 기억은 지식을 위한 기억

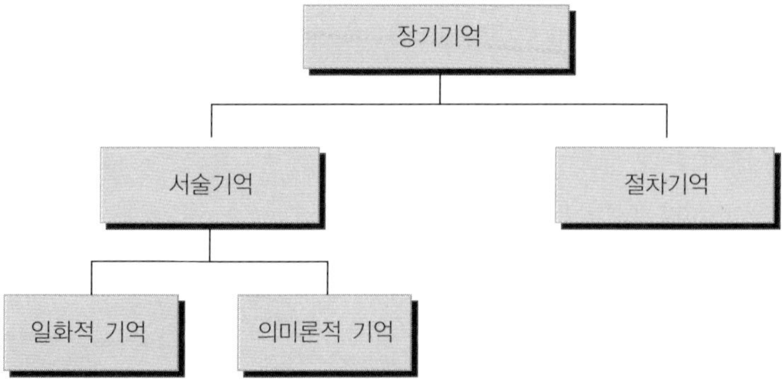

〈그림 4-11〉 장기기억의 분류

출처: Squire, L. R. (1994). *Declarative and non declarative memory: Multiple brain systems supporting learning and memory*. MIT Press.

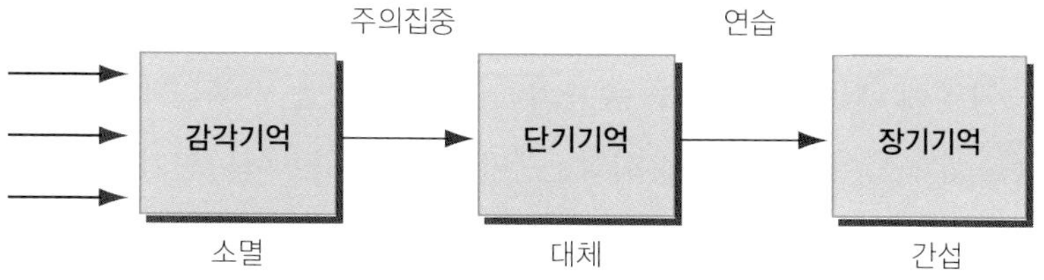

〈그림 4-12〉 기억의 3단계 모델

을 의미한다. 예를 들면, 영어문법이나 수학공식 등을 기억하는 것이 그것이다.

춤을 추거나 자전거 타기 또는 컴퓨터의 키보드를 두드리기와 같은 기술은 우리가 의식적으로 회상할 수 있는 내용이 그리 많지 않다. 그 이유는 이러한 기술에 대한 지식을 저장하는 기억체계가 절차적이기 때문이다. 우리가 의식적인 노력 없이도 문법에 맞는 문장을 자연스럽게 말하는 것도 절차기억의 예이다.

지금까지 저장과정에 대해 알아보았다. 〈그림 4-12〉는 한 저장체계에서 다음 저장체계로 전이되는 과정과 세 가지 저장체계에서 발생하는 세 종류의 망각에 대해 설명하는 것이다.

감각기억에서 단기기억으로의 전이(transfer)에는 주의집중이 수반되고, 단기기억에서 장기기억으로의 전이에는 연습을 필요로 한다. 감각기억으로부터의 망각(forgetting)은 단지 시간(1초 미만)이 지나면서 정보가 상실되기 때문이다. 단기기억으로부터의 망각은 새로운 정보가 낡은 정보를 대체한 결과이며, 끝으로 장기기억으로부터의 망각은 이전에 학습한 지식과 새로운 지식 간의 간섭작용 때문이다. 한 종류의 정보나 지식 때문에 다른 종류의 정보나 지식의 학습이 방해받는 것을 간섭(interference)이라 한다. 그러나 장기기억에서의 망각은 저장의 문제가 아니라 정보가 어디에 있는지 그 위치를 잊어버려 제대로 찾지 못하는 인출의 문제로 보는 연구자들도 많이 있다.

(3) 인출

저장된 정보를 필요한 때에 꺼내는 과정을 인출이라 한다. 기억된 정보를 얼마나 쉽사리 인출할 수 있는가는 기억재료들이 얼마나 체계적으로 잘 저장되어 있는가에 달려 있다.

인출 과정에 관한 연구는 두 종류의 인출에 초점을 맞추는데, 회상(recall)과 재인(recognition)이 그것이다. 회상은 "미국의 수도는 어디인가?" "어린이날은 언제인가?"와 같이 장기기억 내에 저장되어 있는 정보의 바다 속에서 해답을 찾아내는 과정이다. 재인은 "보기에 제시된 세 도시 중 스페인의 수도는 어느 것인가?"와 같이 장기기억 내에 저장되어 있는 정보와 보기에 제시된 정답을 짝짓는 것으로 회상보다 용이하다. 우리는 때로 회상은 할 수 없지만 재인은 할 수 있다. 우리가 주관식 문제를 풀 때는 회상을 이용하고, 오지선다형과 같은 객관식 문제를 풀 때는 재인을 이용한다.

2) 영아기의 기억발달

Nora Newcombe

영아에게도 기억능력이 있는가? 습관화 실험에서 보듯이 영아는 새로운 자극과 이전의 자극을 구별할 수 있는 능력이 있는데, 이것은 영아에게 기억력이 있다는 사실을 말해 주는 것이다. 만약 영아가 처음의 자극에 대한 기억이 없다면 새로운 자극이 제시되었을 때 그것이 이전의 자극과 다르다는 것을 알아채지 못할 것이다(Newcombe, Drummey, & Lie, 1995).

영아에게 기억능력이 있는가 없는가 하는 문제에서 재인기억과 회상기억을 구별하는 것은 매우 중요하다. 영아도 이전에 본 자극을 알아볼 수 있는가? 이 문제를 해결하기 위한 가장 보편적인 방법은 습관화-탈습관화 연구를 통한 방법이다. 습관화(habituation)는 어떤 자극이 여러 번 반복하여 제시되면, 그 자극에 대해 반응하는 강도가 감소하는 것을 말한다. 탈습관화(dishabituation)는 새로운 자극이 제시되면 다시 관심을 보이는 것을 말한다. 영아기의 회상기억을 연구하는 것은 재인기억을 연구하는 것보다 훨씬 어렵다. 왜냐하면 아동을 대상으로 하여 회상기억을 연구할 때 사용되는 그림이나 글 또는 구두반응을 영아는 할 수 없기 때문이다. 그러나 대상영속성

개념이나 지연모방의 과제를 사용하면 영아기의 회상기억 연구가 어느 정도 가능한 것으로 보인다.

7. 언어발달

인간은 언어를 통해서 정보를 교환하고, 타인과 의사소통을 하며, 자신의 생각과 감정을 표현하게 된다. 언어발달은 언어의 여러 가지 구성요소에 대한 이해와 규칙에 따라 언어를 적절하게 사용할 수 있게 되는 과정을 말한다.

1) 언어발달의 이론

언어발달이 타고난 것이냐 아니면 학습에 의한 것이냐에 관한 논쟁은 고대 그리스 시대로 거슬러 올라간다. 고대 그리스의 스토아 철학자(Stoics)와 회의론적 철학자(Skeptics)들은 언어가 생물학적 성숙에 의해 본능적으로 출현하는 것이라고 믿었다. 반면, 아리스토텔레스 학파의 철학자들은 언어는 학습되는 것으로 보았다. 2000년이 지난 오늘날에도 그 논쟁은 계속되고 있다(Bates, Bretherton, & Snyder, 1988; Robins, 1968). 여기서는 언어발달을 학습론적 관점, 생득론적 관점 그리고 상호작용론적 관점에서 살펴보기로 한다.

(1) 학습이론

학습론자들은 아동의 언어습득은 강화와 모방이라는 학습기제를 통해 이루어진다고 설명한다. Skinner는 『언어행동(Verbal Behavior)』(1957)에서 언어의 습득과 발달은 다른 모든 행동과 마찬가지로 조작적 조건형성에 의해 학습된다고 주장한다. 영아가 무심코 어떤 소리를 내거나 또는 성인의 언어를 흉내 낼 때, 부모가 성인의 언어와 비슷한 소리를 강화함으로써 영아는 이런 소리를 더 자주 내게 된다. 즉, 강화받은 소리는 계속적으로 발전시켜 나가며, 강화받지 못한 소

Roger Brown

리는 소멸되는 과정을 통해 언어를 학습하게 된다는 것이다.

언어연구가인 Roger Brown(1973)은 부모와 자녀 간의 언어적 상호작용을 관찰한 결과, 많은 부모들은 자녀가 문법적으로 맞지 않는 문장을 사용할 때에도 그 의미만 맞으면 미소나 칭찬으로 강화한다는 것을 발견하고서, 강화가 아동으로 하여금 언어의 규칙을 배우게 하는 요인이라는 증거가 없다는 결론을 내렸다.

한편, Bandura(1977)의 사회학습이론에 의하면, 주변 인물로부터의 강화뿐만 아니라 모방도 언어학습의 중요한 기제라고 한다. 아동은 주위 사람들이 내는 소리를 그대로 모방하는 과정을 통해 언어를 학습하게 되며, 모방한 대로 정확한 소리를 낼 때 더 많은 강화를 받게 된다는 것이다.

비록 강화나 모방이론은 언어습득 과정을 부분적으로는 설명해줄 수 있지만, 아동의 언어는 강화를 받지 않아도 저절로 발달하는 것이며, 아동이 보이는 문법적 오류는 강화나 모방만으로는 설명할 수 없다는 점에서 학습이론은 비판을 받고 있다.

(2) 생득이론

Noam Chomsky

Chomsky(1957)는 언어발달에서 강화나 모방의 중요성을 인정하지만, 강화나 모방이론만으로는 언어발달을 설명하는 것이 불가능하다고 본다. Lenneberg(1967) 또한 청각장애가 있는 부모의 아기도 정상 부모의 아기와 똑같이 옹알이를 한다는 점에서 강화나 모방이론만으로는 언어발달을 설명할 수 없다고 주장한다. 이와 같이 생득(生得)이론은 성인을 통해 언어를 배우기보다는 아동 스스로 배울 수 있는 가능성을 가지고 태어난다고 생각하기 때문에, 언어습득 과정에서 환경적인 요인보다 생물학적 요인을 더 강조한다.

Chomsky에 의하면 아동은 언어습득장치(Language Acquisition Device: LAD)를 가지고 태어나며, 이를 통해 투입된 언어자료를 처리하고 규칙

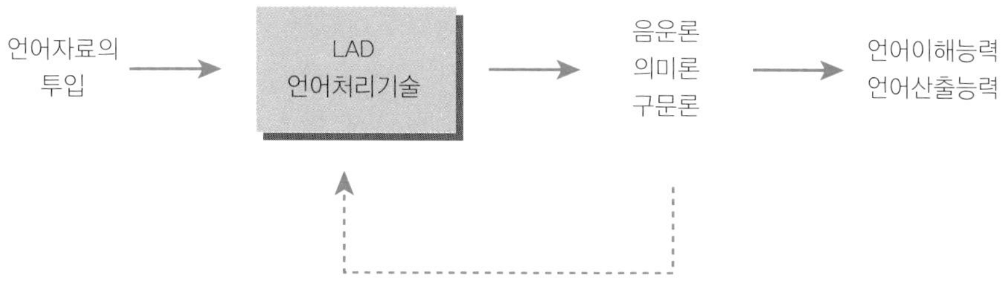

〈그림 4-13〉 언어습득의 모형

을 형성하며, 문법에 맞는 문장을 이해하고 산출하게 된다고 한다(〈그림 4-13〉 참조). 이 이론은 3~4세경에 어휘가 급증한다든가 각 문화권에서 아동이 범하는 문법적 오류가 유사하며 매우 체계적이라는 점에서 설득력을 갖는다.

Chomsky는 언어를 표면구조(surface structure)와 심층구조(deep structure)로 구분하였는데, 표면구조는 언어의 문법적인 구조이고, 심층구조는 언어의 의미를 뜻한다. Chomsky는 언어에서 문법보다 의미를 강조한다. 즉, 다른 사람이 우리에게 말을 할 때, 우리는 문법적인 구조(표면구조)는 별로 의식하지 않고 그 사람이 한 말의 의미(심층구조)를 받아들이게 된다는 것이다. Chomsky는 심층구조를 이해하는 능력도 타고난 것이라고 믿는다(Grieser & Kuhl, 1989). 따라서 언어의 심층구조를 이해하기 위해서는 학습이 필요 없다고 보았다. 학습을 필요로 하는 것은 언어의 문법구조, 즉 어휘와 문법이다.

Patricia Kuhl

언어발달이 생물학적 성숙에 의한 것이라고 믿는 또 다른 생득론자는 Lenneberg이다. 그에 의하면, 언어를 이해하고 산출하는 것은 인간에게 고유한 능력으로서, 이것은 인간이 갖는 종특유의 특성(species-specific characteristic)이라고 한다. Lenneberg(1967)는 세계의 모든 아동들의 언어발달이 비슷한 시기에 비슷한 순서로 이루어진다고 주장한다. 즉, 생후 2~3개월경에 옹알이를 시작하며, 첫돌 무렵에 첫마디 말을 하고, 두 돌 무렵에는 몇 개의 단어

Eric H. Lenneberg

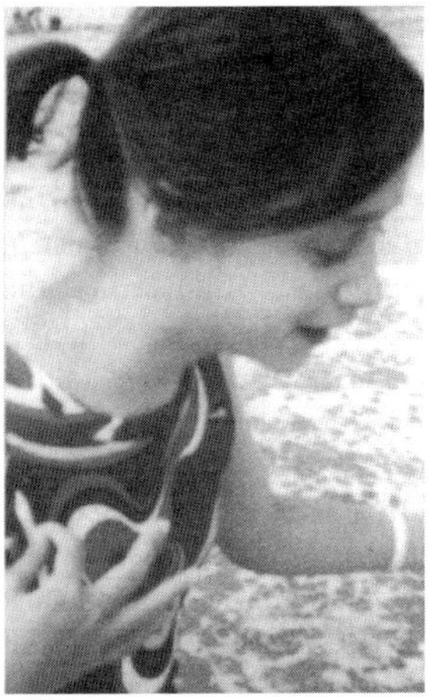

사진 설명
아동학대를 당한 Genie

Susan Curtiss

를 말하고, 4~5세경에는 수천 개의 단어의 의미를 이해하고 문장을 산출하게 된다는 것이다.

Lenneberg는 또한 2세부터 사춘기에 이르기까지는 언어를 쉽고 빨리 익히기 때문에, 언어를 학습하는 데에 '결정적 시기'가 있다는 주장을 하였다. '결정적 시기' 가설을 검증하기 위한 한 가지 방법은 이 시기 이전에 언어를 배우지 못한 사람이 이후에 과연 언어를 습득할 수 있는가를 알아보는 것이다. 1970년 미국 로스앤젤레스에서 발견된 Genie(사진 참조)라는 소녀는 아동학대 사례로서, 출생 후 20개월부터 13세가 넘을 때까지 아버지에 의해 작은 구석방에 격리되어 살아왔다. 죄수복 같은 옷을 입고 유아용 작은 의자에 하루종일 묶여 있었기 때문에 손발만 겨우 움직일 수 있었다. 아무도 Genie에게 말을 걸지 않았고 Genie가 어떤 소리라도 내면 아버지에게 심한 매를 맞았다(Curtiss, 1977). Genie는 발견 당시 사춘기가 지나 있었지만, 심한 영양실조로 인해 어린아이처럼 보였으며, 똑바로 서지도 못하고, 말도 하지 못했다. 그 후 집중적인 언어훈련으로 Genie는 말을 배우게 되었지만 끝내 정상적인 수준에는 도달하지 못하였다. 그녀의 언어는 주로 전문식 언어(telegraphic speech)로 약 2세 정도 수준이었으며, 정상 아동이 공식적인 훈련을 받지 않고도 자동적으로 습득하게 되는 문법을 이해하지 못했다.

언어발달의 생득론적 관점에 대해서도 몇 가지 문제점이 지적되고 있다. 첫째, 언어습득기제가 구체적으로 어떤 작용을 하며, 왜 그런 작용을 하는지 설명을 하지 못한다는 지적이 있다. 둘째, 사춘기 이후에도 여러 형태의 언어발달이 가능하다는 연구결과도 있어 '결정적 시기' 가설도 도전을 받고 있다(Maratsos, 1989; Moerk, 1989).

(3) 상호작용이론

앞에서 살펴본 바와 같이 언어습득에 대한 설명으로 학습이론이나 생득이론

Jerome Bruner

은 충분하지 못하다는 사실을 알 수 있다. 따라서 언어습득에 대한 접근으로 학습론적 관점과 생득론적 관점을 모두 취하는 이론이 있는데, 이것이 바로 상호작용이론이다. 상호작용이론은 언어발달에서 생물학적 성숙도 중요하지만, 아동의 언어능력은 사회적 상황에서 얼마나 언어에 노출되는가에도 달려 있다고 주장한다. 이 견해에 의하면, 언어적 · 사회적으로 풍부한 환경은 아동의 언어발달을 증진시킨다고 한다. 다시 말해서, 생물학적 요인이 언어발달의 대강의 윤곽을 결정하지만, 언어발달의 구체적인 과정은 아동이 노출되는 언어환경과 강화에 의해 결정된다는 주장이다.

대표적인 상호작용 이론가인 Bruner(1983, 1989, 1997)는 아동의 언어발달을 이해하는 데 있어서 사회문화적 맥락의 중요성을 강조한다. Vygotsky와 마찬가지로 Bruner 또한 아동의 언어발달에서 부모와 교사의 역할을 강조한다. Bruner는 아동의 언어발달에 기여하는 부모의 역할을 언어습득 지원체계(Language Acquisition Support System: LASS)라고 부른다. 예를 들어, 아기가 옹알이를 시작할 때 부모가 그에 맞추어 비슷한 발성으로 반응을 해주면 아기는 옹알이를 더 많이 하게 된다. 반면, 부모가 아무 반응을 보이지 않으면 아기는 옹알이를 점점 하지 않게 된다. 옹알이에 대한 반응 외에도 부모는 '까꿍놀이' '코코코' 등의 놀이를 통해서 영아의 언어습득을 격려한다. 〈그림 4-14〉는 언어발

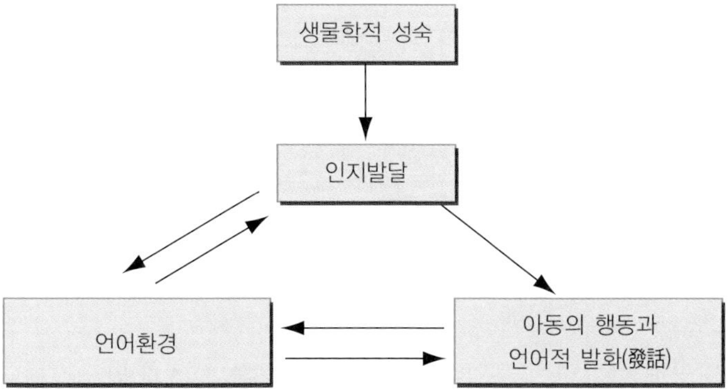

〈그림 4-14〉 언어발달에 대한 상호작용론적 관점의 도식화

달에 대한 상호작용론적 관점을 도식화한 것이다.

2) 언어발달의 단계

단어나 문장을 습득하는 시기에는 개인차가 있지만, 대부분의 아동은 언어 획득 시에 동일한 발달단계를 거친다. 일반적으로 아동이 알아들을 수 있는 단어를 사용하기 시작하는 것은 12개월경이라는 사실에 대부분의 사람들은 동의한다. 그러나 영아는 단어를 표현하기 오래전부터 울음이나 표정, 몸짓 등 비언어적인 행동을 통하여 의사소통을 꾀한다. 영아는 단어 자체가 아니라 말의 리듬, 고저, 강세에 따라 반응하며, 이를 통해 상대방의 말에서 감정적인 단서를 알아차리게 된다. 화난 목소리가 나면 행동을 멈추고 다정한 목소리에 대해 반응을 보인다.

사진 설명
언어발달의 첫 단계에서 영아는 울음으로써 의사전달을 한다.

(1) 울음

언어발달의 첫 단계는 울음이다. 울음은 아기가 자신의 욕구를 표현할 수 있는 유일한 의사소통 수단이다(사진 참조). 초기의 울음은 아기가 왜 우는지 이유를 구분할 수 없는 미분화된 울음이지만, 점차 우는 이유를 알 수 있는 분화된 울음으로 바뀌게 된다. 울음의 패턴이나 고저, 강도에 비추어 아기가 배고픈지, 졸린지, 화가 났는지 혹은 고통스러운지를 알 수 있게 되면서, 울음은 보다 정확한 의사전달의 수단으로 사용된다.

(2) 옹알이

2~3개월경에 나타나는 옹알이는 언어와 유사한 최초의 말소리이다. 이는 신체적 성숙으로 인해 나타나는 근육활동의 결과이며, 농아도 처음에는 옹알이를

한다. 일반적으로 옹알이는 만족스러운 상태에서 가장 많이 나타난다. 처음에는 옹알이를 하는 기쁨 자체를 위해 옹알이를 하게 되는데, 옹알이는 그 자체가 영아에게 기쁨을 주는 놀이의 기능을 갖는다. 그러나 이후에는 자신의 옹알이가 환경에 주는 영향 때문에 옹알이를 하게 되며, 자신이 내는 옹알이 소리에 대해 주위에서 반응이 없으면 점차 옹알이를 하지 않게 된다. 그러나 어머니나 주변 사람들로부터 반응을 얻게 되면 점차 그 소리가 빈번해지고 다양해진다. 옹알이는 이러한 주변 인물로부터의 강화를 통해 모국어를 습득하는 중요한 기제로 작용한다. 또한 그들이 내는 소리가 이후에 언어로 발달하건 아니하건, 생후 1년 동안 영아가 내는 옹알이 소리가 전 세계적으로 동일하다는 사실은 영아가 어떠한 언어든지 습득할 수 있는 잠재력을 가지고 있음을 말해준다.

이러한 경로를 통해 영아가 내는 소리는 점차 다양해져, 인간이 내는 소리를 거의 모두 낼 수 있을 정도로 음소의 확장(phonetic expansion) 현상이 나타난다. 반면, 영아는 자신이 내는 소리 가운데에서 모국어의 음소와 유사한 것만 강화를 받게 되므로, 외국어에는 관심을 두지 않고 모국어와 유사한 음만 습득하게 되는 음소의 축소(phonetic contraction) 현상이 일어난다.

(3) 한 단어 문장

생후 1년경이 되면 영아는 분명하게 이해할 수 있는 단어를 사용할 수 있으며, 그 단어가 자신의 생각을 표현하는 수단이 된다. 자음 하나와 모음 하나가 합쳐진 말의 반복이 대부분이며, 성인의 발음과는 차이가 있다. 동시에 하나의 단어가 전체 문장을 대신하므로, 영아는 그들의 부모가 이해하는 것을 돕기 위해 얼굴표정이나 몸짓을 함께 사용한다. 이는 사물이나 사건을 지칭하거나 자신의 기분이나 욕구를 표현하기 위해 주로 사용한다. 최근 한 연구(Tincoff & Jusczyk, 2012)에서 6개월 된 영아는 '손'이나 '발'과 같은 신체 부위에 관한 단어를 이해하는 것으로 나타났다. 하지만 이런 단어들을 아직 소리내어 말을 할 수는 없다.

(4) 두 단어 문장

24개월경에는 영아는 문장을 만들기 위해 두 개 이상의 단어를 연결시킬 수 있다. 두 단어 문장은 한 단어 문장에 비해 보다 정교하고 명료하며, 두 단어 가운데 강세의 위치가 어디에 있는가에 따라 자신이 원하는 바를 강조하게 된다. 두 단어를 결합시키는 것은 보편적으로 50개 정도의 단어를 말할 수 있을 때 가능하다. 초기의 결합형태는 명사와 동사의 결합으로 이루어지는 전문식(電文式) 문장이며 자기중심적인 특성을 갖는다.

우리나라의 영아를 대상으로 한 언어발달 연구(김금주, 2000)에 의하면 영아들이 월령별로 가장 많이 사용하는 어휘의 품사는 17~20개월까지는 감탄사였고, 21~24개월에는 명사의 사용이 두드러졌다. 품사의 출현 시점을 살펴보면, 명사, 부사, 감탄사는 9~12개월, 수사, 대명사, 동사는 13~16개월, 형용사는 17~20개월, 조사는 21~24개월 사이에 처음 나타났다.

영아의 언어발달을 지원하는 환경으로 어머니의 언어와 놀이참여행동에 대하여 13~23개월 영아 42명을 대상으로 실시한 연구(김명순, 성지현, 2002)에 따르면, 영아의 언어발달은 어머니가 자녀에게 놀이상황이나 사건에 대하여 설명 혹은 묘사해 주는 것을 통하여 촉진되는 것으로 나타났다. 또한 어머니의 이러한 설명이나 묘사 외에도 놀이에 함께 참여하는 행동이 영아의 언어와 놀이발달에 중요한 역할을 하는 것으로 나타났다.

8. 사회정서발달

신생아도 기쁨이나 슬픔과 같은 기본정서를 가지고 태어나며, 각기 다른 기질적 특성을 보인다. 또한 영아기에는 가장 중요한 형태의 사회적 발달인 애착이 형성된다.

1) 정서의 발달

Carroll Izard

영아기의 정서에는 두 가지 기능 또는 목적이 있다. 첫째, 영아의 정서표현은 영아의 상태를 다른 사람, 특히 양육자에게 알림으로써 양육자로 하여금 영아를 보살피게 하는 기능을 한다(Lamb, 1988; Witherington et al., 2010). 예를 들면, 영아의 미소는 양육자로 하여금 영아와의 상호작용을 더욱더 계속하도록 해준다. 한편, 영아의 불편한 표정은 양육자로 하여금 영아에게 무슨 문제가 있는지 살펴보고 문제를 해결하도록 한다. 둘째, 영아기의 정서는 특정 자극에 대해 특정한 행동을 하도록 하는 동기를 부여한다(Lamb, 1988). 예를 들면, '분노'는 공격행동의 동기를 부여하고, '공포'는 회피행동의 동기를 부여한다(Termine & Izard, 1988). 정서의 이러한 기능은 유기체가 환경에 적응하기 위한 진화의 결과로 볼 수 있다.

(1) 정서표현의 발달

Carol Malatesta

영아기의 정서발달에 관한 고전적 연구로 불리는 Bridges (1930)의 연구에서 Bridges는 출생 후 2년 동안에 출현하는 여러 가지 정서를 도표로 만들었다. Bridges에 의하면, 출생 시에 신생아는 몇 가지 제한된 정서만을 표현한다고 한다. 이러한 정서는 선천적인 것으로 생의 초기에 나타나고, 얼굴표정만 보고서도 정서상태를 쉽게 알 수 있으며, 세계 모든 문화권의 영아에게서 볼 수 있기 때문에 일차정서 또는 기본정서라고 부른다(Izard, 1991, 1994). 행복, 분노, 놀람, 공포, 혐오, 슬픔, 기쁨 등은 일차정서의 예이다. 일차정서는 영아기의 초기에 나타나지만 수치심, 부러움, 죄책감, 자부심 같은 정서는 첫돌이 지나서야 나타나는데, 이것들을 이차정서 또는 복합정서라고 부른다(Izard & Malatesta, 1987).

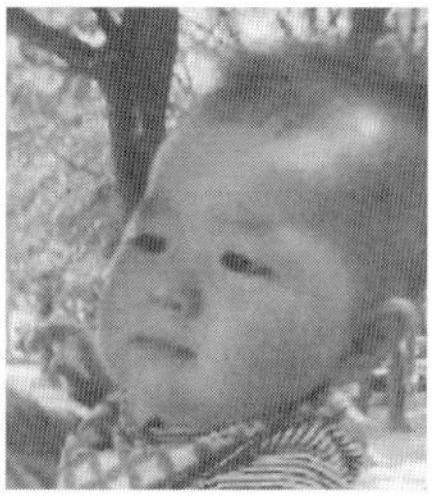
슬픔

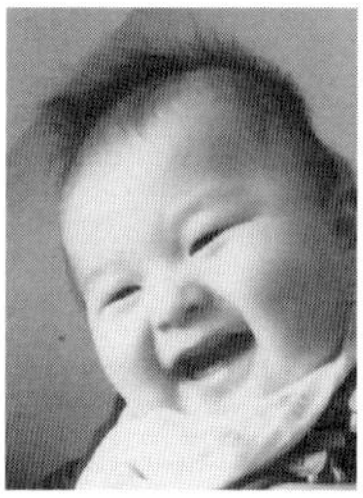
기쁨

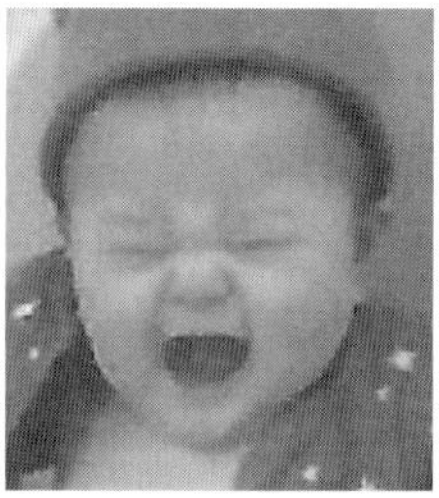
분노

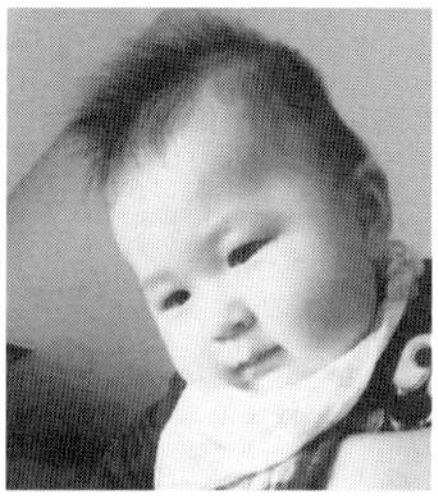
호기심

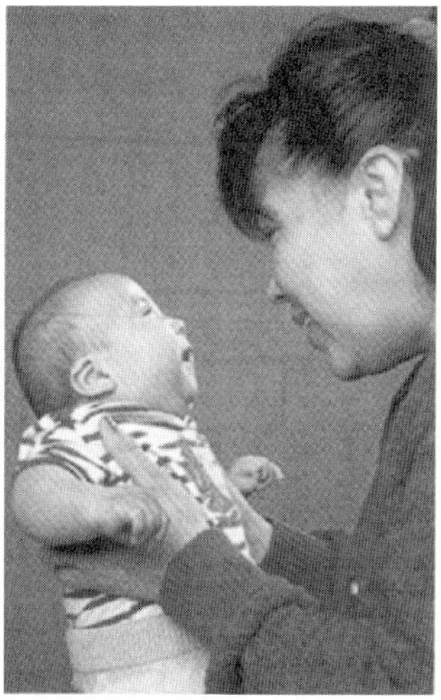
사진 설명
2~3개월경의 영아는 친숙한 사람, 특히 어머니에게 사회적 미소를 더 자주 보인다.

① 일차정서

일차정서 중에서 대표적인 예가 기쁨, 분노, 슬픔, 공포, 호기심(사진 참조) 등이다. 기쁨은 미소나 웃음 등으로 표현되며, 건강한 영아일수록 기쁨의 표현이 명확하고 빈번하게 나타난다. 출생 직후에 나타나는 배냇 미소는 선천적 · 반사적인 것으로, 이는 깊은 수면이나 부드러운 감촉 등과 같은 내적 상태에서 비롯된 반응이다. 6~10주경에는 사람의 얼굴에 대해 사회적 미소(social smile)를 보이고, 3개월경에는 친숙한 사람과 그렇지 않은 사람에 대해 다르게 미소를 지으며, 사회적 상호작용이 이루어질 때 가장 빈번하게 미소를 보인다(사진 참조). 이러한 반응은 친숙한 사람과의 친밀감을 강화시켜 주는 역할을 한다(Ellsworth, Muir, & Hains, 1993). 9~12개월경에는 친숙한 사람이 사라졌다가 갑자기 나타나는 '까꿍놀이' 등에 미소를 보내며, 1년 이후에는 자신이 원인을 제공한 사건에 대해 미소를 보낸다. 웃음은 미소와 마찬가지로 기쁨의 표현이다. 웃음은 3~4개월경 강한 자극 후에 나타나며, 웃음을 유발하기 위해서는 미소를 유발하기 위한 자극보다 더 강한 자극이 필요하다.

우리의 주변 환경에는 분노를 일으키는 자극이 많으며, 분노의 표현은 자신이 원하는 바를 쉽게 만족시키는 방법이 되기도 하므로 가장 보편적으로 나타나는 정서이다. 출생 초기 영아는 배고픔이나 고통 등의 자극으로 인해 불쾌한 경험을 많이 하게 되며, 이를 울음으로 표현하게 된다. 이후에는 자신이 가지고 있는 것을 빼앗기거나 자신이 하고 싶은 것을 제지받을 때 생기는 욕구의 좌절 때문에 분노가 일어난다. 이는 특히 어머니가 이러한 상황을 방치했을 때 더욱 강하게 나타나며, 배가 고프거나 아플 때 더욱 빈번하게 나타난다.

공포는 신체적 · 심리적 위험에 대한 반응으로 나타난다. 출생 초기에는 대부분 부모로부터 보호를 받고 있으므로, 공포의 감정을 유발하는 자극물이 주변에 별로 없다. 심한 고통이나 큰 소리, 새로운 사람이나 장소, 높은 장소나 어둠, 다른 사람과의 위협적인 상호작용은 공포를 유발시키는 선천적인 요인이다.

6개월경에 영아는 인지발달로 인해 새로운 공포감을 가지기 시작하며, 친숙하지 않은 대상에 대해 경계심을 갖게 된다. 그 가운데서도 애착이 형성된 사람과의 분리나 낯선 사람과의 만남은 공포를 유발하는 중요한 원인이 되는 것으로 밝혀지고 있다.

② 이차정서

이차정서는 일차정서보다 늦게 나타나고, 좀더 복잡한 인지능력을 필요로 한다(Lewis, Alessandri, & Sullivan, 1992). Lewis와 그의 동료들(1989)에 의하면, 자아의 인식이 이차정서에 있어 필수적이라고 한다. 즉, 당황, 수치심, 죄책감, 질투심, 자긍심 등을 포함하는 이차정서는 영아가 거울이나 사진으로 자신을 알아보기 전에는 출현하지 않는 것으로 보인다. 자아의 인식은 영아기에 점차로 발달하는 것인데, 2~3개월경의 영아는 자신의 신체가 아직 자기 것이라고 깨닫지 못한다(사진 참조). 심지어 8개월경에도 자신의 신체와 다른 사람의 신체를 정확히 구분하지 못하는 경우가 있다. 예를 들어, 다른 영아가 가지고 노는 장난감을 움켜잡았을 때 장난감이 쉽게 자기 손에 들어오지 않으면 놀라는 반응을 보인다. 그러나 1세가 되면 대부분의 영아는 자신과 타인을 분명하게 구분할 줄 알고, 자신이 원하는 장

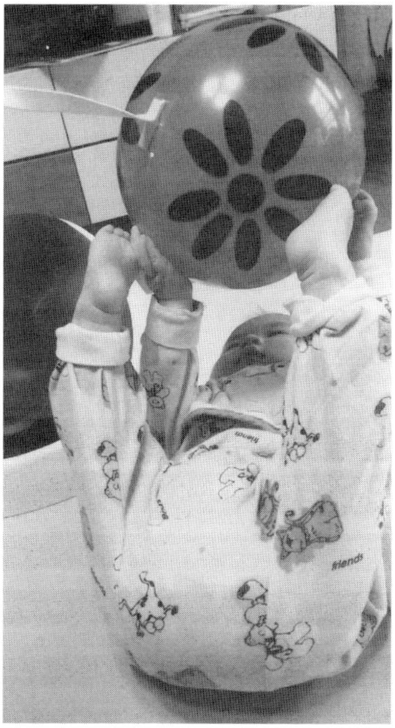

사진 설명
영아는 자신의 신체의 일부, 즉 손가락, 발가락 등을 가지고 노는 것을 좋아하지만, 이것이 자신의 신체의 일부라고 깨닫지 못하는 것으로 보인다.

난감을 빼앗기 위해 다른 아이를 때리기도 한다.

영아가 자기인식을 하는지를 알아보는 한 연구(Lewis & Brooks, 1978)에서, 영아의 코에 입술연지를 찍고서 거울 앞에 세워놓고 영아가 어떤 반응을 보이는지를 관찰하였다(사진 참조). 만약 영아가 거울을 보고 입술연지가 묻은 자신의 코를 만진다면, 이것은 거울 속에 비친 상이 자신이라는 것을 인식한다는 것을 의미한다. 9~24개월 된 영아 96명을 대상으로 실험을 한 결과, 1세 미만의 영아는 한 명도 자기 코를 만지는 반응을 보이지 않았지만, 첫돌이 지난 영아는 대부분 자기 코를 만지는 반응을 보였다.

Michael Lewis

우리나라의 영아 20명을 대상으로 한 같은 실험(윤경희, 1998)에서, 10~12개월의 영아들은 거울 자체에 오히려 더 많은 흥미를 보였으며, 이 중 3/5의 영아들은 자기 코를 만지는 반응을 보였다. 16~18개월의 영아들은 전부가 자기 코를 만지는 반응을 보였으며, 거울에 비친 자신의 모습에 대해 인식하기 시작하고 자기 이름을 부르는 행동을 하였다. 그리고 22~24개월의 영아들은 40% 정도가 입술연지를 찍는 것을 거부하는 행동을 보였다. 입술연지를 찍은 영아들도 모두 '코'라는 언어적 표현을 하면서 자기 코를 가리켰다. 영아기 자기인식 능력에 관한 또 다른 연구(곽금주 외, 2005)에서 24개월 된 59.5%의 영아들이 코에 빨간색 입술연지가 묻어 있는 자신의 모습을 보고, 자신의 코에 손을 가져가 지우려는 반응을 했다. 이는 Lewis와 Brooks-Gunn(1979)의 연구결과와는 다른 양상이다. 그들 연구에서는 18개월 무렵부터 자기인식을 시작하여 24개월경이 되면 대부분의 영아들이 신체모습을 통한 자기인식을 하였다. 그러나 우리나라 영아들의 경우는 24개월경에도 약 60%의 영아들만이 자신의 모습을 인식하는 것으로 보아 자신에 대해 인식하는 시기가 외국과 많은 차이를 보이는데, 이 결과에 대해 연구자들은 '우리'를 중심으로 하는 전통적인 한국 문화권에서 자신에 대한 인식보다는 '우리'라는 인식의 개념이 먼저 발달되기 때문이라고 해석하였다.

(2) 정서이해의 발달

영아는 언제 다른 사람들의 정서를 인식할 수 있는가? 6개월경에 영아는 정서와 관련된 얼굴표정을 분간하기 시작한다. 예를 들어, 6개월된 영아는 행복해서 미소짓는 얼굴과 불편해서 찡그린 얼굴을 구분할 줄 안다(Ludemann, 1991; Ludemann & Nelson, 1988). 6개월이 지나면서 영아는 정서를 구분할 수 있을 뿐만 아니라, 다른 사람의 정서에 의해서 영향을 받는다. 이것은 영아가 정서의 의미를 깨닫는다는 것을 말해 준다(Bornstein, 1995).

Marc Bornstein

그렇다면 영아는 다른 사람의 정서표현으로부터 어떻게 영향을 받는가? 성인과 마찬가지로 영아도 다른 사람의 정서를 자신의 행동의 길잡이로 삼는다(Mumme, Fernald, & Herrera, 1996; Repacholi, 1998). 익숙지 못하거나 모호한 상황에서 영아는 마치 그 상황을 해석하는 데 도움을 얻으려는 듯이 어머니나 아버지를 바라보는데, 이러한 현상을 사회적 참조(social referencing)라고 한다. 사회적 참조 현상은 대부분 모호한 상황에서 발생한다(Rosen et al., 1992; Walden & Ogan, 1988). 영아는 익숙지 않은 사람이나 물체에 접했을 때와 같이 어떻게 해야 할지 잘 모르는 상황에서 어머니나 아버지를 바라보는데, 이때 부모의 얼굴표정은 영아가 그 상황에서 어떻게 반응해야 하는가를 보여주는 길잡이 역할을 하게 된다(Feinman et al., 1992; Kim & Kwak, 2011; Rosen et al., 1992).

Anne Fernald

우리나라의 영아를 대상으로 사회적 참조행동을 알아본 연구(위영희, 1994)에서, 영아의 참조적 바라보기 행동은 자극상황과 관계없이 어머니의 얼굴표정에 따라 차이가 나타났다. 즉, 어머니가 두려운 표정을 보이고 있을 때에는 더 빈번하게 참조적 바라보

Betty Repacholi

기 행동을 한 것으로 나타났다. 자극상황별로 보면 영아는 두려운 장난감보다 즐거운 장난감에 더 가까이 접근하는 것으로 나타났다.

(3) 정서규제의 발달

Sarah C. Mangelsdorf

어떤 사회에서든지 정서를 표현할 경우 어떤 특정 상황에서 어떤 정서는 표현해도 괜찮지만 어떤 정서는 표현해서는 안 된다는 규칙이 있다. 예를 들면, 마음에 들지 않는 선물을 받았을 때, 실망감을 보이는 대신 기뻐하며 고맙다는 인사를 해야 한다는 것이 그것이다(Gross & Ballif, 1991; Harter & Whitesell, 1989). 어떤 면에서 이 규칙은 언어의 어용론적 발달과 유사하다. 즉, 이러한 규칙을 습득하고 활용하는 것은 사회적 적응에 도움이 된다(Perry et al., 2013; Thompson, 2013a, b).

그렇다면 이러한 규칙은 언제 습득되는가? 불쾌한 자극을 피하거나 관심을 다른 곳으로 돌려 부정적 정서유발을 감소시키는 일은 어린 영아에게는 매우 어려운 일이지만(Mangelsdorf, Shapiro, & Marzolf, 1995), 우리가 생각하는 것보다 훨씬 일찍부터 영아는 이러한 규칙을 습득한다. 첫돌 무렵에 영아는 벌써 자기 몸을 앞뒤로 흔들거나, 눈을 가리거나(사진 참조), 입술을 깨물거나, 불쾌한 사건이나 사람들을 피함으로써 부정적 정서유발을 감소시키는 책략을 발달시킨다(Kopp, 1989; Mangelsdorf et al., 1995). 18개월이 되면 영아는 부정적 정서를 숨길 줄 알게 된다. 20개월 된 영아는 넘어졌을 때에 어머니가 함께 있을 때에만 울음을 터뜨린다. 3세가 되면 자기 감정을 더 잘 숨길 수 있다. 한 연구(Lewis, Stanger, & Sullivan, 1989)에서는 실험자가 유아에게 금지된 장난감을 만지지 말도록 지시하고 방을 나간 후에 일방경을 통해 관찰하였다(〈그림 4-15 참조〉). 대부분의 유아(32명 중 29명)가 장난감을 만졌지만, 대다수가 만지지 않았다고 거짓말을 했다. 그러나 실험자는 누가

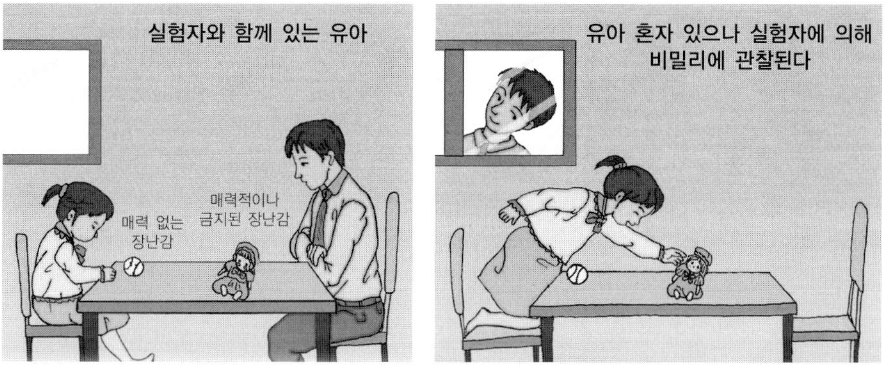

〈그림 4-15〉 '금지된 장난감' 실험

거짓말을 하고 있는지 그들의 얼굴 표정과 몸짓만 보고서는 알 수가 없었다. 이것으로 보아 3세의 유아는 자기 감정을 숨기고 그에 대해 거짓말을 한다는 것을 알 수 있다. 이 결과는 우리가 알고 있는 어린이의 '천진난만함'과는 상당히 거리가 있음을 말해준다. 그러나 경우에 따라서는(예컨대, 마음에 안 드는 선물을 받는 경우) 자신의 진짜 감정을 숨기고 선의의 거짓말을 하는 것이 유아에게도 필요한 것으로 보인다.

Mary Rothbart

2) 기질의 발달

영아는 출생 직후부터 각기 다른 기질적 특성을 보인다. 어떤 영아는 쾌활하고 명랑한 반면, 어떤 영아는 잘 울고 자주 보챈다. 또 어떤 영아는 조용하고 행동이 느린 반면, 어떤 영아는 활기차고 행동이 민첩하다. 이와 같은 개인차는 기질에서의 차이를 반영한다. 기질이란 한 개인의 행동양식과 정서적 반응유형을 의미하는 것으로 활동수준, 사회성, 과민성과 같은 특성을 포함한다(Rothbart & Bates, 1998, 2006).

John Bates

기질연구가들은 영아와 아동이 보이는 기질의 차이에 관심을 기울여 왔다. 기질을 형성하는 심리적 특성이 성인기 성격의 토대라고 믿기 때문이다. 다시 말하면, 기질은 "나중에 이것이 아동과 성인의 성격을 형성하는 모체가 된다"(Ahadi & Rothbart, 1994, p. 190)라고 믿기 때문이다.

심리학자들은 영아의 경우, 성격이라는 용어 대신 기질이라는 용어를 사용한다. 기질과 성격의 구분은 인자형과 표현형의 구분과 유사하다. 인자형은 기본 패턴(잠재력)을 결정하지만, 궁극적으로 나타나는 표현형은 인자형의 잠재력이 환경에 의해 영향을 받은 결과이다. 이와 마찬가지로 기질이 기본 패턴을 나타내는 것이라면, 아동기나 성인기에 성격으로 나타나는 것은 기본 패턴이 수없이 많은 생활경험에 의해 영향을 받은 결과를 반영한다(Buss & Plomin, 1984; DiLalla, Kagan, & Reznick, 1994).

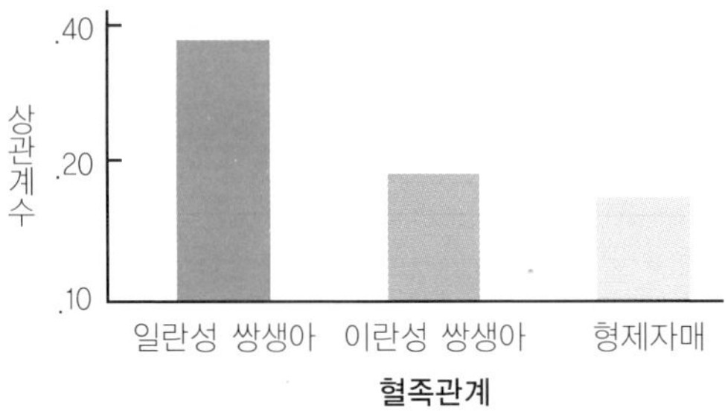

〈그림 4-16〉 기질과 유전의 영향

기질연구가들은 기질은 타고난 것으로 유전의 영향을 많이 받는다고 믿는다. 쌍생아 연구에서 일란성 쌍생아가 이란성 쌍생아보다 대부분의 기질 특성에서 훨씬 더 유사한 것으로 나타났다(〈그림 4-16〉 참조). 그러나 일란성 쌍생아의 경우에도 유전계수가 .40 정도인 것은 영아의 기질에 환경도 중요한 역할을 한다는 것을 의미한다.

기질연구가들은 또한 기질이 유아기, 아동기, 심지어 성인기까지도 지속성이 있는 것으로 믿는다(Caspi & Silva, 1995; Rothbart, Derryberry, & Posner, 1994). 즉, 낯가림이 심한 영아는 유아기에도 여전히 낯선 사람을 두려워하고, 아동기에도 여전히 까다로운 성향을 보여주고 있다. 특히 낯선 사람이나 상황에 대해 움츠러드는 경향을 보이는 행동억제(behavioral inhibition)는 상당히 지속성이 있는 것으로 나타났다(Kagan, 1992). 그러나 이러한 지속성도 매우 극단적인 경우—매우 수줍어하거나 매우 외향적인 경우 또는 행동억제 수준이 매우 높거나 낮은 경우—에만 해당되는 것으로 보인다(Kerr et al., 1994; Sanson et al., 1996). 우리나라 2~4세 아동의 행동억제에 관한 단기종단연구(정옥분 외, 2003)에서도 2세와 4세라는 2년의 기간 동

Ann Sanson

안 극단적인 행동억제를 보이는 유아들의 경우에만 지속성이 있는 것으로 나타났다. 이러한 결과는 유전적으로 많은 영향을 받는 것으로 보이는 기질특성도 환경의 영향에 의해 변할 수 있다는 것을 의미한다.

(1) 기질의 구성요소

Thomas와 Chess에 의해 1956년에 시작된 뉴욕종단연구(New York Longitudinal Study: NYLS)는 기질에 대한 선구자적 연구로서, 지금까지 수행된 기질연구 중 가장 포괄적인 종단연구로 알려지고 있다. 이 연구에서는 141명의 영아를 대상으로 아동기까지 이들을 관찰한 관찰법, 부모와 교사를 통한 면접법, 여러 종류의 심리검사를 통한 검사법 등이 사용되었다. 여기서 Thomas와 Chess는 기질을 구성하는 9가지 요인을 발견하였다(〈표 4-1〉 참조).

Alexander Thomas　　Stella Chess

Thomas와 Chess는 이 9가지 특성을 기준으로 하여 영아의 기질을 순한(easy) 영아, 까다로운(difficult) 영아, 반응이 느린(slow-to-warm-up) 영아 등 세 가지 유형으로 구분하였다. 전체 연구대상의 40%를 차지하는 순한 영아는 행복하게 잠을 깨고 장난감을 가지고 혼자 잘 놀며, 쉽사리 당황하지 않는다(사진 참조). 규칙적인 생물학적 시간표에 따라 수유나 수면이 이루어지고, 낯선 사람에게도 미소를 보이며 이들로부터 음식도 잘 받아 먹는다. 새로운 생활습관에 쉽게 적응하며 좌절에 순응한다.

사진 설명
순한 영아는 장난감을 가지고 혼자 잘 논다.

연구대상의 10%를 차지하는 까다로운 영아는 눈

〈표 4-1〉 NYLS 기질의 구성요인

구성요인	설 명
활동성(activity)	젖먹기, 목욕하기, 옷입기 등의 일상생활에서 영아가 하는 신체활동의 양
규칙성(rhythmicity)	수유시간, 수면의 주기, 배변습관 등의 예측가능성
접근/회피(approach/withdrawal)	새로운 사건이나 자극(장난감이나 음식 등)에 영아가 어떤 반응(접근 또는 회피)을 보이는가?
적응성(adaptability)	변화된 상황에 영아가 얼마나 쉽게 적응하는가?
반응강도(intensity)	영아가 보이는 긍정적 또는 부정적 반응의 강도
반응역치(threshold)	영아의 반응을 유발하는 데 필요한 자극의 양
기분(mood)	영아가 보이는 행복하고 기분좋은 반응의 빈도와 불행하거나 부정적인 행동의 빈도
주의산만성(distractibility)	외부 사건이나 자극에 의해 영아가 현재 하고 있는 행동이 쉽게 방해받는 정도
지구력(attention span and persistence)	어떤 활동의 지속시간과 장애에 직면했을 때 그 활동을 계속하려는 의지

출처: Thomas, A., & Chess, S. (1986). The New York Longitudinal Study: From infancy to early adult life. In R. Plomin & J. Dunn (Eds.), *The study of temperament: Changes, continuities, and challenges*. Hillsdale, NJ: Erlbaum.

을 뜨기 전부터 울고, 생물학적 기능이 불규칙적이다. 이들은 불행해 보이고 적대적이며 조그만 좌절에도 강한 반응을 보이며, 새로운 사람이나 상황에 적응하는 데 많은 시간이 필요하다.

연구대상의 15%를 차지하는 반응이 느린 영아는 수동적이고, 새로운 상황에 대해 움츠러드는 경향을 보인다. 이들은 새로운 상황을 좋아하지 않지만, 다시 기회가 주어지면 결국 흥미를 가지고 이에 참여한다.

이 연구에서, 초기의 기질은 이후에도 지속되는 것으로 나타났다. 영아기에 까다로운 기질을 보였던 아동은 이후의 학교생활에서도 또래와의 관계나 주의집중에 문제를 보였으며, 반응이 느린 아동은 새로운 환경에 빨리 적응하는 데 문제를 보였다(Thomas, Chess, & Korn, 1982). 그러나 모든 영아가 이 세 집단 가운데 하나로 분류될 수 있는 것은 아니었으며, 35% 정도의 영아는 어느 집단에도 속하지 않는 것으로 나타났다.

Thomas와 Chess의 9가지 특성을 기준으로 하여 우리나라 영아의 기질을 조사한 연구(최영희, 1987)에서, 9개 기질영역의 점수를 성별에 따라 비교해본 결과, 남아가 여아보다 접근성이 높고, 주의산만성이 높은 것으로 나타났다. 그리고 영아의 기질적 특성과 기질에 따른 놀이행동분석연구(김난실, 조혜진, 2007)에서 순한 기질의 경우는 남아가 여아보다 더 많고, 까다로운 기질이나 반응이 느린 기질의 경우는 여아가 남아보다 더 많은 것으로 나타났다. 한편, 까다로운 기질의 영아들이 거친 신체접촉을 더 많이 하는 것으로 나타났다.

(2) 영아의 기질과 부모의 양육행동

영아의 기질은 부모, 특히 주 양육자인 어머니와의 관계에 영향을 미친다. 예를 들어, '까다로운' 기질을 가진 영아는 부모를 좌절하게 만들고, 부모로 하여금 그들에게 기대를 덜 걸게 하는 형태로 부모의 양육태도에 영향을 미치게 된다.

부모의 양육태도 또한 영아의 기질을 변화시킨다. 수줍고 소심한 기질을 가지고 태어났다 하더라도 외부 세계에 대한 대처양식을 부드럽게 촉진시키는 환경에서 양육되는 영아는 이러한 속성이 점차 소멸되는 반면, 사교적이고 과감한 성격을 가지고 태어났다 하더라도 지나치게 스트레스를 주는 환경은 소심한 영아가 되게 한다. 부모의 태도와 영아의 기질 간의 상호작용은 쌍방적 원칙에 근거한다. 즉, 영아의 발달은 자신이 타고난 기질과 그를 사회화시키는 사람의 기질 간의 상호작용의 산물이다. 부모-자녀 간의 상호작용을 통해 부모는 자녀가 타고난 유전적 요인에 변화를 주는 역할을 한다. 느린 기질을 가진 영아는 활발한 기질을 가진 영아만큼 부모가 요구하는 진도에 맞춰 나가지 못한다. 이에 실망하여 부모가 관심을 갖지 않는다면 영아는 더욱 위축되고 발달과업을 제대로 이루지 못하게 될 것이다. 그러나 부모가 이러한 성향을 무시하고 적극적으로 개입한다면 영아는 자신의 행동을 바꾸게 될 것이다(Paul, 1999).

Thomas와 Chess(1977)는 이와 같이 영아의 기질과 환경이 상호작용하여 바람직한 결과를 산출한다는 '조화의 적합성(goodness-of-fit)' 모델을 제시하였다. 즉, 영아의 이상적 발달은 영아의 기질과 부모의 양육행동이 얼마나 조화를 이

✐사진 설명
까다로운 영아의 부모가 인내심을 가지고 영아의 요구에 민감하게 대처하면 그 결과는 보다 조화로운 관계가 될 것이다.

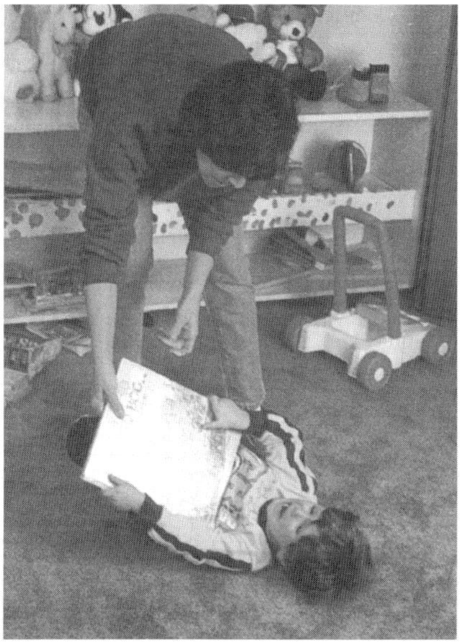

✐사진 설명
영아의 기질과 부모의 양육행동이 조화를 이루지 못하면, 부모나 영아 모두 갈등을 경험하게 될 것이다.

루는가에 달려 있다고 한다. 부모가 영아의 양육행동에 따라 양육행동을 조절한다면 그 결과는 보다 조화로운 관계가 된다. 반면, 영아의 기질과 부모의 양육행동이 조화를 이루지 못하면, 부모나 영아 모두 갈등을 경험하게 된다는 것이다(사진 참조). 예를 들어, 까다로운 영아의 부모가 인내심을 가지고 영아의 요구에 민감하게 대처한 경우에는, 아동기나 청년기에 더 이상 까다로운 기질을 보이지 않았다(Chess & Thomas, 1984). 그러나 까다로운 영아를 대상으로 인내심과 민감성을 보이는 것이 누구에게나 쉬운 일은 아니다. 사실상 많은 부모들이 까다로운 영아에게 쉽게 화를 내고 처벌적 훈육을 하게 되는데, 이것이 조화롭지 못한(poorness-of-fit) 관계의 예이다(van den Boom, 1995). 이런 경우 영아는 까다로운 기질을 계속 유지하고 사춘기에는 문제행동을 많이 보였다(Chess & Thomas, 1984).

그러므로 이러한 영아의 기질을 제대로 파악함으로써 부모와 자녀 간에 보

Annie Murphy Paul

다 조화로운 관계를 유지할 수 있다. 부모의 역할은 아동의 타고난 잠재력을 최대한 발휘할 수 있도록 풍부한 환경을 제공해주는 것이다. 아동으로 하여금 다양한 환경에 노출시켜서 그들이 무엇을 좋아하며 어떤 것에 능숙한지를 판단하고, 이 점을 최대한 지원해줄 수 있어야 한다. 동일한 기질을 가진 아동이라도 사회적으로 성공한 사람으로 성장할 수도 있고, 범죄자로 성장할 수도 있다. 공격적이고, 겁이 없고, 충동적인 남아는 일반적으로 다루기가 어렵다. 이들의 양육을 포기하여 방치하거나 벌로 다스리는 것은 쉽지만, 그 결과는 이들을 통제할 수 없게 된다는 것이다. 그러나 적절하게 통제하고, 이들의 행동에 대해 민감하게 반응하는 부모는 상이한 결과를 유도해낼 수 있다(Paul, 1999).

우리나라 아동의 기질적 특성과 부모의 훈육방법에 관한 연구(문혁준, 2000)에 따르면, 까다로운 기질을 가진 아동의 부모는 순한 기질을 가진 아동의 부모에 비해 비효율적인 훈육방법을 사용하며, 자녀훈육 시 보다 더 과잉반응적이었다. 이는 까다로운 영아의 어머니는 순한 영아의 어머니보다 강압적 통제를 더 많이 보이는 반면, 애정적 태도는 적게 보인다는 선행연구(임양미, 1994; 최영희, 1993)와 일치하는 결과라 할 수 있다. 어머니와 아동의 기질 유사성과 양육태도에 관한 또 다른 연구(최현진, 김광웅, 2010)에 따르면, 기질의 구성요소 중 부정적 정서성이 어머니와 아동의 조화적합성을 판단하는 데 중요한 요인이 되며, 어머니와 아동 간 기질 유사성이 있을 때 어머니는 애정적이고 덜 통제적인 양육태도를 사용하며 조화를 이룬다고 하였다.

3) 애착의 발달

영아기에 발생하는 가장 중요한 형태의 사회적 발달이 애착이다. 애착이란 영아와 양육자(주로 어머니) 간에 형성되는 친밀한 정서적 유대감을 말한다. 애착은 종족을 보존하기 위해 주위 환경에 적응하는 데 필요한 요소로서, 애정이

Inge Bretherton

Ross A. Thompson

나 사랑과 같은 긍정적 정서의 의미를 지닌다(Ainsworth, 1973). 영아가 특정 인물에게 애착을 형성하게 되면 그 사람과 있을 때 기쁨을 느끼고, 불안한 상황에서 그의 존재로 인해 위안을 받는다.

영아기에 형성된 애착은 이후 인지, 정서, 사회성발달에 중요한 영향을 미친다(Bretherton, 2012; Thompson, 1998, 2013a, b). 일반적으로 안정된 애착관계를 형성한 영아는 유아기에 자신감, 호기심, 타인과의 관계에서 긍정적인 성향을 보이는 것으로 나타났다. 또한 아동기에 접어들어서도 도전적인 과제를 잘 해결하고, 좌절을 잘 참아내며, 문제행동을 덜 보이는 것으로 나타났다. 뿐만 아니라 영아기에 형성된 애착은 이후 주변세계에 대한 신뢰감으로 확대되기도 한다. Sroufe, Egeland, Carlson, Collins 등(2005)이 수행한 종단연구에서 12개월과 18개월에 안정애착으로 평가된 영아들이 청소년기까지 긍정적 정신건강, 높은 자아존중감을 지니고, 교사, 동성친구 및 이성친구와의 상호작용에서 사회적 유능성을 보인 것으로 나타났다.

(1) 애착발달의 이론

여러 이론들이 영아가 생후 1년 이내에 특정 대상과 상호의존적인 정서적 유대관계를 발전시킨다는 데에는 견해를 같이 하지만, 애착의 형성과 발달에 대한 설명은 각기 달리하고 있다.

① 정신분석이론

Freud(1938)는 정신분석이론에서 애착의 발달을 심리성적 발달로 설명하고 있다. 즉, 어머니가 영아에게 수유를 함으로써 빨기와 같은 구강성적 자극에 대한 만족감이라는 본능적 욕구를 충족시키고, 따라서 어머니는 영아의 애정의 대상이 되어 정서적 관계를 유지한다는 것이다.

Erikson(1963) 또한 영아의 수유욕구를 비롯한 기본적 욕구를 충족시켜 주는 일은 영아기의 안정된 애착관계 형성뿐만 아니라 더 나아가서 세상 전반에 대한 신뢰감을 심어줄 것이라고 하였다. 그러나 Erikson은 영아의 욕구에 대한 전반적 반응이 수유 그 자체보다 더 중요하다고 주장한다.

② 학습이론

학습이론에서는 애착행동을 다른 행동과 마찬가지로 학습경험의 축적이라고 본다(Perry & Bussey, 1984). 학습이론에서도 정신분석이론과 마찬가지로 수유가 애착의 발달에 중요한 요인이 되는 것이라고 믿는다. 즉, 어머니는 아기를 품에 안고 젖을 먹임으로써 배고픔을 해결해줄 뿐만 아니라, 수유하는 동안 눈을 맞추고 신체접촉을 통해 따뜻하고 포근한 느낌이나 청각적 자극 또는 촉각적 만족을 끊임없이 제공해준다. 이런 일이 반복되면서 영아는 어머니와 즐거운 감정을 연결시키게 되고, 이로 인해 어머니는 이차적 강화인(secondary reinforcer)의 지위를 획득하게 된다. 이차적 강화인은 처음에는 중립적 자극이던 것이 다른 강화 자극과 반복적으로 짝지어짐으로써 강화인의 지위를 얻게 되는 것을 말한다.

David Perry

Robert Sears

정신분석이론과 마찬가지로 학습이론에서도, 일차적인 욕구충족을 통해 발달한 긍정적인 정서적 유대관계를 애착이라는 개념보다는 의존성과 관련된 개념으로 설명한다(Sears, 1972).

③ 인지발달이론

인지발달이론에서는 영아의 사회적 행동은 영아의 기본적인 인지과정과 관련이 있으므로, 영아의 지적 발달이 선행되어야 특정 인물에 대한 애착을 형성할 수 있다고 본다(Schaffer & Emerson, 1964). 애착을 형성하기 전에 영아는 우선 낯선 사람과 친숙한 사람을 구별할 수 있어야 하며, 대상영속성 개념 또한 획득해야 한다. 애착대상이 시야에서 사라짐으로써 더 이상 존재하지 않는다고 믿는다면, 그 사람과의 애착관계를 형성하기가 어렵기 때문이다(Schaffer, 1971).

따라서 영아가 대상영속성 개념을 획득하기 시작하는 시기인 7~9개월경에 처음으로 애착현상을 보이는 것은 우연이 아닐지도 모른다.

④ 동물행동학이론

Harry F. Harlow

Robert R. Zimmerman

Bowlby(1973)의 애착이론에 의하면, 애착의 발달은 사회적 학습에 의해 촉진되기는 하지만, 근본적으로는 생존유지 및 보호를 위한 본능적인 반응의 결과로서 이미 생래적으로 계획되어 있다고 한다. 즉, 애착행동은 인간의 생득적인 반응인 빨기, 울음, 미소, 매달리기, 따라다니기와 같은 초기 사회적 신호체계를 모체로 하고, 어머니 또한 영아를 마주 보고 안거나, 영아와 접촉하는 것을 통해 만족감을 느끼는 것 등의 내재적인 특별한 반응양식이 있어, 모자간의 사회적 상호작용을 통해 애착이 발달한다고 보았다.

사회적 상호작용을 강조한 Bowlby의 애착이론은 애착이 배고픔과 같은 일차적 욕구 충족과 관계없이 발달한다고 밝힌 Harlow의 연구결과에 그 토대를 두는 것이다. Harlow와 Zimmerman(1959)의 유명한 원숭이 실험에서, 원숭이 새끼들은 어미와 격리되어 '철사엄마'와 '헝겊엄마'의 두 대리모에 의해 양육되었다. 철사엄마와 헝겊엄마에게 우유병을 부착해서 이 중 반은 철사엄마에게서 수유를 받았고, 나머지 반은 헝겊엄마에게서 수유를 받았다. 연구결과 원숭이 새끼들은 어떤 엄마에게서 수유를 받았든 그와 상관없이 모두 헝겊엄마를 더 좋아하는 것으로 나타났다. 심지어 철사엄마에게서만 젖을 먹을 수 있었을 때조차도 젖먹는 시간만 제외하고는 대부분의 시간을 헝겊엄마와 함께 보냈다(사진 참조). 그리고 낯선 물체가 나타났을 때에도 두려워하는 반응을 보이면서 모두 헝겊엄마에게로 달려가 매달렸다(사진 참조).

배고픔을 덜어준 것이 철사엄마이기 때문에, 원숭이 새끼들이 철사엄마를 더 좋아해야 했었는데 그렇지 않았다. 이 연구결과는 수유가 애착형성에 결정적 요인이 아니라는 것을 시사해준다.

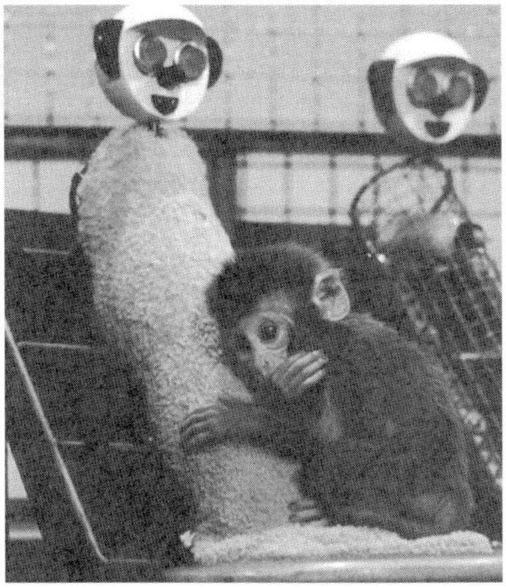

✐사진 설명
우유병이 '철사엄마'에게만 부착된 경우에도 원숭이 새끼는 '헝겊엄마'와 애착형성을 이루었다.

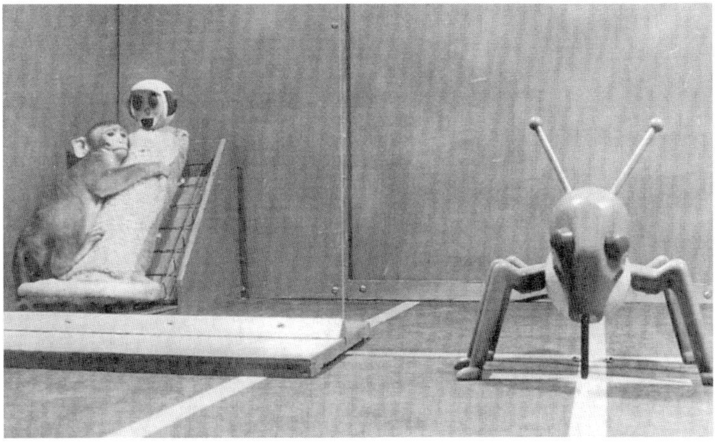

✐사진 설명
두려운 물체가 나타나자 원숭이 새끼는 '헝겊엄마'에게 매달렸다.

(2) 애착형성의 단계

영아가 어머니와 어떻게 애착을 형성해 나가는가에 대해 Bowlby(1969)는 영아의 발달단계와 관련해서 애착의 발달단계를 전 애착단계, 애착형성단계, 애착단계, 상호관계의 형성단계라는 네 단계로 분류하고 있다.

① 전 애착단계(Preattachment Phase: 출생 후~6주)

영아는 붙잡기, 미소짓기, 울기, 눈 응시하기(사진 참조) 등 다양한 신호체계를 통해 주위 사람들과 가까운 관계를 유지한다. 그러나 이 단계에서는 아직 애착이 형성되지 않는다. 따라서 낯선 사람과 혼자 남겨져도 영아는 별로 개의치 않는다.

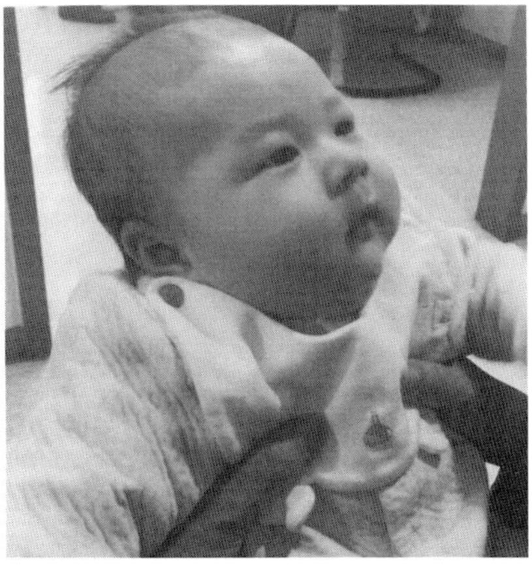

② 애착형성단계(Attachment in the Making: 6주~8개월)

이 단계에서 영아는 친숙한 사람과 낯선 사람에게 다르게 반응하기 시작한다. 예를 들어, 영아는 어머니

와의 상호작용에서 더 많이 웃거나 미소지으며(사진 참조), 옹알이를 더 자주 한다. 영아는 자신의 행동이 다른 사람에게 영향을 미친다는 것을 깨닫게 되고, 자신이 필요할 때 어머니가 언제든지 반응할 것이라는 신뢰감을 발달시키기 시작한다. 그러나 낯선 얼굴과 친숙한 얼굴을 구별할 수 있음에도 불구하고 부모가 자기를 혼자 남겨 놓고 자리를 떠나도 아직 이 단계에서는 분리불안을 보이지 않는다.

Barry M. Lester

③ **애착단계**(Clear-Cut Attachment: 6~8개월~18개월)

이 단계에서는 영아가 이미 애착이 형성된 사람에게 적극적으로 접근한다. 따라서 애착대상이 떠나면 분리불안을 보인다. 분리불안은 모든 문화권에서 보편적인 현상인 것으로 돌 전후에 나타나기 시작해서 15개월까지 계속 증가한다. 분리불안은 애착대상이 시야에서 사라져도 계속 존재한다는 대상영속성의 개념이 생기기 시작했다는 증거이기도 하다. 연구에 의하면 대상영속성 개념이 생기지 않은 영아는 분리불안을 보이지 않는 것으로 나타났다(Lester et al., 1974).

④ **상호관계의 형성단계**(Formation of Reciprocal Relationships: 18개월~2세)

18개월경이 되면 영아는 정신적 표상과 언어발달로 인해 이미 애착을 형성한 사람의 행동을 예측할 수 있게 된다. 즉, 어머니가 언제 다시 돌아올지 예측할 수 있으므로 결과적으로 분리불안이 감소한다. 이 단계에서 영아는 양육자와 협상하고, 자신이 원하는 대로 그 사람의 행동을 수정하고자 한다. 예를 들어, 어머니가 어디로 가고 언제 돌아올 것인지를 물어보고, 빨리 다녀와서 이야기 책을 읽어달라고 부탁한다.

Bowlby는 이상과 같은 네 단계를 거쳐 부모-자녀 간에 형성되는 애착관계는 개인의 성격발달에 큰 영향을 미친다고 보고 있다. 그러나 Bowlby의 이론은 발달단계에 따른 애착의 형성에 초점을 맞추고 있기 때문에, 동일한 연령집단 내에서의 개인차는 간과하고 있다. 이 점에 착안하여 애착을 측정하기 위해 가장 보편적으로 사용되는 방법이 Ainsworth 등이 개발한 '낯선 상황(strange situation) 실험'이다.[8)]

Mary Ainsworth

(3) 애착의 유형

Ainsworth(1983)는 8가지 에피소드(〈표 4-2〉 참조)로 구성된 낯선상황 실험을 실시하여, 애착형성을 안정애착, 회피애착, 저항애착의 세 가지 유형으로 구분하였다. 이후 Ainsworth의 제자였던 Main과 Solomon(1986, 1990)은 낯선상황

〈표 4-2〉 Ainsworth의 낯선 상황 실험[8)]

에피소드	내 용	관찰되는 애착행동
1	실험자가 어머니와 영아를 실험실로 안내하고 떠난다.	
2	영아가 장난감을 가지고 노는 동안 어머니는 그 곁에 앉아 있다.	안전기지로서의 어머니
3	낯선이가 들어와 앉아서 어머니와 이야기를 나눈다.	낯선이에 대한 반응
4	어머니가 방을 나간다. 낯선이가 영아와 상호작용하고, 영아가 불안반응을 보이면 진정시킨다.	분리불안
5	어머니가 돌아와 영아를 반기고 필요하다면 영아를 진정시킨다. 낯선이가 방을 나간다.	재결합 반응
6	어머니가 방을 나간다.	분리불안
7	낯선이가 들어와서 영아를 진정시킨다.	낯선이에 의해 진정되는 정도
8	어머니가 돌아와 영아를 반기고 필요하다면 영아를 진정시킨다. 영아의 관심을 장난감으로 유도한다.	재결합 반응

출처: Ainsworth, M. D. S., Blehar, M., Waters, E., & Wall, S. (1978). *Patterns of attachment*. Hillsdale, NJ: Erlbaum.

8) 에피소드 1은 30초간 진행되고, 나머지 에피소드는 모두 3분간 진행된다. 에피소드 4, 6, 7은 영아가 심하게 울거나 어머니가 중단시킬 것을 요청하면 끝낼 수 있다. 에피소드 5와 8은 영아를 진정시키는 데 시간이 더 필요하다면 연장될 수 있다.

실험에서 분리와 재결합 상황을 녹화한 비디오테이프를 분석한 결과, 이들 세 유형에 속하지 않는 또 다른 애착유형이 있음을 발견하고, 이를 혼란애착으로 분류하였다.

① **안정애착**(Secure Attachment)

연구대상의 65% 정도를 차지하는 안정애착 유형은 주위를 탐색하기 위해 어머니로부터 쉽게 떨어진다. 그러나 낯선 사람보다 어머니에게 더 확실한 관심을 보이며, 어머니와 함께 놀 때 밀접한 관계를 유지한다. 또한 어머니와 분리되었을 때에도 어떤 방법으로든 능동적으로 위안을 찾고 다시 탐색과정으로 나아간다. 이들은 어머니가 돌아오면 반갑게 맞이하며, 쉽게 편안해진다.

② **회피애착**(Avoidant Attachment)

연구대상의 20% 정도를 차지하는 회피애착 유형은 어머니에게 반응을 별로 보이지 않는다. 이들은 어머니가 방을 떠나도 울지 않고, 어머니가 돌아와도 무시하거나 회피한다. 어머니와의 관계에서 친밀감을 추구하지 않으며, 낯선 사람과 어머니에게 비슷한 반응을 보인다.

③ **저항애착**(Resistent Attachment)

연구대상의 10~15%를 차지하는 저항애착 유형은 어머니가 방을 떠나기 전부터 불안해하고, 어머니 옆에 붙어서 탐색을 별로 하지 않는다. 이들은 어머니가 방을 나가면 심한 분리불안을 보인다. 어머니가 돌아오면 접촉하려고 시도는 하지만, 안아주어도 어머니로부터 안정감을 얻지 못하고 분노를 보이면서 내려달라고 소리를 지르거나 어머니를 밀어내는 양면성을 보인다.

④ **혼란애착**(Disorganized Attachment)

연구대상의 5~10%를 차지하는 혼란애착 유형은 불안정애착의 가장 심한 형태로 회피애착과 저항애착이 결합된 것이다. 이들은 어머니와 재결합했을 때, 얼어붙은 표정으로 어머니에게 접근하거나 어머니가 안아줘도 먼 곳을 쳐다본다.

낯선 상황 실험이 애착의 질을 측정하기 위한 중요한 지표가 되기는 하지만, 이를 안정 유형과 불안정 유형으로 해석하는 데는 주의가 필요하다. 안정 유형과 불안정 유형의 구분은 부모가 방으로 들어왔을 때의 반응에 근거하고 있으나, 이러한 반응은 상황요인의 영향을 크게 받는다. 또한 영아 자신의 기질이나 부모의 양육태도 등 여러 요인이 그것에 영향을 미치게 된다.

(4) 애착반응: 낯가림과 분리불안

영아가 특정 인물과 애착을 형성했다는 증거로 나타나는 현상이 낯가림과 분리불안이다.

① **낯가림**(Stranger Anxiety)

영아가 특정인과 애착을 형성하게 되면, 낯선 사람이 다가오거나 부모가 낯선 사람에게 자신을 맡기면 큰 소리로 우는데, 이런 반응을 낯가림이라고 한다. 낯가림은 낯선 사람 그 자체에 대한 반응이 아니고, 영아가 익숙해 있는 얼굴과 낯선 얼굴의 불일치에 대해 보이는 반응이다. 즉, 일단 영아가 친숙한 사람에 대한 도식을 형성하게 되면 이를 낯선 사람과 비교하게 되며, 그 차이가 큰 경우에는 혼란스러움을 경험한다는 것이다. 낯가림은 6~8개월경에 나타나기 시작해서 첫돌 전후에 최고조에 달했다가 서서히 감소한다(Mash, Bornstein, & Arterberry, 2013; Volker, 2007).

대부분의 영아가 낯선 사람에 대한 불안반응을 보이지만, 낯가림의 정도는 영아의 기질이나 환경요인에 따라 다르게 나타난다. 부모나 친숙한 성인이 함께 있는 상황에서는 낯가림이 덜 나타나고, 기질적으로 순한 영아가 까다로운 영아보다 낯가림을 덜 하는 편이다. 그러나 낯가림을 전혀 하지 않는 것도 바람직한 것은 아니다. 이런 영아들은 낯선 사람에 대한 변별력이 없기 때문에 애착형성이 잘 이루어지지 않는 경향을 보인다.

생후 3개월에서 5세 사이에 있는 우리나라 유아의 낯가림 및 분리불안과 어머니의 양육태도와의 관계를 알아본 연구(이주혜, 1981)에서, 어머니의 양육태도가 수용적일수록 낯가림과 분리불안 현상이 일찍 나타났다. 이 결과는 어머니가 수용적인 태도일 때 어머니와의 애착이 잘 이루어지고, 애착형성이 잘 될수록 유아는 대상에 대한 개념형성이 빨라져서 나타난 현상으로 해석되었다.

사진 설명
애착관계가 형성된 한 가지 증거는 영아가 양육자와 떨어질 때 보이는 분리불안이다.

② **분리불안**(Separation Anxiety)

낯가림이 낯선 사람에 대한 불안에서 비롯된 것이라면, 친숙한 사람과의 분리 또한 불안의 근원이 된다(사진 참조). 분리불안은 영아가 부모나 애착을 느끼는 대상과 분리될 때 느끼는 불안을 의미한다. 분리불안은 돌 전후에 나타나기 시작해서 20～24개월경에 없어진다.

안정애착을 형성한 영아는 불안정 애착을 형성한 영아보다 분리불안 반응을 덜 보이는 경향이 있으며, 어머니를 탐색을 위한 기지로 삼아 주변 환경에 대한 탐색활동을 하게 된다.

우리나라 영아의 낯가림, 분리불안과 어머니의 양육태도를 알아본 연구(박은숙, 1982)에서 12～13개월된 영아의 92%가 분리불안을 보인 것으로 나타났다. 분리불안은 평균 9개월경에 시작되었으며 첫돌 무렵에 가장 심한 것으로 나타났다.

9. 영아기의 부모역할

자녀의 탄생은 결혼생활의 많은 측면에 변화를 초래한다. 사랑할 아기를 갖게 되고, 이를 통해 부부간에 친밀감을 형성하며, 자녀의 성장을 통해 기쁨을 공유하는 것 등과 같은 긍정적인 측면에서의 변화도 있다. 그러나 이와 동시에 부부 상호 간의 재적응과 태어난 아기에 대한 부모로서의 역할에 대한 적응이 동시에 이루어져야 한다.

1) 부모역할에 대한 적응

출산 이후가 반드시 불만족스럽기만 한 것은 아니며 아기의 탄생으로 결혼만족도가 더 증가한 경우도 있다. 그러나 이와는 달리 부모기는 하나의 위기로 인식되기도 한다. 첫 아이의 출산은 두 사람만의 결혼생활에 큰 영향을 초래하며 이로 인해 많은 스트레스를 경험한다. 이들은 부모로서, 배우자로서, 가사노동자로서의 과중한 역할부담이나 가족 구성원과의 상호작용 등 여러 요인으로 인해 스트레스를 경험한다.

많은 여성들은 부모로서의 자신의 역할에 대해 자신감이 없으며, 육아기술 등의 미숙함으로 인해 스트레스를 경험한다. 특히 취업여성은 자녀에 대해 죄책감과 불안감을 느낀다. 동시에 막중한 가사노동으로 인한 수면시간의 감소나 만성피로에 시달리며 항상 시간에 쫓긴다는 의식에 사로잡혀 있다. 이는 일하면서 까다로운 아이를 키우는 어머니에게는 더욱 심각한 문제이다. 그 결과 부부간의 대화시간도 감소하며 배우자에 대한 애정문제에서 어려움을 경험하게 된다. 또한 직업을 포기한 경우에도 이로 인한 수입의 감소 등으로 인해 심각한 문제를 경험하기도 하며, 심한 경우 산후 우울증을 경험하는 여성도 상당수 있다.

출산 이후의 적응은 임신기간 동안의 적응과 밀접하게 관련되어 있으며, 부모 자신의 여러 가지 특성과도 관련이 있다. 일반적으로 계획되지 않은 임신, 자신의 성장과정에서 부모와의 경험, 미숙한 성격특성, 낮은 교육수준, 낮은 수입, 결혼에 대한 낭만적인 생각, 영아의 반응 등이 부모역할에서의 적응에 영향을 미친다. 임신에 대해 긍정적으로 생각하는 여성들은 어머니로서의 역할에 보다 쉽게 적응하며 그들의 아기는 신체, 사회성, 인지발달에서 보다 뛰어난 능력을 보인다. 또한 잘 울고 불안정한 아동은 부모로 하여금 우울증과 거부감, 무력감을 느끼게 하며, 수동적이고 순한 아동은 이와는 상반되는 반응을 유도해낸다(Thomas, Chess, & Korn, 1982). 또한 산후 우울증을 적절하게 극복하지 못하는 경우 태어난 아기와의 유대감 형성이 불가능하므로 스스로 극복하고자 하는 의지가 필요하다.

남성에게도 마찬가지로 적응이 필요하다. 아내와 태어난 아이가 집으로 돌아오면 예전과는 전혀 다른 상황이 시작된다. 출산 전 남편은 전적으로 아내의 애정과 주목을 받았다. 그러나 이제는 아내가 대부분의 시간을 아기에게 할애하는 것을 알고 소외감을 느끼며 무의식적으로 자신이 아기의 아버지라는 사실을 받아들이지 않게 된다. 심한 경우 그의 마음은 자신의 어린 시절로 되돌아가서 그의 아내는 그의 어머니가 되며 아기는 자신의 형제가 된다. 물론 이러한 반응을 의식하고 있는 것은 아니며 무의식적이기는 하지만 그 감정은 아기에게 아버지로서 대하는 대신 경쟁상대로 보게 된다. 아내가 아기를 돌보는 데 시간을 보내게 되면 그는 잔소리를 하거나 대수롭지 않은 일로 싸우려고 든다(Parke, 1996). 이러한 이유로 인해 출산 이후 부부간의 부적응 문제가 심해 사이가 나빠져 이혼에 이르는 부부도 있다.

부모역할을 원만하게 수행해 나가기 위해서는 아버지의 도움이 절대적으로 필요하다. 동시에 성장과정에서 아이와 정서적 유대감을 형성하지 못한 아버지는 이후에 이를 형성하기가 어렵다. 특별히 유대감을 갖겠다고 노력하기보다는 아기에게 우유를 먹여주고, 함께 놀아주고, 목욕시켜 줌으로써 유대감을 길러나가는 것이 중요하다. 이는 아버지로서의 역할 수행에도 도움이 되지만 아내의 자녀양육에 대한 부담을 경감시켜 주기도 한다.

2) 양육자의 역할

정상적인 태내환경은 온도, 양분 등이 거의 완벽하게 이루어져 있으나 출생 직후 신생아는 무기력한 존재이며 성인에게 전적으로 의존함으로써 생존이 가능하다. 그러므로 양육자로서의 역할 수행은 다른 동물에 비해 의존기간이 긴 인간의 생존과 성장에 필수적이다.

생후 1년간은 제1의 성장급등기라는 점에 비추어 충분한 영양공급이 필수적이다. 충분한 영양이 공급되지 못했을 때 영아는 에너지 소비를 줄이고 환경 내의 자극으로부터 움츠러듦으로써 에너지의 균형을 유지하려 한다. 이러한 위축은 정보를 받아들이는 능력을 제한하게 되고 정상적인 발달에 필요한 지식이나 기술의 습득을 저해하게 된다(Pollitt et al., 1999).

모유는 신생아에게 가장 필요한 영양식이므로 가급적 이를 먹이는 것이 바람직하며, 불가피한 경우에도 초유는 반드시 먹이도록 한다. 충분한 모유 공급을 위해서 수유기간에는 충분한 칼로리나 무기질, 비타민, 수분 등을 함유한 식사를 섭취하도록 한다. 또한 산후 일주일 동안은 모유량이 많지 않으므로, 젖을 빨리는 것이 모유의 분비를 촉진시키는 가장 좋은 방법이다. 동시에 불안이나 공포가 없는 평온한 마음가짐을 갖는 것이 필요하다.

수유시간은 부모가 임의로 정하기보다는 아기의 욕구에 맞추는 것이 바람직하다. 아동에 따라 공복을 느끼는 시기와 수유량에 있어 개인차가 있기 때문에 이를 동일한 잣대로 판단하는 것은 바람직하지 않다. 신생아의 위는 수직형이기 때문에 한꺼번에 많이 먹이는 것은 바람직하지 않고, 수유 후에는 영아의 몸을 바로 안아서 어깨에 대고 트림을 시키도록 한다. 5~10분 정도 기다려도 트림을 하지 않으면 그대로 자리에 눕혀도 무방하지만, 수유 후에는 곧바로 눕히지 말고 얼마 동안 안아주는 것이 좋다. 생후 5~6개월이 지나면 모유의 분비량도 줄고 모유만으로는 충분한 영양을 공급해줄 수 없으므로, 좀더 농축된 식사를 주지 않으면 빈혈을 일으키게 된다. 생후 4~5개월이 되면 건강한 영아는 자연스럽게 이유식을 먹으려는 의욕을 보인다. 이유를 시작하는 시기는 생후 4~5개월, 체중이 약 6kg 정도가 되는 시기가 적절하다고 하나, 영아의 상태에 따라 3~4개월경부터 시작해도 무방하다.

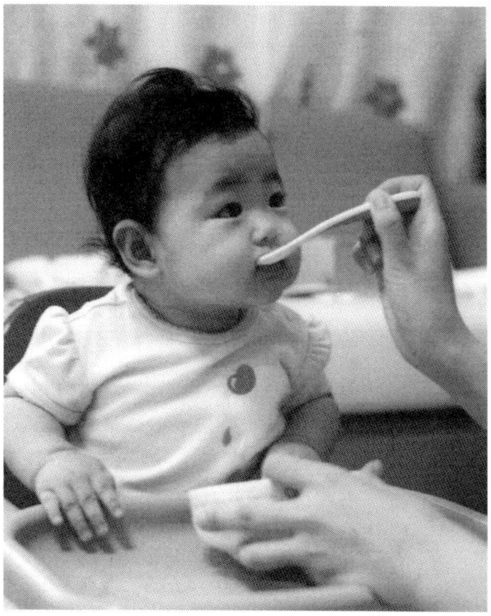

사진 설명
이유식을 먹고 있는 영아

이유식을 할 때에는 한 번에 한 가지씩 첨가하도록 하며, 새로운 음식을 추가할 때에는 적어도 4~5일 간격을 두어 새로운 음식물에 대한 거부반응이 없는지를 살펴보는 것이 바람직하다(사진 참조).

신생아는 체온조절 능력이 미약하므로 적절한 체온 유지가 필요하며, 질병의 감염을 막기 위한 예방접종도 시기별로 하도록 해야 한다.

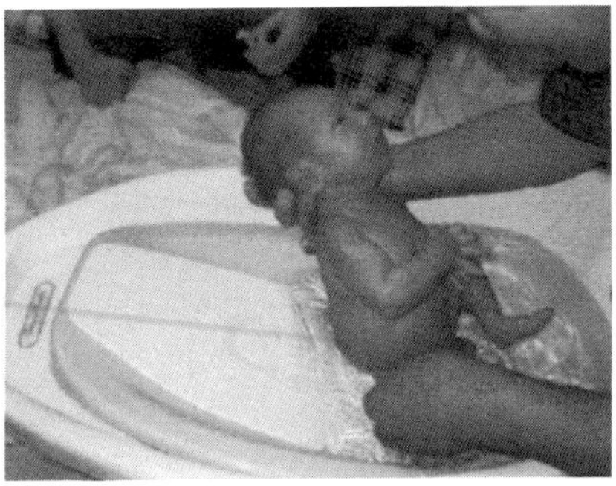

사진 설명
목욕을 하고 있는 영아.

목욕은 수유 후 1시간 이내는 가급적 피하고 밤에 잠을 잘 자지 않는 아기는 자기 전에 시키는 것이 바람직하다(사진 참조). 횟수는 1일 1회 정도가 적절하지만 추운 겨울에는 이틀에 한 번 정도도 무난한다. 목욕을 시킬 때에는 얼굴과 머리에서 시작하여 몸체와 다리의 순서로 씻겨 주며, 다 씻긴 후에는 피부가 접히는 부분에는 반드시 파우더를 발라 주어야 한다. 배꼽은 2주 정도면 곱게 아물어 떨어지지만 진물이 나거나 고름이 나면 의사의 도움이 필요하다. 배꼽이 완전히 떨어질 때까지는 입욕을 피하고 스펀지에 비누나 베이비 오일을 묻혀 닦아 주는 것이 좋다. 가끔 아기가 너무 심하게 울거나 해서 배꼽이 밖으로 튀어나올 수가 있는데, 이때는 소독한 동전을 솜으로 싸서 배꼽 위에 얹어놓고 반창고를 붙이면 제자리로 돌아가게 할 수 있다. 외기욕이나 일광욕은 영아의 식욕부진을 고쳐 줄 뿐만 아니라 뼈를 튼튼하게 해주고, 성장 · 발육과 운동기능의 발달을 촉진시켜 준다. 겨울에는 정오를 중심으로 하여 따뜻한 시간을, 여름에는 아침, 저녁의 서늘한 시간을 택하여 시키는 것이 좋다. 따뜻한 계절에는 그 이전에도 가능하지만 대략 생후 1개월 이후부터 시작하도록 하며, 처음 2~3일 동안은 하루 5분 정도씩 발끝부터 시작하여 서서히 위로 올라가도록 한다. 영아가 외기욕에 익숙해지면 일광욕으로 넘어가는 것이 좋다. 일광욕을 시킬 때에는 반드시 모자를 씌워 얼굴이나 눈에 직사광선을 받지 않도록 해야 한다.

3) 기본적 신뢰감과 자율감의 발달

Erik Erikson

Erikson(1963)은 기본적 신뢰감의 형성과 자율감의 발달은 영아기의 중요한 발달과업이라고 하였다. 이 시기에 어머니는 영아의 여러 가지 욕구에 대해 민감하게 반응하고 이를 충족시켜 줌으로써 아동은 주변의 세계나 인간관계에 대해 신뢰감을 갖게 된다. 영아는 세상이 안전하고 살아갈 만하다는 믿음을 갖게 되며, 이러한 감정은 사회성발달에 필수적이다. 이러한 과정에서 양육자는 아기에 대해 즉각적이고 일관성 있는 태도로 임하는 것이 필요하다. 이와는 반대로 양육자가 영아의 욕구에 민감하지 못하고 일관성 없는 태도로 대하게 되면 영아는 세상에 대해 두려움과 불신감을 갖게 된다. 인간의 성장을 위해서는 어느 정도의 불신감의 경험도 필요하지만 긍정적인 발달을 위해서는 불신감보다는 신뢰감을 더 많이 경험하도록 하는 것이 필요하다.

이 시기의 영아는 자신을 부모로부터 독립된 개인으로 인식하기 시작하며 자기 신체나 사물을 스스로 조절할 수 있는 능력을 갖게 된다. 자율성에 대한 욕구는 단순히 밥을 먹고 옷을 입는 행동에서 시작하여 다양하게 나타난다. 자율성은 자신의 능력을 알고 자기주장을 펼쳐 봄으로써 발달하므로 영아의 행동에 대해 지나친 제재는 삼가는 것이 바람직하다.

생후 15개월경에 영아는 혼자서 밥을 먹으려고 한다. 부모는 이 시기를 놓치지 말아야 한다. 혼자서 밥을 먹으려고 애쓰는 영아에게 밥을 먹여 주면 먹는 것에 대한 흥미나 스스로 해보겠다는 자율성을 갖기가 힘들다. 비록 지저분하게 흘리고 옷을 더럽히더라도 장난으로 이어지지 않으면 제지하지 말아야 한다. 단지 밥을 먹는 동안 영아의 관심을 끄는 요인만 제거해주면 된다. 가능한 한 제약을 삼가고 실패로 인해 지나친 좌절감을 맛보지 않도록 도와주기만 하면 된다. 부모가 유아를 지나치게 과보호하고 비난하면 아동은 자신과 다른 사람을 통제할 수 있는 자신의 능력을 의심하며 수치심을 갖게 된다.

4) 다양한 감각 자극의 제공

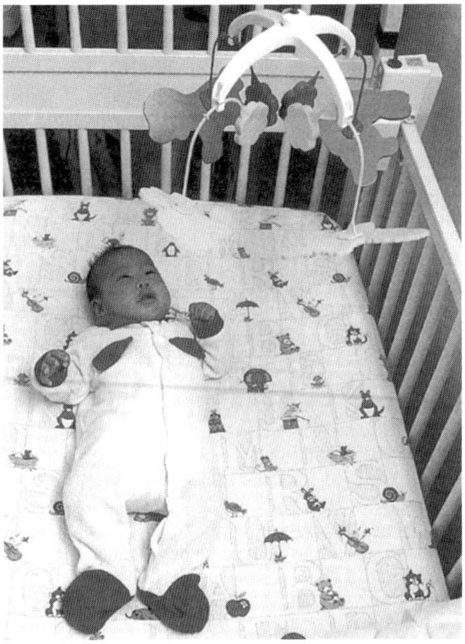

✐사진 설명
영아가 침대 위에 매달려 있는 모빌을 쳐다보고 있다.

영아기의 인지적 특성은 감각운동적 지능이다. 즉, 풍부하고 다양한 감각적 자극을 제공해주는 것은 인지발달과 밀접한 관련이 있다. 다양한 자극에는 시각, 청각, 후각, 미각, 촉각적 자극을 제시하거나 감각의 협응능력을 발달시키기 위해 두 가지 이상의 자극을 동시에 제공하는 것도 필요하다.

시각적인 자극은 밝은 색 계통의 명암대비가 뚜렷하고 움직임이 있는 장난감이나 사물을 제시하는 것이 바람직하다. 모빌 등의 장난감을 영아의 여러 시각적 특성이나 가시거리를 고려하여 제시해주면 눈과 손의 협응능력을 향상시키는 데 도움이 된다(사진 참조). 청각적 자극을 풍부하게 제시해주기 위해서는 노래, 이야기, 음악소리 등을 다양하게 들려주고 일상생활 속의 다양한 소리들도 접하게 하는 것이 바람직하다. 만져 주기나 안아주기와 같은 촉각적 자극도 풍부하게 제시해주어야 한다. 특히 대부분의 아버지는 영아기의 아기를 피하려 한다. 그러나 안아 주거나 목욕을 시키는 것과 같은 피부접촉을 통한 촉각적 자극은 아기와의 유대감 형성에 중요한 의미를 갖는다. 이러한 행동이 아이를 응석받이로 만들거나 버릇없이 키우는 것이 아닌가 하는 불안감은 접어두는 것이 좋다. 달리기나 계단 오르기 등의 활동을 통해 대근육 운동을 발달시켜 줄 수 있으며, 책장 넘기기나 연필잡고 그리기, 그림 맞추기 등은 소근육 운동을 발달시키고, 공놀이는 협응능력을 길러주는 데 적합한 놀이다.

영아기의 모든 시기에 걸쳐 상호작용이나 대화가 중요하지만, 영아의 발달단계에 따라 각각 상이한 자극을 제공해주는 것이 필요한데 그 지침은 〈표 4-3〉과 같다(Blakeslee, 1998).

〈표 4-3〉 발달단계별 감각 자극의 제시방법

개월	제시방법
1개월	적당한 수준의 자극은 스트레스를 감소시키고 영아의 민감성을 증가시킨다. 지나친 자극이 주어질 경우 영아의 뇌 기능이 중단되므로 영아와 이야기할 때에는 라디오 등과 같이 주의를 산만하게 하는 소음을 차단해야 한다.
1~3 개월	뚜렷하게 명암의 대조를 이루는 물체는 영아의 시각 영역의 신경조직의 발달을 촉진시킨다. 또한 청각에서도 소리의 억양, 쾌활함이나 고저와 같은 언어적 단서를 구분하기 시작하므로 영아에게는 이러한 기능을 도와주기 위해 활기찬 목소리로 말하는 것이 좋다.
3~5 개월	영아는 외부 세계에 대한 정보를 얻는 데 있어 우선적으로 시각에 의존한다. 그러므로 주변 환경에 실제 사물과 일치하는 복잡한 형태를 이용하는 것이 바람직하다. 움직임은 영아의 주의집중을 유도하므로 실제 사물보다도 시야를 따라 움직이는 사물의 그림이 보다 많은 자극을 제공해준다.
6~7 개월	영아는 인과관계에 민감해진다. 문의 손잡이를 돌리면 문이 열리게 되는 상황을 실제로 보여주고 이야기해주는 것이 좋다.
7~8 개월	영아의 뇌는 소리와 의미 있는 활동이나 대상 간의 연합을 시도하고자 한다. 벨소리는 방문객이 왔음을 의미하는 것과 같은 상황을 대화를 통해 강조할 수 있다.
9~12 개월	주변 환경에 대한 탐색에 더 많은 관심을 갖게 되며, 감각과 운동능력이 보다 성숙한 형태로 협응이 이루어진다. 적절한 제재하에서 전등의 스위치나 수도꼭지를 틀어 보게 할 시점이다.
13~18 개월	환경과 직접 상호작용하는 과정을 통해 보다 복잡한 연합이 이루어진다. 풍부한 환경은 이러한 연합 능력의 발달을 도와준다.

출처: Blakeslee, S. (1998). Studies show talking with infants shapes basis of ability to think. In K. L. Freiberg (Ed.), *Annual editions: Human development* (26th ed., pp. 56-58). New York: McGraw-Hill.

제5장 유아기의 발달과 부모역할

2세부터 초등학교 입학 이전인 6세까지의 시기를 유아기라고 한다. 유아기에는 영아기에 비해 속도는 완만하지만 꾸준한 신체적 성장이 이루어지며 운동기능도 꾸준히 발달한다. 유아기는 또한 인지능력이 발달하여 눈앞에 존재하지 않는 대상을 기억할 수 있는 표상능력이 발달하고, 상상과 환상이 풍부해지는 시기이다. 또한 주변 환경에 대한 탐색이 활발해지고, 많은 어휘를 습득하여 다른 사람과의 의사소통도 활발해진다. 이러한 능력을 이용하여 발달하는 놀이는 유아기의 중요한 과업이 된다. 놀이를 통해 자신이 새로 습득한 기술을 실제로 적용해보고 발전시켜 나가며, 일상생활에서의 긴장감을 해소시켜 나간다. 또한 성에 대한 호기심이 차츰 증대하여 자신이나 부모, 형제자매, 친구의 성별에 관심을 보이게 된다. 동시에 부모의 사랑과 관심을 독차지하려는 경향이 나타나 형제자매나 동성의 부모가 경쟁의 대상이 되기도 한다. 이러한 과정에서 부모의 태도나 가치관을 자신의 것으로 받아들이는 동일시가 강하게 나타나며, 이는 이후에 형성되는 초자아의 기초가 된다.

이 장에서는 유아기의 신체발달, 운동기능의 발달, 인지발달, 기억발달, 언어발달, 사회정서발달, 유아기의 부모역할에 관해 살펴보기로 한다.

1. 신체발달

영아기의 급격한 신체적 성장에 비한다면 유아기의 성장속도는 느린 편이다. 그러나 유아기에도 몇 가지 면에서 중요한 신체적 변화가 나타난다. 가장 눈에 띄는 변화는 신체의 크기나 모습에서의 현저한 변화이다. 영아기의 신체적 특징이던 큰 머리, 둥글고 통통한 얼굴, 볼록 나온 배, 짧은 사지 등은 더 이상 유아에게서 그 모습을 찾아볼 수 없다. 눈에는 덜 띄지만 보다 중대한 변화는 뇌와 신경계의 성숙이다. 뇌와 신경계의 성숙으로 인해 유아는 새로운 운동기술과 인지능력을 발달시키게 된다.

1) 신장과 체중의 증가

영아기만큼 빠른 속도는 아니지만 유아기에도 신장과 체중이 꾸준히 증가한다. 2세부터 6세까지 매년 신장은 7cm, 체중은 2kg씩 증가한다. 6세가 되면 유아는 평균 신장이 115cm, 체중이 20kg 정도 된다. 그리고 남아가 여아보다 신장이 조금 더 크다.

유아기에는 성장속도가 둔화됨에 따라 먹는 양도 적어지는데, 부모들은 자녀가 밥을 잘 안 먹는다고 애를 태우기도 한다(사진 참조). 이때 강제로 밥을 먹이는 것보다 배고플 때에만 먹게 하는 것이 유아가 필요한 열량을 섭취할 수 있다고 한다(Johnson & Birch, 1994). 유아기에는 건강을 유지하고, 골격의 성장을 촉진하기 위해 균형잡힌 식사를 해야 한다. 특히 칼슘과 그 외 다른 무기질, 철분, 비타민 C, 단백질 섭취를 늘려야 한다. 모든 영양소가 포함된 식품은 없으므로 여러 가지 식품을 골고루 섭취하는 것이 좋다.

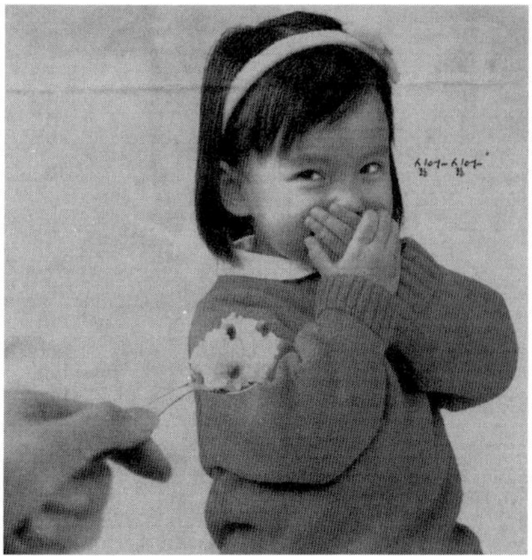

2) 신체비율의 변화

신장과 체중의 꾸준한 증가는 신체의 비율에 변화를 초래한다. 유아기에는 하체가 길어지면서 가늘어진다. 여전히 머리가 신체에 비해 큰 편이지만 유아기 말이 되면 머리가 무겁고 커보이는 모습에서 벗어나게 된다. 유아기에는 체지방도 꾸준히 감소한다(Rallison, 1986). 전체적으로 통통하던 영아의 모습에서 길고 홀쭉한 모습으로 변한다(사진 참조). 신체 각 부분의 각기 다른 성장속도는 유아의 신체비율을 극적으로 변하게 한다.

사진 설명
신체의 비율과 체지방의 구성비율이 1세와 5세 사이에 극적으로 변한다. 신체에 비해 머리가 크고, 통통하던 영아가 다리가 길어지면서 홀쭉한 모습으로 변한다.

3) 골격의 성장

유아의 신체적 성숙도를 측정하는 데 가장 좋은 방법은 신체골격의 발달수준을 나타내는 골격연령(skeletal age)을 이용하는 것이다. 태아의 골격은 연골조직으로부터 형성된다. 임신 6주부터 연골조직은 점점 단단해지는데, 이것을 경화현상이라고 한다. 이 경화과정은 아동기를 지나 청년기까지 계속된다. 출생 시에 신생아의 뼈는 대부분 연골로 구성되어 있다.

일단 기본 골격이 형성되면 출생 직전에 골단(骨端)[1]이라 불리는 성장센터가 나타나는데, 경화과정은 이 성장센터에서 시작된다. 팔다리의 뼈와 같이 신체의 긴뼈(長骨)에는 골단이 양쪽 끝에 나타난다(〈그림 5-1〉 참조). 성장이 완성되면서 골단은 점점 가늘어지고 마침내 사라진다. 이렇게 되면 더 이상의 성장은

1) 뼈의 말단: 뼈의 성장을 맡고 있는 긴 관상골(管狀骨)의 양 끝을 가리키는데, 이것은 골화(骨化)의 중심으로 성장기에는 연골(軟骨)로 둘러싸여 있다.

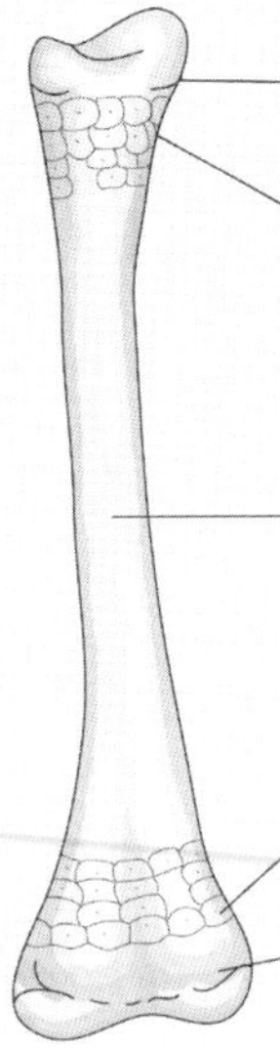

〈그림 5-1〉 장골(長骨)의 상부 골단과 하부 골단
출처: Tanner, J. M. (1990). *Foetus into man* (2nd ed.). Cambridge, MA: Harvard University Press.

불가능하다.

뼈를 방사선으로 촬영하여 골단의 수가 얼마나 많은지, 또 골단이 얼마나 서로 합착(合着)되어 있는지에 근거하여 골격연령을 측정할 수 있다. 이때 자신의 생활연령보다 골격연령이 어린 것으로 나타나면 앞으로 키가 더 자랄 가능성이 있는 것으로 본다. 예를 들어, 14세 아동의 골격연령이 11세로 측정된다면, 이 아동은 앞으로 3년 정도 더 성장할 수 있다는 것이다. 이와 같이 성장에 문제가 있는 경우에는 뼈의 방사선 사진이 가끔 이용된다.

유아나 아동의 골격연령을 조사해보면 여아의 신체적 성숙이 남아보다 앞선다는 것을 알 수 있다. 출생 시 여아의 골격성숙이 남아보다 4주 정도 앞서지만 5~6세경에는 1년 정도의 차이가 난다. 이 차이는 여아가 남아보다 2~3년 정도 사춘기에 빨리 도달하고, 일찍 성숙하는 요인이 된다(Tanner, 1990).

2. 운동기능의 발달

유아기에 들어서면서 운동기술은 급속도로 증대한다. 영아기에 걸음마를 배운 영아는 유아기에 와서는 달리기, 뛰기, 공던지기, 자전거타기, 그네타기 등을 할 수 있다(Ball, Bindler, & Cowen, 2014). 대근육 운동뿐만 아니라 구두끈 매기, 크레용으로 색칠하기 등의 소근육 운동기능도 발달한다. 그러나 때로는 자신이 할 수 있는 운동기술을 과대평가한 나머지 다치거나 상해를 입기도 한다.

1) 대근육 운동

유아가 할 수 있는 여러 가지 대근육 운동기술은 체중의 중심(center of gravity)이 아래로 옮겨가면서 증가한다. 머리 크기가 신체의 1/4을 차지하는 신생아의 경우 체중의 중심이 흉골 바로 아래에 위치해 있어 매우 높은 쪽에 있는 편이다. 그러나 유아기에는 머리 크기가 신체에서 차지하는 비율이 작아지면서 체중의 중심이 배꼽 아래로 내려간다(Lowrey, 1978). 체중의 중심이 높으면 균형을 잡기가 매우 힘들다. 그래서 머리가 큰 영아기에는 걷다가 잘 넘어진다(사진 참조).

사진 설명
머리가 큰 영아기에는 균형을 잡기가 힘들어 빨리 걸으면 넘어지기 쉽다.

영아는 첫돌을 전후해서 걷기 시작하고, 2~3세 사이에 달리기 시작한다(Cratty, 1986). 3세에는 잘 달리지만 달리면서 방향을 바꾸지는 못한다. 일단 달리기를 멈춘 다음 방향을 바꾸고 다시 달리기 시작한다. 그러나 5세경에는 계속 달리면서 방향을 바꿀 수 있으며, 갑자기 멈추어도 앞으로 넘어지지 않는다.

2세 전에는 한쪽 발로 뛸 수 있고, 2세에는 두 발로 잠깐 뛸 수 있다. 3세에는 멀리뛰기를 할 때 팔을 뒤로 흔들기 때문에 착지(着地)할 때 뒤로 넘어진다. 그러나 5세경에는 팔을 앞으로 흔들어 제대로 착지할 수 있다.

영아가 걸을 수 있게 되면 바로 계단을 오를 수 있다. 계단을 오를 때 한쪽 발을 먼저 올려놓고 그다음 다른 쪽 발을 그 옆에 놓는다. 그리고 다음 계단으로 올라간다. 그러나 유아기에는 발을 번갈아 가면서 계단을 오른다. 계단을 내려오는 것은 올라가는 것보다 균형을 잡기가 더 어렵기 때문에 4세 전에는 발을 번갈아 가면서 계단을 내려오지 못한다(사진 참조).

2) 소근육 운동

유아기에는 눈과 손의 협응과 소근육의 통제도 급속히 발달하기 때문에 손의 사용이 점점 정교해진다. 그러나 대근육 운동기술보다 소근육 운동기술을 습득하는 것이 훨씬 더 어렵다. 우유를 흘리지 않고 잔에 따르기, 수저로 밥먹기, 연필로 글씨쓰기, 크레용으로 색칠하기, 가위로 오리기, 단추 채우기, 구두끈 매기 등은 유아에게는 상당히 어려운 작업이다. 일반적으로 소근육 운동기술은 여아가 앞서는 반면, 대근육 운동기술은 남아가 우세하다.

3세 유아는 엄지와 검지 손가락으로 매우 작은 물체를 집을 수 있지만 아직 서투른 편이다. 블록으로 탑을 쌓을 수 있는데, 블록 하나하나를 매우 조심스럽게 놓지만 똑바로 쌓지 못하고 삐뚤삐뚤하다. 매우 단순한 조각그림 맞추기에서는 어디에 어느 조각을 넣어야 하는지 알면서도 그 자리에 제대로 넣지 못하고 억지로 쑤셔 넣으려고 한다.

그러나 4세가 되면 소근육 운동기술이 상당히 발달한다. 블록으로 탑을 높이 쌓을 수 있는데, 이때 완벽하게 잘 쌓으려고 몇 번씩 다시 쌓기도 한다. 이제 구두끈을 맬 수 있고, 선을 따라 가위로 오릴 수 있다.

5세 유아는 블록으로 탑을 쌓는 단순한 놀이에는 더 이상 관심이 없다. 이 시기에는 집이나 뾰족탑이 있는 교회를 짓고자 하는데, 여전히 완성된 건물이 무엇을 의미하는지 유아로부터 설명을 들어야 이해할 수 있다. 종이를 반으로 또는 1/4로 접을 수 있으며, 글자나 숫자를 베낄 수 있고, 크레용으로 색칠을 할 수 있다(사진 참조).

소근육 운동기술의 대표적인 예가 그림 그리기이다. 그림 그리기에서의 연령의 변화는 뇌와 소근육이 성숙하였음을 반영한다(Kellogg, 1970). 2세 유아의 끼적거

3세 때 그린 그림 4세 때 그린 그림 5세 때 그린 그림

〈그림 5-2〉 같은 유아가 3세, 4세, 5세 때 그린 그림

리기는 영아기에 아무렇게나 끼적거리던 것과는 다르다. 유아기에는 끼적거리기에도 나름대로 패턴이 있는데, 수직 또는 지그재그로 끼적거린다. 3세 유아는 원, 정사각형, 직사각형, 삼각형, 십자 모양, X자 모양을 그릴 수 있다. 4세 유아는 사람을 그릴 때 눈은 큰 점으로, 다리는 막대기 모양으로 그린다. 5세 유아는 그림을 제법 잘 그리게 된다. 〈그림 5-2〉는 같은 유아가 3세, 4세, 5세 때 그린 그림의 예이다.

3. 인지발달

유아기에는 인지적 성장과 언어발달이 빠른 속도로 이루어진다. 유아기 동안 뇌의 성장은 유아로 하여금 정보를 보다 효율적으로 처리하게 해준다. 유아는 이제 눈앞에 존재하지 않는 대상이나 사건에 대해 정신적 표상에 의한 사고를 할 수 있으며, 상징을 사용할 수 있는 능력을 갖게 된다. 이 시기에 습득하게 되는 언어능력은 인지발달에 매우 중요한 역할을 한다. 즉, 언어가 상징적 표현의 중요한 수단이 된다. 유아기에는 또한 단어의 습득이나 문법의 숙달로 인해 영아기에 비하면 의사소통이 보다 효율적으로 이루어질 수 있다.

Piaget는 전조작기를 다시 두 개의 하위단계로 나누는데, 2세부터 4세까지를 전개념적 사고기(preconceptual period)라 부르고, 4세부터 7세까지를 직관적 사고기(intuitive period)라 부른다.

1) 전개념적 사고기

개념이란 사물의 특징이나 관계, 속성에 대한 생각으로 정의할 수 있다. 만약 주어진 대상에 대한 정확한 개념을 가지고 있다면, 그것이 어떻게 변화하더라도 동일한 대상으로 인식할 수 있다. 그러나 이 단계의 아동은 환경 내의 대상을 상징화하고 이를 내면화시키는 과정에서 성숙한 개념을 발달시키지 못한다. 따라서 이 단계를 전개념적 사고기라고 부른다.

전개념적 사고의 특징은 상징적 사고, 자기중심적 사고, 물활론적 사고, 인공론적 사고, 전환적 추론을 하는 것 등이다.

(1) 상징적 사고

Piaget(1962)에 의하면 전조작기의 가장 중요한 인지적 성취는 상징적 사고(symbolic thought)의 출현이라고 한다. 감각운동기의 말기가 되면 영아의 사고는 더 이상 자신의 행동이나 감각에 의존하지 않는다. 대신 정신적 표상, 지연모방, 상징놀이 등이 가능해진다. 이러한 정신능력은 감각운동기의 말기에 이미 싹이 트지만, 언어를 습득하게 되고 상상력이 풍부해지는 전조작기에 와서 활짝 꽃피운다.

사진 설명
유아들이 커피잔과 받침접시 등을 가지고 소꿉놀이를 하고 있다.

상징적 사고의 가장 매혹적인 결과 중의 하나는 가상놀이이다. 가상놀이란 가상적인 사물이나 상황을 실제 사물이나 상황으로 상징화하는 놀이를 말한다. 상징적 사고를 하기에는 충분한 나이지만, 아직 현실과 환상을 구분하기에는 너무 어린 나이인 유아기에 유아가 가장 좋아하는 활동이 가상놀이다. 소꿉놀이(사진 참조), 병원놀이, 학교놀이 등이 가상놀이의 예들이다. 유아기 동안 가상놀이는 점점 더 빈번해지고, 연령이 증가하면서 점점 더 복잡해진다(Rubin, Fein, & Vandenberg, 1983).

우리나라 2세 유아의 가상이해 능력과 어머니의 상징사용과의 관계를 살펴본 연구(민미희, 이순형, 2003)에서, 가상놀이를 할 때 어머니는 2세 유아의 가상이해를 위해서 여러 가지의 상징언어와 상징행동을 사용하는데, 상징언어 중에서는 '지시하기'와 '행동요구하기'를, 상징행동 중에서는 '시연하기'를 더 많이 사용한다고 하였다. 또한 어머니의 상징사용과 2세 유아의 가상이해 능력은 부분적으로 관련이 있는 것으로 나타났는데, 어머니가 상징행동의 하위 범주 중 '돕기'를 많이 사용할수록 2세 유아의 가상이해 능력은 높다고 하였다.

(2) 자기중심적 사고

유아는 우주의 모든 현상을 자기중심적으로 생각하는데, 자신이 좋아하는 것을 다른 사람도 좋아하고, 자신이 느끼는 것을 다른 사람도 느끼며, 자신이 알고 있는 것을 다른 사람도 알고 있다고 생각한다. 그래서 어머니의 생일선물로 자신이 좋아하는 피카추 인형을 고르거나, 숨바꼭질 놀이를 할 때 자신이 술래를 볼 수 없으면 술래도 자신을 볼 수 없다고 생각하여, 몸은 다 드러내놓고 얼굴만 가린 채 숨었다고 생각한다.

자기중심적 사고(egocentric thought)는 다른 사람의 관점을 고려하지 못하는 데에 기인한다. 이것은 유아가 이기적이거나 일부러 다른 사람의 입장을 배려하지 않는 것이 아니라, 단지 다른 사람의 관점을 이해하지 못하는 것을 의미한다.

유아기에 갖는 자기중심적 사고를 보여주는 매우 유명한 실험으로 Piaget와 Inhelder(1956)의 '세 산 모형 실험(three mountains experiment)'이 있다. 〈그림 5-3〉에서 보듯이, 색깔, 크기, 모양이 상이한 세 개의 산모형을 만들어 탁자위에 올려 놓는데, 한 산의 정상에는 작은 집이 있고, 또 다른 산의 정상에는 십자가가 꽂혀 있으며, 나머지 한 산의 정상은 흰 눈으로 덮여 있다. 유아로 하여금 탁자 주위를 한 바퀴 돌아보게 한 다음 한 의자에 인형을 앉히고, 또 다른 의자

〈그림 5-3〉 Piaget의 '세 산 모형' 실험

에 유아를 앉게 한다. 몇 개의 사진을 제시하고서 유아가 본 것을 나타내는 사진과 인형이 본 것을 나타내는 사진을 선택하게 한다. 6~7세 이전의 유아는 자신이 본 것을 나타내는 사진은 잘 고르지만, 인형이 본 것을 나타내는 사진을 고르라고 했을 때도 자신이 본 것과 똑같은 사진을 선택한다.

유아기의 자기중심성(egocentrism)은 유아의 자기중심적 언어(egocentric speech)에서도 잘 드러난다. 자기중심적 언어는 자신이 하는 말을 상대방이 이해하든 못하든 상관없이 자기 생각만을 전달하는 의사소통 양식이다.

(3) 물활론적 사고

전조작기의 유아가 생물과 무생물을 구분하는 방식은 성인의 경우와는 다르다. 이 시기에 유아들은 물활론적 사고를 한다. 즉, 생명이 없는 대상에게 생명과 감정을 부여한다(Opfer & Gelman, 2011; 사진 참조). 예를 들면, 태양은 자기가 원해서 밝게 빛나고, 종이를 가위로 자르면 종이가 아플 것이라고 생각한다. 산 너머 지는 해를 보고, 유아는 해가 화가 나서 산 뒤로 숨는다고 말한다. 책꽂이에서 떨어진 책은 다른 책들과 함께 있기를 싫어해서 떨어졌다고 믿으며, 탁자에 부딪쳐 넘어진 유아는 탁자를 손바닥으로 때리면서 "때찌"라고 말하는데, 이

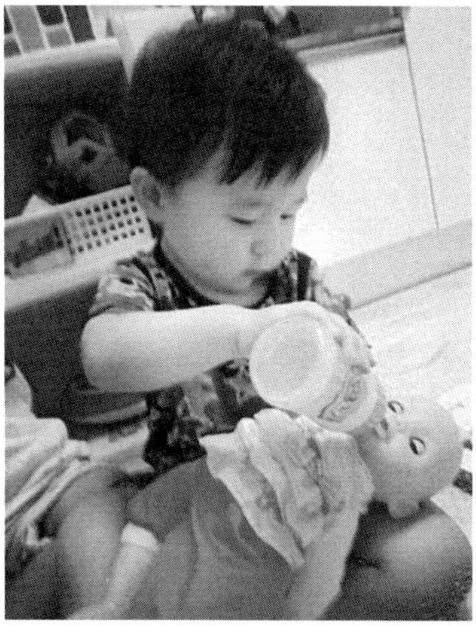

✎사진 설명
유아가 인형에게 우유를 먹이고 있다.

✎사진 설명
인형들에게 편안함을 주기 위해 흔들 의자에 앉혀 준다.

것은 탁자가 일부러 자기를 넘어뜨렸다고 믿기 때문이다.

우리나라 그림책에 나타난 유아의 물활론적 사고의 교육적 기능을 분석한 연구(백승화, 강기수, 2014)에서, 물활론적 사고 특징이 잘 나타나 있으며 교육적 가치가 있다고 생각되는 그림책을 중심으로 분석한 결과, 그림책에 나타난 물활론적 사고는 유아에게 풍부하고 다양한 경험을 제공하여 유아의 바람직한 정서발달에 기여하며, 유아의 상상력과 창의력 발달에 도움을 주어 유아의 인지적 발달을 돕는다는 점에서 교육적 기능을 수행하는 것으로 나타났다.

(4) 인공론적 사고

물활론적 사고와 관련이 있는 현상이 인공론적 사고이다. 어떤 의미에서 물활론(animism)과 인공론(artificialism)은 자기중심성의 특별한 형태이다. 유아는 세상의 모든 사물이나 자연현상이 사람의 필요에 의해서 자신의 목적에 맞도록 쓰려고 만들어진 것이라고 믿는다. 유아는 사람들이 집이나 교회를 짓듯이 해와 달도 우리를 비추게 하기 위해 사람들이 하늘에 만들어 두었다고 믿는다. 그리고 하늘이 푸른 이유는 누군가가 파란색 물감으로 하늘을 칠했기 때문이며,

비가 오는 이유는 누군가가 커다란 스프링클러로 물을 뿌렸기 때문이라고 믿는다. 유아는 자기중심적 사고의 특성으로 인해, 이러한 사물이나 자연현상이 특히 자신을 위해 존재한다고 생각한다.

(5) 전환적 추론

인과개념은 어떤 현상의 원인과 결과 간의 관계를 추론하는 능력을 말한다. 성인은 추론을 할 때 대체로 귀납적 추론 또는 연역적 추론을 한다. 귀납적 추론(inductive reasoning)은 관찰된 개별적 사실들을 총괄하여 일반적 원리를 성립시키는 사고의 방법이다. 즉, 특수 사례를 근거로 하여 일반적인 원리를 도출해내는 방법이다. 연역적 추론(deductive reasoning)은 그와 반대로 일반적인 원리나 법칙을 바탕으로 하여 특수한 원리를 이끌어 내는 추론이다.

유아기에는 전개념적 사고의 한계 때문에 귀납적 추론이나 연역적 추론을 하지 못하고 대신 전환적 추론(transductive reasoning)을 하게 된다. 전환적 추론의 특징은 한 특정 사건으로부터 다른 특정 사건을 추론하는 것이다. 예를 들어, 낮에는 항상 낮잠을 자던 Piaget의 딸 Lucienne이 어느 날에는 낮잠을 자지 않았다. Lucienne은 "내가 아직 낮잠을 자지 않았기 때문에 아직 낮이 아니에요"라고 말했다. 여기서 Lucienne은 '낮잠'이라는 특정 사건이 '낮'이라는 특정 사건을 결정짓는 원인이 되는 것으로 추론하고 있다.

또 다른 예로, 한 유아가 동생을 미워한다는 사실과 동생이 아프다는 두 가지 사실을 자기가 동생을 미워해서 동생이 아프게 되었다는 인과관계로 연결시킨다. 특히 어떤 두 가지 현상이 시간적으로 근접해서 발생하면 두 현상 간에 아무런 관계가 없는데도 유아는 인과관계가 있는 것으로 생각한다.

2) 직관적 사고기

직관적 사고란 어떤 사물을 볼 때, 그 사물의 두드러진 속성을 바탕으로 사고하는 것을 말한다. 즉, 직관에 의해 사물을 파악하는 것을 의미한다. 판단이 직관에 의존하기 때문에 전체와 부분의 관계를 정확하게 파악할 수 없으며, 과제에 대한 이해나 처리방식이 그때그때의 직관에 의해 좌우되기 쉽다. 보존개념, 유목포함, 서열화 등을 검토함으로써 직관적 사고의 특성을 살펴보기로 하자.

(1) 보존개념

보존개념(conservation)은 어떤 대상의 외양이 바뀌어도 그 속성이 바뀌지 않는다는 것을 이해하는 능력을 의미한다. Piaget에 의하면 전조작기에는 보존개념이 획득되지 않는다고 한다. 가장 유명한 예가 양(액체)의 보존개념 실험이다(사진 참조). 이 실험에서는 유아가 보는 앞에서 모양이 같은 두 개의 잔에 같은 양의 물을 부은 다음 어느 잔의 물의 양이 더 많은지 유아에게 물어보면 두 잔의 물의 양이 같다고 대답한다. 그러나 한 잔의 물을 밑면적이 넓고 높이가 낮은 잔에 옮겨 담고, 이제 어느 잔의 물의 양이 더 많은지 유아에게 물어보면, 두 잔의 물의 양이 같다는 사실을 이해하지 못하고, 대부분의 경우 길고 폭이 좁은 잔의 물이 더 많다고 대답한다. 이는 물의 양에 대한 보존개념이 형성되지 않았다는 것을 말해 준다. 그 이유는 유아가 물의 높이에만 관심을 두기 때문이다.

사진 설명
액체(양)의 보존개념에 관한 실험.

수, 길이, 무게, 부피 등의 보존개념 실험에서도 이와 유사한 결과가 나타난다. 〈그림 5-4〉는 여러 가지 보존개념에 관한 실험의 예들이다. 보존개념이 획득되는 연령은 과제의 종류에 따라 다른 것으로 보인다. 수의 보존개념은 5~6세, 길이의 보존개념은 6~7세, 무게, 액체, 질량, 면적의 보존개념은 7~8세, 부피의 보존개념은 11~12세에 획득되는 것으로 보인다.

우리나라 유아들을 대상으로 수보존개념(사진 참조)과 양보존개념을 살펴본 연구(박종효, 1993)에서 수보존개념의 과제는 5세 유아 중 37.5%가 통과하였고, 6세 유아 중 78.6%가 통과하였다. 양보존개념은 5세 유아 중 12.5%만이 통과하였고, 6세 유아 중 21.4%만이 통과하였다. 또한 양보존개념의 과제를 통과

보존과제	처음 제시	변형 제시
수	• 두 줄의 동전수는 같은가? 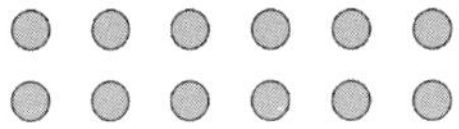	• 동전의 간격을 달리 해도 동전수는 같은가? 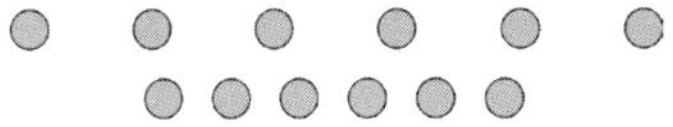
길이	• 두 개의 막대의 길이는 같은가? 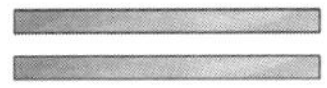	• 막대기를 옮겨 놓아도 길이는 같은가? 
액체	• 두 컵의 물의 양은 같은가? 	• 넓적한 컵에 옮겨 부어도 양은 같은가? 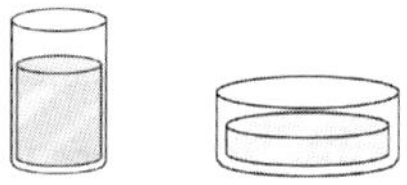
질량	• 두 개의 공모양의 찰흙은 양이 같은가? 	• 하나를 변형시켜도 양은 같은가? 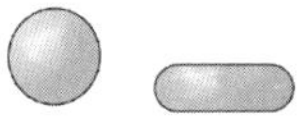
면적	• 두 마리의 소는 동일한 양의 풀을 먹을 수 있는가? 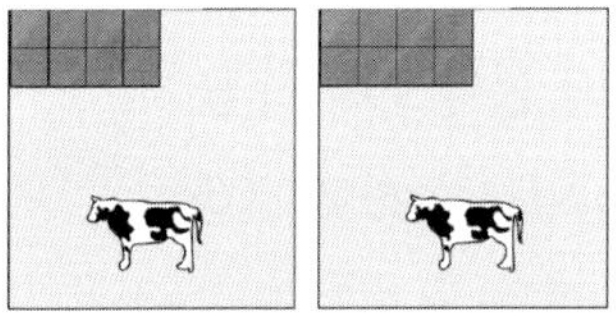	• 풀의 위치를 바꾸어도 동일한 양의 풀을 먹을 수 있는가? 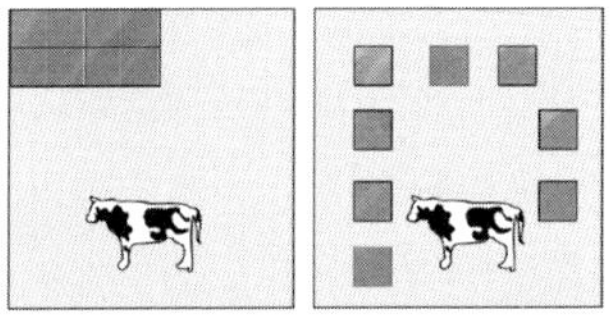
무게	• 두 개의 공모양의 찰흙은 무게가 같은가? 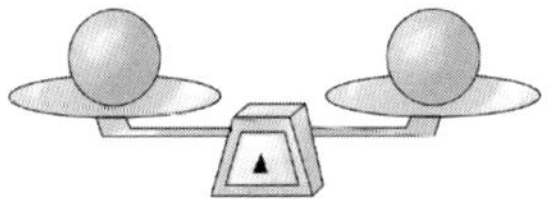	• 하나를 변형시켜도 무게는 같은가? 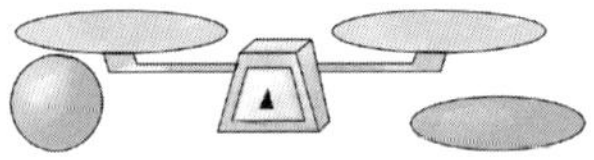
부피	• 두 개의 공모양의 찰흙을 물에 넣으면 올라오는 물높이는 같은가? 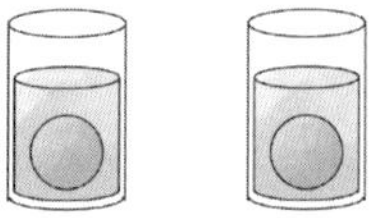	• 하나를 변형시켜 넣어도 물높이는 같은가? 

〈그림 5-4〉 보존개념 실험의 예

출처: Berk, L. E. (1996). *Infants, children, and adolescents* (2nd ed.). Needham Heights, MA: Allyn & Bacon.

한 유아 중 수보존개념의 과제에서는 실패한 유아가 없었던 반면, 수보존개념의 과제를 통과하고도 양보존개념에 실패한 유아는 45.5%였다. 이는 양보존개념이 수보존개념 이후에 출현한다는 Piaget의 주장을 뒷받침하는 것으로 보인다.

✐사진 설명
수보존개념에 관한 실험.

이와 같이 전조작기 유아가 보존개념을 획득하지 못하는 이유를 Piaget는 다음 몇 가지로 설명하고 있다. 첫째, 중심화(centration) 현상 때문이다. 중심화란 두 개 이상의 차원을 동시에 고려하지 못한 채 한 가지 차원에만 주의를 집중하는 것을 말한다. 양의 보존개념에 관한 실험에서 물의 양은 잔의 밑면적과 높이에 의해서 결정되는데, 유아는 이 중에서 한 가지 측면(물의 높이나 넓이)만을 보고 대답을 한다. 둘째, 지각적 특성에 의해 판단하는 직관적 사고 때문이다. 유아가 보기에는 밑면적이 넓고 길이가 짧은 잔의 물의 양이 적어 보인다. 그러니까 유아는 그 잔의 물의 양이 적을 것이라고 생각한다. 셋째, 정지된 상태(states)에 주의를 집중하여 바뀌는 상태(transformations)를 고려하지 못하기 때문이다. 양의 보존개념에 관한 실험에서 똑같은 양의 물을 한 잔에서 다른 잔으로 옮겨 놓았다는 전환상태를 유아는 고려하지 못한다. 넷째, 전조작기의 비논리적 사고의 특징인 비가역성(irreversibility) 때문이다. 가역성(reversibility)은 어떤 변화가 일어났을 때 이것을 먼저 상태로 되돌려 놓는 것을 말하는데, 비가역성은 이런 능력이 없는 것을 말한다. 양의 보존개념에 관한 실험에서 물을 처음 잔에 도로 부으면 물의 양이 똑같다는 사실을 유아는 이해하지 못한다.

보존개념이 형성되지 못한 우리나라 4~5세 유아들을 대상으로 한 연구(이종경, 1988)에서 상징놀이를 통해 가역성을 훈련시켰다. 그 결과, 면적 보존개념의 형성에는 훈련효과가 나타났으나, 길이와 양의 보존개념 형성에는 효과가 나타나지 않았다.

(2) 유목포함

유목포함(class inclusion)은 상위유목과 하위유목 간의 관계, 즉 전체와 부분의 관계를 이해하는 능력을 말한다. 유목포함에 관한 실험에서 유아에게 열 송이의 빨간색 장미와 다섯 송이의 노란색 장미를 보여주고 "빨간색 장미가 더 많니? 장미가 더 많니?"라고 물으면 유아는 빨간색 장미가 더 많다고 대답한다. 이때 유아는 빨간색 장미와 노란색 장미(하위유목)가 모두 장미라는 상위유목에 포함된다는 사실을 이해하지 못하고, 장미꽃의 색깔이라는 지각된 특성에만 주의를 집중하게 된다. 왜냐하면 전체(장미)와 부분(빨간색 장미와 노란색 장미)이라는 논리적 관계를 이해하지 못하기 때문이다.

우리나라 아동 120명을 대상으로 한 연구(이경렬, 1989)에서 아동의 유목포함 수행능력은 연령이 증가함에 따라 점차 우수한 것으로 나타났다. 즉, 4세 유아보다는 5~6세 유아가, 5~6세 유아보다는 7~8세 아동들의 수행능력이 우수한 것으로 나타났다.

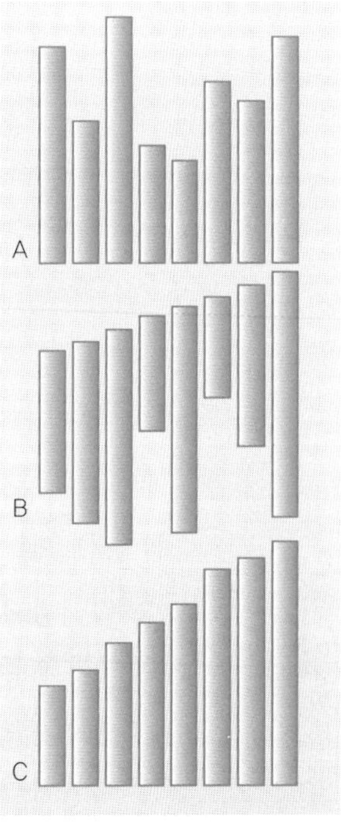

〈그림 5-5〉 서열화 개념의 발달

(3) 서열화

유아에게 길이가 다른 여러 개의 막대기를 주고 길이가 짧은 것부터 순서대로 나열해보라고 하면, 3~4세의 유아는 〈그림 5-5〉의 A에서 보듯이 차례대로 나열하지 못한다. 5~6세가 되면 일부는 순서대로 나열하나 전체적으로는 서열대로 나열하지 못한다. 때로는 〈그림 5-5〉의 B에서 보듯이 아랫부분은 무시하고 윗부분만을 순서대로 나열하기도 한다. 그러나 구체적 조작기에 이르러서는 〈그림 5-5〉의 C에서 보는 바와 같이 서열화의 개념을 완전히 획득하게 된다.

우리나라 도시와 농촌의 4~7세 아동 160명을 대상으로 한 연구(신성애, 1980)에서, 4세에서 7세 아동들의 서열개념 발달수준은 연령이 증가함에 따라 높아졌으며, 도시 아동이 농촌 아동보다 서열개념 발달수준이 높은 것으로 나타났다.

4. 기억발달

유아기에는 영아기에 비해 기억능력이 크게 발달하는데, 여기에는 네 가지 요인이 작용하는 것으로 보인다(Shaffer, 1999). 첫째, 정보를 저장할 수 있는 저장공간의 크기, 즉 기억용량(memory capacity)의 증가, 둘째, 정보를 체계적으로 저장하고 인출할 수 있는 기억전략(memory strategy)의 발달, 셋째, 기억과 기억과정에 대한 지식인 상위기억(metamemory)의 발달, 넷째, 연령증가에 따른 지식기반(knowledge base)의 확대가 그것이다.

기억용량이 증가한다는 것은 정보를 저장할 수 있는 공간이 증가한다는 것을 의미한다. 기억공간에는 감각기억, 단기기억, 장기기억이 있는데, 감각기억과 장기기억의 용량은 연령에 따른 변화가 거의 없는 것으로 보이기 때문에, 기억용량의 증가는 단기기억 용량의 증가를 의미한다(Bjorklund, 1995).

기억전략은 정보를 장기기억 속에 저장하고 그 정보가 필요할 때 인출이 용이하도록 해 주는 의도적인 활동을 말하는데, 기억술이라고도 한다. 기억전략에는 기억해야 할 정보에 주의를 기울이는 주의집중(attention), 기억하려는 것을 반복연습하는 시연(rehearsal), 관련있는 것끼리 집단화시키고 유목화하는 조직화(organization), 기억해야 할 정보에 다른 것을 연결시켜 정보가 갖는 의미의 깊이와 폭을 더욱 확장시키는 정교화(elaboration) 그리고 도움이 될 수 있는 단서를 사용하는 인출(retrieval) 전략 등이 있다. 기억전략은 유아기에 출현하기 시작하지만, 처음에는 그렇게 효율적이지 못하다. 그러나 아동기가 되면 기억전략은 크게 발달한다.

상위기억이란 기억과 기억과정에 대한 지식을 말한다. 즉, 자신이 정보를 기억하는 데에는 한계가 있으며, 짧은 내용보다 긴 내용이 기억하기 더 어렵고, 어떤 기억전략을 이용하는 것이 더 효과적인지를 아는 것 등이 상위기억에 관한 것이다(Schneider & Bjorklund, 1998; Schneider & Pressley, 1997). 상위기억은 상위인지(metacognition)의 일부이다. 상위인지란 자신의 사고에 관한 지식을 말한다. 즉, 자신의 사고상태와 능력에 대해 알고 있는 지식을 의미한다.

유아도 상위기억에 대한 초보적인 지식을 가지고 있는 것으로 보인다. 3, 4세 유아도 짧은 내용이 긴 내용보다 기억하기 쉽고, 긴 내용을 기억하려면 더 많은 노력이 필요하다는 것을 안다(Kreutzer, Leonard, & Flavell, 1975; Yussen & Bird, 1979).

유아기에는 지식기반 또한 확대된다. 우리가 학습할 내용에 관해 이미 많은 지식을 가지고 있다면 그 내용을 기억하기가 훨씬 수월하다. 즉, 우리가 이미 알고 있는 주제에 관해 학습한다면, 그것은 우리 기억 속에 저장되어 있는 기존의 지식이나 정보와 빠르게 연결될 수 있기 때문에 쉽게 기억할 수 있다.

5. 언어발달

유아기 사고의 특성은 상징을 사용할 수 있는 능력이며, 가장 중요한 상징적 표현의 수단은 언어이다. 아동이 상징적 기능을 획득하게 됨에 따라 단어획득 속도는 급격하게 빨라진다.

유아가 일단 말을 하기 시작하면, 이에 따라 사회적 상호작용도 보다 활발해지면서 언어발달이 가속화된다. 유아기 동안 언어발달이 활발히 진행되어, 보통 5세 정도가 되면 대부분의 유아들은 모국어를 유창하게 구사할 수 있다. 유아는 언어를 통해 타인과 상호작용하고, 새로운 정보를 서로 교환하며, 자신들이 바라는 바를 표현하고, 타인의 행동을 통제하며, 자신의 독특한 견해 · 감정 · 태도를 나타낸다(Halliday, 1975).

1) 단어와 문장의 발달

유아가 사용하는 단어의 수는 유아기에 빠른 속도로 증가한다. 유아 초기에는 사용하는 단어의 수가 200~300개 정도이던 것이 5세경에는 2,500개 정도로

Jeremy M. Anglin

증가한다. 문장의 길이도 길어져서 3~4세경에는 3~4개의 단어로 문장을 구사하나, 유아기 말에는 6~7단어로 구성된 문장을 구사하게 된다.

이와 같이 단어수가 급증하는 것은 유아의 인지적 성숙으로 인해 사물을 범주화할 수 있는 능력이 발달하는 것과 관련이 있어 보인다(Goldfield & Reznick, 1990). 유아기 말까지 보통 10,000개의 새로운 단어를 습득하게 되는데(Anglin, 1993), 이는 하루에 평균 6개 정도의 새로운 단어를 습득하는 셈이다. 하지만 이러한 단어습득 속도나 학습능력에는 상당한 개인차가 있다.

유아의 연령이 증가함에 따라 언어의 사용이나 이해가 점차 증가한다. 한 단어의 문장을 거쳐, 전문식(telegraphic) 형태를 보이는 두 단어 문장을 사용하게 된 후, 2~3세경에 이르면 세 단어 이상을 이용하여 문장을 만들 수 있다. 또한 세 단어 문장 시기에 문법적 형태소를 사용하기 시작한다(조명한, 1982; 조성윤, 1992). 유아가 문법적 형태소를 획득함에 따라 전문식 표현이 감소하고 말의 길이가 점차 길어진다. 일반적으로 만 1.5세에서 4세 정도까지는 말의 길이가 유아의 구문론적 발달 정도를 나타낸다(Newcombe, 1996). 우리나라 3~5세 아동을 대상으로 한 연구(권경연, 1980)에서도 연령이 증가함에 따라 문장의 평균 길이는 3단어에서 5단어로, 형태소의 수는 8개에서 18개로 점차 증가하였다.

2) 문법의 발달

문법의 발달면에서도 유아기에는 문장구조에 대한 분명한 감각이 엿보인다. 유아기 초기에는 전문식 문장의 형태를 유지하고 있으나, 점차 주어 · 동사 · 목적어 이외의 문장의 요소들이 첨가되기 시작하며, 복수형이나 어간에 어미를 다르게 활용하여 사용하기 시작한다. 3세경에는 부정문이나 복수형에 대한 개념을 갖게 되며, 특히 '싫어' '아니'와 같은 부정적 의미의 문장을 많이 사용한다. 4~5세경에는 부사, 형용사를 사용하거나 어간에 붙이는 어미를 달리함으로써 문장을 변형시킬 수 있고, 5~6세경에는 성인문법에 접근하여 대부분의 문법에 숙달하게 된다. 유아가 만들어 내는 대부분의 문장은 문법적으로 옳은 것이지만 가끔 실수도 한다. 이는 지나치게 열성적으로 문법적 규칙을 고수하려는 데에 기인한다.

우리말의 특징 중 하나인 경어의 사용에 대해 살펴보면, 경어 어미를 사용하는 상대 높임은 24개월 이후에 습득하고, 경어 어미의 존칭 사용은 42개월 이후에, 주체 높임의 경우 '께서' 등 주어격 조사의 높임은 60개월 이후에 나타난다(이순형, 2000).

유사하게 우리나라 만 3, 4, 5세 유아의 존댓말(명사, 동사)과 존재 격조사(께, 께서) 습득에 관한 연구(박진이, 김민진, 2010)에서 만 3, 4, 5세 유아의 존댓말 습득은 상대 존대법, 주체 존대법, 객체 존대법의 순으로 나타난다고 하였다. 이 중 상대 존대어 습득의 경우 '해요'체와 '하십시오'체의 순서로 습득하는 것으로 나타났으며, 거의 모두 75% 이상의 습득률을 보여 취학 전에 안정적 습득이 이루어지는 것으로 나타났다고 하였다. 반면, 주체 존대법 습득은 하위 실현요소에 따라 습득 정도에 큰 차이를 보였으며, 객체 존대법 습득의 경우는 객체 존대명사 '제'를 제외하고 객체 존대동사, 부사 격조사 '-께'의 습득은 매우 저조한 것으로 나타났다고 하였다.

유아는 능동적으로 문법적 규칙들을 찾아내고 이를 적용하고자 하는 노력을 한다. 이러한 노력은 특정의 문법적 규칙을 적용하지 말아야 하는 경우에까지 일괄적으로 적용하는 과잉일반화(overregularization)를 초래하기도 한다. 우리말의 경우, 유아들이 주격 조사인 '-가'를 과잉일반화하는 것을 쉽게 볼 수 있다(조명한, 1989). 예를 들어, '엄마가' '아빠가'에 사용하는 주격 조사 '-가'를 지나치게 규칙적으로 적용하여 '삼촌이가' '선생님이가'라는 식으로 말을 하기도 한다. 영어의 경우, 흔히 복수형이나 과거형을 만들 때 과잉일반화가 나타난다. 예를 들어, 3, 4세 정도의 유아들이 'feet'를 'foots'로, 'I went'를 'I goed'로 표현하는 것을 볼 수 있다. 이러한 과잉일반화는 유아들이 언어의 세부 규칙을 완전히 파악하지 못하였기 때문이기도 하지만, 언어 규칙을 자발적으로 내면화하고 있다는 증거이기도 하다. 그러나 특별히 지도하지 않아도 유아가 성장하면서 자연적으로 점차 올바른 형태의 표현을 사용하게 된다.

3) 의사소통 기술의 발달

유아기에는 단어의 획득이나 문법의 숙달로 인해 영아기에 비해 의사소통이 보다 효율적으로 이루어질 수 있다(사진 참조). 그러나 아직까지는 사고의 자기중심성 때문에 언어도 의사소통을 위한 사회화된 언어로 발달하지 못하고 자기중심적인 특성을 갖는다. 반복, 독백, 집단적 독백 등은 유아의 자기중심적인 언어표현의 대표적인 형태이다. 즉, 서로에게 이야기는 하고 있지만 그 말의 의미는 그들 자신의 사고 속에 국한되어 있다. 그러나 유아기 말에는 자기중심적 언어가 줄어들고 점차 사회화된 언어를 사용하게 된다. 또한 유아는 추상적인 언어적 비유나 어휘가 지닌 다양한 의미나 느낌을 제대로 이해하지 못하며, 언어이해를 돕는 얼굴표현이나 몸짓을 필요로 한다. 자신이 한 말을 확인해보려는 의도에서 확인부가 의문문을 상당히 많이 사용한다.

의사소통을 효율적으로 하기 위해서 유아는 물리적·사회적 맥락에 적절한 언어를 사용하는 방법을 습득해야 한다(Newcombe, 1996). 즉, 단어의 의미나 문법적 지식뿐 아니라, 청자에게 알맞은 주제와 알맞은 어투로 적당한 시간과 적절한 장소에서 이야기할 수 있는 능력이 필요하다. 보통 어린 유아조차도 기본적인 대화 규칙을 잘 따른다. 이러한 화자(speaker)로서의 기술은 유아기에 빠르게 발달하여, 만 2세 정도만 되어도 대부분 말을 걸면 대답을 해야 한다는 것을 알고 있다. 만 4세 정도가 되면, 말을 할 때 듣는 사람의 수준에 맞게 화법을 조절해야 한다는 것을 안다. 즉, 듣는 사람이 이해하기 쉬운 형태로 바꾸어서 이야기한다. 예를 들어, 유아가 자신보다 어린 동생에게 말할 때, 쉬운 단어를 사용하

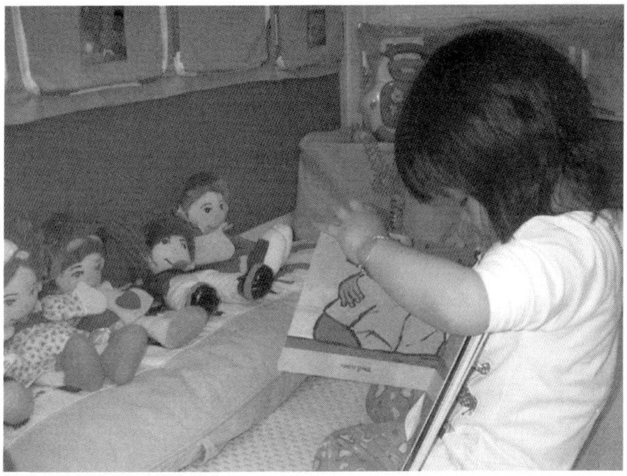

✐사진 설명
유아가 인형들에게 그림책을 보여주면서 설명하고 있다.

여 단순화시켜서 말하거나 천천히 혹은 반복해서 이야기하는 것을 볼 수 있다.

하지만 유아의 의사소통 능력에는 여전히 한계가 있다(Hetherington & Parke, 1993). 일대일 대화는 어느 정도 잘 이어가나, 동시에 여러 사람들과 대화하는 능력은 떨어진다. 즉, 두 사람 이상과 대화를 할 때에는 자신이 이야기해야 할 때가 언제인지를 판단하는 데 어려움을 느낀다.

의사소통을 위해 요구되는 또 다른 기술은 다른 사람의 말을 잘 듣고 모호한 부분이 있으면 분명하게 알 때까지 물어볼 수 있는 청자(listener)로서의 능력이다. 어린 유아는 보통 타인이 전달하고자 하는 내용을 이해하지 못하였다는 사실을 자신이 인식하지 못하는 경우가 많다. 즉, 3~5세 유아는 자신이 듣는 말에서 모호한 정보를 찾아내고 이를 해결하는 능력이 부족하다(Shaffer, 1999). 이 시기 유아는 종종 자신이 듣는 정보 그 자체보다 화자가 의미하는 것에 대한 자신의 생각에 초점을 두고 정보를 해석하는 것으로 보인다.

우리나라 만 2~3세 유아와 그의 어머니를 대상으로 어머니의 대화양식에 따른 유아의 의사소통 의도를 살펴본 연구(성미영, 2003)에서, 만 2~3세에도 의사소통 능력이 발달하기는 하였으나, 유아보다 숙달된 대화 능력을 갖춘 어머니와의 상호작용에서는 어머니의 반응을 이끌어내면서 대화를 지속시키기보다는 어머니의 의도에 반응하여 상호작용을 지속시켜 나갔다고 하였다. 또한 자녀와의 놀이상황에서 대화 유도적 양식을 사용하는 어머니의 유아는 지시적 양식을 사용하는 어머니의 유아보다 제공 의도에 의한 반응을 많이 보였으며, 지시적 양식을 사용하는 어머니의 유아는 대화 유도적 양식을 사용하는 어머니의 유아보다 자신의 행동에 대한 허용을 어머니에게 더 자주 요구하는 것으로 나타났다. 이러한 결과는 일상생활에서 어머니가 자녀와 놀이를 할 때 사용하는 의사소통 방식이 유아의 의사소통 능력 발달에 누적된 영향력을 행사한다는 것을 나타낸 것이다.

6. 사회정서발달

유아기는 영아기에 비해 대인관계의 폭이 넓어지고 다양해지는 시기이다. 유아기에는 활동반경이 넓어짐에 따라 인간상호관계에 따른 정서적 긴장이 심하게 나타나기도 한다.

1) 놀이

아동은 성인보다 자기 또래의 아동과 쉽게 상호작용이 이루어진다. 이는 아동의 작은 신체적 크기나 재미있는 행동이 보다 친근감을 주고 주의를 끌기 때문이다. 1세경의 영아도 다른 영아와 서로 상호작용을 한다. 2세경에는 긍정적 · 부정적 정서표현을 보다 뚜렷하게 보이며, 서로 때리거나 싸우는 행동보다는 장난감을 바꾸거나 서로를 흉내 내는 긍정적인 반응이 주류를 이룬다. 그러나 유아기에 접어들어 그들의 놀이는 점차 빈번해지고, 집단을 이루는 경향을 보이게 된다. 3~4세경에 대부분의 유아는 다른 유아와 놀이에 적극적으로 참여하려고 시도한다.

유아의 하루는 놀이의 연속이며, 그들이 하는 거의 모든 활동은 놀이가 된다. 성인의 시각에서 보면 놀이는 시간을 없애는 무의미한 것일 수 있지만, 놀이는 유아의 성장과 발달에 영향을 미치는 중요한 활동이며, 그들의 일이다. 유아는 자신의 생각과 감정을 쉽게 언어화할 수 없으므로 언어보다는 놀이에 의해 이를 더 적절하게 표현할 수 있으며, 놀이를 통해 새로운 지식을 쉽게 획득한다. 그 외에도 놀이는 또래와의 관계를 확장시키고 신체발달을 돕는 다양한 기능을 가지고 있다(Coplan & Arbeau, 2009; Hirsh-Pasek & Golinkoff, 2014; Smith & Pellegrini, 2013).

(1) 정서적 안정

Anna Freud

정신분석이론에서는 놀이의 기능을 아동의 심리적 갈등을 완화시켜 주고 욕구를 충족시켜 주는 것으로 보았다. 이러한 놀이의 기능에 근거하여, Anna Freud(1946, 1965)는 아동의 문제행동을 치료하기 위해 놀이치료 요법을 발전시켰다.

놀이는 일상생활의 긴장상태를 여러 아동과의 관계를 통해 조절하거나 이를 사회적으로 인정된 방법으로 발산하는 기회를 제공해준다. 또한 아동은 놀이를 통해 자연스럽게 자신이 지닌 심리적 문제를 표현하며 자신이 가진 부정적인 감정을 투사함으로써 정화작용이 이루어진다. 특히 다른 물건이나 사람인 것처럼 가장하고 놀이를 하는 가상놀이에서는 이러한 투사를 통한 정화작용의 효과가 훨씬 크게 나타난다. 유아기에는 상징적 기능을 갖게 됨으로써 가상놀이가 점차 증가하며, 정교해진다. 이러한 가상놀이는 무의식적 갈등이나 두려움을 해결하기 위해 행해지기도 하지만 금지된 놀이를 가상놀이를 통해 해봄으로써 그들의 자아를 만족시키기도 한다. 예를 들어, 불 근처에 가지 못하도록 경고를 받은 아동이 이를 가상놀이를 통해 간접적으로 재현해봄으로써 억압된 감정으로부터 보다 자유로워질 수도 있다. 이러한 과정을 통해 놀이는 원초아와 초자아의 갈등을 해결하는 역할을 하며, 놀이라는 매체를 통해 실제 상황에서 직면할 수 있는 무력감이나 좌절감을 극복할 수 있는 역할을 하게 된다.

(2) 인지발달

인지발달이론의 관점에서 보면, 놀이는 새롭고 복잡한 사건이나 사물을 배우는 방법이다. "공부만 하고 놀 줄 모르면 아이를 바보로 만든다"라는 말처럼 놀이는 아동의 인지발달에 절대적인 영향을 미친다. 놀이를 통해 새로운 개

놀이치료

아동에게 있어 놀이는 '유희'의 기능만 있는 것이 아니라, 실현 불가능한 자신의 욕구나 갈등과 같은 비언어적 의사를 담아내는 중요한 역할을 한다. 성인이 주로 언어로 자신의 의사를 표현한다면, 언어적 기술이 부족한 아동은 많은 경우 놀이에 사용되는 놀잇감을 통해 의사표현을 한다. 아동은 놀이 속에서 자아(감정, 사고, 경험, 행동 등)를 탐색하고, 자신의 소망을 실현시킨다. 다시 말해, 아동은 놀이를 통해 자신의 감정을 표출하고, 긴장을 해소하며, 외상이나 스트레스에 대처하는 적응력을 키운다(Yanof, 2013).

놀이치료(play therapy)는 특히 최근에 성적 학대, 부모의 이혼이나 죽음 등과 같은 심한 외상경험(traumatic experiences)을 한 아동에게 유용하다. 놀이치료는 아동이 치료자에 대한 거부나 저항 없이 곧 놀이에 몰두하고, 자신이 놀이의 주체이자 결정자가 되면서 신나게 놀면서 문제를 표출하게 된다. 결국 아동은 놀이과정을 통해 치료자와의 역동적 관계를 형성하고, 자아존중감, 자기동기화된 행동, 환경에 대한 숙달감 그리고 내적 통제력이 강화되어 현실에서 불가능한 행동에 대한 보상과 적응적 행동을 위한 대안을 모색할 수 있다. 따라서 놀이치료는 아동의 특성을 고려한 심리치료 방법이라 할 수 있다.

대부분의 놀이치료는 아동중심의 접근을 통해 이루어지며, 치료자와 아동 사이의 정서적 관계가 지니는 치료적 힘을 강조한다. 놀이에 사용되는 놀잇감은 치료목표에 따라 선택되고, 아동에게 가장 자연스러운 의사소통의 기회를 제공하기 위한 것으로 구성된다. 놀이치료에 소요되는 시간은 아동의 문제행동이 지니는 상태와 아동의 개별성 그리고 치료목표와 계획에 따라 달라지게 된다. 궁극적으로 놀이치료는 아동에게 자신의 성장과 발달을 돕는 창의성과 이해력 증진을 위한 힘을 사용할 수 있는 기회를 제공한다(Sanders, 2008).

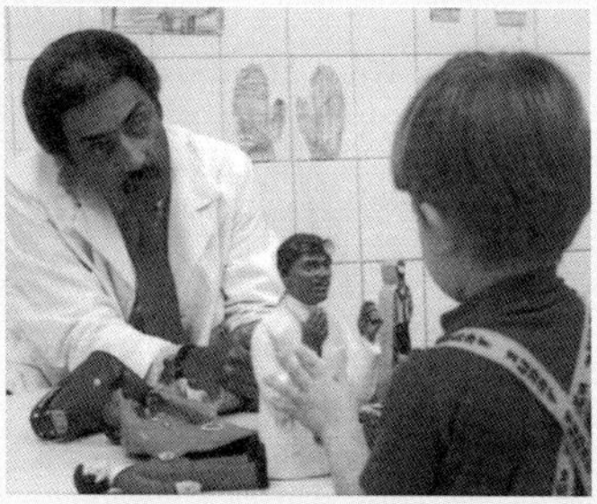

사진 설명
놀이를 통해 아동은 자신의 정서를 표출한다.

념이나 기술을 습득하고, 생각과 행동을 통합해 나가며, 문제해결 능력을 키울 수 있다. 이를 반영하듯 놀이의 종류도 인지발달 단계와 밀접하게 관련되어 있다. 영아기 초기에는 자동차를 앞뒤로 굴리는 것과 같이 단순히 반복적으로 근육을 움직이는 기능놀이(functional play)가 주를 이룬다. 그러나 인지발달과 더불어 기능놀이는 블록쌓기 놀이와 같이 함께 어떤 것을 만들어 내는 구성놀이

(constructive play)나 이야기의 주인공이나 배우처럼 행동하는 가상놀이(make-believe play)로 발전해 나가게 된다(Rubin, Fein, & Vandenberg, 1983).

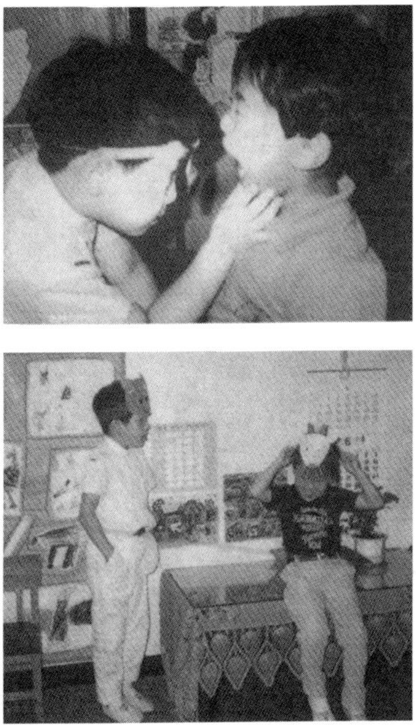

✐사진 설명
유아기의 가상놀이.

가상놀이는 아동의 표상능력을 반영해주는 것으로 그들의 인지발달을 위해 유용한 정보를 제공해준다(Lyytinen, 1995). 즉, 존재하지 않는 것이 존재한다고 가정하려면 최소한의 인지적 능력이 요구되므로, 인지발달이 선행되어야 놀이가 가능하고 놀이를 할수록 인지발달이 촉진되는 순환이 이루어진다(사진 참조). 실제로 '아기돼지 삼 형제'의 우화를 실연했던 가상놀이 집단과, 자르고 풀칠하는 단순활동을 위주로 한 통제집단과의 비교연구 결과에서도 6개월 후 가상놀이 집단의 지능지수가 통제집단에 비해 높게 나타났다(Saltz, Dixon, & Johnson, 1977).

이러한 관점에서 본다면, 문화적으로 제한된 놀이만을 강요하는 경우에는 인지적 결손이 나타날 수 있다. 즉, 강화받은 놀이는 점차 빈번해지고 강화받지 못한 놀이는 점차 감소하게 되므로 놀이의 종류에 대해 지나치게 제한을 가하면 이를 통한 인지발달의 기회는 제한된다고 볼 수 있다.

✐사진 설명
우화 〈아기돼지 삼 형제〉

우리나라 3~4세 유아의 놀이행동에 관한 연구(고윤지, 김명순, 2013)에서 의사소통능력 수준이 높은 유아는 가상놀이(상징놀이)를, 의사소통능력 수준이 낮은 유아는 기능놀이를 많이 하는 것으로 나타났다. 이러한 결과는 유아가 가상놀이에서는 언어를 통해서 역할이나 상황을 사실적인 것에서 상상적인 것으로 변형하기 때문에 의사소통이 필수적 요인임을 시사하는 것으로 보인다. 한편, 기능놀이는 사물을 가지고 단순히 반복적으로 근육을 움직이는 놀이이기 때문에 높은 수준의 의사소통능력이 필수적 요인은 아닌 것으로 보인다.

(3) 사회성발달

Mildred Parten

놀이는 또래와의 관계를 발전시키기 위한 중요한 수단이다. 놀이를 통해 사회적 관계를 형성하고, 사회성이 발달되며, 아동의 사회성발달 수준에 따라 놀이 형태도 달라진다. 2세경까지는 사회화된 놀이가 빈번하게 나타나지 않으나, 유아기에 접어들면 지금까지의 감각운동적 반응에서 보다 사회화된 놀이로 발달한다. Parten(1932)은 유아기에 접어들면 놀이는 보다 상호작용에 근거한 사회화된 형태로 발전하며, 놀이를 통한 사회성발달은 세 단계로 진행된다고 하였다. 첫 단계는 몰입되지 않은 놀이, 방관자적 놀이, 혼자놀이처럼 비사회적인 놀이 형태이며, 점차 이는 평행놀이라는 제한된 사회적인 활동으로 옮아간다. 마지막 단계에서 유아는 연합놀이나 협동놀이 같은 진정한 사회적 상호작용의 형태에 참여하게 된다(Berk, 1996).

Parten(1932)은 유아가 점차 성장하고 사회성이 발달함에 따라 혼자놀이와 평행놀이의 비중은 감소하고 연합놀이나 협동놀이의 비중은 증가한다고 하였다. 그러나 이같은 놀이의 발달단계에 대해서는 비판적인 견해도 있다. 이들은 혼자 노는 아동이 사회적 적응이 안 된다는 표시가 아니라 오히려 독립심과 성숙함을 나타내는 것일 수도 있다고 본다. 혼자놀이의 50% 정도는 교육적 활동이 포함되며, 나머지 25%는 춤추기나 달리기 같은 대근육 운동에 초점을 두고 있다. 또한 평행놀이를 통해서도 아동은 옆에 있는 다른 유아의 놀이를 흉내 냄으로써 배우게 되며, 이러한 비언어적 상호작용은 이후의 연합놀이나 협동놀이에서 나타나는 언어적 상호작용이나 사회적 협응의 밑거름이 된다고 볼 수 있다(Eckerman, Davis, & Didow, 1989). 특히 현대사회와 같이 형제 수가 적고, TV 시청시간이 많으며 단순한 장난감보다 정교한 장난감, 특히 오락 게임기나 컴퓨터가 보편화된 사회에서는 혼자놀이의 비중이 점차 증대하게 된다.

(4) 신체발달

아동에게 조직적 · 비조직적 놀이의 기회를 제공하는 것은 신체발달에 필수

사진 설명
유아기의 신체적 놀이.

적이며, 아동은 신체적 놀이를 통해 운동능력을 발달시켜 나간다(사진 참조). 소꿉놀이 등을 통해 소근육 운동이 더욱 발달되고, 여러 가지 놀이기구 등을 통해 민첩함이나 근육의 힘을 키워 나가게 된다. 대부분의 장애아동은 행동이 민첩하지 못하고 근육의 협응능력이 미숙하다. 이들은 부모가 지나친 간섭이나 주의를 기울임으로써 상대적으로 운동 기회가 부족하게 되며, 결과적으로 약한 근육을 더 약하게 만들게 된다.

특히 유아기에 접어들면 아동의 신체발달은 운동능력과 밀접한 관련이 있으며, 운동능력은 사회성이나 정서발달에도 연쇄적으로 영향을 미치게 된다. 운동을 잘하는 아동은 또래집단에서 인기가 있고, 적극적으로 또래관계를 형성해 나가며, 이는 이후의 정서적 안정과도 관련이 있다.

이상과 같은 놀이의 기능은 서로 상보적이고 순환적인 특성을 갖기도 하지만, 이와는 달리 특정한 기능에 치중한 놀이일 경우에는 다른 기능이 상대적으로 저조해질 가능성도 높다. 그러므로 아동에게 여러 가지 기능을 균형 있게 발달시킬 수 있는 놀이의 종류나 기회를 제공해주는 것도 중요하다.

놀이집단의 구성이나 놀이장소, 놀이기구의 다양성, 이전의 놀이집단에서의 경험 등도 놀이의 특성에 큰 영향을 미치는 요인이다. 유아기에는 동성의 놀이친구를 선호하는 경향을 보이며, 동성의 놀이집단이 큰 비중을 차지한다. 그 결과 남아의 놀이집단은 레슬링, 총싸움 등과 같은 신체적 활동이 많은 비중을 차지하는 반면, 여아의 놀이집단은 정적이고, 협동적이며, 교사나 놀이기구를 중심으로 놀이를 하는 경향을 보인다. 남아와 여아가 섞여 있는 놀이집단에서는 여아는 보다 독립적이고 남아는 덜 공격적인 경향을 보인다. 또한 놀이장소가 자신의 집인 경우 다른 장소에 비해 보다 적극적인 사회적 상호작용이 이루어진다. 모래, 찰흙, 종이나 물감 등이 구비된 실내에서는 평행놀이가 많이 나타나며, 실외에서는 뛰거나 구르는 것과 같은 신체적 활동을 촉진시키는 형태를 띠게 된다. 놀이기구가 다양할수록 사회적 상호작용이 촉진되며, 아예 장난감이 없는 경우에는 밀착된 언어적 상호작용이나 모방행동이 증가하게 된다. 이전의 놀이집단에서 어떠한 놀이가 주류를 이루었는가에 따라 이후의 놀이 형태가 결정되기도 한다(Clarke-Stewart et al., 1985).

2) 성역할발달

인간을 분류하는 가장 기본적인 범주는 성별이며, 우리가 속해 있는 사회는 성별에 따라 남성과 여성에게 적합하다고 생각되는 특성을 규정하고 있다. 사회가 각 성에 적합한 것으로 규정한 행동이나 태도를 자신의 것으로 내면화시키는 것을 성 유형화라고 하며, 이를 통해 우리는 자신의 성에 적합한 성역할 개념을 습득하게 된다.

(1) 성역할발달의 이론

한 개인이 그가 속해 있는 사회가 규정하는 성에 적합한 행동, 태도 및 가치관을 습득하는 과정을 성역할 사회화라 하며, 이 성역할 사회화 과정을 통해 남성성 또는 여성성이 발달한다. 남성성과 여성성의 발달은 인간발달의 매우 중요한 측면으로 정신건강의 한 척도가 되어 왔다. 즉, 여자는 여성적인 것이, 남자는 남성적인 것이 정신적으로 건강하다는 것이다. 이와 같은 성에 적합한 사회적 역할을 학습하는 과정은 그 기초가 가정에서 이루어지며, 동성의 부모와 동일시하려는 심리적 과정을 통해 진행된다.

Sigmund Freud

① 정신분석이론

Freud(1933)에 의하면, 남자와 여자의 근원적인 차이는 심리성적 발달의 5단계 중에서 제3단계인 남근기에서의 서로 다른 경험에 기인한다고 한다. 이 단계에서 남아는 오이디푸스 콤플렉스를, 여아는 엘렉트라 콤플렉스를 각각 경험하게 되는데, 이러한 콤플렉스를 해결하기 위한 수단으로 성역할 동일시가 이루어진다고 한다. 즉, 이성 부모에 대한 근친상간적 성적 욕망을 현실적으로 실천할 수 없음을 깨닫게 되고, 동성 부모의 보복을 두려워하게 된다. 이때 남아는 거세불안(castration anxiety)을 감소시키기 위해 방어적으로 아버지와 동일시하게 된다. 그러나 여아의 경우는 거세불안을 느낄 필요가 없으므로, 엘렉트라 콤플렉스를 해결하고자 하는 동기에 대한 Freud의 설명은 불충분하다. 아마도 어머니의 애정을 잃을까 봐 두려워서 근친상간적 욕망을 억압하고, 어머니를 동일시하여 여성성을 강화시키는 것이 아닌가 생각된다. 하지만 거세불안이 없는 만큼 동일시하고자 하는 동기가 남아보다 약하다고 한다.

Walter Mischel

Lawrence Kohlberg

② 사회학습이론

Mischel(1970)은 성역할은 직접학습과 관찰학습에 의해 발달한다고 설명한다. 부모, 교사 또는 친구가 아동의 성에 적합한 행동을 강화하고, 성에 적합하지 못한 행동을 벌함으로써 직접학습이 이루어진다. 그리고 이 직접학습에 의해서 남아는 단호하고, 경쟁적이며, 자동차나 총과 같은 장난감을 가지고 놀도록 장려되고, 여아는 얌전하고, 협동적이며, 인형이나 소꿉놀이 장난감을 가지고 놀도록 장려된다. 또한 아동은 관찰을 통해서 많은 성역할 행동을 학습한다. 즉, 아동은 부모나 친구 또는 다양한 형태의 매체를 통해서 자기 성에 적합한 행동을 학습하고, 이러한 행동유형은 강화를 통해서 내면화된다고 한다.

③ 인지발달이론

Kohlberg(1966)는 성역할 동일시의 가장 중요한 요인은 아동 자신이 남자 또는 여자라는 성별 자아개념을 인식하는 것으로, 이것이 동일시에 선행한다고 주장한다. 즉, "나는 남자다"라는 인식이 먼저이고, 그다음이 "그러므로 남자에게 적합한 행동을 한다"라는

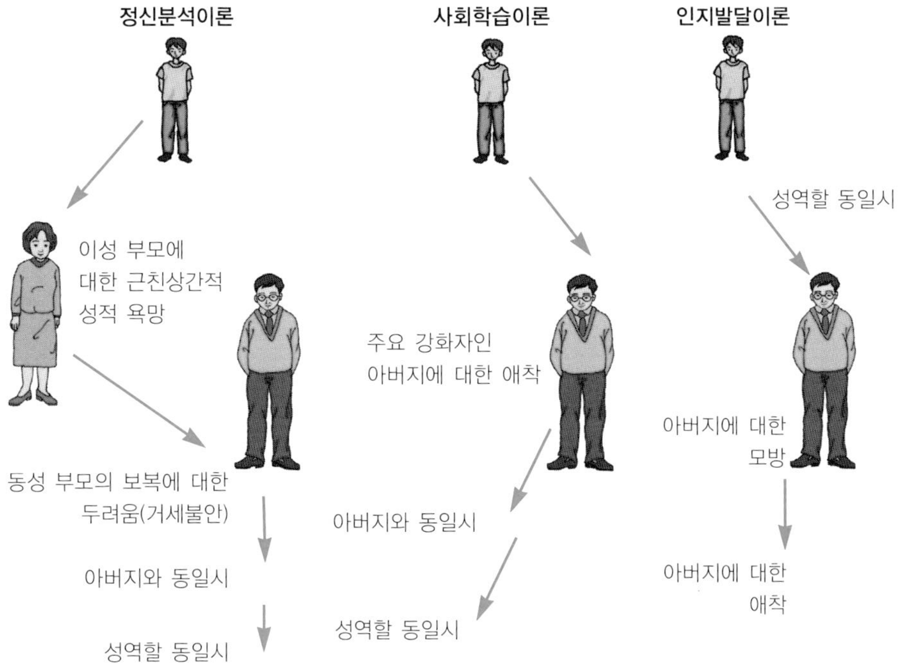

〈그림 5-6〉 Kohlberg가 해석한 심리성적 동일시이론

동일시가 나중에 이루어진다는 것이다.

정신분석이론이나 사회학습이론은 모두 같은 성의 부모와 동일시하는 것이 자기 성에 적합한 행동 및 태도를 습득하는 선행조건이라고 보는 반면, 인지발달이론은 같은 성의 부모와의 동일시가 성유형화(性類型化)의 결과라고 본다(〈그림 5-6〉 참조).

(2) 성역할발달과 영향요인

성역할발달에 영향을 미치는 요인은 다음과 같다.

① 생물학적 요인

성호르몬은 성역할발달에 영향을 미친다(Hines, 2011, 2013). 여성 호르몬인

에스트로겐은 주로 여성의 신체적 특징에 영향을 미치고, 남성 호르몬인 안드로겐은 주로 남성의 생식기와 이차 성징의 발달에 작용을 한다. 한 연구에서 태내 호르몬의 변화가 성역할발달에 미치는 영향을 조사한 바 있다. 몇 명의 산모에게 남성호르몬을 주사한 일이 있는데, 이들은 유산의 경험이 있는 산모로서 남성호르몬이 그 치료가 되리라 믿었기 때문이다. 남성호르몬 치료를 받고서 태어난 아이들과 치료를 받지 않은 같은 성의 형제를 비교해 본 결과, 남성호르몬 치료를 받은 여아는 훨씬 더 활동적이고, 놀이친구로서 여아보다 남아를 선호하였으며, 인형보다는 총이나 자동차 같은 장난감을 좋아했고, 외모에는 관심이 없었다. 치료를 받은 남자아이들은 그렇지 않은 남자형제보다 훨씬 더 거친 놀이를 하고 놀았다(Santrock, 1981).

또 다른 연구들(Berenbaum & Bailey, 2003; Burton et al., 2009; Knickmeyer & Baron-Cohen, 2006; Mathews et al., 2009)에서 안드로겐이 비정상적으로 높은 수준인 여아의 경우 자신이 여자라는 사실에 매우 불만족스러워하며 남자가 되는 것에 큰 관심을 보이고, 남자아이와 함께 놀이하는 것을 좋아하며, 인형보다는 남자아이들이 좋아하는 장난감을 선호하였다.

성호르몬은 사회정서발달에도 영향을 미친다. 최근 한 연구(Auyeung et al., 2009)에서 양수로부터 측정한 태아의 테스토스테론 수준이 높은 경우 남아든 여아든 6~10세가 되었을 때 전형적인 남아의 놀이를 더 많이 하는 것으로 나타났다.

Margaret Mead

② 문화적 기대

문화 또한 성역할발달에 매우 중요한 역할을 한다. Mead(1935)가 뉴기니 섬의 세 종족의 원주민을 대상으로 연구한 결과는 문화에 따라 전혀 다른 성역할발달이 이루어진 것을 보여주고 있다. 이 들 세 종족 중 두 종족에서는 성역할 분화가 거의 이루어지지 않았는데, 한 종족은 남녀 모두 많은 문화권에서 여성적인 것으로 규정된 행동특성, 즉 순종적이고 협동적이고 단호하지 못한 행동들을 나타내었다. 반면, 다른 한 종족은 많은 문화권에서 남성적인 것으로 규정된 행동들을 나타내었는데, 이 부족은 적대적이고 공격적이며 잔인한 것으로 보였다. 끝으로 나머지 한 종족에서는 Parsons와 Bales(1955)가 정의한 전통적인 성역할이 반대로 나타났다. 즉, 남자는 다른 사람의 감정에 민감하고 의존적인 반면, 여자는 독립심이 강하고 공격적이며 의사결정에 있어 중요한 역할을 하는 것으로 보였다.

③ 부모의 역할

부모는 아동이 제일 먼저 그리고 가장 많이 접하게 되는 중요 인물로서 생후 초기부터 자녀의 성역할발달에 지대한 영향을 미친다. 부모는 성역할 학습을 위한 훈육자로서 또는 모델로서 역할을 하며, 자녀는 이러한 부모를 통하여 성역할을 발달시킨다(Hilliard & Liben, 2012; Leaper, 2013; Liben, Bigler, & Hilliard, 2014). 부모는 자녀에게 적극적으로 성에 적합한 행동을 권유할 뿐만 아니라 그러한 행동을 했을 때 보상을 하고, 성에 적합하지 못한 행동을 하였을 때에는 벌을 준다(사진 참조).

④ 또래와 교사의 역할

또래가 성역할발달에 미치는 영향도 매우 중요한데, 또래의 영향은 특히 유아기에 두드러지게 나타난다. 상당량의 성역할 학습은 성이 분리된 놀이상황에서 일어난다. 이는 같은 성의 또래와의 놀이가 성에 적합한 행동을 배우고 실행해 보는 좋은 방법이 될 수 있기 때문이다.

또한 유아들은 성에 적합한 행동은 서로 보상하고, 성에 부적합한 행동은 벌한다(Leaper, 2013; Leaper & Bigler, 2011; Matlin, 2012; Rubin, Bukowski, & Bowker, 2015). 한 연구(Fagot, 1977)에서 유아원 아이들은 남아의 경우 망치질을 한다든가 모래밭에서 놀 때에 강화를 받았고, 여아의 경우 인형놀이나 소꿉놀이 등을

✐사진 설명
인형놀이를 하는 남자아이는 또래들로부터 조롱을 받는다.

할 때 강화를 받았다. 또 성에 적합하지 않은 행동을 보일 경우에는 비판적이고 때로는 의도적으로 망신을 주기도 하였다. Lamb과 Roopnarine(1979)은 3세 유아들이 반대성의 행동을 하다가 또래들로부터 조롱을 받자 하고 있던 일을 재빠르게 바꾸었으며, 성에 적합한 놀이에 대해 보상을 받았을 때에는 평소보다 더 오랫동안 그 놀이를 계속하였음을 발견하였다.

또래집단만큼 강하지는 않지만 교사들 또한 유아의 성에 적합한 놀이는 보상을 하고, 성에 적합하지 않은 놀이는 하지 못하도록 한다(Mullola et al., 2012). 그러나 많은 교사들이 남녀 유아 모두에게 여성적인 특성을 강조하는 경향이 있다. 이러한 경향은 교사가 점차 경험을 갖게 되면서 더욱 증가하는데, 이는 교사가 정숙과 질서를 유지시켜 수업을 잘 이끌어 나가기 위해서는 여성적 특성을 강화하는 것이 효과적이라는 것을 경험을 통해 알게 되었기 때문이다. 그러나 교사가 여성적 특성을 강화하는 것은 남성적 특성을 강조하는 또래집단의 가치와 모순되기 때문에 남아에게 혼란을 가져다주기도 한다. 남아의 이러한 혼란과 갈등은 입학 초기에 남아들이 학교에 가기를 싫어하며, 학업성적이 떨어지는 원인이 될 수 있다.

⑤ 텔레비전의 영향

대중매체가 아동의 성역할발달에 미치는 영향에 대한 연구는 주로 텔레비전을 중심으로 이루어져 왔는데, 그 이유는 대중매체 이용률에서 텔레비전이 차지하는 비율이 가장 높기 때문이다. 텔레비전을 통해 묘사되는 남성과 여성에 대한 이미지는 아동의 성역할발달에 지대한 영향을 미치는데, 아동이 성에 대한 가치관이나 태도를 형성하는 데 있어서 텔레비전에서 제시되는 성에 대한 정보에 상당 부분 의존하기 때문이다(Sutton et al., 2002). 이는 Bandura가 언급한 모방학습의 효과로 설명할 수 있으며, 또한 텔레비전을 많이 보는 사람은 자신이 실제로는 텔레비전 속의 세계와 상이한 삶을 살고 있다 하더라도 텔레비전 속의 세계가 실제 삶에 영향을 미치는 반향(resonance)효과로도 설명할 수 있다(Gerbner, 1998).

텔레비전은 전통적인 성역할을 자주 묘사함으로써 많은 시간을 텔레비전 시청으로 보내는 아동에게는 전통적 성역할을 고수하게 하는 결과를 낳는다. 텔레비전에서 묘사되는 남녀의 역할을 보면 남자가 주인공인 경우가 대부분이다. 그리고 남자는 적극적이고 공격적이며 중요한 의사결정을 하는 인물로 묘사된다. 반대로, 여자는 주로 가정주부나 비서, 간호사 등으로 등장하며, 수동적이고 소극적이며 의존적인 인물로 묘사된다. 따라서 텔레비전을 많이 보는 아동이 텔레비전을 적게 보는 아동보다 훨씬 더 성역할 고정관념을 고수하였다는 결과는 그리 놀라운 것이 아니다(사진 참조).

사진 설명
텔레비전을 많이 보는 아동은 전통적 성역할을 고수하는 경향이 있다.

텔레비전을 통해 방영되는 대부분의 광고내용 또한 전통적인 성역할 특성을 반영하는 것으로 나타났다(Hetsroni, 2007). '텔레토비' '바니와 친구들' 등의 프로그램(사진 참조)에서 성역할 특성에서 다소 변화가 나타나고 있으나 이러한 변화가 남아의 행동에서는 보다 개방적으로 이루어지고 있는 반면, 여아의 경우에는 보다 전통적인 성역할에 대해 강화가 이루어지고 있는 것으로 나타났다.

우리나라 연구에서도 텔레비전 만화영화에서 대체로 남성은 여성에 비해 빈

텔레토비

바니와 친구들

번하게 등장할 뿐 아니라 리더로서의 역할 빈도도 많은 반면, 여성은 추종자 역할에 치중되어 있었다. 또한 남성은 논리적, 합리적, 독립적, 적극적 성향을 보이는 반면, 여성은 감성적, 희생적, 순종적 성향으로 뚜렷한 성역할 고정관념을 보이는 것으로 나타났다(김명희, 2003).

그러나 한편으로는 텔레비전에 등장하는 인물들에 대한 묘사가 전반적인 성역할 고정관념에서 점차 벗어나는 경향을 보이고 있다. 광고에 등장하는 인물에 대한 묘사가 전반적으로 성역할 고정관념을 기초로 하고 있으나 여성의 성역할에서는 메시지 제시방법, 역할, 상품 종류 면에서 중립적이거나 비전통적인 성역할 모델이 제시되기도 한다(김광옥, 하주용, 2008).

Edward S. Davidson

텔레비전은 아동이 접하는 매체 중 영향력이 가장 강한 것으로, 전통적인 성역할 개념에서 벗어나 새로운 성역할 개념으로 발전하는 데 매우 중요한 역할을 할 수 있다. 한 연구(Davidson, Yasuna, & Tower, 1979)에서, 5~6세의 아동들에게 비전통적인 성역할을 하는 주인공들을 묘사하는 만화영화를 보여주었더니 아동들의 성역할 개념이 덜 인습적이 되는 것을 볼 수 있었다.

우리나라 유아를 대상으로 전통적 · 비전통적 성역할 VTR 프로그램을 제작하여 유아의 성역할 고정관념에 미치는 효과를 알아본 홍연애와 정옥분(1993)의 연구에서도, 전통적 성역할 VTR 프로그램을 시청한 집단, 비전통적 성역할 VTR 프로그램을 시청한 집단 그리고 통제집단 간에 유의한 차이가 있는 것으로 나타났다. 즉, 비전통적인 성역할 모델의 제시가 유아의 성역할 고정관념을 감소시켰으며, 성역할 VTR 프로그램을 시청한 후에 변화된 성역할 고정관념은 4주 후의 추후검사에서도 여전히 지속효과가 있는 것으로 나타났다.

이상의 연구결과에서 TV는 보다 평등주의적인 성역할 개념을 제시해줌으로써 아동들의 성역할 고정관념을 극복하거나 감소시키는 강력한 매체가 될 수 있음을 알 수 있다.

(3) 새로운 성역할 개념

Sandra Bem

한국 사회를 비롯한 많은 사회에서 전통적으로 남자는 남성적인 것이, 여자는 여성적인 것이 심리적으로 건강하다고 생각해 왔다. 그러나 1970년대에 와서 이러한 전통적인 성역할 구분은 현대사회에 더 이상 적합하지 않을 뿐만 아니라, 인간의 잠재력을 충분히 발휘하는 데에 장애요인이 된다고 주장하는 학자들이 많다.

남성성과 여성성에 대한 전통적인 개념에 대한 대안으로서 Bem(1975)은 양성성으로의 사회화가 전통적인 성역할 사회화보다 훨씬 더 기능적이라고 주장한다. 양성성이란 그리스어로 남성을 일컫는 'andro'와 여성을 일컫는 'gyn'으로 구성된 용어이며, 하나의 유기체 내에 여성적 특성과 남성적 특성이 공존하는 것을 의미한다. 심리적 양성성의 개념은 한 사람이 남성성과 여성성을 동시에 가질 수 있기 때문에, 상황에 따라서 도구적 역할과 표현적 역할을 수행할 수 있다는 보다 효율적인 성역할 개념을 의미한다.

① 새로운 성역할 측정도구

Constantinople(1973)의 전통적인 남성성-여성성 척도에 대한 평가는 성역할 분야에 있어서 개념적, 방법론적 변화를 가능하게 하였다. 이것이야말로 성역할에 관한 근대적 견해나 태도를 지닌 최초의 시도 중의 하나였다. 그녀의 평가에 의하면 종래의 남성성 · 여성성 척도들은 남성성과 여성성을 단일 차원으로 보고 남성성과 여성성이 각기 양극을 대표한다고 본다는 것이다. 따라서 남성성(또는 여성성)이 높은 사람은 자동적으로 여성성(또는 남성성)이 낮은 것으로 나타나고, 이러한 단일 차원선상에서 중간쯤에 위치하는 사람은 불행히도 성역할 정체감이 불분명한 것으로 판정을 받아 왔다. 그러나 Constantinople은 이러한 단일 차원의 성역할 척도를 비판하고 남성성이 높으면서 동시에 여성성이 높은 사람이 존재할 수 있다고 주장하였다.

이러한 Constantinople의 견해를 많은 사람들이 지지했는데, 그중 Bem과 Spence 등도 성역할이 양극개념으로 이해되어져서는 안 된다는 신념하에 양

Janet Spence

성성을 측정할 수 있는 새로운 성역할 측정도구를 개발하였다. Bem(1974)은 Bem Sex Role Inventory(BSRI)를 그리고 Spence 등(1974)은 Personal Attributes Questionnaire(PAQ)를 각기 제작하였다. 이들 두 척도는 종래의 남성성 · 여성성 척도의 문제점을 해결한 것으로서, 남성성과 여성성을 각기 독립된 변수로 보고 남성성과 여성성을 따로 측정할 수 있도록 남성성 척도와 여성성 척도 두 가지를 포함하고 있다. 이 측정도구에 의하면 남성적인 사람이 동시에 여성적인 사람일 수도 있는데, 이것이 바로 양성성이다.

〈그림 5-7〉에서 보는 바와 같이 남성성 척도와 여성성 척도의 중앙치 점수를 계산하여, 남성성과 여성성 점수가 모두 중앙치 이상이면 양성성으로 분류된다. 그리고 남성성 점수는 중앙치 이상인 데 반해, 여성성 점수가 중앙치 이하이면 남성성으로, 이와는 반대로 여성성 점수가 중앙치 이상이고, 남성성 점수가 중앙치 이하이면 여성성으로 분류된다. 마지막으로 남성성과 여성성 점수가 모두 중앙치 이하이면 미분화로 분류된다.

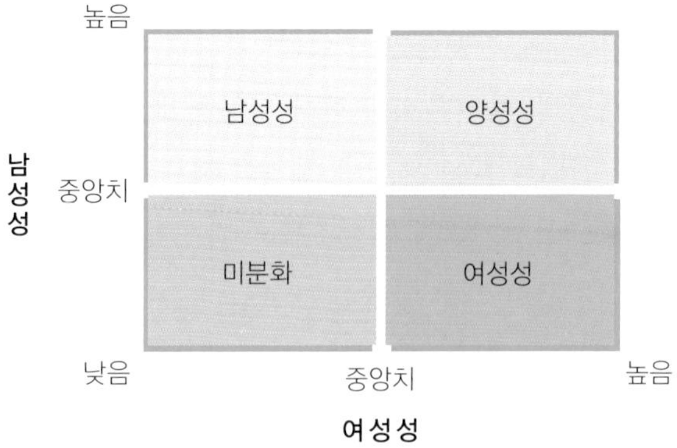

〈그림 5-7〉 독립차원으로서의 남성성과 여성성(양성성, 남성성, 여성성, 미분화 집단)

② 심리적 양성성과 관련연구

양성성 개념이 소개된 이후 이 분야의 연구가 활발하게 이루어졌다. 많은 연구결과에 의하면 양성적인 사람이 성유형화된 사람보다 자아존중감, 자아실현,

성취동기, 결혼만족도가 높고, 도덕성발달과 자아발달도 보다 높은 수준에 있으며, 정신적으로도 더 건강한 것으로 나타났다(Bem, 1974; Bem & Lenney, 1976; Bem, Martyna, & Watson, 1976; Block, 1973; Cristall & Dean, 1976; Schiff & Koopman, 1978; Spence, Helmreich, & Stapp, 1975; Williams, 1979).

Warren H. Jones

위 연구들의 내용을 요약하면 양성적인 사람은 다차원적인 행동을 할 수 있고, 상황에 따라 남성적인 특성과 여성적인 특성의 역할을 적절하게 수행하기 때문에 적응력이 높다는 것이다.

그러나 Jones, Chernovetz 그리고 Hansson(1978)은 일련의 연구를 통하여, 개인의 적응력에 결정적인 역할을 하는 것은 양성성이 아니라 남성성이라고 밝히면서, Bem 등이 주장한 "양성성이 곧 적응성(androgyny equals adaptability)"이라는 가설을 부정하였다. Yager와 Baker(1979)도 여성성과 관계없이 남성성의 존재만이 개인의 적응력에 영향을 미친다고 하면서 "남성성 우월효과(masculinity supremacy effect)"라는 용어를 소개하였다. 그들은 이러한 효과의 배경은 남성적 특성이 미국사회에서 높이 평가되는 데 있다고 설명하면서, 이 남성적 특성을 가진 사람은 성에 구별없이 일상생활의 적응면에서 유리한 입장에 있다고 하였다.

Robert O. Hansson

국내의 연구결과도 양성성 집단이 다른 세 집단보다 자아존중감이 높다는 연구(정옥분, 1986)가 있는 반면, 남성성 집단이 창의성이 가장 높다는 연구(구순주, 1984)도 있다. 또한 양성성과 남성성 집단이 자아존중감, 자아실현, 자아정체감에 있어 차이가 없다는 연구(장재정, 1988; 전귀연, 1984)와 성별에 따라서 다른 양상이 나타난 연구(김희강, 1980)가 있어 연구결과에 일관성이 없다.

성역할에 관한 많은 연구들이 양성성이 가장 융통성 있는 성역할 유형이라고 보고한 반면, 남성성이 보다 효율적인 성역할 유형이라고 하는 연구 또한 상당수 있어 현재로선 단정적인 결론을 내

Susan Baker

리기가 어렵다. 따라서 이 분야에 관해 앞으로 더 많은 연구가 이루어져야 할 것으로 보인다.

3) 사회화와 가족의 영향

사회화란 개인이 자기가 속해 있는 사회집단에 적합하다고 생각되는 행동양식을 습득하는 과정을 말한다. 가족은 개인의 사회화에 가장 큰 영향을 미치는 집단이다. 가족은 사회의 기본 단위로서 한 사회를 존속시키고 유지시키는 기능을 가지고 있다. 인간이 세상에 태어나서 사회구성원으로 성장할 수 있는 터전이 바로 가족이다. 부모는 아동이 이 세상에 태어나 최초로 관계를 형성하는 대상이며, 형제는 아동이 출생 후 처음으로 경험하는 또래집단이자 가장 오랫동안 개인의 사회화에 영향을 미치는 중요한 인물이다.

(1) 부모의 양육행동

부모의 양육행동은 개인의 성격형성에 가장 큰 영향을 미치는 요인 가운데 하나이다. 부모의 양육태도는 수용, 애정, 통제, 양육, 온정, 허용 등과 같은 여러 다른 영역으로 기술될 수 있으며, 어떠한 양육방식이 가장 효과적인가는 문화에 따라, 가족의 특성에 따라 그리고 시대에 따라 상이하다.

Diana Baumrind

① 애정과 통제

Baumrind(1991, 2012)는 애정과 통제라는 두 차원에 의해 부모의 유형을 네 가지로 나누어 설명하고 있다. 여기서 애정차원은 부모가 자녀에게 얼마나 애정적이고 지원적이며, 얼마나 민감한 반응을 보이고, 얼마나 관심을 갖고 있는가 하는 것이다. 통제차원은 아동에게 성숙한 행동을 요구하고, 아동의 행동을 통제하는 것을 말한다.

애정과 통제차원이 둘 다 높은 경우는 '권위있는(authoritative)' 부모, 통제차원은 높지만 애정차원이 낮은 경우는 '권위주의

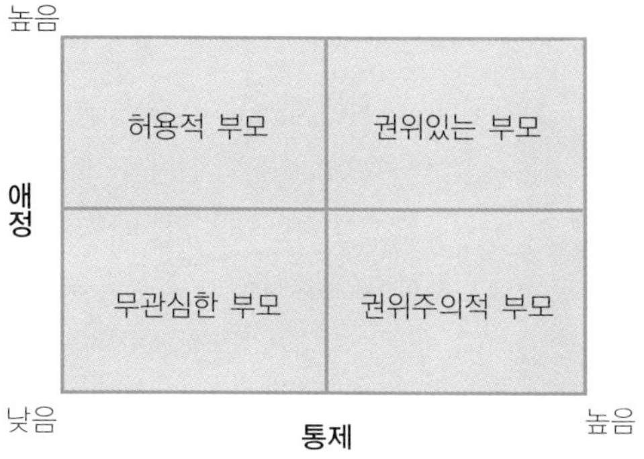

〈그림 5-8〉 애정과 통제 두 차원에 의한 네 가지 부모유형

적(authoritarian)' 부모, 애정차원은 높은데 통제차원이 낮은 경우는 '허용적(indulgent)' 부모 그리고 마지막으로 애정과 통제차원이 다 낮은 경우는 '무관심한(neglectful)' 부모로 명명되었다(〈그림 5-8〉 참조).

② 자애로움과 엄격함

우리나라에서도 청소년상담원(1996)은 이와 비슷하게 자애로움과 엄격함이라는 두 차원에 의해 부모유형을 네 가지로 나누었다(〈그림 5-9〉 참조). 여기서 자애로움은 자녀를 신뢰하고, 따뜻하고 관대하게 대하는 것을 말하고, 엄격함은 확고한 원칙을 가지고, 정해진 바를 일관성 있게 밀고 나가는 것을 말한다.

이상 네 가지 부모유형 중에서 가장 바람직한 유형은 '엄격하면서 자애로운

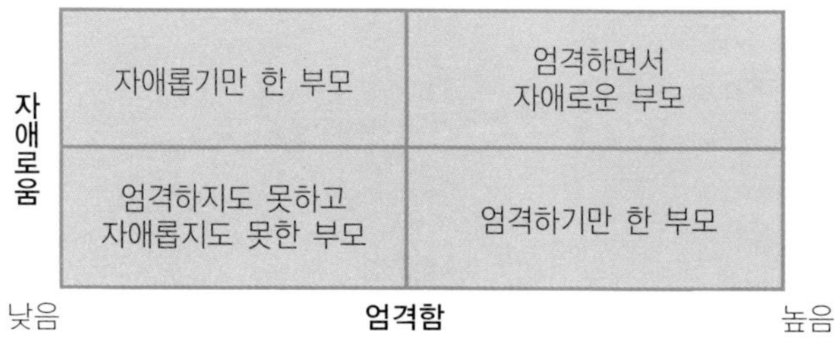

〈그림 5-9〉 자애로움과 엄격함의 두 차원에 의한 네 가지 부모유형

아동학대

아동학대(child abuse)란 아동의 복지에 책임이 있는 부모나 양육자가 아동의 신체적·정신적 건강이나 복지를 해치는 행위를 하는 것을 말한다. 아동학대의 유형에는 크게 신체적 학대, 정서적 학대, 성적 학대, 방임의 네 가지가 있다. 신체적 학대는 의도적으로 아동에게 신체적 해를 입히는 것을 말하며, 정서적 학대는 아동에게 협박을 가하고, 경멸, 모멸감, 수치심을 주는 등 적대적이고 거부적인 태도로 아동의 심리적 자아에 상처를 입히는 것을 말한다. 성적 학대는 아동에게 성인과의 성적 접촉, 애무 등을 강요하거나, 신체를 노출하게 하여 성인의 성적 자극에 이용하는 것을 말하며, 방임은 양육자가 아동발달에 기본적으로 필요한 환경을 제공해 주지 못해 아동의 건강과 안전이 위협받고, 정서적 박탈감을 경험하게 되는 상황을 말한다.

우리나라 보건복지부와 중앙아동보호전문기관에서 발간한 「2017년 전국아동학대 현황보고서」에 따르면 아동학대의 유형은 중복학대가 10,875건(48.6%)으로 가장 높은 비율을 차지하였다. 다음으로 정서적 학대가 4,728건(21.1%)으로 많았으며, 신체적 학대가 3,285건(14.7%), 방임 및 유기가 2,787건(12.5%), 성적 학대가 692건(3.1%)의 순으로 나타났다(〈그림 5-10〉 참조).

2017년에 발생한 아동학대사례 22,367건 중에서 중복학대가 전체 사례의 48.6%에 해당하여 10명 중 4명 이상의 아동은 두 가지 유형 이상의 학대를 받았음을 확인할 수 있었다. 그러므로 학대피해 아동이 발견되었을 때에는 여러 유형의 학대피해를 의심해 볼 필요가 있으며, 다양한 학대행위가 동시에 발생하는 양상에 대한 다각적 사례 개입이 요구된다.

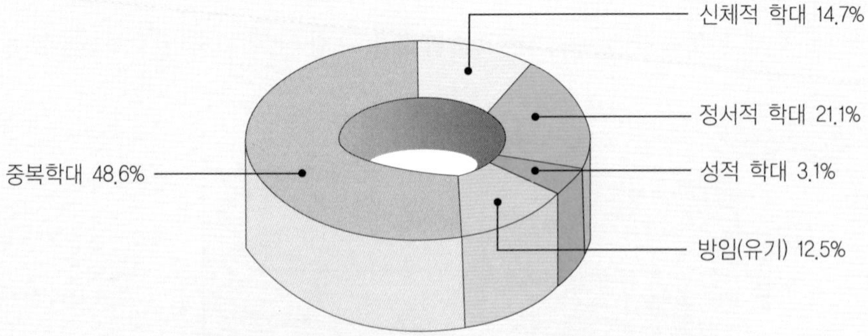

〈그림 5-10〉 아동학대 사례 유형

출처: 보건복지부 · 중앙아동보호전문기관(2018). 2017년도 전국아동학대 현황보고서.

아동학대의 후유증은 심각하다(Trickett & McBride-Chang, 1995). 학대받은 경험이 있는 아동은 지능지수가 낮고, 언어발달이 지체되며, 공격성이 높고, 자아개념이 부정적이며, 사회적으로 위축되고, 또래관계문제, 학교적응문제, 우울증이나 비행 같은 심리적 문제를 유발한다(Cicchetti, 2013; Cicchetti & Banny, 2014; Dodge, Coie, Pettit, & Price, 1990; Hennessy et al., 1994; Mason, 1993; Salzinger et al., 1993). 아동기에 학대나 유기를 경험한 청소년들은 청소년비행, 약물남용에 빠져들고(Trickett et al., 2011; Wekerle et al., 2009), 18세 이전에 자살시도를 하는 비율도 높은 편이다(Jonson-Reid, Kohl, & Drake, 2012). 그리고 성인이 되어서도 대인관계의 문제해결 능력이 부족하고, 불안장애, 우울증, 자살, 약물남용, 정신질환의 발병률이 높다(Widom, 1989).

아동학대 문제는 가정에서 시작된다. 자녀를 학대하는 부모는 충동적이고, 자기통제력이 부족하며, 부모역할을 제대로 수행할 준비가 되어 있지 않다. 오늘날 핵가족이 증가함에 따라 전통적 양육방식이 자연스럽게 전수되지 않는 상황에서 아동발달에 대한 기초지식도 없이 자녀를 양육하는 일은 스트레스와 좌절감을 야기한다. 부모역할을 효율적으로 수행하기 위한 방법 중의 하나가 부모교육이다. 부모교육은 부모역할을 하는 방법에 관한 지침으로서 자녀발달에 최적의 환경을 제공하고, 부모역할을 보다 만족스럽게 수행하는 데 길잡이가 되어 준다.

부모'이고, 제일 바람직하지 못한 유형은 '엄격하지도 자애롭지도 못한 부모'이다. 우리나라에서 요즘 가장 많은 유형은 '자애롭기만 한 부모'이다.

우리나라 부모의 양육행동 유형을 알아본 연구(정옥분 외, 1997)에서, 엄부자모가 30.4%, 엄부엄모가 8.2%, 자부엄모가 15.1%, 그리고 자부자모가 46.3%로 나타났다. 요컨대, 전반적으로 자부자모 유형이 가장 많은 것으로 나타나 우리의 전통유형인 엄부자모 유형에서 크게 벗어나 있음을 알 수 있다.

자녀의 발달단계에 따른 차이를 보면 초등학생과 중학생의 부모는 자부자모인 경우가 많고, 고등학생의 부모는 엄부자모인 경우가 다소 많은 것으로 나타났다. 이 결과는 부모의 연령이 젊을수록 자부자모의 유형이 많은 것으로 해석할 수 있다.

(2) 형제자매

대부분의 가정에서 형제자매는 아동의 발달에서 부모와는 또 다른 영향을 미

치는 중요한 인물이다. 출생 후 6개월이 되면 영아는 손위 형제와 더 많은 상호작용을 하려는 시도를 한다(사진 참조). 1세경에는 어머니와 보내는 정도의 시간을 손위 형제와 보내게 되며, 유아기에는 어머니와 보내는 시간보다도 많은 시간을 형제와 보내게 된다. 형제관계는 대인관계 가운데 가장 오래 지속되는 관계이며, 부모가 사망한 훨씬 이후까지 지속된다. 또한 단순히 상호작용의 양뿐만 아니라, 다른 관계에서 나타나지 않는 강도와 독특성이 있다.

형제관계는 부모-자녀관계에 비해 상호적이며 보다 평등한 관계이다. 형제간의 상호작용은 또래집단 간의 상호작용과 상당히 유사하여, 빈번한 상호작용이 이루어지고, 솔직한 정서 표현, 상호간의 관심과 애착의 증거를 볼 수 있다(Berndt & Bulleit, 1985). 형제관계에서는 상호작용을 통해 서로를 모방하려는 경향이 강하게 나타나며, 특히 동생이 형을 모방하는 정도가 더욱 심하다. 동생에게 있어 손위 형제와의 상호작용은 지적 · 사회적으로 자극적이다. 동생은 자신의 생각이나 상상하는 것에 대해 손위 형제에게 이야기하고 질문을 하게 된다.

동시에 이들은 상호간에 긍정적인 감정뿐만 아니라 부정적인 감정을 공유하는 모호한 특성을 갖는다. 이들은 서로 경쟁적인 동시에 협동적인 관계를, 서로 싸우면서 서로 돕는 독특한 관계를 형성하고 있다. 동생이 태어나면 첫 아이의 입지는 다소 도전을 받게 되며, 부모의 관심을 끌기 위해 경쟁을 해야 한다. 그 결과 형제간의 상호작용에서 적대감을 나타나게 되며, 특히 손위 형제가 동생에 대해 더욱 그러한 경향을 보인다(사진 참조). 형제간에는 이 같은 적대감이나 경쟁심도 나타나지만, 대부분 형제간의 상호작용은 우호적인 것이다. 서로에게 애착을 형성하고, 놀이상대로서 서로를 좋아하는 것과 같은 긍정적인 측면이 더욱 강하게 나타난다(Hetherington & Parke, 1993; Howe, Ross, & Recchia, 2011; McHale, Updegraff, & Whiteman, 2013).

형제의 성별 구성에 있어서도 손위 남아는 그들의 동생에게 신체적 힘에 근거한 방법을 많이 사용하는 반면, 여아는 동생에게 보다 수용적이고 말로 설명하는 친사회적인 경향을 보인다. 따라서 손위 남아는 형제관계에서 쉽게 조화를 이루지 못하는 반면, 여아는 비교적 원만한 관계를 유지하며, 동생을 잘 보살핀다.

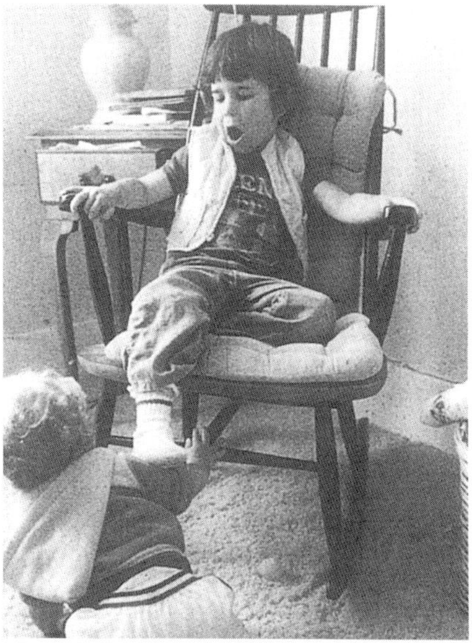

사진 설명
유아가 동생에게 부정적 정서를 표현하고 있다.

형제관계가 경쟁적인 상대로 발전하는가 혹은 긍정적인 관계를 유지할 수 있는가는 터울이나 형제자매의 구성보다는 어머니의 양육방식이나 아동의 성격에 의해 더 많은 영향을 받는 것으로 볼 수 있다(Campione-Barr, 2011). 부모가 첫 아이에게 덜 민감하고 무관심하며, 명령적인 경우에는 형제간에 대결상황을 마련해 주게 된다. 반면, 동생이 태어나기 전부터 첫 아이에게 충분한 관심을 보이고 미리 준비를 함으로써 이를 완화시킬 수도 있다. 손위 형제에게 새로 태어난 아이의 욕구나 감정에 대해 솔직하게 이야기하고, 자녀양육에 대한 의사결정이나 토론에 참여시키는 경우, 형제간에 밀접하고 우호적인 관계를 형성하게 된다. 새로 태어난 아이에게 지나친 관심을 보이지 않는 태도가 바람직하며 아버지의 개입도 효과적이다. 또한 아동의 성격특성에서도 주도적인 성격을 가진 아동은 어머니와 솔선해서 대화를 시도하며 원만한 상태를 유지하고자 노력하나, 회피적인 아동은 어머니로부터 물러남으로써 상호간의 친밀감을 상실하게 된다.

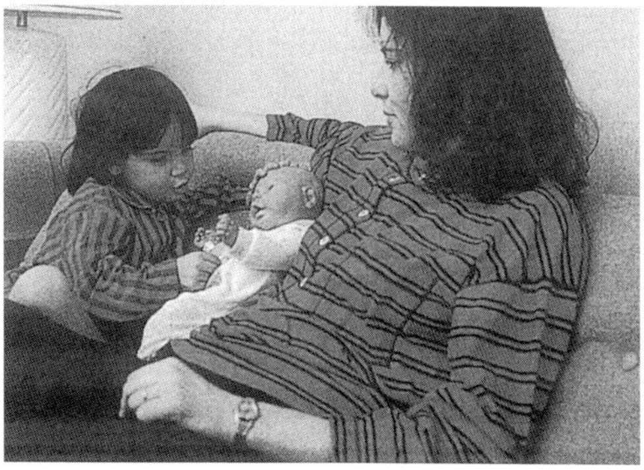

사진 설명
손위 형제에게 새로 태어난 아기의 욕구나 감정에 대해 설명해주면 형제간에 우호적인 관계를 형성하게 된다.

(3) 조부모

조부모와 함께 사는 가정에서는 손자녀가 핵가족의 경우와는 다른 경험을 하게 된다. 조부모는 부모보다 자녀양육에 관한 경험이 많으므로, 손자녀에게 정서적 안정감을 제공해줄 수 있고, 손자녀에 대한 직접적인 의무감이나 책임감이 없기 때문에 순수하게 애정적인 관계에서 유대감을 형성할 수 있다(사진 참조).

일반적으로 부모는 자녀에 대한 지나친 기대와 교육에 대한 책임감 때문에 훈육 시 잔소리가 많아지고 감정적이 되기 쉽다. 반면, 조부모는 연륜에 의한 지식과 지혜, 사랑과 관용으로 손자녀를 소중하게 여기고 손자녀의 생각과 요구를 귀담아들을 여유가 있다(McMillan, 1990; Strom & Strom, 1990).

또한 오늘날 한 자녀만 있는 핵가족 형태 가정의 아이들은 낯가림이 심한데, 이것은 친척이나 이웃과의 접촉이 과거처럼 빈번하지 않아 오직 부모하고만 애착이 형성되기 때문이다. 그러나 조부모와 함께 사는 아이들은 보다 폭넓은 인간관계로 인하여 애착형성이 다양하게 이루어지고 사회성도 발달한다. 조부모는 부모보다 자녀양육에 관한 경험이 많아 실제 양육에 있어서도 부모보다 능숙하고, 바쁜 부모 대신 손자녀에게 정서적인 안정감을 제공해줄 수 있으며, 놀이친구로서의 역할도 한다. 이와 같이 조부모와 함께 사는 아동들은 조부모와의 관계를 통해 여러 가지 긍정적인 도움을 받을 수 있다.

현대사회에서는 맞벌이의 증가로 어머니 혼자서는 양육을 담당하기 어려운 실정에 있다. 보건복지부(2018)의 보육통계자료에 따르면 보육시설에서 보육 중인 아동은 141만 5,742명이라고 한다. 나머지는 가족, 친지 등의 도움을 받아 양육되는데, 가장 보편적인 것은 조부모의 도움이다. 따라서 아직 자녀가 어려 보육시설에 맡기지 못하는 가족들의 경우, 상당수의 조부모가 부모를 대신하여 손자녀를 양육하고 있다. 부모를 대신하여 조부모가 손자녀를 양육하는 것은 우리나라뿐만 아니라 전 세계적으로 보편화된 현상이다. 2001년 스페인에서 6~16세의 학생 4,000명이 그린 그림과 이들이 쓴 글을 분석한 결과, 조부모가 아이들과 가장 많은 시간을 보내고 있으며, 아이들은 조부모를 가장 좋아하는 어른으로 꼽았다(세계일보 2001년 6월 19일자). 이처럼 조부모는 현대사회에 있어 자녀의 실제적인 양육자로서의 역할을 담당하고 있다.

사진 설명
외할머니의 극진한 사랑을 그린 영화, '집으로…'

조부모 역시 손자녀를 통해 자신의 존재가치를 확인할 수 있다. 노화로 인해 사회와 가정에서 한발 물러선 조부모들에게 있어 손자녀를 돌보는 일은 상실감을 극복할 수 있는 하나의 계기가 된다. 하지만 모든 조부모들이 손자녀 양육에 긍정적인 반응을 나타내는 것은 아니다. 자녀 세대의 기대와 달리 이제 '손자 보기가 유일한 낙'이라고 생각하는 노인은 거의 없다. 특히 가사 노동과 육아에 매달려 젊은 시절을 보낸 50~60대 여성들은 노년에 얻은 자유를 포기하고 싶어 하지 않는다. 그들은 손자녀와 잠깐씩 즐거운 시간을 보내기를 원할 뿐 자신의 여가생활을 위해 손자녀양육을 전적으로 책임지기를 원하지 않는다.

7. 유아기의 부모역할

유아기에는 자기 주변의 환경에 대한 탐색이 적극적으로 이루어지므로, 부모는 안전한 환경을 제공해주는 것이 급선무이다. 초등학교 입학에 대비하여 자신의 신변처리와 관련된 문제들에 대한 훈련도 필요하다. 또한 인지발달을 위한 충분한 지적 자극이나 학습 기회, 언어적 상호작용의 기회를 제공해주는 것이 필요하다.

1) 보호자의 역할

Thomas Alva Edison

주도성이 발달되는 유아기에는 안전하고 자유로운 탐색환경을 제공하는 것이 필요하다. 유아에게 세상이란 체험해보아야 하며, 이를 위한 유일한 방법은 심리적 · 신체적으로 주변의 사물에 몰두하는 것이다. 유아기의 왕성한 호기심이나 탐구심을 흔히 '작은 에디슨'에 비유하기도 한다. 에디슨처럼 이들은 주변의 모든 사물에 대해 몰두하고 관심을 갖게 된다.

그러나 유아가 주변 환경에 몰두하고 관심을 갖기 위해서는 안전이 우선적으로 고려되어야 한다. 쓰레기통, 서랍, 선반 등이 탐구대상이 되며, 약물, 독극물, 화학물질로 인한 사고가 발생할 수 있다. 유아기 사고의 절반 정도는 부모가 안전에 유의한다면 미연에 방지할 수 있다. "안 돼"라는 말보다는 왜 안 되는지 유아가 알아들을 수 있도록 확실하게 위험에 대해 주의를 주는 것이 필요하다. 그러나 지나친 주의를 주는 것은 유아의 탐구심을 저해하는 요인이 될 수 있다. 주변 환경에 대한 탐색과정에서 끊임없이 거부의 말이나 체벌을 받게 되거나, 자신의 기대수준에 미치지 못하면 죄책감을 형성하게 된다.

이 시기의 아이에게는 어른이 만든 환경에 적응할 것을 요구하지 말아야 한다. 따라서 깨지기 쉽거나 위험한 물건은 아이의 손이 닿지 않는 곳에 옮기고 마음껏 주위 환경에 대한 탐색이 이루어지도록 해야 한다. 집안을 값비싼 물건으로 장식하고 손대지 못하게 하면 유아는 자신감이나 주도성, 호기심을 상실하게 된다. 아이의 발달에 자극이 되는 재료는 가급적 많이 제공해주고, 넘치는 에너지를 발산시키고 대근육을 발달시키기 위한 안전한 놀이장소를 제공해주어야 한다.

2) 훈육자의 역할

유아기에는 대근육과 소근육이 어느 정도 발달된다. 그러므로 초등학교 준비를 위한 신변처리 능력을 훈련시키는 것이 필요하다. 식사하기, 배변훈련, 수면습관 등 자신의 신변처리와 관련된 바람직한 습관의 형성이 필요하다. "세 살 버릇 여든까지 간다"는 말처럼 유아기의 바람직한 습관형성은 이후의 발달에 큰 영향을 미치며, 습관형성이 제대로 안 된 경우 부정적인 자아개념을 형성하는 경향을 보인다. 대부분의 아동은 자율성의 발달로 영아기 말경에는 이러한 행동들을 자기 스스로 해보고자 하는 의사를 표시하게 된다.

(1) 식사습관

식사습관은 부모들이 가장 많은 문제를 호소하는 중요한 부분이다. 정해진 시간에 식사를 하지 않거나, 편식, 과식, 아예 식사를 하지 않는 것이 대표적인 문제이다. 정해진 시간에 식사를 하기 위해서는 간식은 가급적 주지 않도록 해야 하며, 식사시간은 즐거운 시간이라는 생각이 들게끔 분위기를 조성해 주어야 한다. 식사시간에는 잔소리와 걱정은 가급적 자제하고 유쾌한 화제로 즐겁게 식사하도록 한다. 반찬투정이나 편식은 우선적으로 가족 모두가 좋은 모델이 되어야 한다. 동시에 이는 관심끌기에서 비롯되는 경우가 있으므로 그 자체를 무시하도록 하는 것이 바람직하다. 또한 아이가 먹지 않는 음식은 여러 가지 조리법으로 다양하게 제공해주는 것도 필요하다.

과식은 상당히 보편적인 식사습관상의 문제이다. 과식으로 인해 아동은 필요 이상의 칼로리를 섭취하게 되며, 이는 비만과 직결된다. 영유아기의 비만은 이후의 비만과도 직결되며, 비만유아는 4~5세경이면 이미 자신에게 적절한 식사량 이상으로 먹는 습관에 길들여져 있는 경우가 많다. 하루에 필요로 하는 칼로리 양은 개인마다 차이가 있으나, 아동은 흔히 정신적 긴장을 해소하기 위한 하나의 수단으로, 혹은 부모나 타인과의 관계에서 사랑과 만족을 얻는 정도가 부족할 때 이를 음식물로 대체하고자 많이 먹게 된다. 부모로부터 인정받지 못한다고 느끼는 아동은 많이 먹음으로써 인정을 받으려 하고, 그 결과 어머니의 뜻에 순종하는 의존적인 성격의 소유자가 되기 쉽다. 비만아는 같은 또래집단과 어울리려 하지 않고, 혼자 앉아서 먹는 일로 즐거움을 삼는 경우가 많다.

과식으로 인한 비만에는 적절한 운동을 통해서 활동수준을 체계적으로 증가시키고 간식이나 군것질의 양을 줄이는 것이 우선적인 과제이다. 그러나 사랑과 관심끌기에서 비롯된 과식이 원인이라고 판단될 경우에는 미리 관심을 보여주고, 대인관계에서 느끼는 외로움이 원인이라고 생각할 경우에는 대인관계의 융화를 통해 이를 해결하도록 도와주어야 한다.

(2) 배변훈련

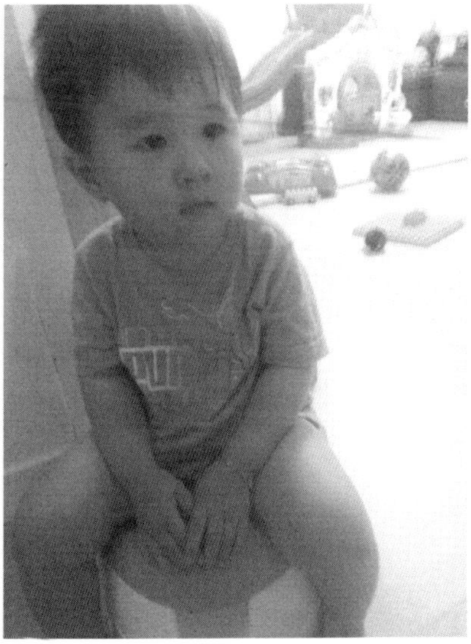

✎사진 설명
Freud에 의하면 항문기의 배변훈련은 심리성적 발달에서 매우 중요하다고 한다.

배변훈련은 부모와 유아 간에 갈등을 일으킬 수 있는 문제이다. 아동에게 지나치게 엄격하게 배변훈련을 시키거나 벌을 주게 되면 야뇨증이나 공격적인 행동을 유발시킬 수 있다. 그러므로 배변훈련은 조급하게 서두르지 않는 것이 필요하며, 어머니가 유아의 얼굴표정이나 행동에 민감하게 반응하여 적절한 시기를 선택하는 것이 무엇보다도 필요하다. 아동이 배변의사를 표현할 수 있게 되면 유아용 변기로 유도하여 기분 좋게 배변을 볼 수 있도록 해준다(사진 참조). 또한 대소변을 가리게 되면 화장실을 이용하는 습관을 길러주어야 한다. 이때 화장실의 분위기는 밝고 재미있게 꾸며 주고, 부모는 인내심을 가지고 기다려 주는 태도가 필요하다. 배변행동이 성공한 경우 충분한 강화를 해주고, 실패한 경우에도 화를 내거나 벌을 주는 일은 삼가야 한다.

일반적으로 아동은 12개월에 10%, 18개월에 30%, 24개월에 65~80%, 4세에 88%, 7~8세경에는 93% 정도가 밤낮으로 소변을 가린다고 한다. 생후 3년이 지나도 소변을 가리지 못하면 유뇨증이라고 하나, DSM 진단체계에서는 최소 5세 이상이어야 유뇨증의 치료대상으로 간주한다. 유뇨증의 빈도는 5세 남아의 경우 7%, 여아는 3% 정도로 남아에게서 출현비율이 높게 나타난다(미국정신의학협회, 2015). 그중에서도 밤에만 실수를 하는 야뇨증이 전체의 63%, 낮에만 실수하는 주뇨증은 7%, 모두 다 실수하는 사례가 30%나 된다(홍창의, 1999).

유뇨증을 가진 아동은 절망감과 열등감으로 인해 풀이 죽어 있고 자신감이 없다. 주뇨증 아동은 유치원이나 학교에서 조바심을 내게 되며, 지린내가 난다고 할까 봐 친구들과 어울리지 못하고 외톨이로 지낸다. 야뇨증인 경우에는 친구나 친척 집에 가서 마음 놓고 놀지도 못하고, 잠을 자지도 못하며, 여행도 갈 수 없는 등 여러가지 문제가 생긴다. 그 결과 성격마저 위축되고, 수줍음을 잘 타며, 불안정하고, 우울하며, 밤이 오면 겁이 나서 잠들지 못하는 경우도 있다. 유뇨증의 원인은 기질적인 것도 있지만 대부분 심인성인 경우가 많다. 아동 자신이 불안하고 특히 유뇨증에 대해 지나치게 신경을 쓰는 것이 중요한 원인이 된다. 똑똑하고 섬세하고 겁이 많고 흥분을 잘하는 성격의 아동이 소변을 몇 차례 실수하고는 겁을 먹게 되어 문제를 더욱 악화시키는 경우가 있다. 새로 동생을 본 아동이 빼앗긴 어머니의 사랑을 되찾으려는 이유에서 심리적으로 퇴행을 일으켜 발생하는 경우도 꽤 있다. 또한 배변훈련을 지나치게 엄하게 시키거나 주어진 요구가 지나치게 힘들어 자신이 미숙하다는 사실을 표현하기 위해 나타나기도 한다.

어떠한 원인으로 실수를 하게 되었던 각기 그 아동의 심리상태에 적절한 치료를 하는 것이 필요하다. 퇴행행동의 일종으로 관심끌기가 주목적이라고 생각될 경우에는 조건 없이 충분한 사랑을 주고, 놀이를 통해 편안한 마음을 갖게 해줌으로써 긴장감을 감소시켜 주는 것도 효과적이다. 창피를 주는 일은 열등감과 반항심을 더욱더 자극할 뿐 치료효과는 없다. 특히 체벌은 부적절하며, 이러한 경우 다른 증상으로 대치되기도 한다. 실수를 하지 않은 날에는 칭찬을 해주도록 하고 야뇨증의 경우, 저녁식사 후에는 일체의 수분 섭취를 금하도록 한다.

(3) 기타의 생활습관과 신변처리 능력

이 외에도 수면습관 등과 같은 생활습관이나 기타 신변처리 능력에 대한 훈련도 필요하다. 잠자는 시간은 지나치게 강박적으로 시간을 고수할 필요는 없으나 대체로 정해진 시간에 자도록 해야 하며, 잠자기 전에는 자장가를 불러 주거나 동화책을 읽어 주는 등 편안한 마음으로 잠들도록 해야 한다. 잠자리에 들

✐사진 설명
옷을 스스로 입고 벗는 것은 자율감의 표현이다.

기 직전에 야단을 치거나 벌을 주지 말아야 하며, 낮에 야단맞았던 우울한 기분을 해소시켜 편안한 마음으로 잠자리에 들도록 해야 한다. 유아는 11~12시간 정도의 수면이 필요하므로 규칙적으로 낮잠을 재움으로써 심신의 피로가 회복되도록 해야 한다. 그러나 쉽게 잠자리에 들지 못하는 아이는 잠자기 전에 목욕을 시키거나 낮에 충분한 운동을 하게 하고 낮잠을 재우지 않는 것이 좋다.

유아는 모든 옷을 스스로 입고 벗을 만큼 소근육이 발달되어 있지는 않으나 혼자 입고 벗기를 좋아한다(사진 참조). 시간이 오래 걸리고 다소 잘못 입었더라도 격려해줌으로써 혼자 옷 입기 훈련을 시키는 것이 필요하다. 옷을 벗는 것에 비해 입는 것은 다소 힘이 들어 처음에는 큰 단추가 달린 옷이나 고무줄 바지를 입게 하고 점차 작은 단추가 달린 옷이나 지퍼를 채우는 훈련을 시켜 나가도록 한다.

이 시기에는 자위행위도 많이 나타난다. 자위행위를 하게 되는 계기는 몇 가지로 나누어 볼 수 있다. 우선 너무 꼭 끼는 바지를 입거나 요충 감염, 포경수술, 가려움증 같은 것이 있어 생식기와 항문 주위가 자극을 받을 때 아동은 성기가 자극받는 것을 경험하게 되고 이후 이러한 원인이 되는 자극이 없어진 뒤에도 성기를 자극하게 된다. 둘째는 배워서 하게 되는 경우이다. 조부모나 부모가 아동을 너무나 귀여워한 나머지 데리고 놀다가 성기를 자극하게 되면 아동은 그 쾌감을 알게 되어 이후에 혼자 있게 되었을 때에 이러한 행위를 하게 된다. 셋째는 우연히 막연한 쾌감을 맛보는 데서 시작되는 경우도 있다. 넷째는 병상에 오래 누워 있거나 자극이 결여된 상태에서 이러한 행위를 시작하는 경우도 있다. 또한 부모와의 관계가 원만하지 못한 불안정한 아동이 자신을 위안하는 수단으로 이러한 행위를 하는 경우도 있다(홍창의, 1999).

일반적으로 부모들은 자위행위가 나쁘다고 믿고 이를 저지하려고만 하는데 이는 잘못된 것이다. 자위행위는 3~6세경 상당수의 유아에게서 나타나는데, 부모는 이를 정상적인 발달과정의 일부로 받아들이는 것이 중요하다. 현장을 발견했다 하여 놀라거나, 야단치거나 모욕을 주지 말아야 한다. 단지 이를 공개적으로 하는 것은 인정하지 않고 금한다는 태도를 은연중에 취하는 것이 좋다.

3) 언어적 상호작용

유아기는 어휘수가 급격히 증가하고 문법이 발달되는 시기이므로 충분한 언어적 상호작용이 필요하다. 아동의 이야기를 잘 들어 주고, 이야기도 많이 들려주고 충분한 대화시간을 가지는 것이 필요하다. 부모가 하는 말이 유아에게는 좋은 모델이 되기 때문에 바른 말을 쓰도록 해야 한다. 부모가 유아에게 일방적인 지시나 명령으로 일관하면 언어표현의 기회를 상실하게 되며, 유아가 자신의 의사를 표현하기도 전에 미리 이를 충족시켜 주는 완벽한 부모도 유아의 언어사용 기회를 제한하게 된다. 그러므로 충분한 표현의 기회를 제공해주어야 하며, 아동이 말한 내용에 다소 첨가하여 보다 완전한 문장으로 확장시켜 주는 것도 도움이 된다. 또한 유아는 자신이 경험한 바를 언어로 표현하므로 충분한 경험이나 다양한 자료를 제공해주는 것이 바람직하다. 책을 읽어 줄 때에도 적극적으로 참여시켜 아이가 책을 볼 수 있게 책을 잡고, 책의 내용을 질문하며, 그림의 설명을 읽을 수 있게 도와준다.

Arnold Gesell

유아기 사고의 특징상 유아는 끊임없이 '왜'라는 질문을 한다. "아이는 말에 굶주리고 있다"는 Gesell(1946)의 말을 반영하듯 유아는 '질문 게임'을 즐긴다. 부모는 질문을 귀찮게 여기지 말고 인내심을 가지고 반응하면 자연스럽게 언어적 상호작용이 이루어질 수 있으며, 이를 통해 유아의 언어능력이나 지적 능력의 발달을 도울 수 있다. 특히 유아는 강한 성적인 호기심을 표현하는 질문을 많이 한다. 그러나 대부분의 부모들은 유아에게 성교육을 시키는 데에 곤란을 느끼고 있다. 이는 자신의 성장과정에서 부모에게 배운 바가 없으므로 전혀 이상한 일이 아니다. 그러나 아동이 의문을 갖는 것에 대해 분명하고 정확하게 답을 해야 한다. 얼버무리거나 나중에 이야기해준다고 미루지 말아야 한다. 맨몸을 보이고 목욕을 같이 하는 것도 바람직하다.

4) 학습 기회와 지적 자극의 제공

초등학교 입학을 준비하여 적절한 학습 기회를 제공하는 것도 필요하다. 지적 자극을 다양하고 충분하게 제공해 줄 수 있는 유치원에 보내는 것도 좋다. 일반적으로 유아기에는 놀이를 통해 많은 지적 자극을 받아들이게 된다.

놀이는 발달의 여러 측면에 긍정적인 영향을 미치므로, 유아가 놀이집단에서 놀 수 있는 기회와 놀이재료를 충분하게 제공해주는 것이 필요하다. 다른 유아와의 놀이를 통해 유아는 놀이시설이나 장난감을 공유하며 자신의 만족을 지연시키고 집단에 잘 적응해 나가는 사회적 기술을 습득할 수 있다. 또한 놀잇감은 반드시 상품으로 만들어진 것일 필요는 없으며 주변의 생활용품이나 폐품, 자연에서 얻을 수 있는 모든 것이 가능하다. 그러나 상품화된 것을 구입할 경우 갖추어야 할 조건들을 살펴보면 다음과 같다.

① 안전성

놀잇감은 무엇보다도 안정성이 우선적으로 고려되어야 한다. 쉽게 깨지거나 화학약품으로 처리해 놓은 것, 화약 등을 사용한 놀잇감은 피하도록 한다.

② 발달수준

놀잇감은 아동의 발달수준을 고려해서 선택해야 한다. 아동의 발달수준에 적절한 놀잇감은 아동에게 성취동기를 부여하고 호기심을 유발시키며 적극적인 참여를 조장한다. 그러나 놀잇감이 아동의 발달수준보다 높을 때에는 아동은 화가 나고 좌절감과 무력감을 느끼게 되는 반면, 아동의 발달수준보다 낮을 때에는 놀잇감에 대해 흥미를 잃게 될 것이다.

③ 용도의 다양성

놀잇감은 여러 가지 용도를 지니고 있어야 장기간 사용할 수 있다. 완제품으로 만들어진 것은 처음에는 관심을 끌지만 쉽게 싫증을 내게 된다. 완제품으로 만들어진 것에 비해 조립식으로 만들어진 장난감이 아동의 상상력을 키워주며 오랫동안 즐겁게 가지고 놀 수 있어 경제적이다.

④ 교육적 기능

놀잇감은 수동적인 관찰보다는 적극적인 참여를 촉진시킬 수 있는 것이 바람직하다. 창의적인 사고를 키워주고 교육적 기능을 갖고 있다면 더욱 바람직하다. 그러나 교육적 목적이 지나치게 강조되어 재미있는 놀잇감으로서의 기능을 상실해서는 안 된다. 아동이 놀고 싶은 욕구를 느끼지 못하는 것은 이미 놀잇감이 아니며, 교육적 목적은 이러한 욕구가 충족된 후에 고려되어야 한다.

아동의 놀이도구로서 책은 큰 비중을 차지한다. 이 시기의 아이들에게 책은 시작과 끝이 있고 줄거리가 있는 것을 뜻하지는 않는다. 여기서 책이란 사람 또는 사물의 그림이나 이름이 실려 있는 그림책을 뜻하며, 책을 넘기면서 그 이름들을 소리내어 말해 주는 것만으로도 충분히 교육적인 효과가 있다.

제6장 아동기의 발달과 부모역할

6세에서 11세까지 초등학교에 다니는 시기를 아동기라고 한다. 생활의 중심이 가정에서 학교로 옮겨감에 따라, 이 시기의 발달에서는 학교생활이 중요한 역할을 하게 된다. 학교생활을 통해 아동은 많은 사회적 관계를 형성하게 되며, 또래집단의 비중이 점차 커지게 되므로, 이 시기를 학동기 또는 도당기(gang age)라고도 한다. 또한 아동기는 유아기나 사춘기의 격동에 비해 상대적으로 조용한 시기라는 점에서 잠복기라고도 한다.

표면적으로는 조용하게 보이지만, 아동기의 에너지는 내부적으로 조작능력을 획득하고 급격한 인지발달을 위해 사용된다. 동시에 운동능력이나 언어능력이 증가함에 따라 자신의 욕구도 쉽게 표현하고, 자신의 욕구를 스스로 해결해 나갈 수 있게 된다. 아동은 외부 세계에 대해 관심을 넓혀나가기도 하며, 부모나 다른 성인에 대해 동료의식을 발전시켜 나가게 된다.

이 장에서는 아동기의 신체발달, 인지발달, 언어발달, 사회정서발달, 아동기의 부모역할에 관해 살펴보기로 한다.

1. 신체발달

아동기의 신체발달은 그 속도는 다소 완만하지만 신체비율은 거의 성인과 유사해진다. 이와 아울러 대근육과 소근육도 더욱 강하고 정교하게 발달한다.

1) 신체적 성장

아동기에는 신장과 체중이 점차적으로 증가한다. 어깨가 넓어지고, 팔다리가 길고 가늘어지면서 유아기보다 신체가 훨씬 더 가늘어진 모습이 된다. 아동기에는 근육이 성장하는 신체에 적응하느라 근육이 당기는 듯한 느낌의 통증을 경험하게 되는데, 이것을 '성장통(growing pains)'이라 한다(Sheiman & Slomin, 1988). 성장기 아동의 10~20%가 경험하는 성장통은 밤에 심하고, 아침이 되면 없어지는 게 보통이다. 성장통의 원인은 정확히 알려져 있지 않지만, 전문가들은 성장하면서 뼈를 싸고 있는 골막이 늘어나 주위의 신경을 자극하기 때문이라고 추측한다. 뼈가 빠른 속도로 자라는 데 비해 근육은 더디게 자라기 때문이라는 주장도 있다. 따라서 일종의 근육통이라고 보는 학자도 많으며, 스트레스도 그 같은 발병의 원인 중 하나로 본다.

2) 운동기능의 발달

대근육과 소근육의 기본적 운동기능이 7세경이면 거의 발달하며, 이후에는 기존의 운동능력이 더 빠르고 정교하게 발달한다. 기본적 운동능력인 던지기, 뛰어오르기, 달리기 능력이 더욱 발달하며, 이를 결합하여 게임으로 발전시켜 나간다. 협응능력 발달의 가장 좋은 지표인 공놀이도 연령이 증가함에 따라 공을 보다 멀리 던지고, 보다 잘 받을 수 있게 된다. 6세경에는 줄넘기가 가능하고, 7세경에는 작은 네모 칸 안으로 정확하게 뛸 수 있다. 협응능력의 발달로 자

✐사진 설명
아동기에는 거의 모든 운동기능을 수행할 수 있게 된다.

전거나 스케이트, 수영, 단체놀이, 그리기, 악기연주 등을 잘할 수 있게 된다.

이러한 운동능력의 발달에서는 개인차와 성차가 크게 나타난다. 남아는 운동능력의 발달에 필요한 활동을 더 많이 하며, 17세까지 운동능력이 계속적으로 발달하는 반면, 여아는 13세경에 최고조에 달하고 이후부터는 쇠퇴하거나 기존의 능력을 유지하게 된다.

현대사회의 아동들은 대부분 운동량이 부족하다. 학교도 멀지 않고 방과후 시간도 육체적 놀이 대신에 조용한 학습활동으로 이루어진다. 그러나 규칙적인 운동은 아동에게 많은 이점을 가져다준다. 인내심이나 잠버릇이 좋아지며 비만 방지에도 도움이 된다. 또한 심장질환을 예방해주는 효과뿐만 아니라 학습능력도 증진시켜 준다. 그러므로 아동이 평생 동안 참여하면서 혼자 할 수 있는 수영, 스케이트, 자전거 타기, 줄넘기, 체조, 스키 등과 같은 운동은 권장할 만하다. 지나치게 운동능력이 뛰어나거나 신체발달이 좋은 아동과 비교하거나 아동에게 능력 이상의 것을 요구하지 않고, 가능한 한 흥미가 있는 운동에 참여하게 하는 것이 바람직하다.

3) 건강관리와 질병

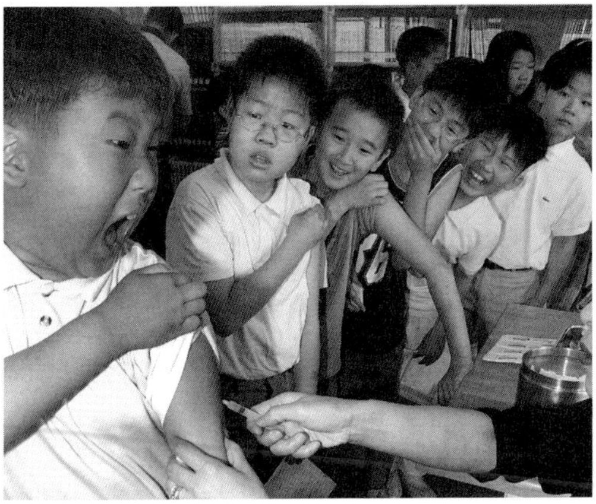

✐사진 설명
초등학교 취학 어린이는 홍역 2차 예방접종 증명서를 학교에 제출해야 한다(조선일보 DB 사진).

아동기에는 유아기에 비해 면역력이 증가하기 때문에 일반적으로 건강한 편이다. 그러나 아동기에는 초등학교에 입학하여 생활반경이 넓어지기 때문에, 가정 이외의 장소에서 많은 사람들과 접촉하게 되므로 감기 등의 전염성 질병에 노출되기 쉽다. 그 외 아동이 잘 걸리는 질병은 중이염, 편도선, 수두, 백일해 등이다. 그러나 옛날과는 달리 항생제나 면역법이 발달해 크게 걱정하지 않아도 된다. 이하선염(耳下腺炎), 소아마비, 백일해 등은 백신주사를 통해 예방이 가능하며, 최근에 창궐하는 홍역 등도 제때에 예방접종만 하면 걱정하지 않아도 된다(사진 참조).

(1) 영양

아동기는 계속해서 성장하는 시기이므로 성인보다 단백질을 더 많이 섭취해야 한다. 고기, 생선, 계란, 콩류 등의 단백질 식품은 물론 곡류 및 전분류(탄수화물), 채소 및 과일류(무기질과 비타민), 우유 및 유제품(칼슘), 유지 및 당류(지방과 당) 등 다섯 가지 식품군을 골고루 섭취해야 한다. 즉, 건강을 유지하기 위해서는 영양적으로 균형잡힌 식사를 해야 하는데, 모든 영양소가 다 포함된 식품은 없으므로 여러 가지 식품을 골고루 섭취해야 한다(Schiff, 2015).

아침을 거르거나 인스턴트 식품, 패스트푸드만으로 식사를 계속하게 되면 비타민이나 칼슘 등 성장기에 반드시 필요한 영양소가 제대로 공급되지 못하므로 건강을 해치고 영양실조에 걸리기 쉽다.

(2) 비만

우리나라의 아동 중 10%가 비만인 것으로 보고되고 있다. 그리고 그 추세는 점점 증가하고 있다고 한다. 정상 체중보다 20% 이상의 체지방이 과다하게 축적되는 것을 비만(사진 참조)이라고 한다. 아동기 비만은 유전적 요인, 운동부족, 과식 등 여러 가지 원인에서 비롯된다.

양쪽 부모가 비만인 경우에 자녀의 70%가 비만이 되고, 한쪽 부모가 비만인 경우에는 50%가, 양쪽 부모 모두 비만이 아닌 경우에는 자녀의 10%만이 비만이 된다(Klish, 1998). 최근에 와서 비만인자가 확인되었는데, 비만인자를 통해 렙틴이라는 물질이 생성된다고 한다. 렙틴은 혈류를 통해 뇌의 시상하부로 전달되는데, 시상하부는 식습관에 중요한 영향을 미친다. 비만인 경우 렙틴의 수준이 매우 높은 것으로 나타났다(Considine, Sinha, & Heiman, 1996).

아동기 비만에 영향을 미치는 또 다른 요인은 운동부족이다. 생활양식의 변화로 말미암아 현대 사회의 아동들은 운동량이 부족하고, 그에 따른 열량소모가 적다. 요즈음의 아동들은 영양이 좋아 전 세대보다 체격은 좋아졌지만 체력은 저하되었다고 한다. 건강전문가들은 아동의 체력이 허약해진 원인이 TV와 컴퓨터에 있다고 지적한다. 즉, TV 시청은 앉아서 하는 활동으로 친구들과 어울려 놀면서 하게 되는 신체적 활동을 대신한다. 그리고 TV를 시청할 때 칼로리가 높은 스낵을 먹게 되고, TV에서 반복되는 식품광고는 먹고 싶은 충동을 유발하여 아동으로 하여금 음식에 탐닉하게 만든다(Bar-Or et al., 1998; Harrell, Gansky, Bradley, & McMurray, 1997). 컴퓨터 사용도 비만의 원인이 될 수 있다(Lane, Harrison, & Murphy, 2014). 컴퓨터 스크린 앞에 앉아서 오랜 시간 하게 되는 신체적 활동은 기껏해야 마우스로 클릭하는 것이다. 그리고 사이버 공간에서 펼쳐지는 격렬한 운동을 마치 자신이 실제로 한 것으로 착각하는 경우도 있다.

비만은 어떤 연령에서든지 심각한 신체적 · 의학적 문제를 초래한다. 비만인 사람은 고혈압, 심장질환, 당뇨 등 각종 질환에 걸릴 위험이 높다(Lamb, 1984). 비만 아동의 경우 신체적 문제뿐만 아니라 심리적 문제도 야기한다. 비만 아동은 또래들로부터 놀림과 따돌림을 당하기 쉽다(사진 참조). 결과적으로 낮은 자아존중감, 부정적 신체상, 우울증과 같은 행동문제가 발생하기도 한다(Davison & Birth, 2001; Israel & Shapiro, 1985; Mendelson & White, 1985).

2. 인지발달

아동기에는 유아기에 비해 인지능력에서 상당한 발전을 보인다. 좀더 세련된 방법으로 상징을 사용하고, 논리적으로 생각할 수 있으며, 사물의 한 측면에만 집착하지 않고 여러 측면을 고려하여 결론을 이끌어낼 수 있다. 동시에 타인의 관점을 이해하게 된다. 유아기의 직관적 사고에서 논리적 사고로, 중심화 현상에서 탈중심화로, 비가역적 사고에서 가역적 사고로 변하게 된다. 그러나 아동기의 사고는 구체적인 것, 자신이 직접적으로 경험한 세계에 한정되며, 추상적이고 가설적인 개념을 이해하는 데는 한계가 있다. 아동기의 이러한 사고의 특성을 Piaget(1960)는 구체적 조작기로 설명하고 있다. 구체적 조작기에서 이러한 사고의 특성은 보존개념, 조망수용 능력, 유목화, 서열화 개념 등을 습득할 수 있게 해준다.

1) 보존개념

전조작기와 구체적 조작기의 중요한 차이는 아동이 문제해결 과정에서 직관보다는 논리적 조작이나 규칙을 적용하기 시작한다는 사실이다. 이러한 사고의 변화를 보여주기 위해 Piaget가 사용한 대표적 과제 중 하나는 보존개념이다. 보존개념은 물체의 외형상 변화에도 불구하고 이로부터 빼거나 더하지 않으면, 그 물체의 특정한 양은 그대로 보존된다고 판단할 수 있는 능력이다.

학동기의 아동은 찰흙의 모양이 둥근 형태에서 길고 넓적하게 변하더라도 그 양은 같다는 사실을 알게 된다. 또한 폭과 넓이가 다른 두 잔의 물의 양이 동일하다는 사실도 알게 된다. Piaget의 보존과제 실험에서 유아기에는 높이나 폭의 한 차원밖에 고려할 수 없으나, 아동기에는 높이와 폭이라는 두 가지 차원을 동시에 고려할 수 있게 된다.

이러한 보존개념의 획득에는 가역성, 보상성, 동일성이라는 세 가지 개념의 획득이 전제가 된다. 가역성(reversibility)은 어떠한 상태 변화가 그 변화의 과정을 역으로 밟아가면 다시 원상으로 복귀될 수 있다는 사실이다. 보상성(compensation)은 높이의 감소가 폭이라는 차원으로 보상된다는 것이고, 동일성(identity)은 어떤 방법으로든 더하거나 빼지 않았으므로 양은 동일하다는 것이다.

여러 가지 형태의 보존개념이 일정한 시기에 한꺼번에 획득되는 것은 아니다. Piaget는 이를 수평적 위계(horizontal dècalage)의 개념으로 설명하고 있다. 수와 길이, 양에 대한 보존개념을 가장 먼저 획득하게 되며, 다음으로 무게에 대한 보존개념, 부피에 대한 보존개념의 순서로 획득하게 된다고 한다.

우리나라 도시와 농촌의 5세에서 8세 아동 160명을 대상으로 한 연구(김명숙, 1986)에서는 도시 아동들의 액체 보존개념 발달수준이 농촌 아동들의 경우보다 더 높게 나타났다.

2) 조망수용

아동기에는 사고의 자기중심성에서 벗어나 타인의 입장, 감정, 인지 등을 추론하고 이해할 수 있는 조망수용(perspective taking) 능력을 습득하게 된다.

Piaget의 '세 산 모형' 실험(〈그림 5-2〉 참조)에서 아동은 이제 인형이 보는 산 모양, 즉 타인의 위치에서 보는 공간적 시각을 추론할 수 있다. 또한 특정 상황에서 타인의 감정을 추론하는 것이 가능하다. 어떤 줄거리를 이야기해주고 상황을 설명해주었을 때, 아동은 그 이야기의 주인공이 느끼는 감정을 이해할 수 있게 된다. 나아가 타인의 사고과정이나 행동의 원인을 추론하고 이해하는 인지적 조망능력도 획득하게 된다.

초등학교 1, 3, 5학년 아동 90명을 대상으로 한 연구(조성례, 2001)에서 사회적 조망수용 능력은 아동의 학년이 높아질수록 더 높게 나타났다. 또한 남아보다 여아들의 조망수용 능력이 더 높은 것으로 나타났다. 초등학교 1, 3, 5학년 72명을 대상으로 상황특성에 따른 아동의 감정조망 수용능력의 발달에 관한 연구(이종화, 1993)에 따르면, 아동의 감정조망 수용능력은 상황이 복잡하면 복잡할수록 더 낮아지는 것으로 나타났다. 즉, 한 가지 감정만이 관련된 단순상황에 비해 두 가지 감정이 복합적으로 관련되는 복합상황에서 감정조망 수용능력은 더 늦게 발달하는 것으로 보인다. 또한 아동의 감정조망 수용능력은 감정의 특성에 따라 상황마다 차이가 나타났다. 즉, 기쁨과 슬픔의 감정이 관련된 상황에서 감정조망 수용능력이 가장 높게 나타났고, 분노가 관련된 상황에서는 낮게 나타났다. 한편 전반적으로 여아의 감정조망 수용능력이 남아보다 더 높게 나타났다.

3) 유목화

유아기에는 사건이나 사물을 일정한 규칙에 따라 분류하지 못한다. 색깔과 크기가 다른 여러 가지 모양의 물건을 주고 이를 일정한 속성에 따라 분류하라고 지시하면, 이 시기의 아동은 기준에 혼돈을 일으켜 이를 정확하게 분류하지 못한다. 또한 분류기준이 명확하지 않고 시시각각 변하며, 전체와 부분에 대한 개념도 가지고 있지 않다.

그러나 아동기에는 물체를 공통의 속성에 따라 분류하고 한 대상이 하나의 유목에 속하는 것으로 분류할 수 있다. 물체를 한 가지 속성에 따라 분류하는 단순 유목화(simple classification), 물체를 두 개 이상의 속성에 따라 분류하는 다중 유목화(multiple classification)의 개념이나 상위유목과 하위유목 간의 관계를 이해하는 유목포함(class inclusion)의 개념을 습득하게 된다. 만약 8세의 아동에게 8개의 빨간 유리구슬과 2개의 파란 유리구슬을 보여주고, 빨간 유리구슬과 유리구슬 가운데 어떤 것이 더 많은가에 대해 물어보면, 이들은 대부분 유리구슬이 더 많다고 대답한다.

4) 서열화

구체적 조작기의 또 다른 특성은 사물을 영역별로 차례대로 배열할 수 있는 능력을 획득하게 된다는 점이다. 유아기에는 길이가 다른 여러 개의 막대기를 놓고 이를 상호관계에 따라 순서대로 나열해보라고 지시하면 유아는 많은 오류를 보인다. 그러나 아동기에는 특정한 속성에 따라 유목으로 나누면서, 동시에 거의 시행착오 없이 상호관계에 따라 막대를 순서대로 배열하는 것이 가능하다. 즉, 아동은 한 가지 속성에 따라 대상을 비교하면서 순서대로 배열하는 단순 서열화(simple seriation)뿐만 아니라, 두 가지 이상의 속성에 따라 대상을 비교해서 순서대로 배열하는 다중 서열화(multiple seriation)도 가능하다. 이러한 서열화의 개념은 수들 간의 관계를 이해하는 데 결정적인 역할을 하므로 산수를 배우는 데는 필수적이다.

3. 언어발달

유아기에 상당히 많은 언어능력을 획득하였지만, 언어적 유능성을 판가름하는 중요한 발달은 보통 아동기에 이루어진다(Shaffer, 1999). 학동기 아동들은 보다 많은 단어를 학습하게 되고, 길이가 길고 문법적으로 복잡한 문장을 이해하고 사용할 수 있게 된다. 동시에 타인과의 의사소통 기술도 대상에 따라 그리고 맥락에 따라 보다 세분화된다. 무엇보다도 이 시기의 언어발달에서는 읽기와 쓰기 능력이 빠르게 발달하기 시작한다는 점을 주목할 필요가 있다.

1) 어휘와 문법의 확장

학동기에 아동의 어휘능력은 급속히 발달하여 초등학교를 졸업할 때쯤에는 약 40,000단어 정도를 습득하게 되는데, 이는 하루에 평균 20개 정도의 새로운 단어를 습득하는 셈이 된다(Anglin, 1993). 물론 초등학생들이 일상생활에서 이 많은 단어를 모두 사용하는 것은 아니다. 이 시기의 아동들이 획득하게 되는 언어능력 중 하나는 단어의 형태학적 지식(morphological knowledge)에 관한 것이다. 즉, 단어를 구성하는 형태소의 의미에 대한 지식을 획득하게 된다. 아동들은 형태학적 지식을 이용하여 익숙하지 않은 단어의 구조를 분석하여 그 의미를 추론할 수 있게 된다(Anglin, 1993).

학동기 아동들은 유아기 때 보이던 문장의 오류를 수정하게 되고, 문법적으로 보다 복잡하고 긴 구문을 사용할 수 있게 된다. 논리적 추론능력과 분석적 기술이 발달하여 내포문(內包文)이나 사동사(使動詞), 피동사(被動詞) 등의 문법적 규칙이나 구조를 이해하고 적절히 사용할 수 있게 된다. 여기서 내포문이란 관계절을 포함하는 문장으로, 영어의 경우 관계대명사 또는 관계부사 등을 사용한 문장을 의미한다.

✐사진 설명
아동기에는 의사소통 기술이 크게 발달한다.

2) 의사소통 기술의 발달

아동기에는 의사소통 기술이 크게 발달한다. 특히 분명한 언어적 메시지를 전달할 수 있는 능력인 참조적 의사소통 기술(referential communication skills)이 발달한다(사진 참조). 3~5세 정도의 유아들은 보통 구두 메시지에서 의미가 모호한 부분을 잘 인식하지 못하지만, 학동기 아동들은 상대방이나 자신의 메시지가 분명하지 않을 때 어느 부분이 모호한지를 인식하고, 그 부분을 분명하게 만드는 참조적 의사소통 기술을 발달시키게 된다. 관련 연구(Sonnenschein, 1986, 1988)에 의하면, 6~10세 아동들은 듣는 사람에게 익숙하지 않은 사물에 대한 말을 전달할 때에는 익숙한 사물에 대한 말을 전달할 때보다 더 길게 설명하였다. 특히 이들 중 9~10세 아동들은 익숙하지 않은 사물에 대해 설명할 때 듣는 사람에 따라 다른 정보를 제공하였는데, 이는 청자에 맞게 전달하는 내용을 조절할 수 있다는 것을 의미한다.

Susan Sonnenschein

4. 사회정서발달

학동기의 아동은 자신의 에너지를 내면화하여 사회문화적 기술을 익히는 데 사용하게 되며 자신에 대한 개념도 형성하게 된다. 또한 아동의 활동반경이 가정을 벗어나게 됨에 따라 부모나 형제뿐만 아니라 또래집단이나 주위 환경이 사회정서발달에 영향을 미치게 된다.

1) 자기이해의 발달

자신에 대한 이해는 자기인식(self-recognition)에서 출발한다. 아동의 자기인식은 자아개념과 자아존중감의 발달을 초래한다. 자기인식의 발달은 영아가 다른 대상과 구분되는 독립된 실체로서 자신을 인식하는 것에서부터 시작된다. 자기인식을 위해서는 어느 정도 수준의 인지발달이 요구되지만 사회적 경험 또한 매우 중요하다.

(1) 자아개념

자아개념(self-concept)은 신체적 특징, 개인적 기술, 특성, 가치관, 희망, 역할, 사회적 신분 등을 포함한 '나'는 누구이며, 무엇인가를 깨닫는 것을 의미한다. 자아개념은 자신이 독특하고 타인과 구별되는 분리된 실체라고 인식하는 데에서 발달하기 시작한다.

Strang(1957)은 자아개념을 네 가지 범주로 분류한다. 첫째, 자신의 능력, 신분, 역할에 대한 전반적인 인식인 전체적 자아개념이다. 둘째, 순간적인 기분에 의해 영향을 받는 일시적 자아개념이다. 예를 들어, 학기말 고사 성적이 나쁘거나 부모로부터 심한 꾸중을 듣고 순간적으로 자신을 가치 없는 인물로 생각하는 것 등이다. 셋째, 다른 사람이 자신을 어떻게 보느냐에 따라 자신을 평가하는 사회적 자아개념이다. 이는 사회학자 Charles Cooley(1902)와 George Mead(1934)가 주장한 사회학적 자아이론에 그 뿌리를 두고 있다. 즉, Cooley는 자기 주위의 인물들과의 관계에서 반영되는 평가인 면경자아(looking glass self)의 개념을 중요시했으며, Mead 또한 개인의 자아개념은 중요한 타자(significant others)와의 사회적 상호작용에서 형성된다고 보았다. 넷째, 자신이 그렇게 되었으면 하고 바라는 이상적 자아개념이다. 이상적 자아가 너무 낮으면 성취욕이 없고, 반면 너무 높으면 심한 좌절과 자기모멸에 빠지게 된다. 현실적인 자아개념은 자기수용, 정신건강 등으로 이어지고, 현실적 목표를 달성하게 만든다.

Charles Cooley

George Mead

아동의 자기이해의 발달에 관한 연구(연진영, 김선애, 1991)에 따르면, 연령이 증가할수록 자기이해가 증가하였고 또한 다양해졌다. 즉, 나이든 아동은 어린 아동보다 자기를 묘사하는 데에 더 다양한 범주를 사용하는 것으로 나타났다. 이는 연령에 따른 자기이해의 증가를 입증한 것으로, 어휘력의 증가와 다양한 경험의 결과라고 할 수 있다. 연령이 증가할수록 자기이해는 구체적인 것에서 추상적인 것으로 변화·발달하였다. 즉, 어린 아동일수록 자아를 행위나 행동과 같은 구체적인 용어로 묘사하고, 연령이 증가할수록 심리적 · 내면적인 용어, 즉 자기의지, 심리유형, 이념과 신념체제와 같은 추상적인 용어로 묘사하였다. 신체적 자아, 활동적 자아, 사회적 자아, 심리적 자아로 분류하여 연령에 따른 변화양식을 살펴본 결과, 연령이 증가할수록 신체적 자아와 활동적 자아에 대한 자기묘사는 감소하고, 사회적 자아와 심리적 자아의 묘사가 증가하는 것을 알 수 있다.

(2) 자아존중감

자아존중감(self-esteem)이라 함은 자신의 존재에 대한 긍정적 또는 부정적 견해로서, 자아개념이 자아에 대한 인지적 측면이라면 자아존중감은 감정적 측면이라 할 수 있다. 즉, 자신의 존재에 대해 인지적으로 형성된 것이 자아개념이고, 자기존재에 대한 느낌이 자아존중감이다(Simmons & Blyth, 1987).

자아존중감을 '영혼의 생존'이라고도 하는데, 그것은 인간이라는 존재에 존엄성을 부여하는 요인이다. 자아존중감은 자신이 다른 사람에게 중요하게 여겨지는 인간 상호작용으로부터 싹트고, 작은 성취나 칭찬 또는 성공을 통해서 형성된다.

Nathaniel Branden

자아존중감은 인간의 정신건강에 결정적인 역할을 하는 것으로 보인다. Branden(1969)은 자아존중감은 인간의 기본욕구로서 이 욕구의 충족 여부는 생사를 가름할 정도로 중요한 문제라고 한다. 그러면서 한 개인의 심리적 적응을 알기 위해서는 개인의 자아존중감을 알아야 한다고 주장한다. Maslow(1965) 또한 개인의 적응력의 한 요인으로서 자아존중감의 필요성을 강조한다. Maslow에 의하면 모든 인간은 자아존중감에 관한 욕구가 있는데, 이 욕구를 충족시킨 사람은 자신감이 있고 자신을 가치 있고 유용한 사람이라고 생각한다. 이에 반해, 이 욕구를 충족시키지 못한 사람은 열등감을 가지고, 자신을 보잘것없는 사람이라고 생각한다. 그리고 이러한 자신에 대한 부정적인 감정은 정신질환을 유발할 가능성이 있다고 한다.

유아기에는 일반적으로 자아존중감이 매우 높은 편이다(사진 참조). 그러나

사진 설명
유아기에는 일반적으로 자아존중감이 매우 높은 편이다. 사진 속의 유아는 부활절 계란을 바구니에 담는 일을 "해내고 나서" 매우 의기양양해 있다.

아동기에 들어서면서 여러 영역에 걸쳐 자신을 객관적으로 평가하게 됨에 따라 유아기 동안 터무니없이 높던 자아존중감은 보다 현실적인 수준으로 조정된다. 이러한 현상은 아동이 점차 그들 자신에 대한 판단을 타인의 견해나 객관적인 수행능력에 맞추어 조정하려는 것으로 설명할 수 있다(Stipek & MacIver, 1989).

학동기 아동은 학업, 신체, 사회성의 세 측면에서 자아존중감을 형성하게 되는데, 이들은 연령이 증가함에 따라 다시 세분된다. 예를 들면, 학업적 자아존중감은 다시 국어, 산수, 기타 다른 과목 등으로 세분화되고, 사회적 자아존중감은 또래와의 관계 및 부모와의 관계로 나누어진다. 그리고 신체적 자아존중감은 다시 외모와 신체적 능력으로 세분화된다(Marsh, 1990). 더욱이 이처럼 분화된 자아존중감은 전반적 자아존중감으로 통합되어(Harter, 1990), 〈그림 6-1〉에서 보는 바와 같이 위계적인 구조를 형성하게 된다.

Susan Harter

(3) 자기효능감

자기효능감(self-efficacy)이란 자신이 스스로 상황을 극복할 수 있고, 자신에게 주어진 과제를 성공적으로 수행할 수 있다는 신념이나 기대를 의미한다(Bandura, 1986, 1993, 1997, 2004, 2010, 2012). 높은 자기효능감은 긍정적인 자아개념을 촉진하고, 지속적으로 과제지향적 노력을 하게 하여 높은 성취수준에 도달하게 하지만, 낮은 자기효능감은 부정적인 자아개념을 갖게 하여 자신감이 결여되고 성취지향적 행동을 위축시킨다(Bandura & Schunk, 1981; Scheier & Carver, 1992; Schunk, 2012; Stipek, 2002).

Dale Schunk

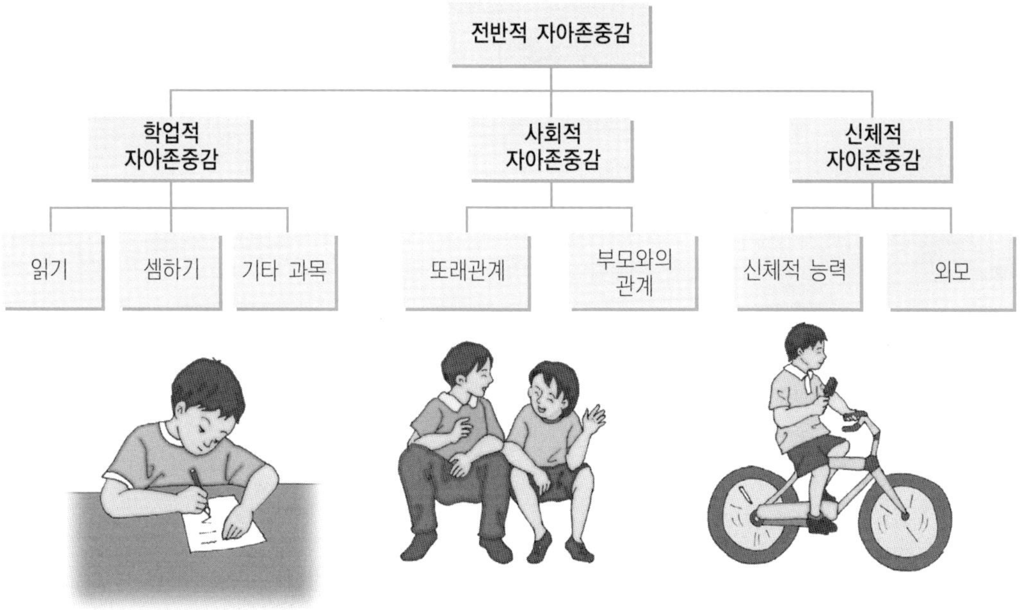

〈그림 6-1〉 아동기 자아존중감의 위계적 구조

자기효능감은 일반적으로 아동기에 증가한다. 특정 과제에서 성공 또는 실패한 경험에 비추어, 아동은 이제 특정 영역에서 자신이 얼마나 잘할 수 있는지를 예견할 수 있다. 예를 들면, 롤러블레이드를 처음 타보고 제법 잘 해낸 아동은 앞으로 연습하면 더욱더 잘할 수 있다고 믿는다(사진 참조).

사진 설명
롤러브레이드를 성공적으로 타보고 의기양양해하는 아동의 모습.

낮은 자기효능감은 극단적인 경우에 아동으로 하여금 자신은 아무것도 할 수 없으며 실패할 수밖에 없다는 학습된 무력감(learned helplessness)을 갖게 한다. 학습된 무력감은 계속되는 실패의 경험에서 발생하는 것으로, 자신이 아무리 노력해도 성공할 수 없을 것이라고 느끼게 되는 것을 의미한다. 학습된 무력감은 아동으로 하여금 자신의 무능력으로 인해 자신이 실패했다고 느끼게 만들며, 자신의 성공은

Martin Seligman

단지 운이 좋아서 그렇게 된 것이라고 느끼게 만든다. 결과적으로 어떤 과제가 주어졌을 때 시도도 해보지 않고 일찌감치 포기해 버린다. 학습된 무력감을 지니고 있는 아동은 학업성취에 있어서 자신의 잠재력을 거의 발휘하지 못하며, 쉽게 학업을 포기하게 된다 (Peterson, Maier, & Seligman, 1993; Seligman, 1988).

우리나라 초등학교 5, 6학년 아동 554명과 그 어머니를 대상으로 한 연구(우희정, 이숙, 1994)에 따르면, 아동의 자기효능감 수준은 성별에 따라 차이를 보이지 않았다. 한편, 가정의 사회경제적 수준, 어머니의 심리적 요인(어머니의 효능감, 결혼만족도)은 어머니의 양육행동에 영향을 미침으로써 아동의 자기효능감에 영향을 미쳤다.

Bandura(2012)는 최근에 개략적이나마 전생애에 걸친 자기효능감의 발달양상을 제시해 주고 있다. 유아는 자신의 환경을 탐색하고, 그것을 통제할 수 있다는 자신감을 갖게 되면서 자기효능감을 발달시키게 된다. 아동이 성장하면서 그들의 사회적 세계 역시 넓혀 나간다. 그리고 점차 또래를 자기효능감의 모델로 그리고 사회적 비교 대상으로 삼는다. 10대들은 이성교제를 통해서 자기효능감을 평가한다. 성인들은 사회인으로서 그리고 부모로서의 새로운 역할에 대해 자신의 능력을 평가하며, 노인들은 은퇴에 대한 적응과 새로운 생활양식의 창출을 통해서 자신의 능력을 재평가한다. 자기효능감은 개인으로 하여금 일생 동안 에너지와 생명력을 가지고 앞으로 나아가게 하는 원동력이 된다. 자기효능감이 낮은 사람들의 경우 자신감을 상실하고, 쉽게 포기하며, 우울증에 빠지게 된다.

2) 도덕성발달

도덕성이란 개인이 다른 사람과의 관계에서 지켜야 할 사회집단의 규칙을 인식할 수 있는 능력이다. 도덕성발달은 자신이 속한 사회의 문화규범에 따라 행동하도록 배우고 이를 자신의 것으로 받아들이는 과정을 통해 이루어진다.

정신분석이론에서는 도덕성발달은 부모에 대한 동일시를 통해 이루어진다고 보았다. 남근기의 오이디푸스 콤플렉스를 해결하기 위해 부모의 행동을 동일시하는 과정을 통해 아동은 부모의 도덕적 규준을 내면화시키게 된다. 이렇게 내면화된 부모의 가치기준이나 외적 규범에 위배되는 행동을 하게 되면 죄책감을 느끼게 되는데, 이것이 바로 아동의 양심이 된다고 한다. 반면 사회학습이론에서는 부모의 행동에 대한 모방과 자신의 행동에 대한 강화를 통해서 도덕적 가치를 배우게 된다고 보았다. 한편으로 인지발달이론에서는 도덕성은 인지발달과 병행해서 발달한다고 보았다. 즉, 자기중심적 사고에서 벗어나 타인의 관점을 이해하는 어느 정도의 인지적 성장이 이루어지기 전에는 도덕적 판단은 불가능하며, 특정한 인지능력을 기초로 하여 각 개인은 옳고 그름에 대한 자기 나름대로의 규칙을 형성할 수 있다고 한다.

인지발달과 환경요인의 영향으로 개인이 도덕적 발달의 각 단계를 거치는 시기는 상이하지만 순서는 항상 동일하다. 전 단계의 발달을 기초로 하여 다음 단계로 계속적으로 발달하며, 특정한 단계를 뛰어넘는 것은 불가능하다.

(1) 도덕성발달에 관한 Piaget의 연구

Jean Piaget

Piaget(1932)는 도덕성발달이 전적으로 사회화 과정에 좌우된다는 기존의 생각에서 탈피하여, 인지발달이 도덕적 사고의 발달에 가장 큰 영향을 미친다고 주장하였다. 그는 규칙이나 정의, 고의성에 대한 이해, 벌에 대한 태도 등의 질문을 근거로 하여, 아동의 도덕성발달단계를 타율적 도덕성(heteronomous morality)과 자율적 도덕성(autonomous morality)의 두 단계로 구분하였다.

타율적 도덕성 단계의 아동(4~7세)은, 규칙은 신이나 부모와 같은 권위적 존재에 의해서 만들어진 것으로 믿으며, 그 규칙은 신성하고 변경할 수 없는 것으로 이를 위반하면 벌을 받아야 한다고 생각한다. 이 단계의 아동은 규칙은 변경할 수 없는 절대적인 것으로 생각하기 때문에, 이들에게 공기놀이(사진 참조)에 적용할 새로운 규칙을 가르쳐 주어도 기

✐사진 설명
아동들이 공기놀이를 하고 있다.

존의 규칙을 그대로 사용해야 한다고 고집하였다. 또 모든 도덕적 문제에는 '옳은' 쪽과 '나쁜' 쪽이 있으며, 규칙을 따르는 것이 항상 '옳은' 쪽이라고 믿는다. 또한 행위의 의도성에 대한 이해에서도, 어떤 행동의 옳고 그름을 행위자의 의도와는 상관없이 단지 행동의 결과만을 가지고 판단한다. 예를 들면, 어머니가 설거지 하는 것을 도와드리다가 실수로 컵을 열 개 깨뜨리는 것이 어머니 몰래 과자를 꺼내 먹다가 컵을 한 개 깨뜨리는 것보다 더 나쁘다고 생각한다(〈그림 6-2〉 참조). 더욱이 타율적 도덕성 단계의 아동은 사회적 규칙을 위반하게 되면 항상 어떤 방법으로든 벌이 따르게 된다는 내재적 정의(immanent justice)를 믿는다. 따라서 만약 6세 남아가 과자를 몰래 꺼내

〈그림 6-2〉 피아제의 도덕적 판단 상황: 행위의 동기와 결과

David R. Shaffer

먹으려다 넘어져서 무릎을 다쳤다면, 그것은 자기가 잘못한 것에 대해 마땅히 받아야 할 벌이라고 생각한다(Shaffer, 1999).

7세부터 10세까지는 일종의 과도기적인 단계로서 타율적 도덕성과 자율적 도덕성이 함께 나타나는 시기이다. 그러나 10세경에 대부분의 아동은 두 번째 단계인 자율적 도덕성 단계에 도달하게 된다. 이 단계의 아동은 점차 규칙은 사람이 만든 것이고, 그 규칙을 변경할 수 있다고 생각하며, 도덕적 판단에서 상황적 요인을 고려하는 융통성을 보인다. 예를 들어, 응급실에 환자를 수송하기 위해 속도위반을 한 운전기사를 부도덕하다고 생각하지 않는다. 옳고 그름에 대한 판단도 이제는 행위의 결과가 아닌 의도성에 의해 판단하게 된다. 따라서 과자를 몰래 꺼내 먹으려다 컵을 한 개 깨뜨리는 것이 어머니의 설거지를 도우려다가 실수로 컵을 열 개 깨뜨리는 것보다 더 나쁘다고 생각한다. 이 단계의 아동은 또한 규칙을 위반하더라도 항상 벌이 따르지 않는다는 것을 스스로의 경험에 의해 알게 되었기 때문에 더 이상 내재적 정의를 믿지 않는다.

Piaget에 의하면 타율적 도덕성 단계에서 자율적 도덕성 단계로 발달하기 위해서는 인지적 성숙과 사회적 경험이 중요한 역할을 한다고 한다. 인지적 요소로는 자기중심성의 감소와 역할수용 능력의 발달을 들 수 있는데, 이것은 도덕적 문제를 여러 가지 각도에서 조망해 볼 수 있게 해 준다. Piaget가 중요하게 여기는 사회적 경험은 또래와의 대등한 위치에서의 상호작용이다. 아동은 또래와 사이좋게 놀고, 공동의 목표를 달성하기 위해서는 다른 사람의 입장에 서 보아야 하며, 갈등이 있을 때는 어떻게 해야 서로 이익이 되는 방식으로 해결할 수 있는지를 배우게 된다. 따라서 대등한 위치에서의 또래와의 접촉은 좀더 융통성 있고 자율적인 도덕성발달에 도움을 준다.

3세와 5세 유아를 대상으로 공격행동에 대한 도덕적 판단과 추론에 대해 살펴본 우리나라 연구(박진희, 이순형, 2005)에서, 3세와 5세 유아는 공격행동의 의도를 긍정적인 것과 부정적인 것으로 구분하여 도덕판단을 할 수 있는 것으로 나타났다. 이들은 이기적 동기나 화풀이로 행한 공격행동보다 이타적 동기나 규칙준수를 위한 공격행동을 덜 나쁘다고 판단하였다. 또한 공격행동에 대한 도덕판단은 결과의 제시 유무에 따라 다르게 나타났는데, 3세와 5세 유아는 상처를 입힌 것과 같은 공격행동의 부정적 결과가 제시된 경우에는 결과가 제시되지 않은 경우보다 더 나쁘다고 판단하였다.

또 다른 연구(김유미, 이순형, 2014)에서 유아는 공격행동의 의도와 유형에 따라 도덕판단에 차이가 있는 것으로 나타났다. 즉, 3~5세 유아들은 이기적 공격행동을 이타적 공격행동보다 더 나쁜 것으로 판단하였으며, 신체적 공격을 언어적 공격이나 관계적 공격보다 더 나쁜 행동으로 판단하였다. 이는 유아들도 공격행동의 의도뿐만 아니라 공격유형에 대한 정보를 활용하여 도덕판단을 할 수 있다는 것으로 해석할 수 있다.

(2) 도덕성발달에 관한 Kohlberg의 연구

Lawrence Kohlberg

Kohlberg(1976)는 Piaget의 도덕성발달이론을 기초로 하여 자신의 독자적인 이론을 정립하였다. 그는 도덕성발달을 도덕적 갈등상황에서 개인의 판단을 중심으로 연구하였으며, 그의 연구는 아동의 도덕성발달이 인지발달 수준과 관련이 있다는 Piaget의 연구결과를 확인해 주고 있다. Kohlberg는 도덕성을 정의감으로 규정하고 도덕적으로 성숙해짐에 따라 정의감에 대한 개념도 더 성숙해진다고 보았다. 그는 가상적인 도덕적 갈등상황을 제시하고 이에 대한 아동의 반응을 분석하여 도덕성발달을 모두 6단계로 구분하였다. 〈표 6-1〉은 Kohlberg의 도덕성발달 단계를 설명한 것이다. 이러한 과정에서 Kohlberg는 응답 자체보다는 응답 이면에 숨어 있는 논리에 관심을 두었다. 즉, 응답자의 대답이 달라도 논리가 유사한 경우에는 동일한 도덕성발달 단계에 있는 것으로 간주했다.

〈표 6-1〉 Kohlberg의 도덕성발달 단계

전인습적 수준 (Preconventional Level) 인습적이란 말은 사회규범, 기대, 관습, 권위에 순응하는 것을 뜻하는데, 전인습적 수준에 있는 사람은 사회규범이나 기대를 잘 이해하지 못한다. 이 수준에 있는 아동은 매우 자기중심적이어서 다른 사람의 입장을 이해하지 못하고, 자신의 욕구충족에만 관심이 있다. 9세 이전의 아동이나 일부 청소년 그리고 성인 범죄자들이 이 수준에 있다.	1단계: 벌과 복종 지향의 도덕 이 단계의 아동은 결과만 가지고 행동을 판단한다. 즉, 보상을 받는 행동은 좋은 것이고, 벌 받는 행동은 나쁜 것이다. 이 단계에서 아동은 벌을 피하기 위해 복종한다. 예를 들면, 훈이는 부모에게 야단맞을까 봐 차가 달리는 거리에서 뛰어다니지 않는다.
	2단계: 목적과 상호교환 지향의 도덕 자신의 흥미와 욕구를 만족시키기 위해 규범을 준수한다. 이 단계에서 아동은 다른 사람의 입장을 고려하기 시작하지만, 대부분 자신이 원하는 것을 얻기 위해서이다. 예를 들면, 훈이는 어머니가 약속한 상 때문에 찻길에서 뛰어다니지 않는다.
인습적 수준 (Conventional Level) 이 수준에 있는 아동이나 청년은 다른 사람의 입장을 더 잘 이해하게 되고, 이제 도덕적 추론은 사회적 권위에 기초하며 보다 내면화된다. 그리고 사회관습에 걸맞은 행동을 도덕적 행동이라 간주한다. 대부분의 청년과 다수의 성인이 이 수준에 있다.	3단계: 착한 아이 지향의 도덕 다른 사람들의 기대 때문에 그리고 다른 사람으로부터 인정을 받기 위해 착한 아이로 행동한다. 이 단계에서는 동기나 의도가 중요하며, 신뢰, 충성, 존경, 감사의 의미가 중요하다. 예를 들면, 숙이는 동생 훈이가 자기를 믿기 때문에, 훈이가 담배 피우는 것을 부모님께 말씀드리지 않는다.
	4단계: 법과 질서 지향의 도덕 추상적 사고를 할 수 있는 능력으로 인해 청년은 이제 자신을 사회의 일원으로 생각하게 되고, 그래서 사회기준에 따라 행동을 평가하게 된다. 사회질서를 위해 법을 준수하는 행동이 도덕적 행동이라고 생각한다. 예를 들면, 훈이 아빠는 사회의 법과 질서를 준수하기 위해 보는 사람이 없더라도 '멈춤' 표지판 앞에서 차를 멈춘다.
후인습적 수준 (Postconventional Level) 후인습적 수준에 있는 사람은 사회규범을 이해하고 기본적으로는 그것을 인정하지만 법이나 관습보다는 개인의 가치기준에 우선을 둔다. 일반적으로 20세 이상의 성인들 중 소수만이 이 수준에 도달한다.	5단계: 사회계약 지향의 도덕 법과 사회계약이 '최대 다수의 최대 행복'이라는 전제하에 만들어졌다는 것을 이해하고, 모든 사람의 복지와 권리를 보호하기 위해 법을 준수한다. 그러나 때로는 법적 견해와 도덕적 견해가 서로 모순됨을 깨닫고 갈등상황에 놓인다.
	6단계: 보편원리 지향의 도덕 법이나 사회계약은 일반적으로 보편적 윤리기준에 입각한 것이기 때문에 정당하다고 믿는다. 따라서 만일 이러한 원칙에 위배될 때에는 관습이나 법보다 보편원리에 따라 행동한다. 보편원리란 인간의 존엄성, 인간의 평등성, 정의 같은 것을 말한다.

다음의 예는 Kohlberg의 도덕적 갈등상황의 유명한 예인 하인츠와 약제사의 이야기이다.

어느 마을에 한 부인이 이상한 종류의 암으로 죽어가고 있었다. 의사들이 보기에 이 병에 도움이 될 만한 약이 한 가지 있었다. 그 약은 라듐의 일종으로 그 동네의 약국 주인이 최근에 만든 것이었다. 그 약을 만드는 데 많은 노력과 비용이 들었으므로 약제사는 그 약을 매우 비싼 값에 팔려고 하였다. 부인의 남편인 하인츠는 약값을 마련하기 위하여 온갖 노력을 다했지만 겨우 필요한 돈의 절반밖에 마련하지 못했다. 그래서 그는 약제사에게 찾아가 내 아내가 죽어가고 있으니 그 약을 싸게 팔거나 나중에 나머지 반값을 주겠다고 약을 먼저 달라고 애원하였다. 그러나 약제사는 "안 됩니다. 나는 그 약으로 돈을 벌어야 합니다"라고 거절하였다. 그래서 하인츠는 낙심하게 되었고 부인을 살리기 위해서는 약국 문을 부수고 약을 훔쳐올 수밖에 없다고 생각하게 되었다.

Kohlberg는 Piaget와 마찬가지로 도덕성발달이 인지발달과 관련이 있다고 보았다. 즉, 도덕성발달이 이루어지기 전에 특정한 인지능력이 선행되어야 한다고 생각하였다.

그러나 이에 대한 비판은 인지발달이 선행되었다고 해서 도덕적 사고가 특정한 단계에 도달할 수 있는 것은 아니라는 점이다. 많은 사람들이 도덕성발달의 마지막 단계까지 도달하는 것은 아니며, 대부분의 사람들은 4단계 이상을 뛰어넘지 못한다고 한다. Kohlberg 자신도 연구대상으로부터 6단계의 반응을 확인하는 데 실패했으며, 이는 실증적으로 증명이 가능하기보다는 비범한 사람들의 삶이나 저서에서 제시되는 이론적 개념에 불과하다고 하였다. 비교문화연구에서도 도덕적 사고는 연속적·단계적으로 발달하지만, 개인의 지능이나 집단의 사회문화적 특성, 역사적 사건에 따라 도덕성 발달수준은 상이한 것으로 나타났다. 또한 가족 상호간에 민주적인 관계가 설정되어 있고, 도덕적 문제에 대해 가족 간에 자주 대화를 나누거나 다른 아동과의 상호작용이 많을수록 도덕성은 발달하게 된다. 그 외에도 아동이 자신의 도덕적 사고보다 1~3단계 높은 수준에 노출될 때 도덕성은 보다 높은 단계로 발달하게 된다고 한다(Walker, de Vries, &

Bichard, 1984).

Elliot Turiel

Kohlberg 이론의 또 다른 문제점은 대부분의 사람들은 그들이 생각하는 것과 행동하는 것이 별개의 문제라는 사실이다(Turiel, 1998). 높은 수준의 도덕적 사고가 도덕적 행동을 촉진시키는 것은 아니며, 도덕적 사고는 도덕적 행동을 결정하는 많은 요인 가운데 하나일 뿐이다. 실제로 아동이 성장함에 따라 도덕적 사고는 발달하지만 비도덕적 행동도 빈번하게 나타난다. Bandura(1981)는 도덕적 행동에 영향을 미치는 중요한 요인으로 사회적 통제와 자기통제를 들고 있다. 사회적 통제는 도덕적 행동을 했을 때에는 보상이 주어지는 반면 비도덕적 행동에는 대가를 지불해야 하는 것이며, 자기통제는 도덕적 행동을 했을 때의 내적 만족이나 자긍심과 관련된 것이다. 자기통제 능력이 뛰어난 아동은 도덕적 사고와 도덕적 행동이 비교적 일치하다고 한다.

3) 또래관계

초등학교에 입학하면 아동은 가정 밖에서 보내는 시간이 많아진다. 출생 초기의 사회성발달은 부모와의 애착형성에 기초하는 것이지만, 성장함에 따라 점차 접촉 대상이 확대되어 학교나 또래집단의 비중이 커지게 된다. 이러한 또래집단은 이웃에 살며, 연령이 비슷하고, 동성의 아동으로 구성되며, 외모, 성숙도, 운동기술, 학업성취나 지도력 등에 따라 서열이 형성된다. 사회가 점차 핵가족화 · 소가족화되고 여성 취업률이 증가하고 세대 간의 격차가 심화되면서 과거의 혈육 간의 밀접한 관계를 또래집단이 대신하고 있다.

(1) 또래집단의 기능

아동이 성장함에 따라 또래집단은 보다 공식적이고 조직적으로 변하며, 아동의 성장과정에서 여러 가지 기능을 한다.

① 사회화의 기능

Kenneth Rubin

부모와의 관계와는 달리 또래와의 관계에서는 또래집단의 규칙을 준수해야 하고 협동심이나 타협을 필요로 한다. 이러한 경험을 통해 자기중심적인 사고나 행동은 줄어들고 점차 사회 구성원으로서 성공적인 사회적 상호작용을 위해 필요한 기술이나 규범을 배워 나가게 된다(Rubin, Bukowski, & Parker, 1998).

또래집단은 상호간에 강화와 모방을 통해서 아동에게 영향을 미치며, 그 영향력은 성인의 영향력보다 크다. 아동은 성인보다 또래집단이 자신과 더 유사하다고 지각하기 때문에 또래가 더 적절한 모델이라고 생각하며, 또래로부터 더 많은 영향을 받는다. 특히 또래집단은 공격성과 친사회적 행동에 중요한 영향을 미친다. 대부분의 아동이 공격적 행동을 인정하는 것은 아니지만, 공격적 행동이 다른 아동을 굴복시킨다는 사실을 관찰하거나 어떤 목적을 성취하기 위한 가장 빠른 방법이라는 사실을 알게 됨으로써, 이러한 행동이 강화되거나 모방될 수 있다. 친사회적 행동도 성인에 의해 강화된 것은 대부분 종속적인 위치에서 이루어지지만, 또래집단은 평등한 관계에서 상호작용이 이루어진다는 점에서 더 큰 영향을 미치게 된다. 또한 또래집단은 성 유형화된 행동을 강화시키는 역할을 한다. 아동 중기에 접어들어 성역할은 다소 융통성 있는 태도로 변하지만, 지나치게 반대 성의 활동이나 역할에 관심을 가진 아동은 또래집단으로부터 배척받게 된다.

② 태도나 가치관의 형성

또래집단은 다른 가치에 우선하는 집단만의 고유한 가치를 공유한다. 지금까지 아무 비판 없이 받아들인 부모의 가치관에 대해 회의하기 시작하며 자신들 나름대로의 태도나 가치관을 형성하게 된다. 또래집단으로부터 인정받기 위해 아동은 이들 집단의 기준이나 가치에 동조하려는 경향을 보인다. 학동기의 아동은 특히 또래집단의 행동에 동조하고자 하는 욕구가 강하며, 또래집단의 행동기준은 아동에게 사회적 압력으로 작용한다. 이러한 동조현상을 통해 그들 나름대로의 태도나 가치관을 형성하게 되며, 이것이 가족이나 부모가 제시하는 태도나 가치관과 상치하게 되면, 부모의 권위에 도전하거나 심각한 가족 내 갈등을 일으키기도 한다.

③ 정서적 안정감 제공

아동기에는 또래집단으로부터의 평가가 부모의 평가보다 더 중요한 의미를 갖는다. 또래집단으로부터 수용되고 인정받음으로써 부모가 제공할 수 없는 정서적 안정감을 갖게 되며 긍정적인 자아개념을 형성하게 된다(Bukowski & Hoza, 1989). 때로는 또래집단이 기성세대의 권위에 대항하거나 위험한 행동을 하기도 하며, 반사회적 행동을 요구하기도 한다. 그러나 아동은 이러한 집단에 소속됨으로써 정서적 안정감을 얻게 되며, 이는 우정이라는 관계가 발달하는 기초가 된다. Dreikurs(1967)는 인간은 소속감을 추구하는 동물이며, 소속감을 박탈당했을 때 여러 가지 문제행동을 보이게 된다고 하였다. 이러한 맥락에서 또래집단으로부터 거부당하는 아동은 수용되는 아동에 비해 공격적이고 부적절한 행동을 보이는 등 다양한 적응상의 문제를 갖게 된다(Shantz, 1986).

William M. Bukowski

Betsy Hoza

④ 인지발달과 정보제공

Piaget(1983)는 또래와의 상호작용 과정에서 생기는 갈등을 경험함으로써 아동의 인지발달 수준이 향상된다고 하였다. 아동은 논리적 토론을 통해 갈등상황을 해결해 나가는 과정에서 자신의 관점과 부합되지 않는 다른 관점이 존재한다는 사실을 알게 되며, 이를 조정해 나가는 과정에서 인지발달이 이루어진다. 또래집단의 수준에 대한 연구결과는 일치하지 않으나, 자신보다 약간 능력 있는 또래와의 상호작용을 통해 가장 큰 효과를 기대할 수 있다고 한다(Tudge,

Jonathan Tudge

1992). 가르치는 아동도 자긍심이나 친사회적 행동이 향상되므로, 또래집단은 상호간에 효율적인 모델이 될 수 있다.

또한 또래집단은 지식이나 정보교환의 기능을 갖는다. 또래집단의 지식이나 정보전달은 성인을 통해 이루어지는 것보다 더 효율적으로 이루어진다. 이들과의 관계를 통해 아동은 보다 쉽고 용이하게 사회에 적응하는 방법을 배우게 되며 지식이나 정보를 제공받게 된다.

(2) 우정의 발달

또래집단과의 친밀하고 지속적인 애정적 유대를 우정이라고 하며, 우정에 대한 개념은 아동이 성숙해 감에 따라 변화한다. 유아기에도 또래집단과 우정을 형성하지만, 유아들은 지속적인 관계에 관심이 있는 것이 아니라 일시적인 놀이 상대로서 또래에게 관심을 갖는다. 그들에게는 같이 놀고 있는 모든 유아가 친구가 될 수 있다. 그러나 연령이 증가함에 따라 친구는 일시적인 상호작용을 뛰어넘어 지속적인 관계로 생각하게 된다. 아동기에 접어들어서는 대개 동성의 친한 친구 몇 명을 사귀게 되며, 아동들은 친구에 대한 생각, 친구를 선택하는 이유, 친구관계를 유지하는 능력에서도 많은 변화를 경험하게 된다.

아동기 초기에는 우정은 서로 주고받는 것으로 생각한다. 또한 친구가 갖지 못한 것을 함께 나눠 갖는 것을 우정의 상징으로 생각한다. 그러나 상호간의 흥미보다 각자의 흥미를 충족시켜 주는 것으로 생각하며, 심각한 갈등상황에서 서로에 대한 헌신적인 태도가 충분하지 못하다. 그러나 아동기 중반부터 이들은 단지 같이 놀거나 서로를 위해 무엇을 해주는 것 이상의 지속적이고 헌신적인 관계를 유지하게 된다. 이들 간의 관계는 믿음이 전제가 되며, 도움이 필요할 때 돕지 않거나 약속을 지키지 않는 것, 친구가 없는 곳에서 비난하는 것 등은 믿음을 지키지 않는 것으로 생각하게 된다. 그 결과 친구관계는 선택적으로 이루어지며, 소속감이 강하게 나타난다. 심지어 배타성까지 가미되어, 그들만의 문화를 형성하게 된다(Berk, 1996).

Laura Berk

일반적으로 집단을 이루어 친구를 사귀는 남아들에 비해 여아들은 일대일의 단짝친구와 보다 강한 유대감을 형성한다. 우정이 남아와 여아 모두에게 다 중요하지만 우정의 의미는 다르다. 즉, 여아들의 우정에는 정서적 친밀감과 신뢰감이 중요한 역할을 한다(Buhrmester & Furman, 1987; Bukowski & Kramer, 1986). 여아들은 자신의 감정을 이야기하고 나눔으로써 친밀감이 형성된다(사진 참조). 여아들의 우정에서 강렬한 감정과 친밀감이 강조되기 때문에 여아들은 친구관계에서 긴장, 질투, 갈등을 경험한다. 이러한 긴장과 갈등은 친구로부터의 거부와 배신에 대한 두려움에서 온다(Miller, 1990). 그래서 여아가 남아보다 더 작은 규모의 배타적인 우정

Duane Buhrmester

Willard Hartup

사진 설명
여아들은 자신의 감정을 이야기하고 나눔으로써 친밀감이 형성되는 반면, 남아들은 같은 활동을 함께 함으로써 친밀감을 형성한다.

Eleanor Maccoby

망을 형성한다(Hartup & Overhauser, 1991).

반면, 남아들은 운동경기를 함께 하거나 관람하는 등 같은 활동을 함으로써 친밀감을 형성한다(사진 참조). 남자아이들은 어려서부터 자기감정을 노출하는 것이 남자답지 못한 것으로 배워 왔기 때문에(Maccoby, 1991), 여아보다 자신의 감정을 이야기하고 나누는 것도 덜하다(Camarena, Sarigiani, & Petersen, 1990). 이성친구에 대한 혐오감이나 부정적인 태도는 남아는 11세경, 여아는 13세경에 최고조에 달한다. 이 시기에 동성친구에 대한 애착은 이후에 이성친구를 사귀는 데 있어서도 필수적인 경험이 된다.

초등학교 4학년과 6학년 아동 365명을 대상으로 한 연구(임정하, 정옥분, 1997)에 의하면, 아동의 또래관계에서의 친밀감은 4학년 아동보다 6학년 아동이 높게 지각하는 것으로 나타났다. 즉, 아동 중기에서 후기로 갈수록 또래관계가 보다 밀착되는 것으로 보인다.

(3) 또래집단에서의 인기도

다른 사람이 자신을 좋아한다는 사실은 현재의 행복뿐만 아니라 미래의 행복에도 영향을 미친다. 아동기에 또래집단으로부터의 수용은 아동의 자기역량 지각을 예측하는 중요한 변인이 되며(한종혜, 1996), 또래와의 관계가 좋지 못한 아동은 학업성취도가 낮고, 학교에서 중도 탈락하거나 이후 청소년 비행에 참여하는 비율이 높은 것으로 나타났다(Parker & Asher, 1987). 초등학교 시절의 또래집단에서의 인기도는 상당히 지속적인 영향을 미치며, 지능지수나 성적, 교사의 평가, 자아개념 등의 변인보다 이후의 정신건강을 예측하는 데 더 중요한 변인으로 작용한다. 즉, 또래집단으로부터 가치를 인정받는 아동은 성인이 되어서도 다른 사람으로부터 인기 있는 사람이 된다(Bagwell, Newcomb, & Bukowski, 1998).

또래집단에서의 인기도는 여러 가지 방법으로 측정할 수 있다. 그중에서도 “어떤 친구를 제일 좋아하는가?” “어떤 친구가 제일 싫은가?” “생일에 누구를 초대하고 싶은가?" 등의 질문을 통해 얻어진 정보를 근거로 교우관계 측정도(sociogram)를 그려보는 것이 가장 보편적인 방법이다. East(1991)는 또래집단에서의 인기도를 가지고 아동을 아래와 같은 다섯 가지 유형으로 분류하고 있다.

Patricia East

① 인기 아동(popular): 가장 인기가 있는 아동은 일반적으로 신체적 매력이 있고, 머리가 좋고, 사교적이며, 행동적이고, 지도력이 있다. 그들은 자아존중감이 높고, 여러 종류의 다양한 친구들과 어울린다. 유머감각이 뛰어나고, 그래서 그와 함께 있는 것이 즐겁다.

② 보통 아동(acceptable): 아동의 반 정도가 이 유형에 속하는데, 친구들이 특별히 좋아하지도 않고 특별히 인기가 있는 것도 아니지만 그렇다고 친구들이 싫어하는 유형도 아니다. 이들은 집단에 무난히 어울리는 보통 아동들이다.

③ 고립 아동(isolated or neglected): 고립되거나 무시당하는 아동은 친구들의 관심밖에 있기 때문에, 친한 친구로 지명되지도 않거니와 싫어하는 친구로 지명되지도 않는다. 이들은 수줍음을 잘 타고 위축된 성격으로 말미암아 낮은 자아존중감, 불안, 우울증 등 내적인 문제를 가진 경우가 많다(사진 참조).

④ 거부 아동(rejected): 친구들이 가장 싫어하는 유형이다. 이런 아동은 신체적, 언어적 공격을 많이 하고, 교실에서 수업분위기를 망치고, 학업성적도 좋지 못하다. 역시 인기가 없는 아동들과 친구가 되며, 자기보다 어린 아이들과 어울린다. 이들 중에는 약물남용, 청소년 비행과 같은 외적인 문제가 있는 경우가 많다.

사진 설명
고립 아동은 위축된 성격으로 말미암아 불안이나 우울증 등 내적인 문제를 가진 경우가 많다.

⑤ 혼합형(controversial): 친한 친구로 꼽히기도 하고 싫은 친구로 꼽히기도 하는 혼합형은 공격적이고 파괴적인 면이 있는가 하면, 자기주장이 강하고 지도력이 있다. 이들은 또래집단에서 눈에 띄기는 하지만, 이들을 좋아하는 사람도 많고 싫어하는 사람도 많아 친구들로부

Steven R. Asher

Kenneth A. Dodge

터 복합적인 반응을 유발한다.

연구결과 인기 있는 아동은 좋아하거나 친구가 되고 싶다는 응답을, 거부되는 아동은 싫어한다는 응답을 가장 많이 받은 아동이고, 무시되는 아동은 거의 응답을 받지 못한 아동이며, 혼합형 아동은 좋아한다는 반응과 싫어한다는 반응을 비슷한 정도로 받은 아동이다(Asher & Dodge, 1986).

(4) 또래관계와 영향요인

또래집단에서의 인기도에는 신체적 · 성격적 특성이나 인지적 능력 등 많은 요인들이 영향을 미친다. 사회적으로 유능한 아동의 전반적인 특성은 잘생기고 균형 잡힌 체격을 가지고 있다. 신체적인 매력은 또래집단으로부터 저항감을 형성하기도 하지만, 일반적으로 보다 긍정적인 영향요인으로 작용하며, 이는 특히 여아에게서 두드러지게 나타난다. 이들은 또한 지적인 경향을 보이며 사려깊고 창의적인 사고를 갖고 있는 것으로 나타났다. 또한 리더십이 있고, 또래집단에 잘 적응하며, 유머감각이 있고, 다정하고, 자신의 공격적 충동을 통제하는 것이 가능하며 다른 아동으로부터 필요한 것을 획득하기 위한 여러 가지 방법을 알고 있다. 높은 수준의 사회적 전략을 알고 있는 아동은 신체적 공격을 자제할 수 있다. 아동이 힘에 의존하는 경우는 대개 다른 방법으로는 자신이 원하는 것을 얻지 못한다고 생각할 때이다.

부모와의 애착형성이나 상호작용 경험도 또래관계에 영향을 미친다(Booth-LaForce & Kerns, 2009; Pallini et al., 2014). 안정된 애착을 형성한 아동은 불안정한 애착을 형성한 아동보다 또래와의 관계에서도 유능하다(이영, 나유미, 1999; Belsky, 1984). 부모가 온정적이고, 부모와의 관계가 전반적으로 만족스러우며, 가족원 간의 갈등이 없을 경우, 또래집단에서의 문제점은 감소하며, 결과적으로 적응이 용이하다.

무시당하거나 거부당하는 아동의 공통적 특성은 유난히 뚱뚱하거나 매력적

Jude Cassidy

이지 못한 외모를 가지고 있고 지적인 능력면에서도 지체된 아동인 것으로 나타났다. 그중에서 거부되는 아동은 공격적이고 적대적이며, 쉽게 화를 내는 행동특성을 보이기도 하지만, 어떤 아동은 공격적이기보다 오히려 유순한 경우도 있다(Schickedanz et al., 1998). 무시당하는 아동은 어리석고 아기 같은 행동특성을 보이며, 수줍음이 많고 사교적으로 친구에게 접근하지 못하며, 의사소통 능력과 같은 사회적 능력이 부족한 경우가 많다(도현심, 1996; Cassidy & Asher, 1992).

혼합형의 아동집단은 거부당하는 아동집단과 유사한 속성을 지니고 있으나, 후자가 가지지 못한 힘을 가지고 있다는 점에서 차이가 있다. 이들은 지도력이 있고 운동과 같은 특별한 영역에서 뛰어난 능력을 소유하고 있다.

아동기에 가장 슬픈 일 중의 하나는 친구로부터 무시당하거나 거부당하는 것이다. 집에도 혼자 가고, 생일파티에도 초대받지 못하며, 점심도 혼자 먹고, 아무하고도 놀지 못한다. 또래집단으로부터의 거부나 무시는 보편적으로 괴롭힘과 동시에 일어나며, '왕따'라는 현상으로 사회적 문제가 되고 있다. 신체적 공격이나 별명을 부르며 조롱하는 등 직접적인 괴롭힘이 있고, 생일파티나 학급활동에서 제외시키고 나쁜 소문을 퍼뜨려 친구가 없도록 만들어 고립시키는 따돌림도 있다(사진 참조). 직접적인 괴롭힘의 대상은 남아가 많은 반면, 관계에서의 따돌림의 대상은 주로 여아이다(Crick & Bigbee, 1998). 만성적으로 괴롭힘을 당하는 아동은 우울, 불안감, 낮은 자아존중감, 외로움 등 다양한 문제를 경험하며, 이는 단순히 그 시기에 끝나는 것이 아니라 장기적인 영향을 미친다는 점에서 더욱 문제가 된다(Egan & Perry, 1998).

우리나라 초등학교 4학년 아동을 대상으로 인기 아동 및 보통 아동 76쌍과 거부 아동 및 보통 아동 72쌍의 갈등 해결방식을 관찰한 연구(김송이, 박경자, 2001)

에 따르면, 인기 아동은 상대 아동의 관심을 상당히 고려하는 행동을 하고, 거부 아동은 상대 아동보다는 자신을 더 고려하는 행동을 많이 하는 것으로 나타났다. 또한 갈등을 해결하고자 할 때, 전반적으로 거부 아동이 인기 아동보다 공격적인 행동을 더 많이 하였으나, 이는 아동의 성별에 따라 차이를 보였다. 즉, 거부 남아가 거부 여아보다 공격적 행동을 더 많이 하였다.

초등학교 4, 5학년생 339명을 대상으로 한 또 다른 연구(심희옥, 2000)에 의하면, 또래로부터 지지를 많이 받는 아동과 그렇지 않은 아동의 또래 간 갈등 대처방법에는 차이가 있는 것으로 나타났다. 즉, 또래와 원만히 지내는 아동은 또래 간 갈등 시 도피적인 전략을 적게 사용하고, 사회적 지원을 찾거나 자신을 믿고 문제를 해결하려는 적극적인 대처전략을 많이 사용하는 것으로 나타났다. 반면, 그렇지 않은 아동은 또래와의 갈등상황에서 회피적인 대처전략을 많이 사용하였다.

아동의 정서규제 능력과 또래관계를 살펴본 연구(김성희, 정옥분, 2011)에서, 아동이 긍정적이거나 부정적인 정서표현이 요구되는 상황에서 자신의 정서를 상황에 맞게 효과적으로 조절하고, 표현하며, 적응하는 능력이 높을수록 주도적이고 또래와 협동이나 공감을 잘하는 등의 긍정적인 또래관계를 형성하는 능력이 높은 것으로 나타났다.

4) 학교생활

학교는 가정과 더불어 가장 중요한 사회화 기관이다. 우리는 흔히 학교를 공부하는 곳으로만 생각하기 쉽지만, 학교는 아동들에게 매우 중요한 사회적 활동의 장(場)이기도 하다.

(1) 교사의 영향

일생을 통해서 교사만큼 아동의 사회화 과정에 큰 영향을 미치는 사람도 드물다. Erikson(1968)은 훌륭한 교사는 아동으로 하여금 열등감 대신 근면성을 갖도록 만든다고 믿는다. 훌륭한 교사는 아동이 가진 특수한 재능을 알아보고 격려할 줄 안다. 또한 아동으로 하여금 자기 자신에 대해 기분 좋게 느낄 수 있는 상황을 설정할 줄 안다. 심리학자와 교육자들은 훌륭한 교사의 특성을 다음과 같이 열거한다(Jussim & Eccles, 1993). 훌륭한 교사는 위엄이 있고, 열의가 있으며, 공정하고, 적응력이 있으며, 따뜻하고, 융통성이 있으며, 학생들의 개인차를 이해한다.

우리나라 초등학생들이 인식하는 우수교사의 특성을 탐색한 연구(고재천, 김슬기, 2013)에 의하면, 초등학생들은 우수교사의 특성을 '스스로 학습하도록 도와주는 교사' '재미있게 열심히 가르치는 교사' '학생을 존중해 주는 교사' '인간적으로 매력 있는 교사' 순으로 인식하였다. 특히, 학생들이 중요하다고 판단한 우수교사의 특성은 '수업시간에 중요한 내용을 정확히 가르쳐주는 교사' '학생들에게 상처를 주는 말을 하지 않는 교사' '학생의 사생활을 존중하고 비밀을 지켜주는 교사' '학생의 의견을 존중하고 잘 반영해주는 교사' ' 수업준비를 충실히 하여 수업을 원활하게 이끄는 교사' '차별하지 않고 기회를 공정하게 부여하는 교사' '학생들의 질문에 성실히 답해주는 교사' '기분에 따라 행동하지 않는 교사' '학생들에게 관심을 보이고 공감해 주는 교사' 등이었다.

초등학교 6학년 아동 450명을 대상으로 한 연구(백한진, 1998)에서는 아동이 지각한 교사의 행동과 자아개념 간에는 관련성이 있는 것으로 나타났다. 즉, 교사의 행동을 긍정적으로 지각하는 아동일수록 학업적 자아개념이 높게 나타났다.

(2) 교육제도

교육제도도 아동의 사회성발달에 영향을 미친다. 많은 인본주의 교육자들은 학교가 지식의 전달, 교사중심의 전통적 교육에서 탈피하여 학생중심의 '열린 교육'을 해야 한다고 주장한다. '열린 교육' 접근법은 영국의 교육제도에 기초한 것으로, 조직적인 학급 내에서 학생의 수준에 적합하게 학습하도록 고안된 것이다(사진 참조). 그러나 미국의 많은 학교에서 '열린 교육'을 잘못 적용하는 바람에 교

사진 설명
학생들이 '열린 교실'에서 수업을 받고 있다.

실의 벽을 허물고, 학생들이 원하는 것은 무엇이든지 할 수 있게 하는 것이 '열린 교육'인 줄 오해하여 결과적으로 '열린 교육'에 대한 강한 반발을 불러일으켰다.

최근 미국에서는 '기초교과 중심으로 돌아가자는 운동(back-to-basics movement)'이 많은 인기를 얻고 있다. 이 운동의 주창자들은 중등학교에서 선택과목이 지나치게 많아 학생들로 하여금 기초교육을 받지 못하게 한다고 주장한다. 이들은 학교는 지식전달에만 관심을 가져야지 아동의 사회적, 정서적 생활에는 신경을 쓸 필요가 없다고 믿는다. 또한 수업시간과 수업일수를 늘리고, 숙제를 더 많이 내어주고, 시험을 더 자주 보고, 학생들에게 엄한 규율을 적용해야 한다고 주장한다. 이 운동은 1970년대의 '열린 교육'의 시대풍조에 대한 반작용인 것으로 해석할 수 있다.

한편, 많은 일선 교사와 교육전문가들은 오늘날 우리 사회에서 만연하고 있는 '학교붕괴' 현상에 대해 '지식중심'과 '반복학습'의 전통 교육법 대신 '수요자 중심 교육'을 기치로 든 '열린 교육'에 그 원인이 있다고 지적한다. '학교붕괴'의 원인을 어느 한두 가지로 성급히 단정할 수는 없지만, 우리의 미래를 좌우할 교육의 기본 철학과 방법론에 대해서는 좀더 심도 있는 연구가 있어야 할 것이다.

5. 아동기의 부모역할

아동기에는 학업적 성취나 또래와의 상호작용, 학교생활을 통해 근면성을 발달시켜 나가며, 이러한 과정에서 여러 가지 문제행동을 보이기도 한다. 그러므로 부모는 아동이 보다 성공적인 경험을 할 수 있도록 배려해주고, 문제행동에 대해서도 적절한 지도가 필요하다.

1) 근면성의 발달

이 시기의 아동은 자신의 재능을 발휘하는 데 몰두한다. 아동은 자신이 무엇

✐사진 설명
읽기, 쓰기, 셈하기 등의 인지적 기술의 습득은 근면성에 매우 중요하다.

을 할 수 있는지를 중심으로 자기를 평가하고 그러한 기준에 합당하지 못하면 열등감을 가지며 부정적 자아개념을 형성하게 된다. 성공의 경험을 통해 아동은 근면성을 발달시켜 나가게 되며 외부 세계에 대해 자신감을 갖게 된다(사진 참조). 반면 성공보다 실패를 많이 한 아동은 열등감이 형성되어 스스로 위축되고 부정적인 성격을 형성하게 된다. 아동기에는 자기 이외의 또래집단과의 관계를 통해 자신의 여러 가지 능력을 비교해보게 된다. 이러한 과정에서 만일 아동이 자신의 수준과 같거나 자기보다 낮은 수준의 집단에 속해 있으면 근면성을 형성해 나가게 되지만, 자기보다 높은 수준의 집단에 속해 있으면 자신의 능력에 대해 의문을 가지게 되어 열등감을 갖게 된다. 이러한 열등감은 아동에게 무력감을 제공하며 이후의 학습이나 기타 상황에서 낮은 수준의 성취를 보이게 하는 요인이 된다. 열등감이 심해지면 아동은 아무것도 할 수 없다고 생각하여 매사를 포기하고 의욕을 상실하여 게으름뱅이가 된다. 특히 우리나라와 같이 지나친 교육열로 인해 남과 비교하거나 경쟁심이 심해지면 열등감은 더욱 깊어진다. 그러므로 부모는 아동에게 성취감을 맛보게 해주는 적절한 수준의 과제를 제공해주는 것이 필요하다. 또한 가급적 다른 아동과의 비교를 삼가고 남보다 앞서기를 강요하기보다는 남과 다르게 되라고 가르칠 때, 남이 갖지 못한 자신만의 장점을 인정하고 재능을 키워 나갈 수 있다.

현대사회에서 개인의 재능은 지적 발달과 밀접한 관련이 있다. 그러므로 부모는 근면성 발달을 위해 지적 발달을 위한 환경을 제공해주는 것이 필요하다. 학교에서 구조화된 학습환경을 제공해주지만 아직도 가정이 중요한 학습의 장이다. 조용한 가정 분위기를 조성해주고 과제를 도와주는 자료를 제공해주거나 어려운 과제를 도와주는 등 도움이 필요하다. 동시에 이러한 과정에서 경험하

Sanford M. Dornbusch

는 정신적 압박으로부터 벗어날 수 있도록 격려해주는 태도가 필요하다. 지나치게 학업성적을 강조하거나 좋지 않은 성적에 대해 비난하면 학업에 대한 흥미를 상실하며 부정적인 자아개념을 발달시키게 된다. 부모의 양육행동은 아동의 성취행위와 관련이 있다. 부모가 애정적 · 수용적이고, 자녀의 성취에 대해 칭찬을 해주며, 적절한 통제를 하고, 자녀의 독립심과 자율감을 격려해주는 이른바 권위있는 양육행동은 아동의 학업성취와 관련이 있는 것으로 보인다(Baumrind, 1973; Dornbusch, Ritter, Leiderman, Roberts, & Fraleigh, 1987; Lamborn, Mounts, Steinberg, & Dornbusch, 1991; Lin & Fu, 1990; Steinberg, Elmen, & Mounts, 1989). 부모는 격려나 좌절감의 근원이 된다. 아동의 능력에 대한 부모의 평가는 실제 학교성적으로부터 피드백을 받는 것보다 아동의 자기평가에 더 큰 영향을 미친다.

그 외에도 아동의 능력 강화와 기술 습득을 위해 풍부하고 다양한 기회를 제공해 주어야 한다. 다양한 관심과 재능은 성인기에서의 지적 효율성이나 심리적 안정성과도 직결된다.

2) 또래와의 상호작용

아동은 가족이라는 작고 친밀한 세계를 벗어나 점차 또래집단으로부터 많은 영향을 받게 된다. 아동기에서 또래집단에 참여하는 것은 사회화의 중요한 근원이며, 지나치게 어른을 따르는 아이는 또래와의 소중한 사회학습의 기회를 잃게 된다. 이 시기의 아동은 가족에 속하고 싶은 마음과 동시에 가족으로부터 떠나고 싶은 두 가지 마음이 존재하며, 학교나 또래집단과의 관계가 순조롭지 못할 때 아동은 가족에 더욱 의존적이 된다.

부모는 자녀가 어떤 또래집단에 소속해 있는가에 대해 신경을 써야 하며 또래 집단에 소속되지 못한 아동에 대해서도 대책을 세워야 한다. 일반적으로 친구를 갖지 못하는 데는 중요한 두 가지 이유가 있다. 친구를 사귀는 데 주저하고 다른 아동에게 무엇을 말해야 할지를 모르며, 게임에 어떻게 참여해야 하는지를 몰라 또래로부터 무시되는 아동과, 공격성을 행사하거나 다른 아동을 방해하는 행동을 하며 게임을 주도하려 하고 그들과 뜻이 같지 않은 다른 아동을 비난하는 거부되는 아동이다.

이러한 사회적인 고립은 유아적인 성격특성이나 지나치게 이기적이고 고집이 세며 자기 마음대로 하는 성격특성이 원인이 될 수도 있지만, 외모나 옷차림, 신체적인 특징이나 부모의 양육태도가 그 원인이 되기도 한다. 거부되는 아동에게는 또래 간에 지켜야 할 규율이 있음을 이해시키고 자신의 주장을 관철시키기 위해 공격성을 행사하는 것을 자제하도록 하고 의사소통 방법을 가르쳐 주는 것이 효과적이다. 무시되는 아동은 대상아동보다 어린 집단에서 함께 놀도록 하고, 소집단에서 시작하여 점차 집단 구성원의 수를 늘려가는 것이 바람직하다. 자기보다 12~20개월 정도 어린 아동과 일대일로 놀게 하는 것도 효과적이다. 자기보다 어린 아동과 주도권을 잡고 지시하는 행동을 연습할 기회를 갖는 경험을 한 후에는 또래집단과 훨씬 잘 어울릴 수 있다(강문희, 장연집, 박혜원, 1997)

Gordon(1970)은 아동이 또래와 문제가 있는 경우 이 문제에 대해 말하도록 격려하고 적극적으로 경청해주는 것이 효과적이라고 하였다. 이러한 과정을 통해 아동은 자신의 문제를 발견하고 스스로 해결책을 발견할 수 있다. Dreikurs(1967)는 수줍음이 부모의 지나친 통제나 완벽한 태도에서 비롯된다고 보았다. 아동은 적극적인 행동보다는 아무것도 하지 않음으로써 타인의 관심을 끌려고 한다. 이러한 경우 부모는 일이나 게임을 통해 적절한 관심을 주고 긍정적인 상호작용을 격려하고 관심끌기를 위한 행동을 무시하는 것이 효과적이라고 하였다.

Martha Putallaz

또한 또래관계에서 수용이나 거부를 결정짓는 가장 중요한 시점은 첫 번째 상호작용이라는 점을 고려해야 한다. 새로운 집단과의 첫 만남에서 잘 어울리는 아동은 이후에도 또래집단에서 인기가 있다(Putallaz, 1983). 일단 아동이 집단에서 수용되면 그가 공격성을 행사한다 하더라도 거부당하지 않는다. 즉, 아동이 집단에서 수용되고 난 후에는 공격적이고 부적절한 행위가 간과되지만, 처음에 거부당하면 사소한 행동도 바람직하지 않은 것으로 생각되어진다(Hymel, 1986). 이는 처음부터 또래집단으로부터 인정을 받는 데 필요한 사회적 기술을 습득하는 것이 중요하다는 사실을 말해 주고 있다.

3) 학교생활의 지도

학교를 다닌다는 것은 많은 낯선 사람과 생활해야 하며, 외적인 기준으로 평가를 받는다는 점에서 아동의 생활에서 커다란 변화이다. 그러나 학교는 단순히 읽기, 쓰기, 셈하기와 같은 인지적 기술을 가르치는 이상의 역할을 한다. 친구를 사귀게 하고 교사라는 새로운 성인 모델과 사회적 관계를 형성하게 함으로써 사회적인 능력을 키워준다. 그러나 아동이 학교와 조화를 이루지 못하면 학교생활은 악몽이 될 수 있다. 일반적으로 여아는 학교생활에서 문제를 덜 보인다. 여아는 덜 활동적이며, 언어가 발달해 있고, 청각적 자극에 대해 더욱 반응적이므로 처음부터 특정한 과제에 대해 집중이 가능하다. 그러나 남아는 활동적이며, 호기심이 강하고, 무엇인가를 해보고 조작해보는 과정을 통해 배우려는 경향을 보이므로, 정해진 시간 동안 집중해서 앉아 있는 데 어려움이 있다. 또한 여아보다 훨씬 과잉행동적이며 결과적으로 읽기나 기타 학교생활과 관련된 것에서 보다 많은 문제를 경험하게 된다. 학동기 아동의 주된 적응은 학교와 관련된 것이다. 정해진 시간에 학교에 보내고 숙제를 하고 교사와 또래집단에 적응하는 문제에 대해 부모의 적절한 지도와 통제가 필요하다.

학생으로서 이 시기의 아동은 협동의 장이며 성취의 장인 학교생활을 즐겨야 한다. 이를 위해서는 부모의 태도가 중요하다. 부모는 학교출석이나 숙제, 교육제도에 대한 존경심을 강화시켜 줄 수도, 그렇지 않을 수도 있다. 지적이고 양육적인 부모가 좋은 학교와 만나게 되면, 이는 아동의 성장에 최적의 환경을 조성해주는 것이다. 학교와 교사에 대해 부모의 태도가 긍정적이지 못하면 아동은 학교생활을 의미 있고 가치롭게 여기지 못한다. 그러므로 부모는 교사를 존경하고 학교를 긍정적인 시각에서 보는 것이 필요하다. 또한 아동에게 문제가 있는 경우 부모는 아동의 지지자로서의 역할을 수행해야 하며, 이를 해결하기 위해 부모는 학교와 긴밀한 유대관계를 형성해야 한다.

학교를 자주 지각하는 것은 변화시킬 수 없는 습관이 된다. 대부분의 학자들은 이를 가르치는 과정에서 아동의 독립성을 강조한다. 자명종 시계를 구입해서 아동에게 시간을 설정하게 가르쳐 주고 지각한 결과에 대해서는 아동이 책임을 지게 하도록 한다. 숙제에 대해서도 아동 자신이 해결하도록 독립적인 원칙을 고수한다. 부모는 아동의 문제에 관심을 기울이고 명확한 진술을 해줄 수는 있지만, 숙제를 안 한 결과에 대해서는 아동 스스로가 경험하게 내버려두어야 한다. 숙제에 대한 직접적인 도움은 피하되 숙제를 할 수 있도록 환경을 조성해주는 것은 필요하다. 숙제를 하는 특정한 시간이나 책을 두는 특별한 장소가 정해져 있어야 하며, 숙제나 준비물을 미리 챙겨 놓는 습관을 갖도록 도와주어야 한다.

4) 문제행동의 지도

유아기와는 달리 아동기는 생활의 중요한 무대가 가정에서 학교로 옮겨가게 된다. 가정에서 부모와의 관계가 안정적일 때 학교라는 새로운 환경에 대한 적응은 보다 쉽게 이루어지며, 그렇지 못한 경우에는 여러 가지 문제행동을 보이게 된다.

(1) 학교공포증

학교공포증은 학교에 있는 것과 관련된 불안이나 공포를 말한다(사진 참조). 이는 짜증이나 복통, 두통, 구토와 같은 증세를 수반하며 공격성, 수줍음, 발끈 화내기 등과 같은 행동을 수반하기도 한다. 특히 이러한 문제는 방학과 같이 학교로부터 장기적인 공백이 있을 때 빈번하게 나타난다. 방학이 끝나고 그들은 학교로 돌아가는 것을 두려워한다. 이들 아동은 어머니나 가족과 분리되는 데서 유래하는 분리불안 때문에 학교공포증을 갖게 되며, 교사나 또래, 학업성적을 통해 평가를 받기보다는 가정에 있을 때 더 편안함을 느낀다.

또한 그들은 자신들의 능력에 대해 전반적인 불안감을 가지고 있으며, 그들의 능력을 검사하는 과제에 대해서도 불안감을 보인다. 성취와 관련된 공포를 가진 아동은 대중 앞에서 말하는 것, 시험, 질문받는 것 등을 두려워한다. 어떤 아동은 지나치게 비합리적으로 학업적 성취에 대해 두려움을 가진 나머지 두려움으로 마비되어 아무것도 할 수 없는 경우도 있다. 이들은 좋지 못한 성적을 받는 것에 두려움을 가지고 있는 완벽주의자인 경우도 있다.

학교공포증은 사회적 공포와도 관련이 있다. 이는 또래집단이나 대중 앞에서 말하는 것에 대한 두려움에서 비롯되기도 한다. 이들은 모욕을 당하거나 당황함을 느끼는 상황에 대해 극도의 공포를 보인다. 또한 다른 사람의 판단에 지나치게 집착하며, 특히 그들에게는 또래집단의 판단이 큰 비중을 차지한다. 실제로 사회적 공포는 11~12세경 아동이 서로에게 모욕을 주고 괴롭힐 때 시작되며, 이는 예민한 아동에게 심각한 영향을 미치게 된다(Brooks, 1991). 신체적 특성, 인지적 능력이나 성격적 요인은 또래집단으로부터 괴롭힘을 당하는 중요한 원인이 된다. 이처럼 또래집단과의 문제는 학교환경을 적대적으로 만드는 중요한 원인이 되고 있으며, 점차 그 연령이 낮아져 최근에는 유치원 아동에게서도 나타나고 있다. 학교에 대해 두려움을 보이는 아동의 어머니는 일반적으로 자신도 학교 거부의 역사를 가지고 있는 경우가 많다. 이처럼 건강하지 못한 의존성의 사이클이 다시 그들의 자녀에게서 재현된다.

일반적으로 불안이나 공포의 치료에는 체계적 둔감법의 사용이 권장된다(제8장의 행동수정이론 참조). 이는 불안을 주는 상황에 노출되는 시간을 점차 늘려감으로써 일상적인 생활 속으로 융화되어 나가게 하는 것으로, 또래집단이나 시험에 쉽게 익숙해질 수 있도록 도와줄 수 있는 효과적인 방법이다. 또한 학교출석에 대해 보다 확고한 규칙을 설정하고 규칙적인 아침시간표를 계획함으로써 아동이 불안이나 학교와 관련된 공포로부터 벗어나게끔 도와줄 수 있다.

(2) 공격성

공격성은 여러 가지 형태로 일어날 수 있다. 도구적 공격성(instrumental aggression)은 장난감이나 자신이 원하는 대상이나 목표를 달성하기 위해 일어나는 것이며, 적대적 공격성(hostile aggression)은 신체적 · 언어적으로 타인에게 해를 입히기 위한 목적에서 일어나는 것이다(사진 참조). 신체적으로 다른 사람을 다치게 할 수도 있고 언어적 폭력이나 위협, 조롱, 괴롭힘, 모욕을 줄 수도 있다. 유아기에는 장난감이나 원하는 다른 물건을 위한 도구적 공격성이 많이 나타나지만, 점차 적대적인 것으로 변하게 된다. 대부분의 아동은 학교나 집에서 또래나 형제와의 관계에서 공격성을 행사하지만 일부는 특정한 상황에서만 공격성을 행사한다.

사진 설명
유아기에는 장난감 등을 획득하기 위한 도구적 공격성이 많이 나타난다.

사진 설명
적대적 공격성은 타인에게 위해를 가하기 위한 목적에서 취하는 행동이다.

공격성의 원인에 대해 Freud(1933)는 이를 인간의 본능이라고 본 반면, 좌절-공격성 가설에서는 아동이 자신의 활동을 구속당하거나 방해받는 좌절상황이 아동으로 하여금 공격성을 유발시킨다고 한다. 또한 사회학습이론의 관점에서는 사회적 경험에서 모방이나 강화를 통해 학습된 행동으로 설명하며, 체벌 위주의 교육은 아동에게 공격적인 행동을 모방하게 하는 모델이 될 수 있다고 한다. 그 외에도 소외나 방임되었다는 느낌이 공격성을 유발시키는 요인으로 작용한다.

공격적 행동에 대한 접근은 다양한 관점에서 이루어질 수 있다. Ginott(1991)는 비록 신체적 · 언어적 공격성은 통제하는 것이 바람직하지만, 아동의 화나는 감정은 수용해줄 것을 제안하고 있다. 아동의 감정을 수용하는 방법으로

Gordon(1970)은 '반영적 경청'의 사용을 권장하고 있으며, 특히 안전이 문제가 될 경우 한계를 설정하기 위해 부모는 강한 어조로 '나-전달법'을 사용해야 한다고 한다. 반면 Dreikurs(1967)는 부모가 직접적인 개입을 하기보다는 아동 스스로가 싸움의 결과를 경험하도록 권장하고 있다. 특히 형제간의 싸움은 아동이 부모로부터 관심을 끌기 위해 일어난다고 주장한다. 그러한 경우 싸움이 관심을 끌기 위한 수단이 아니라는 사실을 알게 되면 이를 포기하게 되므로, 두 자녀에게 똑같은 벌을 줌으로써 이로부터 벗어날 수 있다. 부모는 싸움이 초래하는 이후의 결과에 대해서 말해줄 수도 있다(Brooks, 1991). 그러나 공격적인 행동을 한 아동을 체벌로 다스리는 것은 다시 공격적 행동을 모방하게 된다는 점에서 바람직하지 못하다. 또한 활동을 구속받은 아동에게는 놀이나 체육활동이 가장 좋은 강화물이 될 수 있다.

(3) 틱장애

틱장애(tics)란 갑작스럽고 빠르게 반복적으로 상동적인 운동이나 음성이 나타나는 것을 말한다. 이러한 근육 수축에는 뚜렷한 목적이 없는 것이 특징이며 주로 얼굴과 목의 근육에서 많이 나타난다. 흔히 있는 형태로는 눈 깜박거리기, 이맛살을 찌푸리기, 마른기침, 침 삼키기, 어깨나 팔다리를 흔드는 것과 같은 것이다. 틱행동은 8~9세에서 11~12세경에 가장 많이 나타난다(미국정신의학협회, 2015). 초조하고 소심하며 감수성이 예민하거나 과도한 야망을 가진 아동에게서 많이 나타나며, 스트레스를 받게 되면 더욱 심해진다. 심한 구속과 속박, 움직이고자 하는 충동이 억눌려 있다가 분출될 때 또는 갑작스런 애정상실이나 부족이 이를 유발시키는 요인으로 작용한다.

대부분의 틱행동은 아동을 불안하게 하는 요인을 제거해주고, 아동이 자신의 증상에 신경을 쓰지 않도록 정신적인 긴장을 풀어 주는 것이 좋다. 또한 틱행동 자체에 관심을 두면 증세가 더욱 악화되므로, 틱행동을 무시하면서 관심과 애정을 표현해주어야 한다.

(4) 거짓말

아동이 거짓말을 하는 이유는 여러 가지가 있다. 개인차가 있기는 하지만 학령초기까지 아동은 현실과 환상을 완전하게 구분할 수가 없다. 학령 초기까지의 아동은 그림책이나 옛날 이야기를 사실로 믿고 자신도 그 일부라고 생각하는 물활론적인 사고를 가지고 있다. 특히 텔레비전이 보편적으로 보급된 상황에서 눈 앞에 움직이는 환영과 실제 현실을 구분하기는 더욱 어렵다. 거짓말은 아동 자신의 감정을 반영한 것으로 볼 수 있으며 특히 유아기에는 더욱 그러하다. 또한 부모가 거짓말을 가르쳐 주는 모델이 되거나, 부모가 이미 알고 있으면서 당황스런 질문을 함으로써 거짓말을 하도록 조장하는 경우도 있다. 진실을 말하거나 자신의 감정을 솔직하게 표현함으로써 벌을 받은 아동은 벌에 대한 두려움 때문에 거짓말을 하기도 한다.

아동의 거짓말하는 행동에 대해 Dreikurs(1967)는 일차적으로 이해하는 태도를 갖고, 부모 자신이 좋은 모델을 제시해주고, 자녀가 거짓말을 했을 때 이에 동요하지 않는 것이 중요하다고 한다. 아동은 관심끌기나 힘 행사하기에서 이기기 위해 거짓말을 할 수도 있으며, 이는 부모를 무력하게 만든다. 이러한 경우 거짓말을 무시하고 긍정적인 행동이나 진실을 말한 사실 자체를 인정해주고 강화해 줌으로써 거짓말이 관심끌기를 위한 수단이 아님을 알게 해주어야 한다(Brooks, 1991).

(5) 훔치기

영아기에는 자기 주변의 모든 것이, 심지어는 어머니까지도 자신에게 소속된 것이라고 믿는다. 그러나 성장함에 따라 아동은 소유의 의미를 알게 되고, 어떤 것은 가져가면 안 된다는 사실을 배우게 된다. 따라서 가정에서 부모의 행동이나 태도는 아동의 소유개념 형성에 많은 영향을 미치게 된다.

남의 물건을 훔치는 이유는 여러 가지가 있다. 첫째, 장난감이나 물건이 몹시 탐이 나서 훔치는 경우이다. 물질적으로 풍요롭지 못한 환경에서 자라는 아동이 유혹을 이겨내지 못하고 탐나는 물건을 훔칠 수 있다. 그러나 이러한 경우에는 어느 정도의 죄의식이 발달되어 있어 이후에라도 자신이 저지른 행위가 잘못된 것임을 깨닫게 된다. 둘째는 가정에서 부모가 모델이 되거나 자녀의 정직하지 못한 행동이 허용되고 묵인되는 상황인데, 이러한 경우 아동은 자신의 잘못에 대한 죄의식도 없이 남의 물건을 훔치는 행위를 반복하게 된다. 셋째, 주위의 압력으로 인해 훔치는 경우이다. 또래집단으로부터 인정을 받으려고 하거나 자신의 담력을 과시하기 위해 필요하지도 않은 물건을 훔치는 경우이다. 또래집단에 동조하기 위한 것이 주목적일 경우에는 여럿이 함께 어울려 훔치는 행동을 하기도 한다. 넷째는 사회경제적 지위가 중 · 상류층에 속하는 가정의 아동이 부모의 관심을 끌기 위한 목적에서, 부족하게 받은 사랑을 남의 물건으로라도 채우기 위한 의도에서 물건을 훔치는 경우이다. 그 외에도 공격성을 표현하는 수단으로 다른 사람의 물건을 훔치기도 한다. 이때 아동은 단순히 훔친 물건에 관심이 있는 것이 아니라 그 물건을 잃어버린 상대방의 화나는 감정에 더 많은 쾌감을 느끼게 되며, 훔친 물건에 상대방에 대한 감정이 투사되어 그 물건을 부수어버리는 경우가 대부분이다.

소유개념은 아동이 직접 소유하고 마음대로 사용할 수 있을 때 가장 빨리 형성된다. 아동 스스로가 소유자로서의 역할을 할 때 남의 물건을 소중하게 여기므로 취학연령이 되면 자신의 용돈을 직접 관리하게 하는 것도 바람직하다. 또한 말로 위협하기보다는 아동에게 관심과 애정을 갖고 공동으로 해결하도록 해야 한다.

제7장 청년기의 발달과 부모역할

청년기는 아동기에서 성인기로 옮겨가는 과도기로서 이 시기의 청년은 어린이도 아니고 어른도 아닌 어중간한 상태에서 불안정과 불균형으로 인해 심한 긴장과 혼란을 경험하게 된다. 이 때문에 청년기를 흔히 '질풍노도의 시기'라고 한다.

특히 오늘날의 청년들은 전 세대의 청년들에 비해 더 많은 요구와 기대 그리고 유혹과 위험에 처해 있다. 그러나 청년기가 스트레스가 많고 혼란스러운 시기라는 고정관념과는 달리, 대부분의 청년들은 아동기에서 성인기로 무난히 옮겨가는 편이다. 많은 청년들은 이 전환기를 신체발달, 인지발달, 사회성발달을 위한 도전과 기회로 생각한다.

청년기는 언제 시작되는가? 청년기는 생물학적으로 시작되고 문화적으로 끝난다는 말이 있다. 즉, 사춘기의 시작과 성적 성숙으로 청년기가 시작되고, 그가 속한 사회의 문화적 기대와 기준을 따르는 것으로 청년기가 끝난다는 뜻이다.

청년기를 결정하는 기준으로는 연령, 신체적 · 생리적 성숙도 및 심리적 성숙도 등 여러 가지가 있으며, 그중 무엇을 기준으로 청년기를 결정하느냐에 따라 그 기간이 달라질 수 있다. 일반적으로 연령을 기준으로 했을 때에는 12~13세에서 24~25세를 청년기로 보고, 신체적 성숙도를 기준으로 했을 때에는 성적 성숙이 이루어지는 때를 그리고 심리적 성숙도를 기준으로 했을 때에는 자아정체감이 확립되는 시기를 청년기로 본다.

사실 청년기를 인간의 발달단계에서 하나의 단계로 취급하기에는 그 연령범위가 너무 넓다. 성숙의 가속화 현상으로 인해 초등학교 고학년에서 사춘기를 맞이하게 되는 경우가 많으며, 재학기간의 연장 등 여러 가지 이유로 오늘날 청년기는 대학을 졸업한 후까지로 연장된다.

열 한두 살짜리 초등학교 고학년생과 스물 서너 살의 대학생이 인생의 같은 단계에 있다고 보기는 상당히 어렵다. 그래서 이 청년기를 두 개의 하위 단계로 나누어 청년 초기, 청년 후기로 구분하기도 한다. 청년 초기는 대략 중학생에 해당되고(흔히 청소년이라 부른다), 대부분의 사춘기 변화가 이때 일어난다. 청년 후기는 대략 10대 후반에서 20대 초에 해당되며 이성교제, 정체감 문제, 직업에 대한 관심이 이때 주로 나타난다.

이 장에서는 청년기의 신체발달, 인지발달, 정체감발달, 직업선택, 이성교제와 청년기의 성, 청년기의 부모역할에 관해 살펴보기로 한다.

1. 신체발달

출생 후 첫 2년간에 성장과 발달이 눈부시게 진행되지만 청년기 또한 성장의 다른 단계와 쉽게 구별될 수 있을 만큼 급격한 신체변화를 보인다. 신장과 체중이 증가하고, 체형이 변화하며 제2차 성징이 나타나서 이제까지의 소년, 소녀의 모습에서 벗어나 어른이 되어 간다. 이러한 신체변화의 중요성은 이에 수반되는 청년의 심리적 작용으로 인해 더욱 의미가 있다.

1) 신장과 체중의 성장

청년기가 되면 신장과 체중이 급격히 성장하는데, 이것을 청년기 성장급등

(adolescent growth spurt)이라고 한다. 여아가 남아보다 2~3년 빨라서 대체로 여자의 경우는 11세경에, 남자의 경우는 13세경에 시작해서 4년 정도 지속한다. 여기에는 물론 개인차가 있다(Tanner, 1991).

✐사진 설명
청년기 성장급등은 대체로 여아가 남아보다 2~3년 빠른 편이다.

〈그림 7-1〉은 신장증가에서의 성차를 보여주고 있다. 여아의 경우는 9세에서 늦게는 15세에 증가를 시작하며, 성장의 절정은 13세 정도이다. 남아의 경우는 10세에서 늦게는 16세에 증가를 시작하며, 성장의 절정은 대개 14세 정도이다. 결론적으로 여아가 2년 정도 일찍 성장한다. 이

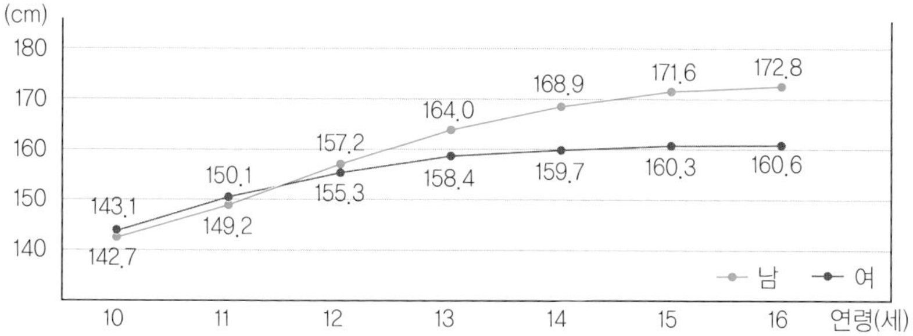

〈그림 7-1〉 청년기의 신장 증가

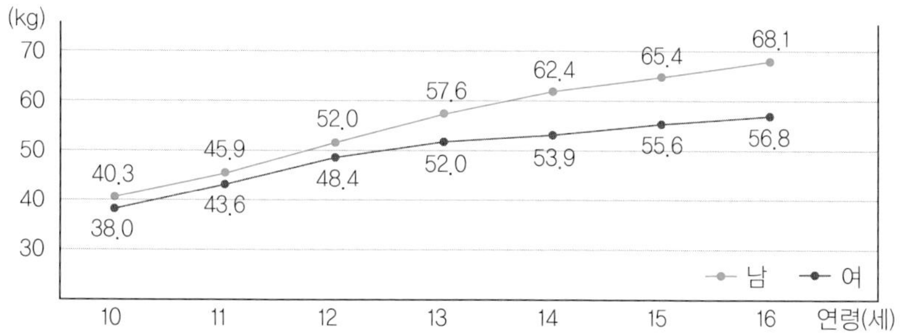

〈그림 7-2〉 청년기의 체중 증가

출처: 교육부, 한국교육개발원(2017). 교육통계연보.

와 같은 성차를 보이는 이유는 여아가 좀더 성숙한 골격구조와 신경구조를 가지고 태어나기 때문이다. 남아의 신장 증가는 대부분 21세까지 지속되는 반면, 여아의 경우는 좀더 일찍 증가를 멈춘다. 평균적으로 청년 신장의 98%가 16~17세에 성장이 이루어진다(Tanner, 1974).

〈그림 7-2〉는 청년기의 체중 증가를 보여주고 있다. 체중의 증가는 일반 곡선을 나타낸다. 하지만 신장에서와 다른 점은 골격의 성장 외에도 근육, 지방, 그 외 여러 가지 신체기관의 크기 증가를 반영한다. 이것도 역시 남녀 간의 성차를 보여주는 것인데, 평균적으로는 남아가 여아보다 체중이 더 나간다. 근육은 남아에게는 체중의 증가를 가속화시키며, 피하지방은 여아의 체중 증가를 가속화시킨다. 특히 초경은 체중과 관련이 있는 것으로 보인다. 초경은 여아가 일정한 체중에 도달하면 시작된다고 하는데, 대략 47kg이라고 한다(Frisch & Revelle, 1970). 월경은 체중의 심각한 손실이나 다른 증상을 초래하는 심리적 이상으로 고통을 겪을 때 일시적으로 중단되기도 한다.

2) 그 밖의 신체변화

Margaret A. Lloyd

신장과 체중의 증가와 더불어 다른 신체적 변화도 나타나는데, 남자는 어깨가 넓어지고 근육이 발달하여 남성다운 체형으로 변모하고, 여자는 골반이 넓어지고 피하지방이 축적되어 여성다운 체형으로 변모한다. 또한 머리크기가 신체에서 차지하는 비중이 작아지고, 얼굴모양은 둥근 형에서 길쭉한 형으로 변화하며, 코와 입이 크고 넓어져 전체적인 윤곽이 달라진다(Lloyd, 1985).

외적인 신체변화와 더불어 신체 내부에서도 변화가 일어나는데, 소화기관, 폐, 심장 등에서의 변화가 그것이다. 이들의 변화는 순환, 호흡, 소화, 신진대사에 중요한 영향을 미친다. 예를 들어, 혈류량은 청년기에 증가하는데 특히 남자에게서 뚜렷하며, 혈압은 유아기부터 꾸준히 증가하며 남자가 여자보다 높다. 폐의 크기나 호흡기능에서의 변화는 11세경에 나타난다. 남자는 더 많은 활동을 하는 까닭에 여자보다 폐의 발달이 크게 증가한다. 소화기관에서도 역시 변화가 일어나는데 위가 커지는 것 등이다. 이는 신체의 성장을 지속하기 위해서 더 많은 영양섭취가 요구되기 때문이다(Lloyd, 1985).

그러나 신체의 모든 부분이 다 청년기에 극적인 변화를 겪는 것은 아니다. 예를 들면, 뇌의 발달은 청년기 이전에 거의 완성된다. 즉, 2세 반경에 성인 뇌 무게의 75%가 그리고 10세 이전에 95%가 완성된다(Tanner, 1970).

3) 내분비선의 변화

청년기에 일어나는 내분비선의 변화는 청년의 신체적, 심리적 발달에 큰 영향을 미친다. 〈그림 7-3〉과 같이 신체 각 부위에 있는 내분비선은 각각 특수한

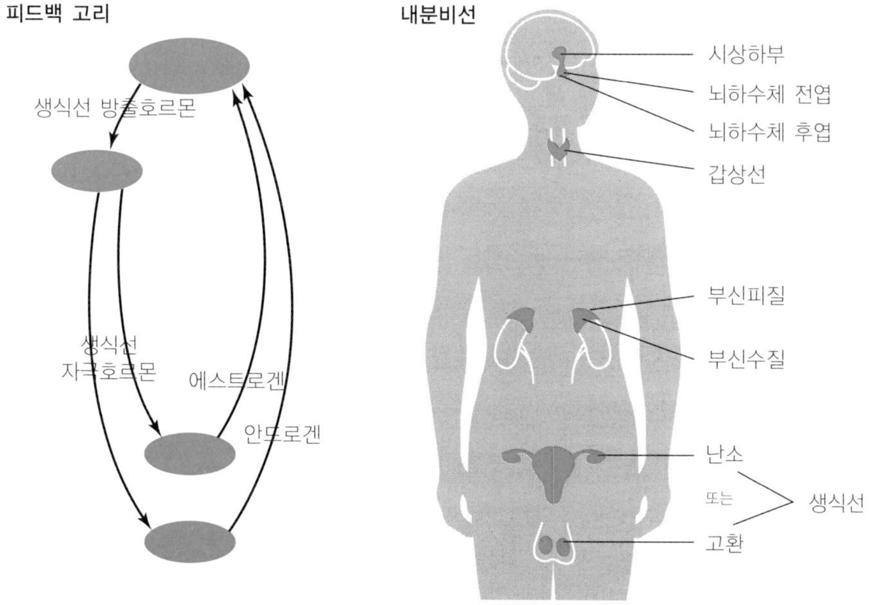

〈그림 7-3〉 주요 내분비선의 위치

출처: Cobb, N. J. (1998). *Adolescence: Continuity, change, and diversity* (3rd ed.). Mountain View, CA: Mayfield.

호르몬을 만들어낸다. 호르몬은 내분비선에 의해 분비되고, 혈류를 통해 신체 각 부분에 운반되는 강력한 화학물질이다. 청년기에 주요한 역할을 하는 내분비선은 뇌하수체, 성선 그리고 부신이다.

뇌하수체는 시상하부(hypothalamus)가 감독하는 내분비선으로서 신체변화를 주관할 뿐만 아니라, 다른 내분비선의 기능에도 영향을 미치므로 주도선(master gland)이라 불린다. 특히 뇌하수체 전엽의 두 가지 기능이 청년기에 영향을 미치는데, 첫째는 신장과 체중의 변화를 조절하는 성장호르몬을 분비하는 기능이고, 둘째는 생식선으로부터 성호르몬의 생성과 유출을 자극하는 기능이다.

생식선은 몇 가지 성호르몬을 분비한다. 사춘기 발달에 중요한 역할을 하는 두 종류의 호르몬은 안드로겐과 에스트로겐이다. 에스트로겐은 주요 여성 호르몬이고, 안드로겐은 주요 남성 호르몬이다. 여성은 난소에서 에스트로겐이라는 호르몬을 분비하는데, 이 호르몬은 여성의 성 특징인 유방의 발달이나 음모의 성장 등을 자극한다. 에스트로겐 중에서도 에스트라디올이 여성의 사춘기 발달에 중요한 역할을 한다. 가슴이 커지고, 자궁이 발달하고, 골격의 변화가 일어나는 것 등이 그것이다. 두 번째 여성 호르몬인 프로게스테론 역시 난소에서 분비되는데, 임신을 준비하게 하고, 임신을 유지하게 해준다. 적당한 양의 프로게스테론은 조기 자궁수축에 필요하므로 자연유산의 위험이 있을 때에는 이 호르몬을 처방한다.

주요 남성 호르몬인 안드로겐 중에서도 테스토스테론이라는 남성 호르몬이 남성의 사춘기 발달에 중요한 역할을 한다. 남성은 고환에서 테스토스테론을 분비하는데, 사춘기 동안에 증가된 테스토스테론은 몇 가지 신체변화와 연관이 있다. 즉, 신장의 증가, 제2차 성징의 발달과 정자생산 및 청년기 성욕 증가 등이 그것이다.

청년기 이전에 남녀는 거의 비슷한 양의 남성 호르몬과 여성 호르몬을 분비한다. 그러나 사춘기가 되면 남성은 보다 많은 양의 안드로겐을, 여성은 보다 많은 양의 에스트로겐과 프로게스테론을 분비한다. 부신(adrenal cortex)이 여성에게서는 안드로겐을, 남성에게서는 에스트로겐을 분비하게 하는 주요한 기관으로 알려져 있다.

사춘기 내분비선에 관한 가장 흥미 있는 연구는 사춘기를 통제하는 기제를 조사하는 것이다. 4~5세에 이미 가슴이 커지고 음모가 생기는 등의 2차 성징이 나타나는, 이른바 너무 이른 나이에 사춘기를 맞이하는 문제를 다룬 연구(Comite et al., 1987)를 통해서 사춘기의 변화를 통제하는 기제는 태아기 때부터 발달한다는 것을 알게 되었다.

4) 사춘기와 성적 성숙

사춘기에 일어나는 여러 가지 변화는 청년들을 매우 곤혹스럽게 한다. 그러나 비록 이런 변화들이 청년들을 불안하고 걱정스럽게 만들지만 대부분의 청년들은 이 시기를 무난히 넘긴다.

그러면 사춘기란 무엇인가? 사춘기는 주로 청년 초기에 일어나는 호르몬의 변화로 인해 급격한 신체적 · 성적 성숙이 이루어지는 기간을 의미한다(Susman & Dorn, 2013). 사춘기의 결정요인은 영양, 건강, 유전 그리고 체중이다. 초경을 예로 들면, 산업혁명기에는 초경이 일찍 시작되었는데 이것은 향상된 생활수준과 의학의 진보와 연관이 있다. 그러나 사춘기는 단지 환경적인 사건만이 아니고 유전적 요인과도 연관이 있다. 영양과 건강 등의 환경적 요인이 사춘기의 시작과 진행과정에 영향을 미치지만 유전적 프로그램 또한 영향을 미친다(Plomin, 1993).

성적 성숙은 성호르몬에 의해 통제된다. 사춘기가 되면 난소와 고환이 발달함에 따라 성호르몬 분비가 증가한다. 이 성호르몬은 1차 성징과 2차 성징의 근원이 된다. 1차 성징은 출생 시의 생식기에 의한 신체 형태상의 성차특징을 가리키는 것이고, 2차 성징은 청년기에 들어서서 성호르몬의 분비에 의해 나타나는 신체상의 형태적 · 기능적인 성차특징을 의미한다.

사춘기에 나타나는 2차 성징을 남녀별로 보면 남자의 경우에는 고환과 음낭,

음경이 커지고, 음모와 액모가 발생하며, 턱수염이 나고 변성이 되며, 정자의 생산 증가와 몽정이 있게 된다. 여자의 경우에는 유방이 발달하고, 자궁과 질이 커지며, 음모와 액모가 발생하고, 골반이 확대되며, 초경이 시작된다(Tanner, 1978).

성적 성숙의 첫 신호는 여아의 경우 초경으로 나타나고, 남아의 경우는 비교할 만한 분명한 성적 성숙의 표시가 없으나 대략 사정을 할 수 있는 능력이 그 지표가 된다. 그러나 이 무렵에는 성적 발달의 미숙으로 생식기능도 미숙한 단계에 있다. 여성은 초경을 시작한 후 1년 내지 1년 반 동안에는 수태를 할 수 없고, 남성도 사정을 경험하는 초기에는 활동력이 있는 정자를 갖지 못하기 때문에 생식기능이 불완전하다.

다른 신체발달과 마찬가지로 성적 성숙의 시기에도 상당한 개인차가 있다. 대체로 여아는 9세에서 16세 사이에 그리고 남아는 10세에서 18세 사이에 성적 성숙이 이루어진다. 이처럼 성적 성숙의 시기는 다양하므로 이 같은 개인차 때문에 청년들이 걱정을 할 필요는 없다. 〈그림 7-4〉는 성적 성숙 시기의 개인차를 보여준다. 여아의 경우 모두 13세이고, 남아의 경우 모두 15세로 같은 연령임에도 불구하고 성적 성숙의 수준이 매우 다양한 것을 볼 수 있다.

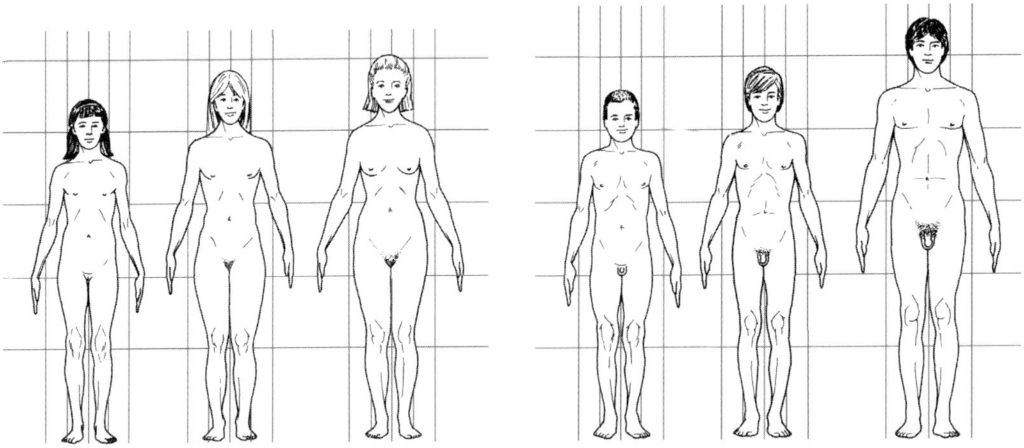

〈그림 7-4〉 사춘기 시기의 개인차

출처: Tanner, J. M. (1973, September). Growing up. *Scientific American*, *229* (3), 35-42.

5) 신체변화와 심리적 작용

신체적 성장이 완만하던 아동기와는 달리 급격한 신체변화를 겪는 청년기에는 여러 가지 혼란이 일어난다. 청년은 자신의 신체, 용모에 대해 지대한 관심을 가지고, 급격히 변화해 가는 신체적 특징에 대해 극도로 신경과민이 된다(Murray, Byrne, & Rieger, 2011). 자신의 신체에 지대한 관심을 갖는 것은 청년기 동안 내내 그러하지만 특히 사춘기 때에 더욱 심하다. 이때에는 자신의 신체에 대해 매우 불만족스러워하며, 특히 여자의 경우 더 심하다(Brooks-Gunn & Paikoff, 1993; Henderson & Zivian, 1995).

이와 같은 청년기의 정신적 동요의 원인으로서는 청년의 신체적 변화가 급격하다는 것, 신체 각 부위의 발달이 동일하지 않아 일시적으로 신체의 균형을 잃게 된다는 것, 발달상의 개인차가 크다는 것(조숙과 만숙) 그리고 성적 욕구에 관련되는 것 등을 들 수 있다(장병림, 1985).

발달상의 개인차인 조숙과 만숙은 청년의 성격 및 사회적 행동에 중요한 영향을 미친다. 여러 연구에 의하면, 청년기에 일찍 성숙하는 남자는 자신을 보다 긍정적으로 받아들이고, 교우관계에 있어서도 성공적이다. 친구나 어른들은 이들을 신체적으로 더 매력 있고, 보다 침착하고, 더 여유가 있어 보이는 것으로 평가하였다. 신체상의 우월감과 그로 인한 운동기술에서의 뛰어남은 일찍 성숙한 남자의 위신과 지위를 향상시켜 주며, 또래에 의해서 자주 지도자의 역할을 부여받는다. 반면, 늦게 성숙하는 남자는 부정적 자아개념과 계속적인 의존욕구 등을 보이며, 자율성에 대한 반항적 추구와 구속으로부터의 자유를 추구하며, 공격적 행동을 자주하는 것으로 보인다(de Guzman & Nishina, 2014; Tobin-Richards, Boxer, & Petersen, 1983).

사진 설명
Anne Petersen이 청년들과 함께.

여자에게서는 조숙과 만숙의 영향이 남자의 경우만큼 명료하지 않다(Peskin, 1967). Faust(1960)에 의하면, 초등학교 수준에서는 일찍 성숙하는 여아가 약간 불리한 입장이나 중학교 수준에서는 더 유리하다. 중학교 수준에서 조숙한 여아는 성숙한 여성의 모습을 갖게 되므로 다른 소녀들의 부러움을 사고 남자아이들의 관심을 끌게 되어 일찍 이성교제를 시작하게 된다(사진 참조). 때로는 이것이 문제를 일으키기도 하지만 전반적으로 이들은 늦게 성숙한 여아들보다 긍정적인 자아개념을 가지고 대인관계를 더 즐기는 것으로 보인다. 반면, 늦게 성숙하는 여아는 '어린 소녀(little girl)'로 취급받는 경향이 있다. 그러나 이들은 일찍 성숙하는 여아가 겪는 것과 같은 부모나 다른 어른들로부터의 날카로운 비판은 경험하지 않는다. 이들의 주된 불이익은 그들의 상대적인 신체적 미성숙으로 인해 유발된 사회적 지위의 일시적 손실인 것으로 보인다.

그러나 최근 연구들(Black & Rofey, 2018; Hamilton et al., 2014; Negriff, Susman, & Trickeff, 2011; Selkie, 2018)에서는 일찍 성숙하는 여아가 흡연, 음주, 우울증, 먹기장애, 청소년 범죄, 이른 성관계 등의 여러 가지 문제에 취약한 것으로 드러났다.

우리나라 청소년을 대상으로 사춘기 신체 성숙의 시기가 심리사회적 발달에 미치는 영향을 알아본 연구(이춘재, 오가실, 정옥분, 1991)에서 남자 청소년의 경우 조숙아들이 만숙아들보다 자기 신체의 변화에 더 만족하는 것으로 나타났다. 한편, 여자 청소년의 경우는 사춘기 신체 성숙의 시기와 신체상, 즉 자신의 신체에 대한 만족도 간에 관계가 없는 것으로 나타났다.

2. 인지발달

신체적 · 생리적 발달과 마찬가지로 청년기의 지적 발달과 인지발달 또한 눈부시다. 청년기에 와서 현저한 성장을 보이게 되는 인지발달의 특징은 양적인 면뿐만 아니라 질적인 면에서도 증가를 보인다. 양적 증가란 전 단계인 아동기에 비해 지적 과제를 훨씬 용이하고 빨리 그리고 효율적으로 성취하는 것을 말하고, 질적 증가란 인지과정에서의 변화, 이를테면 추상적인 사고, 가설적 · 연역적인 사고, 은유에 대한 이해가 가능해지는 것 등을 말한다.

1) 청년기 사고의 특성

청년기에는 아동기에 비해 훨씬 효율적으로 지적 과업을 성취하는데, 청년기 사고의 특성을 보면 다음과 같다.

(1) 추상적 사고

구체적 조작기의 아동은 눈에 보이는 구체적 사실들에 대해서만 사고가 가능하지만, 형식적 조작기의 청년은 추상적인 개념도 이해할 수 있다. 예를 들어, A＞B이고 B＞C이면, A＞C라는 논리적 추론을 살펴보자. 구체적 조작기의 아동은 A, B, C의 구체적 요소를 보아야 문제해결이 가능하나, 형식적 조작기의 청년은 구두제시만으로도 문제를 해결할 수 있다.

또 다른 예로 "머리가 세 개 달린 물고기가 오늘 4km를 날았고, 내일 다시 3km를 난다면 이 물고기는 모두 몇 km를 날게 되는가?"라는 질문을 던지면, 추상적 사고를 할 수 없는 형식적 조작기 이전의 아동은 이 문제를 이해하지 못한다. 왜냐하면 그들은 머리가 세 개 달린 물고기는 존재하지 않으며, 또한 물고기는 날지 못한다고 생각하기 때문이다. 그러나 질문형식을 바꾸어 '4+3'이 무엇이냐고 물으면 7이라고 대답한다.

(2) 가설적 · 연역적 사고

변형된 '스무고개' 놀이에서 42개(1줄에 6개의 그림이 있고 모두 7줄로 된 것)의 서로 다른 그림을 보여주고, 실험자가 마음에 두고 있는 그림이 어느 것인지 알

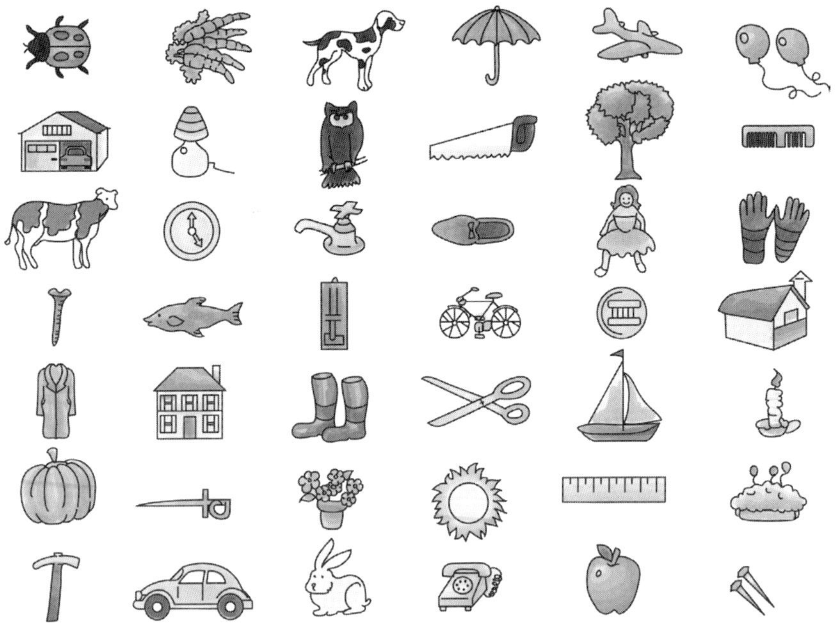

〈그림 7-5〉 변형된 '스무고개 놀이' 그림

아맞혀보라고 한다. 이때 청년들은 실험자가 단지 "예" "아니요"라는 대답만 할 수 있는 질문을 해야 한다. 이 놀이는 가능한 한 적은 수의 질문을 해서 답을 맞히는 놀이이다(〈그림 7-5〉 참조).

가설적 사고가 가능한 청년들은 계획을 세워 일련의 가설을 차례대로 시험하면서 정답의 범위를 점점 좁혀 간다. 즉, 자신이 한 질문에 대해 실험자가 "아니요"라는 답을 하면 몇 가지 가능성이 즉시 정답의 범위에서 제외된다. 반면, 구체적 사고를 하는 아동은 아무런 계획 없이 질문을 마구 하여 제한된 스무 번의 기회를 모두 써버린다(Santrock, 1998).

(3) 체계적 · 조합적 사고

청년들은 과학자가 하는 것처럼 사고하기 시작한다. 문제해결을 위해 사전에 계획을 세우고, 체계적으로 해결책을 시험한다. 반면, 아동은 시행착오에 의해 문제를 해결하는 편이다. Inhelder와 Piaget(1958)는 한 실험에서 무색 무취의

사진 설명
Piaget와 Inhelder.

투명한 액체를 담은 1, 2, 3, 4 번호가 붙은 네 개의 플라스크와 무색의 액체를 담은 g라는 작은 플라스크를 보여주고 이 액체들을 마음대로 섞어서 노란색이 나오도록 해보라고 하였다. 노란색은 1과 3 그리고 g의 액체를 섞어야 나타나게 되어 있었다. 그런데 이 실험에서 전조작기 아동은 아무렇게나 액체를 섞어 혼란상태를 만들었다. 구체적 조작기 아동은 어느 정도 체계성을 보였다. 1, 2, 3, 4 각 플라스크에 g의 액체를 차례대로 부어 보았는데, 노란색이 나오지 않자 더 이상의 시도를 해보지 않고 그만두었다. 하지만 형식적 조작기의 청년은 모든 가능성에 대해 체계적으로 시험해볼 수 있었으므로 결국은 노란색을 만들어 내었다.

(4) 이상주의적 사고

구체적 조작기의 아동은 구체적 사실에 한해서 제한된 사고만을 하는 반면, 청년들은 이상적인 특성, 즉 자신과 다른 사람들에게 이상적이었으면 하는 특성들에 대해 사고하기 시작한다. 그들은 이상적인 부모상에 대해 생각하고, 이 이상적 기준과 자신의 부모를 비교한다. 그리고 자신이 생각하는 이상적인 기준에 맞추어 자신과 다른 사람을 비교하기도 한다. 사춘기의 사고는 미래의 가능성에 대해 상상하고 공상을 한다.

2) 청년기의 자기중심성

형식적 조작기에 도달한 청년은 자신의 생각뿐만 아니라 다른 사람의 사고 또한 체계화할 수 있게 된다. 그러나 청년기의 급격한 신체적, 정서적 변화로 말미암아 자신의 외모와 행동에 너무 몰두해 있으므로, 다른 사람들도 자기만큼 자신에게 관심이 있다고 생각하여, 자신의 관심사와 타인의 관심사를 구분하지 못한다. 이것이 청년기의 자기중심성이다.

(1) 상상적 관중

David Elkind

청년기의 자기중심적 사고를 반영하는 몇 가지 상황을 보면, 청년은 상상적 관중(imaginary audience)을 만들어내어 자신은 주인공이 되어 무대 위에 서 있는 것처럼 행동하고, 다른 사람들을 모두 구경꾼(관중)으로 생각한다. 실제로는 자신이 관심의 초점이 아님에도 불구하고 다른 사람들이 자신을 관심의 초점으로 생각한다고 청년이 믿기 때문에 상상적 관중이다. 상상적 관중은 시선끌기 행동, 즉 다른 사람들의 눈에 띄고 싶은 욕망으로부터 나온다. Elkind(1978)는 청소년들이 자의식이 강하고 대중 앞에서 유치한 행동을 하는 것 등은 모두 이 상상적 관중 때문이라고 한다.

청년은 종종 자기비판적이면서, 또한 자주 자기도취에 빠진다. 청년의 유치함, 변덕스러움 그리고 요란한 옷차림 등은 그 상당 부분이 자신이 매력적이라고 믿는 것과 다른 사람들이 매력적이라고 생각하는 것을 구별하지 못하기 때문에 야기된다. 젊은이들이 흔히 왜 어른들은 자신의 복장과 행동방식을 못마땅하게 생각하는가를 이해하지 못하는 것도 바로 그 때문이다.

자기중심성은 이성에 대한 행동에서도 종종 나타난다. 두 시간 동안 거울 앞에서 머리를 빗질하는 소년은 아마도 소녀들로부터의 열광적인 반응을 상상하고 있을 것이다. 마찬가지로 예쁘게 화장을 하는 소녀는 그녀에게 던져질 찬사의 시선들을 상상하고 있을 것이다. 그러나 이 청년들이 실제로 서로 만났을 때에는 상대방을 관찰하기보다는 자신이 어떻게 관찰되어지는가에 보다 더 관심을 갖는다. 청년들의 모임은 각 청년들이 스스로는 주인공이라고 상상하면서 동시에 다른 사람들에게는 관중이 된다는 점에서 매우 특이하다.

(2) 개인적 우화

청년기의 자기중심성을 반영하는 또 하나의 상황은 개인적 우화(personal fable)로서, 자신의 감정과 사고는 너무나 독특한 것이어서 다른 사람들이 이해할 수 없을 것이라고 상상하는 점이다. 즉, 자신은 많은 사람들에게 너무도 중요한 인물이라는 믿음 때문에 자신은 매우 특별하다고 생각하는 점이다. 청년은 자신을 주인공으로 생각하고 이것이 자신에게만 통용된다고 상상한다는 의미에서 개인적이고, 현실성이 결여되어 있다는 의미에서 우화인 것이다.

사진 설명
위험한 행동을 해도 자신은 다치지 않으리라고 생각한다.

개인적 우화의 예로서 청년이 경험하는 '첫사랑'을 들 수 있다. 어느 누구도 자신과 같이 아름답고, 숭고하고, 뜨거운 사랑을 경험하지 못했을 것이며, 그 사랑이 끝났을 때에 느꼈던 하늘이 무너지는 것 같은 절망감, 암담함, 비참함은 아무도 이해하지 못할 것이라고 생각한다.

또 다른 예로 청년이 다른 사람은 다 죽어도 자신은 영원히 죽지 않으리라는 '불멸(immortality)'의 신념 때문에 위험한 행동을 하다가 크게 다치거나 죽음에까지 이르는 경우를 볼 수 있다(사진 참조). 그리고 10대 소녀의 경우 다른 사람들은 다 임신을 해도 자신은 임신하지 않을 것이라는 생각에 무모한 짓을 하는 경우를 볼 수 있다(Elkind, 1967).

그러나 청년이 성숙해감에 따라 사회적 상호작용으로 인해 모든 사람은 다 제 나름대로의 관심사가 따로 있다는 것을 이해하게 되고, 상상적 관중이 진짜 관중으로 대체됨에 따라 이러한 자기중심적 사고는 점차 사라진다. 그리고 특별한 사람과 친밀한 관계를 갖게 되어 가슴속의 얘기를 서로 나누게 되면서, 자신의 경험이 다른 사람의 그것과 크게 다를 바 없다는 것을 이해하게 되고, 그러

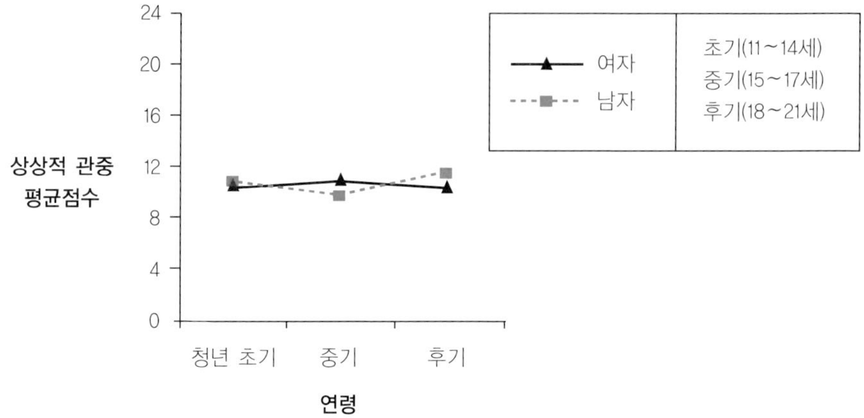

〈그림 7-6〉 상상적 관중: 성과 연령 간의 상호작용 효과

면서 개인적 우화도 점차 사라지게 된다.

청년 초기, 중기, 후기의 남녀 청년들을 대상으로 한 보다 최근의 연구(Schwartz, Maynard, & Uzelac, 2008)에서는 상상적 관중과 개인적 우화 모두 성과 연령 간의 상호작용 효과가 있는 것으로 나타났다. 우선 상상적 관중에서 남자의 경우 청년 중기 집단이 청년 후기 집단보다 상상적 관중 점수가 더 낮은 것으로 나타났다. 그러나 여자의 경우는 세 집단 간에 차이가 없는 것으로 나타났다(〈그림 7-6〉 참조).

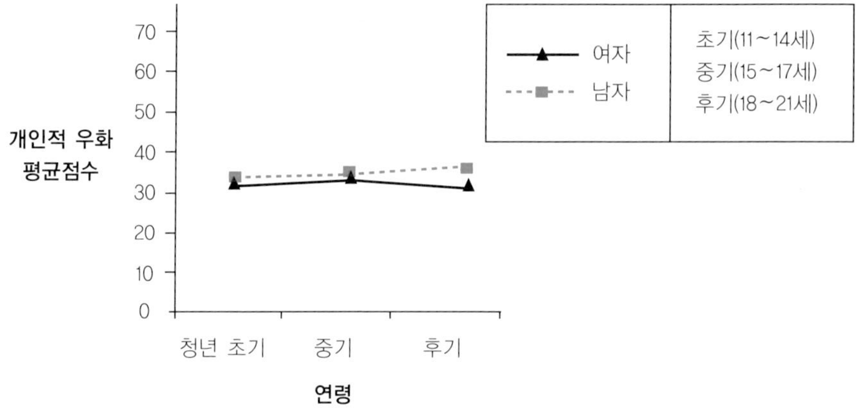

〈그림 7-7〉 개인적 우화: 성과 연령 간의 상호작용 효과

개인적 우화에서도 성과 연령 간의 상호작용 효과가 있는 것으로 나타났다. 즉, 여자의 경우 청년 후기 집단이 청년 초기나 청년 중기 집단보다 개인적 우화 점수가 더 낮은 것으로 나타났다. 남자의 경우 청년 초기 집단이 청년 후기 집단보다 개인적 우화 점수가 더 낮은 것으로 나타났다(〈그림 7-7〉 참조).

3) 미디어와 청년

미디어는 다양한 방식으로 청년들에게 영향을 미치고 있다. 오늘날 많은 청년들은 유아기 때부터 TV나 컴퓨터, 스마트폰 등을 사용하고 있다(Lever-Duffy & McDonald, 2018). TV는 계속해서 청년발달에 큰 영향을 미치고 있지만, 최근에 와서 TV나 DVD의 영향뿐만 아니라 비디오 게임, 컴퓨터, 아이패드 등의 과도한 사용에 대한 경각심을 일깨우기 위해 "screen time"이라는 용어가 사용되고 있다(Bickham et al., 2013; Lissak, 2018; Lloyd et al., 2014; Ngantcha et al., 2018; Poulain et al., 2018; Yilmaz, Demirli Caylan, & Karacan, 2014). 최근 한 연구(Vernon, Modecki, & Barber, 2018)에서 야간의 스마트폰 사용은 청년기 외현화 행동문제를 증가시키고, 자아존중감과는 부적 상관이 있는 것으로 나타났다. 또 다른 연구(LeBourgeois et al., 2017)에서는 장시간의 '스크린 타임' 노출은 청년기 건강문제, 수면문제, 학업성취, 비만, 공격성, 불안, 우울증과 관련이 있는 것으로 밝혀졌다.

사진 설명
오늘날 미디어는 청년들의 생활에서 큰 비중을 차지하고 있다.

청년들의 생활에서 큰 비중을 차지하고 있는 미디어는 정치, 경제, 교육, 사회 등 여러 방면의 정보를 얻을 수 있는 좋은 정보의 장이다. 하지만 그것이 오늘날에 와서는 무분별하게 난립하면서 청년발달을 저해하는 측면도 있다.

(1) 컴퓨터: 이메일과 인터넷

✐사진 설명
컴퓨터가 청년들의 일상생활에서 필수적인 것으로 자리잡고 있다.

오늘날 컴퓨터의 사용은 청년들에게 학업을 비롯한 의사소통, 정보수집, 취미나 여가생활 등의 일상생활에서 필수적인 것으로 자리잡고 있다(사진 참조). 예를 들면, 대다수의 청년들이 인터넷을 통해 매일 이메일을 체크하고, 신문이나 방송의 뉴스보다 빨리 정보를 획득하고, 채팅이나 동호회 등의 공동체 활동을 통해 다른 사람들과 교류하며, 게임 등으로 여가를 즐기고 있다. 또한 청년들 사이에서는 컴퓨터 게임, 컴퓨터 통신, 컴퓨터 응용 프로그램 운용 등 컴퓨터와 관련된 소재들이 대화의 주제로 등장하고 있다(Mesch, 2012; O'Keeffe & Clarke-Pearson, 2011; Rideout, Foehr, & Roberts, 2010). 대한민국 게임백서(2002)에 따르면, 우리나라 청년의 컴퓨터 이용형태는 게임(36.6%), 음악/영화/만화감상(17.8%), 이메일(16.5%)의 순으로 나타났다.

최근에 와서 청소년들이 이용하는 사회적 상호작용 매체가 컴퓨터에서 휴대폰(특히 스마트폰)이나 SNS 이용으로 옮겨가고 있다(Underwood et al., 2012; Valkenburg, & Peter, 2011). 소셜네트워크서비스(SNS: Social Network Service)는 개인의 프로파일을 구성하도록 하고, 타인과 연결을 도모하며, 이러한 연결망을 아우르는 웹기반의 서비스(Boyd & Ellison, 2007)로서, 대표적으로 트위터, 페이스북, 카카오톡 등을 들 수 있다. SNS는 소셜미디어라고 불리기도 하는데, 개인은 소셜미디어를 통해 자신의 일상경험과 의견, 정보 등을 자유롭게 나누게 된다. SNS를 통해 생활에 필요한 유용한 정보를 얻기도 하고, 주요 사회적 사건이나 이슈에 대한 뉴스도 접한다. 또한 트위터, 페이스북, 카카오톡 등 소셜미디어를 통해 새로운 친구를 만나고 사귀기도 하며, 직접 만나기 어려운 친구들과 대화를 나누고 사진, 그림이나 글을 통해 필요한 정보를 공유하기도 한다. 이처럼 소셜미디어는 개인의 의견, 감정, 정보, 지식을 교환하고 공유하는 사회적 네트워크가 되고 있다. SNS를 이용하는 사람들이 급격히 증가하면서 일상생활에서도 크고 작은 변화가 많이 일어나고 있다.

최근 들어 SNS가 개인의 일상생활과 사회에 미치는 영향에 대한 연구가 조금씩 이루어지고 있다. 연구결과에 따르면, SNS는 다양한 사람들과 정보를 공유하고, 상호작용을 할 수 있으며, 지속적으로 관계를 유지하는 도구이자, 자신의 정체성을 표현하는 도구가 되기도 하고, 자신의 기분이나 감정을 표출하는 유용한 도구로 사용될 뿐 아니라(고상민, 황보환, 지용구, 2010; 이창호, 성윤숙, 정낙원, 2012) 개인의 사회적 네트워크나 지지 기반을 확장시키고, 사회적 참여를 증진시키는 등의 긍정적인 사회적 기능도 담당하고 있다. 반면, SNS는 불명확한 정보 출처에서 비롯되는 유해한 정보의 급속한 확산, 사이버 언어폭력의 증가, 과도한 SNS 사용으로 인한 중독현상(머니투데이, 2012년 3월 15일자) 등과 같은 부정적인 영향도 보고되고 있다.

문자 메시지 주고받기(사진 참조)는 청년들이 친구들과 상호작용하는 주요 매체로 떠오르고 있는데, 면대면 접촉, 이메일, 통화 등을 훨씬 능가하고 있다(Lenhart, Purcell, Smith, & Zickuhr, 2010). 최근 연구(Lenhart, 2012)에서 12~17세 청소년이 하루에 이용하는 문자 메시지는 평균 60건으로 나타났다. 또한 최근에 성적 문자 메시지나 사진 등을 주고받는 이른바 '섹스팅(sexting)'이 주요 관심사가 되고 있다(Gordon-Messer, Bauermeister, Grodzinski, & Zimmerman, 2013). 한 연구에서 '섹스팅'을 이용하는 성인의 경우 약물남용이나 혼음과 같은 위험한 성행위를 더 많이 하는 것으로 나타났다(Benotsch et al., 2013).

(2) 비디오 게임

최근 청소년의 비디오 게임 이용률이 급증하고 있다. 청소년 자녀가 있는 대부분의 가정에서는 비디오 게임 장치가 있는 것으로 나타났다. 또한 비디오 게임에서의 기술력이 성장하면서 동시에 폭력성도 높아졌다(사진 참조). 이제 가

✐사진 설명
비디오 게임의 폭력성.

✐사진 설명
게임에서 경험한 공격성이 실생활에서 나타난다.

장 인기 있는 비디오 게임의 80%는 폭력적이며, 21%는 여성에 대한 폭력성까지도 포함하고 있다(Dietz, 1998). 게임에서 보이는 여성에 대한 폭력성은 청년들에게 부정적인 성역할과 멍청한 희생자로서의 여성의 모습을 강화시킨다(Funk & Buchman, 1996).

많은 심리학자들은 비디오 게임의 내용이 가지고 있는 폭력성에 우려를 나타내고 있다(DeWall, Anderson, & Bushman, 2013; Hanson, 1999). 폭력성과 관련된 연구들을 좀더 자세히 살펴보면 다음과 같다. 첫째, 아동과 청년을 대상으로 한 단기간의 연구에서 비디오 게임을 한 후에 게임의 공격성을 모방하는 증거가 있었다(Silvern & Williamson, 1987). 즉, 비디오 게임은 아동이 게임에서 경험하고 보았던 것을 나타내도록 고무시키는 것으로 보인다(Schutte et al., 1988). 그리하여 게임에서의 공격적인 행위에 대한 강화는 실제 세계로 전이되며, 청년들은 문제해결을 위해 공격적인 행동을 하게 된다(사진 참조). 둘째, 청년의 공격적 사고와 관련이 있다. 대학생을 대상으로 폭력적인 게임을 하는 경우와 그렇지 않은 경우를 관찰한 연구에서, 폭력적인 게임을 한 대학생들이 높은 공격적 사고를 보였다(Calvert & Tan, 1994; Gentile, 2011). 셋째, 폭력적인 비디오는 개인의 성격특성에 큰 영향을 미친다. 남녀 대학생을 대상으로 한 연구에서 폭력적인 비디오에 노출된 경우 공격적인 성격특성을 보였다(Anderson, 2000). 넷째, 폭력적인 비디오 게임은 TV를 시청하는 경우보다 심장박동이나 혈압을 높이는 효

Robert Kubey

과가 있다(Kubey & Larson, 1990). 다섯째, 공격적인 비디오 게임을 하는 십대들은 친사회적 행동을 덜 하는 경향이 있다(Fraser et al., 2012; Van Schie & Wiegman, 1997). 여섯째, 많은 이들이 비디오 게임에 '중독'되어 있다. 그리고 게임방은 중독성을 배가시킨다.

Reed Larson

(3) 뮤직비디오

뮤직비디오는 1981년 8월 1일 MTV 개국과 함께 공식적으로 시작된 비교적 새로운 예술 장르다(Sherman & Dominick, 1986). 뮤직비디오는 음악 가사를 시청각적으로 묘사할 수 있는 비디오 형식을 빌려와 음악을 전달하기 때문에, 가사와 함께 그 이미지가 극대화되는 이점을 가지고 있다(Strasburger, 1995; Zillmann & Mundorf, 1987). 뮤직비디오는 매우 인기가 많은 매체로서, 대학생들을 대상으로 한 연구에 따르면 많은 이들이 MTV 채널을 선호하며, 특히 그들 중 39%는 다른 많은 채널들 중 가장 선호하는 채널이라고 응답했다(Paul, 2001).

다수의 청년들이 선호하는 미디어 중 하나인 뮤직비디오의 영향은 다음과 같다. 첫째, 선정적인 뮤직비디오를 본 사람은 혼전 성교(Calfin, Carroll, & Schmidt, 1993; Martino et al., 2006)와 공격성의 표현(Hansen, & Hansen, 1990)에 대해 더 긍정적인 시각을 가지게 된다. 즉, 청년들은 성적인 영상과 폭력적이며 반체제적인 주제를 담고 있는 매우 충격적인 뮤직비디오에 노출되었을 때에 보복적인 공격성을 드러낼 가능성이 높았다(Rehman & Reilly, 1985). 둘째, 위험한 행동과 뮤직비디오 간의 관련성이 보고되었다(Klein et al., 1993). 많은 뮤직비디오는 거칠고, 난폭하고, 용서할 수 없는 세상 그리고 선정적인 세상을 표현한다. 따라서 이러한 내용을 담고 있는 뮤직비디오에 나타난 이미지는 사회적 환경에 대해 민감하게 반응하는 10대들의 지각을 강화시

사진 설명
MTV나 록 비디오에서 여성은 종종 성적 대상으로 묘사된다.

키고 나아가 위험한 행동을 불러오게 한다(Brown & Hendee, 1989; Strasburger, 1990). 또한 많은 뮤직비디오에서 흡연과 음주장면을 여과 없이 방영함으로써 청년의 흡연과 음주를 부추기는 결과를 낳고 있다.

3. 정체감발달

청년기는 인간의 전생애에서 매우 특별한 시기이다. 출생 후 첫 1~2년을 제외하고는 청년기에 가장 큰 신체적 변화와 성숙을 경험한다. 정서면에서도 기복이 심한 시기로 첫사랑에 빠지는 것도 청년기이며, 실연의 슬픔을 맛보게 되는 것도 바로 이 청년기이다.

이 시기에 청년들은 스스로 나는 누구인가? 나는 무엇이 되기를 원하는가? 등의 질문을 하게 된다. 사실상 청년기는 자신을 새로이 창조하는 시기라기보다는 이미 있는 자신을 발견하는 시기라고 할 수 있다.

건강한 성인으로 성장하기 위해서는 청년기에 수행해야 할 발달과업이 있는데, 이 발달과업을 무난히 수행해야만 성인기의 새로운 도전들을 효율적으로 해결할 수 있다. 청년들에게 주어진 발달과업은 여러 학자들에 의해서 다양하게 표현되었으며, 구체적인 과업은 문화에 따라 다르다. 그중에서 공통적이고 가장 중요한 것이 자아정체감의 확립이다.

청년기가 신체적 · 성적 · 인지적 · 정서적으로 급격한 변화가 일어나는 시기임을 고려할 때, 이러한 변화에 적절히 대처하기 위한 자아정체감의 확립이야말로 청년기의 가장 중요한 발달과업이라고 하지 않을 수 없다.

1) 자아정체감이란 무엇인가

청년기에 많은 청년들은 가장 근본적이고도 어려운 문제로 고민하게 되는데, "나는 누구인가?"라는 물음이 바로 그것이다(사진 참조). 이 문제는 수 세기에 걸

쳐 온 인류를 지배해 왔으며, 수없이 많은 시나 소설의 주제가 되어 왔지만, 심리학적 관심을 불러일으킨 것은 불과 수십 년 전의 일이다. 문학, 예술, 교육 등 광범위한 분야를 배경으로 하여 Erikson이 이러한 의문에 최초로 정신분석학적 관점에서 개념정리를 한 것은 결코 우연한 일이 아니다.

Erikson(1950, 1968)은 특히 청년기에 빈번히 제기되는 일련의 의문들, 즉 나는 누구인가? 무엇을 할 것인가? 미래의 나는 어떻게 될 것인가? 어제의 나와 오늘의 나는 같은 인물인가? 아닌가? 등의 자문을 자아정체감을 형성하기 위한 과정이라 하였다.

자아정체감은 그 용어 자체에 여러 가지 함축적 의미를 갖고 있어 한마디로 정의할 수는 없지만, 확고한 자아정체감을 지닌 사람은 개별성, 총체성, 계속성을 경험하게 된다고 한다. 개별성은 가치나 동기 또는 관심을 얼마쯤 타인과 공유했다 하더라도 자신은 타인과는 다르다는 인식, 즉 자신은 독특하고 특별하다는 인식이다. 총체성은 자신의 욕구, 태도, 동기, 행동양식 등이 전체적으로 통합되어 있다는 느낌이다. 계속성은 시간이 경과하여도 자신은 동일한 사람이라는 인식, 즉 어제의 나와 오늘의 나는 같은 사람이라는 인식이다.

정체감 형성은 갑작스럽게 이루어지는 것이 아니고 조금씩, 부분적으로 그리고 점차적으로 이루어진다. 자신의 문제에 관한 결정은 한순간에 단번에 이루어지는 것이 아니라 재삼재사 다시 고려해야 하는 것이다. 이러한 청년기의 결정들은 우리가 정체감이라고 부르는 것의 핵심을 이루게 된다.

정체감 형성은 아동기의 경험과 동일시에 그 뿌리를 두는 것이며, 청년기를 거쳐 성인기에 이르기까지 발달이 계속되는데, 청년 초기보다는 청년 후기에 보다 더 중요한 문제로 대두된다. 청년 초기에는 신체상의 변화가 커서 자신의 관심을 신체에 집중시키고, 또래집단에 의해 인정받고 수용되는 것이 더 중요하기 때문에 청년 후기보다 정체감 확립에 관심이 덜 집중된다. 안정된 정체감을 형성하기 위해서는 신체적 · 성적 성숙, 추상적 사고, 정서적 안정이 필요하며, 동시에 부모나 또래의 영향권에서 어느 정도 벗어나야 하는데, 이러한 모든 조건들이 청년 후기에 와서야 비로소 갖추어진다.

정체감 위기를 성공적으로 해결하지 못한 청년은 정체감 혼미를 경험하게 된다. 정체감 혼미의 개념은 가출소년, 퇴학자 등을 비롯한 문제 청소년을 이해하는 데 도움이 된다. Erikson의 정체감 혼미의 개념이 소개되기 이전에는 이러한 청년들은 비행 청소년으로 낙인찍혔었다. 그러나 정체감 혼미라는 개념이 소개됨으로써 이런 젊은이들이 안고 있는 문제를 조금은 긍정적인 시각에서 보게 되었다. 비행 청소년뿐만 아니라 사실 모든 청소년들이 정체감 위기를 경험하게 되는데, 단지 어떤 젊은이는 다른 젊은이보다 조금 쉽게 그 위기를 넘길 뿐이다.

정체감발달에 관한 최근 연구(Kroger, 2012; Moshman, 2011; Syed, 2013)에서는 Erikson이 말하는 '위기' 개념보다는 정체감발달이 보다 점차적이고, 덜 격변적이며, 보다 긴 여정을 통해서 이루어진다고 주장한다.

2) 자아정체감은 왜 청년기에 문제가 되는가

자아정체감의 형성은 청년기에 와서 시작되는 것도 아니고 청년기에 끝나는 것도 아니다. 자아정체감의 형성은 일생을 통해 이룩해야 할 중요한 과제이다. 그렇다면 왜 자아정체감의 확립이 청년기에 심각한 문제로 대두되는가? 그 원인은 무엇인가? 학자들(서봉연, 1988; Duriez et al., 2012; Marcia & Carpendale, 2004; Schwartz et al., 2013)은 그 이유를 다음과 같이 설명하고 있다.

첫째, 사춘기 동안의 급격한 신체적 변화와 성적 성숙 때문이다. 청년들은 급격한 신체변화로 인해 자의식이 강해지고, 성적 성숙으로 말미암아 신체 내부에서 여러 가지 충동들이 일어난다. 특히, 일찍이 경험해본 일이 없는 성적 충동은 청년들이 대처해야 할 가장 중요한 문제이다. 사춘기 동안에 발달된 생리적, 내분비적 기능의 변화로 말미암아 본능적 욕구인 원초아가 강해진다. 이때 자아는 초자아와 원초아 간의 균형을 유지하기 위해 자아확장(strong ego)을 이루어야 한다. 따라서 이 시기의 청년들은 필연적으로 자아정체감 문제에 직면하게 된다.

둘째, 청년기는 아동기에서 성인기로 옮겨가는 과도기로서, 청년은 어린이도 아니고 어른도 아닌 어중간한 존재이기 때문이다. 신체적으로는 이미 성인으로 성장했지만 경제적, 정서적으로는 여전히 부모에게 의존한다. 한편, 나이와 체구에 걸맞게 부모로부터 독립하고, 사회적으로 책임 있는 행동을 할 것이 요구된다. 따라서 이 시기의 청년은 자신의 위치와 역할을 어떻게 규정해야 할 것인지에 대해 고민하지 않을 수 없다.

셋째, 청년기는 선택과 결정의 시기이기 때문이다. 청년들은 진학문제, 전공선택의 문제, 이성문제, 교우관계 등 스스로의 선택이 요구되는 상황에 직면한다. 이전처럼 전적으로 부모나 주위 어른들에게 의존할 수 없는 청년들은 스스로 이러한 선택과 결정을 하기 위해 여러 가지 가능성을 점검해보고, 자기 자신에 대해 진지하게 생각하는 탐색의 시간이 필요하다.

넷째, 청년기에 현저한 성장을 보이는 인지능력의 발달 때문이다. 청년은 구체적 사고에서 벗어나 추상적 사고를 할 수 있고, 그들의 사고는 현실적 구속을 벗어나 가능성의 세계로 확대된다. 청년들의 시간적 조망 또한 현재에 국한되지 않고 과거와 미래로 확장된다. 이러한 인지능력의 발달은 자신의 위치, 역할, 능력 등을 검토해보는 자신에 대한 탐색과정에도 영향을 미친다. 이와 같은 자기 탐색과정은 자아정체감 확립을 위한 필연적인 요인으로 작용한다.

이상과 같은 이유들로 해서 자아정체감의 형성은 일생 동안 계속되는 과정임에도 불구하고 청년기에 보다 중요한 문제로 대두된다.

James Marcia

3) 자아정체감의 네 가지 범주

Marcia(1980, 1994, 2002)는 Erikson의 정체감 형성이론에서 두 가

수행 \ 위기	예	아니요
예	**성취** (위기 해결)	**유실** (위기경험 없음)
아니요	**유예** (위기 현재 진행 중)	**혼미** (위기경험 없음)

〈그림 7-8〉 Marcia의 자아정체감의 네 가지 범주

지 차원, 즉 위기(crisis)와 수행(commitment)을 중요한 구성요소로 보고, 이 두 차원의 조합을 통해 〈그림 7-8〉처럼 자아정체감을 네 범주로 나누었다. 여기서 위기란 자신의 가치관에 대해 재평가하는 기간을 의미하고, 수행은 계획, 가치, 신념 등에 대해 능동적 의사결정을 내린 상태를 의미한다.

(1) 정체감 성취(Identity Achievement)

정체감 성취란 자아정체감의 위기를 성공적으로 극복하여 신념, 직업, 정치적 견해 등에 대해 스스로 의사결정을 할 수 있는 상태를 말한다. Marcia는 정체감 성취나 정체감 유실의 경우에만 의사결정을 할 수 있기 때문에, 양자 모두 자아정체감 위기를 해결한 것으로 볼 수 있다고 한다.

재미있는 사실은 한때 정체감 성취로 분류되었던 사람이 후에 정체감 유실로 나타날 수 있다는 것인데, 이 사실은 전 생애에 걸친 자아정체감발달의 이해에 중요한 시사점이 된다(Marcia, 1989). 다시 말하면, 자아정체감은 반드시 한 방향에서 최고의 성숙 단계까지 직선적인 발달 양상을 보이지는 않는다는 것이다. 정체감 성취상태에서 정체감 유예나 혼미상태로 퇴행했다가 다시 정체감 성취상태에 도달하는 경우도 있다(Stephen, Fraser, & Marcia, 1992).

(2) 정체감 유예(Identity Moratorium)

정체감 유예란 현재 정체감 위기의 상태에 있으면서 자아정체감 형성을 위해 다양한 역할, 신념, 행동 등을 실험하고 있으나 의사결정을 못한 상태를 말한다.

정체감 유예로 분류된 사람들의 대부분은 정체감 성취로 옮겨가지만, 그중에는 더러 정체감 혼미 쪽으로 기울어지는 사람도 있다.

Gerald Adams

Erikson에 의하면 대학생은 인위적으로 청년기가 연장된 상태에 있기 때문에 심각한 자아정체감 위기를 경험한다고 한다. 이러한 Erikson의 견해는 Munro와 Adams(1977)의 연구에 의해 지지를 받았다. 같은 나이의 대학생과 직업청소년을 비교한 이 연구에서, 직업선택에 대한 의사결정에서는 두 집단 간에 차이가 없었으나 정치적, 종교적, 이념적인 면에서는 의사결정을 끝낸 대학생을 거의 찾아볼 수 없었다. 연구자들은 이 결과에 대해 대학이라는 환경과 분위기가 청년들로 하여금 유예 또는 정체감 혼미상태에 머물게 하여 분명한 의사결정을 하지 못하게 한다고 해석하였다.

(3) 정체감 유실(Identity Foreclosure)

정체감 유실이란 자신의 신념, 직업선택 등의 중요한 의사결정에 앞서 수많은 대안에 대해 생각해보지 않고, 부모나 다른 역할모델의 가치나 기대 등을 그대로 수용하여 그들과 비슷한 선택을 하는 경우를 말한다. 한 젊은이에게 장래의 희망이 무엇이냐고 물으면 치과의사라고 대답하고, 그 이유를 물으면 "아버지가 치과의사이기 때문"이라고 대답한다. 어떤 개인적 이유도 없으며, 탐색과정도 없었던 것처럼 보인다. 위기를 경험하지 않고 쉽사리 의사결정을 하는 사람들이 이 범주에 속한다.

이전에는 정체감 혼미만이 청년기의 심리적 문제, 즉 소외, 부적응 등을 유발하는 것으로 인식되었으나, 최근에는 정체감 유실도 문제가 있는 것으로 지적되고 있다. 비록 자아정체감 형성을 위해서 심각한 위기가 꼭 필요한 것은 아닐지라도, 독립적 사고와 의사결정 등은 자신의 신념, 가치관 등에 대한 고통스런 의문제기가 없이는 불가능하므로, 성숙되고 통합된 정체감발달을 위해서는 위기를 경험하는 것이 필요하다고 한다.

(4) 정체감 혼미(Identity Diffusion)

정체감 혼미란 자아에 대해 안정되고 통합적인 견해를 갖는 데 실패한 상태를 말한다. 이 범주에 속하는 청년은 위기를 경험하지 않았고 직업이나 이념선택에 대한 의사결정을 하지 않았을 뿐만 아니라 이러한 문제에 관심도 없다. 이런 점에서 유예와 구별된다. 유예는 자아에 대해 통합된 견해를 갖지 못했더라도 자아정체감과 관계된 갈등은 해결하려고 열심히 노력하고 있는 경우이기 때문이다. 문학에서 볼 수 있는 정체감 혼미의 고전적인 예는 셰익스피어의 햄릿 왕자이다(사진 참조).

Marcia의 네 범주의 자아정체감에 덧붙여 언급할 수 있는 또 하나의 자아정체감은 부정적 정체감이다. 부정적 정체감은 부모의 가치관이나 사회적 가치관과 정반대가 되는 자아개념을 의미한다. 대개 이 부정적 정체감은 개인적인 성공에 대한 부모나 사회로부터의 강화나 지원이 없을 경우에 생기기 쉽다. '소년범죄자' '불량소년' 등으로 불리는 청소년들이 부정적 정체감을 형성하는 것으로 보인다. 이들은 사회적으로 용납되는 행위를 내면화할 기회가 없어, 사회적 가치에 반대되는 태도, 행동 등을 자신의 것으로 수용하여, 그것을 암암리에 드러내는 등 악순환적 과정을 통해 부정적 정체감을 형성하게 된다. Marcia는 부정적 정체감을 정체감 유실의 특수한 경우로 간주하였다(Lloyd, 1985).

Marcia의 자아정체감의 범주화는 Erikson의 위기와 수행에 대한 개념을 왜곡하고 축소 해석했다는 비판을 받고 있다(Blasi, 1988; Coté, 2009; Lapsley & Power, 1988). 예를 들면, Erikson은 위기와 관련해서 청년들이 자신이 속한 문화에 대한 지각에 의문을 갖는다는 점과 사회에서 독립적인 위치를 찾는다는 점을 강조한다. 그러나 Marcia의 정체감 상태는 이러한 복잡한 문제들을 단순히 청년이 어떤 문제에 대해 고민해보았는지, 그리고 대안을 고려해보았는지 하는 정도로만 취급한다. 수행과 관련해서는 그것이 단순히 어떤 문제에 관해서 결정을 하였는지 여부의 문제로만 해석되기 때문에 Erikson의 원래 의미가 상실된다. 그러나 Marcia의 정체감의 네 가지 상태가 정체감을 이해하는 데 상당한 기여를 했다고 믿는 사람도 없지 않다(Archer, 1989; Marcia, 1991; Waterman, 1989).

Sally Archer

4. 직업선택

청년기는 어떤 직업을 가질 것인지에 대한 의사결정을 해야 하는 결정적 시기로서, 이 시기에 어떤 직업을 선택하느냐에 따라 자신의 인생이 크게 좌우된다. 오늘날과 같이 일 지향적인 사회에서 직업은 정체감의 주요한 측면이다.

옛날과 비교하여 오늘날의 젊은이들은 직업선택에 있어 몇 가지 이점을 갖는다. 더 많은 교육을 받을 기회와 직업선택의 폭이 넓어졌고, 더 자유로운 선택을 할 수 있게 되었기 때문이다.

그러나 동시에 산업사회에 접어들면서 직업의 종류가 다양해져서 직업에 대한 지식을 충분히 지닐 수 없으며, 직업에 필요한 기술의 변화가 너무나 급속히 이루어지고 있으므로 직업을 선택한다는 것은 매우 어려운 일이 되었다. 또한 직업이 고도로 전문화·세분화되면서 사람들의 일상생활과 직업세계와의 괴리가 심화되어 직업인으로서의 부모를 관찰할 기회가 적으므로 성인의 직업 역할에 대해 학습한다는 것이 어렵게 되었다. 이러한 여러 가지 이유로 청년에게 있어서 직업선택이라는 문제는 청년기에 겪어야 하는 중요한 발달과업 중의 하나가 되고 있다.

1) 직업선택과 영향요인

직업선택에 영향을 미치는 요인으로는 부모의 성취동기, 사회계층, 개인의 지능, 적성, 흥미 등이 있다.

(1) 부모의 영향

부모는 청년기 자녀의 직업선택에 여러 가지 방법으로 영향을 미친다(Slocum, 1974). 직접적으로 부모의 직업을 물려받기를 강요하거나 자신의 직업기술을 전수함으로써 자녀가 자신의 직업을 계승하도록 요구하기도 한다. 또한 부모는 어렸을 때부터 자녀의 흥미나 활동을 제한하거나 장려함으로써 영향을 미친다. 간접적으로는 자녀가 선택할 직업의 범위를 정해주고, 그 범위 내의 직업을 선택하도록 유도한다.

또한 청년의 직업에 대한 포부는 자녀가 직업에서 얼마나 성공하기를 원하는가하는 부모의 성취동기와 관계가 있다. 지능이나 사회경제적 지위가 같을 경우, 부모의 포부수준이 높을수록 자녀의 포부수준이 높게 나타난다(London & Greller, 1991; Penick & Jepsen, 1992).

직업선택에 영향을 미치는 부모의 역할이 항상 긍정적인 것만은 아니다(Penick & Jepsen, 1992). 왜냐하면 직업에 대한 역할 모델 노릇을 제대로 못하거나, 자신들이 이루지 못했던 것을 자녀의 능력이나 적성, 흥미와는 무관하게 자녀에게 기대함으로써 자녀에게 지나친 부담감을 안겨 줄 수 있기 때문이다.

(2) 사회계층

사회경제적 지위는 청년들의 직업에 대한 지식과 이해에 영향을 준다(Lemann, 1986). 중류계층의 부모는 하류계층의 부모보다 직업에 관한 지식의 폭이 넓으며, 그 범위도 넓다. 따라서 자녀에게 해줄 수 있는 조언의 폭이 넓을 수 있다. 하류계층의 청년은 직업에 관한 지식과 이해에 도움이 되는 정보가 적으므로 선택의 범위가 좁다.

아버지의 직업수준은 자녀들의 직업선택에 영향을 미친다. 대부분의 청년들은 부모의 직업과 비슷하거나, 좀더 높은 수준의 직업을 갖기를 희망한다. 사회계층은 또한 학업성취와도 관계가 있으며 학업성취에 따라 선택하는 직업의 종류가 다르다.

(3) 지능, 적성, 흥미

개인의 지능, 적성, 흥미 등도 직업선택에 영향을 미친다. 이러한 인성 요인은 여러 가지 사회화 요인들과의 상호작용에 의해 영향을 미치지만, 그 자체도 진로결정에 영향을 주는 주요한 요인이 된다.

지적 능력은 직업선택에 여러 가지로 영향을 미친다. 첫째, 지능은 개인의 의사결정 능력과 관계가 있다(Dilley, 1965). 지능이 높은 청년은 직업을 선택할 때 자신의 능력, 흥미, 특정 직업을 위한 훈련을 받을 기회 등을 고려한다. 반면, 지능이 낮은 청년은 비현실적이며 자신의 흥미나 능력보다 단순히 멋있어 보이는 직업을 택하거나 부모나 또래의 영향을 크게 받는다. 둘째, 지능은 포부수준과도 관계가 있는데 지능이 높은 사람은 포부수준도 높다(Picou & Curry, 1973). 셋째, 지능은 선택한 직업에서 성공 여부와도 관계가 있다(Sanborm, 1965).

J. Steven Picou

직종에 따라 요구되는 적성과 능력은 다른다. 어떤 직업은 특별한 적성과 재능이 었어야 한다(Hoyt, 1987). 예를 들면, 어떤 직업은 힘을 필요로 하고, 어떤 직업은 속도를 그리고 어떤 직업은 공간지각 능력이나 음악적인 재능 또는 언어적 기술 등을 필요로 한다. 창의성, 독창력, 자율성이 요구되는 직업이 있는가 하면, 어떤 직업에서는 순응성과 협동심 등이 요구된다.

어떤 특정 직업에서의 성공 여부를 예측하기 위해 여러 종류의 심리검사가 이용되기도 한다. 물론 적성과 능력은 고정불변의 것이 아니므로 직업선택 시에 이런 종류의 심리검사를 이용하는 데에는 한계가 있다.

흥미는 직업선택에 영향을 미치는 또 하나의 중요한 요인이다. 자신의 직업에 흥미가 크면 클수록 그 분야에서 성공할 확률이 높다. 그러나 어떤 분야에서 성공하기 위해서는 흥미와 관련지어 지능, 능력, 기회, 그 외의 다른 요인들이 고려되어야 한다(Prediger & Brandt, 1991). 어떤 사람이 의학 분야에 큰 관심이 있다하더라도 그럴 만한 능력이 없거나 의학공부를 할 기회가 주어지지 않는다면 의사가 될 수는 없는 것이다. 대신 실험실 기술자나 물리치료사, 그 외의 관련 직종을 고려해볼 수 있다.

우리나라 공업고등학교 학생들을 대상으로 그들의 진로의식과 직업선택 요인에 관해 알아본 민영두(1992)의 연구에서, 자신의 진로선택 시 친구 또는 부모와 많이 의논하며, 고등학교 입학 당시에 처음 진로선택을 하는 것으로 나타났다. 진로선택을 저해하는 요인으로는 학업성적을 들고 있으며, 진로선택 시 자신의 의사를 가장 중요하게 생각하는 것으로 보인다.

직업선택 요인과 관련해서는 직업으로부터 얻게 되는 보수, 명예, 사회적 지위, 생활수준을 초월하여 자신의 적성, 흥미, 능력, 성격 등을 고려해서 장래성이 보장되는 직업을 선택하려는 경향이 있었다. 그리고 성공과 출세에 영향을 미친다고 생각하는 요인으로는 학력이라고 응답하였다.

2) 직업교육과 직업상담

우리 사회도 점차 고도의 기술사회가 되어 가고 있으며 급격한 변화로 말미암아 어떤 기술은 상대적으로 필요하지 않아 없어지기도 한다. 그리고 직업은 일상생활의 다른 측면과 유리되어 있으므로 직업을 선택하는 일은 보다 복잡하고 어려운 일이 되고 있다. 학교에서도 직업교육에 중점을 두지 않으므로 학업과 미래의 직업과의 연관성이 별로 없는 것 같다. 이런 관점에서 청년을 위한 직업교육의 필요성이 강조되기도 한다.

그러나 그와 같은 주장을 비판하는 사람도 있는데, 이들은 현존하는 직업에 맞추어 청년을 교육시키는 일은 매우 근시안적이라고 반박한다(사진 참조). 급격한 사회변화로 말미암아 직업시장이 변화하고, 따라서 어떤 직업에 대한 기술은 소용이 없어지기도 하므로 교육목표나 교육과정을 건전한 사고를 지닌 학식 있는 인간양성에 두는 것이 바람직하다고 한다. 읽을 줄 알고, 쓸 줄 알고, 논리적 · 비판적으로 생각할 줄 아는 분별 있는 사람이라면 직업시장이 변

한다 하더라도 그에 필요한 새로운 지식과 기술을 습득할 수 있을 것이다. 따라서 이들은 직업교육을 교육기관에만 의존할 것이 아니라 고용주 측에서 고용인에 대한 훈련 및 재훈련을 강화하도록 해야 한다고 주장한다(Lloyd, 1985).

전문적인 상담기관의 상담도 직업을 선택하는 데에 도움이 된다. 그러나 이러한 상담은 직업선택 시의 문제만을 상담하므로 직업에 필요한 교육에는 별 효과가 없다. 또한 이런 상담기관의 견해는 기존의 사회구조 내에서의 보편적이고 관습적인 견해에 지나지 않는다는 비판을 받고 있다(Harway & Astin, 1977).

현재 우리나라 고용노동부에서는 청소년과 구직자의 건전한 직업관 형성과 직업선택을 지원하기 위해 체계적이고 과학적인 직업지도서비스를 다양하게 제공하고 있다(청소년백서, 2013).

청년층을 위한 직업심리검사에는 두 가지가 있는데, 그중 하나는 개인의 직업능력을 측정하여 자신의 적성에 적합한 직업을 제시해주는 '청소년용 직업선호도검사'이고, 또 하나는 개인이 어떤 직업에 흥미와 자신감이 있는지를 알려주는 '청소년용 직업흥미검사'이다. 2011년도에는 156만 명에게 이를 실시하였다. 또한 성인층에 대해서도 '성인용 직업적성검사' '직업선호도검사' 등 각종 직업심리검사를 운영하여 2011년도에는 58만 3천 명에게 이를 제공하였다.

아울러 청소년에 대한 직업지도를 강화하기 위해 1993년부터 중 · 고등학교 교사로 근무한 경력이 있는 자, 직업지도업무 경력자 등을 명예직업상담원으로 위촉하고 있다. 2003년도에도 명예직업상담원을 지방 노동관서별로 배치하여 청소년 구직자에 대한 직업상담, 직업적성 · 흥미검사 등을 실시하고 직업지도 시범학교를 운영하는 등 청소년에 대한 전반적인 직업지도업무를 수행하도록 하였다.

한편, 정보기술의 급격한 발전과 지식기반사회로의 이행에 따라 직업세계에서 요구하는 직업정보를 종합적으로 수집 · 관리하고 사용자가 쉽게 접근할 수 있도록 「한국직업정보시스템(KNOW)」을 개발하였다. 이 시스템은 2001년부터 2003년까지 실시된 우리나라 대표 직업 실태조사를 기초로 하여 2003년부터 온라인 서비스(http://work.go.kr) 형태로 직업 정보는 물론 직업과 관련되어 있는 학과(전공) 정보 및 온라인 진로상담 서비스를 제공하고 있다.

또한 직업에 대한 이해를 높이고 종합적인 직업정보를 제공하기 위해 「한국직업전망」「한국직업사전」「학과정보」「신생 및 이색직업」 등 초등학교에서 성인까지의 수요자 맞춤형 직업정보자료도 발간하여 각급 학교 및 공공기관 등에 보급하고 있다. 더불어 입체적인 매체를 통해 생생한 직업정보 확인과 직업탐색이 가능하도록 '내일을 Job아라'와 'Work & Life'를 비롯한 직업 및 취업 지원 동영상을 제작하였다. 이 모든 자료는 각급 학교에 DVD로 배포되는 한편, 방송송출 및 홈페이지 다운로드서비스 등을 통해서도 제공된다. 또한 이들 매체를 교육자료로 활용하기 위해 각종 지도기법이 소개된 직업동영상 활용 매뉴얼도 함께 제작, 배포하고 있다. 이 밖에도 2011년부터 청소년들의 진로선택을 지원하기 위하여 대학 학과정보 동영상을 제작하여 온라인을 통해 제공하고 있다.

5. 이성교제와 청년기의 성

청년이 인생에서 겪게 되는 현저한 변화 중의 하나는 동성 친구와의 친밀한 우정에서 이성에 대한 우정과 낭만적인 애정으로의 이동이다. 관심이 동성 또래집단에서 이성 또래집단으로 옮겨가는 것은 성인기로 가는 정상적인 건전한 진행과정이다. 청년은 이성교제를 통해 정상적인 인격 형성을 도모할 수 있고, 성인 남녀의 역할을 배움으로써 사회적 기술과 예의를 배운다.

오늘날 우리 사회는 급격한 성개방 풍조로 인해 많은 청년들이 분별없이 너무 이른 나이에 성경험을 한다. 불건전한 성관계는 십대 임신이나 성병 감염의 위험을 초래하기도 한다. 그리고 성에 관한 정보는 범람하지만 왜곡된 정보가 너무 많다. 청년들을 성적 탈선 및 성범죄로부터 보호하기 위해 성교육의 필요성이 절실하다.

1) 이성교제

이성교제는 배우자 선택이라는 중요한 역할을 할 뿐만 아니라 이성교제를 통해 인격의 정상적인 발달이 이루어질 수 있다. 즉, 이성교제를 함으로써 사랑의 본질과 기쁨을 알며, 예의에 벗어남이 없이 이성에 대한 관심을 표현하며, 서로의 개성과 인격을 존중할 줄 알고, 나아가서는 배우자 선택이나 앞으로 결혼생활을 원만히 해나갈 수 있는 기초적 자질을 키울 수 있는 기회를 갖는다. 이성교제의 기능을 살펴보면 다음과 같다(Paul & White, 1990).

첫째, 오락적 기능으로서 서로 기쁘고 즐거운 시간을 가질 수 있다(사진 참조). 청년은 영화나 음악감상, 파티, 여가선용을 함께함으로써 재미있는 시간을 가진다. 둘째, 데이트 상대의 근사한 용모나 또래 간의 인기를 통해 성취감을 느낀다. 셋째, 이성교제를 통해서 자신의 장단점을 알게 되며, 자기반성을 함으로써 정상적인 인격형성을 도모할 수 있다. 넷째, 이성교제는 청년기의 사회화 과정의 일부로서 다른 사람과 어울리는 법을 배우고, 예의범절을 익히며, 사회적 기술을 터득한다. 다섯째, 이성과 의미 있는 관계를 가짐으로써 친밀감 형성에 대해 배운다. 여섯째, 이성교제는 성적 탐구의 장(場)이 될 수 있다. 일곱째, 이성교제를 통해 같은 활동을 함께하고 상호작용을 함으로써 동반자 역할을 익힌다. 여덟째, 이성교제의 경험은 정체감 형성과 발달에 기여한다. 아홉째, 이성교제의 궁극적 목적인 배우자 선택의 기회로 활용한다. 결혼의 행·불행은 자기가 선택한 사람에 의해 크게 영향을 받으므로, 이성교제를 통해서 서로 어울리며 사랑할 수 있는 배우자를 선택하는 것이 매우 중요하다.

청년기의 이성교제는 처음에는 여러 사람과 자유롭게 교제하는 것이 특징이며, 오락적 목적이 주가 된다. 그러다가 점차 한 사람에게 열중하게 되어 두 사람만의 시간을 가지기를 원하게 된다. 그러나 청년기의 이성교제가 결혼을 목적으로 하거나 배우자 선택의 언질을 반드시 내포하는 것은 아니다.

2) 청년기의 사랑

사랑이 무엇인지 모르는 사람은 없지만 사랑에 대해 명확한 정의를 내릴 수 있는 사람 또한 드물다. 이처럼 사랑은 정의하기가 매우 어려운 개념이지만 우리 인생에서 매우 중요한 관계의 기초가 된다.

우리는 누군가를 사랑하기를 원하며 그리고 누군가로부터 사랑받기를 원한다. 그러나 사랑의 양면성으로 인해 사랑에는 위험부담이 따른다. 사랑으로 인해 극도의 황홀감을 맛보기도 하지만 극심한 고통을 경험하기도 한다. 그럼에도 불구하고 대부분의 사람들은 기꺼이 이러한 위험을 감수하려고 든다.

(1) 사랑의 이론

Robert J. Sternberg

Sternberg(1986, 2006)에 의하면, 사랑에는 세 가지 구성요소가 있는데 친밀감, 열정, 책임이 그것이다. 친밀감(intimacy)은 사랑의 정서적 요소로서 누군가와 '가깝게 느끼는 감정'이다. 친밀감은 상호이해, 격의 없는 친밀한 대화, 정서적 지원 등을 포함한다. 친밀감은 물론 남녀 간의 사랑에서뿐만 아니라 친한 친구 사이나 부모와 자녀 간에도 존재한다.

열정(passion)은 사랑의 동기유발적 요소로서 신체적 매력, 성적 욕망 등을 포함한다. 열정은 일반적으로 사랑을 느끼는 순간 맨 처음 나타나는 사랑의 구성요소이지만, 오래된 관계에서는 맨 먼저 사라지는 요소이기도 하다. 열정은 남녀 간의 사랑에서만 존재한다.

책임(commitment)은 인지적 요소로서 관계를 유지하기 위한 약속이며, 관계를 지속시켜야 한다는 책임감이다. 열정은 나타났다가 사라졌다가 하는 것이며, 모든 관계는 만족스러울 때도 있고, 불만스러울 때도 있다. 우리가 결혼서약에서 "즐거울 때나 괴로울 때나, 건강할 때나 아플 때나 평생 신의를 지키며 상대방을 사랑하겠느냐?"는 질문에 "예"라고 대답하는 것이 바로 이 책임이다.

(2) 사랑의 유형

사랑에는 여러 가지 유형이 있다. 남을 위해 희생하는 이타적 사랑, 청년기의 낭만적 사랑, 부부간의 동반자적 사랑 그리고 성적 사랑 등이 그것이다.

① **이타적 사랑**(Altruistic Love)

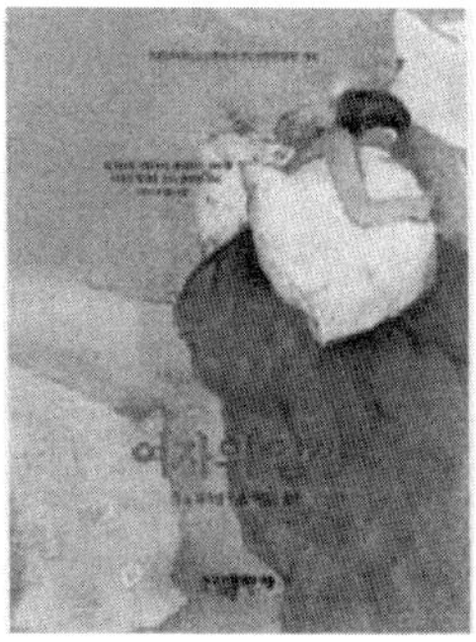

이타적 사랑이란 사랑하는 사람의 행복에 역점을 두는 사랑이다. 즉, 타인에게 무엇인가를 제공해주는 것이 자신의 안락을 위한 것보다 더 큰 만족을 준다고 생각하고, 그로 말미암아 기쁨을 느끼는 사랑이다. 이타적 사랑에서는 자기희생이 중요한 요소가 된다. 부모(특히 어머니)의 자식에 대한 사랑은 거의 전적으로 이타적 사랑이다.

모파상의 『여자의 일생』의 주인공인 잔느의 헌신적인 행동이 이타적 사랑의 본보기라 할 수 있을 것이다. 이타적 사랑은 불평 없이 사랑하는 사람에게 봉사하고, 어떤 어려운 경우를 당하더라도 헌신(희생)하는 마음으로 견디어낸다. 이와 같이 이타적 사랑의 가장 큰 특징은 희생하고 봉사하면서도 이 모든 것에 대한 대가를 요구하지 않는다는 것이다.

② **낭만적 사랑**(Romantic Love)

사랑연구가 Ellen Berscheid(1988)에 의하면, 우리가 누군가와 "사랑에 빠졌다"고 할 때의 사랑이 바로 낭만적 사랑을 의미한다고 한다. 청년기 사랑의 특징은 낭만적 사랑으로서 '로미오와 줄리엣'처럼 첫눈에 반하는 사랑이 이 유형에 속한다. 로미오와 줄리엣의 사랑의 비극은 양가의 반목이라는 운명적 요인도 있지만, 그보다 더 직접적인 요인은 그들의 낭만적 성격에 있다. 낭만적인 사랑은 첫눈에 반하는 것으로 시작되며, 걷잡을 수 없는 격정을 불러일으킨다(부산대학교 여성연구소, 1997).

낭만적 사랑의 특징은 다음과 같다. ① 이성보다 감정이 우위인 사랑으로 서로의 사랑이 숙명적, 운명적이라고 생각한다. ② 상대방을 미화한다. ③ 소유욕이 강하며 상대방에게 많은 요구와 기대를 한다. ④ 사랑 그 자체를 먼저 사랑하고, 그 다음에 사랑의 대상을 사랑한다. 이처럼 낭만적 사랑은 비현실적이고 이상적이기 때문에 결혼생활에서의 낭만적 사랑은 환멸과 불행만을 초래할 뿐이다.

③ **동반자적 사랑**(Companionate Love)

✐사진 설명
부부간의 동반자적 사랑을 그린 영화, '황금 연못(Golden Pond)'

동반자적 사랑이란 친구와 같은 반려자적인 감정을 갖는 사랑으로서, 바람직한 부부관계는 동반자적 사랑을 필요로 한다. 두 남녀가 처음 만나 사랑에 빠질 때에는 열정적 사랑으로 시작하지만, 관계가 지속되면서 점차 동반자적 사랑으로 옮겨간다. 열정적 사랑이 '뜨거운' 것이라면 동반자적 사랑은 '따스한' 것이다(Cimbalo, Faling, & Mousaw, 1976; Driscoll, Davis, & Lipetz, 1972).

동반자적 사랑의 특징은 이성적이고 감정을 억누를 수 있으며, 상대방에 대한 요구가 과도하지 않고, 현실을 그대로 받아들여 서로 협조하고 보완한다(Hatfield & Rapson, 1993). 즉, 상대방이 완벽하기를 기대하지 않고, 사랑이 모든 문제를 다 해결해 주리라 믿지 않는다.

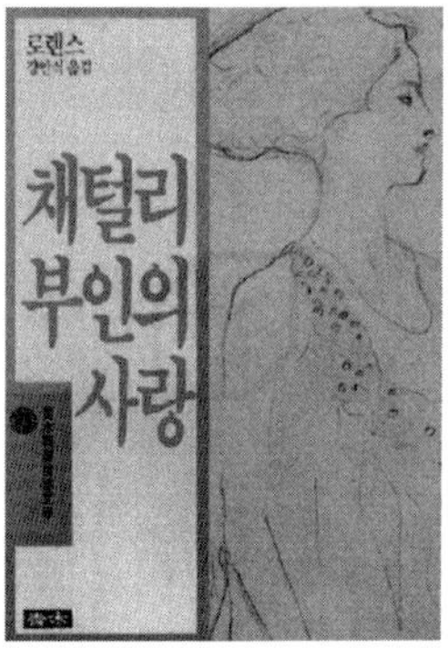

④ **성적 사랑**(Sexual Love)

"사랑의 궁극적인 목표는 성적 만족이다"라는 말이 있듯이 성적 사랑은 사랑을 확인하는 방법이 될 수 있다. 로렌스의 『채털리 부인의 사랑』의 두 주인공의 관계는 서로의 성적인 경험이 깊어질수록 정신적으로도 깊어진다. 이 작품은 육체의 소중함을 일깨워 정신과 육체의 조화를 진정한 사랑의 의미로 보았다고 할 수 있다(부산대학교 여성연구소, 1997).

그러나 성적 사랑은 결혼한 부부간에만 허용되는 것이므로 사회적 문제를 일으키기도 한다. 사랑이 없는 성생활이나 성이 없는 결혼생활은 바람직하지 않다. 사랑과 성이 공존하는 결혼생활이 이상적인 것이다.

3) 청년의 성에 관한 태도와 행동

오늘날의 청년은 이전의 세대들보다 훨씬 더 성에 대해 개방적이고, 성을 경험하기 시작하는 연령도 계속 낮아지고 있다. 청년들은 영화나 텔레비전 그리고 비디오를 통해서 무수히 많은 성적 묘사에 접하게 된다. 이로 인해 때로는 너무 이른 나이에 성관계를 경험하기도 하는데, 불건전한 성관계는 십대 임신이나 성병 감염의 위험을 초래하기도 한다(Boisvert, Boislard, & Poulain, 2017).

청년들이 이른 나이에 성관계를 갖는 데 대해 사랑, 호기심, 성적 욕망, 이성친구를 붙잡아 두는 수단을 그 이유로 들고 있다. 부정적인 자아개념도 청년의 성행위와 관련이 있는데, 열등감이 많은 청년은 성을 통해 자신을 증명해 보이려 한다. 그러나 이와 같은 방법의 성행위는 오히려 자신에 대해 더 부정적인 느낌을 갖게 한다.

우리나라 청년을 대상으로 한 연구(홍강의, 1996)에서도 많은 청년들이 분별없이 너무 이른 나이에 성경험을 하는 것으로 나타났다. 성관계를 이른 나이에 갖게 되는 이유는 성의 개방화와도 관련이 있지만, 청년들의 자제력 결핍과 도덕성 결여와도 관련이 있는 것으로 보인다. 일부 청소년들은 부모에 대한 반항의 의미로서 성관계를 갖기도 하고, 또 다른 청소년들의 경우는 부모로부터의 관심이나 애정결핍에 대한 보상으로 이른 나이에 성경험을 한다. 한국 여아들을 대상으로 한 최근의 연구(Kim et al., 2017)에서 일찍 초경을 시작한 여아들이 더 일찍 성관계를 하는 것으로 나타났다.

또 다른 연구(Kaplan et al., 2013)에서는 이른 나이의 성관계는 피임기구의 미

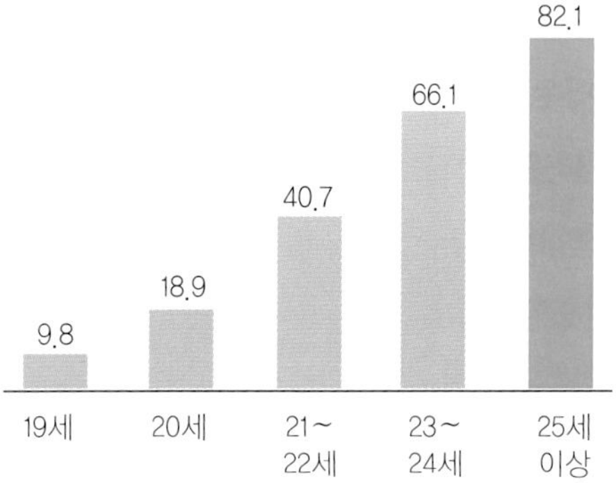

〈그림 7-9〉 연령대별 성경험 비율

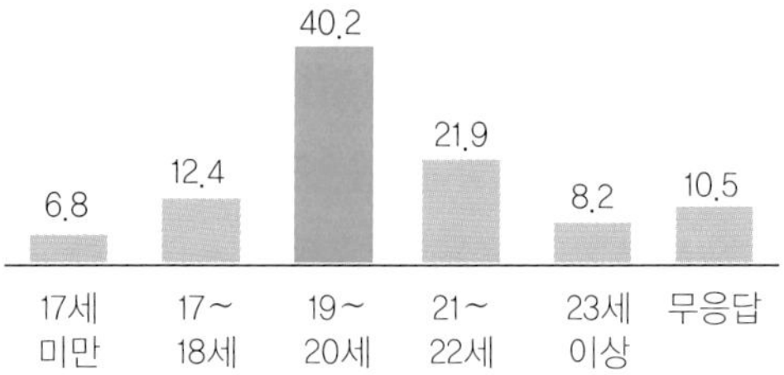

〈그림 7-10〉 첫경험 연령

사용, 다수의 성관계 대상, 임신, 성폭력, 데이트 폭력과 관련이 있는 것으로 나타났다.

서울 시내 12개 대학교 학생과 네티즌 등 1,254명(남 636명, 여 618명)을 대상으로 성의식 조사를 실시한 '2014년 대학생 성의식 리포트'(중앙일보, 2014년 5월 21일자)에서 45.6%가 성경험이 있다고 보고하였다. 〈그림 7-9〉는 연령대별 성경험 비율이고, 〈그림 7-10〉은 처음 성경험을 한 연령에 관한 내용이다. 성경험자 중 59.4%는 20세 미만에 처음 성경험을 한 것으로 나타났다.

많은 사회가 혼전 성관계에 대해서 네 가지 기준을 갖고 있다. 첫째, 이중 기준으로 남자가 혼전 성관계를 갖는 것은 무방하지만 여자는 안 된다는 것이다. 둘째, 애정이 있으면 혼전 성관계를 허용해도 괜찮다는 것으로 결혼할 상대나 사랑하는 사이라면 무방하다는 것이다. 셋째, 서로 육체적으로 매력을 느낀다면 혼전 성관계는 허용해도 좋다는 것이다. 넷째, 어떤 경우라도 혼전 성관계는 허용되어서는 안 된다는 기준으로 혼전순결은 반드시 지켜야 한다는 것이다.

우리나라에서 많은 지지를 받는 기준은 '혼전순결은 반드시 지켜야 한다'는 것이다. 많은 사람들이 혼인 전에는 절대로 성관계를 가져서는 안 된다는 태도를 보이지만, 실제 행동에서는 이러한 믿음이 지켜지는가는 또 다른 문제이다. 혼전 성관계에 관한 조사(홍강의, 1996)에 의하면, 점차 혼전 성관계가 증가하고 있고, 혼전순결의 신화는 깨어지고 있는 것으로 보인다.

(1) 자위행위

청년기에는 성적으로 성숙하고 강한 성적 욕구를 느끼게 되지만, 결혼하지 않은 미혼 남녀가 성관계를 통해 성적 욕구를 충족시키기는 어려운 일이다. 따라서 많은 청년들이 자위행위를 통해 성욕을 해결하고자 하는데, 자위행위는 생식기의 자기자극에 의해 오르가슴에 도달하는 방법이다.

과거에는 성병에서 정신이상까지 그 원인을 모두 자위행위 탓으로 돌렸지만, 요즘은 옛날에 비해 자위행위에 대한 사회적인 오명도 덜하고, 자위행위를 자연발생적인 것으로 보는 사람도 많다(Hyde & DeLamater, 2011).

그러나 자위행위는 성욕 해결의 정상적인 방법이 아닐 뿐더러 자위행위를 자주 반복하면 건강을 해치게 된다. 대부분의 청년들도 자위행위를 수치스러운 것으로 여기며 죄책감을 느끼기 때문에 심리적으로도 문제가 된다. 특히, 청년들의 통제할 수 없는 과도한 자위행위는 성에 대해 지나친 관심을 갖도록 유도한다. 의학적으로는 자위행위가 무해한 것이라 하더라도, 이것이 지나칠 경우 자위행위 자체가 아니라 자위행위에 집착하게 되는 원인 때문에 심각한 문제가 될 수 있다. 따라서 지나치게 자위행위를 하는 청년의 경우, 취미활동이나 스포츠 등을 통하여 성적 에너지를 다른 곳으로 전환시키는 것이 좋다.

(2) 십대 임신

우리나라에서도 십대 임신이 증가하고 있다. 십대 임신이 증가하는 원인을 살펴보면 다음과 같다. 첫째, 오늘날 좋은 영양과 건강 때문에 생식기관의 성숙 연령이 낮아졌다. 둘째, 오늘날의 청년은 이전의 세대보다 훨씬 더 성에 대해 개방적이다. 셋째, 청년이 성관계를 경험하는 연령이 낮아지고 있다. 넷째, 부모와 청년자녀 간의 대화가 부족하다.

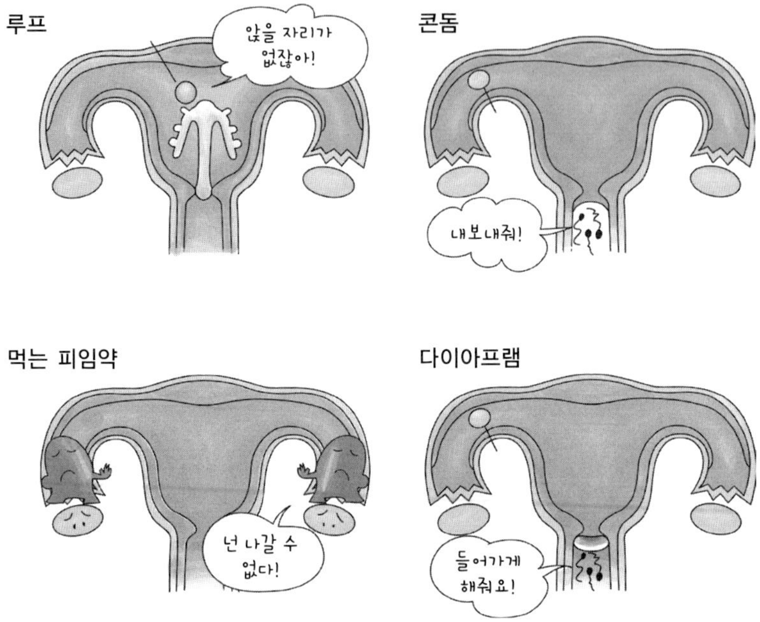

〈그림 7-11〉 피임법의 종류

다섯째, 피임방법을 모르거나 피임을 하지 않는 것이다. 〈그림 7-11〉은 피임법의 종류에 관한 것이다.

십대 임신은 다음과 같이 여러 가지 문제를 일으킬 수 있다(Kappeler & Farb, 2014; Leftwich & Alves, 2017). 먼저 인공 임신중절(낙태) 수술을 선택할 경우의 문제점을 살펴보면, 건강을 해칠 뿐만 아니라 정신적 고통과 함께 나중에 결혼해서 불임이 되는 등 그 후유증도 심각하다.

다음은 아기를 낳을 경우의 문제점을 살펴보면, 첫째, 건강문제로서 생식기관이 완전히 성숙되지 않은 십대에 임신과 출산을 하게 되면 미숙아 등 건강하지 못한 아이가 태어날 가능성이 많으며(Khashan, Baker, & Kenney, 2010), 태아와 산모의 사망률도 높아지게 된다. 둘째, 사회경제적 문제로서 미혼모들은 임신이나 출산으로 인해 학교를 도중에 그만두게 되어 저학력으로 인해 취업의 기회가 줄어들게 된다(Siegel & Brandon, 2014). 셋째, 아이의 아버지에게 정신적·경제적 도움을 받게 되는 경우가 거의 없으며, 90% 이상이 버림받게 되어 정신

적 고통을 겪게 된다. 넷째, 아기를 낳게 되면 입양을 시키거나 자신이 기르게 되는데, 입양도 문제지만 자신이 기를 경우에도 개인적 문제, 가족적 문제, 사회적 문제가 심각하게 뒤따르게 된다(사진 참조).

6. 청년기의 부모역할

자녀가 청년이 되면서 나타나는 생물학적 · 인지적 변화는 청년의 행동에 영향을 미치고, 그로 인해 부모 또한 부모역할에 중요한 변화를 맞게 된다. 부모역할의 변화를 이해하기 위해서는 우선 청년자녀에게 일어나는 변화를 이해해야 한다.

첫째, 청년기에는 신체적 변화와 호르몬의 변화가 있고, 이 변화는 청년의 행동에 영향을 미친다. 둘째, 청년기의 정체감발달은 청년의 행동에 중요한 시사점을 준다. 특히 청년의 이상주의와 부모의 실용주의가 마찰을 빚을 때 더욱 그러하다. 셋째, 청년기의 인지변화는 부모들이 가끔 오해하게 되는 청년의 행동을 설명해주는 것이 된다.

1) 청년과 부모와의 관계

부모로부터 독립하고 정서적 의존에서 벗어나고자 하는 청년이 부모와 갖는 관계는 아동기 때 가졌던 부모와의 관계와는 다르다. 청년의 급속한 신체적 성장은 부모의 체벌이나 통제를 어렵게 만든다. 그 결과 부모의 권위는 도전을 받게 되고, 지금까지의 부모-자녀관계를 수정해야 하는 상황이 초래된다. 또한 형식적 · 조작적 사고가 가능한 청년은 부모가 설정한 규칙이나 가치관에 대해 논리적 모순을 발견하고 의문을 제기하다. 즉, 증대된 인지적 기술로 인해 청년은 이제 더 이상 무조건 부모가 시키는 대로 따라 하지 않는다. 청년자녀의 비판이나 의문 제기에 대해 어떤 부모들은 화를 내거나 방어적으로 대한다.

특히 오늘날의 사회변화가 청년과 부모와의 관계를 더욱 어렵게 만든다(Small & Eastman, 1991). 첫째, 청년기의 연장은 자동적으로 부모의 부양책임과 청년의 의존기간을 연장시켰다. 그로 인해 부모들은 더 많은 부담을 느낀다. 둘째, 급격히 변화하는 사회문화적 변화와 방대한 정보와 가치들은 청년들이 성인의 역할을 준비하는 것을 더욱 어렵게 한다. 셋째, 오늘날의 사회에서는 부모들이 청년자녀를 교육하는 데 도움을 받을 수 있는 지원망이 거의 없고, 친척과 친지들로부터 고립된 경우가 많다. 넷째, 흡연, 음주, 약물남용, 십대 임신 등 청소년 비행의 증가는 부모들로 하여금 지나치게 신경을 쓰게 만든다. 다섯째, 대중매체가 청소년문제를 지나치게 부각시키고, 그리고 전문가들로부터의 상충된 조언은 부모들을 더욱 혼란스럽게 만든다.

우리가 청년기 자녀에게 남겨 줄 수 있는 불변의 유산은 뿌리와 날개라는 말이 있다. 이 말은 청년기의 성공적인 적응을 위해 필요한 애착과 자율의 중요성을 일깨워 주는 것이다. 지금까지는 청년기 동안에 자율만을 강조해 왔으나 최근에 와서 청년의 건강한 발달을 위한 애착의 필요성이 강조되고 있다.

최근에 발달연구자들은 청년기의 부모와의 안정애착에 대해 연구하기 시작하였다. 부모에 대한 안정애착은 청년의 사회적 능력, 자아존중감, 자기통제, 정서적 적응, 신체적 건강과 관련이 있는 것으로 나타났다(Allen & Kuperminc, 1995; Eberly, Hascall, Andrews, & Marshall, 1997; Juang & Nguyen, 1997; Kobak, 1992).

청년기 동안의 부모에 대한 애착은 청년이 새로운 환경에 적응하고, 자신의 세계를 넓혀 갈 때에 안전기지로서의 역할을 한다(Allen & Bell, 1995). 그리고 부모와의 안정애착은 아동기에서 성인기로 넘어가는 과

도기와 관련된 불안, 우울, 정서적 혼란 등을 완화해주는 역할을 한다(Papini, Roggman, & Anderson, 1990).

2) 청년과 부모와의 갈등

많은 부모들은 어릴 때 고분고분하게 말을 잘 듣던 자녀가 청년이 되자 버릇없이 굴고, 부모가 설정한 기준에 따르지 않으면 실망하고 당황해한다. 마치 부모들은 자녀가 성인이 되려면 십여 년의 세월이 필요하다는 사실을 잊어버리고, 하룻밤 사이에 성숙한 어른이 될 것으로 기대하는 것처럼 보인다.

많은 청년들은 부모로부터 독립하고 싶어하는 동시에 자신이 실제로 얼마나 부모에게 의존하고 있는지를 깨달으면서 끊임없이 갈등을 느낀다. 청년들의 이러한 양면적인 느낌은 종종 부모들 자신의 양면성과 일치한다. 자녀가 독립하기를 원하는 동시에 그들이 계속해서 의존해주기를 바라기 때문에 부모들은 종종 십대 자녀들에게 '이중적인 메시지'를 전달한다.

일반적으로 부모와 청년자녀 간의 갈등은 청년 초기에 사춘기의 시작과 더불어 증가한다(Juang & Umana-Taylor, 2012; Weng & Montemayor, 1997). 사춘기의 생물학적 변화, 논리적 추론과 같은 인지적 변화, 독립과 정체감을 수반하는 사회적 변화 그리고 중년기 위기를 포함하는 부모 쪽의 신체적·인지적·사회적 변화 등이 청년과 부모 간의 갈등의 증가 원인이다. 최근 한 연구(Smokowski et al., 2015)에서 부모와 청년자녀 간의 갈등 수준이 높으면 높을수록 청년자녀는 높은 수준의 불안, 우울, 공격성을 보이고, 낮은 수준의 자아존중감을 보이는 것으로 나타났다.

그러나 부모와 청년자녀 간의 갈등은 감소시킬 수 있는 것이다. 갈등이 발생하면 많은 부모들이 힘을 행사함으로써 갈등을 해결하려고 하지만, 대개의 경우 이 접근법은 역효과를 가져온다. 갈등을 해결하는 보다 효율적인 접근법은 가족의 중요한 의사결정에 청년을 참여시키고, 그들의 의견을 존중해주며, 합리적이고 일관성 있는 규율을 적용하고, 그리고 십대들이 하는 일에 관심을 보이고 지원해줌으로써 부모와 청년자녀 간의 갈등을 최소화할 수 있다.

한국, 중국, 일본 등 동양 세 나라의 청소년을 대상으로 그들의 부모와 어느 정도의 갈등을 경험하고 있는지 조사한 연구가 있다(문화체육부, 1997). 이 연구에서 부모의 간섭 정도, 부모에 대한 반항, 가출충동, 체벌경험에 관한 문항을 구성하여 청년과 부모의 갈등 정도를 조사하였다. 연구결과, "부모로부터 간섭을 많이 받고 있다고 느끼는가"라는 질문에 한국 청소년의 경우, 전체 응답자의 64.4%가 "그렇다"고 대답해 일본(50.2%)과 중국(27.5%)에 비해 월등히 높은 것으로 나타났다.

3) 청년과 부모와의 의사소통

의사소통에는 말하기, 듣기, 읽기, 쓰기 이외에 감정의 교환이나 상대방과의 공감 등 다양한 내용이 포함된다. 이러한 의사소통에는 언어적 의사소통과 비언어적 의사소통이 있다. 언어적 의사소통은 말이나 글로 의사를 전달하는 것이고, 비언어적 의사소통은 얼굴표정이나 몸짓, 행동, 옷차림 등 언어를 포함하지 않은 의사전달을 말한다. 의사소통에서 중요한 것은 태도요인으로서 상대방에 대한 신뢰, 감정이입, 자신의 생각이나 감정을 자유롭게 표현할 수 있는 분위기, 다른 사람의 생각이나 느낌을 진지하게 듣는 자세 등이다.

(1) 의사소통망

가족마다 독특한 의사소통망이 있다. 가장 보편적인 의사소통망은 수레바퀴형(wheel network)이다. 〈그림 7-12〉의 (a)에서 보듯이 중심이 되는 인물(주로 어머니)이 가운데 위치하고, 그 외 다른 가족원은 모두 수레바퀴의 바퀴통으로서의 역할을 한다. 더 바람직한 유형은 완전통로형(all-channel network)으로서 〈그림 7-12〉의 (b)에서와 같이 가족 구성원 모두가 서로서로 상호작용한다. 이 유형은 시간과 노력이 더 많이 들기는 하지만 가족 구성원 모두에게 만족스러운 의사소통망이다.

(a) 수레바퀴형 (b) 완전통로형

〈그림 7-12〉 의사소통망

출처: Galvin, K. M., & Brommel, B. J. (1982) *Cohesion and change*. Glenview, Ill: Scott, Foresman, & Company.

비효율적인 의사소통은 부정적이고 방어적인 경향이 있다. 이러한 의사소통은 부모의 우월감, 지나친 통제, 독단, 욕하기, 비난 등을 포함한다. 부모들은 자녀를 지나치게 비판하고, 그래서 자녀의 죄책감을 유발한다. 결과적으로 청년들은 낮은 자아존중감과 고립감을 경험한다.

(2) 나-전달법과 감정이입적 듣기

부모와 청년의 의사소통을 원활히 하는 방법으로 '나-전달법(I-message)'이라는 것이 있다. 나-전달법은 상대방을 방어적으로 만들지 않고서 나의 생각이나 감정을 정직하게 표현하는 의사소통 기술이다(Gordon, 1970). 나-전달법에는 네 가지 구성요소가 있다. 첫째, 상대방의 행동에 대한 객관적이고 비판적이지 않은 묘사, 둘째, 그 행동이 나에게 미치는 눈에 보이는 확실한 영향, 셋째, 내가 그것에 대해 느끼는 기분, 넷째, 그래서 상대방이 그 점에 대해 어떻게 해주기를 바라는가 하는 것이다(Atwater, 1996).

나-전달법에서 전제가 되어야 할 것은 다른 사람의 말을 경청하는 능력이다.

수년에 걸친 임상실험 결과 Carl Rogers(1980)는 우리가 다른 사람의 말을 잘 듣지 않는 주된 이유는 다른 사람을 판단하려는 자연스런 경향 때문이라고 결론지었다. 그래서 Rogers는 감정이입적 듣기 또는 적극적 듣기(active listening)를 주장한다. 적극적 듣기는 다른 사람의 말을 비판적으로 듣지 않고 그리고 자신이 들은 것을 확인하는 의미에서 객관적인 피드백을 제공하는 것을 포함한다.

(3) 원활한 의사소통 지침

청년기가 청년이나 부모 모두에게 시련의 시기일 수는 있지만, 부모와 청년이 서로를 이해하려고 노력만 한다면, 가정이 꼭 싸움터가 될 이유가 없다. 어떻게 하면 부모와 청년이 이 어려운 시기를 슬기롭게 넘길 수 있을까? 다음은 미국 국립정신건강연구소에서 나온 지침인데 우리에게도 도움이 될 것으로 보인다.

청년이 할 수 있는 일

- 비록 그 표현방식이 마음에 들지 않더라도 누구보다도 부모가 자신을 사랑하고 있음을 헤아린다.
- 부모도 그들 나름대로 불안, 욕구, 감정을 가진 인간이라는 것을 이해하려고 노력한다.
- 마음을 열고 부모의 말에 귀를 기울이며, 부모 입장에서 상황을 보려고 노력한다.
- 부모와 자신의 느낌을 서로 이야기함으로써 부모가 자신을 좀더 이해할 수 있도록 한다.
- 자신이 필요로 하고 원하는 종류의 독립을 인정받을 수 있도록 가정과 학교에서 책임을 다한다.

부모가 할 수 있는 일

- 자녀가 대화를 원할 때에는 진지하게 귀를 기울인다.
- 자녀의 행동이 늘 탐탁하지 않더라도 그들의 감정을 이해하려고 노력한다.
- 어떤 주제에 대해서도 마음을 열고, 의논 상대가 될 수 있는 부모가 된다.
- 자신이 선택한 활동에 참여하도록 격려해줌으로써 자신감을 갖도록 돕는다.
- 자녀들이 가족의 의사결정에 참여하고, 부모와 함께 가족문제를 해결해 나가도록 격려한다.
- 자녀들을 자주 칭찬해준다.

제8장 부모교육의 이론

인간의 발달에서 부모역할이 중요하며 동시에 건강한 부모-자녀관계를 형성하기 위해서는 무엇보다도 부모 자신의 변화가 선행되어야 한다는 주장이 대두되면서 부모를 위한 체계적인 교육의 필요성이 대두되었다.

1970년대에 접어들어 기존의 발달이론을 근간으로 하여 다양한 부모교육이론이 제시되었는데, 대표적인 부모교육이론으로는 Dreikurs의 민주주의 부모교육이론, Ginott의 인본주의 부모교육이론, Berne의 교류분석이론 그리고 학습이론에 근거한 행동수정이론을 들 수 있다. 이들 가운데 Dreikurs의 민주주의 부모교육이론은 아동의 행동목표에 대한 이해의 폭을 넓혀 주었으며, Ginott의 인본주의 부모교육이론은 상호작용방법과 의사소통 능력을 향상시키는 데에 기여하였다. 교류분석이론은 자아상태의 이해에 크게 기여하였으며, 행동수정이론은 외현적인 부적응 행동의 치료에 널리 활용되는 지침을 제시해주었다. 이들 부모교육이론들은 각기 강조하는 바가 상이하고 다양하지만 공통적으로는 부모의 권위는 감소시키고, 아동의 자기조절능력을 증진시키며, 수용성을 강조하고, 아동의 행동을 이해하고자 하는 보편적인 목표를 지향하고 있다.

이 장에서는 이들 다양한 부모교육이론의 발전과정과 목표, 기본원리와 구체적인 방법들을 살펴보고자 한다.

1. 민주주의 부모교육이론

민주주의 부모교육이론은 Adler의 개인심리학(Individual Psychology)의 관점을 부모-자녀관계에 적용시킨 것이다. Adler(1929/1964)는 자녀는 자기 스스로 자신의 행동이나 생각에 대한 통제능력과 완전성을 추구하려는 타고난 동기를 가지고 있으므로, 부모는 이러한 자녀의 능력을 신뢰하고 자녀로 하여금 자신의 능력에 대한 통찰력을 갖도록 해야 한다고 하였다. Adler의 제자이자 동료인 Dreikurs(1967)가 Adler의 개인심리학 이론을 실생활의 부모-자녀관계에 적용시킨 민주주의 부모교육이론은 현재 세계 여러 나라에서 널리 사용되고 있다.

1) 민주주의 부모교육이론의 발전과정

Alfred Adler

Adler는 1870년 2월 7일 비엔나에서 유대인 상인인 아버지와 가정주부인 어머니 사이에서 태어났다. 그는 1895년 비엔나 대학에서 학위를 받고 비엔나의 하류계층 거주지역에서 개원하였는데, Adler는 이들과의 교류를 통해 열등성과 보상성에 대한 통찰을 얻게 되었다. 이후 그는 정신과로 전환하여 1907년 Freud의 토론집단에 합류하였으나 Freud와의 견해차이로 1912년 개인정신분석학회(Society for Individual Psychoanalysis)를 창설하게 되었다. 제1차 세계 대전에서 군의관으로 복역한 후 Adler는 전쟁이 남긴 상처를 목격하고 사회적인 문제에 보다 관심을 기울이게 되었으며, 비엔나의 학교부설 진료소나 교사훈련을 포함한 여러 프로젝트에 참여하였다. 이를 통해 그는 아동의 행동을 이해하고 행동상의 문제를 도와줄 수 있는 방법에 많은 관심을 갖게 되었다. 또한 Adler는 1935년 나치의 압박으로 인해 미국으로 망명한 이후, 평등한 사회를 건설하고자 하는 생각을 가지게 되었으며, 이러한 이유로 그는 자신의 이론에서 평등성을 강조하였다.

Adler는 모든 행동을 동기화하는 힘은 우월성을 추구하려는(striving for superiority and power) 타고난 동기이며, 또 다른 기본적인 동기는 보상성(compensation)이라고 보았다. 또한 인간은 사회적인 동물이므로 사회에 소속감을 느끼는 방향으로 행동하려는 타고난 경향성을 가지고 있는데, 이를 사회적 관심(social interest)이라고 하였다(Ansbacher & Ansbacher, 1956). 이러한 사회적 관심은 타고나기도 하지만 학습되기도 한다. 어떤 사람은 성취를 향해 완전한 자아실현을 위해 나아가는 반면, 또 어떤 사람들은 실패로 끝나는데 이는 사회적 관심의 부족에 기인하거나 열등감에 압도당한 것으로 보았다. 또한 Adler는 한 개인의 성격보다 생활양식을 강조하였다. 생활양식은 어떻게 생활하고, 문제해결을 하며, 대인관계를 맺는지와 관련된 것이다. 성장하면서 인간은 부모를 위시한 다른 사람들과의 관계를 통해 일종의 사적인 논리를 형성하며 이를 기초로 생활양식을 형성하게 된다고 하였다. 생활양식은 한 개인이 사회적 상호작용을 하는 특징적인 방식이며 자신이나 타인, 세계에 대한 주관적 신념의 기초가 된다고 하였다(Griffith & Powers, 1984).

Rudolf Dreikurs

Adler의 제자인 Dreikurs는 부모상담소를 개설하여 Adler학파의 이론을 부모교육에 적용, 발전시키는 데 크게 기여하였다. 그는 인간은 자신의 생각이나 행동을 자기 스스로 통제할 수 있다는 Adler의 주장을 근거로 인간관계에서의 평등성을 강조하고, 어떤 상황에서도 적용될 수 있는 민주적인 갈등해결 방법을 개발하였다. 전통적인 자녀양육방식은 권위주의적이어서 아동과 성인은 상하관계에 있으며 아동은 성인에게 복종해야 한다는 사고가 지배적이었다. 부모와 자녀가 많은 갈등을 경험하는 이유 가운데 하나는 부모 자신이 양육된 전통적인 방식으로 자녀를 양육하려 하기 때문이며, 사회가 변화하면 부모-자녀관계도 보다 평등한 관계에 근거한 상호작용이 필요하다고 주장하였다. 이처럼 부모-자녀관계에서 평등성을 기본 전제로 하고 있다는 점에서 Dreikurs의 이론을 민주주의 부모교육이론이라고 한다.

2) 민주주의 부모교육의 목표

민주주의 부모교육이론의 기본적인 목표는 다음과 같다.

첫째, 인간은 목적지향적 존재이다. 인간의 행동은 본능의 추동에 의한 것도 아니고, 동시에 경험이나 환경의 영향에 의해 이루어지는 것도 아니다. 인간의 행동은 타고난 열등감을 극복하고 우월성을 추구하려는 동기에서 비롯되며, 이는 사회적 관심과 적절한 심리적 환경에서 비롯된다. 그러므로 개인의 실현경향성이 발현될 수 있도록 적절한 심리적 환경을 조성해 주는 것이 민주주의 부모교육의 중요한 목표가 된다.

둘째, 인간은 사회적인 존재이다. 인간은 출생 시부터 타인에게 관심을 보이는 자연적인 성향을 가지고 있으며, 행동의 주목적을 소속감에 두고 의사결정을 하는 사회적 존재이다. 집단에 대한 소속감을 느끼지 못하는 경우, 아동은 이들로부터 인정받기 위해 잘못된 행동목표를 설정하게 된다. 그러므로 부모교육의 목표는 부모로 하여금 아동에게 안정된 소속감을 제공해주는 것과 동시에 자녀가 사용하는 잘못된 행동목표를 인식하고 이에 대처해나가는 능력을 갖도록 하는 것이다.

셋째, 개인이 우월성을 추구하고 사회적 관심을 발전시켜 나가는 데 가장 중요한 요소는 평등성에 근거한다. 그러므로 부모-자녀 간에 평등한 관계를 수립하는 것이 우선적인 목표이며, 부모-자녀 간의 상호작용에서 갈등상황은 일방적인 권위주의적인 방식이 아닌 민주적인 방식에 의해 해결되어야 한다는 것이다.

3) 민주주의 부모교육의 기본원리

이상과 같은 부모교육의 목표를 전제로 하여 Dreikurs(1967)는 아동의 행동지도를 위해 잘못된 행동목표, 자연적 · 논리적 결과 그리고 격려의 방법 등을 제시하고 있다.

(1) 잘못된 행동목표

인간은 사회적인 동물로서 그 행동에는 목적이 있으며, 기본적인 목적은 소속감을 성취하는 것이다. 이러한 소속감을 얻지 못할 경우에 아동은 다음과 같은 잘못된 행동목표를 세우게 된다.

① 관심끌기

아동이 타인의 관심을 끌고자 하는 것은 지극히 정상적인 행동이라고 볼 수 있다. 대부분의 아동은 긍정적인 방식으로 타인의 관심이나 주의를 끌려고 하지만 그렇지 못한 경우 부당한 방식으로 관심끌기(undue attention)를 시도한다. 아동은 가족이라는 집단 내에서 자신이 중요한 존재임을 부각시키려고 노력한다. 이러한 과정에서 자신이 관심을 얻을 수 있을 때에만 중요한 존재이며 소속될 수 있다고 생각하게 되면 아동은 필사적으로 어른의 관심을 끌기 위해 노력할 것이다. 이들은 관심을 끌지 못하고 무시되기보다는 부정적인 방법을 사용해서라도 관심을 얻으려고 한다.

아동이 바람직하지 못한 방법으로 부모의 관심을 끌려고 할 때, 부모가 단순히 귀찮다는 이유로 아동에게 관심을 보여주고 이러한 행동을 수용해준다면, 이후에도 아동은 자신이 원하는 것을 얻기 위해 이와 같은 잘못된 행동목표를 설정하게 될 것이다. 그러므로 부모는 잘못된 행동은 무시하고 긍정적인 행동에 관심을 보여야 하며, 동시에 자녀가 잘못된 행동목표를 설정하기 전에 미리 관심을 보여주고 관심은 자녀가 원해서 얻는 것이 아니라 부모가 주는 것이라는 인식을 갖게 해야 한다.

② 힘 행사하기

관심끌기를 통해 다른 사람으로부터 강한 제지를 받게 되면 아동은 두 번째 잘못된 행동목표인 힘 행사하기(struggle for power)로 나아가게 된다. 힘 행사하기를 하는 아동은 항상 우세한 입장에 있기를 원하며, 자신이 우두머리가 되었을 때에만 가치 있는 존재로 느끼기 때문에 아동은 부모가 원하는 대로 행동하지 않는다.

일반적으로 자녀가 이러한 행동을 할 때, 부모는 자신이 도전을 받고 있다고 생각하고 화를 내게 된다. 그러나 이들을 다룰 때 부모는 화를 내지 말아야 하며, 주도권을 누가 잡느냐에 대해 초연해야 한다. 힘 행사하기를 하고 있는 자녀에 대항해서 힘을 사용하는 것은 자녀로 하여금 힘의 가치를 더욱더 실감하게 만든다. 힘 행사하기에서 부모가 이기고 자녀가 지는 경우 자녀는 앙갚음이라는 잘못된 행동목표를 설정하거나 반항적 순종을 하게 된다.

③ 앙갚음

관심끌기나 힘 행사하기의 방식으로 소속감을 얻지 못한 아동은 자신이 상처받은 만큼 다른 사람도 상처받아야 한다고 생각하고 앙갚음(revenge)의 단계로 나아가게 된다. 그래서 잔인한 행동을 통해 자신의 위치를 확인하고자 한다. 그 결과 부모도 역시 깊이 상처받고 무의식적으로 자녀에게 보복을 하게 되며, 자녀는 더욱 심한 방법으로 보복을 하게 되는 악순환을 경험하게 된다. 이러한 행동을 하는 아동은 실제로는 가장 격려를 받을 필요가 있는 대상임에도 불구하고 벌을 받게 된다는 점이 문제이다.

그러므로 부모는 앙갚음 단계에서 보이는 자녀의 행동이 좌절에서 비롯되는 것임을 재빠르게 인식해야 하며, 관심을 보여주고 침착하게 대화함으로써 부모-자녀관계를 개선해 나가도록 노력해야 한다. 부모-자녀 간에 앙갚음의 투쟁이 계속되면 아동은 완전히 패배감을 느끼게 되어 무력감을 보이게 된다.

④ 무능력감

아동이 이상의 세 가지 방법을 모두 사용해도 소속감을 성취하려는 자신의 행동목표를 달성하지 못했다는 느낌을 갖게 되면, 자신에 대해 상당히 실망하고 성취하려는 희망을 포기하게 되는 무능력감(inadequacy)의 단계로 나아가게 된다. 무기력하게 행동하는 아동은 극도로 좌절되어 있고 모든 것을 포기한 상태이며, 자신을 쓸모없는 인간이라고 생각한다. 이들을 돕기 위해서는 비난을 자제하고, 대신 아동의 특기나 장점에 관심을 집중시켜야 한다. 동시에 자녀가 자신을 개선시키고자 하는 노력이 엿보이면 아무리 작은 것이라도 격려해주는 태도가 필요하다.

잘못된 행동은 반드시 위와 같은 순서로 나타나는 것은 아니다. 또한 모든 아동에게서 나타나는 것도 아니다. 자신이 어려서부터 가치 있고 가정에서 중요한 위치를 차지하고 있다는 소속감과 안정감을 느낀다면 아동은 굳이 잘못된 행동목표를 설정하여 소속감을 갖고자 애쓸 필요가 없다. 그러나 아동은 자신의 위치가 불안하게 느껴지면 자신의 위치를 확보하기 위해 네 가지 잘못된 행동목표 가운데 여러 가지 방법을 사용하게 된다(Dreikurs & Soltz, 1964).

자녀가 이상과 같은 잘못된 행동목표 가운데 하나를 사용할 경우 부모가 충동적으로 반응하는 것은 이를 개선하는 데에 도움이 되지 않는다. 부모는 이러한 자녀의 행동이 안정감이나 소속감을 얻는 데 실패한 것에서 비롯된 것이며 소속감이나 안정감을 획득하려는 의도에서 출발하였음을 인식해야 한다. 그리고 이러한 악순환의 고리를 변화시키기 위해서는 부모가 먼저 변화를 시도하는 것이 필요하다.

(2) 자연적 · 논리적 결과

자녀의 잘못된 행동목표에 대해 이해를 하게 되면 이에 대응하는 보다 구체적인 지침이 필요하며, 가장 대표적인 방법이 자연적 · 논리적 결과의 방법이다. 자연적 결과는 아동이 자신의 삶을 통해 자연스럽게 체득하게 되는 부정적인 결과를 의미한다. 자연적 결과는 한 개인의 경험 자체가 그 무엇보다도 훌륭한 스승이 된다는 신념에 근거한 것으로 이를 통해 학습된 행동은 그 효과가 지속적이다.

민주주의 부모교육에서는 인간의 삶에는 자연적 질서와 마찬가지로 사회적인 질서도 존재한다고 생각한다. 논리적 결과는 자연적 법칙을 무시하고 행동을 하면 부정적인 결과를 경험하게 되듯이 사회적 규칙을 위반하고 행동하는 경우에 체득하게 되는 부정적인 결과를 의미한다. 자녀에게 자연적 결과를 적용하는 것이 불가능하거나 이를 적용하기가 위험한 경우에는 논리적 결과를 사용한다. 예를 들어, 부모는 자녀가 저녁식사 시간에 늦게 들어오면 설거지 당번을 해야 한다는 규칙을 자녀와 상의하여 결정할 수 있다. 그리고 이를 통하여 자녀는 자신의 그릇된 행동결과로부터 오는 불편함을 체험하고 그릇된 행동목표를 수정할 기회를 갖게 된다.

자연적 · 논리적 결과(natural and logical consequences)의 방법은 전통적으로 부모가 사용해 왔던 상벌의 방법과 여러 가지 면에서 차이가 있다. 자녀의 행동을 통제하는 전통적인 방법 가운데 하나는 순종할 때 상을 주는 것과 순종하지 않을 때에 벌을 주는 것이다. 그러나 이러한 방법은 다음과 같은 몇 가지 단점이 있다. 첫째, 자녀의 행동에 대해 자녀보다는 부모가 책임을 지게 된다. 둘째, 자녀 스스로 결정을 내리는 기회를 제한하게 되고, 결과적으로 자녀는 효과적인 행동규칙을 습득할 수 없게 된다. 셋째, 부모가 권위주의적인 모습을 보일 때에만 자녀는 바람직한 행동을 하게 된다. 넷째, 자녀로 하여금 강제로 순종하게 함으로써 반항심이 생길 수 있다.

Dreikurs는 이러한 단점을 지닌 상벌의 양육방법 대신 보다 효과적인 방법으로 자연적 · 논리적 결과의 방법을 권장하였다. 이러한 방법은 시간의 흐름에 따라 자기 스스로 깨닫고 느끼는 방법이기 때문에 부모-자녀 간의 힘겨루기를 미연에 방지할 수 있다. 그러나 대부분의 부모는 자녀가 자연적 결과를 경험하도록 내버려두지 않는다. 이들은 자녀가 경험해야 할 자연적 결과를 사전에 방지해줌으로써 자녀로 하여금 스스로의 행동을 책임질 기회를 박탈하고 의존심을 가지게 한다.

자연적 · 논리적 결과는 부모와 자녀가 힘 행사하기에서 벗어나고 자녀로 하여금 스스로 책임 있는 행동을 하도록 격려하는 데 있으므로, 그 효과를 기대하기 위해서는 다음과 같은 점에 유의해야 한다.

첫째, 논리적 결과를 적용하기 전에 자연적 결과를 먼저 찾아보도록 한다.

둘째, 논리적 결과의 방법이 효율적으로 이루어지기 위해서는 무엇보다도 부모가 우호적인 태도를 유지하는 것이 중요하다. 힘 행사하기와 보복의 단계에 있는 자녀에게 논리적 결과를 사용하면 자녀는 이를 부모가 내리는 처벌이라고 생각한다. 화가 난 상태에서 논리적 결과를 사용하는 것도 처벌로 받아들이게 된다.

셋째, 자녀가 진심으로 반성할 경우 선택의 기회를 주도록 한다.

넷째, 자연적 · 논리적 결과가 효율적으로 이루어지기 위해서는 말로써 지속적으로 잘못을 지적하는 것보다 직접 행동으로 옮기는 것이 효과적이다.

다섯째, 논리적 결과를 적용하기 전에 미리 새로운 규칙에 대해 논의하고, 새로 정해진 규칙은 성인을 포함하여 모든 사람에게 적용시키도록 한다.

(3) 격려의 방법

Thomas J. Sweeney

일상생활을 통해 아동은 지속적으로 한계에 직면하게 된다. 출생 후 아동은 혼자 힘으로 먹을 수도 없고, 몸을 가눌 수도 없으며 누군가의 도움을 필요로 한다. 이러한 활동들은 시간이 경과하면서 능숙하게 되지만 그러한 과정에서 열등감을 경험할 수 있다. 많은 부모들은 지나치게 비교를 하고 자녀의 한계를 과장하거나 뚜렷하게 비교를 하지 않는다 하더라도 일상생활을 통해 무의식중에 자녀를 믿지 못하는 말이나 태도를 보임으로써 결과적으로 자녀에게 열등감을 경험하게 한다. 그러나 격려는 상황이나 결과에 무관하게 긍정적인 측면을 강조함으로써 궁극적으로는 자녀가 이를 극복할 수 있음을 믿게 해주는 것이다. 개인의 생활경험은 자신이 통제할 수 없는 다수의 요인으로 이루어져 있으며, 격려의 본질은 개인이 통제할 수 없는 요인의 영향을 최소화하고 통제할 수 있는 요인을 최대한으로 이용하도록 돕는 것이다(Sweeney, 1998).

상벌의 방법이 가지고 있는 함정을 극복하고 상호존중과 평등에 근거한 민주적인 부모-자녀관계를 형성하기 위한 중요한 기술 가운데 하나는 격려이다. Dreikurs(1967)는 격려가 아동양육에서 너무나 중요한 요소이기 때문에 격려의 부족이 잘못된 행동의 근본 원인이 될 수 있다고 하였다. 식물이 물을 필요로 하듯이 아동의 성정과정에서는 지속적인 격려가 필요하며, 격려가 없으면 소속감을 발전시켜 나가기 어렵다고 하였다. 격려의 방법은 자녀의 장점과 성취에 초점을 맞춤으로써 자녀에게 자신감과 자아존중감을 갖게 하는 과정이다. 격려하는 태도를 구체적으로 살펴보면 다음과 같다.

첫째, 아무런 조건이나 전제 없이 자녀를 있는 그대로 수용하고 믿는다. 둘째, 자녀가 주어진 상황이나 과제를 충분히 극복할 수 있을 것이라고 기대하고, 이러한 부모의 기대를 말이나 행동으로 직접 표현해주도록 한다. 셋째, 자녀가 잘못된 행동을 했을 때, 자녀의 행동과 그러한 행동을 한 자녀를 구분한다. 넷째, 고자질을 무시한다. 다섯째, 장점, 잘한 점, 기여한 점에 초점을 맞춘다. 여섯째, 노력과 성취를 인정한다. 자녀의 행동을 결과만으로 평가하지 않고 과정이나 노력을 인정해준다. 일곱째, 자녀를 다른 사람과 비교하지 않고, 다른 아동과의 차이를 인정해준다. 여덟째, 칭찬하기보다는 격려한다. 칭찬과 격려는 모두 긍정적인 행동에 중점을 두고 있기 때문에 부모는 자녀를 칭찬하면서 격려하고 있다고 잘못 생각한다. 그러나 칭찬은 보상의 한 형태이며, 벌과 마찬가지로 사회적 통제의 한 방법이다.

2. 인본주의 부모교육이론

인본주의 부모교육이론은 Rogers의 인본주의 심리학에 그 근거를 두고 있다. Rogers(1942)는 인간은 자기가 억압당하거나 이상적 자아를 실제적 자아로 믿을 때에 긴장이나 불안을 경험하게 되며, 실제적 자아와 이상적 자아가 일치하는 것이 건강한 성격의 핵심이라고 보았다.

인본주의 부모교육이론은 Rogers(1942, 1951)의 내담자중심 상담이론을 근간으로 하고 있으며, Axline(1947)은 이러한 Rogers의 이론을 아동의 놀이치료에 접목시켜 아동중심 놀이치료로 발전시켰으며, Ginott(1965)는 부모교육이론으로 발전시켰다.

1) 인본주의 부모교육이론의 발전과정

Carl Rogers는 1902년 1월 8일에 미국 일리노이 주 시카고 근교에 있는 오크

Carl Rogers

파크의 단란한 기독교 가정에서 태어났다. 어린 시절 건강이 좋지 않았던 Rogers는 또래집단으로부터 소외되어 독서로 위안을 삼는 외로운 아이로 성장하였으며, 중·고등학교 시절에도 청년기의 자녀를 도시생활의 유혹으로부터 보호하고자 했던 부모의 뜻에 따라 시카고에서 다소 떨어진 농장으로 이사하여 계속 고립된 생활을 하게 되었다. 농장에서의 생활로 인해 사회적으로는 고립되었지만 과학적인 원리에 입각하여 농장운영을 하고자했던 아버지의 영향으로 Rogers는 초보적인 과학자의 자세를 갖추게 되었다. 이러한 이유로 그는 위스콘신 대학에 입학하여 과학적 농학을 전공하게 된다. 그러나 2학년을 마치기도 전에 Rogers는 기독교에 대한 관심 때문에 전공을 농학에서 역사로 바꾸었으며, 1924년 위스콘신 대학을 졸업한 이후에도 뉴욕의 유니온 신학교에서 2년간 수학하게 된다.

이후 1931년에 컬럼비아 대학에서 심리학으로 박사학위를 취득한 이후 Rogers는 로체스터 상담소의 연구원을 거쳐 소장으로 재직하였다. 로체스터 상담소에서 12년간을 재직하면서 Rogers는 부적응 아동들과의 상담경험을 통해 기존의 상담이론을 현실에 적용시키는 데 문제가 있음을 인식하고 자신의 임상경험에 기초하여 새로운 이론을 형성하게 되었다. 로체스터 시절 그는 1939년에 『문제아동에 대한 임상치료(The Clinical Treatment of the Problem Child)』라는 저서를 출간하였으며, 이 저서가 계기가 되어 오하이오 주립대학에서 교수생활을 시작하게 된다. 이어서 시카고 대학에서 심리학 교수로 재직하였으며, 이후 모교인 위스콘신 대학으로 옮겼으나 전통적인 학문활동이 주는 제약으로 인해 1963년 그는 사임을 결심하고, 사임 이후에는 라욜라에 있는 「서부행동과학연구소(Western Behavioral Science Institute: WBSI)」와 이후 창립된 「인간연구소(Center for Studies of the Person)」에서 그때까지의 경험을 바탕으로 인간의 본성과 상담기법에 대한 자신의 이론을 전 세계에 널리 전파하였다.

그는 사람은 누구나 스스로 자기를 이끌어 갈 수 있다는 믿음을 가지고 있었기 때문에 치료관계에서 해석을 중시하지 않았다. 그래서 Rogers의 방법을 비

Haim Ginott

지시적, 내담자중심 상담이론이라고 한다. 그는 내담자를 연구대상으로 생각하거나 치료자의 입장에서 진단하거나 해석하려고 하지 않고, 인간 대 인간으로서 내담자와 사적인 관계를 맺으면서 치료가 이루어져야 한다고 주장하였다. Rogers는 심리치료는 이미 한 개인에게 내재해 있는 성장의 힘을 발굴해내는 것이라고 하였으며, 그의 제자인 Axline은 이러한 Rogers의 이론을 아동치료에 적용하여 아동중심 놀이치료로 발전시켰다.

Rogers와 Axline의 생각을 토대로 하여 Haim Ginott는 아동이 문제행동을 보이는 것은 부모에게 어떤 문제가 있어서가 아니라 자녀양육에 대한 경험이나 지식, 기술의 부족에 기인한다고 보았으며, 부모-자녀 간의 문제를 긍정적인 상호작용이나 대화를 통해 해결하고자 하였다. 또한 아동의 성장에는 자신이 부모로부터 사랑받고 있음을 느낄 수 있도록 자녀의 욕구에 민감하게 반응해주는 부모가 필요하며, 부모-자녀관계는 상호존중을 바탕으로 이루어져야 한다고 하였다.

2) 인본주의 부모교육의 목표

인본주의 부모교육의 궁극적인 목표는 적절한 심리적 환경을 조성해 줌으로써 자녀가 최상으로 기능하는 '충분히 기능하는 사람(The fully functioning person)'으로 성장시켜 나가는 것이다. 이를 위해 다음과 같은 하위목표를 설정하고 있다.

첫째, 인본주의 부모교육은 자녀에 대한 수용은 소유론적인 관계가 아닌 하나의 독립된 인격체로서 자녀를 있는 그대로 받아들이는 것이다. 자녀의 행동은 무조건적인 수용이 불가능하며 한계를 설정하는 것이 필요하나, 자녀의 감정이나 생각을 포함하는 있는 그대로의 자녀의 존재에 대해서는 무조건적인 수용을 중시한다.

둘째, 인본주의 부모교육은 부모는 자녀의 입장에서 생각해보도록 노력함으로써 자녀의 문제를 더 잘 이해할 수 있으며, 부모-자녀관계가 보다 원만하게 이루어질 수 있다고 본다. 역지사지(易地思之)의 자세로 아동과 정서적으로 함께 하는 감정이입적 이해를 통해 부모는 아동의 행동을 보다 잘 이해할 수 있을 뿐만 아니라 아동 자신도 편안한 자기탐색이 가능해진다. 그러므로 인본주의 부모교육의 목표는 감정이입적 이해를 통해 자녀 스스로 자신의 행동을 판단하고 결정할 수 있도록 도와주는 데 있다.

셋째, 인본주의 부모교육의 목표는 부모가 가장하지 않고 자신의 모습을 드러내 보이는 진실성을 통해 부모-자녀관계를 보다 향상시켜 나가는 데 있다.

3) 인본주의 부모교육의 기본원리

Rogers(1942, 1951)는 인간은 자기 내부에 자기성장의 잠재력을 가지고 있으며, 적절한 심리적 분위기만 제공되면 이러한 잠재력은 기능적으로 작용한다고 하였다. 그리고 치료적 변화를 촉진시키는 필요충분조건으로 진실성, 수용, 감정이입의 세 가지 조건을 들었다. Rogers가 제시한 기본원리에 입각하여 Ginott(1965)와 Gordon(1970) 등은 자녀와의 대화방법이나 칭찬과 비판의 방법, 책임감과 독립심, 행동의 한계를 설정하는 것과 관련해서 몇 가지 원리를 제시하였다. 또한 Axline(1984)은 Rogers의 세 가지 원리에 근거하여 아동과의 친밀한 관계형성, 있는 그대로의 수용, 자유로운 감정표현과 감정의 반영, 아동의 선택과 책임 존중, 아동주도적 · 점진적 치료, 치료적 제한 설정과 같은 비지시적 치료의 여덟 가지 원칙을 제시하였다.

(1) 진실성

인본주의 이론에서는 치료자의 태도 가운데 진실성(genuineness)을 치료를 촉진시키는 가장 기본적인 조건으로 간주한다. 진실성은 치료자가 자신의 역할을 가장하지 않고 있는 그대로 모습을 드러내는 것이며, 이를 통해 아동은 자신의 감정이나 세계를 보다 편안하게 표현할 수 있다. 이러한 진실성은 치료자가 높은 수준의 자기이해와 자기수용을 지니고 있을 때 가능한 태도이다.

하지만 치료자가 진실성을 보여주는 것은 용이하지가 않다. 끊임없이 자기를 위협하는 경험에 대해 개방적인 태도를 갖는다는 것은 어려운 일이다. 여기서 말하는 진실성은 자신의 생각이나 느낌을 모두 상대방에게 드러내는 것이 아니라 자기 내면에 일어나고 있는 생각이나 느낌을 개방적으로 받아들일 뿐만 아니라 부정적인 경험도 받아들이고 표현하려는 것을 의미한다. 이는 자신이 전문가인 것처럼 가장하고 싶은 유혹으로부터 벗어날 때에만 가능한 태도이다.

아동은 부모에 대해 매우 민감하다. 부모가 어떤 거짓된 태도를 보이면 아동은 이를 쉽게 알아차리고 결과적으로 관계형성에 방해를 받게 된다. 부모는 진실해야 하며 아동에게 진실한 한 인간으로 느껴져야 한다. 이러한 진실성의 원리는 Ginott(1965)의 칭찬과 비판의 방법이나 Gordon(1970)의 나-전달법에 반영되어 있다.

① 칭찬과 비판의 방법

대부분의 부모들은 칭찬이 자녀에게 자신감과 안정감을 줄 수 있다고 믿는다. 그러나 반드시 그렇지만은 않다. 칭찬에서 진실성이 결여되면 이러한 칭찬은 부작용을 초래하기도 한다. 칭찬이 효과를 거두기 위해서는 다음과 같은 주의가 필요하다.

첫째, 자녀의 바람직한 행동에 대한 칭찬은 성격과 관련된 막연한 표현보다는 실제적인 노력이나 성취에 근거해 주어져야 한다.

둘째, 자녀의 잘못에 대해서는 건설적인 비판을 한다. 건설적인 비판이란 자녀의 행동 자체에만 한정을 하여 어떻게 해야 할 것인가를 지적하는 것이다. 잘못된 행동을 근거로 자녀의 성격까지 비난하는 것은 오히려 바람직하지 못한 결과를 초래한다.

셋째, 아이들은 하찮은 사건을 통해 가치 있는 많은 일들을 배울 수 있다. 그러므로 부모는 자녀에게 하찮은 일과 중요한 일을 구분할 수 있도록 가르치고, 하찮은 실수에 대해서는 가볍게 처리하는 태도를 갖도록 한다.

넷째, 자녀에게 '바보' '멍청이' 등과 같은 거친 말을 사용하는 것을 자제하도록 한다. 이는 자녀의 마음속에 앙심과 분노와 미움이 생기게 하고, 나아가 행동을 제한하는 결과를 초래한다.

다섯째, 자녀를 교육하면서 부모가 화를 내야 할 때가 있다. 실제로 부모가 화를 낼 일인데도 불구하고 이를 지나치거나 참으면 자녀는 부모가 관심이 없는 것으로 받아들이게 되며, 부모 자신에게도 바람직하지 않다. 그러므로 자녀의 인격을 손상시키지 않으면서 동시에 잘못된 행동을 지적해 주고, 부모 자신의 고통도 경감시킬 수 있는 적절한 분노의 표현은 필요하다.

② 나-전달법

부모가 자신의 진솔한 마음을 드러내는 것 못지않게 표현방법도 중요하다. 대부분의 부모들은 자녀가 문제를 일으키게 되면 너-전달법을 사용하여 자녀를 비난함으로써 자녀를 무가치하고 무능력하게 만들어 버린다. 그러나 이러한 상황에서 자녀를 비난하는 방법보다 부모가 자녀의 행동에 대해 어떤 감정을 가지고 있다는 것을 솔직하게 전달하는 것이 자녀의 저항을 덜 불러일으키는 방법이다. 나-전달법(I-Message)은 바로 이러한 자녀의 행동에 대한 부모의 진실한 감정을 표현함으로써 부모-자녀 간의 의사소통을 원활하게 하는 데 있다.

나-전달법은 감정의 진술, 자녀의 행동에 대한 비판단적 진술, 자녀의 행동이 부모에게 미치는 영향의 세 가지 요소로 구성된다. 나-전달법에서 반드시 세 가지 요소를 포함시켜야 하는 것은 아니지만, 이러한 단계에 답을 할 수 없다면 나-전달법을 사용할 필요가 없다는 의미가 된다. 나-전달법이 성공적으로 이루어지기 위해서는 다음과 같은 점을 고려해야 한다. 첫째, 부모에게 문제가 있을 때 사용하는 방법이며, 반영적 경청이 전제가 되어야 효과적이다. 둘째, 자신의 감정을 솔직하게 표현하지 못한 나-전달법이나, 상대방에게 부정적인 감정을 전달하는 나-전달법은 효과를 기대하기가 어렵다. 화를 내면서 사용하는 나-전달법은 너-전달법과 동일하다. 셋째, 부모를 기분 나쁘게 하는 것은 자녀가 아니라 자녀의 행동이므로, 행동과 자녀를 분리시키고 행동의 결과와 관련된 부모의 느낌을 이야기해 주는 것이 필요하다. 넷째, 사춘기에 있는 자녀를 대상으로 한 나-전달법은 거부반응을 일으키는 경우가 많다. 다섯째, 자녀가 나-전달법을 무시하는 경우에는 보다 강한 나-전달법을 사용하도록 한다. 여섯째, 자녀가 나-전달법을 사용하는 경우에 부모는 다시 반영적 경청으로 돌아가는 것이 필요하다. 이를 기어의 변경이라고 한다. 일곱째, 해결책을 담고 있는 나-전달법은 너-전달법과 동일하다.

(2) 수용

수용(acceptance)은 있는 그대로의 아동을 받아들이는 것을 의미한다. 치료자가 내담자의 느낌이나 생각을 평가하거나 판단하지 않고 있는 그대로의 소중한 한 인간으로 받아들이는 무조건적이고 긍정적인 존중을 의미하는 것이다. 치료자는 내담자의 긍정적인 느낌이나 생각뿐만 아니라 부정적인 느낌이나 생각까지도 모두 수용해야 함을 의미한다. 무조건적인 수용의 분위기를 통해 아동은 안전감을 느끼고 자신의 사고와 감정을 탐색하며 자유롭게 환경을 탐색하고 어려움을 극복해 나갈 수 있고, 이상적 자아와 실제적 자아 간의 간격을 좁혀나가는 것이 가능하다.

① 긍정적 존중

Rogers는 상담을 원하는 대다수의 사람들은 긍정적 존중에 대한 욕구가 거의 채워지지 않은 경우가 많다고 하였다. 그러므로 치료자로부터 긍정적 존중을 받는 것이 무엇보다도 중요하다. 이는 부모-자녀관계에도 마찬가지로 적용된다. 자기인식능력이 발달하면서 아동은 중요한 욕구를 나타내는데, Rogers의 동료인 Standal(1954)은 이를 긍정적 존중에 대한 욕구라고 하였다. 아동은 이러한 욕구를 충족시키기 위해 상당히 노력하며, 이는 개인의 성장에 큰 영향을 미친다. 어떤 아동은 다행히 성장과정에서 주변인물로부터 일관성 있는 관심을 받음으로써 긍정적 존중에 대한 욕구가 충족되는 반면, 어떤 아동들은 그렇지 못하다.

② 실제적 자아와 이상적 자아

Rogers(1974)는 인간은 자기이해에 대해 놀라울 정도의 잠재력을 가지고 있다고 믿었다. 이 잠재력은 일상생활에서는 잘 드러나지 않지만, 적절한 심리적 환경이 조성되면 나타나게 된다. Rogers의 이론에서 자아는 매우 중요한 개념이다. 자신이 지각하는 자아와 다른 사람이 자신을 보는 자아의 일치가 중요하다. 이 양자가 일치하지 않으면 개인은 부적응적이 되어 결과적으로 불안, 방어, 왜곡된 사고를 하게 된다. 또한 있는 그대로의 실제적 자아(real self)와 자신이 그렇게 되었으면 하고 바라는 이상적 자아(ideal self) 간에 차이가 클수록 적응에 문제가 있는 경우가 많고, 불안감을 느끼게 되며, 심지어는 신경증으로 발전하기도 한다. 그러므로 인간중심 치료에서는 이러한 자아 간에 일치를 이룰 수 있도록 타인으로부터 인정받지 못하는 위협적인 감정을 검토하고 이를 통해 실제 자기의 모습을 진지하게 검토할 수 있도록 수용적인 분위기를 조성하는 것을 강조하고 있다.

사진 설명
반은 벗고 반은 옷을 입은 피카소의 '거울 앞에 선 소녀상'은 Rogers의 실제적 자아와 이상적 자아의 '쌍둥이' 이미지를 반영한다.

③ 행동의 한계설정

자녀에 대한 수용은 자녀가 갖는 감정에 국한되는 것이며 실제 행동에는 수용할 수 없는 것이 있으므로 이에 대해서는 한계를 설정할 필요가 있다. 자녀가 한 인간으로서 갖는 감정이나 생각은 어떠한 제한을 받아서도 안 되지만 자신의 감정을 행동으로 표현하는 것에는 지나친 관용으로 자녀를 다루는 것만이 최선은 아니며, 부모가 용납하기 어려운 부분은 명확하게 명시해 주어야 한다. 예의범절이나 거짓말, 훔치는 버릇, 부모를 때리는 행동 등과 같은 행동의 한계를 알 때 자녀는 보다 안정감을 느낀다. 그러나 분명한 한계를 설정하되 자녀를 인격적으로 존중하여 마음에 상처를 남기는 일이 없도록 한다.

부모가 자녀의 행동을 통제하고 한계를 설정하는 과정에서 다음과 같은 네 단계는 효과적인 방법으로 사용될 수 있다(Ginott, 1991). 첫째, 부모는 자녀가 원하는 것을 먼저 반대하거나 비판하지 말고 인정하고, 간단한 말로 반복하여 말해 준다. 둘째, 제한할 행동에 대해서는 분명한 제지를 가하는 말을 한다. 셋째, 부모는 자녀가 원하는 바를 최소한 일부라도 성취할 수 있도록 대안적인 방법을 제시해야 한다. 넷째, 자녀가 어떤 제지를 당했을 때 일어나는 분노를 표현하도록 도와주어야 한다.

(3) 감정이입

Rogers(1986)는 감정이입(empathy)은 치료적 변화를 촉진시키는 세 가지 태도 가운데 가장 훈련가능성이 높은 조건이며, 감정이입만으로도 상당한 치료효과를 거둘 수 있다고 하였다. 감정이입은 내담자의 내면에서 일어나고 있는 감정에 대해 민감하게 주의를 기울이되 이를 판단하거나 들춰내지 않고 내담자가 경험한 세계를 인식하고 정서적으로 온전히 접촉하는 것을 의미한다. 치료자 자신의 경험이나 기대를 배제하고 아동의 경험보다 앞서 생각하지 않고 아동 자신이 자신의 감정을 스스로 경험하고 해결할 수 있도록 도와주는 것이다. 그러므로 감정이입은 치료자로 하여금 아동 자신의 감정에 대한 자유로운 탐색을 가능하게 하며 이를 통해 자신이 이해받고 있다는 느낌을 주기 때문에 아동에게 자유로움과 안정감을 주게 된다.

반영적 경청(reflective listening)의 방법은 감정이입을 위한 대표적인 방법이다. 반영적 경청은 침묵하며 들어주는 것에서부터 시작한다. 부모가 자녀의 문제에 반응을 보이는 가장 효과적인 방법은 부모가 자녀의 문제를 해결해주는 것이 아니라 자녀가 마음의 문을 열고 자신의 문제에 대해 말을 하게끔 경청하는 것이다. 경청의 기술은 단지 집중해서 듣는 것에서 한 걸음 더 나아가 언어적, 비언어적 반응을 첨가하는 방법도 있다. 부모가 자녀의 말을 시종일관 조용히 듣기만 하면 자녀는 자신의 문제를 부모가 수용하지 않거나 이에 대해 관심이 없는 것으로 받아들이게 된다. 그러므로 고개를 끄덕인다거나 미소를 지으며 "으음" "그랬구나" 등과 같은 언어적 반응을 통해 자녀는 부모가 자신의 문제를 진지하게 생각하고 듣고 있다고 느끼게 되어 더욱더 마음의 문을 열게 된다.

나아가 부모는 자녀가 자신의 문제를 더욱더 구체적으로 말하게 하기 위해 개방적인 반응을 보일 수도 있다. "그 문제에 대해 더 말하고 싶니?" "너의 생각에 나는 관심이 있단다" "그 문제에 대해 뭔가 느끼는 게 있는 것 같구나" 등의 개방적 질문을 통해 대화의 숨은 의미를 끄집어내게 해줄 수 있다. 이러한 반응은 아동으로 하여금 자신이 부모로부터 이해받고 수용되고 있음을 느끼게 하고, 자녀가 자신의 문제를 좀더 분명하게 볼 수 있게 하는 일종의 거울과 같은 역할을 할 수 있다. 마지막으로 자녀의 말을 경청하는 가장 효율적인 방법은 자녀가 말한 내용을 그대로 반영해주거나 자녀의 말을 확인하는 종류의 언어적 반응을 해주는 것으로, 이를 반영적 경청이라고 한다. 이는 단지 자녀가 보낸 메시지를 경청하고 있음을 보여주는 소극적 경청과는 차이가 있다. 반영적 경청은 〈그림 8-1〉과 같이 세 단계로 구성되어 있다.

반영적 경청이 효과를 거두기 위해서는 다음과 같은 사실을 고려해야 한다. 첫째, 자녀의 감정을 진심으로 수용하려는 태도로 반영적 경청을 해야 한다. 단순히 형식만 갖춘 반영적 경청은 자녀의 말을 앵무새처럼 되풀이하는 것이다. 둘째, 시간적인 제약을 고려해야 한다. 애써 마음의 문은 열었으나 자녀가 전달하고자 하는 내용을 미처 끝내기도 전에 의사소통을 끝내버리는 경우도 있을 수

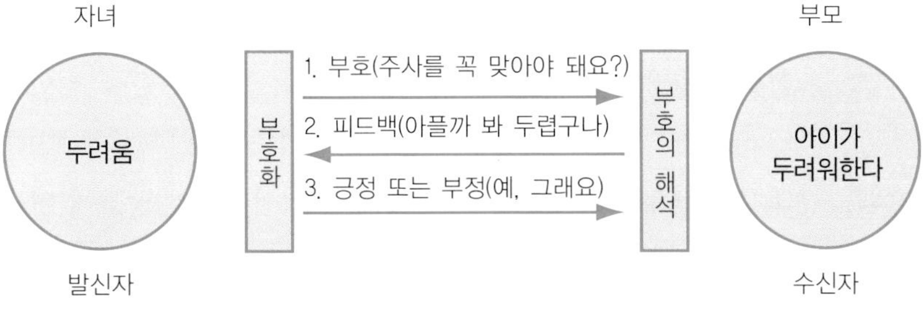

〈그림 8-1〉 반영적 경청의 단계

1단계: 자녀가 말이나 얼굴표정, 신체적 표현을 통해 자신에게 문제가 있음을 전달한다.
2단계: 부모는 자녀가 표현한 단서를 해독하여 자녀의 느낌이나 생각을 피드백해준다.
3단계: 자녀는 부모의 피드백에 따라 계속 자신의 문제를 표현하거나 보다 확실한 신호를 보내고자 한다.

있다. 그러므로 충분한 시간적 여유가 있을 때 시작하는 것이 바람직하다. 셋째, 가능한 한 반응하는 말은 탐색적이어야 한다. 자녀의 마음을 훤히 읽는 것과 같은 단정적인 어투는 삼가는 것이 바람직하다. 넷째, 지나친 반영적 경청은 오히려 역효과를 초래하므로 개입하는 시점이 중요하다. 다섯째, 반영적 경청이 잘못된 행동목표를 강화시키는 경우도 있다. 자녀가 관심끌기를 목적으로 동일한 문제를 계속적으로 화제로 삼으면 부모는 자녀가 문제를 해결하려고 애쓸 때에만 부모가 도와준다는 사실을 알게 한다. 여섯째, 반영적 경청을 하였다고 해서 즉각적으로 효과가 나타나는 것은 아니다. 특히 사춘기에 접어든 자녀를 대상으로 반영적 경청을 시도할 경우 거부반응을 보일 수도 있다. 이러한 경우 반영적 경청은 가급적 짧게 해주는 것이 바람직하다. 일곱째, 부모가 특정한 의도를 가지고 반영적 경청을 하는 경우이다. 어떤 부모들은 자신이 원하는 대로 자녀를 조종하기 위해서 반영적 경청을 하는 경우가 있다. 이처럼 숨겨둔 목적을 가지고 반영적 경청을 하는 경우 그 효과를 기대하기 어렵다.

3. 교류분석이론

Wilder Penfield

교류분석(Transactional Analysis: TA)이론은 Freud의 정신분석이론과 Penfield의 간질에 관한 연구 등의 영향을 받아 Eric Berne(1957, 1958, 1961)에 의해 발전된 이론이다. 교류분석이론은 당시 정신치료의 주축을 이루고 있던 정신분석의 방법에 비해 개념이나 접근방법이 용이하다는 장점으로 인해 일반인들의 관심을 끌게 되었으며 부모교육이론으로 널리 적용되기 시작하였다. Berne이 제시하고 있는 자아상태의 구조는 Freud의 성격구조와는 달리 외현적인 행동을 통해 표현되기 때문에 이를 수정하는 것이 용이할 뿐만 아니라 자아상태에 근거한 상호 간의 의사소통 방식을 분석함으로써 부모-자녀관계를 개선시키는 데에 실제적으로 도움이 된다. 이러한 장점으로 인하여 교류분석이론은 Berne 사후에도 여러 학자들의 노력으로 전 세계적으로 널리 보급되고 있다.

1) 교류분석이론의 발전과정

Eric Berne

Berne은 1910년 5월 10일에 캐나다의 몬트리올에서 의사인 아버지와 작가인 어머니의 장남으로 태어났다. 그는 캐나다의 맥길 대학에서 의학을 공부하였고 이후 미국으로 이주하여 예일 대학에서 정신과 수련의 과정을 밟았으며, 미국 시민이 되면서 그는 자신이 그 당시까지 사용하던 Eric Leonard Bernstein이라는 이름을 Eric Berne으로 개명하였다.

그는 최초로 자아상태(ego state)라는 용어를 사용한 Paul Federn의 피정신분석자 역할을 하면서 정신분석가로서의 훈련을 시작하였으며, 이후에는 Erik Erikson으로부터 정신분석 훈련을 받았다. Berne은 Freud의 정신분석이론에 상당히 많은 관심을 가지고 있었으므로 정신분석학회 회원으로 지원하였으나 가입이 거부되어 한때 좌절을 경험하기도 하였다. 이러한 경험으로 인해 Berne은 독자적인 연구의 필요성을 느꼈으며, 교류분석이라는 정신치료의 새로운 접근방법을 개발하게 되었다.

Berne은 인간의 정신세계를 설명하는 데 있어서 정신분석가들이 지대한 공헌을 하였음을 인정하였다. 그러나 이들의 지대한 공헌에도 불구하고 정신분석이론이 가지고 있는 내용 자체의 난해함이나 모호함으로 인하여 일반인들이 보다 쉽게 다가가지 못하는 것에 대해 방법상의 문제를 개선할 필요가 있다고 생각하였다. 정신분석학은 내용 자체의 난해함이나 모호함으로 인한 비판과 동시에 연구와 관찰을 위한 기본적 단위가 없다는 점도 비판의 여지가 있었다. 이러한 정신분석이론의 한계를 극복하기 위해 Berne은 기본적인 과학적 단위를 설정함과 동시에 신경외과 의사인 Penfield의 영향으로 이를 관찰가능한 형태로 이론을 체계화하였다. 그 외에도 Berne은 여러 학자들의 영향을 받았다. 최초

Gregory Bateson

Joseph Campbell

로 자아상태라는 용어를 사용한 Paul Federn은 Berne의 자아상태에 대한 개념에 영향을 미쳤으며, Gregory Bateson의 이중구속이론(double-bind theory)은 Berne의 게임의 법칙에 영향을 미쳤다. 또한 어린 유아에 대한 어머니의 중요성을 강조한 Rene Spitz는 스트로크(stroke)라는 용어를 만들어내는 데에 영향을 미쳤으며, 각본개념의 선구자인 Joseph Campbell은 Berne의 각본개념에 영향을 미쳤다.

Freud의 의식, 무의식, 전의식의 개념과는 달리 Berne의 자아상태는 관찰이 가능하다. 교류과정에서 사람들을 주의 깊게 관찰하면 자세나 몸짓, 언어 등을 통해 하나의 상태에서 또 다른 상태로 변화하는데, 이러한 변화는 그 사람 자체가 변한 것이 아니라 한 개인 속에 있는 자아상태의 변화를 반영하는 것이다. 그는 부모자아, 아동자아, 성인자아의 세 가지 자아상태가 인간에게 공존하고 있으며, 이러한 자아상태들은 초자아나 원초아, 자아와 같은 개념이 아니고 실제 인물이나 시간, 장소, 감정들을 포함하고 있는 과거의 사건들이 기록된 자료들이 재생되어 표현되는 것이라고 하였다.

1957년 그는 「정신치료에서의 자아상태(Ego state in psychotheraphy)」라는 논문을 통해 자아상태의 구조분석에 대한 개념을 제시하였으며, 다음해인 1958년 「교류분석(Transactional Analysis)」이라는 논문에서 자아상태에 대한 개념과 아울러 게임과 각본에 대한 개념을 추가하여 교류분석의 기본적인 틀을 형성하게 된다. 이후 베스트셀러가 되었던 Berne의 저서 『사람들이 하는 게임(games people play)』(1964)과 Harris의 저서 『나도 옳고, 너도 옳다(I'm OK, You're OK)』(1969) 등을 통해 교류분석은 미국뿐만 아니라 전 세계적으로 널리 알려지기 시작하였다.

2) 교류분석의 목표

교류분석에서는 모든 것은 마음이 만드는 것이며, 인간은 긍정적인 존재임을 가정하고 있다. 따라서 자신이 가진 잠재력을 충분히 실현할 수 있는 자율성을 갖게 하는 것이 교류분석의 목표이며, 이를 달성하기 위해 교류분석에서는 다음과 같은 하위목표를 설정하고 있다.

첫째, 교류분석에서는 성격의 기본이 되는 자아상태의 구조를 파악함으로써 한 개인을 변화시키는 것이 가능하다고 보았다. 자아상태에는 아동자아, 성인자아, 부모자아의 세 가지 형태가 존재하며, 이들 세 가지 자아상태가 균형을 이루고 있을 때에 가장 적응적인 행동을 보이게 된다는 것이다. 그러므로 자신의 자아상태의 구조를 파악하고 세 가지 자아상태가 균형을 이루도록 하는 것이 교류분석의 일차적인 목표이다.

둘째, 교류분석에서는 자아상태의 구조뿐만 아니라 자아상태 간의 교류가 원만하게 이루어질 때에 개인은 가장 적응적인 행동을 보이며, 상호 간의 갈등이 감소한다고 보았다. 의사소통과정에서 인간은 스트로크를 최대한으로 얻기 위하여 시간을 구조화하려는 욕구를 가지고 있으므로, 의사소통유형을 분석하여 원만한 교류가 이루어지도록 하는 것이 교류분석의 목표가 된다.

셋째, 교류분석에서는 상호 간의 교류를 통해 형성된 기본적 인생태도와 이를 근거로 형성된 인생각본에 대해 분석하는 것이 그 목표이다. 인간은 어린 시절부터 부모의 언어적, 비언어적 메시지를 통해 자신이 어떻게 살아야 할 것인가에 대한 각본을 형성하며, 일단 각본이 만들어지면 성장과정에서 직면하는 모든 일들을 이러한 각본에 맞추고 자신의 각본을 정당화하려는 시도를 하게 된다. 그러므로 잘못된 각본인 경우 재결정(redecision)을 통해 성공적인 각본을 형성함으로써 충분히 자신이 가진 잠재력을 발휘할 수 있는 자율적인 인간으로 살아갈 수 있도록 도와주는 것이 교류분석의 궁극적인 목표이다.

3) 교류분석의 기본원리

교류분석의 기본은 개인의 자아상태의 구조를 분석하는 것에서 출발한다. 이를 근거로 상호 간의 의사소통의 교류방식과 각본을 분석하는 것이 교류분석의 핵심을 이룬다.

(1) 구조분석

Berne의 교류분석이론의 가장 핵심적인 부분 가운데 하나는 자아상태의 구조를 분석하는 데에 있다. 자아상태란 한 개인의 사고와 감정 및 이와 관련된 일련의 행동양식을 총칭하는 것이다.

① 자아상태의 모델

한 개인의 자아상태의 구조는 부모자아(parent ego: P), 아동자아(child ego: C), 성인자아(adult ego: A)의 세 가지 측면으로 구분할 수 있다(〈그림 8-2〉 참조).

부모자아는 아동이 성장과정을 통해 부모나 양육자의 생각이나 행동, 느낌을 내면화한 것이다. 부모자아상태는 기능적으로는 제재를 가하는 비판적 부모자아(critical parent ego: CP)와 보살핌과 관련된 양육적 부모자아(nurturing parent ego: NP)로 구분할 수 있다.

아동자아는 어린 시절 실제로 느끼고 행동했던 것과 같은 감정이나 행동이 내면화된 것이다. 아동자아상태는 기능적으로는 누구에게나 구속받지 않고 자연스럽게 행동하는 자유로운 아동자아(free child ego: FC)와 자신을 예의 바르게

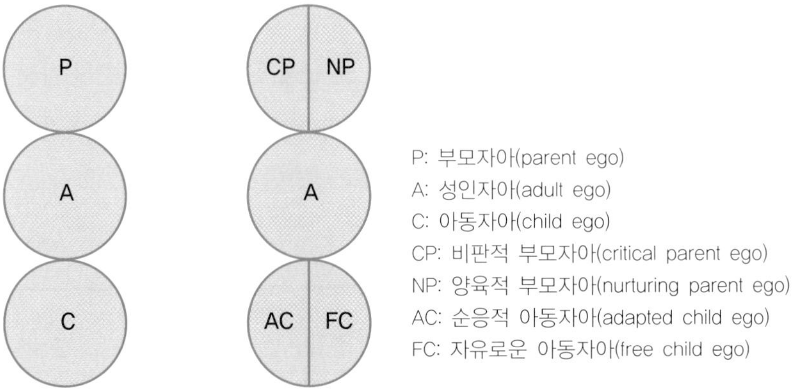

〈그림 8-2〉 자아상태의 모델

교육시키려는 부모에게 순종하는 순응적 아동자아(adapted child ego: AC)로 구분할 수 있다.

성인자아는 아동자아의 감정적 생활개념과 부모자아의 학습된 생활개념에서 얻은 정보를 근거로 하여 어떤 일을 혼자 해낼 수 있는 능력을 갖게 됨으로써 형성된 것이다. 출생 후 10개월경까지 아동은 주위의 자극이나 상황에 대해 무기력한 존재로서 부모자아와 아동자아만을 가지고 있다. 그러나 점차 운동능력이 발달함으로써 아동은 목표를 자유롭게 조정해 나가고 자기 스스로 어떤 일을 할 수 있음을 깨닫게 되는데 이것이 바로 성인자아의 초기 형태라고 볼 수 있다. 이는 부모자아와 아동자아를 중재하는 역할을 하며, 수집한 정보를 정리하고 결정하는 역할을 한다. 그러므로 성인자아는 사실에 근거하여 정보를 분석하고 이에 근거하여 적절한 해결방법을 탐색하는 능력의 근간이 된다.

우리가 어떤 사람의 자아상태를 직접적으로 관찰하는 것은 불가능하지만, 상대방의 말이나 행동을 통해 개인의 자아상태를 파악하는 것은 가능하다.

② 자아상태의 경계

사람들은 모두 부모자아, 아동자아, 성인자아를 가지고 있으며, 건강한 사람들은 이러한 세 가지 자아상태를 자유롭게 선택할 수 있다. 그러나 자아상태의 기능적인 장애로 인하여 경계가 파손되거나 경직된 경우에는 이러한 선택에 문제가 생기게 된다. 자아상태의 경계에서 문제가 생기는 대표적인 형태는 오염과 배제이다.

자아상태의 경계가 지나치게 이완되어 있어서 하나의 자아상태가 다른 자아상태를 침범하여 경계가 파손된 것을 오염(contamination)이라고 한다. 〈그림 8-3〉의 (a)와 같이 부모자아가 성인자아를 침범한 경우에는 부모의 지시가 자녀의 논리적 판단기능을 저해함으로써 강한 편견을 형성하게 된다. 즉, '백인이 흑인보다 우월하다' '어떤 지방 사람과는 절대로 상종하지 않는다' 등과 같은 편견은 부모자아가 강하게 작용하고, 성인자아가 제 기능을 다하지 못하기 때문에 형성된 것으로 일단 형성된 편견은 이를 수정하기가 어렵다. 〈그림 8-3〉의 (b)

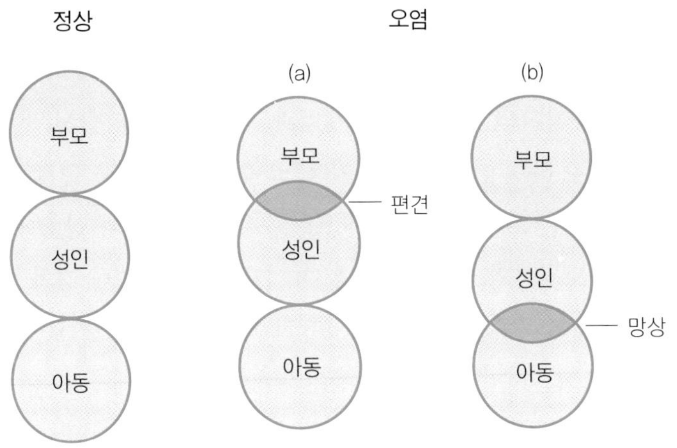

〈그림 8-3〉 자아상태의 오염

와 같이 아동자아가 성인자아를 침범한 경우에는 아동자아가 성인자아의 논리적 기능을 저해하여 지나치게 감정에 충실하거나 망상이나 환상에 사로잡히게 된다.

자아상태의 경계가 두꺼운 벽처럼 지나치게 경직되어 자아상태 간의 교류가 차단된 것을 배제(exclusion)라고 한다. 〈그림 8-4〉의 (a)에서와 같이 아동자아와 성인자아의 영향을 받지 않고 부모자아에 고착된 사람은 비판적이고, 지시적이며, 권위주의적인 태도를 보이게 된다. 반면 부모자아와 성인자아의 영향이 차단되어 아동자아에 고착된 사람은 놀기를 좋아하고 자기가 하고 싶은 대로 행동하는 경향을 보인다. 또한 아동자아와 부모자아의 영향이 차단된 성인자아에 고착된 사람들은 지나치게 논리적이고, 객관적이며, 감정표현이 없는 컴퓨터와 같은 성격특성을 보이게 된다.

한 가지 자아상태에 고착되는 것과는 달리 한 가지 자아상태의 영향만 차단되고 두 가지 자아상태에 고착되는 경우도 있다. 〈그림 8-4〉의 (b)에서와 같이 부모자아의 영향이 배제되고 성인자아와 아동자아 상태에 고착된 사람들은 상호교류와 관련된 어떤 규칙도 지키려 하지 않는다. 반면, 성인자아의 영향이 차단되고 아동자아와 부모자아에 고착된 사람들은 지나치게 논리적이고, 객관적

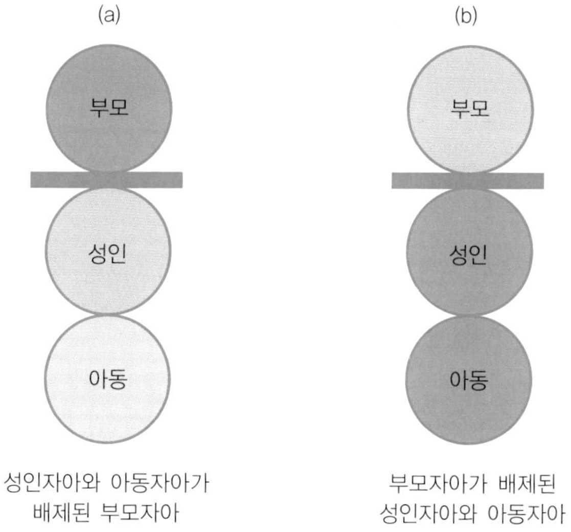

〈그림 8-4〉 자아상태의 배제

이며, 감정표현이 없는 컴퓨터와 같은 성격특성을 보이게 된다. 또한, 아동자아의 영향이 차단되고 부모자아와 성인자아에 고착된 사람은 놀이에는 전혀 관심이 없으며, 밤늦게까지 일만 한다. 또한 이들은 엄격하며 책임감으로 무장된 성격특성을 보이게 된다.

(2) 교류분석

교류분석에서는 사회적 의사소통의 기본단위를 교류라고 하며, 자아상태의 교류가 원만하게 이루어지도록 함으로써 개인의 적응능력을 향상시키고 상호 간의 갈등을 감소시킬 수 있다고 생각한다. 부모-자녀 간의 상호교류 과정에서 이루어지는 의사소통 방식은 상보교류, 교차교류, 이면교류의 세 가지 형태로 구분해볼 수 있다. 또한 인간은 상호교류를 통해 자극을 추구하고자 하는 욕구를 가지고 있다. 이처럼 자극의 욕구를 만족시켜주는 기본 단위를 스트로크라고 하며, 인간은 스트로크를 극대화하기 위해 시간을 구조화하려는 욕구를 가지고 있다고 하였다.

가. 의사소통의 유형

교류분석에서는 의사소통 유형을 다음과 같은 세 가지 유형으로 구분하고 있다.

① **상보교류**

상보교류(complementary transaction)는 상호 간의 의사소통에서 동일한 두 개의 자아상태가 개입이 되어 자극과 반응이 평행을 이루는 형태를 의미한다. 이러한 교류에서는 보내는 메시지에 대해 기대한 반응이 되돌아오는 것이므로 상호 간에 갈등이 최소한으로 줄어들고 결과적으로 원만한 상호작용이 이루어지게 된다.

〈그림 8-5〉의 (a)는 성인자아 대 성인자아의 교류이다. 상호교류과정에서 어머니는 자녀에게 성인자아 상태에서 합리적으로 반응해주기를 바라면서 자녀에게 자극의 메시지를 보내게 된다. 이에 대해 자녀의 반응도 어머니의 기대와

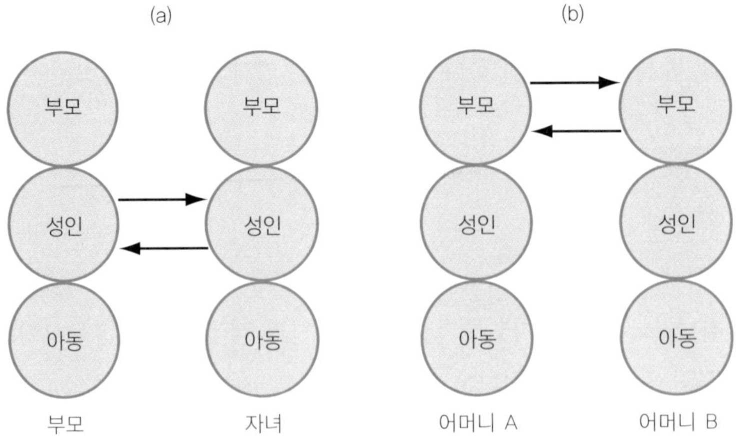

어머니: 중간고사가 언제부터니? (성인자아)
자녀: 4월 25일요. (성인자아)

어머니 A: 요즘 애들은 왜 그렇게 예의가 없는지 모르겠어요. (부모자아)
어머니 B: 우리가 클 때에는 그렇지 않았는데요. (부모자아)

〈그림 8-5〉 상보교류의 도식

일치하여 성인자아의 상태에서 합리적인 반응이 이루어지고 있다. 또한 〈그림 8-5〉의 (b)는 부모자아 대 부모자아의 교류이다. 이러한 교류형태에서 어머니 A는 비판적인 부모자아 상태에서 상대방도 비난에 동조해주기를 바라면서 자녀세대를 비난하는 메시지를 보내고 있다. 이에 대해 어머니 B의 반응도 어머니 A의 기대에 부응하여 비판적인 부모자아 상태에서 비난하는 메시지를 보내고 있다. 이처럼 상호 간에 자극과 반응이 평행상태를 이루게 되면 자신이 기대한 반응을 얻게 될 뿐만 아니라 의사소통에 참여하는 사람으로 하여금 '자신이 옳다'라는 감정을 가지게 하므로 의사소통은 원만하게 이루어지게 된다.

② **교차교류**

교차교류(crossed transaction)는 상호 간의 의사소통에서 기대하지 않은 자아상태가 개입이 되어 자극과 반응이 교차를 이루는 형태를 의미한다. 어떤 사람이 성인자아 상태의 반응을 기대하고 자극을 보냈으나 상대방으로부터 부모자아 상태나 아동자아 상태의 반응이 있게 되면 이는 예상 외의 반응이 되돌아오는 것이다. 〈그림 8-6〉에서 어머니는 자녀가 성인자아 상태에서 합리적으로 대

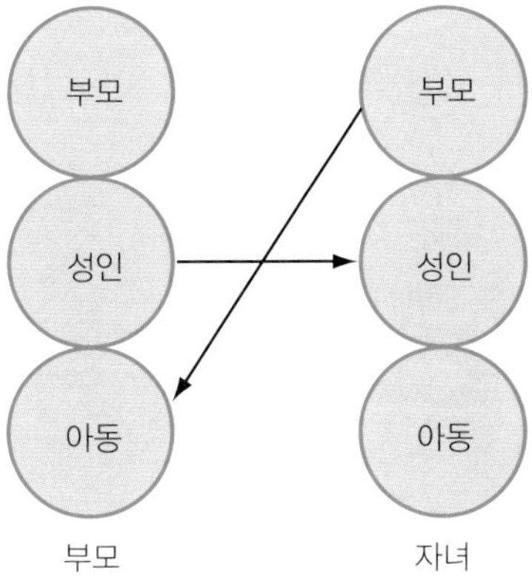

어머니: 중간고사가 언제부터니? (성인자아)
자 녀: 생활계획표에 있잖아요. (부모자아)

〈그림 8-6〉 교차교류의 도식

답해주기를 기대하고 자극을 보낸다. 그러나 이러한 어머니의 기대와는 달리 자녀는 비판적 부모자아 상태에서 쏘아붙이는 반응을 보이고 있다. 그 결과, 발신자는 자신이 무시당한다는 기분이 들 수 있으므로 상호 간에 의견충돌이 불가피하며 결과적으로 원만한 상호작용은 어렵게 된다.

③ 이면교류

상보교류와 교차교류는 외부로 나타나는 자아상태의 교류인 데 반해 내부에서는 다른 자아상태의 교류가 이루어지는 경우가 있다. 이처럼 표면상으로 이루어지는 교류와는 달리 내부에서 이루어지는 심리적 메시지의 교류를 이면교류(ulterior transaction)라고 한다. 이때 외부로 표현되는 자극과 반응을 사회적 메시지라고 하며, 내부에서 이루어지는 자극과 반응을 심리적 메시지라고 한다.

〈그림 8-7〉에서 어머니는 자녀에게 성인자아의 상태에서 합리적으로 반응해주기를 기대하고 자극을 보낸다. 그리고 이러한 어머니의 기대에 부응하여 자녀도 성인자아 상태에서 상보교류를 보이고 있다. 이러한 부모-자녀 간의 대화는 표면상으로는 상보교류가 이루어지고 있으므로 원만한 상호작용이 이루어질 것으로 기대할 수 있다. 그러나 어머니가 표면적으로 보내고 있는 사회적인 메시지와는 달리 이면의 심리적 메시지가 "시험이 얼마 남지 않은 것 같은데 왜 이렇게 공부를 안 하니?"와 같은 비판적인 부모자아 상태에서 이루어진 것이라

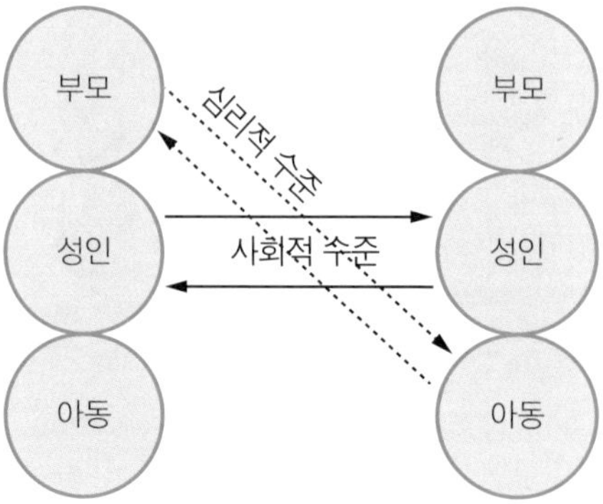

〈그림 8-7〉 이면교류의 도식

면 자녀가 표면적으로만 상보적인 메시지를 보냈다고 해서 부모-자녀 간의 의사소통이 원만하게 이루어지기는 어렵다. 그러나 이면교류를 전적으로 위선적인 것으로 볼 수만은 없다. 원만한 인간관계가 이루어지기 위해서는 이러한 이면교류가 필요하기도 하다.

나. 스트로크

인간의 행동의 동기에는 생리적 욕구와 심리적 욕구라는 두 가지 욕구가 작용한다. 생리적 욕구는 먹고 잠자는 것과 같은 생리적 충족과 관련된 욕구인 반면, 심리적 욕구는 타인과의 상호교류를 통해 충족되는 욕구이다. Berne(1961)은 모든 인간은 상호교류를 통해 자극을 받고자 하는 기본적인 욕구를 가지고 있으며, 이러한 자극의 욕구를 건강한 인성발달이나 생존을 위해 필수적인 것으로 간주하였다. 출생 직후 영아의 성장에서는 만지고 쓰다듬어 주는 것과 같은 신체적, 감각적 자극이 필수적인 것이며, 이러한 욕구는 성장하면서 인정을 받고자 하는 욕구로 변하게 된다. 이러한 자극의 욕구를 만족시켜 주는 기본단위를 상호교류분석에서는 '스트로크(쓰다듬기)'라고 한다. 이는 한 개인으로 하여금 자신의 존재를 인식하게 해주는 '인간 인식의 기본단위'가 된다.

Claude Steiner

영유아는 만지고 껴안는 행동을 통해 스트로크를 추구하며, 이는 생존에 필수적인 요소이다. Steiner(1990)는 부모들은 자녀에게 어린 시절부터 스트로크 공급수준을 낮추려 하는 경향을 가지고 있으며, 부모들이 스트로크를 제한하고 독점함으로써 스트로크를 필요로 하는 아동은 이를 얻기 위해서 결과적으로 부모의 말에 복종할 수밖에 없다는 것이다. 이러한 신체적 접촉을 통한 스트로크가 부족할 경우 성장에 치명적인 영향을 미칠 수 있으며, 이러한 상호작용의 중요성은 Spitz(1945)를 위시하여 여러 학자들도 강조하였다. 인간은 평생을 스트로크를 추구하면서 살아가며 양육자로부터 어떠한 스트로크를 받았는가에 따라 기본적인 인생태도를

Rene Spitz

형성하게 된다고 하였다.

다. 시간의 구조화

인간은 타인과의 상호작용에서 받는 스트로크를 극대화하기 위해 시간을 구조화하려는 욕구를 가지고 있으며, 시간을 구조화하는 데에는 철회, 관습, 활동, 잡담, 게임, 친교와 같은 여섯 가지 방법이 있다(Harris, 1991).

철회(withdrawal)는 스트로크를 교환하는 것에 대해 불안감을 가지고 있는 경우 상대방과의 상호교류를 중단하고 자신만의 생각에 잠기는 방법이다. 이는 대부분의 시간을 공상이나 상상으로 지내며 자기 스스로 스트로크를 추구하는 자기애적인 특성이 강하다. 관습(ritual)은 타인을 만나면 의례적인 이야기를 하는 것과 같이 누구에게나 통용되는 안전한 시간구조화 방법의 하나이다. 관습은 비교적 안전한 시간의 구조화 방법이지만, 이를 통해 얻게 되는 자극도 최소한의 수준에서만 가능하므로 결과적으로 친밀한 관계의 형성은 어렵게 된다. 활동(activity)은 자기 스스로 외부의 대상에 접근하여 구체적인 형태로 스트로크를 교환하는 생산적이고 창조적인 시간구조화 방법의 하나이다. 활동을 통해 얻을 수 있는 자극의 수준은 중간수준으로서 비교적 안전한 시간의 구조화 방법이지만, 지속적으로 활동만으로 자신의 시간을 구조화하는 경우에는 철회나 관습처럼 타인과의 상호교류를 회피하게 되므로 받게 되는 자극의 수준도 한계가 있게 된다. 잡담(pastime)은 큰 부담이 없는 주제에 대한 정보를 상호교환하며 스트로크를 추구하는 시간구조화의 한 방법이다. 잡담은 사회적인 관계를 유지하는 데 도움이 되는 시간구조화의 방법이지만 이는 감정이 개입되지 않고 단순한 정보교환이 주를 이루므로 이후의 공허함이나 권태감을 배제할 수 없다는 점에서 한계가 있다. 게임(game)은 타인이 자신의 욕구를 알아차리지 못하도록 이중적인 교류로 시간을 구조화하는 방법이다. 게임의 방법은 자신이 실제로 생각하거나 느끼는 바를 표현하지 않는다는 점에서 진실한 교류가 이루어지지 않고 속임수를 내포하고 있으며, 이러한 속임수는 자신을 보호하기 위한 심리에서 비롯된다고 볼 수 있다. 친교(intimacy)는 상호 간에 신뢰하며 배려하는 관계에서 이루어지는 스트

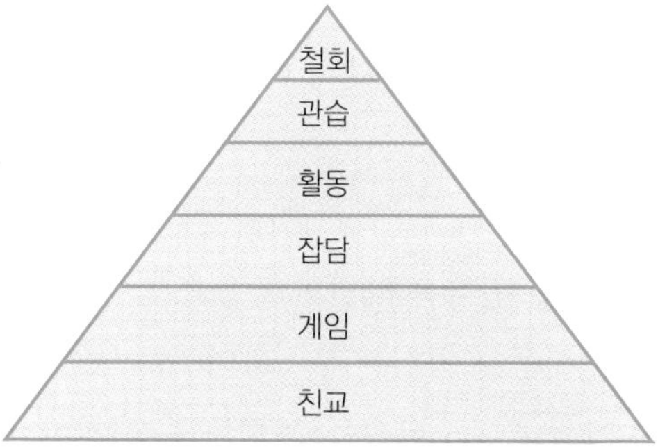

〈그림 8-8〉 시간의 구조화 방법

로크를 극대화시킬 수 있는 시간구조화의 한 방법이다. 이는 교류분석에서 추구하는 가장 이상적인 시간의 구조화 방법으로, 상호 간의 감정교환이 자유롭게 이루어지며 상호 간에 방어적 자세가 아니라 수용적 자세를 가지고 있는 것이다.

이상과 같은 시간의 구조화 방법 가운데 철회는 스트로크를 가장 적게 얻는 반면 친밀감으로 갈수록 스트로크를 가장 많이 얻는 시간구조화 방법이다(〈그림 8-8〉 참조). 그러나 철회나 관습, 활동, 잡담도 시간을 구조화하는 지배적인 방법으로 사용되지만 않는다면 반드시 상호 간의 교류에 부정적인 영향을 미친다고는 볼 수 없다.

(3) 기본적 인생태도

인간은 스트로크를 극대화하기 위해 시간을 구조화하고자 하는 욕구를 가지고 있으며, 부모로부터 어떠한 스트로크를 받았는가에 따라 특정한 인생태도를 형성하게 되며 여러 다양한 인생각본을 형성하게 된다. 기본적 인생태도(life position)는 어린 시절 부모와의 스트로크를 바탕으로 하여 형성된 자신이나 타인 혹은 세계에 대한 기본적인 반응태도 및 이에 근거한 자기상 혹은 타인상을 의미한다. 부모와의 상호작용을 통해 만족스러운 스트로크를 받게 되면 긍정적인 인생태도를, 부모의 반응이 부적절하거나 부정적인 스트로크를 받게 되면 부정적인 인생태도를 형성하게 된다. 이러한 인생태도는 생의 초기에 형성되는 것으로 아동은 다음과 같은 네 가지 인생태도 가운데 하나를 선택하게 되며, 자신이 형성한 인생태도에 따라 일상생활에서 행동을 선택하게 된다(Harris, 1991).

① 자기부정-타인긍정

출생 직후 무력한 존재인 인간은 타인의 도움을 받아야만 자신의 욕구를 충족시킬 수 있다. 그러므로 아동은 자신은 무능하며(I'm not OK) 자신보다 타인이 유능하다(You're OK)는 인생태도를 형성할 수 있는데, 이것이 바로 자기부정-타인긍정(I'm not OK-You're OK)의 자세이다. 이러한 인생태도를 가진 아동은 권위주의적이고 지배적인 사람에게 의존하는 경향이 강하기 때문에 오히려 부모의 지시를 고맙게 생각한다. 이들은 자기비하나 열등감을 가지고 있으므로 타인을 회피하거나 절망감이나 자포자기, 우울증으로 발전할 수 있는 가능성도 있다. 이러한 인생태도를 가진 아동은 스트로크에 대한 욕구가 강하다는 사실을 염두에 두어야 한다. 그러므로 이들이 자신을 긍정적으로 생각하게 하기 위해서는 가급적 자녀에게 지시적인 태도를 자제하고 지속적으로 자녀의 행동을 지지해주고, 자녀가 자율적인 태도를 보일 때 긍정적인 강화를 해주는 것이 바람직하다.

② 자기부정-타인부정

자기부정-타인부정(I'm not OK-You're not OK)의 생활자세는 출생 후 부모와의 관계에서 기본적인 신뢰감을 형성하지 못하여 자신이 위험에 처했을 때 도움을 줄 수 있는 사람이 아무도 없다는 느낌에서 비롯된다. 또한 걸음마를 시작하면서 아동은 주변환경을 탐색하게 되며 이러한 과정에서 적절한 자율성의 개념을 발달시키지 못하게 되면 자신에 대해 무능력감을 갖게 된다(I'm not OK). 이와 동시에 대소변 훈련 등을 통해 부모가 보이는 통제는 아동으로 하여금 부모에 대해서도 부정적인 태도를 갖게 한다(You're not OK). 즉, 자신도 가치 없는 존재이지만 타인도 무가치하다고 생각한다. 부모와의 상호작용을 통해 타인부정의 인생태도를 형성한 아동은 스트로크에 대한 욕구가 강하지만 긍정적인 스트로크를 주고받는 방법을 제대로 알지 못하기 때문에 결과적으로 상대방으로부터 부정적인 스트로크를 경험하는 악순환이 나타나게 된다. 그러므로 이들에게 지속적인 관심을 보여주고, 사소한 긍정적인 행동에 대해서도 강화와 격려를 통해 지속적으로 스트로크를 제공해주는 것이 필요하다.

③ 자기긍정-타인부정

자기긍정-타인부정(I'm OK-You're not OK)의 태도는 아동이 성장하면서 점차 외부의 도움이 없이도 생존할 수 있다는 자신감이 생기고, 부모의 통제와 같은 외부자극을 거부하게 되면서 형성되는 인생태도이다. 또한 부모로부터 심한 학대를 받게 되면 출생 초기의 자기부정-타인긍정의 자세가 도치되어 부모에 대해서는 부정적인 감정을 갖게 되는 반면, 자신을 보호하려는 의도에서 자신에 대해서는 긍정적인 자세를 갖게 된다. 이러한 인생태도를 가지고 있는 아동은 타인이 자신에게 위해를 가했으니까 타인들은 옳지 않고(You're not OK), 나를 혼자 내버려만 둔다면 나는 아무런 문제가 없다(I'm OK)라는 생각이 지배적이다. 이러한 생활자세가 지속되면 자신에 대해서는 우월감을 갖고 타인은 무능력한 존재로 간주하여 무시하게 된다. 그러므로 상대방에게는 함부로 대하고 반사회적인 범죄를 저지르는 경우가 많은 반면, 애정박탈로 인해 자기애적인 성향이 강하다.

④ 자기긍정-타인긍정

자기긍정-타인긍정(I'm OK-You're OK)의 인생태도는 자신도 가치 있고 타인도 가치 있다고 생각하는 바람직한 자세이다. 이는 앞서 설명한 세 가지 인생태도와 질적인 차이가 있다. 이들 세 가지 인생태도는 생의 초기에 무의식적으로 형성된 것이며, 감정적인 측면에 기초한 것이다. 반면, 자기긍정-타인긍정의 자세는 의식적인 사고나 활동에 기초한 것이다. 아동의 의식이나 사고가 발달하기 전에는 자기긍정-타인긍정의 자세를 가질 수 없으나 아동에게 성인자아가 형성되기 시작하면 이러한 자세로의 변화가 가능하다. 아동이 주변 환경을 탐색할 때 부모는 자녀에게 애정을 표현하고 아동의 행동을 격려하고 강화해줌으로써 가치 있는 인간이라는 생각을 갖도록 해줄 수 있다. 이러한 과정을 통해 아동은 자신의 가치를 발견할 수 있으므로 자신도 옳고(I'm OK), 타인도 옳다(You're OK)라는 생각을 갖게 된다.

한 개인의 인생태도는 상호교류를 통해 얻은 정보를 토대로 하여 결정되기 때문에 아동이 성장하면서 획득한 정보에 따라 인생태도는 변화한다. 그러나 한 번 형성된 인생태도는 자신이 의식적으로 자기긍정-타인긍정의 인생태도로 변화시키기 위해 노력하지 않는 한 지속적으로 특정한 인생태도를 유지하게 된다.

4. 행동수정이론

행동수정이론은 인간의 행동은 타고난 것이 아니라 주위 환경과의 상호작용을 통해 학습된 것임을 전제로 하고 있다. 또한 행동수정이론에서는 정신분석이론이 지나치게 꿈이나 자유연상과 같은 모호한 개념에 치중하고 있다는 사실을 비판하고 인간의 행동을 설명할 수 있는 과학적인 접근방법을 제시하였다.

1) 행동수정이론의 발전과정

인간의 행동이 주위 환경과의 상호작용을 통해 습득된 것임을 전제로 하고 있는 행동수정이론에서는 인간의 학습과정을 Ivan Pavlov의 고전적 조건형성이론과 Burrhus Skinner의 조작적 조건형성이론, Albert Bandura의 사회인지학습이론 등을 통해 다음과 같이 설명하고 있다.

(1) 고전적 조건형성이론

고전적 조건형성(classical conditioning)이론은 러시아의 생리학자 Ivan Pavlov(1927)의 연구에 그 기초를 두고 있다. Pavlov는 개의 타액분비량이 자동적으로 기록되도록 한 실험연구를 통해 처음에는 개에게 침을 분비하게 하는 것과는 전혀 관련이 없는 중성자극이라도 침의 분비를 유발하는 자극과 지속적으

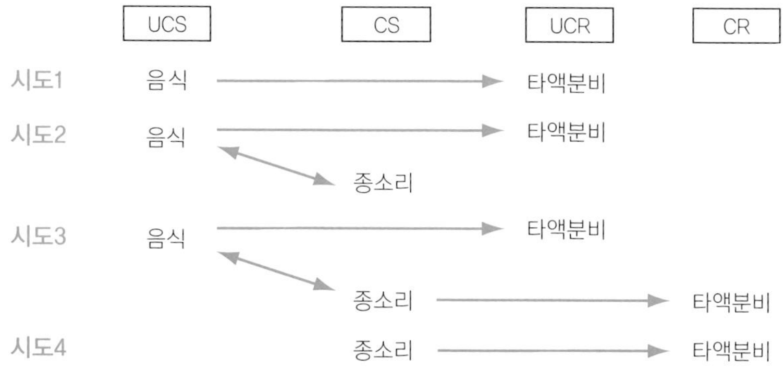

〈그림 8-9〉 Pavlov의 고전적 조건형성 모형

로 짝지어 제시하게 되면, 결국에는 중성자극에 대해서도 침을 흘리게 되는 반응이 일어난다는 사실을 증명하였다.

〈그림 8-9〉에서 보듯이 배고픈 개에게 고기라는 먹이는 아무런 조건 없이 침을 흘리게 하는 무조건자극이다. 그러나 개에게 고기라는 먹이를 주면서 종소리라는 중립자극을 함께 제시하면, 개는 이후에 종소리만 들려주어도 침을 흘리는 반응을 보이게 된다는 것이다. 처음에 고기라는 무조건자극(unconditioned stimulus: UCS)에 대해서만 무조건반응(unconditioned response: UCR)으로 침을 흘리던 개가, 무조건자극인 고기와 중립자극인 종소리가 계속적으로 연합되어

사진 설명
Pavlov와 실험용 개.

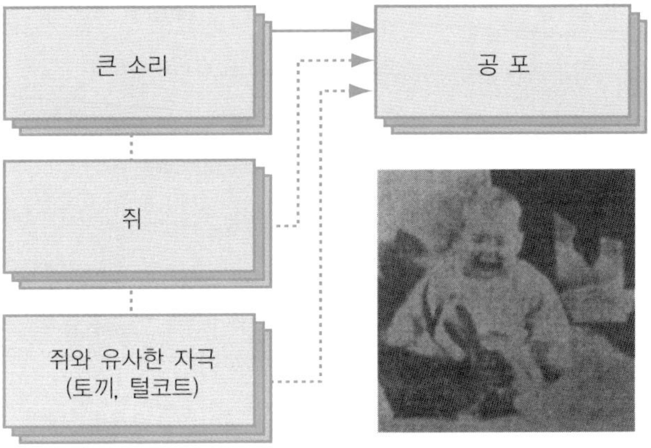

〈그림 8-10〉 앨버트에게 공포반응을 조건형성하기

제시되는 과정을 통해서 개는 마침내 종소리만 울려도 침을 흘리게 된다. 이처럼 그 자체만으로는 개로 하여금 타액을 분비할 수 없었던 중립자극이었던 종소리가 먹이가 주어질 것이라는 조건자극으로 학습되어 침을 흘리게 되는 조건반응(conditioned response: CR)이 일어나게 되며, 이 과정을 고전적 조건형성이라고 한다.

Pavlov의 고전적 조건형성의 원리를 인간의 행동에 적용시킨 Watson(1924)은 인간의 행동도 자극과 반응 간의 연합을 통해 이루어진다고 하였다. Watson과 Rayner(1920)는 Albert라는 소년을 대상으로 흰쥐를 보여주는 것과 동시에 아동에게 선천적으로 두려움을 주는 큰 소리를 함께 들려줌으로써 지금까지 전혀 공포반응을 보이지 않았던 흰쥐에 대한 공포반응을 형성하는 데 성공하였다(〈그림 8-10〉 참조). 이후 Jones(1924)는 Watson과 Rayner가 사용했던 것과 역의 방법을 사용하여 흰쥐뿐만 아니라 털이 있는 짐승에 대해 공포증을 보이는 Peter라는 소년을 치료하는 데 성공하였다.

(2) 조작적 조건형성

Burrhus Skinner(1953)는 인간의 행동은 자극에 따라 반응을 하는 수동적인 형태가 아니라 오히려 자신이 한 반응 이후에 제시되는 자극의 종류에 따라 결정된다고 주장하였는데, 이를 조작적 조건형성(operant conditioning)이론이라고 한다. Skinner는 자신의 실험을 통해 배고픈 쥐는 먹이라는 자극이 주어지면 지렛대를 누르는 반응을 계속적으로 하게 되지만 전기충격이라는 혐오감을 주는 자극이 주어지면 더 이상 지렛대를 누르는 반응을 하지 않게 된다고 하였다. 즉, 대부분의 행동은 선행되는 자극에 따라 수동적으로 반응이 이루어지는 것이 아니라, 반응 이후에 어떠한 자극이 제시되는가에 따라 행동이 결정된다는 것이다. 만약 반응 이후에 제시되는 자극이 긍정적인 것이라면 이후의 반응은 증가할 것이고, 반대로 혐오감을 주는 것이라면 이후의 반응은 감소할 것이다. 반응 이후에 제시되는 자극이 이후의 바람직한 행동을 증가시키는 경우 이를 정적 강화자극(positive reinforcement stimulus)이라고 하며, 특정한 혐오자극을 철회함으로써 바람직하지 않은 행동이 일어날 확률을 감소시키는 경우 이를 부적 강화자극(negative reinforcement stimulus)이라고 한다. 이와는 달리 벌(punishment)은 혐오자극을 제시함으로써 바람직하지 못한 행동이 일어날 확률을 감소시키는 것을 말한다. 조작적 조건형성이론은 강화자극을 적절하게 조절함으로써 바람직한 행동은 증가시키고 바람직하지 못한 행동은 감소시키는 행동수정이 이루어질 수 있다고 본다.

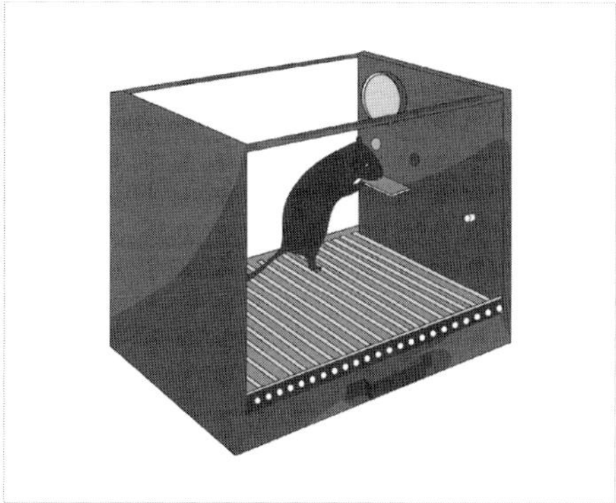

사진 설명
Burrhus Frederic Skinner와 실험상자.

(3) 사회학습

Albert Bandura

Albert Bandura(1977)와 그 동료들(1961)은 인간의 행동은 외부로부터 직접적으로 주어지는 자극이나 강화를 통해서 학습이 이루어지는 것이 아니라, 직접적으로 경험하지 않고도 단순히 타인의 행동을 관찰하고 모방함으로써 간접적으로도 학습이 이루어질 수 있다고 하였다. 단순히 모방만으로 학습이 이루어진다는 점에서 이를 사회학습이론(social learning theory)이라고 한다.

Bandura와 그 동료들(1961)은 모방(theory)학습이 이루어지기 위해서는 네 가지 과정이 필요하며, 이 가운데 한 과정이라도 빠지게 되면 성공적인 모방은 이루어질 수 없다고 하였다. 모방학습이 이루어지기 위해서는 첫째, 모델의 행동에 대해 주의집중(attention)이 이루어져야 하며, 둘째, 이를 기억(retention)할 수 있는 능력이 필요하고, 셋째, 모방하고자 하는 행동을 실제로 표현할 수 있는 운동재생(motoric reproduction)능력이 필요하며, 넷째, 이러한 과정이 모두 충족되었다 하더라도 성공적인 모방학습이 이루어지기 위해서는 동기유발(motivation)이 필요하다.

2) 행동수정의 목표

행동수정이론은 지금까지의 부모교육이론과는 달리 부모-자녀 간의 의사소통방법이나 자녀의 감정수용 등에 대해서는 그다지 관심이 없다. 행동수정은 상벌의 방법을 사용하여 바람직하지 못한 행동을 수정하는 것을 그 목표로 한다. 즉, 외현적으로 표현되는 구체적인 행동을 변화시키는 것이 행동수정의 목표이다. 즉, 행동수정에서는 눈에 보이지 않는 심리적인 문제에는 관심을 두지 않으며 눈에 보이는 외현적인 행동의 수정에만 관심을 둔다. 그러므로 불안과 같은 포괄적인 행동은 행동수정의 목표가 될 수 없으며, 불안으로 인해 나타나는 구체적인 행동을 수정하는 것을 그 목표로 한다.

3) 행동수정의 기본원리

행동수정 기법은 크게 바람직하지 못한 행동을 감소시키는 방법과 바람직한 행동을 증가시키는 방법으로 구분할 수 있다.

(1) 바람직하지 못한 행동을 감소시키는 방법

처벌의 개념을 위시하여 바람직하지 못한 행동을 수정하기 위해 많은 행동수정 방법이 개발되었으며, 그 대표적인 방법으로는 다음과 같은 것이 있다.

① 처벌

처벌(punishment)은 혐오자극을 제시함으로써 행동이 일어날 확률을 감소시키는 방법이다. 그 가운데 가장 논란의 여지가 많은 대표적인 방법이 체벌이다. 체벌은 행동수정의 전통적인 도구로서 널리 사용되는 방법이지만 동시에 여러 가지 측면에서 그 부작용 또한 문제점으로 지적되고 있다. 첫째, 체벌은 Bandura(1977)의 공격성 실험에서 증명된 바와 같이 아동으로 하여금 모방학습을 통해 공격성을 증가시킨다는 점이 문제점으로 지적되고 있다. 둘째, 체벌을 받는 상황을 피하기 위해 더욱더 바람직하지 못한 행동을 유발할 수도 있다. 셋째, 체벌은 그 효과가 일시적이며 재발 가능성이 높다. 넷째, 벌을 준 사람이나 장소를 싫어한다. 다섯째, 체벌만으로는 바람직한 행동을 가르칠 수 없다는 문제점을 가지고 있다. 그러므로 체벌의 방법이 효과적으로 이루어지기 위해서는 다음과 같은 점을 고려해야 한다.

첫째, 한 번에 한 가지 문제행동만을 행동수정 대상으로 해야 한다. 둘째, 체벌을 받게 되는 기준을 사전에 미리 확실하게 알려주어야 한다. 셋째, 체벌은 문제행동이 일어나는 즉시 주도록 한다. 넷째, 체벌만으로는 행동수정이 이루어질 수 없으므로 대체행동의 강화와 같은 다른 행동수정 방법을 병행하여 사용하도록 한다.

② 소거, 관심중단

소거(extinction)는 일단 학습된 행동도 그 행동에 대한 강화가 지속적으로 이루어지지 않는다면 점차 소멸된다는 원리에 근거한 것이다. 아동이 바람직하지 못한 행동을 했을 때에 부모나 교사가 이러한 행동에 대해 체벌을 가하는 것 자체도 관심을 보여주는 것이라고 볼 수 있다. 그러므로 아예 이러한 행동에 대해 관심을 보이지 않고 무시함으로써 문제행동을 감소시키는 방법이 소거의 방법이다. 소거의 방법을 적용하는 과정에서 고려해야 할 점은 다음과 같다.

첫째, 문제행동에 대해 소거의 방법을 사용하면 부모나 교사의 관심을 끌기 위해 아동의 문제행동은 폭발적으로 증가하게 되는데, 이를 소멸저항이라고 한다. 그러므로 소거의 방법을 사용할 경우 소멸저항이 나타난다는 사실을 미리 인식하고 이를 극복하고자 하는 의지가 있을 때에 소거의 방법을 사용해야 한다. 둘째, 실제로 문제행동이 나타나는 상황에서 이를 무시하기는 어려우므로 상반행동 강화와 같은 다른 행동수정 방법을 병행해서 사용하는 것이 시간과 노력의 낭비를 막을 수 있는 효과적인 방법이다. 셋째, 강화의 모든 근원을 차단할 수 있을 때에 사용하는 것이 효과적이다. 소거의 방법을 사용하는 과정에서 비록 부모가 아동의 행동을 무시한다 하더라도 조부모가 이러한 행동에 대해 관심을 보여준다면 문제행동의 수정은 더욱 어려워지게 된다.

✐사진 설명
타임아웃(time out)은 제한된 시간 동안 아동을 격리시켜 혼자 있게 하여 자신의 잘못을 되돌아볼 수 있는 기회를 갖게 해준다.

③ 고립

아동이 문제행동을 보일 경우 이에 대해 관심을 보이지 않는 것은 실제로는 힘든 일이다. 그러므로 현재 아동이 처해 있는 상황이 문제행동을 유발하는 요인이라고 판단이 될 경우 아동을 문제행동이 일어나는 즐거운 상황으로부터 일시적으로 격리시키는 방법이 고립(time out)이다(사진 참조). 고립의 방법을 사용하는 과정에서 유의해야 할 점은 다음과 같다.

첫째, 현재 상황이 고립되는 것을 싫어할 만큼 즐거운 상황이어야 한다. 둘째, 고립되는 곳에는 아동이 좋아할 만한 장난감이나 물건을 두지 말아야 하며, 고립되는 동안의 행동도 엄중하게 통제되어야 한다. 셋째, 아동의 연령에 따라 고립되는 시간을 고려해야 한다. 유아의 경우 고립되는 시간은 5~10분 정도를 넘지 말아야 하며, 그 이상이 되면 효력을 상실하게 된다. 넷째, 고립되는 것 자체가 관심끌기의 효과를 거두어서는 안 된다. 그러므로 고립을 시킬 경우 고립 이외에 체벌을 가하는 것과 같은 관심을 보여주는 행동은 자제하도록 한다.

④ 포만

포만(satiation)은 아무리 좋은 것도 지나치면 싫증이 난다는 원리에 근거한 행동수정방법이다. 예를 들어, 신문을 계속 찢어놓는 아동에게 신문지를 많이 주고 싫증이 날 때까지 실컷 찢게 함으로써 그 행동을 더 이상은 하고 싶지 않게 만들어주는 방법이다. 포만의 방법을 실시하는 과정에서 고려해야 할 점은 다음과 같다.

첫째, 포만의 방법은 문제행동이 위험하지 않은 행동일 경우에 한정되어야 한다. 둘째, 포만의 방법을 실시하는 과정에서 성인이 먼저 포만이 되어서는 안 된다. 셋째, 포만을 시키고자 하는 행동은 수정하고자 하는 행동과 정확하게 일치해야 한다.

⑤ 반응대가

반응대가(response cost)는 아동에게 즐길 수 있는 권리를 미리 준 후, 약속을 어길 경우 주어진 권리의 일부를 박탈함으로써 잘못된 행동을 수정하는 방법이다. 이를 권리박탈이라고도 한다. 예를 들어, 자녀에게 귀가시간을 저녁 10시로 정해 준 후, 이를 어겼을 경우 다음 일주일간의 귀가시간을 일정 시간 앞당기는 방법이다. 반응대가의 방법을 사용하는 과정에서 유의해야 할 점은 다음과 같다.

첫째, 자녀에게 사전에 치러야 할 대가를 미리 제시하고 합의하는 것이 효과적이다. 둘째, 대가가 적정한 수준이어야 한다. 자녀가 지불해야 하는 대가의 수준이 지나치게 높으면 자녀는 아예 행동을 수정하려는 의욕을 상실하게 된다.

⑥ 대체행동 강화

대체행동 강화(reinforcement of other behavior)는 바람직하지 못한 행동과 상반되거나 동시에 수행할 수 없는 다른 행동을 강화함으로써 문제행동을 수정하는 방법이다. 대체행동의 강화가 효과적으로 이루어지기 위해서 고려해야 할 점은 다음과 같다.

첫째, 어떠한 대체행동을 선정하였건 아동이 대체행동을 잘 수행하였을 경우에는 강화를 해주어야 한다. 동시에 대체행동을 잘 수행하지 못했을 경우라 하더라도 벌을 주는 것과 같은 불쾌한 경험을 하게 해서는 안 된다. 둘째, 대체행동이 바람직하지 못한 행동을 강화해서는 안 된다. 대체행동이 바람직하지 못한 행동을 강화한다고 판단될 경우에는 다른 대체행동을 찾도록 해야 한다.

⑦ 체계적 둔감법

Mary Cover Jones

체계적 둔감법(systematic desensitization)은 뚜렷한 이유 없이 특정한 대상에 대해 불안반응을 보이는 아동에게 불안의 대상이 되는 자극에 점차적으로 노출시킴으로써 불안반응을 감소시키는 방법이다. Jones(1924)가 털이 달린 동물에 대해 공포반응을 보이는 Peter라는 아동의 행동을 수정한 방법이 바로 체계적 둔감법이다. 체계적 둔감법을 사용하는 과정에서 고려해야 할 점은 다음과 같다.

첫째, 체계적 둔감법을 사용하기 이전에 먼저 이러한 반응에 대한 정확한 원인규명과 아울러 미리 예방이나 차단이 가능한 것인지를 먼저 생각해야 한다. 둘째, 아동이 불안을 느끼는 상황이나 대상에게 서서히 단계적으로 노출시켜 나가도록 한다. 셋째, 아동에게 불안감을 유발하는 대상과 편안함을 유발하는 대상을 동시에 짝지어 제시함으로써 불안감이 상쇄되도록 해야 한다.

(2) 바람직한 행동을 증가시키는 방법

정적 강화와 부적 강화의 방법을 근간으로 하여 바람직한 행동을 증가시키는 방법도 다수 개발되었으며, 그 대표적인 방법을 살펴보면 다음과 같다.

① 정적 강화와 부적 강화

강화는 특정한 보상을 제시해줌으로써 행동의 발생빈도를 높이는 것을 의미한다. 그 가운데 정적 강화(positive reinforcement)는 바람직한 행동을 했을 때 칭찬이나 강화물을 제공해줌으로써 바람직한 행동의 빈도를 증가시켜 나가는 방법이다. 반면, 부적 강화(negative reinforcement)는 바람직한 행동을 했을 때, 화장실 청소를 면제해주는 것과 같이 혐오자극을 제거해줌으로써 바람직한 행동의 빈도를 증가시켜 나가는 방법이다. 정적 강화와 부적 강화의 방법을 사용하는 과정에서 유의해야 할 점은 다음과 같다.

첫째, 행동수정의 초기에 강화물은 바람직한 행동 이후에 즉시 제공되어야 하며, 혐오자극도 즉시 제거되어야 한다. 둘째, 행동수정의 초기에 강화물은 일관성 있게 제공되어야 한다. 셋째, 강화물을 사용하는 과정에서 개인차를 고려해야 한다. 넷째, 강화물의 양도 고려해야 한다. 강화물의 양이 너무 적어도 행동에 대한 강화효과를 기대할 수 없지만 너무 많아서 포화가 일어나도 강화물로서의 매력을 상실하게 된다. 다섯째, 강화물은 목표행동과 관련해서만 제공해야 하며, 남발하거나 다른 대상을 통해서 충족되어서도 안 된다.

② 행동형성과 행동연쇄

행동형성(shaping)은 한 번에 도달하기 어려운 새로운 행동을 가르칠 때에 목표행동에 점차적으로 접근하도록 강화물을 제시하는 방법이다. 아동에게 책을 읽게 하는 행동을 가르치는 과정에서 처음에는 5분, 다음에는 10분, 15분 정도로 점차 시간을 늘려 가며 강화물을 제공해주는 방법이다. 행동형성의 방법은 목표행동이 단일계열의 행동이면서 양적으로 증가시킴으로써 도달할 수 있는 경우에 널리 사용되는 방법이다.

〈표 8-2〉 행동연쇄 단계의 예

1단계: 자기 칫솔을 고른다.
2단계: 칫솔에 물을 적신다.
3단계: 칫솔에 치약을 적당하게 바른다.
4단계: 양치질을 한다.
5단계: 컵에 물을 받는다.
6단계: 물로 입 안을 헹군다.
7단계: 칫솔을 씻어 제자리에 둔다.

반면, 행동연쇄(chaining)는 학습할 행동을 여러 단위행동으로 단계별로 나누어서 가르치는 방식이다. 즉, 단일 행동계열이 아닌 여러 행동계열로 구성되어 있는 행동을 단계별로 세분화하여 처음부터 마지막까지 단계별로 목표행동에 점차적으로 접근하도록 강화물을 제시하는 방법이다(〈표 8-2〉 참조). 단계의 구분은 아동의 발달수준에 따라 적절하게 세분화하는 것이 바람직하며, 아동이 이를 수행하는 데에서 어려움을 보이면 이를 보다 더 세분화시키는 것이 효과적이다. 또한 과제에 따라 첫 단계부터 순서대로 가르치는 방법보다 마지막 단계에서부터 역으로 가르치는 방법이 효과적인 경우도 있다. 이를 역순행동연쇄(backward chaining)라고 한다. 행동형성이나 행동연쇄의 방법은 아동의 기본생활습관을 처음 가르치는 과정에서 널리 활용되고 있으며, 이를 사용하는 과정에서 고려해야 할 점은 다음과 같다.

첫째, 가능한 한 행동의 단계를 세분화한다. 아동이 목표행동에 도달하기 어려워할수록 더 많은 단계로 세분화하여야 한다. 둘째, 아동이 성취할 수 있는 수준을 낮게 설정하여 보상을 충분히 받을 수 있도록 한다. 셋째, 이전 단계의 행동이 충분히 숙달된 이후 다음 단계로 행동이 진행되도록 한다.

③ 용암법

용암법(fading)은 아동이 과제를 수행하는 방법을 전혀 모르는 상황에서 적절한 자극을 제시함으로써 기대하는 반응을 유도하는 방법이다. 이러한 촉진자극에는 말로써 반응을 도와줄 수 있는 언어적 촉진자극도 있지만, 손으로 가리키는 것과 같이 동작을 통해 반응을 유도하는 시각적 촉진자극, 행동을 유발하는 환경을 제공해주는 환경적 촉진자극, 신체접촉을 통해 반응을 유도하는 신체적 촉진자극 등이 있다. 용암법은 정신지체아나 자폐아의 학습에 널리 적용되는 방법으로, 이 방법을 사용하는 과정에서 유의해야 할 점은 다음과 같다.

첫째, 행동수정의 초기에는 적절한 촉진자극을 병행하여 사용함으로써 오류를 최소화하고 효과를 극대화할 수 있다. 그러나 지나치게 이에 의존하게 되면 타성이 생기기 쉬우므로 촉진자극의 사용은 점차적으로 줄여나가야 한다.

둘째, 용암과정의 진행속도가 너무 빨리 진행되면 미처 습득할 시간적 여유가 없고, 반대로 너무 단계가 세분화되어 느리게 진행되어도 촉진자극에 의존하는 결과를 초래한다. 그러므로 연속적으로 4~5회 이상 성공하거나 80% 이상의 성공률을 보이면 다음 단계로 진행하도록 한다.

④ 토큰 강화

그 자체만으로는 강화물로서의 효과를 기대하기 어렵지만 다른 강화물과 적절하게 짝지어짐으로써 강화력을 얻은 자극을 조건강화자극이라고 한다. 즉, 실제 강화물 대신에 스티커나 플라스틱 조각 등을 일정한 양을 모으면 〈표 8-3〉과 같이 자신이 원하는 물건이나 활동 등과 교환하게 되는데, 이러한 종류의 조건강화자극을 토큰(token)이라 하며, 토큰과 교환되는 물건을 후속(교환) 강화자극이라고 한다.

〈표 8-3〉 토큰 강화물의 예

토큰 1개:	껌 1개
토큰 5개:	원하는 음식 만들어주기
토큰 10개:	잠자는 시간 30분 연장해주기
토큰 20개:	TV시청시간 30분 연장해주기
토큰 50개:	외식하기
토큰 100개:	놀이동산 가기

토큰 강화의 방법은 행동이 일어난 즉시 제공할 수 있으며, 사용하기가 간편할 뿐만 아니라 모은 토큰을 통해 자신의 행동이 개선되고 있다는 사실을 알게 됨으로써 동기유발효과가 크다는 장점을 가지고 있다. 또한 이는 장기간 저축함으로써 보다 값진 물건으로 교환할 수 있으므로 쉽게 포화가 형성되지 않는다는 이점도 가지고 있다. 토큰 강화를 실시하는 과정에서 고려해야 할 점은 다음과 같다.

첫째, 포화가 쉽게 일어나지 않도록 가능한 한 다양한 종류의 후속 강화물을 갖추는 것이 필요하다. 둘째, 토큰을 받을 수 있는 행동은 5~6가지 정도로 정하되 그 가운데 3~4가지는 아동이 쉽게 성취할 수 있는 것으로 하고, 나머지는 부모가 원하는 것으로 정한다. 셋째, 아동과 약속한 것은 반드시 지키도록 한다. 그러므로 현실적으로 지키기 가능한 범위 내에서 강화물을 선정하도록 하고, 지키기 어려운 엄청난 보상을 제시하는 것은 자제하도록 한다. 상품가치가 있는 것을 후속 강화물로 사용하기도 하지만 가급적 비싸지 않은 것으로 정하는 것이 경제적 부담을 줄일 수 있고 동시에 지키기 쉽다는 점에서 바람직하다. 넷째, 아동이 모은 토큰으로 후속 강화물을 바꾸는 것을 다른 아동들이 보게 하면 경쟁심을 자극하여 행동수정 효과가 보다 높게 나타난다. 다섯째, 토큰은 아동에게 무조건 주기만 하는 것이 아니라 아동이 바람직하지 않은 행동을 할 경우 빼앗기게 되는 토큰의 수도 명시해두는 것이 행동수정 효과가 높다. 그러나 어디까지나 토큰을 빼앗기는 것보다는 얻을 수 있는 기회를 더 많이 제공해주는 것이 바람직하다. 여섯째, 약속한 벌칙 이외의 방법으로 토큰을 빼앗지 않도록 해야 하며, 토큰을 빼앗는 것 이외에 다른 벌칙을 부과해서도 안 된다.

제9장 부모교육 프로그램

1960년대 이후 부모역할의 중요성에 대한 인식이 증대되면서 여러 가지 다양한 부모교육이론이 제시되었으며, 이들 이론에 근거하여 실제 자녀양육의 지침이 되는 많은 부모교육 프로그램이 개발되었다. 이들 프로그램은 대부분 책으로 출판되거나 워크숍의 형태로 부모교육을 하기 위해 교재나 비디오 자료로 제작되었다.

우리나라에서도 비록 이론적으로 체계화되지는 않았으나 전통사회에서부터 전승되어 내려오는 상당수의 자녀양육 지침서가 있다. 그러나 부모교육의 필요성에 대한 인식은 최근에 와서야 활발하게 논의가 이루어졌으며, 이러한 연유로 우리나라의 부모교육 프로그램은 서구에 비해 다소 늦게 개발되었다고 볼 수 있다. 초기에 개발된 프로그램 가운데에는 서구의 부모교육 프로그램을 그대로 사용하거나 참고로 하여 개발된 것이 상당수를 차지하고 있으나, 최근 우리 문화에 적절한 부모교육 프로그램을 개발하고자 하는 시도가 활발하게 이루어지고 있다.

이 장에서는 먼저 서구에서 개발된 부모교육 프로그램 가운데 대표적인 것으로 '체계적 부모효율성훈련' '부모효율성훈련' '자녀가 경청하는 대화하기' 프로그램에 대해 살펴보고 다음으로 우리나라의 '자녀의 힘을 북돋우는 부모훈련' 프로그램에 대해 살펴보고자 한다.

1. 체계적 부모효율성훈련 프로그램

Don Dinkmeyer

Gary D. McKay

체계적 부모효율성훈련(Systematic Training for Effective Parenting: STEP)은 Adler와 그의 제자인 Dreikurs의 민주주의 부모교육 이론을 기초로 하여 Dinkmeyer와 McKay(1976)가 개발한 부모교육 프로그램이다. 이들은 1973년 『책임 있는 자녀를 키우는 법』이라는 저서를 출간하였고, 이어서 여러 부모교육이론을 통합하여 1976년 STEP 프로그램을 개발하였다. STEP 프로그램은 이경우(1985)에 의해 『당신도 유능한 부모가 될 수 있다』로 번역, 출간되어 우리나라에 소개되어 널리 사용되고 있다.

1) 프로그램의 목표

STEP 프로그램은 격려나 상호존중과 같은 민주주의 부모교육이론에 근거하여 부모의 자녀양육 기술을 향상시키고 사회적으로 책임감 있는 자녀를 양육하는 것을 그 목표로 하고 있다. 이를 위해 자녀의 행동에 대한 이해와 인간은 누구나 평등하다는 민주적인 관계가 전제가 되어야 한다고 하였다. STEP 프로그램에서는 이러한 이념을 실현하기 위하여 다음과 같은 목표를 설정하고 있다.

첫째, 부모 자신에 대한 이해와 자녀의 잘못된 행동에 대한 이해를 돕는다. 둘째, 목표달성을 위한 아동의 노력을 격려해줌으로써 아동에게 자신감과 자아존중감을 갖게 한다. 셋째, 한 인간으로서 자녀를 존중하는 의사소통 방식을 장려한다. 넷째, 자신의 행동 결과에 대한 책임감과 판단력을 키워주기 위해 보상과 처벌의 방법 대신 자연적 · 논리적 결과의 방법을 사용하도록 한다. 다섯째, 부모-자녀 간에 상호존중에 근거한 민주적 관계를 형성함으로써 자녀로 하여금 자신의 문제를 스스로 해결할 수 있는 능력을 기른다.

2) 프로그램의 운영 및 구성

STEP 프로그램은 9주에 걸쳐 주 1회 2시간씩 교육이 이루어진다. 교육인원은 10~12명으로 구성되며, 교재는 교사용 지침서와 부모용 지침서를 사용한다. STEP 프로그램의 세부적인 교육내용을 살펴보면 다음과 같다.

(1) 1주: 자녀 행동의 이해

아동은 성인과 마찬가지로 소속감을 얻고자 하는 사회적 동물이며, 잘못된 행동의 근저에는 타인으로부터 인정을 받고자 하는 욕구가 있음을 인식해야 한다. 이러한 욕구가 충족되지 못할 경우 아동은 관심 끌기, 힘 행사하기, 앙갚음, 무능력감의 네 가지 잘못된 행동목표를 설정하게 된다(제8장 민주주의 부모교육이론 참조).

(2) 2주: 자녀와 부모 자신에 대한 이해

자녀와 부모 자신에 대한 올바른 이해를 위해서는 자녀의 잘못된 행동목표뿐만 아니라 자녀가 사용하는 정서나 생활양식, 부모자신이 완벽한 부모인지, 책임 있는 부모인지에 대한 인식도 필요하다. 그리고 부모는 자녀가 잘못된 행동목표를 달성하기 위하여 정서를 이용한다는 사실을 염두에 두어야 한다.

(3) 3주: 격려-자신감과 자아존중감 길러주기

격려는 부모-자녀관계를 발전시켜 나가기 위한 중요한 기술 가운데 하나이다. 부모의 기준에 근거하여 주어지는 상벌과는 달리 격려는 자녀의 잘한 점과 장점에 초점을 맞춤으로써 자녀에게 자신감과 자아존중감을 갖게 해준다.

(4) 4주: 의사소통-반영적 경청

만족스러운 부모-자녀관계가 유지되기 위해서는 효과적인 의사소통 방법을 습득하는 것이 무엇보다도 필요하다. 인간의 의사소통은 크게 개방적 반응과 폐쇄적 반응으로 구분할 수 있다. 개방적 반응은 다른 사람이 말하는 것을 주의 깊게 듣고 그 이면에 숨은 의미를 파악하여 반응을 보이는 것을 의미하는 반면, 폐쇄적 반응이란 다른 사람의 말을 잘 듣지 않거나 그 숨은 의미를 잘 이해하지 못하고 형식적인 반응을 보이는 것을 의미한다(〈표 9-1〉 참조). 부모가 자녀의 생각과 감정을 전적으로 수용하는 개방적인 반응을 보이는 것을 반영적 경청이라고 한다.

〈표 9-1〉 개방적 반응과 폐쇄적 반응

자녀가 하는 말	개방적 반응	폐쇄적 반응
다시는 그 애랑 놀지 않을 거야.	그 애한테 정말로 화가 많이 났구나.	잊어버려. 그 애는 그런 뜻으로 말한 것이 아니었을 거야.
학교가기 싫어요. 철수는 나쁜 애야.	철수가 너를 괴롭힐까 봐 두려운가 보구나.	학교는 반드시 가야 한다.
엄마는 이 세상에서 제일 나쁜 엄마예요.	네가 나 때문에 화가 많이 났구나.	다시는 그런 말 하면 안 돼.

출처: Dinkmeyer, D., & McKay, G. D. (1976). *Systematic training for effective parenting*. Circle Pines, MN: American Guidance Service.

(5) 5주: 의사소통-대안찾기와 나-전달법

부모자녀 간에 의사소통이 원활하게 이루어지기 위해서는 반영적 경청뿐만 아니라 대안찾기나 부모의 생각과 느낌을 표현하는 나-전달법을 사용하는 것이 필요하다. 문제가 있다고 느끼는 사람이 부모인 경우 나-전달법을 통해서 부모의 생각과 느낌을 표현하도록 하고, 부모나 자녀 중 어느 쪽도 패배감을 갖지 않도록 대안찾기를 통해 문제의 해결책을 찾도록 하는 것이 필요하다.

(6) 6주: 책임감 훈육방법

자녀를 훈육하는 방법 가운데 하나는 부모의 말에 순종할 때 상을 주고 순종하지 않을 때에 벌을 주는 것이다. 그러나 이러한 상벌의 방식으로 자녀의 행동을 통제할 경우 자율성이나 책임감을 저해한다는 단점이 있는 반면, 자연적 · 논리적 결과의 방법은 아동의 자율성이나 책임감을 침해하지 않는 보다 효과적인 방법이다.

(7) 7주: 자연적 · 논리적 결과의 활용

자연적 · 논리적 결과의 원리는 아침 등교시간이나 옷 입기, 식사습관 등과 같이 부모들이 흔히 직면하는 문제들에 적용시킴으로써 보다 원만한 부모-자녀관계가 이루어질 수 있다.

(8) 8주: 가족모임

가족모임은 원만한 부모-자녀관계를 형성하는 데에 필수적인 방법이다. 가족구성원 모두가 의사소통과정에 참여함으로써 민주적인 가족관계가 형성될 수 있다.

(9) 9주: 자신감 개발 및 잠재력 발휘

부모는 자녀를 양육하는 과정에서 자신감을 위축시키고 잠재력을 약화시키는 자기패배적 신념을 경계해야 한다. 부모는 자신이 불완전할 뿐만 아니라 자녀 또한 불완전하다는 사실을 수용할 수 있는 용기가 필요하며, 부모 자신이 불완전하다는 사실을 수용한다면 자녀의 실수도 쉽게 받아들일 수 있다.

3) 프로그램의 활용 및 효과

Dinkmeyer와 McKay는 STEP 프로그램에 근거하여 여러 가지 다른 프로그램도 개발하였다. 1983년 중 · 고등학생 자녀를 둔 부모를 위해 십대를 위한

STEP/Teen을 개발하였고, 1987년에는 STEP과 STEP/Teen에서 배운 부모의 기술적인 능력을 강화시킬 목적으로 'STEP후 과정(The Next STEP)'을 개발하였다. 또한 1980년에는 교사를 위한 STET(Systematic Training for Effective Teaching) 프로그램도 개발하였다. 그리고 아동용 STEP 프로그램의 원리와 기법을 확장시켜 영아용, 유아용 STEP 프로그램도 개발하였다.

여러 연구들은 STEP 프로그램을 실시한 후에 참가자들이 자녀의 행동을 더욱 긍정적인 것으로 지각하였으며, 자녀를 더 잘 수용하고 신뢰할 수 있었다고 한다. 또한 자녀들도 자신이 또래집단으로부터 더 잘 받아들여지고 타인을 보다 잘 도울 수 있는 것으로 지각하였다.

2. 부모효율성훈련 프로그램

Thomas Gordon

부모효율성훈련(Parent Effectiveness Training: PET)은 인본주의 부모교육이론을 기초로 하여 아동발달의 여러 이론을 종합하여 Thomas Gordon(1970)이 개발한 부모교육 프로그램이다. Gordon은 시카고 대학에서 심리학으로 박사학위를 수여받고 5년간을 시카고 대학에서 근무하였으며, 이후 상담현장에서 많은 경험을 쌓았다. 그는 정서적, 지적 문제를 가지고 있는 아동에 대한 상담경험을 토대로 실제로 도움이 필요한 사람은 아동보다 부모라고 생각하였다. 그는 부모에게 자녀와 대화하는 방법을 가르치는 것이 부모-자녀관계를 개선하기 위한 가장 급선무라고 생각하였고, 그 결과 PET 프로그램이 개발되었다. 부모효율성훈련은 처음에는 자녀와의 관계가 좋지 못한 부모를 대상으로 실시되었으나 점차 자녀의 문제를 예방하는 부모교육 프로그램으로 발전되어 갔다.

1) 프로그램의 목표

부모효율성훈련은 부모와 자녀가 생산적인 대화를 나누게 함으로써 부모-자녀 간의 갈등을 해소해주고 자녀가 자신의 문제를 스스로 해결하는 능력을 키워주며, 나아가 부모와 자녀의 관계가 서로 존중하고 도움을 주고받는 관계로 발전시켜 나가는 것을 그 목표로 하고 있다. PET에서 사용하고 있는 방법은 문제가 없는 상황은 물론이고 상대방이 문제를 가지고 있거나 내가 문제를 가지고 있는 상황에서 이에 적절한 대화기법을 적용함으로써 상호 간의 갈등을 용이하게 해결할 수 있다는 장점이 있다. 그러므로 부모효율성훈련은 부모가 자녀의 모든 행동을 수용할 수 없는 것은 지극히 당연한 일이며, 문제가 되는 사람을 파악하고 이에 적절한 의사소통 방식을 적용함으로써 부모-자녀관계를 향상시키는 것이 그 목표이다.

PET에서는 문제를 느끼는 사람이 부모인 경우 자신의 감정을 솔직하게 표현하는 나-전달법을 사용함으로써 자녀로부터 도움을 받을 수 있을 뿐만 아니라 부모-자녀관계도 향상된다고 한다. 반면, 문제를 느끼는 사람이 자녀인 경우에는 자녀의 문제에 귀를 기울이는 반영적 경청의 방법을 통해 부모와 자녀가 보다 좋은 관계를 유지할 수 있다. 그리고 반영적 경청과 나-전달법을 사용했음에도 불구하고 문제가 해결되지 않을 경우에는 제3의 방법인 무승패법(no lose method)을 제시하고 있다.

2) 프로그램의 운영 및 구성

PET 교육은 부모를 가르칠 수 있는 강사교육과 부모를 대상으로 한 일반교육으로 구성되며, 주 1회씩 총 8주 동안 24시간의 교육을 받게 된다. 강사들은 본부 소속의 6명의 전문가로부터 교육을 받은 후 자격증을 받게 되며, 강사들이 구성하는 PET 그룹은 10명 정도로 구성된다. Gordon의 PET가 주된 교재이며 여러 가지 교수방법이 적용된다. 부모들은 강사가 제시하는 역할놀이를 하면서 대화기술을 익히게 된다. PET 프로그램은 단순히 지식전달의 차원을 넘어 가정생활에서 부모들이 당면하는 문제를 다루어 봄으로써 자녀양육에 대한 자신감을 심어주고 자신의 자녀양육방법을 개선하기 위한 방향으로 이루어진다. 부모효율성훈련의 내용을 구체적으로 살펴보면 〈표 9-2〉와 같다.

〈표 9-2〉 부모효율성훈련의 교육내용

1주:	PET 소개와 정의, 목표 설정하기—행동의 네모꼴 도식/문제가 되는 사람 가리기
2주:	반영적 경청—의사소통의 걸림돌과 걸림돌을 경험하기
3주:	유아와 의사소통하기/감정표현 어휘 찾기/반영적 경청 실습
4주:	나-전달법—나-전달법의 3요소 설명과 나-전달법을 체험하고 인식하기
5주:	나-전달법의 종류/유아를 위한 나-전달법/환경을 재구성하기—가정환경의 재구성
6주:	제3의 방법—갈등 해결하기, 과거의 갈등 해결하기
7주:	문제해결의 6단계/욕구를 언어로 표현하기/제3의 방법으로 계획하기
8주:	가치관 대립에 대처하는 기술—가치관 대립을 인식하기/자녀의 가치관에 영향 주기

3) 프로그램의 활용 및 효과

PET 교육은 캘리포니아에서 처음으로 17명의 부모를 대상으로 실시되었는데, 그 효과가 너무나 뛰어나서 미국 전역으로 퍼져나갔으며, 현재 세계 43개국에서 실시되고 있다. 우리나라에서는 1989년 한국심리상담연구소(소장 김인자)를 통해 처음으로 소개되어 널리 사용되고 있다.

이후 PET의 뛰어난 효과로 인해 유사한 프로그램들이 다수 개발되었다. 교사와 학생들의 관계개선을 위해 교사효율성훈련(Teacher Effectiveness Training: TET), 조직 내 관리자와 직원들 간의 관계개선을 위한 지도자효율성훈련(Leader Effectiveness Training: LET), 아동뿐만 아니라 청소년들의 의사소통 능력을 향상시키기 위한 청소년효율성훈련(Youth Effectiveness Training: YET) 등으로 발전되었다.

3. 자녀가 경청하는 대화하기 프로그램

Adele Faber(좌) Elaine Mazlish(우)

자녀가 경청하는 대화하기(How to Talk so Kids will Listen) 프로그램은 Ginott의 주도하에 운영된 부모상담집단에서의 10년간의 경험을 바탕으로 하여, 1980년 Faber와 Mazlish가 개발한 인본주의적 관점의 부모교육 프로그램이다.

1) 프로그램의 목표

자녀가 경청하는 대화하기 프로그램에서는 부모-자녀 간 문제의 상당 부분은 의사소통에서 비롯된다고 전제하고, 올바른 대화방법을 습득케 함으로써 부모-자녀관계를 향상시키고자 하였다. 자녀가 경청하는 의사소통 방식을 습득하는 데 있어서 이 프로그램은 아동의 행동 이면에 깔려 있는 감정을 이해하고 이를 표현하도록 하는 것에 초점을 두고 있다. 자녀의 감정을 이해하는 것을 기초로 하여 부모는 자녀에게 명료하게 행동지침을 제시하고, 이를 통해 부모-자녀관계가 향상되고 자녀가 자신의 문제를 스스로 해결해 나갈 수 있는 능력을 함양시켜 나가는 것이 목표이다.

2) 프로그램의 운영 및 구성

이 프로그램은 부모가 스스로 실시할 수 있도록 개발된 독특한 프로그램이다. 자신이 부모로서 참여하는 것도 가능하고 원한다면 교육자의 역할도 가능하다. 모임의 리더가 되기 위해 특별한 훈련을 필요로 하지 않는데 왜냐하면 단순히 지시문을 읽고 카세트테이프를 틀기만 하면 되기 때문이다. 6~12명을 한 팀으로 하여 부모들은 7회기에 걸쳐 가족의 일상적인 문제에 대해 논의하게 된다. 참가자들은 Faber와 Mazlish가 저술한 두 권의 저서『자녀가 경청하는 대화하기』(1980)『자유로운 부모, 자유로운 아동(liberated parents, liberated children)』(1974)이라는 두 권의 책을 기본으로 하여 토의와 역할극에 참여하게 된다.

부모-자녀 간의 상호작용을 촉진시키기 위해 자녀가 경청하는 대화하기 프로그램에서는 여섯 가지 영역에 대해 다음과 같은 지침을 제시하고 있다.

(1) 자녀의 감정을 표현하도록 도와주기

대부분의 부모들은 자녀의 감정을 수용하는 데에 익숙하지 못하다. 부모들은 거부나 동정, 타인의 입장을 옹호하기 등과 같은 방법을 사용함으로써 자녀의 감정을 부정하고 있으며, 이러한 부모의 반응은 자녀로 하여금 자신의 감정을 해결하는 것을 도와주지 못한다. 부모는 자녀의 감정을 있는 그대로 수용해줌으로써 자녀로 하여금 자신의 감정을 해결해 나가도록 도와줄 수 있다. 부모가 자녀의 감정을 수용하는 방식으로 Farber와 Mazlish는 다음과 같은 지침을 제시하고 있다.

첫째, 자녀의 말에 귀를 기울인다(주의를 집중한다).

둘째, 자녀의 감정을 "응" "그래" 등과 같은 하나의 단어로 수긍해준다.

셋째, "상당히 좌절한 것 같구나"와 같이 자녀의 감정에 이름을 붙여준다.

자녀의 말을 듣는 척하는 부모

자녀의 말에 귀를 기울이는 부모

사진 설명
부모는 자녀의 말에 귀를 기울임으로써 자녀의 감정을 표현하도록 도와줄 수 있다.

넷째, 자녀가 원하는 바를 상상을 통해 충족시켜 줄 수 있다.

(2) 협력을 유도하기

부모와 자녀의 욕구 간에 괴리가 생기게 되면 갈등을 경험하게 된다. 이러한 갈등상황에서 부모들은 비난이나 저주, 단정해서 말하기 등의 방법으로 협력을 저해하는 부적절한 방법을 사용하게 된다. 그러나 이러한 방법은 갈등상황을 해소하는 데 전혀 도움이 되지 않으므로 Faber와 Mazlish는 다음과 같은 협력을 유도하는 방법을 제시하고 있다.

첫째, 자신이 본 것이나 문제점을 묘사한다.

둘째, 정보를 제공해준다.

셋째, 한마디로 말한다.

넷째, 자녀에게 하지 말라는 표현보다 부모 자신의 감정에 대해 말한다.

다섯째, 쪽지를 사용한다.

(3) 벌에 대한 대안제시

자녀가 부모를 무시하거나 부모에게 반항할 때 대부분의 부모들이 이에 대처하는 방법은 벌을 주는 것이다. 그러나 벌은 부모의 의도와는 달리 증오심, 복수심, 죄의식, 무가치함 등의 감정을 유발하며, 아동으로부터 자신의 행동을 직시할 수 있는 능력을 박탈하게 된다. 그러므로 단순히 벌을 주는 것은 비효율적인 방법이며 이에 대한 대안이 필요하다. 벌에 대한 대안으로 Faber와 Mazlish는 다음과 같은 방식을 제시하고 있다.

첫째, 자녀가 부모에게 도움을 줄 수 있는 방법을 말해준다.

둘째, 인격을 손상시키지 않고 강한 거부의 표현을 한다.

셋째, 당신이 자녀에게 기대하는 바를 말해준다.

넷째, 자녀가 자신의 행동을 수정할 수 있는 방법을 제시해준다.

다섯째, 자녀에게 선택권을 부여한다.

여섯째, 행동으로 표현한다.

일곱째, 아동이 자신의 잘못된 행동결과를 경험하도록 한다.

(4) 자립심 길러주기

자녀가 부모로부터 독립하여 자신의 몫을 다할 수 있도록 도와주는 것은 중요한 부모역할이다. 자녀가 자신의 일을 혼자서 해결하도록 하고 문제가 생겨도 실수를 경험하면서 자녀 스스로 해결책을 찾도록 하는 것이 필요하다. 자녀를 독립적으로 키우는 지침으로 Faber와 Mazlish는 다음과 같은 지침을 제시하고 있다.

첫째, 자녀 스스로 선택하게 한다.

둘째, 자녀가 혼자 노력하는 것을 존중해준다.

셋째, 자녀에게 너무 많이 질문하지 않는다. 너무 많은 질문은 자녀를 부담스럽게 할 수 있다.

넷째, 자녀의 질문에 서둘러 대답하지 않는다. 자녀가 질문을 할 때에는 서둘러 이에 대답하기보다는 "그거 참 재미있는 질문이구나. 네 생각은 어떠니?"와 같이 자녀 스스로 답을 찾을 기회를 주는 것이 필요하다.

다섯째, 자녀가 집 밖에서 도움을 구할 수 있도록 한다. 집 밖에 더 넓은 세상이 있고 그곳에는 원하기만 하면 귀중한 정보와 더 많은 도움을 얻을 수 있다는 사실을 알려주는 것이다.

여섯째, 자녀의 희망을 빼앗지 않는다. 살면서 느끼는 기쁨 가운데 하나는 꿈을 꾸고 공상하고 기다리고 계획을 세우는 것이다. 자녀에게서 희망을 빼앗는 것은 인생의 중요한 경험을 뺏는 것이다.

(5) 칭찬하기

많은 사람들은 칭찬이 효율적인 행동의 동기로 작용한다고 생각한다. 그러나 좋은 의도로 한 칭찬도 예기치 않은 반응을 유발할 수가 있다. 그러므로 Faber와 Mazlish는 효율적인 칭찬을 위해 다음과 같은 지침을 제시해주고 있다.

첫째, 자녀의 행동을 평가하기보다는 부모가 본 것을 묘사한다.

둘째, 부모가 느낀 것을 구체적으로 묘사한다.

셋째, 자녀의 칭찬받을 만한 행동을 한마디로 표현해준다.

(6) 기존의 역할로부터 자녀를 자유롭게 해주기

부모가 자녀의 행동을 부정적으로 표현하게 되면 실제로 자녀는 점차 부모가 표현하는 그러한 역할을 수행하게 된다. 부모가 자녀의 행동을 제한하는 것은 말을 통해서만 이루어지는 것이 아니라 눈빛이나 목소리 등을 통해서도 가능하다. Faber와 Mazlish는 기존의 역할로부터 자녀를 자유롭게 해주기 위해 다음과 같은 지침을 제시해주고 있다.

첫째, 자녀가 자신에 대해 새롭게 생각해볼 수 있는 기회를 제공한다.

둘째, 자녀가 자신을 다르게 볼 수 있는 상황을 마련한다.

셋째, 자녀로 하여금 자신에 대해 긍정적인 말을 하는 것을 일부러 듣게 한다.

넷째, 자녀가 했으면 하는 행동의 모델이 된다. 정돈을 못하는 아동에게 부모가 정리정돈하는 것을 보여줌으로써 자녀의 행동을 변화시킬 수 있다.

다섯째, 자녀의 특별한 순간을 기억함으로써 기존의 역할로부터 자녀를 자유롭게 해줄 수 있다.

여섯째, 자녀가 반복해서 바람직하지 못한 일을 했을 때에는 부모의 느낌이나 기대를 솔직하게 이야기한다.

3) 프로그램의 활용 및 효과

Ginott의 이론에 근거한 자녀가 경청하는 대화하기 프로그램은 비교적 비용이 적게 들면서 자료를 잘 활용하고 자녀에 대해 많은 것을 알고자 하는 동기가 강한 중산층 부모에게 효과적인 프로그램이다. 그 외에도 Faber와 Mazlish는『경쟁심 없는 형제(siblings without rivalry)』(1987)라는 프로그램을 개발하여 책으로 출간하였다. 이 프로그램에서 부모는 자녀로 하여금 다른 형제와의 관계에서 자신의 감정을 어떻게 처리해야 하며, 자녀 각자의 역할에 맞게 어떻게 도움을 줄 것인지, 자녀들이 싸울 때에 어떻게 대처하며, 어떻게 문제해결 기술을 사용할 것인지에 대해 배우게 된다.

4. 자녀의 힘을 북돋우는 부모훈련 프로그램

부모교육의 중요성이 인식되면서 우리나라에서도 많은 부모교육 프로그램들이 개발되었으며, 그 대표적인 것이 문화체육부 산하 청소년 상담원인 '청소년 대화의 광장'에서 개발한 자녀의 힘을 북돋우는 부모훈련(Empowering Parent Training: EPT) 프로그램이다. 1993년 '자녀의 힘을 북돋우는 부모'라는 총론이 개발된 이래 1994년에 '자녀의 힘을 북돋우는 대화' '바른 행동의 길 다지기' 프로그램이 개발되었고, 1995년에 '생활의 기틀 세우기' '어울려 사는 지혜 기르기' 등 1997년까지 구체적인 지도방법을 다룬 각론 프로그램 4종이 개발되고 개정되었다.

1) 프로그램의 목표

EPT 프로그램은 전통사회에서부터 실천해 오던 자녀교육 방식을 구식이라고 하여 소홀하게 다루고, 동시에 서구의 자녀교육 방식은 문화적인 차이로 인해 토착화되지 못함으로써 현재의 부모들이 느끼는 어려움과 혼란을 해결하고자 하는 취지에서 개발되었다. 프로그램 개발과정에서 어느 한 학문 분야에 치중하기보다는 학제적인 입장을 취하고 있으며, 동서양의 문화적 차이를 감안하여 우리나라의 현실에 적절한 자녀양육 지침을 마련하고자 하였다. 이상과 같은 취지에서 개발된 EPT 프로그램의 기본 이념을 세부적으로 살펴보면 다음과 같다.

첫째, 자녀교육을 위해 부모의 지속적인 변화와 성장의 필요성에 대한 인식을 강조한다.

둘째, 부모-자녀관계에서 필수적인 대화의 원리를 제시한다.

셋째, 자녀 행동지도의 원리와 방법에 대한 지침을 제시한다.

넷째, 기본생활습관 정립의 방법을 제시한다.

다섯째, 어울려 사는 삶의 모습과 원리를 제시한다.

2) 프로그램의 운영 및 구성

이러한 기본이념을 바탕으로 하여 EPT 프로그램은 다섯 영역으로 구분되어 있으며, 이를 구체적으로 살펴보면 다음과 같다.

(1) 총론: 자녀의 힘을 북돋우는 부모

EPT 프로그램에서는 올바른 부모역할의 기본 방향과 자녀의 발달단계에 필요한 바람직한 양육방법을 제시하는 것이 핵심이다. 부모역할의 방향을 설정하기 위해 EPT 프로그램은 부모됨의 여섯 단계를 다음과 같이 설정하고 있다(〈그림 9-1〉 참조).

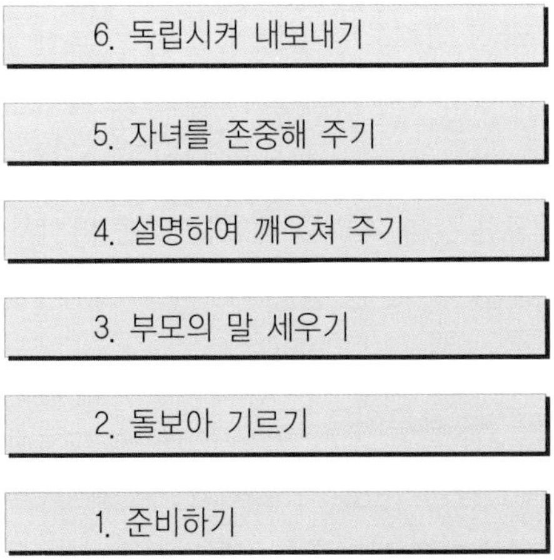

〈그림 9-1〉 EPT 프로그램의 단계

출처: 구본용(1998). 청소년 대화의 광장 부모교육 프로그램 소개. **부모교육 활성화 추진방향과 방안**. 청소년 대화의 광장 1998 전국 부모교육 활성화 추진대회, 98(20), 3-12.

(2) 각론 I: 자녀의 힘을 북돋우는 대화

자녀의 힘을 북돋우는 대화는 부모-자녀 간에 효율적인 상호작용이 이루어지도록 대화의 원리를 학습하고 구체적인 실례를 익히도록 구성되어 있다. 대화는 말하는 기술보다도 태도가 더 중요하며, 부모의 생각을 자녀에게 주입시키지 않도록 하고, 부모 자신과 자녀의 마음을 충분히 검토하여 상호간에 타협점을 모색하는 것을 그 전제로 하고 있다. 자녀와 어떤 방법으로 대화할 것인가에 대해 EPT 프로그램에서는 다음과 같은 네 가지 원리를 제시하고 있다.

- 원리 1: 진솔한 마음 전하기
- 원리 2: 자녀의 모습 받아들이기
- 원리 3: 자녀의 마음에 귀 기울이기
- 원리 4: 구체적으로 이해하기

(3) 각론 II: 바른 행동의 길 다지기

바른 행동의 길 다지기는 스스로 자제하며 책임질 줄 아는 자녀로 성장시키기 위해 필요한 행동지도의 원리와 방법들을 제시하고 있다. 이는 가르치기, 다지기, 바로잡기의 세 가지 원리로 구성되어 있다. 가르치기는 어떤 행동은 해야 하고 어떤 행동은 하지 말아야 하는지를 구체적으로 자녀의 수준에 맞추어 생활 속에서 지도하는 것을 말한다. 다지기는 자녀의 바른 행동을 숙달시키고 이를 굳혀 나가기 위해 적절한 상과 격려를 해주는 것을 의미하며, 바로잡기는 자녀의 어긋난 행동을 바로잡아 올곧은 행동으로 이끌어주는 것을 말한다.

(4) 각론 III: 생활의 기틀 세우기

생활의 기틀 세우기는 자녀가 사회생활에 원만하게 적응하고 인류공동체에 어울려 사는 삶을 준비하기 위해 기본적인 생활습관을 어려서부터 몸에 익혀서 자연스럽게 실천하도록 생활의 기틀을 세우는 방법을 제시한다. EPT 프로그램에서는 생활에 기틀을 세워야 할 영역을 다음과 같이 제시하고 있다(〈표 9-3〉 참조).

〈표 9-3〉 생활에 기틀을 세울 영역

영역	상황	행동
시간의 틀	가정에서	식사하기, 학업설계 등
	학교에서	등·하교 시간, 학업설계 등
	놀이생활에서	적절한 시간에 친구와 헤어지기 등
공간의 틀	가정에서	청결상태 유지, 학습태도 지키기 등
	학교에서	청소, 바닥에 오물 버리지 않기 등
	놀이생활에서	공공장소에서 정숙하기 등
물질사용의 틀	가정에서	가구, 가전류 소중하게 다루기 등
	학교에서	공공시설 소중하게 다루기 등
	놀이생활에서	놀이비용 규모 있게 사용하기 등
건전한 정신의 틀	가정에서	부모의 권위 수용하기 등
	학교에서	친구 간에 우애 있게 지내기 등
	놀이생활에서	상대방의 권리 존중 등

(5) 각론 IV: 어울려 사는 지혜 기르기

어울려 사는 지혜 기르기는 가족이나 친구, 이웃, 자연환경과 바람직하게 어울려 사는 모습과 방법을 다루고 있다. 어울려 산다는 것은 관계 속에서 질서를 지키며 서로를 존중하고 갈등을 건설적으로 해결하며 서로의 성장을 돕는 것이다.

3) 프로그램의 활용 및 효과

EPT 프로그램은 청소년 대화의 광장과 시·도 청소년 종합상담실을 통해 일반인들에게 보급되고 있다. 1단계인 1994~1995년에는 대도시를 중심으로, 2단계인 1997~1998년에는 중·소도시를 중심으로 프로그램을 전국적으로 보급시켜 1997년에 이미 2만 6백 명이, 단기교육까지 합하면 7만 5천 명이 교육을 받은 것으로 집계되어 있다. 각 프로그램은 주 1회 총 12시간씩 워크숍의 형태로 교육이 이루어진다. 교육방법은 워크북을 중심으로 참가자가 자신의 경우에 적용시켜 보고 부모들끼리 서로의 경험과 생각을 충분히 나누고 토론해보도록 하고 있다.

EPT 프로그램 외에도 우리나라에서는 다수의 부모교육 프로그램이 개발되어 활용되고 있다. 그 가운데 대표적인 것으로는 삼성생명 공익재단에서 개발한 '부모-자녀 함께 가는 멋진 세상' 프로그램이 있다. '부모-자녀 함께 가는 멋진 세상' 프로그램은 부모들이 경험해보지 못했던 청소년들의 실제 생활이나 문화에 대해 알아봄으로써 자녀에 대한 이해를 돕고 원활한 의사소통을 지원하기 위해 제작된 프로그램이다. 이 프로그램은 '자녀의 감정을 공감하며 들어주는 법' '부모의 마음을 전달하는 법' '효과적인 문제해결법' 등의 바람직한 대화법을 익힘으로써 청소년 자녀와 부모와의 관계개선을 도모하고자 한다. 이 프로그램은 학교나 실제 부모교육 상황에서 손쉽게 활용될 수 있는 구체적이고 실제적인 방안이 되도록 하는 데 중점을 두고 개발되었다. 따라서 각 회기는 매뉴얼 형태로 제작되어 강사들이 별도의 많은 준비 없이도 지도할 수 있도록 하며 강사용 매뉴얼과 병행하여 사용되는 학부모용 교재를 별도로 구성함으로써 프로그램의 원활한 진행을 돕는다. 또한 기존의 부모교육 프로그램이 대부분 외국 프로그램의 번안사례에 의존함으로써 실제 우리 문화와 현실에 맞지 않는 경우가 빈번하다. 그러나 이 프로그램은 한국사회의 실제적 상황을 반영하는 직접적인 사례를 제시하고 있으며 실생활에 적용하기 쉬운 장점이 있다.

제10장 예비부모교육의 활성화 방안

인간의 발달에서 부모역할이 중요하다는 인식을 바탕으로 많은 부모교육이론이 제시되었으며, 이러한 이론을 토대로 하여 다양한 부모교육 프로그램이 개발되어 널리 활용되고 있으며 그 효과도 인정되고 있다. 전통적으로 우리나라의 태교문화는 출산 이전부터 혹은 자녀를 갖기 이전부터 부모의 몸가짐을 중시하였던 것으로 이는 일종의 예비부모교육 지침이라고 볼 수 있다. 그리고 많은 학자들은 이미 부모가 된 사람들을 중심으로 행해지고 있는 기존의 부모교육의 중요성을 인정하고 있지만 그에 못지않게 부모가 되기 이전의 사람들을 대상으로 한 예비부모교육의 중요성을 강조하고 있다. 이러한 인식하에 우리나라에서도 예비부모를 대상으로 하는 부모교육 프로그램이 다수 개발되어 시행되고 있다.

이 장에서는 부모교육의 방향정립과 대상, 내용, 운영방법을 중심으로 예비부모교육의 활성화 방안에 대해 논의해보고자 한다.

1. 부모교육의 방향정립

여러 학자들과 부모들이 부모교육의 효과에 대해 공감하고 그 필요성을 인정하고 있지만 아직까지 부모교육에서 많은 문제점들이 지적되고 있다. 그 가운데서도 부모역할에 대한 인식이 부족하고 따라서 부모역할에 대한 방향정립이 이루어지지 않고 있다는 사실은 가장 큰 문제점으로 지적할 수 있다. 우리 사회가 본격적으로 산업화되면서 외국의 자녀양육 방식이 문화적 적절성에 대한 검토도 거치지 않고 부모교육 프로그램이나 전문서적, TV 등을 통해서 혼란스럽게 전파되고 있다. 전통사회에서와 같이 명확한 부모역할 모형이 없는 상황에서 이러한 무분별한 자녀양육에 대한 정보의 보급으로 인해 현대사회의 부모는 자녀양육의 목표를 상실하고 혼란에 빠져 있다.

올바른 자녀양육관을 확립하기 위해서는 먼저 부모교육의 목표에 충실한 방향정립이 우선되어야 한다. 우리나라의 부모교육이 제대로 방향설정을 하지 못한 것은 여러 가지 원인과 결부시켜 설명할 수 있다(김재은, 1993).

우선 부모교육의 목표가 지나치게 부모로서의 교육기능 활성화와 자녀와의 관계 향상을 위한 세부적인 지침에 치중한 나머지 부모 개개인의 양육방식이나 자녀양육에 대한 가치관의 확립문제는 상대적으로 경시되고 있다. 부모교육이 일반 성인교육이나 기타의 사회교육과 다른 점은 부모와 자녀와의 관계가 우선적으로 고려된다는 점에 있다. 자녀들이 어떻게 성장하고 어떤 능력을 가지고 있으며 그들의 소망, 목표, 고민, 불안, 걱정은 무엇인지를 이해하고 교육을 함에 있어서 구체적으로 자녀들을 어떻게 다루며, 문제행동은 어떻게 수정하는가에 대한 기술적인 측면에 대한 지식도 필요하다. 그러나 자녀와의 관계가 우선적으로 고려된다 하더라도 자녀를 잘 가르치는 기술만이 부모교육의 목표가 된다는 것은 재검토해 볼 필요가 있다. 기술습득에 앞서 부모 자신에 대한 통찰이 부모교육의 주된 목표가 되어야 하며, 부모의 자아실현의 한 부분으로서 부모교육이 이루어져야 한다.

자기 자신에 대한 통찰은 부모로서 자녀에게 행하는 양육이나 교육방식이 어떤 결과를 초래하며, 자녀의 삶이나 가족, 나아가 사회에 궁극적으로 어떤 의미가 있는지를 생각해보게 하고, 나아가 부모기를 준비하는 데 기초가 된다.

또한 이론뿐 아니라 실제를 겸비한 부모교육이 필요하다. 외국의 경우 예비부모교육으로 가장 널리 알려진 프로그램은 미국 매사추세츠 캠브리지 교육개발센터가 중고생을 대상으로 개발하여 실시한 '아동기 탐색 프로그램(Exploring Childhood Curriculum)이다. 이 프로그램은 1년 과정으로, 유아들과 함께 생활하는 경험을 하는 1단계, 이를 바탕으로 아동발달이론을 습득하는 2단계, 아동과의 상호작용을 통해 아동을 개인으로서뿐만 아니라 사회구성원으로 이해하는 3단계로 구성되어 있다. 이러한 과정을 통해 부모교육의 이론뿐만 아니라 실제를 경험함으로써 이후 부모역할 수행에 실질적인 도움이 되었다는 평가를 받고 있다(허영림, 2007).

특히 최근 심각한 사회문제로 대두되고 있는 아동학대문제의 근저에는 불안정 애착의 세대간 전수나 부모역할의 중요성에 대한 인식부족, 준비부족에 기인한다. 따라서 부모교육은 아동학대를 사전에 차단하고 예방할 수 있는 효율적인 보호요인으로 인식되고 있다. 즉, 아동학대 문제가 자녀의 특성이나 부모가 처한 외적 상황이 부모를 불행하게 만들어서 일어난 문제라기보다는 이러한 상황에 대처하는 부모의 경직된 태도, 낮은 역량과 결부시켜 볼 수 있다. 그러므로 부모교육을 통해 부모로서의 역량을 강화시키는 것은 가족이 직면하는 스트레스 상황에 효율적으로 대처하고 나아가 아동학대를 경감시키거나 예방하는 보호요인으로 작용할 수 있다.

예비부모교육을 통해 결혼 전 자신의 출생가족의 부모와의 관계를 검토하고 자신에 대한 성찰을 통해 개인적으로도 보다 성숙해질 뿐만 아니라 부모역할에 대한 올바른 가치관을 확립하고, 나아가 실제경험을 통해 이후 부모역할 수행에서도 실질적인 도움을 받을 수 있다. 이러한 측면에서 볼 때 예비부모교육은 기존의 부모를 대상으로 하는 부모교육에 비해 사회적 비용을 줄일 수 있는 보다 효율적인 방법이다.

2. 부모교육의 대상

예비부모교육의 효과에 비추어볼 때에 무엇보다 중요한 것은 예비부모를 대상으로 하는 부모교육을 확대하여 실시하는 것이다.

지금까지 부모교육의 주 대상은 어머니였으며, 어머니 중에서도 자녀양육에 관심이 많고 경제적 · 시간적 여유가 있는 중산층 이상의 전업주부인 어머니가 그 대상이었다. 오히려 부모-자녀관계에서 더 많은 문제점을 가지고 있는 저소득층의 어머니는 부모교육의 기회를 충분히 제공받지 못하고 방치되고 있는 실정이다. 저소득층의 경우 생계를 위한 맞벌이가족이 대부분을 차지하기 때문에 과중한 역할부담으로 인하여 이들 가족에서는 어머니를 대상으로 하는 부모교육조차도 불가능한 실정이며, 부모가 되기 이전에 교육이 이루어지지 않으면 이후에는 교육의 기회를 갖지 못하게 되는 경우가 대부분이다. 그 결과 저소득층에서는 빈곤의 악순환과 마찬가지로 부모-자녀관계에서도 부적응의 악순환이 되풀이되는 결과를 초래하게 된다. 최근 가족이 해체되어 보호시설에 입소되는 청소년의 수가 해마다 증가하고 있다는 사실에 비추어 볼 때, 시설보호청소년들이 가족 해체에 따른 낮은 자존감과 부모역할 부재로 인한 부정적 부모상을 극복하고 올바른 부모역할을 정립할 수 있는 예비부모교육 프로그램이 필요하다(강기정, 배은숙, 2008).

또한 최근 자녀들의 성장과 발달에 미치는 아버지의 영향력이 강조되고 있다. 부모역할을 수행하기 위해 아버지의 참여가 요구되는 현실을 감안해볼 때, 아버지 교육은 더 이상 부차적인 것으로 생각될 수 없으며 아버지의 참여를 극대화시킬 수 있는 방법이 모색되어야 한다. 그러나 남성들의 경우에는 대부분이 생활무대가 직장이 되므로 결혼 이후에는 교육의 기회가 전무한 실정이다. 그러므로 대학에서 교양과목을 통해 부모교육을 실시하거나 중 · 고등학교에서의 예비부모교육을 통해 보다 큰 효과를 거둘 수 있다.

중 · 고등학생이나 대학생, 직업청소년과 같은 예비부모를 대상으로 한 부모교육은 후일 자신이 부모가 되었을 때를 대비하여 부모로서의 역할에 대한 이해를 도울 수 있는 예방적인 효과뿐만 아니라 현재 자신의 부모와의 관계개선이나 의사소통 증진에도 도움이 될 수 있다.

예비부모교육의 대상 가운데 우리나라의 경우 치열한 입시전쟁으로 인해 중 · 고등학생에게 예비부모교육을 실시하는 것은 실제로 어려운 상황이며, 그 실효성을 기대하기도 어려운 상황이다. 그러나 가족형태의 핵가족화, 소가족화, 여성취업률의 증가, 부모역할보다 직업역할을 중시하는 현대사회의 특성상 종래 가정에서 이루어지던 교육을 부모에게 일임할 수만은 없는 상황이다. 이처럼 교육의 일정 부분을 학교교육에서 담당하는 것이 필연적이라면 가장 많은 인원을 대상으로 널리, 효과적으로 부모교육을 실시할 수 있는 방법은 중 · 고등학생을 대상으로 학교교육의 일환으로 실시하는 방법이다. 아동기에서 성인기로 옮겨가는 과도기인 청년기는 급격한 신체적 변화와 성적 성숙뿐 아니라 정신적으로도 급성장을 하는 시기이다. 이 시기의 청년들은 "나는 누구인가?"라는 물음과 이에 대한 성찰을 통해 자신의 정체감을 형성해나간다. 부모교육의 중요한 기능 가운데 하나는 성찰을 통한 자기역량 강화이며, 이는 청년기의 자아정체감 형성과 관련이 있다. 따라서 중 · 고등학생을 대상으로 한 부모교육은 시기적으로도 효율성을 기대할 수 있다. 부모교육이 소기의 목적을 달성하기 위해서는 부모교육 대상의 포괄성, 실시의 적기성과 지속성, 내용의 체계성이 확보되어야 할 것이며, 그 가장 적절한 방법은 학교교육의 일환으로 부모교육을 실시하는 것이다.

대학생들은 정서적으로 성숙한 상태일 뿐만 아니라 결혼이라는 사건이 보다 구체적으로 가시화되는 시점이기 때문에 보다 실효성을 거둘 수 있다. 실제 대학생에게 예비부모교육을 실시하는 것의 효과는 상당히 큰 것으로 나타났으므로 모든 대학에서 예비부모교육을 필수적으로 실시할 수 있도록 방안을 모색하는 것이 현재 우리나라의 실정으로서는 가장 효율적인 방법이라고 볼 수 있다. 이러한 인식하에 2016년 '아동학대 예방 및 가족관계 증진'을 위해 정부합동으로 '부모교육 활성화 방안'을 수립한 바 있다. 또한 내용체계에서도 2015개정

중 · 고등학교 기술 · 가정교과 '인간발달과 가족' 영역 내용체계는 여성가족부에서 제시한 대학생을 위한 예비부모교육 표준강의안 구성내용과 연계성과 동시에 위계성을 가지는 것으로 나타났다. 중 · 고등학교에서 학습한 내용을 토대로 대학교에서의 반복학습과 심층학습을 통해 보다 실천적인 측면에서 교육의 완성도를 높여가는 것이 가능하며, 이는 장기적이고 지속적인 부모교육의 효과를 기대할 수 있음을 말해주는 것이다(정순화, 2017).

3. 부모교육의 내용

최근 개발된 우리나라 부모교육 프로그램의 내용은 앞서 문제점으로 지적되었던 문화적 정체성의 상실이나 내용의 편파성 면에서는 상당히 보완된 것으로 볼 수 있다. 동시에 올바른 부모교육에 대한 가치기준이 모호한 우리 가족의 문제에 초점을 맞추고 있다는 점에서도 적절한 부모교육 모델로 평가할 수 있다. 그러나 다음과 같은 면에서 보다 보완될 필요가 있다.

첫째, 실제 일상생활에서 직면하는 부모-자녀관계에 적용하기 위한 보다 구체적인 지침이나 활용방법이 보완될 필요가 있다. 이러한 취지에서 청소년 대화의 광장에서는 EPT 프로그램의 일부를 수정하여 '자녀의 힘을 북돋우는 대화'와 '바른 행동의 길 다지기'의 개정판을 낸 바 있다. 보완된 '어울려 사는 지혜 기르기'도 부모가 자녀의 사회성 지도를 위해 고려해야 할 일반적인 원리와 함께 문제 상황별 실제 사례를 통해 적절한 대처방식을 습득할 수 있도록 구성되어 있다는 점에서 부모에게 실제적인 도움이 된다. 특히 최근 자녀를 둔 부모들이 가장 걱정하는 문제 가운데 하나인 이른바 '왕따' 현상으로 대변되는 교우관계의 어려움이 사회성 부족에 기인한다는 점에서 이들 프로그램을 통해 많은 도움을 받을 수 있으며 이러한 형태의 프로그램 개발과 보급이 계속적으로 이루어질 필요가 있다. 그 이외에도 아동의 문제행동이나 청소년 흡연, 가출, 음주, 음란물 시청 등 여러 가지 행동에 대한 구체적인 지침이 필요하다.

둘째, 서구에서 개발된 프로그램이라 할지라도 이를 우리 문화에 맞게 변형시키고 접목시키는 노력도 계속 시도되어야 한다. 앞서 논의된 대부분의 부모교육 프로그램은 부모-자녀관계에서 수직적인 상하관계가 아니라 수평적인 평등이념을 전제로 하고 있다. 이는 인간의 평등이라는 민주주의 원리에 비추어 볼 때는 문제가 없지만 권위주의적인 태도가 익숙해진 우리나라 부모들에게는 상당히 혼란스러운 문제이다. 이러한 경우 부모의 권리를 당당하게 주장할 수 있는 주장훈련을 병행하는 것도 대안이 될 수 있다.

셋째, 부모들은 아동발달에 대한 기본적인 지식을 통해 보다 많은 것을 배울 수 있다는 점도 고려해야 한다. 특별한 기술을 부모에게 가르치는 것도 가치가 있지만 아동발달에 대한 지식과 이해가 병행되어야 한다. 특히 사회문제의 예방차원에서 예비부모교육의 중요성에 비추어볼 때에 임신 및 태내발달에 대한 정보를 제공함으로써 장애아 출산을 사전에 차단하는 것이 필요하다.

넷째, 내용면에서 보다 포괄적이고 부모의 배경이나 욕구에 들어맞는 부모교육 프로그램의 개발이 필요하다. 어떤 부모교육 프로그램도 부모-자녀관계의 만병통치약이 될 수 없으며, 부모가 보다 만족스럽게 생각하고 자신들에게 성공적으로 생각되는 프로그램을 선택할 수 있도록 광범위한 기초자료를 제공해주어야 한다.

다섯째, 자녀의 발달단계에 따른 세분화된 프로그램의 개발도 필요하다. 예비부모, 태내기, 영아기, 유아기, 아동기, 청년기의 자녀를 가진 부모들을 위한 각 단계별 특성을 고려한 교육이 필요하다. 예비부모교육의 경우, 부모교육 대상자의 발달단계가 청년기라는 점에 비추어볼 때에 청년기의 부모-자녀관계에 대한 내용을 첨가함으로써 자신의 부모세대의 어려움을 생각해보고 나아가 부모와 유대감을 향상시킬 수 있는 기회를 제공하는 것이 필요하다. 그러므로 청소년기의 자녀를 둔 부모를 대상으로는 STEP/Teen에 대한 내용을 첨가하거나 자녀가 경청하는 대화하기(How to talk so kids will listen)의 방법을 가미하는 등 다양한 프로그램 내용을 접목시킴으로써 보다 융통성 있게 자신의 부모와의 관계에 대처할 수 있는 예비부모교육 프로그램이 개발되어야 할 것이다.

여섯째, 아직까지 예비부모교육의 내용에 대한 뚜렷한 준거제시가 부족하며 프로그램 구성에서도 걸음마 수준이라고 볼 수 있다. 그리고 기존의 부모를 대상으로 하는 부모교육과 내용이나 프로그램에서 차별화가 이루어지지 않고 있으며, 예비부모들의 독특한 요구수준이 프로그램에 제대로 반영되지 못하고 있다. 뿐만 아니라 다양한 예비부모들의 요구에 부응하는 교육이 이루어지지 못하고 있는 실정이다. 외국에서 예비부모교육 프로그램의 필요성에 대한 인식이 강조된 대표적인 이유는 예비부모를 대상으로 부모역할에 대한 사전교육과 아울러 성개방풍조로 인해 날로 증가하고 있는 십대 임신을 미연에 방지하고 미혼모나 십대 어머니와 같이 스트레스가 많은 환경에 놓여 있는 부모를 교육하기 위한 목적에서 출발하였다. 우리나라에서도 이와 마찬가지로 미혼모나 십대 부모들과 같은 다양한 부모교육 대상들의 기대나 욕구를 정확하게 파악하고 이를 교육 프로그램에 반영함으로써 보다 효율적인 교육이 이루어질 수 있을 것이다. 실제 연구결과에서도 이성교제 경험이 있는 학생이 없는 학생보다 예비부모교육 프로그램에 더 많은 흥미를 가지는 것으로 나타났으며, 예비부모교육을 통해 이성교제에 대한 태도 형성에도 더 도움이 되었다고 평가하는 것으로 나타났다(장영숙, 조현진, 2009).

일곱째, 부모교육의 내용체계는 이론적 관점이나 교육대상의 특성, 교육목적에 따라 상이할 수밖에 없다. 그러나 예비부모교육의 확산을 도모하고 소기의 목적을 달성하기 위해서는 교육내용의 차별성, 다양성 못지않게 이에 대한 통합적 지침 또한 필요하다. 이에 따라 정부차원에서는 생애주기별 부모교육 확산과 예비부모교육 활성화를 목표로 여러 대학교에서 이루어지고 있는 예비부모교육의 내용을 종합하여 표준강의안을 제시하였으며, 개괄적인 내용을 살펴보면 〈표 10-1〉과 같다.

〈표 10-1〉에 제시된 예비부모교육 표준강의안의 주별 학습내용을 살펴보면, 가장 높은 비중을 차지하는 것은 자녀의 발달단계에 따른 부모역할과 자녀돌봄 관련 내용이다. '태내기 부모역할' '영아기 부모역할' '유아기 부모역할' '아동 · 청소년기 부모역할' 부분은 예비부모로서 결혼을 하여 생식가족을 이룬 미

래 시점에서의 부모역할에 대한 이해를 돕는 내용을 주로 다루고 있다. 다음으로, 예비부모교육 표준강의안에는 미래의 부모역할에 앞서 현재의 출생가족 내에서 자신에 대한 이해를 돕기 위한 내용이 포함되어 있다. '나에 대한 이해-성장기' '나에 대한 이해-예비부모로서의 나' 부분은 부모의 양육방식이 현재의 자신의 모습에 어떠한 영향을 미쳤는지를 이해하고, 미래에 부모로서 자신의 양육방식이 자녀에게 미치는 영향을 이해할 수 있도록 하고 있다. 그 외에도 '민주적 의사소통방식' '부모양육태도' '다양한 가족에서의 부모역할' 등 부모자녀관계를 향상시키기 위한 지식의 이해나 기술을 향상시키기 위한 내용이 다수 포함되어 있다. 나아가 '사회변화와 부모역할' '다양한 가족에서의 부모역할' '다양한 부모교육 프로그램' 등의 내용은 부모역할이 부모 개인적인 차원의 문제, 가족관계에 국한되는 것이 아니라 지역사회라는 거시체계를 포함하는 것으로 확장된다. 지역사회의 자원 관련 내용을 포함시킴으로써 부모역할이 부모만이 아닌 사회 전체의 역할로 인식되고 사회적 지원의 필요성, 교육의 필요성을 강조하는 것으로 확장되고 있다(정순화, 2017).

〈표 10-1〉 대학교육과정에서의 예비부모교육 표준강의안

	개요(예시)	세부내용 및 활동
1주	강의소개 예비부모교육의 개념	• 강의 개요 및 강의 방식, 평가 방안, 과제 등에 대한 안내 • 예비부모교육의 개념 및 필요성 이해
2주	사회변화와 부모역할	• 부모됨의 동기, 부모역할의 가치 및 영향요인에 대한 이해 • 사회변화에 따른 부모역할의 변화 이해
3주	나에 대한 이해(1) 성장기	• 자신의 성장기 고찰을 통한 자신에 대한 이해 • 자신의 인성 구조에 대한 이해 및 인성검사
4주	나에 대한 이해(2) 예비부모로서의 나	• 다양한 양육방식에 대한 이해(Baumrind의 양육태도) • 부모님의 양육방식과 자신의 현재 부모-자녀관계에 대한 이해, 자신의 인성과 부모님의 양육방식에 대한 이해

5주	부모양육태도	• 현대사회에서 필요로 하는 자녀관 및 양육태도에 대한 이해 및 태도 함양 • 부부공동양육의 의미와 중요성 • 지역사회 공동체와 부모됨
6주	다양한 가족에서의 부모역할	• 부모됨의 다양한 맥락의 이해 • 결혼관계(한부모가족, 재혼가족), 경제활동(맞벌이가족, 일가정 양립) 등 가족형태별 부모됨의 이해 • 가족정책으로 본 부모됨의 요구와 의미
7주	민주적 의사소통 방식	• 문제의 소유자에 따른 나-전달법, 반영적 경청 사용법 이해와 연습 • win-win 전략의 사용
8주	중간고사	
9주	자녀의 발달에 따른 가족생활의 변화	• 자녀의 발달단계에 따른 가족생활주기별 부모-자녀관계의 특징 이해
10주	태내기 부모역할	• 태내발달 단계 및 태내발달에 영향을 미치는 요인 이해 • 태내기 부모역할 및 태교, 출산에 대한 이해 • 태내기 부모역할을 위한 개인, 가족, 지역사회의 자원
11주	영아기 부모역할	• 애착 형성의 중요성 및 영향에 대한 이해 • 영아기 부모역할에 대한 이해 • 영아기 부모역할을 위한 개인, 가족, 지역사회의 자원
12주	유아기 부모역할	• 유아기 부모역할에 대한 이해 • 유아기 사회 · 정서발달을 돕는 부모역할에 대한 이해 • 유아기 부모역할을 위한 개인, 가족, 지역사회의 자원
13주	아동 · 청소년기 부모역할	• 아동 · 청소년기 부모역할에 대한 이해 • 아동 · 청소년기 부모-자녀의 의사소통 및 자아정체감, 가치관 형성을 돕는 부모역할에 대한 이해 • 아동 · 청소년기 부모역할을 위한 개인, 가족, 지역사회의 자원
14주	역기능적 부모역할	• 아동학대, 방임 등 역기능적 부모역할이 개인의 발달 및 사회에 미치는 영향 및 예방책에 대한 이해
15주	다양한 부모교육 프로그램	• 한국의 부모교육 기관의 현황 • 부모교육의 참여
16주	기말고사	

출처: 여성가족부(2016). 대학생을 위한 예비부모교육 표준강의안.

4. 부모교육의 운영

예비부모교육은 크게 지역사회의 기관을 중심으로 이루어지는 유형과 학교교육과정의 일환으로 이루어지는 유형으로 구분할 수 있다. 지역사회의 기관을 중심으로 이루어지는 부모교육은 대부분이 대학 부설 사회교육원이나 한국어린이육영회와 같은 사회단체 또는 종교기관 등을 중심으로 직장인과 결혼 및 출산을 앞둔 예비부모를 그 대상으로 전반적인 부모역할을 습득시키는 것에 초점을 두고 있거나 심각한 사회문제를 사전에 예방하는 차원이 보다 강조되고 있다. 이러한 경우 특정한 예비부모교육 프로그램을 필요로 하며, 1995년 이후 이러한 프로그램들이 다수 개발되었다. 기관 중심의 부모교육은 결혼 직전이나 출산직전의 부모라는 제한된 대상을 중심으로만 이루어지고 있을 뿐만 아니라 부모교육을 받기를 원하는 소수의 사람에게 그 대상이 국한되어 있다는 점에서는 한계가 있으나, 대학교육을 통해 부모교육을 받을 수 없는 경우에는 예비부모교육을 받을 수 있는 효율적인 방법이라고 볼 수 있다.

반면 학교교육과정의 일환으로 이루어지는 예비부모교육은 대부분 중 · 고등학교 기술 · 가정교과의 '인간발달과 가족' 영역의 내용체계를 중심으로 이루어지고 있다. '인간발달과 가족' 영역 내용체계는 '발달'과 '관계'의 두 핵심개념으로 구성되어 있고, '발달' 핵심개념의 내용은 중학교는 청소년기 발달의 특징과 청소년기의 성과 친구 관계로, 고등학교는 사랑과 결혼, 부모됨의 준비, 임신 중 생활과 출산으로 구성되어 있다. '관계' 핵심개념은 중학교는 변화하는 가족과 건강 가정, 가족 관계, 가족의 의사소통과 갈등 관리로, 고등학교는 자녀 돌보기, 가족문화와 세대 간 관계로 구성되어 있다. 그러나 입시위주의 우리나라의 교육현실에 비추어볼 때에 중 · 고등학생들을 대상으로 한 부모교육은 그 내용이나 방법에서 한계가 있다. 이러한 인식하에 여러 대학에서 교양과목을 통해 부모교육이 이루어지고 있다. 2016년부터 정부합동으로 '부모교육 활성화 방안'을 수립하고 예비부모교육 표준강의안을 제시하였으며, 이에 따라 수업방법에서도 현재의 예비부모세대가 감성세대라는 사실에 비추어 볼 때에 시청각 매체를 다수 활용하거나 적극적인 참여를 유도할 수 있는 토론이나 발표와 같은 방법이 모색되어야 한다.

또한 부모교육이 일회성으로 끝나는 것이 아니라 장기적이고 지속적인 교육이 될 수 있도록 체계적이고 일관성 있는 계획이 필요하다. 부모교육의 많은 부분이 여성단체나 TV 등의 대중매체를 통해 이루어지므로 교육내용이 지속적이고 체계적이기보다는 단편적이고 일회성인 것에 그치고 있다. 이러한 단편적인 교육을 통해 효과를 기대하는 것은 무리이며 장기적이고 체계적인 계획을 통해 보다 높은 부모교육의 효과를 기대할 수 있다. 그러나 너무 오래 지속적으로 교육에 의존하는 경우 스스로의 문제해결 능력을 길러주기보다는 문제해결 과정에서 의존성이 생겨서 오히려 역효과를 보일 수도 있다는 점을 고려해야 한다. 그러므로 교육과 아울러 실제 사례를 중심으로 문제해결능력을 향상시키는 방법도 병행해서 이루어져야 할 것이다.

부모와 공감대를 형성할 수 있는 교수요원의 자질도 중요하다. 부모교육은 다른 교육과는 달리 자녀를 가진 성인을 위한 교육이며, 이들 중에는 고등교육을 받은 사람도 상당 비율을 차지하고 있기 때문에 이들의 교육을 담당하는 당사자는 이 방면에 충분히 준비가 되어 있어야 한다. 이를 위해 각 대학의 교수요원을 활용하거나 각 대학에서 부모교육 관련 전공분야의 석사과정 이수자에게 부모교육에 관한 후속교육을 통해서 이수증이나 자격증을 주고 요원으로 활용하는 방법도 있다. 또한 교사 경력을 가진 석사학위 이상의 자격을 가진 부모들을 훈련시켜 요원으로 활용하는 방법도 생각해볼 수 있다.

앞서 언급한 예비부모교육의 목적이나 필요성에 비추어볼 때, 예비부모교육은 한 인간으로서 부모 자신의 성장을 돕고 나아가 부모-자녀관계를 향상시킴으로써 우리 사회가 감당해야 할 여러 가지 문제를 사전에 차단할 수 있는 가장 효율적인 방법이라고 볼 수 있다. 이러한 예비부모교육이 소기의 목적을 달성하기 위해서는 부모역할에 대한 분명한 방향정립과 아울러 부모교육의 대상을 확대해나가고, 내용을 세분화하고, 운영방식을 다각도로 모색하려는 노력이 필요할 것이다.

참고문헌

강기정, 배은숙(2008). 시설보호청소년을 위한 예비부모교육 프로그램 개발. 부모교육연구, 5(1), 23-42.

강문희, 장연집, 박혜원(1997). 아동문제 및 행동수정. 파주: 양서원.

고상민, 황보환, 지용구(2010). 소셜네트워크서비스와 온라인 사회적 자본: 한국과 중국 사례를 중심으로. 한국전자거래학회지, 15(1), 103-118.

고윤지, 김명순(2013). 유아의 놀이성, 놀이주도성 및 의사소통능력 수준에 따른 놀이행동. 아동학회지, 34(1), 175-189.

고재천, 김슬기(2013). 초등학생들이 인식하는 우수교사의 특성 탐색. 한국초등교육, 24(3), 207-228.

곽금주, 성현란, 장유경, 심희옥, 이지연, 김수정, 배기조(2005). 한국영아발달연구. 서울: 학지사.

구본용(1998). 청소년 대화의 광장 부모교육 프로그램 소개. 부모교육 활성화 추진방향과 방안. 청소년 대화의 광장 1998 전국 부모교육 활성화 추진대회, 98(20), 3-12.

구순주(1984). 청소년의 성역할 유형과 창의성과의 관계. 경북대학교 대학원 석사학위 청구논문.

권경연(1980). 한국 아동의 구문발달 (I). 한국교육개발원 연구보고 117집.

김광옥, 하주용(2008). 지상파텔레비전 광고에 나타난 여성의 이미지: 고정관념지수(Stereotype Index)를 이용한 성별 스테레오타입 분석. 韓國言論學報, 51(2), 453-478.

김금주(2000). 영아-어머니의 상호작용 유형과 영아의 언어발달에 관한 연구—놀이·일상·책 읽어주기 상황을 중심으로—. 덕성여자대학교 대학원 박사학위 청구논문.

김난실, 조혜진(2007). 영아의 기질적 특성과 기질에 따른 놀이행동분석. 영유아교원교육학, 11(1), 237-256.

김명숙(1986). 한국 도시와 농촌 아동의 수와 액체량 보존개념발달에 관한 연구. 성신여자대학교 대학원 석사학위 청구논문.

김명순, 성지현(2002). 1세 영아의 언어와 놀이의 관계. 아동학회지, 23(5), 19-34.

김명희(2003). TV 만화영화에 나타난 성역할 연구. 원광대학교 행정대학원 석사학위 청구논문.

김성희, 정옥분(2011). 아동이 지각하는 어머니의 과보호와 아동의 정서조절능력 및 또래관계: 정서조절능력의 매개효과를 중심으로. 인간발달연구, 18(3), 69-92.

김송이, 박경자(2001). 또래 지위와 친구 관계에 따른 아동의 갈등 해결 방식. 아동학회지, 22(4), 69-84.

김시혜, 정순화(1998). 너 잘되라고 때리지 미워서 때리냐. 아동학회지, 19(1), 55-84.
김유미, 이순형(2014). 3, 4, 5세 유아의 공격행동에 대한 도덕판단 및 정당화 추론과 틀린 믿음 이해와의 관계. 아동학회지, 35(3), 49-69.
김재은(1993). 한국적 부모교육의 탐색. 21세기를 준비하는 부모교육. 한국지역사회교육중앙협의회 제11차 사회교육 심포지엄, 30-37.
김재은, 김광웅, 이계학, 유가효, 최경순(1997). 새 시대의 가정교육 탐색연구. 한국 정신문화연구원.
김종권(1993). 사소절. 서울: 홍신문화사.
김철중(2000. 5. 18.) 임신 중 입덧은 태아가 잘 자라는 증거. 동아일보, p. 45.
김향은, 정옥분(1999). "자녀의 힘을 북돋우는 부모" 프로그램이 어머니와 자녀에게 미치는 효과—어머니의 역할만족, 의사소통 및 자녀의 자아존중감, 사회적 능력을 중심으로—. 아동학회지, 20(4), 179-193.
김희강(1980). 새로운 성역할 개념에 관한 일 연구. 고려대학교 대학원 석사학위 청구논문.
도현심(1996). 아동의 수줍음, 대인적응성 및 또래수용성과 외로움 간의 관계. 아동학회지, 17(2), 33-45.
류점숙(1995). 조선시대 아동의 효행교육. 아동학회지, 16(1), 21-31.
문혁준(2000). 아동의 기질적 특성과 부모의 훈육방법. 대한가정학회지, 38(6), 29-41.
문화체육부(1997). 청소년백서. 서울: 문화체육부 청소년정책실.
미국정신의학협회(2015). 정신장애의 진단 및 통계편람(5판). 권준수 외 공역. 서울: 학지사.
민미희, 이순형(2003). 2세 유아의 가상이해능력과 어머니의 상징사용과의 관계. 인간발달연구, 10(2), 93-106.
민영두(1992). 진로의식과 직업선택요인에 관한 연구. 고려대학교 대학원 석사학위 청구논문.
민하영, 유안진(2003). 임신 및 출산 풍습에 관한 비교문화연구: 한국, 홍콩 및 미국의 어머니-할머니 세대를 중심으로. 대한가정학회지, 41(4), 157-168.
박경자(1981). 유아의 물체 영속성 개념발달에 관한 실험연구. 아동학회지, 2, 1-14.
박은숙(1982). 어머니의 양육차원이 한국유아의 낯가림, 격리불안 및 대물애착 발달에 미치는 영향에 관한 연구. 이화여자대학교 대학원 석사학위 청구논문.
박종효(1993). 아동의 정의개념 발달에 관한 연구. 서울대학교 대학원 석사학위 청구논문.
박진이, 김민진(2010). 만 3, 4, 5세 유아의 존댓말 습득에 관한 연구. 아동학회지, 31(6), 153-166.
박진희, 이순형(2005). 공격행동에 대한 유아의 도덕판단과 추론: 공격행동의 의도와 결과 제시유무를 중심으로. 아동학회지, 26(2), 1-14.
백승화, 강기수(2014). 그림책에 나타난 유아의 물활론적 사고의 교육적 기능. 미래유아교육학회지, 21(4), 21-40.
백한진(1998). 아동이 지각한 교사행동이 자아개념에 미치는 영향. 관동대학교 교육대학원 석사학위 청구논문.
백혜리(1999). 현대 부모-자녀관계와 조선시대 부모-자녀관계의 관계. 아동학회지, 20(2), 75-82.
서봉연(1988). 자아정체감의 정립과정. 이춘재 외. 청년심리학 (pp. 101-136). 서울: 중앙적성출판사.
성미영(2003). 자유놀이 상황에 나타난 어머니의 대화 양식과 유아의 의사소통 의도. 아동학회지, 24(5), 77-89.
성현란, 배기조(2004). 영아의 대상영속성의 발달적 변화와 이의 탐색행동 및 인지능력과의 관계에 대한 종단적 연구. 한국심리학회지: 발달, 17(4), 21-36.
세계일보(2001. 6. 19). [토픽] 스페인 아동, "엄마가 제일 싫다."
신싱애(1980). 한국의 도시와 농촌 아동의 서열개념 발달에 관한 연구. 연세대학교 대학원 석사학위 청구논문.
심희옥(2000). 또래 지지와 대인관계 갈등 대처방법 및 사회적 기술과의 관계. 아동학회지, 21(1), 19-33.
여성가족부(2016). 대학생을 위한 예비부모교육 표준강의안.
연진영, 김선애(1991). 아동의 자기-지식의 발달. 아동학회지, 12(2), 18-36.
우희정, 이숙(1994). 가정환경과 아동의 자기-효능감 간의 인과모형 탐색. 아동학회지, 15(1), 71-90.
위영희(1994). 영아의 사회적 참조행동과 관련변인에 관한 연구. 연세대학교 대학원 박사학위 청구논문.
유정기(1975). 동양사상사전. 대구: 대한공보사.

윤경희(1998). 영아의 자아인식에 관한 연구. 성신여자대학교 대학원 석사학위 청구논문.
이경렬(1989). 과제의 특성 및 제시방법이 유목-포괄 수행에 미치는 영향. 연세대학교 대학원 석사학위 청구논문.
이경우 편역(1985). 당신도 유능한 부모가 될 수 있다. 서울: 창지사.
이경희(1993). 부모의 언어통제유형과 아동의 사회적 능력과의 관계. 고려대학교 대학원 박사학위 청구논문.
이계학(1991). 인격교육론. 서울: 성원사.
이순형(2000). 한국아동이 초기에 획득한 문법적 형태소의 종류 및 획득 시기. 아동학회지, 21(4), 51-68.
이영, 나유미(1999). 유아의 애착 및 어머니-유아 상호작용과 또래 상호작용 간의 관계. 아동학회지, 20(3), 19-32.
이원호(1986). 태교. 박영문고 157. 서울: 박영사.
이종경(1988). 상징놀이 훈련을 통한 취학 전 아동의 보존개념 형성에 관한 연구. 연세대학교 대학원 석사학위 청구논문.
이종화(1993). 상황특성에 따른 아동의 감정조망 수용능력 발달에 관한 연구. 동아대학교 교육대학원 석사학위 청구논문.
이주혜(1981). 유아의 낯가림 및 격리불안과 어머니의 양육태도와의 관계. 성균관대학교 대학원 석사학위 청구논문.
이창호, 성윤숙, 정낙원(2012). 청소년의 소셜미디어 이용실태 연구. 한국청소년정책연구소 연구보고서 12-R05.
이춘재, 오가실, 정옥분(1991). 사춘기 신체성숙시기와 심리사회적 발달. 한국심리학회지, 14(1), 89-102.
임승권(1994). 정신위생. 파주: 양서원.
임양미(1994). 어머니 양육방식의 관련요인. 연세대학교 대학원 석사학위 청구논문.
임정하, 정옥분(1997). 아동이 지각한 또래관계와 사회적 능력과의 관계. 아동학회지, 18(1), 163-175.
장병림(1985). 청년심리학. 서울: 법문사.
장영숙, 조현진(2009). 고등학생을 위한 예비부모교육 프로그램의 개발과 만족도 평가. 열린부모교육연구, 1(1), 63-82.
장재정(1988). 중년기 여성의 성역할 정체감과 심리적 건강. 고려대학교 대학원 박사학위 청구논문.
전귀연(1984). 아동의 성역할 유형과 자아존중감과의 관계. 경북대학교 대학원 석사학위 청구논문.
정순화(2014). 정서발달의 관점에서 본 우리나라의 전통태교: 태교신기를 중심으로. *Family and Environment Research, 52*(1), 1-10.
정순화(2017). 가정과 교육에서의 부모교육: 중·고등학교 교과과정을 중심으로. 한국가정과교육학회지, 29(4), 15-30.
정순화, 김시혜(1996). 동시를 통해 아동이 묘사한 아버지의 모습. 아동학회지, 17(2), 79-105.
정옥분(1986). 한미 양국 대학생의 성역할 정체감과 자존감에 관한 비교 문화 연구. 대한가정학회지, 24(2), 123-137.
정옥분, Rubin, K. H., 박성연, 윤종희, 도현심(2003). 영아기 기질 및 부모의 양육행동에 따른 2~4세 아동의 행동억제에 관한 단기종단연구 : 8개국 비교문화연구를 위한 기초연구. 가정관리학회지, 21(3), 29-38.
정옥분, 김광웅, 김동춘, 유가효, 윤종희, 정현희, 최경순, 최영희(1997). 전통 '효' 개념에서 본 부모역할 인식과 자녀양육행동. 아동학회지, 18(1), 81-107.
정익중, 이수진, 강희주(2020). 코로나19로 인한 아동일상 변화와 정서 상태. 한국아동복지학, 69(4), 59-90.
정진옥(1992). 신생아 Apgar Score에 관련된 요인. 경북대학교 대학원 석사학위 청구논문.
조명한(1982). 한국 아동의 언어획득 연구. 서울: 서울대학교 출판부.
조명한(1989). 언어심리학. 서울: 민음사.
조선일보(2012. 4. 6). 「오늘의 세상」 자폐아 낳을 확률, 남자 35세 넘으면 높아진다.
조선일보(2015. 4. 27). 통계로 본 서울 가족구조. 15년 뒤 서울, 3가구 중 1가구 '나홀로族'.
조성례(2001). 초등학교 아동의 우정개념과 사회적 조망 수용능력과의 관계. 한국교원대학교 교육대학원 석사학위 청구논문.
조성윤(1992). 한국 유아의 언어습득과 그 발달 과정에 대한 고찰. 단국대학교 교육대학원 석사학위 청구논문.
중앙일보(2014. 5. 21). [젊어진 수요일] 2030 청춘 리포트-대학생의 성.

청소년상담원(1996). 자녀의 힘을 복돋우는 부모. 청소년 대화의 광장.

최경순(1992). 아버지의 양육행동 및 참여도와 아동의 사회적 능력과의 관계. 고려대학교 대학원 박사학위 청구논문.

최영희(1987). 5~8개월아의 기질조사연구. 아동학회지, 8(2), 1-15.

최영희(1993). 기질과 환경 간의 조화로운 합치 모델 검증 연구 (I): 조화로운 합치정도와 양육태도. 한국심리학회지: 발달, 6, 217-226.

최윤경(2020). 코로나19와 아동의 교육 · 보육 · 돌봄(ECEC) 전략. 보건복지포럼, 290, 50-63.

최현진, 김광웅(2010). 어머니와 아동의 기질 유사성이 어머니의 양육태도에 미치는 영향. 인간발달연구, 17(3), 73-88.

통계청(2020). 2019년 출생통계.

한종혜(1996). 아동의 사회적 관계망에 따른 역량 지각 및 자아존중감. 경희대학교 대학원 박사학위 청구논문.

허영림(2007). 대학생을 위한 예비부모교육의 교양교과목 개발 연구. 교양교육연구, 1(2), 165-191

홍강의(1996). 청소년기의 성문제. 대한의사협회지, 39(12), 1514-1518.

홍연애, 정옥분(1993). 전형적·비전형적 성역할 VTR 프로그램이 유아의 성역할 고정관념에 미치는 효과. 아동학회지, 14(1), 39-57.

홍창의(1999). 임상소아과학. 서울: 대한교과서주식회사.

Adler, A. (1929/1964). *Social interest: A challenge to mankind.* New York: Capricorn Books.

Adorno, M., Sikandar, S., Mitra, S. S., Kuo, A., Di Robilant, B., Haro-Acosta, V., & Clarke, M. F. (2013). Usp16 contributes to somatic stem-cell defects in Down's syndrome. *Nature, 501*, 380-384.

Ahadi, S. A., & Rothbart, M. K. (1994). Temperament, development, and the big five. In C. F. Halverson, Jr., G. A. Kohnstamm, & R. P. Martin (Eds.), *The developing structure of temperament and personality from infancy to adulthood* (pp. 189-207). Hillsdale, NJ: Erlbaum.

Ahmed, S., Mitra, S. H., Chowdhury, A. M. R., Camacho, L. L., Winikoff, B., & Sloan, N. L. (2011). Community kangaroo mother care: Implementation and potential for neonatal survival and health in very low-income settings. *Journal of Perinatology, 31,* 361-367.

Ainsworth, M. D. S. (1973). The development of infant mother attachment. In B. M. Caldwell & H. N. Ricciuti (Eds.), *Review of child development research* (Vol. 3). Chicago: University of Chicago Press.

Ainsworth, M. D. S. (1983). Patterns of infant-mother attachment as related to maternal care: Their contribution to continuity. In D. Magnusson & V. L. Allen (Eds.), *Human development.* New York: Academy Press.

Allen, J. P., & Bell, K. L. (1995, March). *Attachment and communication with parents and peers in adolescence.* Paper presented at the meeting of the Society for Research in Child Development, Indianapolis.

Allen, J. P., & Kuperminc, G. P. (1995, March). *Adolescent attachment, social competence, and problematic behavior.* Paper presented at the meeting of the Society for Research in Child Development, Indianapolis.

Anderson, C. A. (2000). Playing video games and aggression. *Journal of Personality and Social Psychology, 78,* 772-790.

Anderson, M. (2007). Biology and intelligence: The race/IQ controversy. In S. D. Sala (Ed.), *Tall tales about the mind and brain: Separating fact from fiction.* New York: Oxford University Press.

Anglin, J. M. (1993). Vocabulary development: A morphological analysis. *Monographs of the Society for Research in Child Development, 58* (10, Serial No. 238).

Ansbacher, H., & Ansbacher, R. (1956). *The individual psychology of Alfred Adler.* New York: Basic Books.

Apgar, V. (1953). A proposal for a new method of evaluation in the newborn infant. *Current Research in Anesthesia and Analgesia, 32,* 260.

Archer, S. L. (1989). The status of identity: Reflections on the need for intervention. *Journal of Adolescence, 12,* 345-359.

Arnold, K., Burke, M., Decker, A., Herzberg, E., Maher, M., Motz, K., Nandu, H., O'Donnel, L., Pirmohamed, A., & Ybarra, M. (2013). Fetal alcohol spectrum disorders: Knowledge and screening practices of university hospital medical students and residents. *Journal of Population Therapeutics and Clinical Pharmacology, 20* (1), e18-e25.

Asher, S. R., & Dodge, K. A. (1986). Identifying children who are rejected by their peers. *Developmental Psychology, 22* (4), 444-445.

Aslin, R. N., & Lathrop, A. L. (2008). Visual perception. In M. M. Haith & J. B. Benson (Eds.), *Encyclopedia of infant and early childhood development.* Oxford, UK: Elsevier.

Athanasiadis, A. P., Michaelidou, A. M., Fotiou, M., Menexes, G., Theodoridis, T. D., Ganidou, M., Tzevelekis, B., Assimakopoulos, E., & Tarlatzis, B. C. (2011). Correlation of second trimester amniotic fluid amino acid profile with gestational age and estimated fetal weight. *Journal of Maternal-Fetal and Neonatal Medicine, 24* (8), 1033-1038.

Atwater, E. (1996). *Adolescence* (4th ed.). New York: Prentice-Hall.

Ausubel, D. P. (1958). *Theory and problems of child development.* New York: Grune & Stratton.

Auyeung, B., Baron-Cohen, S., Ashwin, E., Knickmeyer, R., Taylor, K., Hackett, G., & Hines, M. (2009). Fetal testosterone predicts sexually differentiated childhood behavior in girls and in boys. *Psychological Science, 20,* 144-148.

Axline, V. (1947). *Play therapy.* New York: Ballantine Books.

Axline, V. (1984). *Dibs: In search of self.* London: Penguin Books.

Azar, B. (1999). Maternal emotions may influence fetal behavior. In K. L. Freiberg (Ed.), *Annual editions: Human development* (27th ed., p. 36). New York: McGraw-Hill.

Baddeley, A. D. (1986). *Working memory.* Oxford: Oxford University Press.

Baddeley, A. D. (1994). Working memory: The interface between memory and cognition. In D. L. Schacter & E. Tulving (Eds.), *Memory systems.* Cambridge, MA: MIT Press.

Baddeley, A. D. (2010). Working memory. *Current Biology, 20,* 136-140.

Baddeley, A. D. (2012). Working memory: Theories, models, and controversies. *Annual Review of Psychology* (Vol. 63). Palo Alto, CA: Annual Reviews.

Bagwell, C. L., Newcomb, A. F., & Bukowski, W. M. (1998). Pre-adolescent friendship and peer rejection as predictors of adult adjustment. *Child Development, 69* (1), 140-153.

Ball, J. W., Bindler, R. C., & Cowen, K. J. (2014). *Child health nursing* (3rd ed.). Upper Saddle River, NJ: Pearson.

Bancroft, J., Axworthy, D., & Ratcliffe, S. (1982). The personality and psychosexual development of boys with XXY chromosome constitution. *Journal of Child Psychology and Psychiatry, 23,* 169-180.

Bandura, A. (1977). *Social learning theory.* Englewood Cliffs, NJ: Prentice-Hall.

Bandura, A. (1981). Self-referent thought: A developmental analysis of self-efficacy. In J. H. Flavell & L. Ross

(Eds.), *Social cognitive development: Frontiers and possible futures.* New York: Cambridge University Press.

Bandura, A. (1986). *Social foundations of thought and action: A social cognitive theory.* Englewood Cliffs, NJ: Prentice-Hall.

Bandura, A. (1993). Perceived self-efficacy in cognitive development and functioning. *Educational Psychologist, 28,* 117-148.

Bandura, A. (1997). *Self-efficacy.* New York: W.H. Freeman.

Bandura, A. (2004, May). *Toward a psychology of human agency.* Paper presented at the meeting of the American Psychological Society, Chicago.

Bandura, A. (2010). Self-efficacy. In D. Matsumoto (Ed.), *Cambridge dictionary of psychology.* New York: Cambridge University Press.

Bandura, A. (2012). Social cognitive theory. *Annual Review of Clinical Psychology* (Vol. 8). Palo Alto, CA: Annual Reviews.

Bandura, A., & Schunk, D. H. (1981). Cultivating competence, self-efficacy, and intrinsic interest through proximal self-motivation. *Journal of Personality and Social Psychology, 67,* 601-607.

Bandura, A., Ross, D., & Ross, S. A. (1961). Transmission of aggression through imitation of aggressive models. *Journal of Abnormal and Social Psychology, 63,* 575-582.

Banks, M. S., & Salapatek, P. (1983). Infant visual perception. In M. M. Haith & J. J. Campos (Eds.), *Handbook of child psychology: Vol. 2. Infancy and developmental psychobiology.* New York: Wiley.

Bar-Or, O., Foreyt, J., Bouchard, C., Brownell, K. D., Dietz, W. H., Ravussin, E., Salbe, A. D., Schwenger, S., St. Jeor, S., & Torun, B. (1998). Physical activity, genetic, and nutritional considerations in childhood weight management. *Medicine and Science in Sports and Exercise, 30,* 2-10.

Barrow, R. (1976). *Plato and education.* London: Routledge and Kegan Paul.

Bates, E., Bretherton, I., & Snyder, L. (1988). *From first words to grammar: Individual differences and dissociable mechanisms.* New York: Cambridge University Press.

Bauland, C. G., Smit, J. M., Scheffers, S. M., Bartels, R. H., van den Berg, P., Zeebregts, C. J., & Spauwen, P. H. (2012). Similar risk for hemangiomas after amniocentesis and transabdominal chorionic villus sampling. *Journal of Obstetrics and Gynecology Research, 38,* 371-375.

Baumrind, D. (1973). The development of instrumental competence through socialization. In A. Pick (Ed.), *Minnesota Symposium on Child Psychology* (Vol. 7). Minneapolis: University of Minnesota Press.

Baumrind, D. (1991). Effective parenting during the early adolescent transition. In P. A. Cowan & E. M. Hetherington (Eds.), *Advances in family research* (Vol. 2). Hillsdale, NJ: Erlbaum.

Baumrind, D. (2012). Authoritative parenting revisited: History and current status. In R. Larzelere, A. S. Morris, & A. W. Harist (Eds.), *Authoritative parenting.* Washington, DC: American Psychological Association.

Baysinger, C. L. (2010). Imaging during pregnancy. *Anesthesia and Analgesia, 110,* 863-867.

Beauchamp, G. K., Cowart, B. J., Mennella, J. A., & Marsh, R. R. (1994). Infant salt taste: Developmental, methodological, and contextual factors. *Developmental Psychobiology, 27,* 353-365.

Begum, E. A., Bonno, M., Ohtani, N., Yamashita, S., Tanaka, S., Yamamoto, H., Kawai, M., & Komada, Y. (2008). Cerebral oxygenation responses during skin-to-skin care in low birth weight infants. *Pediatrics, 121* (Supplement 2), S136-S137.

Bell, R. Q. (1968). A reinterpretation of the direction of

effects in studies of socialization. *Psychological Review, 75*, 81–95.

Bell, R. Q. (1979). Parent, child, and reciprocal influences. *American Psychologist, 34*, 821–826.

Bell, J. T., & Saffery, R. (2012). The value of twins in epigenetic epidemiology. *International Journal of Epidemiology, 4*, 140–150.

Belsky, J. (1984). The determinants of parenting: A process model. *Child Development, 55*, 83–96.

Bem, S. L. (1974). The measurement of psychological androgyny. *Journal of Consulting and Clinical Psychology, 42*, 155–162.

Bem, S. L. (1975). Sex role adaptability: One consequence of psychological androgyny. *Journal of Personality and Social Psychology, 31*, 634–643.

Bem, S. L., & Lenney, E. (1976). Sex typing and the avoidance of cross sex behavior. *Journal of Personality and Social Psychology, 33*, 48–54.

Bem, S. L., Martyna, W., & Watson, C. (1976). Sex typing and androgyny: Further explorations of the expressive domain. *Journal of Personality and Social Psychology, 34*, 1016–1023.

Benasich, A. A., & Brooks-Gunn, J. (1996). Maternal attitudes and knowledge of child rearing: Associations with family and child outcomes. *Child Development, 67*, 1186–1205.

Benotsch, E. G., Snipes, D. J., Martin, A. M., & Bull, S. S. (2013). Sexting, substance use, and sexual risk in young adults. *Journal of Adolescent Health, 52* (3), 307–313.

Berenbaum, S. A., & Bailey, J. M. (2003). Effects on gender identity of prenatal androgens and genital appearance: Evidence from girls with congenital adrenal hyperplasia. *Journal of Clinical Endocrinology and Metabolism, 88*, 1102–1106.

Berger, K. S. (1991). *The developing person through childhood and adolescence* (3rd ed.). New York: Worth Publishers.

Berk, L. E. (1996). *Infants, children, and adolescents* (2nd ed.). Needham Heights, MA: Allyn & Bacon.

Berndt, T. J., & Bulleit, T. N. (1985). Effects of sibling relationships on preschoolers' behavior at home and at school. *Developmental Psychology, 21*, 761–767.

Berne, E. (1957). Ego state in psychotheraphy. *American Journal of Psychotherapy, 11*, 293–309.

Berne, E. (1958). Transactional analysis: A new and effective method of group therapy. *American Journal of Psychotheraphy, 12*, 735–743.

Berne, E. (1961). *Transactional analysis in psychotherapy*. New York: Grove Press.

Berne, E. (1964). *Games people play*. New York: Grove Press.

Bernier, A., Matte-Gagné, C., Bélanger, M.-É., & Whipple, N. (2014). Taking stock of two decades of attachment transmission gap: Broadening the assessment of maternal behavior. *Child Development, 85* (5), 1852–1865.

Berscheid, E. (1988). Some comments on love's anatomy: Or whatever happened to old-fashioned lust? In R. J. Sternberg & M. L. Barnes (Eds.), *Anatomy of love*. New Haven, CT: Yale University Press.

Bickham, D. S., Blood, E. A., Walls, C. E., Shrier, L. A., & Rich, M. (2013). Characteristics of screen media use associated with higher BMI in young adolescents. *Pediatrics, 131*, 935–941.

Bierman, K. L., Welsh, J. A., Heinrichs, B. S., Nix, R. L., & Mathis, E. T. (2015). Helping Head Start parents promote their children's kindergarten adjustment: The research-based developmentally informed parent program. *Child Development, 86* (6), 1877–1891.

Bjorklund, D. F. (1995). *Children's thinking: Developmental function and individual differences* (2nd ed.). Pacific Grove, CA: Brooks/Cole.

Black, J. E., & Greenough, W. T. (1986). Induction of pattern in neural structure by experience: Implication for cognitive development. In M. E. Lamb, A. L. Brown, & B. Rogoff (Eds.), *Advances in developmental psychology* (Vol. 4). Hillsdale, NJ: Erlbaum.

Black, J. J., & Rofey, D. L. (2018). An overview of common psychiatric problems among adolescent and young adult females: Focus on mood and anxiety. *Best Practices in Research and Clinical Obstetrics and Gynecology, 48*, 165-173.

Blakemore, S-J., & Mills, K. (2014). The social brain in adolescence. *Annual Review of Psychology* (Vol. 65). Palo Alto, CA: Annual Reviews.

Blakeslee, S. (1998). Studies show talking with infants shapes basis of ability to think. In K. L. Freiberg (Ed.) *Annual editions: Human development* (26th ed., pp. 56-58). New York: McGraw-Hill.

Blasi, A. (1988). Identity and the development of the self. In D. Lapsley & F. C. Power (Eds.), *Self, ego, and identity: Integrative approaches*. New York: Springer-Verlag.

Block, J. H. (1973). Conceptions of sex roles: Some cross-cultural and longitudinal perspectives. *American Psychologist, 28*, 512-526.

Boisvert, I., Boislard, M. A., & Poulin, F. (2017). Early sexual onset and alcohol use and misuse from adolescence into young adulthood. *Journal of Adolescent Health, 61*, 514-520.

Booth-LaForce, C., & Kerns, K. A. (2009). Child-parent attachment relationships, peer relationships, and peer-group functioning. In K. H. Rubin, W. M. Bukowski, & B. Laursen (Eds.), *Handbook of peer interactions, relationships, and groups*. New York: Guilford.

Bornstein, M. H. (1995). Parenting infants. In M. H. Bornstein (Ed.), *Handbook of parenting* (pp. 3-41). Mahwah, NJ: Erlbaum.

Bornstein, M. H., & Lamb, M. E. (1992). *Development in infancy: An introduction*. New York: McGraw-Hill.

Bouchard, T. J. (1997). IQ similarity in twins reared apart: Findings and responses to critics. In R. J. Sternberg & E. L. Grigorenko (Eds.), *Intelligence, heredity, and environment* (pp. 126-160). New York: Cambridge University Press.

Bower, T. G. R. (1979). *Human development*. San Francisco: Freeman.

Bowlby, J. (1969). *Attachment and loss* (Vol. 1). Attachment. New York: Basic Books.

Bowlby, J. (1973). *Attachment and loss* (Vol. 2). Separation, anxiety, and anger. New York: Basic Books.

Bowlby, J. (1988). *A secure base: Clinical applications of attachment theory*. London: Routledge.

Boyd, D. M., & Ellison, N. B. (2007). Social network sites: Definition, history, and scholarship. *Journal of Computer-Mediated Communication, 13*, 210-230.

Boyer, B. P., & Nelson, J. A. (2015). Longitudinal associations of childhood parenting and adolescent health: The mediating influence of social competence. *Child Development, 86* (3), 828-843.

Branden, N. (1969). *The psychology of self-esteem*. Los Angeles, CA: Nash.

Brazelton, T. B. (1973). *The Neonatal Behavioral Assessment Scale*. Philadelphia: Lippincott.

Breedlove, G., & Fryzelka, D. (2011). Depression screening in pregnancy. *Journal of Midwifery and Women's Health, 56*, 18-25.

Brethertion, I. (2012). Afterword. In K. H. Brisch (Ed.), *Treating attachment disorders* (2nd ed.). New York: Guilford.

Bridges, K. M. B. (1930). Genetic theory of emotions. *Journal of Genetic Psychology, 37,* 514-527.

Brocardo, P. S., Gil-Mohapel, J., & Christie, B. R. (2011). The role of oxidative stress in fetal alcohol spectrum disorders. *Brain Research Reviews, 67,* 209-225.

Bronfenbrenner, U. (1979). *The ecology of human development.* Cambridge, MA: Harvard University Press.

Bronfenbrenner, U. (2000). Ecological systems theory. In A. E. Kazdin (Ed.), *Encyclopedia of psychology* (pp. 129-133). New York: Oxford University Press.

Brooks, J. B. (1991). *The process of parenting* (3rd ed.). Mountain View, CA: Mayfield.

Brooks-Gunn, J., & Paikoff, R. (1993). Sex is a gamble, kissing is a game: Adolescent sexuality, contraception, and sexuality. In S. P. Millstein, A. C. Petersen, & E. O. Nightingale (Eds.), *Promoting the health behavior of adolescents.* New York: Oxford University Press.

Brown, E. F., & Hendee, W. R. (1989). Adolescents and their music. *Journal of the American Medical Association, 262,* 1659-1663.

Brown, H. L., & Graves, C. R. (2013). Smoking and marijuana in pregnancy. *Clinical Obstetrics and Gynecology, 56,* 107-113.

Brown, R. (1973). *A first language: The early stages.* Cambridge, MA: Harvard University Press.

Brunell, P. A. (2014). Measles in pregnancy is not kid's stuff. *Clinical Infectious Diseases, 58* (8), 1093-1094.

Bruner, J. S. (1983). *Child talk.* New York: W. W. Norton.

Bruner, J. S. (1989, April). *The state of developmental psychology.* Paper presented at the meeting of the Society for Research in Child Development, Kansas City.

Bruner, J. S. (1997, April). *Discussant on symposium, social foundations of language development.* Paper presented at the meeting of the Society for Research in Child Development, Washington, DC.

Buhrmester, D., & Furman, W. (1987). The development of companionship and intimacy. *Child Development, 58,* 1101-1113.

Bukowski, W. M., & Hoza, B. (1989). Popularity and friendship: Issues in theory, measurement, and outcome. In T. J. Berndt & G. W. Ladd (Eds.), *Peer relationships in child development* (pp. 71-74). New York: Wiley.

Bukowski, W. M., & Kramer, T. L. (1986). Judgments of the features of friendship among early adolescent boys and girls. *Journal of Early Adolescence, 6,* 331-338.

Burton, L., Henninger, D., Hafetz, J., & Cofer, J. (2009). Aggression, gender-typical childhood play, and a prenatal hormonal index. *Social Behavior and Personality, 37,* 105-116.

Burstyn, I., Kuhle, S., Allen, A. C., & Veugelers, P. (2012). The role of maternal smoking in effect of fetal growth restriction on poor scholastic achievement in elementary school. *International Journal of Environmental Research and Public Health, 9,* 408-420.

Buss, A. H., & Plomin, R. (1984). *Temperament: Early developing personality traits.* Hillsdale, NJ: Erlbaum.

Buttermore, E. D., Thaxton, C. L., & Bhat, M. A. (2013). Organization and maintenance of molecular domains in myelinated axons. *Journal of Neuroscience Research, 91*(5), 603-622.

Calfin, M. S., Carroll, J. L., & Schmidt, J. (1993). Viewing music-video-tapes before taking a test of premarital attitudes. *Psychological Reports, 72,* 485-481.

Calvert, S. L., & Tan, S. L. (1994). Impact of virtual reality on young adults' physiological arousal and aggressive thoughts. *Journal of Applied Developmental Psychology, 15,* 125–139.

Camarena, P. M., Sarigiani, P. A., & Petersen, A. C. (1990). Gender-specific pathways to intimacy in early adolescence. *Journal of Youth and Adolescence, 19,* 19–32.

Campione-Barr, N. (2011). Sibling conflict. *Encyclopedia of family health.* Thousand Oaks, CA: Sage.

Campos, J. J., Bertenthal, B. I., & Kermoian, R. (1992). Early experience and emotional development: The emergence of wariness of heights. *Psychological Science, 3,* 61–64.

Campos, J. J., Langer, A., & Krowitz, A. (1970). Cardiac responses on the visual cliff in prelocomotor human infants. *Science, 170,* 196–197.

Cardemil, E. V., Reivich, K. J., & Seligman, M. E. P. (2002). The prevention of depressive symptoms in low-income minority middle school students. *Prevention & Treatment, 5.* Retrieved January 4, 2005, from http://gateway1.ma.ovid.com/ovidweb.cgi.

Cardon, R., & Fulker, D. (1993). Genetics of specific cognitive abilities. In R. Plomin & G. McClearn (Eds.), *Nature, nurture, and psychology* (pp. 99–120). Washington, DC: American Psychological Association.

Carlson, M. D., Mendle, J., & Harden, K. P. (2014). Early adverse environments and genetic influences on age at first sex: Evidence for gene x environment interaction. *Developmental Psychology, 50* (5), 1532–1542.

Casey, B. J. (2015). The adolescent brain and self-control. *Annual Review of Psychology* (Vol. 66). Palo Alto, CA: Annual Reviews.

Caspi, A., & Moffitt, T. E. (1993). *Continuity amidst change: A paradoxical theory of personality coherence.* Manuscript submitted for publication.

Caspi, A., & Silva, P. A. (1995). Temperamental qualities at age three predict personality traits in young adulthood: Longitudinal evidence from a birth cohort. *Child Development, 66,* 486–498.

Cassidy, J., & Asher, S. R. (1992). Loneliness and peer relations in young children. *Child Development, 63,* 350–365.

Cavallini, A., Fazzi, E., & Viviani, V. (2002). Visual acuity in the first two years of life in healthy term newborns: An experience with the Teller Acuity Cards. *Functional Neurology: New Trends in Adaptive & Behavioral Disorders, 17,* 87–92.

Chao, R. K. (1994). Beyond parental control and authoritarian parenting style: Understanding Chinese parenting through the cultural notion of training. *Child Development, 65,* 1111–1119.

Charpak, N., Ruiz-Peláez, J. G., & Figueroa, Z. (2005). Influence of feeding patterns and other factors on early somatic growth of healthy, preterm infants in home-based kangaroo mother care: A cohort study. *Journal of Pediatric Gastroenterology and Nutrition, 41* (4), 430–437.

Chess, S., & Thomas, R. (1984). *Origins and evolution of behavior disorders.* New York: Brunner/Mazel.

Chess, S., & Thomas, A. (1989). Issues in the clinical application of temperament. In G. A. Kohnstamm, J. E. Bates, & M. K. Rothbart (Eds.), *Temperament in childhood.* Chichester, UK: John Wiley & Sons.

Chitty, L. S., Khalil, A., Barrett, A. N., Pajkrt, E., Griffin, D. R., & Cole, T. J. (2013). Safe, accurate, prenatal diagnosis of thanatophoric dysplasia using ultrasound and free fetal DNA. *Prenatal Diagnosis, 33* (5), 416–423.

Chomitz, V. R., Cheung, L. W. Y., & Lieberman, E. (1999). The role of lifestyle in preventing low birth weight. In K. L. Freiberg (Ed.), *Annual editions: Human development* (27th ed., pp. 23–33). New York:

McGraw-Hill.

Chomsky, N. (1957). *Syntactic structures*. The Hangue: Mouton.

Cicchetti, D. (2013). Developmental psychopathology. In P. Zelazo (Ed.), *Oxford handbook of developmental psychology*. New York: Oxford University Press.

Cicchetti, D., & Banny, A. (2014). A developmental psychopathology perspective on child maltreatment. In M. Lewis & K. Rudolph (Eds.), *Handbook of developmental psychopathology*. New York: Springer.

Cignini, P., D'Emidio, L., Padula, F., Girgenti, A., Battistoni, S., Vigna, R., Franco, R., Rossetti, D., Giorlandino, M., & Giorlandino, C. (2010). The role of ultrasonography in the diagnosis of fetal isolated complete agenesis of the corpus callosum: A long-term prospective study. *Journal of Maternal-Fetal and Neonatal Medicine, 23* (12), 1504-1509.

Cimbalo, R. S., Faling, B., & Mousaw, P. (1976). The course of love: A cross-sectional design. *Psychological Reports, 38,* 1292-1294.

Clarke-Stewart, A., Friedman, S., & Koch, J. (1985). *Child development*. New York: John Wiley & Sons.

Cobb, N. J. (1998). *Adolescence: Continuity, change, and diversity* (3rd ed.). Mountain View, CA: Mayfield.

Coles, C. D., Smith, I. E., & Falek, A. (1987). Prenatal alcohol exposure and infant behavior: Immediate effects and implications for later development. *Advances in Alcohol and Substance Abuse, 6,* 87-104.

Comite, F., Prescovitz, O. H., Sonis, W. A., Hench, K., McNemar, A., Klein, R. P., Loriaux, D. L., & Cutler, G. B. (1987). Premature adolescence: Neuroendocrine and psychosocial studies. In R. M. Lerner & T. T. Foch (Eds.), *Biological-psychological interactions in early adolescence: A life-span perspective*. Hillsdale, NJ: Erlbaum.

Considine, R. V., Sinha, M. K., & Heiman, M. I. (1996). Serum immunoreactive-leptin concentrations in normal-weight and obese humans. *New England Journal of Medicine, 334,* 292-295.

Constantinople, A. (1973). Masculinity-femininity: An exception to a famous dictum? *Psychological Bulletin, 80,* 389-407.

Cooley, C. H. (1902). *Human nature and the social order*. New York: Scribner's.

Cooper, B. R., & Lanza, S. T. (2014). Who benefits most from Head Start? Using latent class moderation to examine differential treatment effects. *Child Development, 85* (6), 2317-2338.

Cooper, C. E., Osborne, C. A., Beck, A. N., & McLanahan, S. S. (2011). Partnership instability, school readiness, and gender disparities. *Sociology of Education, 84,* 246-259.

Cooperstock, M. S., Bakewell, J., Herman, A., & Schramm W. F. (1998). Effects of fetal sex and race on risk of very preterm birth in twins. *American Journal of Obstetrics and Gynecology, 179,* 762-765.

Coplan, R. J., & Arbeau, K. A. (2009). Peer interactions and play in early childhood. In K. H. Rubin, W. M. Bukowski, & B. Laursen (Eds.), *Handbook of peer interactions, relationships, and groups*. New York: Guilford.

Cordier, S. (2008). Evidence for a role of paternal exposure in developmental toxicity. *Basic and Clinical Pharmacology and Toxicology, 102,* 176-181.

Corrow, S., Granrud, C. E., Mathison, J., & Yonas, A. (2012). Infants and adults use line junction information to perceive 3D shape. *Journal of Vision, 12,* 22-29.

Costa, R., & Figueiredo, B. (2011). Infants' psychophysiological profile and temperament at 3 and 12 months. *Infant Behavior and Development, 34,* 270–279.

Coté, J. E. (2009). Identity formation and self-development. In R. M. Lerner & L. Steinberg (Eds.), *Handbook of adolescent psychology* (3rd ed.). New York: Wiley.

Cratty, B. J. (1986). *Perceptual and motor development in infants and children* (3rd ed.). Englewood Cliffs, NJ: Prentice-Hall.

Crick, N. R., & Bigbee, M. A. (1998). Relational and overt forms of peer victimization: A multiformant approach. *Journal of Consulting and Clinical Psychology, 66*(2), 337–347.

Cristall, L., & Dean, R. S. (1976). Relationship of sex role stereotypes and self-actualization. *Psychological Reports, 39,* 842.

Crook, C. K. (1987). Taste and olfaction. In P. Salapatek & L. Cohen (Eds.), *Handbook of infant perception: Vol. 1. From sensation to perception.* New York: Academic Press.

Curtiss, S. (1977). *Genie: A psycholinguistic study of a modern-day* "wild-child." New York: Academic Press.

Daltro, P., Werner, H., Gasparetto, T. D., Domingues, R. C., Rodrigues, L., Marchiori, E., & Gasparetto, E. L. (2010). Congenital chest malformations: A multimodality approach with emphasis on fetal MR imaging. *Radiographics, 30* (2), 385–395.

Davidson, E. S., Yasuna, A., & Tower, A. (1979). The effects of television cartoons on sex-role stereotyping in young girls. *Child Development, 50,* 597–600.

Davis, A. (2008). Children with Down syndrome: Implications for assessment and intervention in the school. *School Psychology Quarterly, 23,* 271–281. http://search. ebscohost.com, doi:10.1037/1045-3830.23.2.271

Davison, K. K., & Birth, L. L. (2001). Weight status, parent reaction, and self-concept in five-year-old girls. *Pediatrics, 107,* 46–53.

DeCasper, A. J., & Fifer, W. P. (1980). Of human bonding: Newborns prefer their mothers' voices. *Science, 208,* 1174–1176.

de Guzman, N. S., & Nishina, A. (2014). A longitudinal study of body dissatisfaction and pubertal timing in an ethnically diverse adolescent sample. *Body Image, 11,* 68–71.

Desai, M., Beall, M., & Ross, M. G. (2013). Developmental origins of obesity: Programmed adipogenesis. *Current Diabetes Reports, 13* (1), 27–33.

Devlin, B., Daniels, M., & Roeder, K. (1997). The heritability of IQ. *Nature, 388,* 468–471.

DeWall, C. N., Anderson, C. A., & Bushman, B. J. (2013). Aggression. In I. B. Weiner & others (Eds.), *Handbook of psychology* (2nd ed., Vol. 5). New York: Wiley.

Diamond, A., Prevor, M., Callender, G., & Druin, D. (1997). Prefrontal cortex cognitive deficits in children treated early and continuously for PKU. *Monographs of the Society for Research in Child Development, 62* (4, Serial No. 252)

Dietz, T. L. (1998). An examination of violence and gender role portrayals in video games: Implications for gender socialization and aggressive behavior. *Sex Roles, 38,* 425–442.

DiLalla, L. F., Kagan, J., & Reznick, J. S. (1994). Genetic etiology of behavioral inhibition among 2-year-old children. *Infant Behavior and Development, 17,* 405–412.

Dilley, J. S. (1965). Decision-making ability and vocational maturity. *Personal and Guidance Journal, 44,* 154–164.

Dinkmeyer, D., & Mckay, G. D. (1973). *Raising a*

responsible children. New York: Simon and Schuster.

Dinkmeyer, D., & Mckay, G. D. (1976). *Systematic training for effective parenting*. Circle Pines, MN: American Guidance Service.

Dobson, V., & Teller, D. Y. (1978). Visual acuity in human infants: A review and comparison of behavioral and electrophysiological studies. *Vision Research, 18,* 1469-1483.

Dodge, K. A., Coie, J. D., Pettit, G. S., & Price, J. M. (1990). Peer status and aggression in boys' groups: Developmental and contextual analyses. *Child Development, 61,* 1289-1310.

Donahue, M. L., Pearl, R., & Herzog, A. (1997). Mothers' referential communication with preschoolers: Effects of children's syntax and mothers' beliefs. *Journal of Applied Developmental Psychology, 18*(1), 133-147.

Dornbusch, S. M., Ritter, P. L., Leiderman, P. H., Roberts, D. F., & Fraleigh, M. J. (1987). The relation of parenting style to adolescent school performance. *Child Development, 58*, 1244-1257.

Doty, R. L., & Shah, M. (2008). Taste and smell. In M. M. Haith & J. B. Benson (Eds.), *Encyclopedia of infant and early childhood development*. Oxford, UK: Elsevier.

Dreikurs, R. (1967). *Psychodynamics, psychotherapy, and counseling*. Chicago: Alfred Adler Institute.

Dreikurs, R., & Soltz, V. (1964). *Children: The challenge*. New York: Hawthorn Books.

Driscoll, R., Davis, K. E., & Lipetz, M. E. (1972). Parental interference and romantic love: The Romeo and Juliet effect. *Journal of Personality and Social Psychology, 24,* 1-10.

Duczkowska, A., Bekiesinska-Figatowska, M., Herman-Sucharska, I., Duczkowski, M., Romaniuk-Doroszewska, A., Jurkiewicz, E., Dubis, A., Urbanik, A., Furmanek, M., & Walecki, J. (2011). Magnetic resonance imaging in the evaluation of the fetal spinal canal contents. *Brain Development, 33*(1), 10-20.

Dunifon, R., & Kowaleski-Jones, L. (2002). Who's in the house? Race differences in cohabitation, single parenthood, and child development. *Child Development, 73* (4), 1249-1264.

DuPlessis, H. M., Bell, R., & Richards, T. (1997). Adolescent pregnancy: Understanding the impact of age and race on outcomes. *Journal of Adolescent Health, 20,* 187-197.

Duriez, B., Luyckx, K., Soenens, B., & Berzonsky, M. (2012). A process-content approach to adolescent identity formation: Examining longitudinal associations between identity styles and goal pursuits. *Journal of Personality, 80,* 135-161.

Dworetzky, J. P. (1990). *Introduction to child development* (4th ed.). St. Paul, MN: West Publishing.

East, P. L. (1991). Peer status groups. In R. M. Lerner, A. C. Petersen, & J. Brooks-Gunn (Eds.), *Encyclopedia of adolescence* (Vol. 2). New York: Garland.

Eberly, M. B., Hascall, S. A., Andrews, H., & Marshall, P. M. (1997, April). *Contributions of attachment quality and adolescent prosocial behavior to perceptions of parental influence: A longitudinal study*. Paper presented at the meeting of the Society for Research in Child Development, Washington, DC.

Eckerman, C. D., Davis, C. C., & Didow, S. M. (1989). Toddlers' emerging ways of achieving social coordinations with a peer. *Child Development, 60,* 440-453.

Egan, S. K., & Perry, D. G. (1998). Does low self-regard invite victimization? *Developmental Psychology, 34*(2), 299-309.

Eiger, M. S. (1992). The feeding of infants and children. In R. A. Hoekelman, S. B. Friedman, N. M. Nelson,

& H. M. Seidel (Eds.), *Primary pediatric care* (2nd ed.). St. Louis, MO: Mosby-Year Book.

Elkind, D. E. (1967). Egocentrism in adolescence. *Child Development, 38*, 1025-1034.

Elkind, D. E. (1978). Understanding the young adolescent. *Adolescence, Spring*, 127-134.

Ellsworth, C. P., Muir, D. W., & Hains, S. M. J. (1993). Social competence and person-object differentiation: An analysis of the still-face effect. *Developmental Psychology, 29*, 63-73.

Erikson, E. H. (1950/1963). *Childhood and society*. New York: Norton.

Erikson, E. H. (1968). *Identity: Youth and crisis*. New York: Norton.

Eriksson, U. J. (2009). Congenital malformations in diabetic pregnancy. *Seminar in Fetal and Neonatal Medicine, 14*, 85-93.

Faber, A., & Mazlish, E. (1974). *Liberated parents, liberated children*. New York: Grosset & Dunlap.

Faber, A., & Mazlish, E. (1980). *How to talk so kids will listen and listen so kids will talk*. New York: Avon Books.

Faber, A., & Mazlish, E. (1987). *Siblings without rivalry: How to help your children live together so you can live, too*. New York: W. W. Norton.

Fagot, B. I. (1977). Consequence of moderate cross-gender behavior in preschool children. *Child Development, 48*, 902-907.

Faust, M. S. (1960). Developmental maturity as a determinant in prestige of adolescent girls. *Child Development, 31*, 173-184.

Feinman, S., Roberts, D., Hsieh, K., Sawyer, D., & Swanson, D. (1992). A critical review of social referencing in infancy. In S. Feinman (Ed.), *Social referencing and the social construction of reality in infancy*. New York: Plenum.

Feldman, R. S. (2001). *Child development* (2nd ed.). Upper Saddle River, NJ: Prnetice-Hall.

Feldman, R., Gordon, I., Schneiderman, I., Weisman, O., & Zagoory-Sharon, O. (2010). Natural variations in maternal and paternal care are associated with systematic changes in oxytocin following parent-infant contact. *Psychoneuroendocrinology, 35* (8), 1133-1141.

Field, T., Hernandez-Reif, M., Feijo, L., & Freedman, J. (2006). Prenatal, perinatal, and neonatal stimulation: A survey of neonatal nurseries. *Infant Behavior and Development, 29* (1), 24-31.

Field, T., Diego, M. A., Dieter, J., Hernandez-Reif, M., Schanberg, S., Kuhn, C., Yando, R., & Bendel, D. (2001). Depressed withdrawn and intrusive mothers' effects on their fetuses and neonates. *Infant Behavior and Development, 24* (1), 27-39.

Fine, M. J. (1980). *The second handbook on parent education: Contemporary perspectives*. San Diego, CA: Academic Press.

Fine, M. J., & Henry, S. A. (1989). Professional issues in parent education. In M. J. Fine (Ed.), *Handbook on parent education* (pp. 3-20). San Diego, CA: Academic Press.

Fischer, K. W., & Rose, S. P. (1995, Fall). Concurrent cycles in the dynamic development of the brain and behavior. *SRCD Newsletter*, pp. 3-4, 15-16.

Flegal, W. A. (2007). Blood group genotyping in Germany. *Transfusion, 47* (Suppl. 1), S47-S53.

Fleming, A. S., Ruble, D., Krieger, H., & Wong, P. Y. (1997). Hormonal and experiential correlates of maternal responsiveness during pregnancy and the puerperium in human mothers. *Hormonal Behavior, 31*, 145-158.

Fomby, P., & Cherlin, A. J. (2007). Family Instability and child well-being. *American Sociological Review, 72*, 181-204.

Francis, P. L., Self, P. A., & Horowitz, F. D. (1987). The

behavioral assessment of the neonate: An overview. In J. D. Osofsky (Ed.), *Handbook of infant development* (2nd ed.). New York: Wiley.

Frank, D., & Zeisel, S. (1988). Failure-to-thrive. *Pediatric Clinics of North America, 35,* 1187-1206.

Fraser, A. M., Padilla-Walker, L. M., Coyne, S. M., Nelson, L. J., & Stockdale, L. A. (2012). Association between violent video gaming, empathic concern, and prosocial behavior toward strangers, friends, and family members. *Journal of Youth and Adolescence, 41,* 636-649.

Freud, A. (1946). *The psychoanalytic treatment of children.* London: Imago.

Freud, A. (1965). *The psychoanalytical treatment of children.* New York: International Universities Press.

Freud, S. (1933). *New introductory lectures in psycho-analysis.* New York: Norton.

Freud, S. (1938). *An outline of psychoanalysis.* London: Hogarth.

Frisch, R. E., & Revelle, R. (1970). Height and weight at menarche and a hypothesis of critical body weights and adolescent events. *Science, 169,* 397-399.

Frost, E. A., Gist, R. S., & Adriano, E. (2011). Drugs, alcohol, pregnancy, and fetal alcohol syndrome. *International Anesthesiology Clinics, 49,* 119-133.

Funk, J. B., & Buchman, D. D. (1996). Playing violent video and computer games and adolescent self-concept. *Journal of Communication, 46,* 19-33.

Galvan, A., & Tottenham, N. (2016). Adolescent brain development. In D. Cicchetti (Ed.), *Developmental psychopathology* (3rd ed.). New York: Wiley.

Ganzewinkel, C. J., Anand, K. J., Kramer, B. W., & Andriessen, P. (2014). Chronic pain in the newborn: Toward a definition. *Clinical Journal of Pain, 30* (11), 970-977.

Gathwala, G., Singh, B., & Balhara, B. (2008). KMC facilitates mother-baby attachment in low birth weight infants. *Indian Journal of Pediatric, 75* (1), 43-47.

Gawel, R. (1999). Web addiction. *Electronic Design, 47,* 32.

Gentile, D. A. (2011). The multiple dimensions of video game effects. *Child Development Perspectives, 5,* 75-81.

Gesell, A. L. (1946). The ontogenesis of infant behavior. In L. Carmichael (Ed.), *Manual of child psychology.* New York: Harper.

Gerbner, G. (1998). Cultivation analysis: An overview. *Mass Communication and Society, 1* (3/4), 175-194.

Gerbner, G. (1998). Cultivation analysis: An overview. *Mass Communication Research, 3-4,* 175-194.

Ghosh, S., Feingold, E., Chakaborty, S., & Dey, S. K. (2010). Telomere length is associated with types of chromosome 21 nondisjunction: A new insight into the maternal age effect on Down Syndrome birth. *Human Genetics, 127* (4), 403-408.

Gibson, E. J. (1969). *The principles of perceptual learning and development.* New York: Appleton-Century-Crofts.

Gibson, E. J. (1992). How to think about perceptual learning: Twenty-five years later. In H. L. Pick, P. Van den Brock, & D. C. Knoll (Eds.), *Cognitive psychology: Conceptual and methodological issues.* Washington, DC: American Psychological Association.

Gibson, E. J., & Walk, R. D. (1960). The "visual cliff." *Scientific American, 202,* 64-71.

Giedd, J. N. (2012). The digital revolution and the adolescent brain. *Journal of Adolescent Health, 51,* 101-105.

Gimovsky, A., Khodak-Gelman, S., & Larsen, J. (2014). Making chorionic villus sampling painless for both the patient and the physician. *Journal of*

Ultrasound Medicine, 33, 355–357.
Ginott, H. G. (1965/1991). *Between parent and child.* New York: Three Rivers.
Giovannini, M., Verduci, E., Salvatici, E., Paci, S., & Riva, E. (2012). Phenylketonuria: Nutritional advances and challenges. *Nutrition and Metabolism, 9* (1), 7–13.
Glasson, E. J., Jacques, A., Wong, K., Bourke, J., & Leonard, H. (2016). Improved survival in Down syndrome over the last 60 years and the impact of perinatal factors in recent decades. *Journal of Pediatrics, 169,* 214–220.
Goddard, H. H. (1912). *The Kallikak family.* New York: Macmillan.
Goldenberg, R. L., & Culhane, J. F. (2007). Low birth weight in the United States. *American Journal of Clinical Nutrition, 85* (2), S584–S590.
Goldfield, B. A., & Reznick, J. S. (1990). Early lexical acquisition: Rate, content, and vocabulary spurt. *Journal of Child Language, 17,* 171–183.
Goldstein, E. B. (1984/1999). *Sensation and perception.* Pacific Grove, CA: Brooks/ Cole.
Gordon, T. (1970). *P.E.T.: Parent Effectiveness Training.* New York: Peter H. Wyden.
Gordon, I., Zagoory-Sharon, O., Leckman, J. F., & Feldman, R. (2010). Oxytocin and the development of parenting in humans. *Biological psychiatry, 68* (4), 377–382.
Gordon-Messer, D., Bauermeister, J. A., Grodzinski, A., & Zimmerman, M. (2013). Sexting among young adults. *Journal of Adolescent Health, 52* (2), 301–306.
Gottlieb, G. (1991). Experiential canalization of behavioral development: Theory and commentary. *Developmental Psychology, 27,* 4–13.
Grant, T. M., Brown, N. N., Dubovsky, D., Sparrow, J., & Ries, R. (2013). The impact of prenatal alcohol exposure on addiction treatment. *Journal of Addiction Medicine, 7* (2), 87–95.
Grieser, D., & Kuhl, P. (1989). Categorization of speech by infants: Support for speech-sound prototypes. *Developmental Psychology, 25,* 577–589.
Griffith, J., & Powers, R. (1984). *An Adlerian Lexicon.* Chicago: The America Institute of Adelerian studies.
Gross, A. L., & Ballif, B. (1991). Children's understanding emotion from facial expressions and situations: A review. *Developmental Review, 11,* 368–398.
Gunnar, M. R., Malone, S., & Fisch, R. O. (1987). The psychobiology of stress and coping in the human neonate: Studies of the adrenocortical activity in response to stress in the first week of life. In T. Field, P. McCabe, & N. Scheiderman (Eds.), *Stress and coping.* Hillsdale, NJ: Erlbaum.
Halliday, M. A. K. (1975). *Learning how to mean: Exploration in the development of language.* London: Arnold.
Hamilton, J. L., & Hamlat, E. J., Stange, J. P., Abramson, L. Y., & Alloy, L. B. (2014). Pubertal timing and vulnerabilities to depression in early adolescence: Differential pathways to depressive symptoms by sex. *Journal of Adolescence, 37,* 165–174.
Hamner, T. J., & Turner, P. H. (2001). *Parenting in contemporary society* (6th ed.). New York: Allyn & Bacon.
Hansen, C. H., & Hansen, R. D. (1990). The influence of sex and violence on the appeal of rock music videos. *Communication Research, 17,* 212–234.
Hanson, G. M. B. (1999, June 28). The violent world of video games. *Insight on the News, 15,* 14.
Harlow, H. F., & Zimmerman, R. R. (1959). Affectional responses in the infant monkey. *Science, 130,* 421–432.
Harper, K. M., Tunc-Ozcan, E., Graf, E. N., & Redei, E. E. (2014). Intergenerational effects of prenatal ethanol on glucose tolerance and insulin responses.

Physiological Genomics, 46 (5), 159–168.

Harrell, J. S., Gansky, S. A., Bradley C. B., & McMurray, R. G. (1997). Leisure time activities of elementary school children. *Nursing Research, 46,* 246–253.

Harris, G., Thomas, A., & Booth, D. A. (1990). Development of salt taste in infancy. *Developmental Psychology, 26,* 534–538.

Harris, T. (1969/1991). *I'm OK, You're OK.* New York: Harper & Row.

Harter, S. (1990). Issues in the assessment of the self-concept of children and adolescents. In A. LaGreca (Ed.), *Through the eyes of a child* (pp. 292–325). Boston: Allyn & Bacon.

Harter, S., & Whitesell, N. R. (1989). Developmental changes in children's understanding of single, multiple, and blended emotion concepts. In C. Saarni & P. Harris (Eds.), *Children's understanding of emotion.* Cambridge: Cambridge University Press.

Hartup, W. W., & Overhauser, S. (1991). Friendships. In R. M. Lerner, A. C. Petersen, & J. Brooks-Gunn (Eds.), *Encyclopedia of adolescence* (Vol. 1). New York: Garland.

Harway, H., & Astin, H. S. (1977). *Sex discrimination in career counseling and education.* New York: Praeger.

Hatfield, E., & Rapson, R. (1993). *Love, sex, and intimacy.* New York: Harper Collins.

Helwig, C. C., To, S., Wang, Q., Liu, C., & Yang, S. (2014). Judgments and reasoning about parental discipline involving induction and psychological control in China and Canada. *Child Development, 85* (3), 1150–1167.

Henderson, K. A., & Zivian, M. T. (1995, March). The development of gender differences in adolescent body image. Paper presented at the meeting of the Society for Research in Child Development, Indianapolis.

Hennessy, K. D., Robideau, G. J., Cicchetti, D., & Cummings, E. M. (1994). Responses of physically abused and nonabused children to different forms of interadult anger. *Child Development, 65,* 815–828.

Herrnstein, R. J., & Murray, C. (1994). *The Bell Curve: Intelligence and class structure in American life.* New York: Free Press.

Hetherington, E. M., & Parke, R. D. (1993). *Child psychology* (4th ed.). New York: McGraw-Hill.

Hetsroni, A. (2007). Sexual content on mainstream TV advertising: A cross-cultural comparison. *Sex roles, 57* (3–4), 201–210.

Hilliard, L., & Liben, L. (2012, April). *No boys in ballet: Response to gender bias in mother-child conversations.* Paper presented at the Gender Development Research Conference, San Francisco.

Hines, M. (2011). Gender development and the human brain. *Annual Review of Neuroscience* (Vol. 34). Palo Alto, CA: Annual Reviews.

Hines, M. (2013). Sex and sex differences. In P. D. Zelazo (Ed.), *Handbook of developmental psychology.* New York: Oxford University Press.

Hirsh-Pasek, K., & Golinkoff, R. M. (2014). Early language and literacy: Six principles. In S. Gilford (Ed.), *Head Start teacher's guide.* New York: Teacher's College Press.

Hoff-Ginsberg, E. (1992). Methodological and social concerns in the study of children's language-learning environments: A reply to Pine. *First Language, 12,* 251–255.

Hollams, E. M., de Klerk, N. H., Holt, P. G., & Sly, P. D. (2014). Persistent effects of maternal smoking during pregnancy on lung function and asthma in adolescents. *American Journal of Respiratory and Critical Care Medicine, 189,* 401–407.

Hong, D. S., Hoeft, F., Marzelli, M. J., Lepage, J.,

Roeltgen, D., Ross, J., & Reiss, A. L. (2014). Influence of the X-chromosome on neuroanatomy: Evidence from Turner and Klinefelter syndromes. *Journal of Neuroscience, 34*, 3509-3516.

Howe, N., Ross, H. S., & Recchia, H. (2011). Sibling relations in early and middle childhood. In P. K. Smith & C. H. Hart (Eds.), *Wiley-Blackwell handbook of childhood social development* (2nd ed.). New York: Wiley.

Howerton, C. L., & Bale, T. L. (2012). Prenatal programming: At the intersection of maternal stress and immune activation. *Hormones and Behavior, 62* (3), 237-242.

Hoyer, W. J., & Plude, D. J. (1980). Attentional and perceptual processes in the study of cognitive aging. In L. W. Poon (Ed.), *Aging in the 1980s*. Washington, DC: American Psychological Association.

Hoyt, K. B. (1987). The impact of technology on occupational change: Implications for career guidance. *The Career Development Quarterly, 35*, 269-278.

Huizink, A. C. (2012) Prenatal factors in temperament: The role of prenatal stress and substance use exposure. In M. Zentner & R. L. Shiner(Eds.), *Handbook of temperament* (pp. 297-314). New York: Guilford Press.

Humphrey, T. (1978). Function of the nervous system during prenatal life. In U. Stave & A. A. Weech (Eds.), *Perinatal physiology* (pp. 651-683). New York: Plenum.

Huston, J. R., Lubetsky, A., Eichhorst, J., Hackmon, R., Koren, G., & Kapur, B. M. (2013). Adverse placental effect of formic acid on hCG secretion is mitigated by folic acid. *Alcohol and Alcoholism, 48* (3), 283-287.

Huttenlocher, P. R. (1994). Synaptogenesis, synapse elimination, and neural plasticity in the human cerebral cortex. In C. A. Nelson (Ed.), *Threats to optimal development: Integrating biological, psychological, and social risk factors: Minnesota symposia on child psychology* (Vol. 27, pp. 35-54). Hillsdale, NJ: Erlbaum.

Hyde, J. S., & DeLamater, J. D. (2011). *Human sexuality* (11th ed.). New York: McGraw-Hill.

Hymel, S. (1986). Interpretations of peer behavior: Affective bias in childhood and adolescence. *Child Development, 57*, 431-445.

Inhelder, B., & Piaget, J. (1958). *The growth of logical thinking*. New York: Basic Books.

Iqbal, M., Audette, M. C., Petropoulos, S., Gibb, W., & Matthews, S. G. (2012). Placental drug transporters and their role in fetal protection. *Placenta, 33*, 137-142.

Israel, A. C., & Shapiro, L. S. (1985). Behavior problems of obese children enrolling in a weight reduction program. *Journal of Pediatric Psychology, 10*, 449-460.

Izard, C. E. (1991). *The psychology of emotions*. New York: Plenum.

Izard, C. E. (1994). Innate and universal facial expressions: Evidence from developmental and cross-cultural research. *Psychological Bulletin, 115*, 288-299.

Izard, C. E., & Malatesta, C. Z. (1987). Perspectives on emotional development 1: Differential emotions theory of early emotional development. In J. D. Osofsky (Ed.), *Handbook of infant development* (pp. 494-555). New York: Wiley.

Jahanfar, S., & Sharifah, H. (2013). Effects of restricted caffeine intake by mother on fetal, neonatal, and pregnancy outcome. *Cochrane Database of Systematic Reviews*, 2: CD006965.

Janowsky, J. S., & Finlay, B. L. (1986). The outcome of perinatal brain damage: The role of normal neuron loss and axon retraction. *Developmental Medicine and Child Neurology, 28,* 375-389.

Jensen, A. R. (1969). How much can we boost IQ and scholastic achievement? *Harvard Educational Review, 39,* 1-123.

Jensen, A. R. (2003). Do age-group differences on mental tests imitate racial differences? *Intelligence, 31,* 107-121.

Johnson, M. H. (1998). The neural basis of cognitive development. In D. Kuhn & R. S. Siegler (Eds.), *Handbook of child psychology: Vol. 2. Cognition, perception, and language* (5th ed., pp. 1-49). New York: Wiley.

Johnson, S. L., & Birch, L. L. (1994). Parents' and children's adiposity and eating styles. *Pediatrics, 94,* 653-661.

Jones, M. C. (1924). A laboratory study of fear: The case of Peter. *Pedagogical Seminary, 31,* 308-315.

Jones, W. H., Chernovetz, M. E., & Hansson, R. O. (1978). The enigma of androgyny: Differential implications for males and females? *Journal of Consulting and Clinical Psychology, 46,* 298-313.

Jonson-Reid, M., Kohl, P. L., & Drake, B. (2012). Child and adolescent outcomes of chronic child maltreatment. *Pediatrics, 129,* 839-845.

Juang, L. P., & Nguyen, H. H. (1997, April). *Autonomy and connectedness: Predictors of adjustment in Vietnamese adolescents.* Paper presented at the meeting of the Society for Research in Child Development, Washington, DC.

Juang, L. P., & Umana-Taylor, A. J. (2012). Family conflict among Chinese-and Mexican-origin adolescents and their parents in the U.S.: An introduction. *New Directions in Child and Adolescent Development, 135,* 1-12.

Jussim, L., & Eccles, J. S. (1993). Teacher expectations II: Construction and reflection of student achievement. *Journal of Personality and Social Psychology, 63,* 947-961.

Kagan, J. (1992). Behavior, biology, and the meanings of temperamental constructs. *Pediatrics, 90,* 510-513.

Kaplan, D. L., Jones, E. J., Olson, E. C., & Yunzal-Butler, C. B. (2013). Early age of first sex and helth risk in an urban adolescent population. *Journal of School Health, 83,* 350-356.

Kappeler, E. M., & Farb, A. F. (2014). Historical context for the creation of the Office of Adolescent Health and the Teen Pregnancy Prevention Program. *Journal of Adolescent Health, 54* (3 Suppl.), S3-S9.

Kaur, A., & Phadke, S. R. (2012). Analysis of short stature cases referred for genetic evaluation. *Indian Journal of Pediatrics, 79* (12), 1597-1600.

Kellogg, R. (1970). Understanding children's art. In P. Cramer (Ed.), *Readings in developmental psychology today.* Delmar, CA: CRM.

Kendler, K. S., Sundquist, K., Ohlsson, H., Palmer, K., Maes, H., Winkleby, M. A., & Sundquist, J. (2012). Genetic and familial environmental influences on the risk for drug abuse: A national Swedish adoption study. *Archives of General Psychiatry, 69* (7), 690-697.

Kerr, M., Lambert, W. W., Stattin, H., & Klackenberg-Larsson, I. (1994). Stability of inhibition in a Swedish longitudinal sample. *Child Development, 65,* 138-146.

Khashan, A. S., Baker, P. N., & Kenny, L. C. (2010). Preterm birth and reduced birthweight in first and second teenage pregnancies: A register-based cohort study. *BMC Pregnancy and Childbirth, 10,* 36.

Kim, G., & Kwak, K. (2011). Uncertainty matters: Impact of stimulus ambiguity on infant social referencing. *Infant and Child Development, 20,* 449-463.

Kim, H. S., Choe, B. M., Park, J. H., & Kim, S. H. (2017).

Early menarche and risk-taking behavior in Korean adolescent students. *Asia-Pacific Psychiatry, 9* (3), e12273.

Kisilevsky, B. S., Hains, S. M., Brown, C. A., Lee, C. T., Cowperthwaite, B., Stutzman, S. S., Swansburg, M. L., Lee, K., Xie, X., Huang, H., Ye, H. H., Zhang, K., & Wang, Z. (2009). Fetal sensitivity to properties of maternal speech and language. *Infant Behavior and Development, 32*(1), 59-71.

Klein, J. D., Brown, J. D., Childers, K. W., Olivera, J., Porter, C., & Dykers, C. (1993). Adolesents' risky behavior and mass media use. *Pediatrics, 92,* 24-31.

Klish, W. J. (1998, September). Childhood obesity. *Pediatrics in Review, 19,* 312-315.

Knickmeyer, R., & Baron-Cohen, S. (2006, December). Fetal testosterone and sex differences. *Early Human Development, 82,* 755-760.

Kobak, R. R. (1992, March). Autonomy as self-regulation: An attachment perspective. Paper presented at the Society for Research on Adolescence, Washington, DC.

Kohlberg, L. A. (1966). Cognitive developmental analysis of children's sex-role concepts and attitudes. In E. E. Maccoby (Ed.), *The development of sex differences.* Stanford, CA: Stanford University Press.

Kohlberg, L. A. (1976). Moral stages and moralization: The cognitive development approach. In T. Likona (Ed.), *Moral development and behavior: Theory, research, and social issues.* New York: Holt, Rinehart, & Winston.

Kolb, B. (1995). *Brain plasticity and behavior.* Mahwah, NJ: Erlbaum.

Kolb, B., & Fantie, B. (1989). Development of the child's brain and behavior. In C. R. Reynolds & E. Fletcher-Janzen (Eds.), *Handbook of clinical child neuropsychology.* New York: Plenum Press.

Kong, A., Frigge, M. L., Masson, G., Besenbacher, S., Sulem, P., Magnusson, G., ... & Stefansson, K. (2012). Rate of *de novo* mutations and the importance of father's age to disease risk. *Nature, 488,* 471-475.

Kopp, C. B. (1989). Regulation of distress and negative emotions: A development view. *Developmental Psychology, 25,* 343-354.

Kreutzer, M. A., Leonard, C., & Flavell, J. H. (1975). An interview study of children's knowledge about memory. *Monographs of the Society for Research in Child Development, 40* (1, Serial No. 159).

Kroger, J. (2012). The status of identity developments in identity research. In P. K. Kerig, M. S. Schulz, & S. T. Hauser (Eds.), *Adolescence and beyond.* New York: Oxford University Press.

Kubey, R., & Larson, R. (1990). The use and experience of the new video media among children and young adolescents. *Communication Research, 17,* 107-130.

Kumar, P., Khare, M., Harrison, R. M., Bloss, W. J., & Lewis, A. C. (2015). New directions: Air pollution challenges for developing megacities like Delhi. *Atmospheric Environment, 122,* 657-661.

Lamb, D. R. (1984). *Physiology of exercise: Response and adaptation* (2nd ed.). New York: Macmillan.

Lamb, M. E. (1975). Physiological mechanisms in the control of maternal behavior in rats: A review. *Psychological Bulletin, 82,* 104-119.

Lamb, M. E. (1977). Father-infant and mother-infant interaction in the first year of life. *Child Development, 48,* 167-181.

Lamb, M. E. (1987). *The father's role: Cross-cultural perspectives.* Hillsdale, NJ: Erlbaum.

Lamb, M. E. (1988). Social and emotional development in infancy. In M. H. Bornstein & M. E. Lamb (Eds.), *Social, emotional, and personality development* (pp. 359-411). Hillsdale, NJ: Erlbaum.

Lamb, M. E., & Roopnarine, J. L. (1979). Peer influences on sex-role development in preschoolers. *Child Development, 50,* 1219-1222.

Lamb, M. E., Pleck, J. H., Charnov, E. L., & Levine, J. A. (1985). Paternal behavior in humans. *American Zoologist, 25,* 883-894.

Lamb, M. E., Frodi, A. M., Hwang, C. P., Frodi, M., & Steinberg, J. (1982). Effects of gender and caretaking role on parent-infant interaction. In R. M. Emde & R. J. Harmon (Eds.), *Attachment and affiliative systems.* New York: Plenum.

Lamborn, S. D., Mounts, N. S., Steinberg, L., & Dornbusch, S. M. (1991). Patterns of competence and adjustment among adolescents from authoritative, authoritarian, indulgent, and neglectful families. *Child Development, 62,* 1049-1065.

Lane, A., Harrison, M., & Murphy, N. (2014). Screen time increases risk of overweight and obesity in active and inactive 9-year-old Irish children: A cross sectional analysis. *Journal of Physical Activity and Health. 11* (5), 985-991.

Lapsley, D. K., & Power, F. C. (Eds.). (1988). *Self, ego, and identity.* New York: Springer-Verlag.

Leaper, C. (2013). Gender development during childhood. In P. D. Zelazo (Ed.), *Oxford handbook of developmental psychology.* New York: Oxford University Press.

Leaper, C., & Bigler, R. S. (2011). Gender. In M. K. Underwood & L. S. Rosen (Eds.), *Social development.* New York: Guilford.

LeBourgeois, M. K., Hale, L., Chang, A. M., Akacem, L. D., Montgomery-Downs, H. E., & Buxton, O. M. (2017). Digital media and sleep in childhood and adolescence. *Pediatrics, 140* (2), S92-S96.

Leboyer, F. (1975). *Birth without violence.* New York: Knopf.

Leftwich, H. K., & Alves, M. V. (2017). Adolescent pregnancy. *Pediatric Clinics of North America, 64,* 381-388.

Lemann, N. (1986, June). The origins of the underclass. *The Atlantic,* 31-35.

Lenneberg, E. H. (1967). *The biological foundations of language.* New York: Wiley.

Lenhart, A. (2012). Teens, smartphones, and texting: Texting volume is up while the frequency of voice calling is down. Retrieved May 2, 2013, from http://pewinternet.org/~/medai/Files/Reorts/2012/PIP_Teens_Smartphones_and-Texting.pdf

Lenhart, A., Purcell, K., Smith, A., & Zickuhr, K. (2010, February 3). *Social media and young adults.* Washington, DC: Pew Research Center.

Lester, B. M., Kotelchuck, M., Spelke, E., Sellers, M. J., & Klein, R. E. (1974). Separation protest in Guatemalan infants: Cross-cultural and cognitive findings. *Developmental Psychology, 10,* 79-85.

Lever-Duffy, J., & McDonald, J. (2018). *Teaching and learning with technology* (6th ed.). Upper Saddle River, NJ: Pearson.

LeVine, R. A. (1988). Human parental care: Universal goals, cultural strategies, individual behavior. In R. A. LeVine, P. M. Miller, & M. M. West (Eds.), *Parental behavior in diverse societies. New directions for child development, No. 40* (pp. 3-12). San Francisco: Jossey-Bass.

Lewanda, A. F., Matisoff, A., Revenis, M., Harahsheh, A., Futterman, C., Nino, G., Greenberg, J., Myseros, J. S., Rosenbaum, K. N., & Summar, M. (2016). Preoperative evaluation and comprehensive risk assessment for children with Down syndrome. *Pediatric Anesthesia, 26* (4), 356-362.

Lewis, M., & Brooks, J. (1978). Self-knowledge and emotional development. In M. Lewis & L. A. Rosenblum (Eds.), *The development of affect* (pp. 205-226). New York: Plenum.

Lewis, M., & Brooks-Gunn, J. (1979). *Social cognition and the acquisition of self.* New York: Plenum Press.

Lewis, M., Alessandri, S. M., & Sullivan, M. W. (1992). Differences in shame and pride as a function of children's gender and task difficulty. *Child Development, 63,* 630-638.

Lewis, M., Stanger, C., & Sullivan, M. W. (1989). Deception in 3-year-olds. *Developmental Psychology, 25,* 439-443.

Li, B. J., Jiang, Y. J., Yuan, F., & Ye, H. X. (2010). Exchange transfusion of least incompatible blood for severe hemolytic disease of the newborn due to anti-Rh17. *Transfusion Medicine, 20,* 66-69.

Liben, L. S., Bigler, R. S., & Hilliard, L. J. (2014). Gender development: From universality to individuality. In E. T. Gershoff, R. S. Mistry, & D. A. Crosby (Eds.), *Societal contexts of child development.* New York: Oxford University Press.

Lin, C. C., & Fu, V. R. (1990). A comparison of child-rearing practices among Chinese, immigrant Chinese, and Caucasian-American Parents. *Child Development, 61,* 429-433.

Lissak, G. (2018). Adverse physiological and psychological effects of screen time on children and adolescents: Literature review and case study. *Environmental Research, 184,* 149-157.

Lloyd, A. B., Lubans, D. R., Plotnikoff, R. C., Collins, C. E., & Morgan, P. J. (2014). Maternal and paternal parenting practices and their influence on children's adiposity, screen-time, diet, and physical activity. *Appetite, 79,* 149-157.

Lloyd, M. A. (1985). *Adolescence.* New York: Harper & Row.

Loehlin, J. C. (1992). *Genes and environment in personality development.* Newbury Park, CA: Sage.

London, M., & Greller, M. M. (1991). Demographic trends and vocational behavior: A twenty year retrospective and agenda for the 1990s. *Journal of Vocational Behavior, 38,* 125-164.

Lovejoy, J., & Wallen, K. (1988). Sexually dimorphic behavior in group-house rhesus monkeys(Macaca mulatto) at 1 year of age. *Psychobiology, 16,* 348-356.

Lowdermilk, D. L., Cashion, M. C., & Perry, S. E. (2014). *Maternity and women's health care: Text and simulation learning package* (10th ed.). New York: Elsevier.

Lowrey, G. H. (1978). *Growth and development of children* (7th ed.). Chicago: Year Book.

Ludemann, P. M. (1991). Generalized discrimination of positive facial expressions by seven-and ten-month-old infants. *Child Development, 62,* 55-67.

Ludemann, P. M., & Nelson, C. A. (1988). Categorical representation of facial expressions by 7-month-old infants. *Developmental Psychology, 24,* 492-501.

Ludington-Hoe, S. M., Lewis, T., Morgan, K., Cong, X., Anderson, L., & Reese, S. (2006). Breast and infant temperatures with twins during kangaroo care. *Journal of Obstetric, Gynecologic, and Neonatal Nursing, 35,* 223-231.

Lyytinen, P. (1995). Cross-situational variation on children's pretend play. *Early Child Development and Care, 105,* 35-41.

Maccoby, E. E. (1991, April). *Discussant, symposium on the development of gender and relationships.* Symposium presented at the biennial meeting of the Society for Research in Child Development, Seattle, Washington.

MacDonald, K. B., & Parke, R. D. (1984). Bridging the gap: Parent-child play interaction and peer interactive competence. *Child Development, 55,*

1265–1277.

MacDonald, K. B., & Parke, R. D. (1986). Parent-child physical play: The effects of sex and age of children and parents. *Sex Roles, 15,* 367–378.

MacFarlane, A. (1975). Olfaction in the development of social preferences in the human neonate. In *Parent-infant interaction* (CIBA Foundation Symposium No. 33), Amsterdam: Elsevier.

MacFarlane, A. (1977). *The psychology of childbirth.* Cambridge, MA: Harvard University Press.

Main, M., & Solomon, J. (1986). Discovery of an insecure-disorganized/disoriented attachment pattern. In T. B. Brazelton & M. W. Yogman (Eds.), *Affective development in infancy* (pp. 95–124). Norwood, NJ: Ablex.

Main, M., & Solomon, J. (1990). Procedure for identifying infants as disorganized/ disoriented during the Ainsworth Strange Situation. In M. Greenberg, D. Cicchetti, & M. Cummings (Eds.), *Attachment in the preschool years: Theory, research, and intervention* (pp. 121–160). Chicago: University of Chicago Press.

Malizia, B. A., Hacker, M. R., & Penzias, A. S. (2009). Cumulative live-birth rates after in vitro fertilization. *New England Journal of Medicine, 360,* 236–243.

Mange, A. P., & Mange, E. J. (1990). *Genetics: Human aspects* (2nd ed.). Sunderland, MA: Sinhauer Associates.

Mangelsdorf, S. C., Shapiro, J. R., & Marzolf, D. (1995). Developmental and temperamental differences in emotion regulation in infancy. *Child Development, 66,* 1817–1828.

Manning, L. G., Davies, P. T., & Cicchetti, D. (2014). Interparental violence and early childhood adjustment: how and why maternal sensitivity is a protective factor. *Child Development, 85* (6), 2263–2278.

Maratsos, M. P. (1989). Innateness and plasticity in language acquisition. In M. L. Rice & R. C. Schiefelbusch (Eds.). *The teachability of language.* Baltimore, MD: Paul H. Brookes.

Marcia, J. (1980). Ego identity development. In J. Adelson (Ed.), *Handbook of adolescent psychology.* New York: Wiley.

Marcia, J. (1989). Identity and intervention. *Journal of Adolescence, 12,* 401–410.

Marcia, J. (1991). Identity and self-development. In R. M. Lerner, A. C. Petersen, & J. Brooks-Gunn (Eds.), *Encyclopedia of adolescence* (Vol. 1). New York: Garland.

Marcia, J. (1994). The empirical study of ego identity. In H. A. Bosma, T. L. G. Graafsma, H. D. Grotevant, & D. J. De Levita (Eds.), *Identity and development.* Newbury Park, CA: Sage.

Marcia, J. (2002). Identity and psychosocial development in adulthood. *Identity: An International Journal of Theory and Research, 2,* 7–28.

Marcia, J., & Carpendale, J. (2004). Identity: Does thinking make it so? In C. Lightfoot, C. Lalonde, & M. Chandler (Eds.), *Changing conceptions of psychological life.* Mahwah, NJ: Erlbaum.

Marsh, H. W. (1990). The structure of academic self-concept: The Marsh/Shavelson model. *Journal of Educational Psychology, 82,* 623–636.

Martinez-Frias, M. L. (2012). The thalidomide experience: Review of its effects 50 years later. *MedicinaClinca, 139,* 25–32.

Martino, S. C., Collins, R. L., Elliott, M. N., Strachman, A., Kanouse, D. E., & Berry, S. H. (2006). Exposure to degrading versus nondegrading music lyrics and sexual behavior among youth. *Pediatrics, 118* (2), e 430–e 431.

Mash, C., Bornstein, M. H., & Arterberry, M. E. (2013).

Brain dynamics in young infants' recognition of faces: EEG oscillatory activity in response to mother and stranger. *Neuroreport: For Rapid Communication of Neuroscience Research, 24*, 359-363.

Maslow, A. H. (1943). A theory of human motivation. *Psychological Review, July*, 370-396.

Maslow, A. H. (1965). A theory of human motivation. In D. E. Hamachek (Ed.), *The self in growth, teaching, and learning*. Englewood Cliffs, NJ: Prentice-Hall.

Mason, J. O. (1993). The dimensions of an epidemic of violence. *Public Health Reports, 108*, 1-4.

Mathews, G., Fane, B., Conway, G., Brook, C., & Hines, M. (2009). Personality and congenital adrenal hyperplasia: Possible effects of prenatal androgen exposure. *Hormones and Behavior, 55*, 285-291.

Matlin, M, W. (2012). *The psychology of women* (7th ed.). Belmont, CA: Wadsworth.

McGue, M., Bouchard, T., Iacono, W., & Lykken, D. (1993). Behavioral genetics of cognitive ability: A life-span perspective. In R. Plomin & G. E. McClearn (Eds.), *Nature, nurture, and psychology* (pp. 59-76). Washington, DC: American Psychological Association.

McHale, S. M., Updegraff, K. A., & Whiteman, S. D. (2013). Sibling relationships. In G. W. Peterson & K. R. Bush (Eds.), *Handbook of marriage and family* (3rd ed.). New York: Springer.

McMillan, L. (1990). Grandchildren, chocolate, and flowers. *Australian Journal on Ageing, 9* (4), 13-17.

Mead, G. H. (1934). *Mind, self, and society*. Chicago: University of Chicago Press.

Mead, M. (1935). *Sex and temperament in three primitive societies*. New York: Morrow.

Mead, M. (1968). *Male and female*. New York: Dell.

Mehler, J., Jusczyk, P. W., Lambertz, G., Halsted, N., Bertoncini, J., & Amiel-Tison, C. (1988). A precursor of language acquisition in young infants. *Cognition, 29*, 132-178.

Meltzoff, A. N., & Borton, R. W. (1979). Intermodal matching by human neonates. *Nature, 282*, 403-404.

Mendelson, B. K., & White, D. R. (1985). Development of self-body-esteem in overweight youngsters. *Developmental Psychology, 21*, 90-97.

Mennella, J. A., & Bobowski, N. K. (2015). The sweetness and bitterness of childhood: Insights from basic research on taste preferences. *Physiology & Behavior, 152*, 502-507.

Menon, R., Jones, J., Gunst, P. R., Kacerovsky, M., Fortunato, S. J., Saade, G. R., & Basraon, S. (2014). Amniotic fluid metabolomic analysis in spontaneous preterm birth. *Reproductive Sciences, 21* (6), 791-803.

Merewood, A. (1998). Sperm under siege: More than we ever guessed, having a healthy baby may depend on dad. In K. L. Freiberg (Ed.), *Annual editions: Human development* (26th ed., pp. 37-41). New York: McGraw-Hill.

Merrill, S. A. (1999). Roselawn: A community regaining its youth. *The Clearing House, 73*, 101-110.

Mesch, G. S. (2012). Technology and youth. *New Directions in Youth Development, 135*, 97-105.

Miller, A. (1983). *For your own good*. Toronto: Collins.

Miller, K. E. (1990). Adolescents' same-sex and opposite sex peer relations: Sex differences in popularity, perceived social competence, and social cognitive skills. *Journal of Adolescent Research, 5*, 222-241.

Milne, E., & Greenop, K. R., Scott, R. J., Bailey, H. D., Attia, J., Dalla-Pozza, L., de Klerk, N. H., Armstrong, B. K. (2012). Parental prenatal smoking and risk of childhood acute lymphoblastic leukemia. *American*

Journal of Epidemiology, 175, 43-53.

Mischel, W. (1970). Sex typing and socialization. In P. H. Mussen (Ed.), *Carmichael's manual of child psychology* (Vol. 2). New York: Wiley.

Miyakoshi, K., Tanaka, M., Morisaki, H., Kim, S. H., Hosokawa, Y., Matsumoto, T., Minegishi, K., & Yoshimura, Y. (2013). Perinatal outcomes: Intravenous patient-controlled fentanyl versus no analgesia in labor. *Journal of Obstetrics and Gynecology Research, 39* (4), 783-789.

Moerk, E. L. (1989). The LAD was a lady and the tasks were ill-defined. *Developmental Review, 9,* 21-57.

Money, K. M., & Stanwood, G. D. (2013). Developmental origins of brain disorders: Roles for dopamine. *Frontiers in Cellular Neuroscience, 7,* 260.

Morgan, B., & Gibson, K. R. (1991). Nutrition and environmental interactions in brain development. In K. R. Gibson & A. C. Petersen (Eds.), *Brain maturation and cognitive development: Comparative and cross-cultural perspectives* (pp. 91-106). New York: Aldine De Gruyter.

Morgan, S., Koren, G., & Bozzo, P. (2013). Is caffeine consumption safe during pregnancy? *Canadian Family Physician, 59,* 361-362.

Morgane, P. J., Austin-La France, R., Brouzino, J., Toukiss, J., Diaz-Cintra, S., Cintra, L., Kenper, T., & Galler, J. R. (1993). Prenatal malnutrition and development of the brain. *Neuroscience and Biobehavioral Reviews, 17,* 91-128.

Morrow, C. E., Bandstra, E. S., Emmalee, S., Anthony, J. C., Ofir, A. Y., Xue, L., & Reyes, M. L. (2001). Influence of prenatal cocaine exposure on full-term infant neurobehavioral functioning. *Neurotoxicology and Teratology, 23,* 533-544.

Moshman, D. (2011). *Adolescent rationality and development: Cognition, morality, and identity* (3rd ed.). New York: Psychology Press.

Muller, R. T., Hunter, J. E., & Stollak, G. (1995). The intergenerational transmission of corporal punishment: A comparison of social learning and temperament models. *Child Abuse and Neglect, 19,* 1323-1335.

Mullola, S., Ravaja, N., Lipsanen, J., Alatupa, S., Hintsanen, M., Jokela, M., & Keltikangas-Järvinen, L. (2012). Gender differences in teachers' perceptions of students' temperament, educational competence, and teachability. *British Journal of Educational Psychology, 82, (Pt 2),* 185-206.

Mulvaney, A. (1995). *Talking with kids: How to improve communication and your relationship with your children.* East Roseville, NSW: Simon & Schuster.

Mumme, D. L., Fernald, A., & Herrera, C. (1996). Infants' responses to facial and vocal emotional signals in a social referencing paradigm. *Child Development, 67,* 3219-3237.

Muñoz, R. F., Ying, Y., Bernal, G., Perez-Stable, E. J., Sorenson, J. L., Hargreaves, W. A. (1995). Prevention of depression with primary care patients: A randomized controlled trial. *American Journal of Community Psychology, 23,* 199-222.

Munro, G., & Adams, G. R. (1977). Ego identity formulation in college students and working youth. *Developmental Psychology, 13* (57), 523-524.

Murray, K. M., Byrne, D. C., & Rieger, E. (2011). Investigating adolescent stress and body image. *Journal of Adolescence, 34,* 269-278.

Mussen, P. H., Conger, J. J., Kagan, J., & Huston, A. C. (1995). *Child development and personality* (8th ed.). New York: Harper Collins.

Muuss, R. E. (1996). *Theories of adolescence* (6th ed.). New York: McGraw-Hill.

Muzi, M. J. (2000). *Child development.* Upper Saddle River, NJ: Prentice-Hall.

Nagel, H. T., Kneght, A. C., Kloosterman, M. D.,

Wildschut, H. I., Leschot, N. J., & Vandenbussche, F. P. (2007). Prenatal diagnosis in the Netherlands, 1991-2000: Number of invasive procedures, indications, abnormal results, and terminations of pregnancies. *Prenatal Diagnosis, 27,* 251-257.

Negriff, S., Susman, E. J., & Trickett, P. K. (2011). The development pathway from pubertal timing to delinquency and sexual activity from early to late adolescence. *Journal of Youth and Adolescence, 40,* 1343-1356.

Nelson, C. A., Zeanah, C., & Fox, N. A. (2007). The effects of early deprivation on brain-behavioral development: The Bucharest Early Intervention Project. In D. Romer & E. Walker (Eds.), *Adolescent psychopathology and the developing brain: Integration brain and prevention science.* New York: Oxford University Press.

Nelson, S. K., Kushlev, K., & Lyubomirsky, S. (2014). The pains and pleasures of parenting: When, why, and how is parenthood associated with more or less wellbeing? *Psychological Bulletin, 140,* 846-895.

Newcombe, N. (1996). *Child development: Change over time* (8th ed.). New York: Harper Collins.

Newcombe, N., Drummey, A. B., & Lie, E. (1995). Children's memory for early experience. *Journal of Experimental Child Psychology, 59,* 337-342.

Newman, J. (1995). How breast milk protects newborns. *Scientific American, 273* (6), 76-80.

Newman, L. F., & Buka, S. L. (1993). Clipped wings. In K. L. Freiberg (Ed.), *Annual editions: Human development* (21th ed., pp. 96-101). New York: McGraw-Hill.

Newnham, J. P., Evans, S. F., Michael, C. A., Stanley, F. J., & Landau, L. I. (1993). Effects of frequent ultrasound during pregnancy: A randomised controlled trial. *The Lancet, 342,* 887-891.

Ng, F. F., Pomerantz, E. M., & Deng, C.(2014). Why are Chinese mothers more controlling than American mothers? "My child Is my report card." *Child Development, 85* (1), 355-369.

Ngantcha, M., Janssen, E., Godeau, E., Ehlinger, V., Le-Nezet, O., Beck, F., & Spilka, S. (2018). Revisiting factors associated with screen time media use: A structural study among school-aged adolescents. *Journal of Physical Activity and Health, 15* (6), 448-456.

Nielsen Media Research (1998). *1988 report on television.* New York: Author.

Nielsen, M., Mushin, I., Tomaselli, K., & Whiten, A. (2014). Where culture takes hold: "Overimitation" and its flexible deployment in Western, Aboriginal, and Bushmen children. *Child Development, 85* (6), 2169-2184.

Nigro, G., Mazzocco, M., Mattia, E., Di Renzo, G. C., Carta, G., & Anceschi, M. M. (2011). Role of the infections in recurrent spontaneous abortion. *Journal of Maternal-Fetal and Neonatal Medicine, 24,* 983-989.

Nyqvist, K., Anderson, G., Bergman, N., Cattaneo, A., Charpak, N., Davanzo, R., Ewald, U., Ibe, O., Ludington-Hoe, S. M., Mendoza, S., Pallás-Allonso, C., Peláez, J., Sizun, J., & Widström, A. (2010). Towards universal Kangaroo Mother Care: Recommendations and report from the First European Conference and Seventh International Workshop on Kangaroo Mother Care. *Acta Pediatrica, 99* (6), 820-826.

O'Keeffe, G. S., & Clarke-Pearson, K. (2011). The impact of social media on children, adolescents, and families. *Pediatrics, 127* (4), 800-804.

Omer, H., & Everly, G. S. (1988). Psychological factors in preterm labor: Critical review and theoretical synthesis. *American Journal of Psychiatry, 145,* 1507-1513.

Opfer, J. E., & Gelman, S. A. (2011). Development of the

animate-inanimate distinction. In U. Goswami (Ed.), *Wiley-Blackwell handbook of childhood cognitive development* (2nd ed.). New York: Wiley.

Pallini, S., Baiocco, R., Schneider, B. H., Medigan, S., & Atkinson, L. (2014). Early child-parent attachment and peer relations: A meta-analysis of recent research. *Journal of Family Psychology, 28* (1), 118-123.

Paneth, N. S. (1995). The problem of low birth weight. *The Future of Children, 5,* 19-34.

Panigrahy, A., Borzaga, M., & Blumi, S. (2010). Basic principles and concepts underlying recent advances in magnetic resonance imaging of the developing brain. *Seminars in Perinatology, 34,* 3-19.

Papalia, P. E., & Olds, S. W. (1995). *A child's world: Infancy through adolescence* (3rd ed.). New York: McGraw-Hill.

Papini, D. R., Roggman, L. A., & Anderson, J. (1990). Early adolescent perceptions of attachment to mother and father: A test of the emotional distancing hypothesis. Paper presented at the meeting of the Society for Research on Adolescence, Atlanta.

Paquette, D. (2004). Theorizing the father-child relationship: Mechanisms and developmental outcomes. *Human Development, 47,* 193-219.

Parke, R. D. (1996). *New fatherhood.* Cambridge, MA: Harvard University Press.

Parke, R. D., & O'Neil, R. (2000). The influence of significant others on learning about relationships. In S. Duck (Ed.), *The handbook of personal relationships* (2nd ed). New York: Wiley.

Parker, J. G., & Asher, S. R. (1987). Peer relations and later personal adjustment. *Psychological Bulletin, 102,* 357-389.

Parsons, T., & Bales, R. F. (1955). *Family, socialization, and interaction process.* New York: Free Press.

Parten, M. (1932). Social play among preschool children. *Journal of Abnormal and Social Psychology, 27,* 243-269.

Paul, A. M. (1999). Do parents really matter? Kid stuff. In K. L. Freiberg (Ed.), *Annual editions: Human development* (27th ed., pp. 128-130). New York: McGraw-Hill.

Paul, E. L., & White, K. M. (1990). The development of intimate relationships in late adolescence. *Adolescence, 25,* 375-400.

Paul, P. (2001, September). Getting inside Gen Y. *American Demographics, 23,* 42-49.

Pavlov, I. P. (1927). *Conditioned reflexes.* London: Oxford University Press.

Pedersen, C. B., McGrath, J., Mortensen, P. B., & Petersen, L. (2014). The importance of father's age to schizophrenia risk. *Molecular Psychiatry, 19* (5), 530-531.

Penick, N. I., & Jepsen, D. A. (1992). Family functioning and adolescent career development. Special section: Work and family concerns. *Career Development Quarterly, 40,* 208-222.

Perry, D. G., & Bussey, K. (1984). *Social development.* Englewood Cliffs, NJ: Prentice-Hall.

Perry, N. B., Nelson, J. A., Swingler, M. M., Leerkes, E. M., Calkins, S. D., Marcovitch, S., & O'Brien, M. (2013). The relation between maternal emotional support and child physiological regulation across the preschool years. *Developmental Psychobiology, 55* (4), 382-394.

Peskin, H. (1967). Pubertal onset and ego functioning. *Journal of Abnormal Psychology, 72,* 1-15.

Peters, K. F., & Petrill, S. A. (2011). Comparison of the background, needs, and expectations for genetic counseling of adults with experience with Down syndrome, Marfan syndrome, and neurofibromatosis. *American Journal of Medical Genetics A, 155* (4), 684-696.

Peterson, C., Maier, S. F., & Seligman, M. E. P. (1993). *Learned helplessness: A theory for the age of personal control*. New York: Oxford University Press.

Piaget, J. (1932). *The moral judgment of the child*. New York: Harcourt Brace Jovanovich.

Piaget, J. (1952). *The origins of intelligence in children*. New York: International Universities Press.

Piaget, J. (1954). *The construction of reality in the child*. New York: Basic Books.

Piaget, J. (1960). *Psychology of intelligence*. Paterson, NJ: Littlefield, Adams.

Piaget, J. (1962). *Play, dreams, and imitation in childhood*. New York: Norton.

Piaget, J. (1983). Piaget's theory. In P. H. Mussen (Ed.), *Handbook of child psychology* (Vol. 1, pp. 294-356). New York: Wiley.

Piaget, J., & Inhelder, B. (1956). *The child's conception of space*. London: Routledge & Kegan Paul.

Picou, J. S., & Curry, E. W. (1973). Structural, interpersonal, and behavioral correlates of female adolescent's occupational choices. *Adolescence, 8,* 421-432.

Pleck, J. H. (1987). American fathering in historical perspective. In M. S. Kimmel (Ed.), *Changing men: New directions in research on men and masculinity*. Beverly Hills, CA: Sage.

Pleck, J. H. (1997). Paternal involvement: Levels, sources, and consequences. In M. E. Lamb (Ed.), *The role of the father in child development* (3rd ed., pp. 66-103). New York: Wiley.

Pleck, J. H., & Masciadrelli, B. P. (2004). Paternal involvement by U.S. residential fathers: Levels, sources, and consequences. In M. E. Lamb (Ed.), *The role of the father in child development* (4th ed., pp. 222-271). New York: Wiley.

Plomin, R. (1993, March). *Human behavioral genetics and development: An overview and update*. Paper presented at the biennial meeting of the Society for Research in Child Development, New Orleans.

Plomin, R., DeFries, J. C., & McClearn, G. E. (1990). *Behavioral genetics: A primer*. New York: W. H. Freeman.

Pollitt, E., Golub, M., Gorman, K., Grantham-McGregor, S., Levitsky, D., Schurch, B., Strupp, B., Wachs, T. (1999). A reconceptulization of the effect of undernutrition on children's biological, psychological, and behavioral development. In K. L. Freiberg (Ed.), *Annual editions: Human development* (27th ed., pp. 89-103). New York: McGraw-Hill.

Pomares, C. G., Schirrer, J., & Abadie, V. (2002). Analysis of the olfactory capacity of healthy children before language acquisition. *Journal of Developmental Behavior and Pediatrics, 23,* 203-207.

Poulain, T., Peschel, T., Vogel, M., Jurkutat, A., & Kiess, W. (2018). Cross-sectional and longitudinal associations of screen time and physical activity with school performance at different types of secondary school. *BMC Public Health, 18* (1), 563.

Power, T. G., & Parke, R. D. (1982). Play as a context for early learning: Lab and home analyses. In L. M. Laosa & I. E. Siegel (Eds.), *Families as learning environments for children* (pp. 147-178). New York: Plenum.

Prediger, D. J., & Brandt. W. E. (1991). Project CHOICE: Validity of interest and ability measures for student choice of vocational program. *The Career Development Quarterly, 40,* 132-144.

Putallaz, M. (1983). Predicting children's sociometric status from their behavior. *Child Development, 54,* 1417-1426.

Qin, J. B., Feng, T. J., Yang, T. B., Hong, F. C., Lan, L. N., Zhang, C. L., Yang, F., Mamady, K., & Dong,

W. (2014). Risk factors for congenital syphilis and adverse pregnancy outcomes in offspring of women with syphilis in Shenzhen, China: A prospective nested case-control study. *Sexually Transmitted Diseases, 41* (1), 13-23.

Raby, K. L., Roisman, G. I., Fraley, R. C., & Simpson, J. A. (2015). The enduring predictive significance of early sensitivity: Social and academic competence through age 32 years. *Child Development, 86* (1), 695-708.

Radetsky, P. (1994, December 2). Stopping premature births before it's too late. *Science, 266,* 1486-1488.

Rakic, P. (1991). Plasticity of cortical development. In S. E. Brauth, W. S. Hall, & R. J. Dooling (Eds.), *Plasticity of development.* Cambridge, MA: Bradford/Mit Press

Rallison, M. L. (1986). *Growth disorders in infants, children, and adolescents.* New York: Wiley.

Rasmussen, S. A. (2012). Human teratogens update 2011: Can we ensure safety during pregnancy? *Birth Defects Research A: Clinical and Molecular Teratology, 94,* 123-128.

Reeb, B. C., Fox, N. A., Nelson, C. A., & Zeanah, C. H. (2008). The effects of early institutionalization on social behavior and understanding neural correlates. In M. de Haan & M. Gunnar (Eds.), *Handbook of social developmental neuroscience.* Malden. MA: Blackwell.

Rehman, S. N., & Reilly, S. S. (1985). Music videos: A new dimension of televised violence. *Pennsylvania Speech Communication Annual, 41,* 61-64.

Repacholi, B. M. (1998). Infants' use of attentional cues to identify the referent of another person's emotional expression. *Developmental Psychology, 34,* 1017-1025.

Richardson, G. A., Goldschmidt, L., Leech, S., & Willford, J. (2011). Prenatal cocaine exposure: Effects on mother-and teacher-rated behavior problems and growth in school-age children. *Neurotoxicology and Teratology, 33* (1), 69-77.

Rideout, V., Foehr, U. G., & Roberts, D. P. (2010). *Generation M2: Media in the lives of 8-to 18-year-olds.* Menlo Park, CA: Kaiser Family Foundation.

Robins, R. H. (1968). *A short history of linguistics.* Bloomington: Indiana University Press.

Rodkey, E. N., & Pillai Riddell, R. (2013). The infancy of infant pain research: The experimental origins of infant pain denial. *Journal of Pain, 14* (4), 338-350.

Rogers, C. (1942). *Counseling and psychotherapy: Newer concepts in practice.* Boston: Houghton Mifflin.

Rogers, C. (1951). *Client-centered theraphy: It's current practice, implications, and theory.* London: Constable.

Rogers, C. R. (1974). In retrospect: Forty-six years. *American Psychologist, 29,* 115-123.

Rogers, C. (1980). *A way of being.* Boston: Houghton Mifflin.

Rogers, C. R. (1986). Reflection of feelings. *Person-Centered Review, 1* (4), 375-377.

Rohde, C., Mütze, U., Schulz, S., Thiele, A. G., Ceglarek, U., Thiery, J., Mueller, A. S., Kiess, W., Beblo, S., & Beblo, S. (2014). Unrestricted fruits and vegetables in the PKU diet: A 1-year follow-up. *European Journal of Clinical Nutrition, 68* (3), 401-403.

Roper Starch Worldwide Inc. (1999). The America Onling/Roper Starch Youth Cyberstudy Retrieved July 18, 2002, from http://www.Ecommercetimes.com/ news/articles2000/000218-tc.shtml.

Rose, R. J., Koskenvuo, M., Kaprio, J., Sarna, S., & Langinvainio, H. (1988). Shared genes, shared experience, and similarity of personality: Data from 14,288 adult Finnish co-twins. *Journal of Personality and Social Psychology, 54,* 161-171.

Rosen, W. D., Adamson, L. B., & Bakeman, R. (1992). An experimental investigation of infant social referencing: Mothers' messages and gender differences. *Developmental Psychology, 28,* 1172-1178.

Rosenstein, D., & Oster, H. (1988). Differential facial responses to four basic tastes in newborns. *Child Development, 59,* 1555-1568.

Ross, J. L., Roeltgen, D. P., Kushner, H., Zinn, A. R., Reiss, A., Bardsley, M. Z., McCauley, E., & Tartaglia, N. (2012). Behavioral and social phenotypes in boys with 47, XYY syndrome or 47, XXY Klinefelter syndrome. *Pediatrics, 129* (4), 769-778.

Rothbart, M. K., & Bates, J. E. (1998). Temperament. In N. Eisenberg (Ed.), *Handbook of child psychology: Vol. 3. Social, emotional, and personality development* (5th ed., pp. 105-176). New York: Wiley.

Rothbart, M. K., & Bates, J. E. (2006). Temperament. In W. Damon & R. Lerner (Eds.), *Handbook of child psychology* (6th ed.). New York: Wiley.

Rothbart, M. K., Derryberry, D., & Posner, M. I. (1994). A psychobiological approach to the development of temperament. In J. E. Bates & T. D. Wachs (Eds.), *Temperament: Individual differences at the interface of biology and behavior* (pp. 83-116). Washington, DC: American Psychological Association.

Rowe, D. C. (1999). Heredity. In V. J. Derlega, B. A. Winstead, & Jones, W. H. (Eds.), *Personality: Contemporary theory and research* (2nd ed.). Nelson-Hall series in psychology. Chicago: Nelson-Hall.

Rubin, K. H., Bukowski, W. M., & Bowker, J. (2015). Children in peer groups. In R. M. Lerner (Ed.), *Handbook of child psychology and developmental science* (7th ed.). New York: McGraw-Hill.

Rubin, K. H., Bukowski, W., & Parker, J. G. (1998). Peer interactions, relationships, and groups. In W. Damon & N. Eisenberg (Eds.), *Handbook of child psychology* (Vol. 3, pp. 619-700). New York: John Wiley & Sons.

Rubin, K. H., Fein, G., & Vandenberg, B. (1983). Play. In P. H. Mussen (Ed.), *Handbook of child psychology: Vol. 4. Socialization, personality, and social development.* New York: Wiley.

Ryan, R. M., & Claessens, A. (2013). Associations between family structure changes and children's behavior problems: The moderating effects of timing and marital birth. *Developmental Psychology, 49* (7), 1219-1231.

Ryan, R. M., Claessens, A., & Markowitz, A. J. (2015). Associations between family structure change and child behavior problems: The moderating effect of family income. *Child Development, 86* (1), 112-127.

Sadler, T. W. (2015). *Langman's medical embryology* (13th ed.) Philadelphia: Wolters Kluwer.

Sagi, A., Lamb, M. E., Shoham, R., Dvir, R., & Lewkowicz, K. S. (1982). Parent-infant interaction in families on Israeli kibbutzim. *International Journal of Behavioral Development, 8,* 273-284.

Salkind, N. J. (1985). *Theories of human development.* New York: John Wiley & Sons.

Saltz, E., Dixon, D., & Johnson, J. (1977). Training disadvantaged preschoolers on various fantasy activities: Effects on cognitive functioning and impulse control. *Child Development, 48,* 367-380.

Salzinger, S., Feldman, R. S., Hammer, M., & Rosario, M. (1993). The effects of physical abuse on children's social relationships. *Child Development, 64,* 169-187.

Sameroff, A. J., & Chandler, M. J. (1975). Reproductive

risk and the continuum of caretaker casualty. In F. D. Horowitz (Ed.), *Review of child development research* (Vol. 4). Chicago: University of Chicago Press.

Sanborm, M. D. (1965). Vocational choice, college choice, and scholastic success of superior students. *Vocational Guidance Quarterly, 13,* 161-168.

Sanders, E. (2008). Medical art and play therapy with accident survivors. In C. A. Malchiodi (Ed.), *Creative interventions with traumatized children*. New York: Guilford.

Sanson, A. V., Pedlow, R., Cann, W., Prior, M., & Oberklaid, F. (1996). Shyness ratings: Stability and correlates in early childhood. *International Journal of Behavioural Development, 19,* 705-724.

Santrock, J. W. (1981). *Adolescence: An introduction*. Dubuque, Iowa: Wm. C. Brown.

Santrock, J. W. (1998). *Adolescence* (7th ed.). New York: McGraw-Hill.

Schaffer, H. R. (1971). *The growth of sociability*. Baltimore: Penguin Books.

Schaffer, H. R., & Emerson, P. E. (1964). The development of social attachments in infancy. *Monographs of the Society for Research in Child Development, 29* (3, Serial No. 94).

Scheier, M. F., & Carver, C. S. (1992). Effects of optimism on psychological and physical well-being: Theoretical overview and empirical update. *Cognitive Therapy and Research, 16,* 201-228.

Schickedanz, J. A., Schickedanz, D. I., Forsyth, P. D., & Forsyth, G. A. (1998). *Understanding children and adolescence* (3rd ed.). Boston, MA: Allyn & Bacon.

Schiff, E., & Koopman, E. J. (1978). The relationship of women's sex role identity to self-esteem and ego development. *Journal of Psychology, 98,* 299-305.

Schiff, W. J. (2015). *Nutrition essentials* (4th ed.). New York: McGraw-Hill.

Schneider, W., & Bjorklund, D. F. (1998). Memory. In W. Damon (Series Ed.), D. Kuhn, & R. S. Siegler (Vol. Eds.), *Handbook of child psychology: Vol. 2. Cognition, perception, and language* (5th ed., pp. 467-521). New York: Wiley.

Schneider, W., & Pressley, M. (1997). *Memory development between 2 and 20* (2nd ed.). Mahwah, NJ: Erlbaum.

Schunk, D. H. (2012). *Learning theories: An educational perspective* (6th ed.). Upper Saddle River, NJ: Prentice Hall.

Schutte, N. S., Malouff, J. M., Post-Gorden, J. C., & Rodasta, A. L. (1988). Effects of playing video games on children's aggressive and other behaviors. *Journal of Applied Social Psychology, 18,* 454-460.

Schuurmans, C., & Kurrasch, D. M. (2013). Neurodevelopmental consequences of maternal distress: What do we really know? *Clinical Genetics, 83*(2), 108-117.

Schwartz, P. D., Kelly, B. M., & Duong, M. T. (2013). Do academically-engaged adolescents experience social sanctions from the peer group? *Journal of Youth and Adolescence, 42* (9), 1319-1330.

Schwartz, P. D., Maynard, A. M., & Uzelac, S. M. (2008). Adolescent egocentrism: A contemporary view. *Adolescence, 43,* 441-448.

Sears, R. (1972). Attachment, dependency, and frustration. In J. L. Gewirtz (Ed.), *Attachment and dependency*. Washington, DC: Winston.

Seifert, K. L., & Hoffnung, R. J. (1991). *Child and adolescent development* (2nd ed.). Boston: Houghton Mifflin.

Seligman, M. E. P. (1988, October). Baby boomer blues. *Psychology Today,* 50-55.

Selkie, E. (2018). When age-based guidance is not enough: The problem of early puberty. *Pediatrics,*

141 (1), 1-2.

Sethi, V., Tabbutt, S., Dimitropoulos, A., Harris, K. C., Chau, V., Poskitt, K., ... & McQuillen, P. S. (2013). Single ventricle anatomy predicts delayed microstructural brain development. *Pediatric Research, 73* (5), 661-667.

Shaffer, D. R. (1999). *Developmental psychology: Childhood and adolescence* (5th ed.). Pacific Grove, CA: Brooks/Cole.

Shantz, D. W. (1986). Conflict, aggression, and peer status: An observational study. *Child Development, 57,* 1322-1332.

Shaver, K. (June 17, 2007). *Stay-at-home dads forge new identities, roles.* Washington, DC: Washington Post.

Sheiman, D. L., & Slomin, M. (1988). *Resources for middle childhood.* New York: Garland.

Shek, Daniel, T. L., To, Siu-Ming, & Dou, D. (2019). Parental beliefs about parental roles and responsibilities in Chinese parents: Pioneer findings. *International Journal of Child and Adolescent Health, 12*(4), 379-389.

Sherman, B. L., & Dominick, J. R. (1986). Violence and sex in music videos: TV and rock 'n' roll. *Journal of Communication, 36,* 79-93.

Sherman, S., Allen, E., Bean, L., & Freeman, S. (2007). Epidemiology of Down syndrome. *Mental Retardation and Developmental Disabilities Research Reviews, 13,* 221-227. http://search.ebscohost.com,doi:10.1002/ mrdd.20157

Siegel, R., & Brandon, A. R. (2014). Adolescents, pregnancy, and mental health. *Journal of Pediatric and Adolescent Gynecology, 27,* 138-150.

Sigelman, C. K., & Shaffer, D. R. (1995). *Life-span human development* (2nd ed.). Pacific Grove, CA: Brooks/Cole.

Silvern, S. B., & Williamson, P. A. (1987). The effects of video game play on young children's aggression, fantasy, and prosocial behavior. *Journal of Applied Developmental Psychology, 8,* 453-462.

Simmons, R. G., & Blyth, D. A. (1987). *Moving into adolescence: The impact of pubertal change and school context.* Hawthorne, New York: Aldine & de Gruyter.

Skinner, B. F. (1953). *Science and human behavior.* New York: Macmillan.

Skinner, B. F. (1957). *Verbal behavior.* New York: Appleton-Century-Crofts.

Slocum, W. L. (1974). *Occupational careers: A sociological perspective.* Chicago: Aldine.

Slusser, W., & Powers, N. G. (1997). Breast-feeding update 1: Immunology, nutrition, and advocacy. *Pediatrics in Review, 18*(4), 111-114.

Small, S., & Eastman, G. (1991). Rearing adolescents in contemporary society: A conceptual framework for understanding the responsibilities and needs of parents. *Family Relations, 40,* 455-462.

Smith, P. K., & Pellegrini, A. (2013). Learning through play. In R. E. Tremblay & others (Eds.), *Encyclopedia on early childhood development.* Montreal: Centre of Excellence for Early Childhood Development.

Smokowski, P. R., Bacallao, M. L., Cotter, K. L., & Evans, C. B. (2015). The effects of positive and negative parenting practices on adolescent mental health outcomes in a multicultural sample of rural youth. *Child Psychiatry and Human Development, 46,* 333-345.

Sonnenschein, S. (1986). Development of referential communication skills: How familiarity with a listener affects a speaker's production of redundant messages. *Developmental Psychology, 22,* 549-555.

Sonnenschein, S. (1988). The development of referential

communication: Speaking to different listeners. *Child Development, 59,* 694-702.

Sørensen, A., Peters, D., Fründ, E., Lingman, G., Christiansen, O., & Uldbjerg, N. (2013). Changes in human placental oxygenation during maternal hyperoxia as estimated by blood oxygen level-dependent magnetic resonance imaging (BOLD MRI). *Ultrasound in Obstetrics and Gynecology, 42* (3), 310-314.

Soubry, A., Hoyo, C., Jirtle, R. L., & Murphy, S. K. (2014). A paternal environmental legacy: Evidence for epigenetic inheritance through the male germ line. *BioEssays, 36,* 359-371.

Spence, J. T., Helmreich, R. L., & Stapp, J. (1974). The Personal Attributes Questionnaire: A measure of sex-role stereotypes and masculinity-femininity. *JSAS Catalog of Selected Documents in Psychology, 4,* 43-44.

Spence, J. T., Helmreich, R. L., & Stapp, J. (1975). Ratings of self and peers on sex role attributions and their relation to self-esteem and conceptions of masculinity and femininity. *Journal of Personality and Social Psychology, 32,* 29-39.

Spence, M. J., & DeCasper, A. J. (1987). Prenatal experience with low-frequency maternal voice sounds influences neonatal perception of maternal voice samples. *Infant Behavior and Development, 10,* 133-142.

Spitz, R. A. (1945). Hospitalism: An inquiry into the genesis of psychiatric conditions in early childhood. *Psychoanalytic Studies of the Child, 1,* 53-74.

Spock, B. (1946). *The common sense book of baby and child care.* New York: Duell, Sloan, and Pearce.

Sroufe, L. A., Egeland, B., Carlson, E., & Collins, W. A. (2005). Placing early attachment experiences in developmental context. In K. E. Grossmann, K. Grossmann, & E. Waters (Eds.), *The power of longitudinal attachment research: From infancy and childhood to adulthood* (pp. 48-70). New York: Guilford Publications.

Standal, S. (1954). *The need for positive regard: A contribution to client-centred theory.* Unpublished PhD Thesis, University of Chicago.

Steinberg, L., Elmen, J., & Mounts, N. (1989). Authoritative parenting, psychosocial maturity, and academic success among adolescence. *Child Development, 60,* 1424-1436.

Steiner, C. (1990). Unconscious communication and interpretation in transactional analysis. *Transactional Analysis Journal, 20,* 168-172.

Steiner, J. E. (1979). Human facial expressions in response to taste and smell stimulation. In H. W. Reese & L. P. Lipsitt (Eds.), *Advances in child behavior and development* (Vol. 13). New York: Academic Press.

Steinhausen, H. C., Willms, J., & Spohr, H. L. (1993). Long-term psychopathological and cognitive outcome of children with fetal alcohol syndrome. *Journal of the American Academy of Child and Adolescent Psychiatry, 32,* 990-994.

Stephen, J., Fraser, E., & Marcia, J. E. (1992). Moratorium achievement, (Mama) cycles in life span identity development: Value orientations and reasoning systems' correlates. *Journal of Adolescence, 15,* 283-300.

Sternberg, R. J. (1986). A triangular theory of love. *Psychological Review, 93,* 119-135.

Sternberg, R. J. (2006). A duplex theory of love. In R. J. Sternberg & K. Weis (Eds.), *The new psychology of love* (pp. 184-199). New Haven, CT: Yale University Press.

Stipek, D. J. (2002). *Motivation to learn* (4th ed.). Boston: Allyn & Bacon.

Stipek, D. J., & MacIver, D. (1989). Developmental change in children's assessment of intellectual competence. *Child Development, 60,* 531-538.

Storey, A. E., Walsh, C. J., Quinton, R. L., & Wynne-Edwards, K. E. (2000). Hormonal correlates of paternal responsiveness in men. *Evolution and Human Behavior, 21,* 79-95.

Storfer, M. (1990). *Intelligence and giftedness: The contributions of heredity and early environment.* San Francisco: Jossey-Bass.

Strang, R. (1957). *The adolescent views himself.* New York: McGraw-Hill.

Strasburger, V. C. (1990). Television and adolescents: Sex, drugs, rock 'n' roll. *Adolescent Medical State Art Review, 1,* 161-194.

Strasburger, V. C. (1995). *Adolescents and the media: Medical and psychological impact.* Thousand Oaks, CA: Sage.

Streissguth, A. P., Barr, H. M., Sampson, P. D., Darby, B. L., & Martin, D. C. (1989). IQ at age 4 in relation to maternal alcohol use and smoking during pregnancy. *Developmental Psychology, 25,* 3-11.

Strom, R., & Strom, S. (1990). Raising expectations for grandparents: A three generational study. *International Journal of Aging and Human Development, 31*(3), 161-167.

Sulik, M. J., Blair, C., Mills-Koonce, R., Berry, D., Greenberg, M., & Family Life Project Investigators. (2015). Early parenting and the development of externalizing behavior problems: Longitudinal mediation through children's executive function. *Child Development, 86*(5), 1588-1603.

Susman, E. J., & Dorn, L. D. (2013). Puberty: Its role in development. In I. B. Weiner & others (Eds.), *Handbook of psychology* (2nd ed., Vol. 6). New York: Wiley.

Sutton, M. J., Brown, J. D., Wilson, K. M., & Klein, J. D. (2002). Shaking the tree of knowledge for forbidden fruit: Where adolescents learn about sexuality and contraception. In J. D. Brown, J. R. Steele, & K. Walsh-Childers (Eds.), *Sexual teens, sexual media* (pp. 25-55). Mahwah, NJ: Lawrence Erlbaum.

Sweeney, T. J. (1998). *Adlerian counseling: A practitioner's approach* (4th ed.). New York: Taylor & Francis.

Syed, M. (2013). Assessment of ethnic identity and acculturation. In K. Geisinger (Ed.), *APA handbook of testing and assessment in psychology.* Washington, DC: American Psychological Association.

Taddio, A. (2008). Circumcision. In M. M. Haith & J. B. Benson (Eds.), *Encyclopedia of infant and early childhood development.* Oxford, UK: Elsevier.

Tanner, J. M. (1970). Physical growth. In P. H. Mussen (Ed.), *Carmichael's manual of child psychology* (3rd ed., Vol. 2). New York: Wiley.

Tanner, J. M. (1973, September). Growing up. *Scientific American, 229* (3), 35-42.

Tanner, J. M. (1974). Sequence and tempo in the somatic changes in puberty. In M. M. Grumbach, G. D. Grave, & F. E. Mayer (Eds.), *Control of the onset of puberty.* New York: Wiley.

Tanner, J. M. (1978). *Fetus into man: Physical growth from conception to maturity.* Cambridge, MA: Harvard University Press.

Tanner, J. M. (1990). *Fetus into man: Physical growth from conception to maturity* (2nd ed.). Cambridge, MA: Harvard University Press.

Tanner, J. M. (1991). Growth spurt, adolescent. I. In R. M. Lerner, A. C. Petersen, & J. Brooks-Gunn (Eds.), *Encyclopedia of adolescence.* New York: Garland.

Termine, N. T., & Izard, C. E. (1988). Infants' responses to their mothers' expressions of joy and sadness. *Developmental Psychology, 24,* 223-230.

Tessier, R., Cristo, M. B., Velez, S., Giron, M., Nadeau, L., de Calume, Z. F., Ruiz-Paláez, J. G., & Charpak, N. (2003). Kangaroo mother care: A method for protecting high-risk low birth weight and premature infants against developmental delay. *Infant Behavior and Development, 26,* 384-397.

The Global Partnership to End Violence Against Children (2020. 4. 24.). Leaders call for action to protect children during COVID-19. Retrieved from https://www.end-violence.org/articles/leaders-call-action-protectchildren-during-covid-19-now-7-languages.

Thelen, E. (1984). Learning to walk: Ecological demands and phylogenetic constraints. In L. P. Lipsitt & C. Rovee-Collier (Eds.), *Advances in infancy research* (Vol. 3). Norwood, NJ: Ablex.

Thomas, A., & Chess, S. (1977). *Temperament and development*. New York: Brunner/ Mazel.

Thomas, A., & Chess, S. (1986). The New York Longitudinal Study: From infancy to early adult life. In R. Plomin & J. Dunn (Eds.). *The study of temperament: Changes, continuities, and challenges*. Hillsdale, NJ: Erlbaum.

Thomas, A., Chess, S., & Korn, S. J. (1982). The reality of difficult temperament. *Merill-Palmer Quarterly, 28,* 1-20.

Thomas, E., Chess, S., Birch, H. G., Hertzig, M. E., & Korn, S. (1963). *Behavioral individuality in early childhood*. New York: New York University Press.

Thompson, R. A. (1998). Early sociopersonality development. In W. Damon & N. Eisenberg (Eds.), *Handbook of child psychology* (5th ed., Vol. 3, pp. 25-104). New York: John Wiley & Sons.

Thompson, R. A. (2013a). Attachment development: Precis and prospect. In P. Zelazo (Ed.), *Oxford handbook of developmental psychology*. New York: Oxford University Press.

Thompson, R. A. (2013b). Interpersonal relations. In A. Ben-Arieh, I. Frones, F. Cases, & J. Korbin (Eds.), *Handbook of child well-being*. New York: Springer.

Tincoff, R., & Jusczyk, P. W. (2012). Six-month-olds comprehend words that refer to parts of the body. *Infancy, 17* (4), 432-444.

Tobin-Richards, M. H., Boxer, A. M., & Petersen, A. C. (1983). The psychological significance of pubertal change: Sex differences in perceptions of self during early adolescence. In J. Brooks-Gunn & A. C. Petersen (Eds.), *Girls at puberty: Biological and psychological perspectives*. New York: Plenum.

Toffler, A. (1980). *The third wave*. London: Collins.

Toffler, A., & Toffler, H. (2006). *Revolutionary wealth*. New York: Knopf.

Travis, J. (1993). Helping premature lungs breathe easier. *Science, 261,* 426.

Trickett, P. K., & McBride-Chang, C. (1995). The developmental impact of different forms of child abuse and neglect. *Developmental Review, 15,* 311-337.

Trickett, P. K., Negriff, S., Ji, J., & Peckins, M. (2011). Child maltreatment and adolescent development. *Journal of Research on Adolescence, 21,* 3-20.

Tudge, J. (1992). Processes and consequences of peer collaboration: A Vygotskian analysis. *Child Development, 63,* 1364-1379.

Turiel, E. (1998). The development of morality. In W. Damon & N. Eisenberg (Eds.), *Handbook of child psychology* (5th ed., Vol, 3, pp. 863-932). New York: John Wiley & Sons.

Underwood, M. K., Rosen, L. H., More, D., Ehrenreich, S. E., & Gentsch, J. K. (2012). The BlackBerry project: Capturing the content of adolescents' text messaging. *Developmental Psychology, 48* (2), 295-302.

U. S. Census Bureau. (2009). *Father's day: June 21,*

2009.

Valkenburg, P. M., & Peter, J. (2011). Online communication among adolescents: An integrated model of its attraction, opportunities, and risks. *Journal of Adolescent Health, 48,* 121-127.

van den Boom, D. C. (1995). Do first-year intervention efforts endure? Follow-up during toddlerhood of a sample of Dutch irritable infants. *Child Development, 66,* 1798-1816.

van den Hooven, E. H., Pierik, F. H., de Kluizenaar, Y., Willemsen, S. P., Hofman, A., van Ratingen, S. W., et al. (2012). Air pollution exposure during pregnancy, ultrasound measures of fetal growth, and adverse birth outcomes: A prospective cohort study. *Environmental Health Perspectives, 120,* 150-156.

van IJzendoorn, M. H. (1992). Intergenerational transmission of parenting: A review of studies in nonclinical populations. *Developmental Review, 12,* 76-99.

Van Schie, G. M., & Wiegman, O. (1997). Children and video games: Leisure activities, aggression, social integration, and school performance. *Journal of Applied Social Psychology, 27,* 1175-1194.

Vernon, L., Modecki, K. L., & Barber, B. L. (2018). Mobile phones in the bedroom: Trajectories of sleep habits and subsequent adolescent psychological development. *Child Development, 89,* 66-77.

Volker, S. (2007). Infants' vocal engagement oriented towards mother versus stranger at 3 months and avoidant attachment behavior at 12 months. *International Journal of Behavioral Development, 31,* 88-95.

Vondra, J., Sysko, H., & Belsky, J. (2005). Developmental origins of parenting: Personality and relationship factors. In T. Luster & L. Okagaki (Eds.), *Parenting: An ecological perspective* (2nd ed., pp. 35-71). Hillsdale, NJ: Lawrence Erlbaum.

von Hofsten, C. (1983). Catching skills in infancy. *Journal of Experimental Psychology: Human Perception and Performance, 9,* 75-85.

Wahlsten, D. (2000). Behavioral genetics. In A. Kazdin (Ed.), *Encyclopedia of psychology*. New York: American Psychological Association.

Walden, T. A., & Ogan, T. A. (1988). The development of social referencing. *Child Development, 59,* 1230-1241.

Waldfogel, J., Craigie, T. A., Brooks-Gunn, J. (2010). Fragile families and child well-being. *Future of Children, 20,* 87-112.

Walker, L. J., de Vries, B., & Bichard, S. L. (1984). The hierarchical nature of stages of moral development. *Developmental Psychology, 20,* 960-966.

Waterman, A. S. (1989). Curricula interventions for identity change: Substantive and ethical considerations. *Journal of Adolescence, 12,* 389-400.

Watson, J. B. (1924). *Behaviorism*. New York: W. W. Norton.

Watson, J. B., & Rayner, R. (1920). Conditioned emotional reactions. *Journal of Experimental Psychology, 3* (1), 1-14.

Weinberg, R. A. (1989). Intelligence and IQ: Landmark issues and great debates. *American Psychologist, 44*(2), 98-104.

Wekerle, C., Leung, E., Wall, A. M., MacMillan, H., Boyle, M., Trocme, N., & Waechter, R. (2009). The contribution of childhood emotional abuse to teen dating violence among child protective services involved youth. *Child Abuse and Neglect, 33* (1), 45-58.

Weng, A., & Montemayor, R. (1997, April). *Conflict between mothers and adolescents*. Paper presented at the meeting of the Society for Research in Child Development, Washington, DC.

Weston, M. J. (2010). Magnetic resonance imaging in fetal medicine: A pictorial review of current and developing indications. *Postgraduate Medicine Journal, 86*, 42–51.

Whittle, M. J., & Conner, J. M. (1995). *Prenatal diagnosis in obstetric practice* (2nd ed.). Oxford, England: Blackwell.

Wichers, M., Gardner, C., Maes, H. H., Lichtenstein, P., Larsson, H., & Kendler, K. S. (2013). Genetic innovation and stability in externalizing problem behavior across development: A multi-informant twin study. *Behavioral Genetics, 43* (3), 191–201.

Widom, C. S. (1989). Does violence beget violence? A critical examination of the literature. *Psychological Bulletin, 106*, 3–28.

Wilcox, A. J., Weinberg, C. R., O'Connor, J. F., Baird, D. D., Schlatterer, J. P., Canfield, R. E., Armstrong, E. G., & Nisula, B. C. (1988). Incidence of early loss of pregnancy. *New England Journal of Medicine, 319*, 189–194.

Williams, J. A. (1979). Psychological androgyny and mental health. In O. Harnett, G. Boden, & M. Fuller (Eds.), *Sex-role stereotyping*. London: Tavistock.

Williamson, M. L. (1997). Circumcision anesthesia: A study of nursing implications for dorsal penile nerve block. *Pediatric Nursing, 23*, 59–63.

Winch, R. (1971). *The modern family*(3rd ed.). New York: Holt.

Witherington, D. C., Campos, J. J., Harriger, J. A., Bryan, C., & Margett, T. E. (2010). Emotion and its development in infancy. In J. G. Bremner & T. D. Wachs (Eds.), *Wiley-Blackwell handbook of infant development* (2nd ed.). New York: Wiley.

Woodworth, S., Belsky, J., & Crinic, K. (1996). The determinants of fathering during the child's second and third years of life: A developmental analysis. *Journal of Marriage and the Family, 58*, 679–692.

Woolett, L. A. (2011). Review: Transport of maternal cholesterol to the fetal circulation. *Placenta, 32* (Suppl. 2), S18–S21.

Yager, G. G., & Baker, S. (1979). Thoughts on androgyny for the counseling psychologist. Paper presented at the Annual convention of the American Psychological Association (Eric Document Reproduction service Nl. ED 186825).

Yanof, J. A. (2013). Play technique in psychodynamic psychotherapy. *Child and Adolescent Psychiatric Clinics of North America, 22*, 261–282.

Yilmaz, G., Demirli Caylan, N., & Karacan, C. D. (2014). An intervention to preschool children for reducing screen time: A randomized controlled trial. *Child Care, Health, and Development, 41* (3), 443–449.

Yussen, S. R., & Bird, J. E. (1979). The development of metacognitive awareness in memory, communication, and attention. *Journal of Experimental Child Psychology, 28*, 300–313.

Zillmann, D., & Mundorf, N. (1987). Image effects in the appreciation of video rock. *Communication Research, 14*, 316–334.

찾아보기

인명

내용

저자 소개

정옥분(Chung, Ock Boon)

서울대학교 사범대학 가정학과 졸업

서울대학교 대학원 석사과정 졸업(아동학 전공 석사)

미국 University of Maryland 박사과정 졸업(인간발달 전공 Ph.D.)

고려대학교 사범대학 교수, 고려대학교 사회정서발달연구소 소장 역임

한국아동학회 회장, 한국인간발달학회 회장, 미국 University of Maryland 교환교수, ISSBD 국제학술대회 조직위원회 위원장

현 고려대학교 명예교수

고려대학교 의료원 안암병원, 구로병원, 안산병원 어린이집 고문

〈저서〉

『영아발달』(개정판), 『유아발달』, 『영유아발달의 이해』(제3판), 『아동발달의 이해』(제3판), 『청년발달의 이해』(제3판), 『청년심리학』(개정판), 『발달심리학』(제3판), 『성인·노인심리학』(제3판), 『전생애 인간발달의 이론』(제3판), 『아동심리검사』, 『아동연구와 통계방법』, 『아동학 연구방법론』, 『유아교육 연구방법』, 『사회정서발달』(개정판), 『아동발달의 이론』 외 다수

정순화(Chung, Soon Hwa)

서울대학교 가정대학 가정관리학과 졸업

서울대학교 대학원 석사과정 졸업(아동학 석사)

고려대학교 대학원 박사과정 졸업(아동학 박사)

전 고려대학교 가정교육과 전문교수

〈저서〉

『보육교사론』, 『보육학개론』(4판), 『보육과정』(3판), 『아동복지와 권리』, 『결혼과 가족의 이해』, 『부모교육』(3판), 『정서발달과 정서지능』(개정판), 『애착과 발달』

예비부모교육(3판)

Education for Prospective Parents (3rd ed.)

2007년 9월 10일 1판 1쇄 발행
2015년 1월 20일 1판 6쇄 발행
2016년 8월 20일 2판 1쇄 발행
2017년 8월 25일 2판 2쇄 발행
2019년 8월 30일 3판 1쇄 발행
2021년 3월 25일 3판 2쇄 발행

지은이 • 정옥분 · 정순화
펴낸이 • 김진환
펴낸곳 • (주) 학지사
04031 서울특별시 마포구 양화로 15길 20 마인드월드빌딩
대표전화 • 02)330-5114 팩스 • 02)324-2345
등록번호 • 제313-2006-000265호

홈페이지 • http://www.hakjisa.co.kr
페이스북 • https://www.facebook.com/hakjisa

ISBN 978-89-997-1885-4 93370

정가 20,000원

파본은 구입처에서 교환해 드립니다.

이 도서의 국립중앙도서관 출판시도서목록(CIP)은 서지정보유통지원시스템 홈페이지(http://seoji.nl.go.kr)와 국가자료공동목록시스템(http://www.nl.go.kr/kolisnet)에서 이용하실 수 있습니다.
(CIP 제어번호: CIP2019030338)